إدارة الموارد البشرية المعاصرة

بعد إستراتيجي

الدكتور عمر وصفي عقيلي

أستاذ إدارة الأعمال

جامعة حلب

دار وائل للنشر

الطبعة الثانية

2009

رقم الايداع لدى دائرة المكتبة الوطنية : (2004/4/960)
عقيلي ، عمر وصفي
إدارة الموارد البشرية المعاصرة: بعد استراتيجي / عمر وصفي عقيلي .
- عمان ، دار وائل
(625) ص
ر.إ. : (2004/4/960)
الواصفات: إدارة الأفراد / الإدارة العامة / التدريب الوظيفي
* تم إعداد بيانات الفهرسة والتصنيف الأولية من قبل دائرة المكتبة الوطنية

****

رقم التصنيف العشري / ديوي : 351.1
ISBN 9957-11-498-0 (ردمك)

* إدارة الموارد البشرية المعاصرة - بعد إستراتيجي
* الدكتور عمر وصفي عقيلي
* الطبعـة الأولى 2005
* الطبعـة الثانية 2009

* جميع الحقوق محفوظة للناشر

دار وائـل للنشر والتوزيع

* الأردن - عمان - شارع الجمعية العلمية الملكية - مبنى الجامعة الاردنية الاستثماري رقم (2) الطابق الثاني
هـاتف : 00962-6-5338410 - فاكس : 00962-6-5331661 - ص. ب (1615 - الجبيهة)
* الأردن - عمـان - وسـط البـلد - مجمـع الفحيص التجـاري- هـاتف: 00962-6-4627627
www.darwael.com
E-Mail: Wael@Darwael.Com

الإهـــداء

إلى روح والديَّ صاحبا الفضل الكبير علي

ربي تغمدهما بواسع رحمتك

ربي ارحمهما كما ربياني صغيرا

إلى روح الفقيدة الغالية زوجتي رحمها الله

كانت رفيقة دربي ومشوار حياتي

شاركتني همومي وأفراحي، وكانت سندي

إلى النور الذي يضيء حياتي

إلى أولادي أغلى ما أملك

إلى وسام وباسم وتامر وساري

إلى السيد وائل أبو غربية مدير عام دار وائل للنشر، الذي شجعني على تأليف هذا الكتاب، إلى هذا الشاب الذي أرى فيه روح الكفاح، والعمل الدؤوب المتميز، والأخلاق الفاضلة الحميدة، اللهم احفظه لوالديه ولأسرته.

ولا أنسى أن منبع الفضل والنعمة لصاحب النعم الله سبحانه وتعالى جل جلاله، له الحمد والشكر فلولا فضله لما أنجز هذا الكتاب.

المؤلف

محتويات الكتاب

تقديم

الإنسان هو أثمن شيء في الوجود وقد كرمه الله سبحانه وتعالى وأنعم عليه بنعم لا تعد ولا تحصى، وفضله على كافة الخلائق، وسخر له ما في الأرض، فهو عصب الحياة بل الحياة كلها. فإذا كان شأنه هكذا عند ربه الذي خلقه وصوره، ألا يجدر بنا نحن الحكومات وأصحاب الأعمال أن نكرمه ونرعاه ونهتم بأموره وشؤونه في مكان العمل داخل منشآتنا، أعتقد أنه حري بنا بأن يكون الإنسان هو موضع إهتمامنا في منظماتنا وأعمالنا، وأن يحتل المقام الأول في لائحة هذه الاهتمامات.

لقد خطت اليابان (بعد الحرب العالمية الثانية) التي تعتبر رمزاً للتقدم والنمو، خطوات واسعة ملفتة للأنظار في مجالات الأعمال سواء في قطاع الصناعة، أو الخدمات، أو في مجالات الحياة العامة والاجتماعية، ولم يجارها من الدول إلا العدد القليل في أوروبا الغربية كالمانيا والسويد وعدد من الدول الأخرى. لنتساءل ما هو السر وراء هذا النجاح الياباني الذي أبهر العالم؟ في الحقيقة لا يوجد في المسألة سر، فكل ما في الأمر أن بناء الإنسان كان وما زال يحظى بالاهتمام والرعاية الأولى منها، لأنه في قناعتها الراسخة والصحيحة، هو المسؤول الأول عن عملية البناء والإعمار، فهو المخترع، وهو المبدع، وهو كل شيء فكيف ننساه أو نقلل من شأنه في قائمة إهتماماتنا نحن البلدان النامية، حيث صببنا جل اهتمامنا على التنمية الصناعية، واعتقدنا أن هذه التنمية لا تكون إلا عن طريق الآلات والتكنولوجيا، ونسينا بل نمنا عن مسألة جوهرية أن هذه التكنولوجيا والتنمية الصناعية، لن تؤتي ثمارها إلا بسواعد الموارد البشرية الفعالة المنماة قدراتها، المشبعة حاجاتها، فالدول النامية كانت وستظل تراوح مكانها، إذا لم تلحق بركب الدول المتقدمة في مجال الاهتمام بالموارد البشرية.

لقد بات معروفا في يومنا هذا ونحن في مطلع الألفية الثالثة، أنه مع رياح العولمة والتغيير التي هبت على دول العالم والتي خلقت مناخاً وساحة ساخنة من المنافسة في الأسواق المحلية والعالمية، بأن حصص المنظمات في هذه الأسواق قد أصبحت محدودة، والمنظمة التي تريد توسيع حصتها أو على الأقل المحافظة عليها، مطلوب منها تقديم منتج بجودة يرضى عنها المستهلك، وهذه الجودة لن تتحقق بالتكنولوجيا فحسب، بل بسواعد موارد بشرية فعالة تمتلك المهارات المتنوعة. إن تشكيل مثل هذه الموارد البشرية التي نسميها بقوة العمل ليست

بالمسألة الهامشية البسيطة، وليست مسألة شعارات براقة لتحقيق مكاسب شخصية، بل هي فعل ومسألة في غاية الأهمية والحساسية بل والخطورة أيضاً، فالتخلف الذي يسود البلدان النامية سببه الأول هو عدم بناء الإنسان بشكل صحيح كما يجب. لقد أصبحت هناك ضرورة ملحة تفرض نفسها على الحكومات ومنظمات الأعمال، ألا هي تفعيل دور إدارة الموارد البشرية لديها باعتبارها الجهة المسؤولة عن شؤون قوة العمل ورعايتها وتنظيم أمورها، لقد آن الآوان أن تحتل هذه الادارة مكانتها في الدول النامية.

إني مؤلف هذا الكتاب أوجه نداء للدول النامية ومنظماتها وعلى اختلاف أنواعها، بأنه آن الأوان ليحتل المورد البشري في مكان العمل الاهتمام الأول والرعاية الأولى منها، فعمليات الاصلاح الإداري، والتحديث الصناعي، وتحسين الجودة من أجل تقوية أنفسنا للوقوف أمام المنافسة، لن يكتب لها النجاح إذا لم نبنِ وننمي الموارد البشرية ونشبع حاجاتها، فكيف نصلح أجهزتنا الإدارية ومنظماتنا ونحسن جودة منتجاتنا، والمورد البشري جائع ومنسي بعيد عن الاهتمام، هل نسينا أنه هو الذي سينفذ عمليات الاصلاح وباقي العمليات، دعونا لا نفعل كالنعام الذي يدفن رأسه في الرمال ليتحاشى ما يحيط به من خطر.

إني أقدم مؤلفي هذا جهداً متواضعاً للمكتبة العربية وقرائها، فقد علمني أساتذة إدارة كبار لهم فضل كبير علي، وأنا بدوري أقوم بنقل رسالتهم إلى جيلنا الحالي جيل الألفية الثالثة، ليستفيد ويبني ويتابع المشوار.

وفقنا الله لأن نقدم وباستمرار المنفعة والمعرفة العلمية لأبناء الأمة العربية الغالية.

المؤلف

الفصل الأول

المدخل إلى إدارة الموارد البشرية المعاصرة

محتوى الفصل

- ماهية إدارة الموارد البشرية المعاصرة وطبيعة عملها.
- هدف إدارة الموارد البشرية المعاصرة.
- مهنية العمل في إدارة الموارد البشرية المعاصرة.
- نشأة وتطور إدارة الموارد البشرية، ومديرها المعاصر.

تساؤلات يطرحها الفصل

- هل هناك اختلاف بين دور إدارة الموارد البشرية المعاصر ودورها التقليدي؟
- هل يمكن تطبيق مفهوم نظرية النظام على عمل إدارة الموارد البشرية المعاصرة؟
- كيف يتغلغل نشاط إدارة الموارد البشرية المعاصرة ضمن إدارات المنظمة؟
- ما هو البعد الاستراتيجي لهدف إدارة الموارد البشرية المعاصرة، وكيف يتحقق؟
- ما هو ارتباط إدارة الجودة الشاملة بإدارة الموارد البشرية في ظل العولمة؟
- هل يتصف عمل مدير إدارة الموارد البشرية الآن بالاحتراف، وهل تقع عليه مسؤولية أخلاقية كباقي المهن؟

ماهية إدارة الموارد البشرية المعاصرة وطبيعة عملها

تعريف إدارة الموارد البشرية.

عند تعريف إدارة الموارد البشرية، نجد من الأهميـة بمكان أن نعـرف ونوضح معنـى مصطلح المورد البشري HUMAN RESOURCE ، ذلك لأن هذا المـورد يمثل محور عمل واهتمام هـذه الإدارة. لـذلك سنعمد في البداية إلى تعريف المورد البشري، ومن ثم ننتقل إلى تعريف هذه الإدارة.

الموارد البشرية:

هي جميع الناس الذين يعملون في المنظمة رؤساء ومرؤوسين، والذين جرى توظيفهم فيها، لأداء كافة وظائفها وأعمالها تحت مظلة هي: ثقافتها التنظيمية التي توضح وتضبط وتوحد أنماطهم السلوكية، ومجموعة من الخطط والأنظمة والسياسـات والإجـراءات، التي تـنظم أداء مهـامهم وتنفيـذهم لوظائف المنظمة، في سبيل تحقيق رسالتها وأهداف استراتيجيتها المستقبلية. ولقاء ذلك تتقاضى الموارد البشرية مـن المنظمة تعويضات متنوعة تتمثل في رواتب وأجور ومزايا وظيفية، في عملية تبادل للمنفعة تتم بينهم وبينها، فالموارد البشرية تقدم للمنظمة مساهمات على شكل مؤهلات علمية، خبرات، مهارات، جهد.. الخ، من أجل تحقيق أهدافها، وفي مقابل ذلك تحصل على تعويضات مالية ومعنوية على شكل رعاية وخدمات متنوعة. والموارد البشرية هي أهم عناصر العمل والانتاج، فعلى الرغم من أن جميع المـوارد المادية (رأس المال، الموجودات، التجهيزات) ذات أهمية، إلا أن الموارد البشرية تعتبر أهمها، ذلك لأنها هـي التي تقوم بعملية الابتكار والابداع، وهي التي تصمم المنتج وتشرف على تصنيعه ورقابة جودته، وهي التي تسوقه، وتستثمر رأس المال، وهي المسؤولة عن وضع الأهداف والاستراتيجيات. فبدون موارد بشرية جيدة وفعالة لا يمكن أداء هذه الأمور بكفاءة، ولن تتمكن أية منظمة من تحقيق أهدافها ورسالتها.

ومـما زاد مـن أهمية المـوارد البشرية ظهـور منهجية إدارة الجـودة الشاملة التي تطبقها مـنظمات القـرن (21)، حيـث تؤكـد هـذه المنهجيـة التي تمثل الإدارة المعاصرة، عـلى أن بقـاء المنظمـة واستمراريتها يعتمـدان عـلى رضا المسـتهلك، الـذي

يجعل حصة المنظمة في السوق أكبر، وهذا يزيد من أرباحها ويضمن لها الاستمرار والبقاء. والسؤال الـذي يطرح نفسه هنا هو: كيف تحقق المنظمة رضا زبائنها؟ الاجابة هي: أن تقدم لهم سلعة ذات جودة عالية وسعر مناسب. والسؤال الثاني الذي يفرض نفسه هنا أيضاً هو: كيف تحقق المنظمة ذلك؟ الإجابة هي: من خلال موارد بشرية مدربة ومؤهلة وذات كفاءة عالية المستوى ومحفزة بشكل جيد، يكون بامكانها انتاج وتقديم سلعة وخدمة بجودة وسعر يرضيان الزبائن. من هنا ظهر مفهوم مثلث الجودة الـذي يوضح دور الموارد البشرية في تحقيق رضا الزبائن من خلال جودة أدائهم وخدمتهم لعملاء المنظمة، وفيما يـلي شكل يوضح هذا المثلث:

شكل رقم (1)

مثلث الجودة

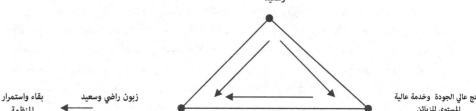

نخلص بالقول مما تقدم، بأن فاعلية المنظمة المتمثلة في تقديم سلعة بجودة عالية، وخدمـة جيدة بعد البيع، وسعر مناسب لتحقيق الرضا لـدى عملاء المنظمة، إنما هي مسؤولية جميع المـوارد البشرية التي تعمل في المنظمة، وبالتالي بقاء المنظمـة واستمراريتها يعتمدان بشكل اساسي عـلى كفـاءة وجودة عمل مواردها البشرية، التي تمثل العنصر الأساسي والأهم الذي يخلق القيمة المضافة لجميع موارد المنظمة التي تمتلكها. لقد أصبحت أهمية دور الموارد البشرية حقيقة واقعة تقر بها منظمات القرن الحالي (21) سواء في مجال الصناعة أو الخدمات.

في ضـوء أهميـة العنصـر البشـري في العمـل كـما أوضحنا، لم يعـد يستخدم مصطلح العـاملين، أو القـوى العاملـة، أو العـمال، أو الأفـراد، بـل أصبـح يستخدم مصطلح المـورد البشـري، للدلالـة عـلى أهميتـه، باعتبـاره أحـد أهـم عناصـر مدخلات

العمل، وهذا أحد الأسباب التي أدت إلى تغيير مسمى "إدارة الأفراد" ليصبح "إدارة الموارد البشرية".

ويؤكد المختصون الآن في مجال الإدارة بوجه عام والموارد البشرية بشكل خاص، على مسألة هامة تعتبر نقطة تحول في عمل إدارة الموارد البشرية وهي، أنه لم يعد ينظر إلى ما ينفق على النشاطات المتعلقة بالموارد البشرية على أنها تكلفة دون عائد، بل ينظر إلى هذا الإنفاق على أنه استثمار له عائد، وأصبحت الموارد البشرية أحد أصول وموجودات المنظمة له قيمة تفوق قيمة الأصول الأخرى المادية، يجب استثماره بشكل فعال، ليحقق المنفعة والفائدة والقيمة المضافة للمنظمة، فالانفاق عليه ليس إنفاقاً أو تكلفة متغيرة، بل إنفاقاً استثمارياً.

ويمكن القول في الأخير:

> **إن قوة الموارد البشرية وفاعلية أدائها، تعني قوة المنظمة، وقدرتها على منافسة الآخرين في السوق، وضمان البقاء والاستمرار لها.**

إدارة الموارد البشرية:

هي إحدى الوظائف أو الادارات الأساسية والرئيسة في كافة أنواع المنظمات، محور عملها جميع الموارد البشرية التي تعمل فيها، وكل ما يتعلق بها من أمور وظيفية، منذ ساعة تعيينها في المنظمة وحتى ساعة انتهاء خدمتها وعملها فيها. وتؤدي هذه الإدارة HUMAN RESOURCE MANAGEMENT التي يرمز لها بالحروف (HRM) مجموعة من الأنشطة (وظائف، مهام) والممارسات المتنوعة المتعلقة بالموارد البشرية، وذلك في ظل استراتيجية خاصة بها، نابعة وتخدم رسالة واستراتيجية المنظمة. وتشتمل هذه الأنشطة والممارسات على مجموعة واسعة من الوظائف والمهام تختص جميعها بجوانب هامة تشتمل على أبعاد تتعلق: بتقدير احتياجات المنظمة من الموارد البشرية وتوفيرها بالمواصفات المطلوبة والوقت المطلوب، وفق احتياجات تنفيذ استراتيجيتها المستقبلية وأهدافها. ثم العمل على تدريب وتنمية موارد المنظمة البشرية، وتوفير شروط توظف عادلة لها، ومناخ عمل تنظيمي مادي واجتماعي مناسب، يساعدها على أداء المطلوب منها بمستوى عالي من الفاعلية. وتشتمل نشاطات إدارة الموارد البشرية على أبعاد هامة أخرى هي: تحفيز هذه الموارد ومساعدتها على تحقيق أهدافها وتطلعاتها وحل مشاكلها، في مسعى لتحقيق التكامل والتوافق بين أهدافها وأهداف المنظمة، وزرع حب العمل

في نفوسها، والولاء والانتماء لديها تجاه المنظمة. كما تشتمل نشاطات إدارة الموارد البشرية على مسألة توفير السلامة والصحة في مكان العمل الذي تمارس فيه الموارد البشرية أعمالها، وكذلك توفير الأمان والاستقرار الوظيفي لها. ولعل من أهم ما تقوم به هذه الادارة هو، جعل قوة العمل في المنظمة فريقاً واحداً متعاوناً متآزراً، يعمل بفاعلية تنظيمية عالية المستوى، وبشكل منسق مع استراتيجيتها، من أجل إنجازها وفق المطلوب، وتحقيق رسالة المنظمة وغايتها المستقبلية التي تطمح إليها. وبما أن العنصر الإنساني هو محور عمل إدارة الموارد البشرية، فشيء طبيعي أن نجد هذه الإدارة تعتمد في ممارساتها داخل المنظمة على نظريات السلوك الإنساني، لتعرف كيف يتم التعامل الايجابي معها، وكيف تحفز؟ وكيف تتم قيادتها؟ وكيف يبنى منها فرق عمل فعالة تحقق أهداف العمل الجماعي وروح الفريق. ويمكن القول أخيراً أن:

إدارة الموارد البشرية تمثل إدارة ووظيفة أساسية في المنظمات، تعمل على تحقيق الاستخدام الأمثل للموارد البشرية التي تعمل فيها، من خلال استراتيجية تشتمل على مجموعة من السياسات والممارسات المتعددة، بشكل يتوافق هذا الاستخدام مع استراتيجية المنظمة ورسالتها ويسهم في تحقيقهما.

ونود في ختام تعريفنا لإدارة الموارد البشرية السابق، الإشارة إلى أن هذا التعريف يمثل المدخل المعاصر في دراسة وظيفة هذه الإدارة في المنظمات الحديثة اليوم، وهو يختلف في جوانب متعددة عن تعريفها السابق عندما كانت تسمى بإدارة الأفراد PERSONNEL MANAGEMENT ، فقد اقتضت الظروف الحالية التي تعيشها المنظمات في ظل العولمة وتحرير التجارة العالمية وتزايد المنافسة بينها، إلى ادخال تغييرات في مهمة إدارة الأفراد، من أجل مواكبة التغيرات الاقتصادية والإدارية.. الخ المعاصرة المحيطة بمنظمات الأعمال في شتى أنحاء العالم. فالتغير لم يشمل مسمى إدارة الأفراد فحسب، بل شمل مضمون عمل هذه الإدارة ونطاق ممارساتها، وأهدافها، وعلاقاتها، فلم نعد نسمع ونقرأ عن إدارة الأفراد، بل نسمع ونقرأ عن إدارة الموارد البشرية، التي أصبح لها استراتيجية خاصة لها كأي إدارة أخرى في المنظمة، وأصبحت جزءاً لا يتجزأ من استراتيجية المنظمة العامة.

إطار عمل إدارة الموارد البشرية وممارساتها.

ينطوي نشاط وممارسات إدارة الموارد البشرية في المنظمة على العديد من الوظائف والنشاطات، يشكل مجموعها فرعاً من فروع المعرفة الإدارية، يغطي مجالات التوظيف والعمل في المنظمات على اختلاف أنواعها. ويشتمل إطار عملها على عدد من الوظائف، يشكل مجموعها نطاق ومجال عملها داخل المنظمة، وسنعمد فيما يلي إلى عرض موجز وسريع كتعاريف قصيرة لهذه الوظائف، لأنه سيأتي شرح كل واحدة منها في فصل خاص بها لاحقا:

أولاً: وظيفة تكوين الموارد البشرية .

ويطلق عليها مصطلح STAFFING OF HUMAN RESOURCE ، وهي نشاط رئيس يتكون من أنشطة فرعية متكاملة مترابطة يشكل مجموعها سلسلة من الأعمال، تقوم من خلالها إدارة الموارد البشرية، بتوفير احتياجات المنظمة من الموارد البشرية على اختلاف أنواعها، وفق مواصفات محددة (مهارة، خبرة، مقدرة.. الخ) لشغل الوظائف الموجودة في المنظمة، ونعرض فيما يلي هذه النشاطات الفرعية:

* تصميم وتحليل العمل:

يعمل هذا النشاط (أو الوظيفة) على تحديد واجبات ومسؤوليات وظائف المنظمة، والمواصفات والشروط الواجب توفرها فيمن سوف يشغلها أو يعين فيها.

* تخطيط الموارد البشرية:

يقوم هذا النشاط بتقدير حاجة المنظمة من الموارد البشرية في المستقبل، من حيث اعدادها ونوعياتها، ويجري ذلك في ضوء نتائج تصميم وتحليل العمل.

* استقطاب الموارد البشرية:

في ضوء نتائج النشاطين السابقين يقوم هذا النشاط بعملية ترغيب وجذب للموارد البشرية من سوق العمل، للتقدم وطلب التوظف في المنظمة.

* اختيار وتعيين الموارد البشرية:

يقوم هذا النشاط بانتقاء أفضل المتقدمين طالبي التوظيف في المنظمة ممن جرى استقطابهم، وذلك باستخدام معايير اختيار وضعها تصميم وتحليل العمل، وتعيينهم في الوظائف الشاغرة المتوافقة مع مواصفاتهم.

* التأهيل:

يعمل هذا النشاط على تدريب الموارد البشرية الجديدة التي تم اختيارها وتعيينها تدريباً أولياً، من أجل تمكينها من مباشرة أعمالها بشكل جيد منذ البداية.

في ضوء ما تقدم يمكن القول بأن وظيفة أو عملية تكوين الموارد البشرية عملية متكاملة تهدف بشكل أساسي إلى انتقاء أفضل المتقدمين للعمل واسناد الاعمال المناسبة لهم، كما يتضح من الشكل التالي الذي يبين الترابط والتكامل بين الأنشطة التي تشتمل عليها وظيفة التكوين:

شكل رقم (2)

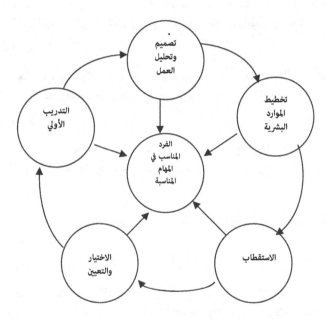

ثانياً: وظيفة التعويضات   COMPENSATIONS .

تقوم إدارة الموارد البشرية من خلال هذه الوظيفة الرئيسة، بتصميم عدد من الأنظمة، التي على أساسها يجري وضع تعويضات ومكافآت الموارد البشرية التي تعمل في المنظمة، وذلك وفق أسس وقواعد موضوعية وعادلة، وتشتمل هذه الأنظمة على ما يلي:

* نظام تقييم الوظائف:

عملية تقوم بها إدارة الموارد البشرية، لتحديد قيمة وأهمية كل وظيفة من وظائف المنظمة، وذلك في ضوء نتائج تصميم وتحليل العمل، التي توضح حجم مسؤوليات وصعوبة الوظائف ومواصفات شاغليها، حيث على أساس نتائج التقييم يحدد التعويض المالي المباشر الذي تستحقه كل وظيفة والذي يتقاضاه شاغلها.

* نظام التعويض المالي المباشر:

هو هيكل للرواتب والأجور تصممه إدارة الموارد البشرية، يشتمل على معايير يتم على أساسها دفع رواتب وأجور الموارد البشرية، ويجري تصميم هذا الهيكل وتوضع معاييره في ضوء النتائج التي يتوصل إليها تقييم الوظائف.

* نظام المكافآت المالية:

هو نظام للتحفيز المالي تعده إدارة الموارد البشرية، لإثابة من يعمل بجد ونشاط وكفاءة، ويتحدد ذلك من خلال نتائج تقييم أداء الموارد البشرية. ويعتبر هذا النظام داعماً ورديفاً لنظام التعويض المالي المباشر.

* نظام المزايا الوظيفية الإضافية:

ويسميه بعضهم بالتعويض غير المباشر، وهو نظام للتحفيز غير مالي على شكل خدمات متنوعة يستفيد منها كل من يعمل في المنظمة، ومن هذه الخدمات على سبيل المثال: التأمين الصحي، الضمان الاجتماعي.. الخ.

* نظام تقييم الأداء:

هو مجموعة من الأسس والقواعد والضوابط التي تستخدم من أجل تقييم أداء وكفاءة الموارد البشرية في العمل، حيث في ضوء نتائج التقييم يجري تعويض ومكافأة المجدين، فالمجد لابد من تمييزه مالياً عن غيره الأقل كفاءة.

ونود الإشارة هنا إلى أن الأنظمة أو الوظائف الموضحة أعلاه هي وظائف مترابطة ومتكاملة، تسعى جميعها الى تحقيق غاية رئيسة هي: توفير العدالة والموضوعية في دفع تعويضات الموارد البشرية. وفيما يلي شكل يوضح ذلك:

شكل رقم (3)

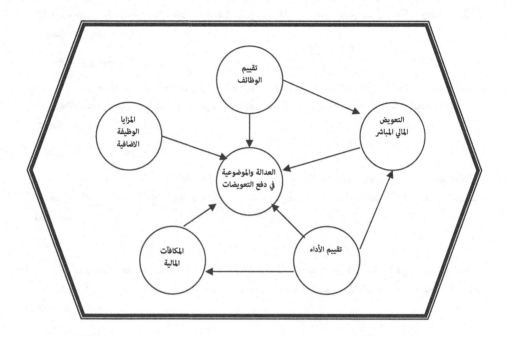

ثالثاً: تدريب وتنمية الموارد البشرية TRAINING AND DEVELOPMENT .

تشتمل هذه الوظيفة على نشاطين فرعيين يكملان بعضهما، ويهدفان إلى جعل المـوارد البشريـة قوة عمل ذات كفاءة وأداء عالي المستوى ومتميز، لتلبيـة مطالـب تحقيـق اسـتراتيجية المنظمة وأهـدافها. وتتكون هذه الوظيفة من:

* التعلم والتدريب :

يسعى هذا النشاط إلى اكساب الموارد البشرية مهارات جديـدة، في ضـوء تقيـيم أدائهـا ، يعمـل على معالجة جوانب الضعف في هـذا الأداء، وتـدعيم وتقويـة جوانـب القـوة فيـه، في مسـعى إلى تطـوير وتحسين أداء هذه الموارد وتمكينها مما هو مطلوب منها من مهام في الوقت الحاضر.

* التنمية :

يسعى هذا النشاط إلى تنمية أداء الموارد البشرية المستقبلي، من أجل جعلها مؤهلة وقادرة على ممارسة وظائف أعلى مستوى في المستقبل، وتزويدها بشكل مستمر بكل جديد في مجالات المعرفة، وتمكينها من التكيف مع التغييرات التي تدخل على المنظمة.

رابعاً: صيانة الموارد البشرية MAINTENANCE OF HUMAN RESOURCE .

تتكون وظيفة الصيانة كسائر وظائف إدارة الموارد البشرية من نشاطين فرعيين متكاملين، يهدفان إلى توفير السلامة والصحة للموارد البشرية في مكان عملها. وتتكون من :

* توفير السلامة: من خلال تصميم برامج فنية إدارية مشتركة لحماية الموارد البشرية من حوادث وإصابات العمل، التي قد تتعرض لها أثناء ممارستها لأعمالها.

* توفير الصحة: من خلال تصميم برامج صحية طبية بيئية، تحمي الموارد البشرية من الأمراض الناتجة عن طبيعة العمل ومناخه المادي.

خامساً: علاقات الموارد البشرية HUMAN RESOURCE RELATIONS .

تشتمل هذه الوظيفة على نشاطين فرعيين أساسيين هما:

* دمج الموارد البشرية:

نشاط يتم من خلاله تصميم برامج تشتمل على سبل من أجل تفعيل مشاركة الموارد البشرية في العمل واتخاذ القرارات، وتوفير الرعاية الاجتماعية، والمعاملة الإنسانية الطيبة لهم، وحل الصراعات التنظيمية التي تنشأ بينهم في فرق العمل، أو بينهم وبين إدارة المنظمة، وهذا كله لتحقيق الولاء والانتماء لديها تجاه المنظمة التي تعمل فيها.

* علاقات العمل:

يسمى هذا النشاط في السابق "بالعلاقات الصناعية"، التي تمثل علاقة المنظمة من خلال إدارة الموارد البشرية مع النقابات، حيث تقوم هذه الإدارة نيابة عن أصحاب المنظمة بالتفاوض معها فيما يختص بشؤون العمل والتوظف، وإبرام اتفاقيات معها بخصوص ذلك.

وظائف إدارة الموارد البشرية نظام متكامل .

تشكل وظائف الموارد البشرية (التي استعرضناها سريعاً في الفقـرة السـابقة) مـع بعضـها نظامـاً متكاملاً ومتفاعلاً، يشير إلى وجود اعتمادية متبادلة بين ما تقوم به هذه الوظائف من أعـمال وممارسـات، وأن القرارات التي تتخذ في مجال كل منها يكمل بعضه بعضاً، فجميعها يصب في قرار واحد يهدف إلى ولـه صلة مباشرة بتحقيق هدف إدارة الموارد البشرية وهو: توفير وتهيئة قوة عمل مؤهلة مدربة محفزة جيداً، ذات انتاجية وفاعلية تنظيمية عالية المستوى، تتمكن من إنجاز اسـتراتيجية المنظمـة وأهـدافها. وسنوضـح هذا التكامل والتفاعل بعدد من الأمثلة على سبيل المثال وليس الحصر:

علاقات وظيفة تصميم وتحليل العمل:

- تمد هذه الوظيفة وتوفر لوظيفـة الإختيـار معـايير الانتقـاء والمفاضـلة لاختيـار أفضـل المتقـدمين لطلـب العمل.
- توفر لوظيفة الاستقطاب مواصفات الموارد البشرية التي عليها استقطابها.
- تمد وظيفة تخطيط الموارد البشرية بحجم العمل المطلوب الذي على أساسه يجري تحديد حاجة المنظمة من الموارد البشرية.
- توفر لوظيفة تقييم الاداء المعايير التي على أساسها سيتم التقييم.
- تـوفر لوظيفـة التـدريب مـا سـوف تتـدرب عليـه المـوارد البشـرية، وذلـك مـن خـلال تحديـدها مهـام ومسؤوليات الوظائف ومتطلبات أدائها.

علاقات وظيفة تخطيط الموارد البشرية:

- توفر لوظيفة الاستقطاب أعداد ونوعيات الموارد البشرية المراد استقطابها.
- توفر لوظيفة الإختيار أعداد ونوعيات الموارد البشرية المراد انتقاءها وتعيينها.
- تعتمد على نتائج وظيفة وتصميم وتحليل العمل في معرفة عبء العمل، لتحدد عـلى أساسـه احتياجـات المنظمة من الموارد البشرية.

علاقات وظيفة الاستقطاب :

- استقطاب العدد الكافي من الموارد البشرية لوظيفة الاختيار لتمكنها من تحقيق إنتقاء الأفضل منها.

- تعتمـد علـى نتائـج وظيفـة تصميـم وتحليـل العمـل وتخطيـط المـوارد البشـرية فـي معرفـة عـدد ونـوع ومواصفات من سوف تقوم باستقطابهم من الموارد البشرية.

علاقات وظيفة الاختيار:

- تعتمد على وفرة الموارد البشرية المستقطبة من قبل وظيفة الاستقطاب.

- تعتمد على نتائج تصميم وتحليل العمل من أجل تحديد معايير انتقاء الموارد البشرية.

- تعتمد على نتائج وظيفة تخطيط الموارد البشرية لمعرفة عدد الذين سوف تختارهم.

- تعتمد على نتائج تقييم أداء الموارد البشرية التي اختارتهم لتقيم مدى نجاحها في اختيارهم.

علاقات وظيفة التدريب والتنمية:

- تعتمد على نتائج تصميم وتحليل العمل لمعرفة ما الذي سوف تتدرب عليه المـوارد البشـرية، ذلـك لأن وظيفتا التصميم والتحليل توضحان مهام ومسؤوليات الوظائف وبالتالي شاغليها.

- تعتمد على نتائج تقييم الأداء لمعرفة جوانب الضعف في أداء المـوارد البشـرية للعمـل علـى تلافيهـا مـن خلال برامج التدريب التي تعدها وتنفذها.

- تعتمد على نتائج وظيفة الاختيار لتعد برامج تأهيل الموارد البشرية الجديدة التي جرى تعيينها حديثاً فـي المنظمة.

- تعمل على تدريب العاملين على حماية أنفسهم مـن مخاطر وإصابات العمـل وأمراضـه، وهـذه علاقـة مباشرة مع وظيفة صيانة الموارد البشرية.

علاقات وظيفة تقييم الأداء:

- توفر تغذية عكسية عن مستوى أداء الموارد البشرية الجديدة، لتعرف وظيفة الاختيار مـدى نجاحهـا فـي عملية اختيارهم.

- تمد وظيفة التدريب والتنمية بتغذية عكسية حول نجاحها في تدريب الموارد البشرية، حيـث اذا أشـارت هذه النتائج الى تحسين مستوى أدائها بعد التدريب معنى ذلك أنها نجحت في تدريبهم.

علاقات وظيفة تقييم الوظائف :

- تمد وظيفة التعويضات بمعايير تحديد الرواتب والأجور، ذلك لأن التقييم يوضح مـدى أهميـة وصـعوبة هذه الوظائف، حيث من خلالها توفر العدالة والموضوعية في دفع الرواتب والأجور والمكافآت المالية.

يتضح من الاستعراض الموجز السابق للعلاقات القائمة بين وظائف إدارة الموارد البشرية ما يلي:

> مدى التشابك والتفاعل والتكامل القائم بين وظائف إدارة الموارد البشرية، وهـذا مـا يجعـل منهـا نظاماً متكاملاً، ذو اعتمادية متبادلة بين مكوناته.

وفيما يلي شكل يوضح هذا النظام ومكوناته والعلاقات القائمة بينها.

شكل رقم (4)

نظام إدارة الموارد البشرية المتكامل *

INTEGRATED (HRM) SYSTEM

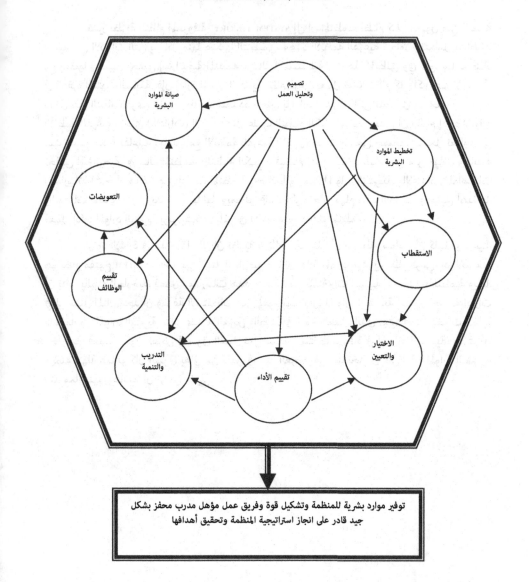

توفير موارد بشرية للمنظمة وتشكيل قوة وفريق عمل مؤهل مدرب محفز بشكل
جيد قادر على انجاز استراتيجية المنظمة وتحقيق أهدافها

---

* يشير اتجاه السهم الى أن مخرجات الوظيفة هي مدخلات للوظيفة الأخرى.

إدارة الموارد البشرية نظام فرعي متكامل ضمن نظام كلي.

تشير نظرية النظام المعروفة SYSTEM THEORY إلى أن المنظمة نظام كلي مكون من أنظمة فرعية هي الادارات التي يتشكل منها هيكلها التنظيمي، وهذه الأنظمة الفرعية تتعاون وتتكامل نشاطاتها مع بعضها في سبيل تحقيق إستراتيجية المنظمة ورسالتها المستقبلية. من هذا المنطلق وفي ضوء ما شرحناه في الفقرة المنتهية السابقة، فإن إدارة الموارد البشرية نظام فرعي يعمل ضمن نظام كلي أكبر هو المنظمة، داخل هذا النظام الفرعي تمارس وظائف متعددة تتعلق بالموارد البشرية، التي يتغلغل نشاطها في جميع الأنظمة الفرعية الأخرى (الادارات) التي يشتمل عليها النظام الكلي، وهذا يعني أن نظام إدارة الموارد البشرية ذو علاقة تفاعلية تكاملية مع الأنظمة الفرعية الأخرى، حيث يسعى جميعها بشكل تعاوني إلى تحقيق استراتيجية ورسالة المنظمة (النظام الكلي). فنظام إدارة الموارد البشرية ومن خلال وظائفه وممارساته (شرحناه سابقا) يمد إدارات المنظمة باحتياجاتها من الموارد البشرية، بالأعداد والمواصفات والنوعيات المطلوبة، ويدربها ويقيمها لها، ويجعلها قادرة على إنجاز مهام هذه الادارات وتحقيق أهدافها، فعمل إدارة الموارد البشرية يؤثر بشكل مباشر في أداء جميع إدارات المنظمة.

ونود الإشارة في هذا المقام إلى أن نظرية النظام تؤكد على أن أي نظام سواء أكان كلياً أو فرعياً، هو نظام مفتوح OPEN SYSTEM على البيئة الخارجية وبما أن إدارة الموارد البشرية نظام فرعي، إذاً لابد من أن يتأثر بالبيئة الخارجية، فعمل وممارسات هذه الادارة تتأثر بالمتغيرات البيئية المحيطة بالمنظمة وبها. فعلى سبيل المثال، نجد أن وظيفة الاستقطاب التي تقوم بها إدارة الموارد البشرية لتوفير حاجة ادارات المنظمة من الموارد البشرية، تتأثر بمسألة العرض والطلب في سوق العمل، الذي يعتبر أحد المتغيرات البيئية الخارجية. فعندما يكون العرض في سوق العمل عالي سيجد الاستقطاب وفرة في الموارد البشرية، وستكون مهمته سهلة عما لو كان السوق يعاني من نقص في هذا العرض. من هنا نجد أن على إدارة الموارد البشرية عند ممارستها لوظائفها أن تراعي ما يلي:

* دراسة اتجاهات المتغيرات البيئية الخارجية والداخلية المؤثرة في نشاطها ومهمتها، وتحليل وتقييم هذه الاتجاهات (الحركات) وتحديد أثرها، ليكون عملها قائماً على أسس صحيحة، ولتسهم إسهاماً فعالاً في تحقيق أهداف استراتيجية المنظمة.

* التكامل والتفاعل التام مع الادارات (الأنظمة الفرعية) الاخرى في المنظمة، لتعمل معها بشكل متكامل ضمن النظام الكلي للمنظمة، من أجل إنتاج سلع وتقديم خدمات بمواصفات عالية من الجودة ترضي العملاء، والتصدي للمنافسة التي تواجه المنظمة في السوق.

ونعرض فيما يلي شكلاً يوضح ما تم شرحه سابقاً:

شكل رقم (5)

نظام إدارة الموارد البشرية نظام مفتوح يعمل ضمن نظام

كلي أكبر هو المنظمة والبيئة الخارجية

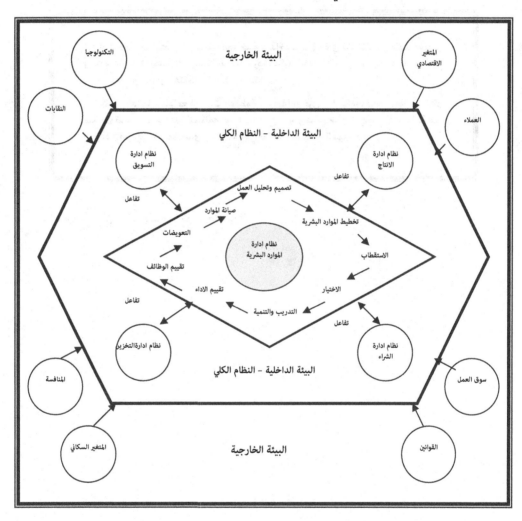

26

في ضوء ما تقدم من شرح لنتساءل الآن:

كيف يتم تفاعل إدارة الموارد البشرية كنظام فرعي مع ادارات المنظمة الأخرى التي أطلقنا عليها مصطلح الأنظمة الفرعية؟

لقد بات من الواضح لنا أن تفاعل إدارة الموارد البشـرية مـع بـاقي إدارات المنظمـة، يكـون مـن خلال وظائفها وممارساتها المتعلقة بالموارد البشرية التي تعمل في هذه الادارات، فقـد أوضحنا في السابق بأن محور عمل هذه الادارة هو العنصر البشري في العمل الذي يؤدي مهام جميع الادارات، وهذا يعني أن دور إدارة الموارد البشرية يتخللها جميعها ويتخلل جميع أنحاء المنظمة. ونعرض فيمـا يلـي مـوجزاً عـن الخدمات التي تقدمها إدارة الموارد البشرية لمديري الادارات في المنظمة، والتي تمثل تفاعلها معها:

* رسم سياسة دمج الموارد البشرية في المنظمة تحت شعار هو: "العنصرـ البشـري شريك في العمـل" الـذي بموجبه تجعل الموارد البشرية مطلعة على توجهات المنظمة المستقبلية، وإشراكها في اتخـاذ القرارات، لخلق الانتماء والولاء لديها ومساعدة المديرين على تطبيق هذه السياسة.

* مساعدة الادارات في تقدير احتياجاتها من الموارد البشرية.

* العمل على توفير حاجات الادارات من المـوارد البشـرية في الوقـت المطلـوب ومـن نوعيـات ومواصفات متميزة.

* تصميم نظـام لتقيـيم الأداء ليسـتخدمه المـديرون والرؤسـاء في تقيـيم أداء مرؤوسـيهم وتـدريبهم علـى استخدامه.

* مساعدة المديرين في قياس الرضا الوظيفي في اداراتهم وتحليل نتائجه.

* مساعدة المديرين في تحديد المرشحين للترقية من الموارد البشرية العاملة في اداراتهم.

* تدريب المديرين والرؤساء على استخدام الأسلوب الفعال في توجيه وتحفيز مرؤوسـيهم، وكيـف يكونـوا رواداً في تحقيق المعاملة الانسانية لهم، والعدالة والموضوعية في معاملتهم.

* مساعدة المديرين والرؤساء وتمكينهم من الأسلوب الفعال في تدريب مرؤوسيهم اثناء العمل .
* تصميم برامج التدريب والتنمية للموارد البشرية في الادارات.
* مساعدة المديرين والرؤساء في تكوين فرق العمل لتحقيق عمل جماعي تعاوني فعال.

* توعية المديرين والرؤساء بأهمية العنصر البشري في العمل، وكيف أن تكلفة الانتاج وجودته ورضا العملاء وسمعة المنظمة وبقاءها مرتبط بكفاءة ورضا مرؤوسيهم.

في ختام عرضنا لهذا الموضوع وفي ضوء ما تقدم آنفاً، نود توضيح نقطة هامة في هذا المقام وهي:

لا يعني وجود إدارة للموارد البشرية تقوم برسم استراتيجية هذه الموارد وتضع سياسات التعامل معها كما اسلفنا سابقاً، بأن المديرين والرؤساء والمشرفين ليس لهم علاقة بممارسات هذه الادارة، على اعتبار (حسب قناعتهم الخاصة) أنها تقوم نيابة عنهم بهذه المهمة. هذا الاعتقاد خاطئ تماماً، فادارة الموارد البشرية صحيح أنها تخطط وترسم وتمارس المسائل المتعلقة بالحياة الوظيفية للموارد البشرية، إلا أن من يطبق هذا التخطيط والرسم هم المديرون والرؤساء والمشرفون في كافة المستويات الادارية في المنظمة، فهي مهمتهم الاساسية والحيوية، فإدارة الموارد البشرية تساعدهم وترشدهم للاشراف السليم على مرؤوسيهم، وتوضح لهم أسلوب التعامل والتفاعل الايجابي معهم في ضوء المفاهيم الإدارية الحديثة، كما أنها تمكنهم من كيفية تحفيز مرؤوسيهم بشكل فعال ورفع روحهم المعنوية، وكيف يدربونهم أثناء العمل، فهذه الادارة هي مساعدة وداعمة لعمل جميع المديرين والرؤساء في المنظمة في تعاملهم مع مرؤوسيهم، لكن هذا التعامل يعد مهمتهم الأولى، فالاداري (سواء أكان مديراً أو رئيساً أو مشرفاً) الذي يفتقر إلى الخبرة في هذه المهمة، لن يتمكن من تحقيق أهداف وحدته الادارية التي يرأسها أو يديرها مهما كان مستوى خبرته الفنية عالياً، لأن مرؤوسيه هم الذين سيحولون المواد والافكار .. الخ الى سلع وخدمات، فالاداري أيا كان موقعه هو أولاً وأخيراً يقود بشراً، ولا يمكنه تحويل هذه المسؤولية الى جهة أخرى هي إدارة الموارد البشرية، على اعتبار أن هذه المسؤولية هي من اختصاصها.

نستنتج مما تقدم ما يلي:

إن مسؤولية إدارة الموارد البشرية في أية منظمة كانت، إنما هي مسؤولية مشتركة تقع على عاتق هذه الادارة وعلى جميع الاداريين مديرين، رؤساء، مشرفين في كافة المستويات الادارية، وعلى هؤلاء ألا ينسوا بأن مهمة التوجيه والاشراف هما أحد مكونات العملية الادارية التي تمثل صلب عملهم الاداري: التخطيط، التنظيم، التوجيه، الرقابة.

هدف إدارة الموارد البشرية

من خلال الوظائف التي تمارسها إدارة الموارد البشرية، يمكننا الآن أن نستنتج هدف هـذه الادارة الذي تسعى إلى تحقيقه، والذي يتجسد فيما يلي:

> وضع استراتيجية موارد بشرية وفق متطلبات واحتياجات تنفيذ وإنجـاز اسـتراتيجية المنظمـة الحاليـة والمستقبلية، لتسـهم مـن خلالهـا بتـوفير قـوة بشـرية ذات مسـتوى عـالي مـن الانتاجيـة والفاعليـة التنظيمية، بحيث تكون قادرة على تحقيق أهداف المنظمة بـأعلى مسـتوى مـن الأداء والانجـاز، مـن أجل ضمان نجاحها وبقائها واستمرارها.

من خلال النص السابق يمكننا تحديد مضمون هدف إدارة الموارد البشرية بما يلي:

تحقيق الكفاية الانتاجية   EFFICIENCY :

يتم تحقيق الانتاجية من خلال دمج الموارد البشرية مـع المـوارد الماديـة التـي تمتلكهـا المنظمـة، لتحقيق الاستخدام الأمثل لهذه الموارد مجتمعـة التـي تسـمى بالمـدخلات INPUTS ، علـى اعتبـار أن المـورد البشري هو الذي يستخدمها (مواد، آلات، تكنولوجيا..الخ)، وعلى مسـتوى أدائـه وكفاءتـه يتوقـف حسـن هذا الاستخدام الذي ينتج عنه مخرجات OUTPUTS (سلع، خدمات) بالكميات والمواصفات المطلوبة وبأقـل تكلفة. فالعنصر البشري هو المسؤول عن تحقيق الكفاية الانتاجية، من خلال تعظيم المخرجات وتخفيض تكلفة المدخلات. وهنا يبرز دور إدارة الموارد البشرية من خلال ما تقوم به من وظائف وممارسات، تجعل المورد البشري مؤهلاً، مدرباً، محفزاً، لديه ولاء وانتماء للعمل وللمنظمة، التي تصبح من خلاله قادرة عـلى الأداء بانتاجية عالية.

تحقيق الفاعلية في الاداء التنظيمي   EFFECTIVINESS :

الكفايـة الانتاجيـة لوحـدها لا تكفـي لتحقيـق النجـاح والمنافسـة والبقـاء للمنظمـة، فتحقيـق مخرجـات بكفايـة عاليـة (كميـة + مواصفات + أقل تكلفة) من خـلال اسـتخدام كفـؤ للمـوارد (المـدخلات)، يجـب أن يكـون بمسـتوى عـالي مـن الجـودة، لتحقيـق الرضـا لـدى عمـلاء المنظمـة، أي أن يلبـي المنـتج (المخرجـات) والخدمات المقدمة للزبائن احتياجاتهم ورغباتهم وتوقعاتهم ومعاملتهم معاملـة حسـنة، فالمنتج والخدمة الجيدان ليسا من وجهة نظر المنظمة، بل من وجهـة نظـر الزبـون. وهنا يـبرز دور ادارة الموارد البشرية بقيامها بحملات تدريب وتوعيـة للمـوارد البشـرية، حـول أن مسـألة الجـودة ورضا الزبـائن مسألة في غاية الأهمية، وأن خدمة العمـلاء وتحقيـق الرضا والسعادة لديهم ، هي مسـؤولية كل مـن يعمـل في المنظمة، فبقاؤها في حقل المنافسة السوقية يتوقف على هذا الرضا، فالجميع يجب ان يكـون في خدمـة عملاء المنظمة.

من خلال جميع ما تقدم نخرج بالنتيجة التالية:

> الكفاية الانتاجية وفاعلية الأداء التنظيمي يكملان بعضهما بعضاً، فمـن خلالهـما تتمكن أيـة منظمـة من تحقيق الرضا والسعادة لدى عملائها، مما يزيد من قوتها التنافسية في السوق وقدرتها على البقاء والاستمرار.

وفي هذا المقام نؤكد ثانية على معلومة سبق أن أشرنا إلى أهميتها وهي: أن أي إنفاق على المـوارد البشرية وادارتها هو اسـتثمار عائـده كبـير جداً، يتمثـل في تحقيـق الكفايـة الانتاجيـة والفاعليـة التنظيميـة، فالبخـل في هـذا الاسـتثمار يـؤدي الى مشـاكل مسـتقبلية تواجههـا المنظمـة، فالرواتـب والأجـور والحـوافز الضعيفة، والتدريب السريع والجزئي.. الخ سينعكس أثرها جميعها سلباً على المنظمة.

لمزيد من التوضيح فيما يخص هدف إدارة الموارد البشرية ودورها كنظام فرعي يعمل ضمن نظام أكبر كلي هو المنظمة وفق ما تم شرحه في السابق، نجد من الأهمية بمكان إثارة تساؤلين هامين يتوجب الاجابة عنهما، فهذه الاجابة تعطينا رؤية أوضح وأوسع وأشمل عن هدف نظام إدارة الموارد البشرية ودورها الهام في منظمات القرن الواحد والعشرين.

* السؤال الأول: كيف يتم دمج دور (وظيفة ومهمة) إدارة الموارد البشرية التي محور عملها العنصر البشري في العمل، مع الموارد المادية الأخرى (التكنولوجيا، المعلومات، المواد .. الخ)؟

* السؤال الثاني: ما هو انعكاس تحقيق هدف إدارة الموارد البشرية على أداء المنظمة الكلي؟

الإجابة عن السؤال الأول :

تتم عملية الدمج من خلال تحقيق معادلة مستوى الأداء البشري الجيد التي تتجسد في (المقدرة × الرغبة)، فهذه المعادلة تمثل غاية ونتاج وظائف وممارسات إدارة الموارد البشرية المتعلقة بالعنصر البشري في العمل، التي تسعى جميعها إلى تحقيق شقي المعادلة. فعلى سبيل المثال والتوضيح لا الحصر: إن الاختيار المناسب للعنصر البشري وتعيينه في الأعمال المناسبة، وتدريبه وتنميته وتحفيزه بشكل جيد، وحمايته من مخاطر العمل (تمثل ممارسات إدارة الموارد البشرية) يسهم جميعها إسهاماً مباشراً وفي علاقة تكاملية في تحقيق المقدرة والرغبة في العمل لدى الفرد. ولمزيد من الايضاح لمعادلة مستوى الأداء نعرض ما يلي:

من الواضح في المعادلة السابقة أن تحقيق الأداء البشري الجيد لا يأتي عن طريق المقدرة لوحدها، بل لابد من أن تقترن المقدرة لدى العنصر البشري برغبة لديه في العمل ناتجة عن روح معنوية عالية، فما فائدة المقدرة دون وجود رغبة معها. في المقابل وجود رغبة فقط دون مقدرة لا يجدي شيئا، فالأداء الجيد لا يتحقق إلا بوجود مقدرة ورغبة في العمل بآن واحد.

يتضح من ذلك أن العلاقة بين شقي معادلة مستوى الأداء علاقة تكاملية والسؤال الذي يفرض نفسه هنا هو: لماذا وضعت إشارة (×) بدلاً من إشارة (+)؟ الإجابة بسيطة ومفادها ما يلي: إن إشارة (×) حسابياً تعظم القيمة أكثر من إشارة (+)، وهذا يعني أن المطلوب من إدارة الموارد البشرية ليس ايجاد المقدرة والرغبة فحسب، بل تعظيم وجودهما لأعلى حد ممكن، للوصول إلى أعلى مستوى أداء ممكن.

إذاً يمكن القول إن نتاج وظائف وممارسات إدارة الموارد البشرية، يصب جميعها في تحقيق أعلى مقدرة وأعلى رغبة في الوقت نفسه لدى العنصر البشري في العمل، مما يسهم في دمجه مع الموارد المادية الأخرى، وجعله مرتاحاً ومسروراً في مكان العمل داخل المنظمة. وهنا لابد من الاشارة، إلى أنه ونتيجة لتكاملية طرفي معادلة مستوى الأداء، فإن تأثير وظائف إدارة الموارد البشرية هو تأثير مزدوج، بمعنى أن تأثير هذه الوظائف إما أن ينصب مباشرة في رفع المقدرة والرغبة بشكل غير مباشر، أو في الرغبة مباشرة والمقدرة بشكل غير مباشر، وهذا يتماشى مع ما شرحناه في السابق وهو: أن وظائف إدارة الموارد البشرية كنظام مكوناته متكاملة ومتفاعلة مع بعضها بعضا.

الإجابة عن السؤال الثاني :

إن تحقيق معادلة مستوى الأداء الجيد من قبل إدارة الموارد البشرية كما هو مشار إليه أعلاه، سيحقق مخرجات أساسية لدى العنصر البشري وهي ما يلي:

* جودة أداء بشري عالي المستوى.

* زرع الولاء والانتماء في نفوس الموارد البشرية التي تعمل في المنظمة تجاهها وشعورهم بأنهم جزءاً منها.

* دمج أهداف العنصر البشري في العمل مع أهداف المنظمة وشعوره أن نجاحها يعني نجاحه.

* حدوث رضا وظيفي لدى الموارد البشرية نتيجة روحهم المعنوية المرتفعة.

* وجود تعاون بشري في أداء الأعمال.

* انخفاض في معدل دوران العمل، نتيجة انخفاض الرغبة لترك العمل في المنظمة بسبب ارتفاع الروح المعنوية.

هذه الجوانب السابقة لا شك أنها ستقود إلى تحقيق شيئين شرحناهما سابقا وهما: الكفاية الإنتاجية والفاعلية في الأداء التنظيمي عموماً، مما ينتج عنه رضا وسعادة عملاء المنظمة التي تخلق لديهم ولاء تجاهها ، وزيادة حصتها في السوق وبالتالي أرباحها التي ستوصلها في نهاية المطاف إلى البقاء والاستمرارية.

وفيما يلي شكل يوضح ما سبق أن شرحناه:

شكل رقم (6)
نظام إدارة الموارد البشرية هدفه ودوره ضمن النظام الكلي للمنظمة

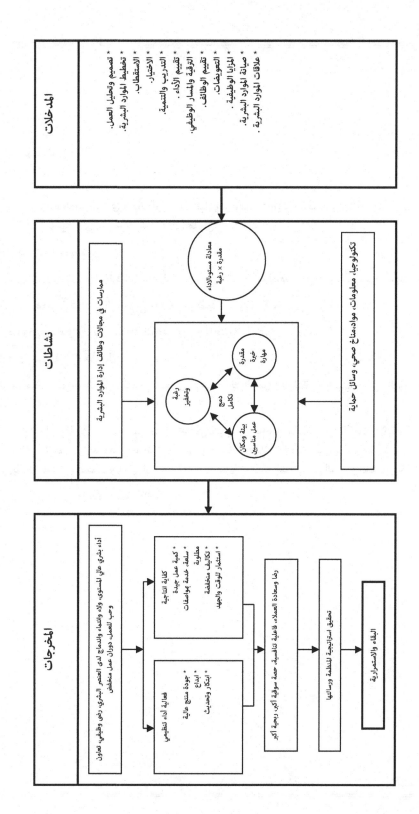

خاتمة أخيرة نود أن نختتم بها هذا الموضوع الذي بين أيدينا وهو هدف إدارة الموارد البشرية بما يلي:

إن خلق التنافسية للمنظمة التي يصطلح عليها بـ ORGANIZATIONAL COMPETITIVINESS وجعل قدرتها على منافسة الآخرين عالية، هو هدف عام في جميع المنظمات تسعى إلى تحقيقه لأنه مرتبط ببقائها، فبسبب ظروف العولمة زادت شدة التنافس، وأصبحت العديد من المنظمات اليوم في حالة خطر يتهددها هو شبح الزوال، لذلك راحت تناضل وتكافح من أجل زيادة قدرتها التنافسية، فغيرت من استراتيجياتها، وثقافتها، وفلسفتها الادارية، وجودة منتجاتها.. الخ في مسعى لتحقيق البقاء لها. وقد دأبت هذه المنظمات على تعزيز وتقويه دور إدارة الموارد البشرية فيها، والاعتماد عليها في توفير حاجتها من الموارد البشرية ذات التأهيل العالي وبخبرات ومهارات متطورة وحديثة، وتعتمد عليها في تدريب وتنمية وتحفيز هذه الموارد، لزيادة فاعليتها والتزامها وولائها، لتكون قادرة على إنتاج منتجات أو خدمات متميزة، وتقدم كل جديد ومبتكر للزبائن، لكسب رضاهم، وتقوية القدرة التنافسية للمنظمة لتحقيق النجاح والبقاء لها، ذلك لأن الموارد البشرية هي المسؤولة عن تحقيق الكفاية الانتاجية بجعل نسبة المخرجات أعلى من المدخلات، وتحقيق الفاعلية التنظيمية، بشكل تكون المخرجات ذات جودة عالية وتكلفة مناسبة يرضى عنها العملاء.

مهنية العمل في إدارة الموارد البشرية

تساؤل نجد من الأهمية بمكان طرحه في بداية مناقشتنا لهذا الموضوع هو: "هل ممارسة العمل في مجال إدارة الموارد البشرية مهنة كسائر المهن الأخرى، كهندسة الانتاج، أنظمة المعلومات والحاسب الآلي، الصيدلة.. الخ؟ سؤال يستوجب الإجابة عنه بلا شك. ويعود سبب طرحنا لهذا التساؤل، هو أن العمل في حقل إدارة الموارد البشرية في غالبية الدول النامية عمل بسيط، يمكن أن يمارسه أي شخص في المنظمة، فيمكن ممارسته مثلاً من قبل حملة الاجازة في الحقوق أو الآداب، أو أي اختصاص آخر لا يمت بصلة لتخصص الموارد البشرية.

لنسأل أنفسنا أيضاً: لماذا يمكن ممارسة هذا العمل من قبل أي شخص في المنظمة في البلدان النامية، ولا يمارسه سوى المختصون فيه في البلدان الصناعية المتطورة كاليابان، والولايات المتحدة، ودول أوروبية.. الخ؟ الإجابة بسيطة، ذلك لأن هذه الدول خاضت حروباً، وقامت بدراسات ميدانية تجريبية على مدى قرن من الزمن، أيقنت بأن أهم عناصر العمل والانتاج في منظماتها هو المورد البشري، ولا نريد تكرار ما شرحناه في السابق عن مدى أهمية دور هذا المورد. لقد قامت هذه الدول وما زالت تقوم حتى الآن بتعزيز وتقوية دور إدارة الموارد البشرية، وخاصة في ظل العولمة والمنافسة العالمية التي تعيشها منظماتها، لقد حول المختصون في إدارة الأعمال فيها موضوع إدارة المورد البشري إلى حقل من حقول المعرفة الإدارية، وتخصص قائم بحد ذاته يدرس في الجامعات بمختلف أنحاء العالم.

أما بالنسبة للبلدان النامية، فللانصاف نقول، أن خطط جامعاتها الدراسية، تشتمل على أكثر من مساق يختص بإدارة الموارد البشرية، لكن ما الفائدة طالما أن منظماتها وعلى اختلاف أنواعها، لا تسعى ولا تدرك مدى أهمية العنصر البشري في العمل، فإدارة المورد البشري في نظرها قسم يعنى بأمور ذاتيات الموظفين والعمال، وحفظ ملفات خدمتهم، واعداد مذكرات قرارات شؤون العاملين كالتعيين والترقية، وكذلك مراقبة دوامهم، لهذا السبب نجد خريج الجامعة في البلدان النامية عند تعيينه في منظماتها، لا يجد مجالاً ليمارس ما درسه وتعلمه بالجامعة في حقل الموارد البشرية، وبالتالي وكما يقال: "تحصيل حاصل" ضاع جهد الجامعات في تأهيل مختصين لممارسة العمل المهني في مجال إدارة الموارد البشرية.

نعود الآن إلى النقطة الأساسية التي بدأنا بها حديثنا عن مهنية العمل في مجال إدارة الموارد البشرية وهي: هل هذا العمل مهنة كسائر المهن الآخرى المعروفة؟ المطلوب منا الآن أن نسوق البرهان والدليل على أن العمل في الموارد البشرية عمل مهني متخصص، ونرى أن البرهنة على ذلك تستوجب منا ذكر المعايير الموضوعة من قبل المختصين التي تميز الأعمال فيما إذا كانت مهن أم لا؟ وإلى القارئ هذه المعايير التي تجعل من العمل مهنة PROFESSION مع توضيح لمدى انطباقها على العمل في حقل الموارد البشرية لنقول عنه أنه مهنة كسائر المهن: [1]

* المعيار الأول: المهنة وظيفة تعمل على خدمة الآخرين. في ضوء مضمون هذا المعيار نجد أن العملفي مجال الموارد البشرية يسعى إلى خدمة الآخرين وهم: العاملون في المنظمة رؤساء ومرؤوسين، وأعضاء المجتمع وذلك من خلال

(1) عمر وصفي عقيلي، الإدارة مفاهيم وأسس، دار زهران، عمان، 1996، ص 21 .

رفع انتاجية وجودة أداء الموارد البشرية وتقديم سلع وخدمات نافعة تلبي حاجات ومطالب المجتمع.

* المعيار الثاني: وجود نظام معرفي يمكن دراسته والتخصص فيه والحصول على شهادة علمية فيه، هذا النظام يعلم المختص أصول وقواعد وأسس مزاولة المهنة، وهذه الأصول ذات طابع عمومي شمولي، أي أنها عامة وموحدة بين الجميع. إذا طبقنا هذا المعيار على عمل إدارة الموارد البشرية، نجد أن هناك قدراً هائلاً من المعرفة المتخصصة في مجال الموارد البشرية تدرس في الجامعات ولها طابع العموم والشمول، فقد أصبح المختصون في هذا المجال يتكلمون بلغة تخصصية واحدة. إلى جانب ذلك أصبحت مادة إدارة الموارد البشرية مادة تدرس في الدراسات العليا، وهناك رسائل ماجستير ودكتوراه في مجالها.

* وجود جمعيات علمية تنظم ممارسة المهنة وتطور وتضع قواعد لهذه الممارسة. هذا المعيار ينطبق أيضاً على العمل في مجال إدارة الموارد البشرية، فهناك العديد من الجمعيات العلمية المتخصصة في مجال الموارد البشرية وخاصة في الولايات المتحدة مثل:

جمعية إدارة الموارد البشرية.	SOCIETY FOR HUMAN RESOURCE MANAGEMENT
الجمعية الأمريكية للتدريب والتنمية.	AMERICAN SOCIETY FOR TRAINING AND DEVELOPMENT
جمعية إدارة الأفراد الدولية.	INTERNATIONAL PERSONNEL MANAGEMENT ASSOCIATION

* وجود دستور أخلاقي يفرض المسؤولية الاجتماعية على من يزاول المهنة. هل هذا المعيار موجود في عمل إدارة الموارد البشرية؟ إن موضوع الساعة الآن في دول العالم المتحضر هو المسؤولية الأخلاقية والاجتماعية للإدارة، فأي مدير يمارس الإدارة في أي مجال الانتاج، الشراء، التسويق، الموارد البشرية، عليه أن يتحلى بالجوانب الأخلاقية في ممارساته مع الآخرين داخل وخارج المنظمة، ومراعاة المصلحة العامة والمجتمع، لكن حتى الآن ليس هناك قسماً يقسمه من يمارس مهنة إدارة الموارد البشرية كالطبيب والمحامي. السؤال الذي يثار حول هذا المعيار هو: هل كل طبيب أو كل محامي أقسم يمينا على مزاولة مهنته بأمانة وشرف قد التزم بقسمه؟ بالطبع لا فالمسألة ليست مسألة القسم، بل مسألة ضمير، فممارس أية مهنة إذا لم يكن ضميره حياً، لن ينفع معه ألف قسم. لذلك نجد أن هذا المعيار ليس بالأساسي إن لم يتوفر في مهنة إدارة الموارد البشرية.

نخلص مما تقدم :

إن العمل في مجال إدارة الموارد البشرية عمل له طابع التخصص والاحتراف، بمعنى أنه مهنة لا يمكن أن يمارسها إلا من درس نظام معرفتها وتعلم أصولها وحصل على شهادة علمية من إحدى الجامعات في مجالها، فمعايير المهن التي عرضناها سابقاً تنطبق على عمل إدارة الموارد البشرية، وبالتالي فهي مهنة كسائر المهن الأخرى، لقد أصبح في الدول المتقدمة وخاصة اليابان والولايات المتحدة فئة من مديري الموارد البشرية المحترفين الذين يعملون في منظماتها.

أخلاقيات ممارسة مهنة إدارة الموارد البشرية:

الأخلاق ETHICS كمصطلح، نظام للقيم السلوكية توضح ما هو الخير وما هو الشر، وبعبارة أخرى ما الشيء الحسن وغير الحسن، والأخلاق لها ارتباط بالضمير فهي تتكامل معه ولا انفصال بينهما. وبالنسبة لأخلاقيات أية مهنة، فهي تبين ما يجب الالتزام به عن قناعة وطواعية وفيه خير للآخرين، وما يجب الابتعاد عنه لأنه يسبب الضرر لهم. وهناك صيحات تنادي الآن أن يكون لكل مهنة دستور أخلاقي خاص بممارستها، تلزم به النقابات كل من يمارس المهنة التي ينتمي لها. ومن وجهة نظري وكما أسلفنا سابقاً، المسألة ليست مسألة دستور إلزامي يجبر ممارسي المهنة الالتزام به، بل مسألة ضمير وقناعة ذاتية.

وفيما يخص أخلاقيات ممارسة مهنة إدارة الموارد البشرية، فيوماً بعد يوم ومع تزايد أهمية المورد البشري (كما شرحنا سابقاً) تشهد الولايات المتحدة، وكندا، ودول أوروبا الغربية، واستراليا، واليابان حركة متنامية تنادي بوجود قيم أخلاقية على شكل دستور أخلاقي CODE OF ETHICS ، يضع أصولاً من أجل ممارسة مهنة إدارة الموارد البشرية. وفي دراسة ميدانية في عدد من الشركات الأمريكية، تبين وجود ضغوط في مجتمع الأعمال، لايجاد دستور أخلاقي لممارسة مهنة إدارة الموارد البشري ة في منظمات الأعمال. لقد تولد في المجتمعات المتحضرة قناعة بأهمية وجود مثل هذا الدستور الأخلاقي، وأن يلتزم به ممارسو مهنة إدارة الموارد البشرية في قراراتهم وممارساتهم اليومية. فعلى سبيل المثال ألا يتخذ مدير الموارد البشرية قراراً بتعيين الرجال عوضاً عن النساء، لقناعته أن الرجل يمتلك إمكانات

وطاقات فسيولوجية أكبر، وبأن هـذا التصرف منه يحقق المنفعة للمنظمة بغض النظر عن أسلوب تحقيقها، تطبيقاً لقاعدة الغاية تبرر الوسيلة، مثل هذا القرار وهـذه القناعة والممارسة لا يمكن اعتبارها أخلاقية. لذلك وجد المختصون في مجال الإدارة بوجه عام والموارد البشرية بوجه خاص، ضرورة وضع أخلاقيات لممارسة مهنة إدارة الموارد البشرية، على شكل قيم تعتبر جزءاً من ثقافة المنظمة التنظيمية.

ونرى في هذا المقام أن نعرض ملخصاً لعدد من القواعد الأخلاقية المتعلقة بممارسة مهنة إدارة الموارد البشرية، قامت بوضعها جمعية إدارة الموارد البشرية الأمريكية، هذه القواعد عامة وبالتالي فنطاق تطبيقها بلا شك سيختلف من منظمة لاخرى ومن مجتمع لآخر حسب الثقافة السائدة فيهما. والغاية من وضع هذه القواعد، أن يطلع عليها ممارسو مهنة إدارة الموارد البشرية، ويفهموا فحواها، ويأخذوها في الاعتبار خلال ممارساتهم: [2]

- أن أسعى لتحسين عمل إدارة الموارد البشرية في المنظمة التي أعمل فيها.
- أن أسعى جاهداً لأطور نفسي في مجال تخصصي وهو إدارة الموارد البشرية.
- أن أضع معايير أداء عالية المستوى لأدائي المتخصص في إدارة الموارد البشرية وأن أسعى إلى تحقيقها.
- أن أدعم الأهداف والغايات المجتمعية في مجال تنمية مهنة إدارة الموارد البشرية.
- أن أحث أصحاب المنظمة على توفير العدالة والموضوعية في التعامل مع الموارد البشرية، وجعل هذه المعاملة في المقام الأول ضمن قائمة اهتماماتهم، وأن تكون فعالة.
- أسعى لايجاد انطباع جيد وثقة لدى العاملين في المنظمة والمجتمع عن المنظمة وأصحابها.
- أن أدين بالوفاء للمنظمة التي أعمل فيها ولمالكيها، وأن أسعى لتقديم النصح لهما، وتحقيق أهدافهما بما يتماشى مع صالح المجتمع.
- أن أراعي القوانين الحكومية المتعلقة بالموارد البشرية الصادرة عن الدولة خلال ممارساتي.

---

(2) ارجع تفصيلاً إلى:

Wayne R. Mondy, Robert M. Nol, Spher Shane R. , Human Resource Management , 7th ed. Prentice Hall, New Jersey , 1999

- ألا أسيء استخدام وظيفتي والسلطة التي أملكها لأغراض شخصية، أو أن أحابي البعض لحماية مصالحي الشخصية.

- أن أحافظ على سرية معلومات الموارد البشرية.

في ضوء ما تقدم من شرح في هذه الفقرة التي نحن في صددها، نجد أن:

من سوف يعمل في مجال إدارة الموارد البشرية، يجب أن يكون شخصاً ذو خلفية علمية، درس وتعلم أكاديمياً الأصول والقواعد المعرفية العلمية المتعلقة بمهنة الموارد البشرية، ولديه خبرة عملية في مجالها. وهذا يحدو بنا للقول أخيراً أن إدارة الموارد البشرية في المنظمة، ليس مكانا يمكن أن يوظف ويعمل فيه أي شخص كما هو الحال في البلدان النامية، بل هو مكان عمل ذو أهمية وحساسية عالية، لأن هذه الادارة تتعامل مع أهم عناصر العمل والانتاج ألا وهو المورد البشري.

إدارة الموارد البشرية مهنة ذات علم وفن :

بما أن مفاهيم ومبادئ وأسس تخصص إدارة الموارد البشرية هي جزءاً من النظام المعرفي لعلم وفن الادارة، إذاً مهنة العمل في هذه الادارة يمكن أن نقول عنها أنها علم وفن بآن واحد. فتخصص إدارة المورد البشري علم، لأنه يشتمل على نظريات ومبادئ وقواعد تدرس في الجامعات، وتخرج لنا أخصائيين يستخدمون هذا العلم في رسم وتنفيذ وظائف هذه الإدارة في المنظمات وعلى اختلاف أنواعها، من أجل تحقيق فاعلية الأداء البشري فيها، ويمكن القول أن العملية الإدارية بمكوناتها الأربعة المعروفة: التخطيط، التنظيم، التوجيه، الرقابة تمارس في عمل إدارة الموارد البشرية.

على صعيد آخر يمكننا القول أن ممارسة مهنة إدارة الموارد البشرية تحتاج إلى فن الذي يمكن تعريفه هنا باختصار: المهارة في تطبيق المفاهيم والمبادئ .. الخ التي يشتمل عليها العلم. بناء عليه يمكن القول: أن ممارسة العمل في مجال الموارد البشرية، يتطلب ذكاء ومقدرة عالية في التعامل مع الآخرين، وحماسة واندفاع، وهذه جميعها خصائص لا يمكن اكتسابها من خلال دراسة تخصص الموارد البشرية في الجامعات، فهذه الجوانب تحتاج إلى مهارة وخبرة تكتسبان من الممارسة وهما تمثلان فناً.

نخلص إلى نتيجة مفادها: العلم والفن في مجال عمل إدارة الموارد البشرية يكملان بعضهما بعضاً، ويحتاجهما من يمارس هذه المهنة، فعملهما يحتاج إلى مقدرة فنية من أجل تطبيقه وممارسة أصوله وقواعده لتحقيق النجاح في هذا التطبيق.

عمومية وشمولية مهنة إدارة الموارد البشرية :

لابد عند شرحنا لماهية وطبيعة عمل إدارة الموارد البشرية، من أن نتعرض الى نقطة ذات علاقة بموضوع هذا الفصل وهو الأول من كتابنا وهي: صفة العمومية والشمولية التي أطلقت على عمل هذه الادارة، فما هو معنى العمومية والشمولية؟

* العمومية: إدارة الموارد البشرية إدارة موجودة في كافة أنواع المنظمات العامة والخاصة، صناعية كانت أم خدمية، وفي كافة البلدان المتقدمة أو النامية، ففي جميعها لابد من وجود هذه الإدارة لتمارس عمل الاشراف على شؤون التوظف والخدمة فيها من تعيين، وتأهيل، وتدريب.. الخ مع الاختلاف في مدى أهميتها من منظمة لأخرى ومن بلد لآخر، وذلك حسب مدى القناعة بدورها. ويعود سبب العمومية إلى أن محور عمل هذه الادارة العنصر البشري، الذي لا تخلو منظمة في الأرض من وجوده.

* الشمولية: إن أهم ما يميز نشاط إدارة الموارد البشرية المعاصرة، هو شمول وظائفها لكل من يعمل في المنظمة رؤساء ومرؤوسين في مختلف المستويات التنظيمية في المنظمة دون استثناء فئة. إن المنطق الذي ترتكز عليه شمولية عمل هذه الإدارة، هو أن كل من يعمل في المنظمة له دور محدد يؤديه، يجب رعايته والاهتمام به، فهو يحتاج إلى تدريب وتنمية، وتحفيز، وترقية، ونقل، وتقييم أداء.. الخ، فأي مكان في المنظمة تعمل فيه موارد بشرية، لابد أن يشملها نشاط هذه الإدارة، وبالتالي فعمل إدارة الموارد البشرية يستعمل ويتغلغل في كافة إدارات ووحدات العمل في المنظمة. ويعتقد بعضهم أن نشاط هذه الإدارة لا يشمل الإدارة العليا كما كان سائداً في السابق، هذا الاعتقاد خاطئ، لماذا؟ لأن الإدارة العليا على سبيل المثال تتخذ قرارات هامة جداً يتوقف عليها نجاح

المنظمة، وبالتالي فرجال الادارة العليا بحاجة ماسة لتقييم أدائهم وتنمية قدراتهم على اتخاذ قرارات صائبة وجيدة.

بناء على ما تقدم يمكننا القول: أينما وجد العنصر البشري وجد نشاط إدارة الموارد البشرية، لترعى شؤونه وفق ما شرحناه في وظائف هذه الإدارة سابقاً.

نشأة وتطور إدارة الموارد البشرية ومديرها المعاصر

سنقوم الآن بعرض نشأة إدارة الموارد البشرية وتطورها على شكل مراحل او حقبات زمنية متتالية منذ قيام الثورة الصناعية وحتى مطلع الألفية الثالثة، على اعتبار أن الفترة قبل الثورة الصناعية لم يكن هناك شيء يدعى بالمصنع أو الإدارة.

الثورة الصناعية:

عند قيام الثورة الصناعية في منتصف القرن التاسع عشر وعقود الزمن الستة التي تلتها، لم يكن آنذاك شيء في المنظمات الصناعية يدعى بادارة الموارد البشرية، لكن كانت هناك صيحات تظهر بين الحين والآخر في البلدان الصناعية في اوروبا والولايات المتحدة الأمريكية، تنادي بضرورة الاهتمام بشؤون العمال في المصانع وتحسين أمورهم المعيشية والصحية، فهم أولاً وأخيراً بشر وليسوا بآلات صماء تدار وتعمل وفق رغبات أصحاب الأعمال. ففي بريطانيا مثلاً وبسبب الضغط الحكومي وانتشار مفهوم إنسانية العمل في المجتمع وضرورة الاهتمام بالعمال من قبل أصحاب الأعمال، قبل قلة منهم بتحمل مسؤولية تحسين ظروف العمال في منظماتهم، واعداد برامج إنسانية لرعاية وتحسين أوضاع العاملين في مصانعهم، تماشياً مع إلحاح المجتمع البريطاني آنذاك على ضرورة مراعاة الجانب الإنساني في العمل. في عام (1890) ظهر في الدول الصناعية المانيا، وبريطانيا، فرنسا، والولايات المتحدة مفهوم يدعى "تحقيق الرفاهية الصناعية INDUSTRIAL WELFAR " وهي عبارة عن برامج صممتها المنظمات الصناعية آنذاك، من أجل تحسين ظروف ومناخ العمل المادي الصحي داخل المصانع، وتصميم الأبنية التي يتوفر فيها الشروط الصحية لممارسة الأعمال.

ولادة إدارة الموارد البشرية في المنظمات الصناعية:

أول ظهور لادارة الموارد البشرية في المنظمات الصناعية كان في شركة "فورد FORD " لصناعة السيارات في الولايات المتحدة الأمريكية، وقد كان ذلك عام (1914) بسمى أطلقه عليها مؤسس هذه الشركة HENERY FORD هو: "إدارة الاستخدام EMPLOYMENT DEPRATMENT " فمع توسع حجم أعمال هذه الشركة واستخدام أعداد كبيرة من العمال الذين يحتاجون لعملية اختيار وتعيين وتأهيل وتحديد رواتبهم وأجورهم.. الخ، وجد "فورد" بأن هناك ضرورة ملحة لإحداث هذه الادارة، لرعاية شؤون الاستخدام والتوظيف بدلاً عن المشرفين على العمال الذين كانوا يقومون بهذه المهمة، فمع تزايد حجم العمل والعمال، لم يعد لدى هؤلاء متسع من الوقت لأداء هذه المهمة. فعلى سبيل المثال بلغ معدل دوران العمل في شركة "فورد" 400% عام (1913) هذا المعدل المرتفع جعل من عملية اختيار وتعيين العمال وتأهيلهم عملية مستمرة طوال السنة، فحالات ترك العمل عالية جدا بسبب انخفاض معدلات الأجور المدفوعة آنذاك للعمال في هذه الشركة، وهذا الترك تطلب إعادة توظيف مستمر لتعويض العمال الذين تركوا العمل فيها.

إلى جانب ذلك أدركت شركة فورد بضرورة وجود هذه الادارة لتقوم بالتفاوض مع النقابات العمالية، وإبرام اتفاقات معها حول مسائل العمل والتوظيف، وتحسين العلاقة معها، ومنع حدوث عمليات إضراب لدى العمال. ويمكن القول في هذا المقام، أن العديد من الشركات الأمريكية والأوروبية بعد أن وجدت بأن تجربة شركة فورد كانت ناجحة، قامت باحداث إدارات للاستخدام فيها (إدارة الموارد البشرية) وخاصة من أجل التفاوض مع النقابات العمالية.

الحرب العالمية الأولى (1914-1918) :

أضافت ظروف هذه الحرب مدخلات جديدة على أهمية العنصر البشري في العمل وانتشار وجود إدارة الاستخدام (المسمى القديم لإدارة الموارد البشرية) في المنظمات الصناعية، فقد اقتنع أصحاب الأعمال والحكومات آنذاك بأن القوى العاملة هي الأداة الفاعلة التي يمكن من خلالها تغطية احتياجات الحرب الكبيرة من السلع والخدمات المختلفة والمتنوعة، فقد سبب نقص العمال في المصانع (الذي سده استخدام النساء) بسبب توجه الشبان الى جبهات القتال، إلى تزايد الاهتمام ببرامج تحسين ظروف العمل في المصانع، لتوفير مكان عمل صحي ومناسب ومريح وأجور جيدة تساعد على رفع انتاجية القوى العاملة، فقد اقتضت ظروف الحرب ما يلي:

* زيادة ساعات العمل.

* بذل جهود بشرية إضافية أثناء العمل.

* تسريع وتيرة العمل.

* آلات وتجهيزات أفضل.

* إدارة أفضل.

هذه الأمور تطلبت من أصحاب الأعمال التأكيد على برامج رعاية العمال وتحسين ظروف عملهم في المصانع وحياتهم المعيشية. لقد أصبح لدى هؤلاء الملاك قناعة كاملة بضرورة وجود إدارة الاستخدام في مصانعهم، لتتحمل هذه المسؤولية، وتصمم وتنفذ هذه البرامج، ويمكن القول أن هذا الاتجاه قد أصبح يمثل أنذاك أحد بنود استراتيجية العمل في المصانع. إن الدرس المستفاد من الحرب العالمية الأولى، هو الاستمرار في دعم جهود برامج الرفاهية الصناعية، فقد عجلت هذه الحرب من انتشار ادارة الاستخدام (ادارة الموارد البشرية) في المنظمات الصناعية لتقوم بمهمة التفاوض مع النقابات العمالية، حيث سميت هذه المهمة بوظيفة "العلاقات الصناعية INDUSTRIAL RELATIONS " .

التايلورية :

مصطلح اطلق على حركة (مدرسة) الادارة العلمية التي كان يتزعمها المهندس "فريدريك ونسلو تايلور"، حيث تزامن ظهور هذه الحركة مع قيام الحرب العالمية الأولى. لقد قدمت هذه المدرسة دراسات حول انتاجية العمال وسبل زيادتها، كدراسة الحركة والزمن، وتحسين ظروف ومناخ العمل المادي كالتهوية والاضاءة والأجور التشجيعية.. الخ، هذه الأفكار كانت بمثابة صيحة لضرورة وجود إدارة استخدام لتعنى بها. ومما عزز من وجود هذه الادارة، قيام إضرابات في المصانع الأمريكية تنادي بالغاء أفكار التايلورية التي تعامل العمال وكأنهم آلات، هذا الوضع عجل من إحداث إدارة الاستخدام لتخفف من حدة الصراع بين المنظمات التي تطبق أفكار التايلورية والنقابات، والوصول إلى اتفاقات حولها وحول ظروف العمل والاستخدام فيها.

مدرسة العلاقات الانسانية (1927-1932) :

قدمت هذه الحركة العلمية للعالم الصناعي دراسات سميت آنذاك "بالهوثورن HAWTHORN " وهي دراسات ميدانية نفذت في شركة الكهرباء الغربية الأمريكية WESTERN ELECTRIC CO. بجانب مدينة "شيكاغو". لقد ركزت هذه الدراسات على ارتباط الروح المعنوية للعمال بانتاجيتهم وأهمية الحوافز المعنوية الى جانب

الحوافز المادية وتأثيرها في هذه الانتاجية. وأشارت الى أهمية العنصر البشري في العمل، وضرورة إحداث التكامل بين أهدافه وأهداف المنظمة التي يعمل فيها، وانتقدت فكرة الرجل الاقتصادي التي نادت بها التايلورية والتي مفادها: إن العامل إنسان اقتصادي حافزه للعمل هو المال فقط. لقد أشارت العلاقات الانسانية الى العكس من ذلك، فالعامل هو انسان لديه مشاعر وأحاسيس يجب احترامها ومعاملته معاملة إنسانية لرفع روحه المعنوية وبالتالي انتاجيته. لقد غيرت هذه الأفكار نظرة أصحاب الأعمال الى العنصر البشري في منظماتهم وجعلتها أكثر عقلانية وإنسانية عما سبق، وعززت قناعتهم بضرورة تفعيل دور إدارات الاستخدام، وايجاد أناس مختصين في شؤون الموارد البشرية، يشرفون على هذه الادارات لجعل أدائها أكثر فاعلية.

الحرب العالمية الثانية (1939-1945)

يمكن القول بأن ظروف هذه الحرب تشابه ظروف الحرب الأولى، فمطالب الحرب أظهرت الحاجة إلى اختصاصيين في مجال الموارد البشرية والعلاقات الانسانية، من أجل رفع انتاجية العنصر البشري في العمل وتلبية احتياجات الحرب من السلع والخدمات. لقد وجدت المنظمات الصناعية الأوروبية والأمريكية نفسها بحاجة لدعم جهود إدارات الاستخدام وتفعيل دورها. ففي بريطانيا على سبيل المثال وتحديداً عام (1943) بلغ عدد أخصائي شؤون الموارد البشرية الذين يعملون في المصانع البريطانية (5500) مختص، وكانوا يسمون آنذاك بـ: PERSONNEL OFFICER ضابط (موظف) الأفراد"، وكان دورهم ينحصر في الاشراف على ادارة شؤون الاستخدام.

ولادة إدارة الأفراد (1950-1980) :

بعد الحرب العالمية الثانية زادت القناعة بدور إدارة الاستخدام في المصانع، وأصبح العمل فيها له طابع التخصص والاحتراف، وظهر تخصص جديد في مجال إدارة الأعمال هو تخصص الافراد PERSONNEL له مبادئ وقواعد وأصول تدرس في الجامعات، وتغيرت تسمية إدارة الاستخدام الى تسمية جديدة هي "إدارة الأفراد والعلاقات الصناعية PERSONNEL MANAGEMENT AND INDUSTRIAL RELATIONS " حيث شاعت هذه التسمية كثيراً في كل من بريطانيا والولايات المتحدة الأمريكية. ومما فعَّل دور هذه الإدارة بعد الحرب الثانية، تزايد تدخل الحكومات في الدول الصناعية في مجالات العمل والتوظيف، حيث راحت تسن القوانين والتشريعات لحماية الموارد البشرية في المنظمات، وتلزم أصحاب الأعمال بتقديم مزايا وظيفية أكثر لهذه الموارد (تأمين صحي، تعويض بطالة.. الخ)، وكانت تلعب دور الوسيط بين النقابات العمالية والمنظمات لتخفيف حدة

الصراع بينهما، ومنع حدوث اضرابات وتوفير الاستقرار الاقتصادي. وقد طلبت الحكومات من أصحاب الأعمال آنذاك تفعيل دور إدارة الأفراد في منظماتهم وتكليفها باجراء مفاوضات مع النقابات والتوصل إلى حلول لحل النزاع بينهم وبينها، ولترعى هذه الادارة تطبيق القوانين والتشريعات الحكومية المتعلقة بشؤون العمل والعاملين.

ما بين عامي 1960-1980 نشطت الدراسات في مجال السلوك الإنساني في العمل والدافعية الانسانية، وقدمت نتائج في غاية الأهمية تشير إلى مدى أهمية العنصر البشري في العمل وأهمية إدارة الأفراد التي تعنى بشؤونه. وقد ظهرت نظريات واتجاهات فكرية في كل من اليابان وكندا وامريكا وأوروبا الغربية حول إدارة الأفراد والحفز الإنساني وممارسات هذه الإدارة مع النقابات العمالية والقوانين والتشريعات الحكومية، حيث تزايدت في هذه الفترة كثيراً. لقد أصبحت إدارة الأفراد تنفذ سياسات الادارة العليا في مجالات تخطيط الموارد البشرية، الاستقطاب، الاختيار والتعيين، التدريب والتنمية، التعويضات وتستخدم قواعد وأصول علمية في هذه المجالات. لقد أصبح نطاق وظائف وممارسات إدارة الأفراد لا تشمل العمال وقاعدة الهرم الإداري فحسب، بل تشمل جميع العاملين في المنظمة وفي مختلف المستويات الادارية فيها.

ولادة إدارة الموارد البشرية (1980 وحتى الآن):

بعد عام (1980) تقريباً تغير مسمى إدارة الأفراد إلى مسمى جديد هو "إدارة الموارد البشرية HUMAN RESOURE MANAGEMENT التي يرمز لها بـ (HRM) وهذا التغيير ليس في المسمى فحسب، بل في مضمون عمل ودور هذه الادارة في المنظمة، فقد تغير دورها من منفذ لسياسات الموارد البشرية التي تضع أطرها العامة الادارة العليا، الى دور المخطط والمنفذ بآن واحد. لقد أصبح لهذه الادارة استراتيجية خاصة بها تعمل على خدمة وتحقيق استراتيجية المنظمة العامة، وأصبح مدير إدارة الموارد البشرية أحد أعضاء الإدارة العليا الذين يتخذون القرارات الاستراتيجية في المنظمة. ويعمل في هذه الادارة الآن أخصائيون درسوا واحترفوا العمل في مجال ادارة الموارد البشرية، وهذا ما دفع الجامعات الى إلغاء تسمية إدارة الافراد واحداث تغيير في مضمونها تماشياً مع هذا الاتجاه . لقد جاء المسمى الجديد ليوحد تسمية هذه الادارة، التي كان يطلق عليها بعضهم تسمية إدارة القوى العاملة، إدارة شؤون العاملين.. الخ، ولم يعد يستخدم مصطلح "وظائف الأفراد PERSONNEL FUNCTIONS " بل يستخدم عوضاً عنه "أنشطة الموارد البشرية HUMAN RESOURCES ACTIVITES . فبعد أن هبت رياح العولمة GLOBALIZATION على ميادين العمل في العالم، وتم تحرير التجارة الدولية من

القيود، واشتد أتون المنافسة العالمية بين المنظمات على اختلاف نوعياتها، وظهور إدارة الجودة الشاملة، والتركيز على إرضاء الزبائن لزيادة الحصة السوقية وضمان البقاء للمنظمة، والتدخل الكبير والواسع للحكومات في ميادين العمل، وتزايد قوة النقابات، لم يعد ينظر للعاملين على أنهم أفراداً PERSONNEL يعملون وينجزون أعمالاً محددة لهم فقط، بل أصبح ينظر اليهم على أنهم شركاء في العمل ومورد أساسي من موارد المنظمة وأحد موجوداتها أو أصولها ASSESTS فعن طريقهم تحقق المنظمة القيمة المضافة لها، فمستوى وجودة أدائهم يتوقف عليه رضا الزبائن، وأصبح المورد البشري وادارته، من أهم استراتيجيات العمل في المنظمات. لقد ظهر اتجاه حديث في مجال إدارة الموارد البشرية يدعى بـ "جودة حياة العمل QUALITY OF WOKE LIFE " الذي ينادي ويؤكد على ضرورة تفعيل دور إدارة الموارد البشرية ودعمها، لتقوم بتوفير قوة عمل مؤهلة مدربة ولديها ولاء وانتماء للمنظمة وقادرة على تنفيذ استراتيجيتها وتحقيق اهدافها. وفي دراسة على عدد من الشركات الأمريكية عام 1986 وجد ان 38% منها قد تحولت ادارة الافراد فيها الى ادارة موارد بشرية، ونسبة 81% من الـ 38% أصبح مدير الموارد البشرية نائباً للمدير العام [3].

في ضوء الاستعراض السابق لمراحل نشأة وتطور إدارة الموارد البشرية يمكننا القول والاستنتاج، بأن هناك عوامل وظروف أساسية أدت وساهمت في نشأة وتطور إدارة الموارد البشرية وهي ما يلي:

* ارتبطت نشأة وتطور ادارة الموارد البشرية باكتشاف مدى أهمية العنصر البشري في العمل ودوره الفعال في تحقيق أهداف المنظمة وبقائها واستمراريتها، وهذا يعني أن هذه النشأة والتطور تعكسان نظرة واهتمام أصحاب الأعمال به، وبدور إدارة الموارد البشرية في تنمية وتطويرالاداء الانساني في العمل والتأثير فيه ايجاباً.

* الحاجة للتعامل مع القوانين الحكومية الصادرة بشأن تنظيم خدمة الموارد البشرية في المنظمات وضمان حقوقها، لكي لا تتعرض لمخالفات ومحاكمات قضائية وغرامات مالية.

* ظهور النقابات وتزايد دورها وقوتها في ميادين الأعمال، وحاجة المنظمات لادارة الموارد البشرية للتفاوض معها بشأن شؤون الموظفين.

(3) GUST D. (HRM) AND ARTHODOXY, BRITSH JOURNAL OF INDUSTRIAL RELATIONS (1990) 29 (2) P. 75-149 .

* تضخم حجم المنظمات وكبر عدد العـاملين فيهـا وكـثرة مشـاكلهم، أدى إلى الحاجـة لإدارة المـوارد البشريـة للتعامل مع هذه المشاكل.

* تطور مفاهيم السلوك التنظيمي ونظريات الدافعية الانسـانية وحاجـة المنظمات لإدارة المـوارد البشريـة لتوعية المديرين ومساعدتهم في تطبيق هذه المفاهيم.

* العولمة وما أحدثته من منافسة شديدة بين المنظمات والتوجه إلى إرضـاء الزبـائن مـن خـلال جـودة الأداء البشري.

النظرة المعاصرة لدور إدارة الموارد البشرية :

يمكن القول بأنه مـع التغير المعـاصر في مجـال الاهـتمام بـالموارد البشريـة أصبح لادارة المـوارد البشرية أهمية كبرى في المنظمات المعاصرة في الدول المتقدمة، فقد باتت هي الجهة الرئيسة المسؤولة عـن تنظيم علاقة المورد البشري في العمل مع المنظمة، وأصـبح ينظـر إلى دورهـا وممارسـاتها عـلى أنهـا وسـيلة لتفجير طاقات التفكير والابداع لدى هذا المورد الهام، وعليه أصبح موقـع إدارة المـوارد البشريـة في الهيكـل التنظيمي للمنظمة المعاصرة هو الادارة العليا، فهي الناصح والمرشد والمساعد لاداراتها المختلفة في تعاملها مع مواردها البشرية. ونعرض فيما يلي توجهات المنظمات في الدول الصناعية مـع بدايـة القـرن (21) فـيما يخص الموارد البشرية واداراتها، وذلك من خلال دراسة قامت بها شركة (IBM) : (4)

* العمل على جعل المورد البشري أحد أصول المنظمة الاساسية التي تحقق لها القيمة المضافة.

* العنصر البشري هو سلاح المنظمة في البقاء لأن رضا المستهلك مرتبط برضاه.

* العنصر البشري وإدارته يأخذان ترتيباً عالياً في قائمة اهتمامات الادارة العليا في المنظمات.

(4) GEORGE MILKOVICH, JOHN W. BOUDREAU, OP.CIT, P. 8.

* **توفير المرونة الكافية في عمل الموارد البشرية وإداراتها.**

* **ربط نجاح المنظمة بنجاح الموارد البشرية وادارتها من خلال رضا الزبائن.**

* **تمكين إدارة الموارد البشرية من وضع برامج لدمج العاملين في المنظمة.**

ونود الاشارة أخيراً، إلى أن عمل ومهمة إدارة الموارد البشرية مهمة حساسة وصعبة فلماذا؟

تتمثل صعوبة عمل هذه الادارة لكونها تتعامل مع الانسان الكائن الحي المعقد، الذي يؤثر في دافعيته واتجاهاته وسلوكه عوامل متعددة متشابكة، نابعة من ذاته وشخصيته ومن الظروف البيئية المحيطة به. فادارة الموارد البشرية تتعامل مع العنصر البشري من خلال المتغيرات التالية: قدراته، وامكاناته، واتجاهاته، ودافعيته، وأداءه وسلوكه، ومدى إدراكه للدور المناط به في عمله، والظروف المحيطة به وبعمله. هذه المتغيرات متباينة من شخص لآخر، وهي في حالة تغير مستمر، فهي لا تتصف بطابع الاستقرار، وهذا ما يزيد من صعوبة عمل إدارة الموارد البشرية، التي لا تتعامل مع أشياء جامدة كالآلات التي يمكن التحكم بها، بل تتعامل مع بشر، لهم انفعالات متنوعة، وسلوكات متباينة، تتأثر بالعوامل البيئية داخل المنظمة وخارجها.

في ضوء جميع ما تقدم يمكننا القول الآن:

تتباين أهمية إدارة الموارد البشرية من بلد لآخر، فهي تلقى الاهتمام الكبير في الدول الصناعية المتقدمة في حين أنها غير ذلك في البلدان النامية. كما تتباين هذه الأهمية من منظمة لأخرى حسب ما يلي:

طبيعة عملها، حجم نشاطها، عدد العاملين فيها، توزيعها (انتشارها) الجغرافي، مدى التدخل الحكومي في ميادين الأعمال، وجود النقابات ومدى قوتها، فلسفة المنظمة ونظرتها للعنصر البشري، استراتيجية المنظمة المستقبلية.

ما هو دور مدير إدارة الموارد البشرية المعاصر؟

سؤال نثيره في نهاية فصلنا هذا ونجيب عنه، من خلال استنتاجات نخرج بها من ما عرضناه من موضوعات سابقة. مدير إدارة الموارد البشرية هو:

* اختصاصي SPECIALIST :

درس علم ومعرفة الادارة أكاديميا في الجامعة بوجه عام وإدارة الموارد البشرية بشكل خاص، ويحمل مؤهلاً تعليمياً جامعياً في المجالين السابقين.

* استشاري CONSULTANT :

ذو مهارات متعددة تمكنه من ممارسة معظم وظائف إدارة الموارد البشرية في كافة مجالات العمل داخل المنظمة (تخطيط المورد البشري، التدريب، تقييم الوظائف.. الخ) كما تمكنه من تقديم النصح والمشورة والمساعدة لكافة المديرين والرؤساء حول كيفية التعامل الايجابي مع مرؤوسيهم، وهو جهة استشارية مركزية في المنظمة.

* تنفيذي EXECUTIVE :

هو عنصر في الإدارة التنفيذية العليا شأنه شأن باقي مديري الادارات الأخرى، ويعمل تحت الاشراف المباشر للمدير التنفيذي العام ومسؤول عن اتخاذ القرارات المتعلقة بالموارد البشرية وتنفيذها.

* منسق CO-ORDINATOR :

هو دائم الاتصال مع مديري الادارات في المنظمة، فيمدهم بسياسات وبرامج الموارد البشرية التي سيطبقونها في اداراتهم، ومتابعة تطبيقها، للتأكد من أن التطبيق يتم بشكل موحد في جميع الادارات.

* شريك PARTENER :

يسهم مع باقي مديري الادارات باعتباره تنفيذي مثلهم، في وضع استراتيجية المنظمة وتحقيق أهدافها.

* نائب للرئيس VICE- PERESEDENT :

أصبح مدير ادارة الموارد البشرية في العديد من الشركات الأمريكية والأوروبية واليابانية، أحد نواب مدير عام الشركة، نظراً لدوره الهام في المنظمة، واحتياج رئيسها له في معظم الأوقات.

الى جانب ما تقدم يتوجب على مدير إدارة الموارد البشرية أن يلم بالأمور التالية:

- قوانين وتشريعات العمل وخبرة وممارسة في مجالها.

- عمل النقابات.

- طبيعة عمل الادارات الأخرى في المنظمة.

- الادارة الاستراتيجية.

- رسالة المنظمة وثقافتها التنظيمية.

- علم النفس والاجتماع.

وبوجه عام يجب أن يتحلى مدير إدارة الموارد البشرية بخصائص شخصية منها:

- الشخصية الجذابة.

- الصبر والتحمل.

- القدرة على الفهم والاستيعاب وادراك الأمور.

- القدرة على اتخاذ القرارات من خلال مهارة التحليل والاستنتاج.

- القدرة على إقناع الآخرين.

- مهارة التعامل مع الناس وبشكل خاص عملية الاتصال بهم.

الفصل الثاني

إستراتيجية إدارة الموارد البشرية

محتوى الفصل

- الإدارة الاستراتيجية.
- تحديات القرن (21) وأثرها في منظمات الأعمال.
- ماهية استراتيجية إدارة الموارد البشرية.
- أبعاد إستراتيجية إدارة الموارد البشرية.
- التحول الاستراتيجي الذي طرأ على وظائف إدارة الموارد البشرية.
- تكوين استراتيجية إدارة الموارد البشرية.
- المتغيرات البيئية المعاصرة المؤثرة في استراتيجية إدارة الموارد البشرية.
- سلطة إدارة الموارد البشرية وموقعها التنظيمي في ظل دورها الاستراتيجي.

تساؤلات يطرحها الفصل

- ما هي طبيعة الارتباط بين استراتيجية الموارد البشرية واستراتيجية المنظمة؟
- ما هي المرتكزات التي يقوم عليها تكوين استراتيجية الموارد البشرية؟
- ما هو المناخ المعاصر الذي تطبق وتنفذ فيه استراتيجية الموارد البشرية؟
- ما هي طبيعة الإختلاف بين دور إدارة الأفراد وإدارة الموارد البشرية؟
- هل تختلف مراحل تكوين استراتيجية الموارد البشرية عن مراحل تكوين استراتيجية المنظمة؟
- في ظل التحول الاستراتيجي لدور إدارة الموارد البشرية، هل نجعل سلطتها تنفيذية، أم وظيفية أم استشارية؟

الإدارة الاستراتيجية

توضح إستراتيجية المنظمة التوجهات المستقبلية الطويلة الأجل لنشاط المنظمة المستقبلي فهي ترسم لها وتفرض عليها التساؤلات التالية على سبيل المثال وليس الحصر:

* ما هي المنتجات أو الخدمات التي ستطرحها في السوق مستقبلاً في ظل المنافسة؟
* ما هي المنتجات التي ستعدلها أو التي ستلغيها؟
* ما هي الأسواق التي ستتعامل معها؟
* كيف ترفع حصتها السوقية؟

إن الإجابة عن هذه التساؤلات تمثل ردود أفعال المنظمة في المستقبل، التي في ضوئها تتحدد خطة الانتاج المستقبلية وخطط باقي الإدارات داخل المنظمة، التي من ضمنها إدارة الموارد البشرية، حيث تكون هذه الخطط متكاملة مع بعضها وموجهة نحو أهداف كلية مشتركة تمثل أهداف استراتيجية المنظمة.

مفهوم الإدارة الاستراتيجية :

الادارة الاستراتيجية عملية إدارية مكونة من أربعة وظائف أساسية هي: التخطيط، التنظيم، التنفيذ والتوجيه، الرقابة والتقييم، يمارسها عادة مجموعة المديرين في الادارة العليا داخل المنظمة، الذين يمتلكون قدماً وظيفياً وخبرة عملية عالية، حيث تعمل هذه المجموعة بشكل منسق على تحديد الأهداف الطويلة الأجل التي ترغب المنظمة في تحقيقها، والتي على ضوئها أو على أساسها يقوم المديرون بتحديد الأعمال والنشاطات التي يجب تبنيها وتنفيذها من أجل تحقيق هذه الأهداف، وهذا يستوجب من مجموعة المديرين اتخاذ القرارات الاستراتيجية اللازمة، التي ترسم خط سير أداء المنظمة الكلي لفترة زمنية طويلة، والذي يطلق عليه مسمى "استراتيجية المنظمة CORPORATE STRATEGY " التي تسعى إلى تحقيق رسالتها وطموحاتها المستقبلية ورؤيتها البعيدة المدى. ويمكننا القول :

لقد فرضت الظروف الاقتصادية السائدة على الساحة العالمية في الآونة الأخيرة على المنظمات، تبني أسلوب العمل الاستراتيجي في كافة مجالات العمل فيها، سواء في المجال الانتاجي، أو التسويقي، أو المالي، أو الموارد البشرية.. الخ فقد أصبح لكل مجال من هذه المجالات استراتيجية خاصة به يتشكل منها استراتيجية المنظمة العامة. من هنا نجد أن الادارة الاستراتيجية قد أصبحت القاعدة التي يقوم عليها العمل داخل المنظمات قاطبة.

ولا تكتفي الادارة الاستراتيجية بوضع استراتيجية المنظمة فحسب، بل تشرف على تنفيذها من قبل المستويات التنظيمية الأدنى، حيث تتابع وتراقب وتوجه وتعدل، بما يتماشى مع تغير الظروف في بيئتي المنظمة الداخلية والخارجية.

والادارة الاستراتيجية كعملية منسقة ومستمرة، تسعى إلى إحداث التفاعل بين ثلاثة عناصر أو متغيرات أساسية تشكل إطار عملها، وهذه المتغيرات ما يلي:

* مديرون يمتلكون مؤهلات وخبرات وقيم تنظيمية عالية المستوى .

* بيئة خارجية تشتمل على متغيرات كثيرة تؤثر في نشاط المنظمة.

* بيئة داخلية تشتمل على موارد المنظمة وتمثل إمكاناتها.

فهذه العناصر الثلاثة تشكل مثلثاً برؤوس ثلاثة مرتبطة ببعضها بعضا كما هو موضح في الشكل التالي:

شكل رقم (7)

مثلث تفاعل عناصر الإدارة الاستراتيجية

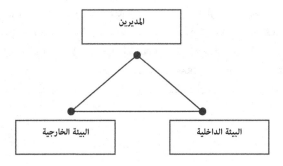

وتحدث عملية التفاعل على النحو التالي:

يقوم العنصر الأول وهو المديرون بدراسة وتحليل البيئة الخارجية والحصول على معلومات توضح لهم شيئين هما:

- فرص يجب استثمارها واستغلالها، فهذه الفرص تمثل نفعاً يمكن الحصول عليه من ورائها.

- أخطار تشكل تهديداً على أداء المنظمة ومستقبلها يتوجب تلافيها أو الاستعداد لمجابهتها.

في ضوء الفرص والمخاطر تقوم الادارة الاستراتيجية (المديرون) باعداد العدة من أجل استغلال الفرص، والتصدي للأخطار والعمل على مجابهتها. وتتم هذه العملية على أساس تحليل المديرين لبيئة المنظمة الداخلية التي تمثل مواردها وإمكاناتها، فالتحليل يوضح نقاط القوة والضعف في هذه الموارد. وبناء على نتائج التحليل تقوم الادارة الاستراتيجية (المديرون) برسم استراتيجية (خطة) العمل التي بموجبها تستغل الفرص وتواجه الأخطار أو التهديدات، بعد سد نقاط الضعف التي تسمى بالفجوة الاستراتيجية STRATEGIC GAP الموجودة في بيئة المنظمة الداخلية (مواردها) .

تأسيساً على ما سبق يمكن القول:

تعمل الإدارة الاستراتيجية على رصد التغيرات في البيئة الخارجية وتحليلها لتحديد احتمالات النجاح والاخفاق، ثم دراسة وتحليل إمكانات المنظمة الداخلية الحالية والمستقبلية، من أجل توفير الموارد اللازمة للتعامل مع احتمالات البيئة الخارجية، في مسعى منها الى تحقيق تكيف المنظمة مع بيئتها الخارجية، ومن ثم تحقيق أهدافها المستقبلية وبالتالي رسالتها.

من المنطلق السابق نجد أنه من الأهمية بمكان أن تتصف أعمال وممارسات الادارة الاستراتيجية بالمرونة، فقد تجبرها الظروف الخارجية والداخلية على إدخال بعض التعديلات على الأهداف والأعمال، من أجل التكيف مع هذه الظروف أو المستجدات البيئية، وعليه يمكن القول بأن المرونة هي سلاح لمواجهة التغيرات البيئية، والاسهام في نجاح الادارة الاستراتيجية في عملها.

مكونات الادارة الاستراتيجية :

الادارة الاستراتيجية كعملية إدارية، هي نشـاط مستمر على شكل حلقة مكونة من خمس مراحل كما هو موضح في الشكل التالي: [1]

شكل رقم (8)
مكونات الإدارة الاستراتيجية

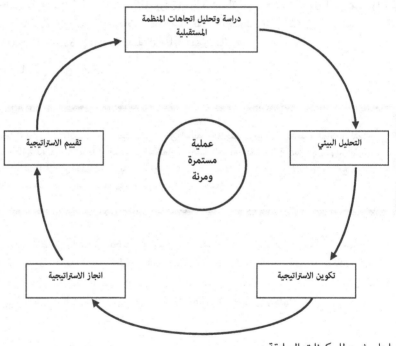

وفيما يلي شرح للمكونات السابقة :

---

(1) JOHN BROTTON, JEFFRY GOLD, HUMAN RESOURCE MANAGEMENT: THEORY AND PRACTICE, 2nd ed., MACMILLAN BUSINESS, LONDON, 1999, CHPTER (1).

أولاً: دراسة وتحليل اتجاهات المنظمة المستقبلية .

تمثل اتجاهات المنظمة رسالتها ورؤيتها المستقبلية، أي ما تريد وتطمح إلى تحقيقه في المدى الزمني البعيد، والحال الذي تريد أن تكون عليه فيه. كما تمثل ثقافتها التنظيمية وفلسفتها الإدارية، وما تشتملان عليه من قيم وعادات تنظيمية. بناء عليه فاتجاهات المنظمة تحدد خط سيرها المستقبلي الذي على أساسه ترسم وتوضع استراتيجيتها، ويحدد كيفية تنفيذها وتحقيق أهدافها وبالتالي رسالتها.

ثانياً: التحليل البيئي .

ويصطلح عليه بـ ENVIRONMENTAL ANALYSIS ويطلق عليه مصطلح مختصر هو (SWOT) ويتكون من شقين هما:

1- تحليل البيئة الداخلية INTERNAL SCAN :

يهدف هذا التحليل الى دراسة وتقييم إمكانات المنظمة (مواردها)، ومن ثم تحديد نقاط القوة التي تمتلكها STRENGTHS ويرمز لها بالحرف (S) ونقاط الضعف فيها WEAKNESSES التي يرمز لها بالحرف (W) .

2- تحليل البيئة الخارجية EXTERNAL SCAN :

يهدف هذا التحليل الى تحديد الفرص OPPORTUNITISS المتاحة في البيئة الخارجية والتي يرمز لها بالحرف (O) ، وهذه الفرص يجب إغتنامها لأنها تحقق منافع للمنظمة. كما يهدف التحليل هنا الى تحديد التهديدات THREATENS المحيطة بالمنظمة ويرمز لها بالحرف (T) والتي تشكل أخطاراً على نشاطها يجب تفاديها او الاستعداد لها ومواجهتها.

ثالثاً: تكوين الاستراتيجية .

ويصطلح عليه بـ STRATEGY FORMULATION ، ففي ضوء نتائج التحليل البيئي السابق، توضع استراتيجية المنظمة التي توضح خط سيرها في المستقبل من أجل تحقيق أهدافها وطموحاتها، وهنا يحتاج الأمر إلى اتخاذ قرارات في اتجاهين: الأول ويتضمن قرارات يجب اتخاذها من أجل اغتنام الفرص، والثاني قرارات من أجل التصدي للتهديدات والمخاطر. ويشتمل تكوين الاستراتيجية على الخطوات التالية:

1- تحديد الخيارات الاستراتيجية STRATEGIC CHOICES :

الخيارات هي البدائل أو الاستراتيجيات التي يمكنها جميعا أن تحقق أهداف المنظمة المستقبلية التي تطمح الى إنجازها، لكن بامكانات ومسارات متنوعة ومختلفة وفي ظل ظروف محددة وخاصة بكل خيار.

2- تقييم الخيارات الاستراتيجية واختيار الانسب:

تتطلب عملية التقييم والاختيار وضع معايير للمفاضلة والانتقاء، فمن خلال هذه المعايير يتحدد الخيار الاستراتيجي (الاستراتيجية) أو البديل الأفضل الذي يتوافق مع ظروف المنظمة. ويحتاج اختيار البديل عادة إلى إتخاذ قرار استراتيجي هام وخطير من قبل الجهة صاحبة السلطة، ذلك لأن الخيار أو البديل يحدد استراتيجية المنظمة المستقبلية وخط سيرها لفترة زمنية طويلة وفي ظله ستتخذ قرارات أخرى مرتبطة به، يتحدد من خلالها مجالات الأعمال التي سوف تستثمر فيها موارد المنظمة، وكذلك تحديد الوظائف والنشاطات التي سوف تمارس على الصعيد الداخلي في المنظمة لتحقيق الأهداف المنشودة من وراء الخيار الاستراتيجي.

3- صياغة الاستراتيجية:

وفي ضوء الخيار الاستراتيجي الذي جرى انتقاءه، تتم عملية صياغة استراتيجية المنظمة العامة، التي توضح مجالات الأعمال (أو الاستثمارات) التي ستعمل فيها وتحقق أهدافها، وتسمى هذه المجالات "بوحدات الأعمال BUSINESS UNITS " .

4- تحديد الأفعال واتخاذ القرارات:

يقصد بالأفعال هنا النشاطات الخاصة بكل وحدة أعمال على حده، التي يتوجب عليها القيام بها أو التي من خلالها تتمكن من تحقيق الأهداف المحددة لها ومنافسة الآخرين في السوق والتفوق عليهم. وهذا يتطلب إتخاذ قرارات لتنشيط مجال الاستثمار في وحدات الأعمال، لتكون أكثر فاعلية ولتحقق لها المقدرة التنافسية.

من خلال ما تقدم من شرح في الخطوات السابقة يتضح لنا أن هناك ثلاثة مستويات (أنواع) لاتخاذ القرارات الاستراتيجية هي ما يلي:

أ- المستوى الأول: ويتخذ فيه القرار المتعلق بتحديد الخيار (الاستراتيجية) الاستراتيجي العام.

ب- المستوى الثاني: ويتخذ فيه القرارات المتعلقة بوحدات الأعمال وتحديد نشاطاتها الرئيسة ومجالات الاستثمار فيها.

جـ- المستوى الثالث: ويتخذ فيه القرارات المتعلقة بتحديد وظائف وممارسات وحدات الأعمال.

وتشكل القرارات التي تتخذ في المستويات الثلاثـة السابقـة مجتمعة، رؤية واضحة لخط سير وعمل المنظمة المستقبلي وأداءها الكلي من أجل تحقيق أهدافها، ويسمي المختصون هذه المستويات الثلاث "بالهاركية الاستراتيجية HIERARCHY OF STRATEGY " التي تتكون مما يلي:

* **مستوى الاستراتيجية الشاملة** CORPORATE LEVEL :

تحدد استراتيجية هذا المستوى وحدات الأعمال التي ستستثمر فيها موارد المنظمة، وهي تمثل مجالات عمل ونشاط المنظمة المستقبلي، كما تحدد كيفية إدارة هذه الوحدات. بناء عليه توضح هذه الاستراتيجية نوع الأعمال التي تريد أن تعمل المنظمة ضمنها وتستثمر فيها مواردها، في سبيل تحقيق غاياتها المنشودة، وبالتالي فهي تحدد ما يلي:

- الأعمال التي سيستغنى عنها.

- الأعمال الجديدة التي يراد دخولها والاستثمار فيها.

- الأعمال التي سيدخل عليها تعديلات معينة مطلوبة والاستمرار فيها.

ويتم من خلال هذه الاستراتيجية وضع سلم لأولويات الاستثمار، لتوجيه موارد المنظمة إلى الأعمال التي هي أكثر جاذبية من غيرها، ويقصد بالجاذبية هنا، التنبؤ بقدرة وحدة الأعمال على تحقيق أرباح أكثر من غيرها من الوحدات.

* **مستوى استراتيجية الأعمال** BUSINESS LEVEL :

تحدد هذه الاستراتيجية الأفعال التي ستنفذ في كل وحدة أعمال على حده واتخاذ القرارات الخاصة بذلك. وتركز الجهود هنا من أجل جعل فاعلية الاداء في وحدة الأعمال في أعلى مستوى، لتكون أكثر قدرة على المنافسة في السوق. ويمكن القول بأن محور إهتمام استراتيجية هذا المستوى يدور حول كيف تنافس وحدات الأعمال الآخرين؟ يفهم من ذلك أن هذه الاستراتيجية ترشد المنظمة إلى كيفية التفوق على الآخرين في ظل الظروف الموجودة في السوق.

* **مستوى استراتيجية الوظائف** FUNCTIONAL LEVEL :

تنص استراتيجية هذا المستوى بتعيين الوظائف (النشاطات) الرئيسة التي ستمارس في وحدات الأعمال مثل: وظيفة الانتاج، وظيفة الشراء، وظيفة الموارد البشرية.. الخ حيث تتخذ في هذه الوظائف قرارات من أجل تعظيم استخدام الموارد في كل وظيفة من هذه الوظائف، وبالتالي تدور هذه الاستراتيجية حول سؤال مفاده: كيف ندعم ونقوي وحدة الأعمال لتكون قادرة على المنافسة؟

ونود الإشارة في هذا المقام، إلى أن هذه المستويات الثلاثة التي تمثل هيراركية استراتيجية المنظمة متكاملة مع بعضها، أي أن كلاً منها يكمل الآخر، وهي على شكل سلسلة لها حلقات يتصل بعضها ببعض. وفيما يلي شكل يوضح هذه المستويات:

شكل رقم (9)

هيراركية استراتيجة المنظمة

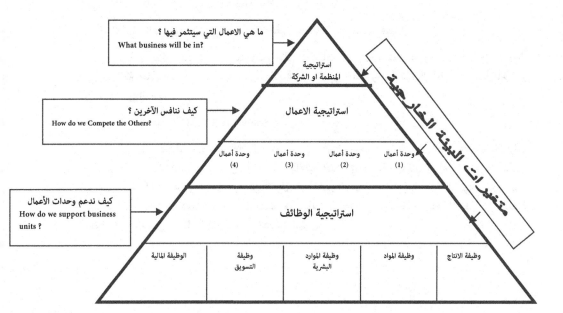

رابعاً: إنجاز (تنفيذ) الاستراتيجية .

يشتمل الانجاز STRATEGY IMPLEMENTATION على خمسة عناصر أساسية هي ما يلي:

1- القيادة LEADERSHIP :

وتمثل نمط أو الأسلوب القيادي الذي سوف يتبع في عملية إنجاز الاستراتيجية، وهذا النمط تفرضه طبيعة الاستراتيجية، أي أن اختياره يتحدد في ظل ظروف تنفيذها في البيئتين الداخلية والخارجية، وتمثل القيادة أهم عنصر من عملية الانجاز.

2- الهيكل التنظيمي ORGANIZATIONAL STRUCTURE :

يحدد التصميم الهيكلي للمستويات الادارية (التقسيمات الادارية) الوظائف أو الادارات والأقسام اللازمة لتنفيذ الاستراتيجية التي يجب أن تكون موجودة في كل مستوى، وارتباط الوحدات الإدارية بعضها ببعض، ويتم اختيار نمط الهيكل التنظيمي المناسب في ضوء طبيعة الاستراتيجية وظروف تنفيذها.

3- أنظمة الرقابة CONTROL SYSTEMS :

تعمل هذه الانظمة على دعم وضبط عملية تنفيذ الاستراتيجية، وتشتمل على معايير وضوابط يتم التنفيذ بموجبها، ومن أهم هذه الأنظمة، نظام المعلومات، نظام ضبط الجودة، النظام المالي.. الخ.

4- التكنولوجيا TECHNOLOGY :

التقنية وأدواتها مسألة هامة في تنفيذ الاستراتيجية ففي ضوئها تصمم الأعمال والهيكل التنظيمي، وتتحدد نوعيات الموارد البشرية (المهارات) المطلوب استخدامها، والتكنولوجيا أيضا تؤثر مباشرة في جودة، وسهولة، وسرعة، وتكلفة الأداء.

5- إدارة المورد البشري HUMAN RESOURCE MANAGEMENT :

تمثل هذه الادارة الممارسات والأساليب المستخدمة في مجالات إختيار الموارد البشرية المناسبة للعمل وتأهيلها، وتنميتها، وتحفيزها لتكون قادرة على تنفيذ الاستراتيجية بفاعلية كبيرة.

خامساً: تقييم الاستراتيجية STRATEGY EVALUATION .

يمثل التقييم الحلقة الأخيرة في سلسلة عملية (مكونات) الادارة الاستراتيجية، فمن خلال أنظمة الرقابة والمتابعة الموضوعية، يمكن الحصول على معلومات على

شكل تغذية عكسية تفيد في تحديد مدى نجاح المنظمة من خلال أدائها الكلي في تحقيق ما خططت له للمستقبل البعيد، وتحديد الثغرات التي ظهرت للعمل على تلافيها، والايجابيات للعمل على تدعيمها والاستفادة منها بشكل أكثر، وما هي التغييرات التي يتوجب إدخالها وتبنيها في الاستراتيجية القادمة. ويمكن القول بأن مرحلة التقييم توضح مدى النجاح في تنفيذ المراحل السابقة التي تتكون منها استراتيجية المنظمة.

ونود الإشارة في هذا المقام، إلى أن المكونات الخمسة التي عرضناها آنفاً والتي توضح عملية الادارة الاستراتيجية، إنما تمثل نموذجاً إرشادياً يبين لنا كيف يتم وضع الاستراتيجية، وكيف تنفذ، وما هي الممارسات التي يجب القيام بها، وما هي مستلزمات التنفيذ، دون التعرض لتفاصيل هذه العملية، ذلك لأن موضوع الكتاب الذي بين أيدينا، لا يحتمل شرحاً أكثر، فالغاية من عرضنا هذا الموضوع الادارة الاستراتيجية، هو التمهيد لعرض وشرح استراتيجية إدارة الموارد البشرية التي هي أساس موضوع هذا الفصل.

أنواع الاستراتيجيات :

تتعدد وتتنوع الاستراتيجيات التي تستخدمها المنظمات في مجابهة الظروف البيئية المحيطة بها والتكيف معها، حيث لكل استراتيجية منها ظروف معينة تستخدم فيها وتوافقها دون أخرى، وفيما يلي عرض لعدد من الاستراتيجيات الشائعة في الاستخدام: [2]

استراتيجية قيادة التكلفة المنخفضة LOW- COST LEADERSHIP STRATEGY :

تهدف هذه الاستراتيجية وتسعى الى تخفيض تكلفة الانتاج مقارنة بتكلفة المنافسين، وذلك من أجل طرح المنتج بسعر أقل منهم، وتحقيق حصة أكبر في السوق.

(2) انظر تفصيلاً في :

أ‌- كامل السيد غراب، مفاهيم الادارة الاستراتيجية ومجالاتها، جامعة الملك سعود، جدة، 1994.

ب‌- توماس هيلين، ديفيد هنجر، الادارة الاستراتيجية، ترجمة محمود عباس مرسي، زهير نعيم الصباغ، معهد الادارة العامة، الرياض، 1990.

جـ‌- فلاح حسن حسني، الادارة الاستراتيجية، دار وائل، عمان، 2000 .

د‌- Peter Wright, Mark Kroll, and John Parmell, Strategic Management Process , Prentice. Hall, Inc. 1998 .

استراتيجية الاندماج   MERGERING STRATEGY :

ترتكز هذه الاستراتيجية على إندماج أكثر من شركة مع بعض لتكوين شركة كبيرة ذات إمكانات قوية وواسعة، وبسمى قانوني جديد وملكية مشتركة. ويكمن وراء هذه الاستراتيجية عدة أهداف منها: احتكار السوق، توسيع الأعمال، تقوية الامكانات من أجل انتاج سلع وخدمات جديدة .. الخ .

استراتيجية التصفية   LIQUIDATION STRATEGY :

وتعني إنهاء أعمال المنظمة بشكل كامل وبيع موجوداتها للحصول على أموال سائلة تسدد بها الديون المترتبة عليها وتوزيع الباقي على الملاك، وهذا يعني زوال المنظمة بسبب عدم قدرتها على المنافسة وتحقيق الأرباح.

استراتيجية التنويع   DIVERSIFICATION STRATEGY :

تسعى المنظمات من وراء هذه الاستراتيجية الى توسيع نشاطها بانتاج تشكيلة من السلع أو الخدمات، وتستخدم في حالة الازدهار الاقتصادي وزيادة الطلب على السلع والخدمات، وكذلك لمنافسة الآخرين لكسب حصة أكبر من السوق، عن طريق تلبية حاجات أكبر عدد من المستهلكين وكذلك للحد من مخاطر الاعتماد على منتج واحد وتوزيع المخاطر على عدة منتجات.

استراتيجية الاستقرار   STABILITY STRATEGY :

تقوم هذه الاستراتيجية على فلسفة عدم إحداث تغييرات جذرية في أهداف وخطط المنظمة الحالية، وتطبق في البيئة التي تتصف بطابع الاستقرار، وعدم وجود مخاطر أو تهديدات كبيرة.

إستراتيجية التركيز   FOCUSING STRATEGY :

تسعى هذه الاستراتيجية إلى استهداف سوق معين، أو شريحة معينة من المستهلكين، وتركيز نشاط المنظمة الانتاجي والتسويقي عليها، بحيث تعطيهما المنظمة كل اهتماماتها من أجل تسويق منتجها فيهما.

إستراتيجية التميز   DIFFERENTIATION STRATEGY :

تسعى المنظمة من خلال تبني هذه الاستراتيجية الى بناء سمعة خاصة ومتميزة لسلعها وخدماتها، بحيث تنفرد بهذه السمعة وتتميز عما ينتجه المنافسون. وتعتمد هذه الاستراتيجية على التميز في جودة المنتج، بحيث تنفرد بهذا المنتج وتتخطى بها منافسيها مثل: ساعات روليكس أو منتجات شركة IBM للصناعات الالكترونية.

إستراتيجية الانكماش RETRENCHMENT STRATEGY :

تقوم المنظمات من خلال هذه الاستراتيجية بتخفيض حجم أعمالها واستثماراتها، لأنها تدرك أنها إذا استمرت في وضعها الحالي، فسوف تحقق خسائر في المستقبل تهدد بقاءها وتتبع هـذه الاستراتيجية في حالة وجود ركود اقتصادي، أو عدم القدرة على منافسة الآخرين.

إستراتيجية النمو GROWTH STRATEGY :

تعمل المنظمات التي تطبق هذه الاستراتيجية على توسيع أعمالها ونشاطاتها الاستثمارية، وتتبـع عندما يكون هناك حالة من الازدهار الاقتصادي وزيادة الطلـب عـلى السـلع والخـدمات، وهنـاك تفـاؤل واحتمالات النجاح كبيرة.

إستراتيجية التحول TRANSFORMATION STRATEGY :

يتم من خلال تطبيق هذه الاستراتيجية تغير نشاط المنظمـة بشـكل كـلي وتحويلـه لمجـال آخـر. وهناك أسباب كثيرة تدفع المنظمات لاعتماد هذه الاستراتيجية منها على سبيل المثال: تقادم المنتج ولم يعد هناك طلب عليه أو عدم القدرة على منافسة الآخرين، أو ظهور مجالات استثمارية جديدة تحقـق أربـاحاً أعلى. وتجدر الاشارة الى أن تطبيـق هـذه الاسـتراتيجية يتطلـب تغيـراً جـذرياً في جميـع مكونـات العمـل الحالية.

إستراتيجية التوقف PAUSE STRATEGY :

تركز هذه الاستراتيجية عـلى فكـرة المراوحـة في نفـس المكـان، أي عـدم التوسـع في أي نشـاط في الوقت الحالي والمحافظة على الوضع الراهن، وعدم تخفيض حجم الأعمال الحالية. وتتبع في حالـة عـدم القدرة على التنبؤ فيما سوف يحدث في الفترة القادمة وعدم وضوح الرؤية المستقبلية.

تحديات القرن (21) وأثرها في منظمات الأعمال

شهدت الساحة العالمية خلال العقدين الماضيين تغيرات واسعة ومثيرة في مجالات الاقتصاد، والتسويق، والسياسة، والتكنولوجيا، والإدارة.. الخ، كان لها أثر كبير في نشاط منظمات الأعمال وإدارة الموارد البشرية فيها، هذه التغيرات سنأتي على شرح تأثيرها بشكل موجز، لنعطي للقارئ فكرة عن الظروف التي تعايشها هذه المنظمات وتعمل في ظلها.

على صعيد العولمة وتحرير التجارة الدولية من القيود وتوفر حرية دخول وخروج السلع والخدمات لأسواق بلدان العالم، فقد أحدثت هذه التغيرات تأثيرات إيجابية وسلبية بآن واحد في اقتصاديات هذه البلدان، حيث ظهر احتمال زيادة الطلب على بعض المنتجات المحلية وانخفاضه على بعضها الآخر، وهذا بدوره انعكس زيادة ونقصاناً على مستوى نشاط الشركات المنتجة.

وعلى الصعيد السياسي، أدى تفكك المعسكر الشيوعي إلى إنحسار الاقتصاد الاشتراكي، حيث بدأت بلدان هذا المعسكر بالتحول إلى الاقتصاد الحر، وراحت تفتح أبوابها للاستثمارات الرأسمالية، وتوجهت إلى خصخصة مؤسسات القطاع العام فيها ليحل محلها القطاع الخاص أو المختلط، هذا التحول أدى إلى تغيير جذري في مفاهيم إدارة هذه المؤسسات في مختلف الوظائف التي تمارس فيها كالانتاج والتسويق وإدارة الموارد البشرية.. الخ، فبعد أن كانت تدار بعقلية عدم الربحية وعدم وجود منافس لها، أصبحت تدار بعقلية تحقيق الربح الذي أصبح هدفها وركيزة بقائها واستمراريتها في سوق تنافسي ففي ظل هذا التغير تغيرت مفاهيم إدارة هذه المؤسسات ونظرتها الاقتصادية.

على صعيد التكامل الاقتصادي والمنافسة، أدى تحرير التجارة الدولية الى ظهور تكتلات اقتصادية بين العديد من دول العالم، فأصبح هناك دول سوق الأوروبية المشتركة التي شكلت فيما بينها تكاملاً اقتصادياً ملفتاً للانظار، كما ظهر تكتل اقتصادي شكلته الولايات المتحدة الأمريكية مع حليفاتها في أمريكا اللاتينية والباسفيك، وظهرت اقتصاديات جديدة كالصين، وتايوان، وماليزيا، وكوريا الجنوبية الى جانب اليابان. هذه التكاملات والاقتصاديات جعلت المنافسة بين المنظمات على أوجها، وجعلتها غير قادرة على التنبؤ بحجم الطلب على سلعها وخدماتها، فقد أدى زحف وغزو السلع اليابانية والصينية وشرق آسيا ذات الأسعار

المعتدلة، الى إغلاق بعض الشركات الأمريكية والأوروبية لأبوابها، وشركات أخرى خفضت في حجم انتاجها بسبب قلة فرص الاستثمار أمامها، ومنها راح يغزو سوق أفريقيا كما هو الحال مع شركات الولايات المتحدة الأمريكية.

أما الدول النامية فقد كانت ضحية لهذه التحولات والمنافسات، فلم يعد بمقدورها أن تسيطر على اقتصادياتها وأسواقها، وليس بمقدور شركاتها أن تنافس منتجات الشركات اليابانية والأمريكية.. الخ العريقة والعملاقة، لذلك راحت تغلق الباب على نفسها أو تخصخص شركاتها العامة، خشية انهيار اقتصادها.

في ظل التقديم الموجز السابق للوضع الاقتصادي والسياسي العالمي الراهن الذي تعايشه منظمات الأعمال وللضرورات التي يستوجبها شرح استراتيجية إدارة الموارد البشرية، نرى أن نعرض الآن توضيحاً مختصراً لأهم المتغيرات والتحديات الادارية والتنظيمية والتسويقية التي ستعمل في ظلها المنظمة بوجه عام وإدارة الموارد البشرية بشكل خاص، لنعطي القارئ رؤية للمناخ الاداري التنظيمي الذي ستمارس فيه هذه الادارة مهمتها، فهذه التحديات تمثل أطراً إدارية معاصرة تستوجب من المنظمات وادارات الموارد البشرية فيها، أن تأخذها في الحسبان. وفيما يلي عرض موجز لهذه التحديات: [3]

* المنظمة مكان للعمل والعيش معاً يجب أن يسودها جو من الألفة والمودة والمحبة، فهي عشيرة مترابطة، أفرادها لديهم ولاء وانتماء لها، ويسعون إلى تحقيق أهدافها.

* يحيط بالمنظمة التي هي مصدر رزق كل من يعمل فيها مخاطر بيئية على رأسها المنافسة السوقية الشديدة، لذلك فالكل عليه مسؤولية مشتركة وجسيمة، وهي أن يعي هذه المخاطر.

* البيئة التي تعمل فيها المنظمات سريعة التغير، ومن لا يتكيف مع هذا التغير سيؤول للزوال.

* الزبون ورضاه هو أساس بقاء المنظمة واستمراريتها، وبالتالي فكل من يعمل في المنظمة هو رجل تسويق يسعى لرفع سمعة المنظمة وإرضاء عملائها، فهذه مسؤولية الجميع.

* تحقيق القيمة المضافة في جميع مناشط المنظمة، هدف ومسؤولية كل من يعمل فيها، فالجميع عليه أن يفكر بمسألة الربح والخسارة.

(3) Oren Harari, Back To The Future, Management Review, 82 (September 1993) U.S.A. P.35.

* الطموح المستمر والسعي للأفضل هو شعار المنظمة وجميع من يعمل فيها، وبالتالي فمواجهة التحديات جزء من حياة العاملين في المنظمة.

* الاستفادة من أخطاء وتجارب الماضي مسألة هامة، فالذي لا ماضي له، لا حاضر ولا مستقبل له، فالندم والأسف لا مجال لهما في حياة المنظمة، فهو لا يقودها للتقدم، فالنظر دائما يكون للأمام.

* التجديد والابتكار وبالتالي التحسين المستمر لكل شيء في المنظمة مسألة حتمية ومحسومة، فالذي لا يتحسن سيزول بالطبع لأن الآخرين سيسبقونه، لذلك يجب توفير المبادرة لدى الجميع، وواجب عليهم تقديم الجديد النافع للمنظمة التي هي مصدر رزقهم وعيشهم فهي للجميع وليس لفئة معينة.

* المنظمة وكل مكوناتها وكل من يعمل فيها نظام كلي واحد، يعمل تجاه تحقيق رسالتها المستقبلية، وبالتالي فهذا النظام متعاون متكامل يعمل في نسق واحد.

* كل من يعمل في المنظمة من مديرين، وموظفين، وعمال، وفنيين.. الخ هم شركاء وليسوا أجراء، يسهمون في اتخاذ القرارات .

* المرونة والحرية شعار العمل في المنظمة، فكل فرد هو سيد عمله ودوره الذي يؤديه، وبالتالي فهو مدير لوظيفته يتحمل مسؤوليتها كاملة.

* إدارة العمل أصبحت ذاتية لكن ليست فردية بل جماعية، فأعمال المنظمة تؤدى جماعياً من خلال فرق عمل مدارة ذاتياً من قبل أعضاء الفريق، فالأسلوب الفردي لم يعد له وجود في المنظمات المعاصرة، لأن النهج الاداري الجديد هو الاعتماد على الذات في ممارسة المهام وحل المشاكل.

* الشعور بالمسؤولية الذاتية لدى الجميع مطلب أساسي، فالجودة المتميزة وإرضاء الزبائن وتحقيق البقاء للمنظمة، يجب أن يكون هاجساً داخلياً لدى كل من يعمل فيها، فواجب كل فرد إذا عمل في مكان داخل المنظمة أن يسعى لتقديم النصح لها.

* الإستقرار الوظيفي مسألة يقوم عليها تحقيق الانتماء للمنظمة لدى العاملين لديها، فيجب إشعار الجميع أنهم باقون في المنظمة لمدى الحياة، وأنهم سيتقاعدون عن العمل فيها وهم يحملون أجمل ذكريات حياتهم.

* التعلم وتطوير الذات جزء وهدف أساسي ومستمر طوال حياة العاملين في المنظمة.

* تقييم الأداء البشري لم يعد تقليدياً يعتمد على تحقيق المعايير المطلوبة فحسب، بل تخطيها وتحقيق التميز في الأداء، فهو أساس البقاء والاستمرار.

* جميع العاملين في المنظمة جنود أقوياء وأشداء ومحاربون بواسل تجاه تحديات ومخاطر البيئية، فشعارهم هو مواجهة التحدي لا الهروب منه.

* الموارد البشرية التي تحتاجها المنظمات اليوم، موارد تمتلك مهارات متنوعة، فالفرد الذي يمتلك مهارة واحدة لن يجد له مكاناً في المنظمات الحديثة بسهولة.

المهم من كل ما تقدم، أنه ساد اقتناع لدى منظمات الأعمال المعاصرة مفاده: بأن التحديات والظروف السابقة لا تواجه إلا من خلال موارد بشرية جيدة ومتميزة بعطائها تدار بشكل جيد من قبل إدارة موارد بشرية معاصرة تواكب وتساير التغيرات البيئية التي حدثت وتحدث وستحدث، وهذا حدا بها لأن تعمل على:

- توفير وخلق مهارات بشرية عالية المستوى مع تنوع في هذه المهارات.

- توفير مرونة عالية في أدوار الأفراد.

- تحقيق مستوى عالي من التعاون في مجال العمل.

- تحقيق ولاء والتزام وانضباط لدى العاملين.

- الاهتمام والرعاية الكبيرة بالعنصر البشري في العمل.

- حل كافة الصراعات التنظيمية داخل المنظمة وجعلها عشيرة واحدة.

ماهية إستراتيجية إدارة الموارد البشرية

سنعمد في الصفحات القليلة القادمة إلى عرض مفهوم البعد الاستراتيجي لإدارة الموارد البشرية في مجال عملها وممارساتها داخل المنظمة وخارجها، وكيف تسهم في تحقيق أو إنجاز استراتيجية المنظمة من خلال هذا البعد لدورها. [4]

---

(4) أنظر تفصيلاً في :

CHARLES R. GREER, STRATEGY AND HUMAN RESOURCES, ENGLWOOD CLIFFS, NEW JERSEY, 1995.

تعريف إستراتيجية إدارة الموارد البشرية :

هي ممارسات جديدة ومعاصرة ترسم سياسة تعامل المنظمة الطويلة الأجل مع العنصر البشري في العمل، وكل ما يتعلق به من شؤون تخص حياته الوظيفية في مكان عمله. وتتماشى هذه الممارسات مع إستراتيجية المنظمة العامة وظروفها ورسالتها المستقبلية التي تطمح الى تحقيقها، في ظل البيئة التي تعايشها وما تشتمل عليه من متغيرات متنوعة، التي يأتي على رأسها شدة المنافسة التي تسود الأسواق اليوم.

يتضح لنا أن إستراتيجية إدارة الموارد البشرية خطة طويلة الأجل مكونة من مجموعة نشاطات على شكل برامج وسياسات تكون وظائف هذه الإدارة ومهمتها داخل المنظمة. وتشتمل هذه الخطة على مجموعة قرارات هامة تتعلق بأمور التوظيف والمستقبل الوظيفي للموارد البشرية التي تعمل في المنظمة. وتهدف استراتيجية إدارة الموارد البشرية الى خلق قوة عمل مؤهلة وفعالة قادرة على تحقيق متطلبات تنفيذ استراتيجية المنظمة العامة.

وترجع جذور التفكير في وضع استراتيجية لإدارة الموارد البشرية الى مفهوم تخطيط القوى العاملة الطويل الأجل، الذي يمثل أحد وظائف ومهام إدارة الأفراد في السابق، وإدارة الموارد البشرية في الوقت الحاضر. لقد طور هذا المفهوم بالاعتماد على مفاهيم الادارة الاستراتيجية، لينبثق عنها شيء يدعى الان باستراتيجية إدارة الموارد البشرية، التي تعنى بموضوع إنتاجية المنظمة وفعاليتها التنظيمية، وبالتالي نجاحها وبقاؤها، من خلال أداء الموارد البشرية الفعال.

مثال واقعي [1]

أظهرت نتائج دراسة أجريت على عدد من الشركات اليابانية والأمريكية الناجحة لمعرفة سبب تميزها ونجاحها ما يلي:

تهتم هذه الشركات بوضع إستراتيجية جيدة ومناسبة لمواردها البشرية وإدارتها، فالتحديث والتميز الذي حققته كان وراءه إدارة موارد بشرية ذات فاعلية، وقرارات توظيف تخدم استراتيجية هذه الشركات.

---

(1) المصدر :

GEORGE T. MILKOVICH, JOHN W. BOUDREAU, OP.CIT. P. 42.

لقد وجدت الدراسة أن هذه الشركات تضع برامج استقطاب فعالة لجذب أفضل المهارات البشرية الموجودة في سوق العمل، وتوفير تعليم وتدريب مستمرين لها، وتدفع لها تعويضات مناسبة، وتصمم سياسة تحفيز جيدة لها، وتوفر برامج فعالة لحمايتها من مخاطر العمل، وتصمم الوظائف بشكل توفر لشاغليها عنصر الاثارة والتحدي وتحمل المسؤولية، مما جعل هذه الشركات مكانا محببا للعمل بالنسبة للموارد البشرية. وقد إنعكس ذلك على رفع درجة الرضا والسعادة لدى هذه الموارد، وجودة أدائها، وخفض من معدل دورانها، وقد توصلت الشركات الى جودة عالية في منتجاتها وخدماتها، وأسعار مناسبة، مما خلق لدى زبائنها الرضا والسعادة، وحصة سوقية أكبر، وتميز ومنافسة الآخرين بقوة.

إستراتيجية الموارد البشرية جزء من استراتيجية المنظمة :

يتضح مما تقدم، أن استراتيجية إدارة الموارد البشرية جزء لا يتجزأ من استراتيجية المنظمة، وتقع في المستوى الثالث من هيراركيتها التي شرحناها سابقاً في هذا الفصل وهو مستوى استراتيجية الوظائف كالانتاج، والتسويق، والشراء.. الخ، التي يشكل مجموعها إستراتيجية المنظمة وهو المستوى الأول من الهيراركية. من هذا المنطلق نجد أن وظائف وممارسات إدارة الموارد البشرية تعمل جميعها في خدمة استراتيجيات الادارات (الوظائف) الأخرى، أي في خدمة إستراتيجية المنظمة، تحت مظلة التكامل والتوافق معا.

يتوافق الاتجاه السابق مع مفهوم يدعى بالتكامل الاستراتيجي INTEGRATION STRATEGIC ، الذي يؤكد على أن إستراتيجية المنظمة تتوافق وتتطابق مع رسالتها، واستراتيجيات الهيكل التنظيمي (إدارات، الانتاج، التسويق، الشراء..الخ) تتطابق هي الاخرى مع استراتيجية المنظمة لانها تعمل على خدمتها، واستراتيجية ادارة الموارد البشرية كنتيجة، تتطابق وتعمل على خدمة استراتيجية المنظمة واستراتيجية الهيكل التنظيمي، في ظل تأثير متغيرات البيئة الخارجية التي تعمل فيها المنظمة ككل، وتستخدم استراتيجيتها للتكيف معها لتضمن لنفسها البقاء والاستمرار. وفيما يلي شكل يوضح هذا المفهوم:

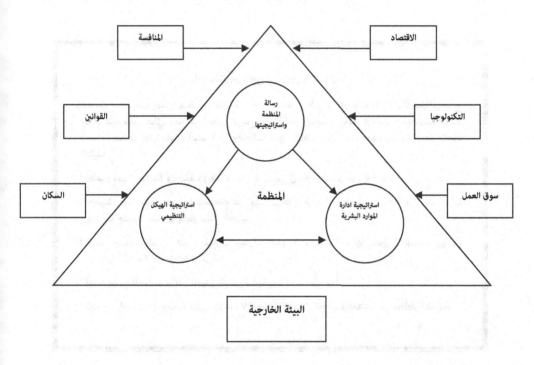

شكل رقم (10)

مفهوم التكامل الاستراتيجي

من خلال الشكل السابق يتضح لنا أن بناء استراتيجية الموارد البشرية يتكامل ويتطابق مع:

- متطلبات رسالة واستراتيجية المنظمة.

- متطلبات استراتيجية الهيكل التنظيمي (الادارات واحتياجاتها من الكفاءات والموارد البشرية) .

وعليه يمكن القول بأن صفة التكامل والتطابق التي وصفت بها استراتيجية الموارد البشرية لها جانبين اثنين هما:

1- تكامـل داخـلي: ويقصـد بـه أن إدارة المـوارد البشـرية نظـام متكامـل، مكـون مـن وظـائف وممارسـات تتكامـل وتتفاعـل مـع بعضـها مـن أجـل خدمـة وإنجـاز

استراتيجية المنظمة وهيكلها التنظيمي، وقد شرحنا هذه الناحية في الفصل الأول بشكل مفصل.

2- تكامل خارجي: ويقصد به تكامل استراتيجية إدارة الموارد البشرية مع استراتيجية المنظمة والهيكل التنظيمي في مواجهة تحديات البيئة الخارجية. فاستراتيجية الموارد البشرية نظام فرعي ضمن نظام كلي أكبر هو استراتيجية المنظمة، التي تشتمل على استراتيجيات الهيكل التنظيمي بما فيها استراتيجية الموارد البشرية، التي تتكامل جميعها مع بعضها لتحقيق أهداف ورسالة المنظمة. لقد أطلق على مفهوم التكامل السابق مصطلح MATCHING أي التطابق الاستراتيجي.

مثال توضيحي عن التكامل الاستراتيجي

إشتملت استراتيجية إحدى المنظمات على تغيير منتجها الحالي الذي لم يعد عليه طلب، والتحول الى منتج جديد عليه طلب عالي، ومتوقع تحقيق أرباح جيدة من إنتاجه وبيعه. في ظل هذه الاستراتيجية الجديدة عمدت إدارة الموارد البشرية إلى وضع استراتيجية تتطابق وتتكامل معها، واشتملت عن الأبعاد التالية:

*** تصميم أعمال جديدة وتوصيف وظائف جديدة يتماشيان مع متطلبات المنتج الجديد.**

*** تخطيط موارد بشرية جديدة للاستغناء عن المهارات التي لم تعد المنظمة بحاجة إليها، واستبدالها بمهارات جديدة يحتاجها إنجاز المنتج الجديد.**

*** تصميم حملة استقطابية لتوفير المهارات البشرية الجديدة، لاختيار أفضلها ليعين في المنظمة ويلبي حاجاتها الجديدة من الموارد البشرية.**

*** إعداد برامج تأهيل وتدريب للموارد البشرية الجديدة.**

*** تصميم برامج سلامة وصحة مهنية جديدة لأن مخاطر الأعمال الجديدة تختلف عن مخاطر القديمة.**

وبوجه عام يمكننا القول بأن عدم مراعاة المفهوم السابق، سيؤدي إلى حدوث تضارب في العمل الاستراتيجي داخل المنظمة، وسينعكس ذلك سلباً على

أداء الموارد البشرية، وستتأثر فاعليتها التنظيمية، وهنا نخرج بنتيجة هامة مفادها ما يلي:

---

* إن أي تغير يطرأ على استراتيجية المنظمة، يتطلب إحداث تغيير في استراتيجية إدارة الموارد البشرية، بشكل يكون تغييرها متوافقاً مع التغير الذي طرأ على استراتيجية المنظمة. وبناء عليه فمسألة إستقرار استراتيجية الموارد البشرية مرهون باستمرارية إستقرار استراتيجية المنظمة، وهذا يحدو بنا للقول: بأن تكون استراتيجية الموارد البشرية مرنة.

* في ظل المعلومة السابقة نجد أن استراتيجية المنظمة متغير مستقل وتابع في الوقت نفسه، والتبعية ناتجة عن أنها توضع في خدمة رسالة المنظمة، والبيئة التي تعيش وتعمل في كنفها. في حين أن استراتيجية الموارد البشرية هي متغير تابع على طول الخط، وتبعيتها هي لاستراتيجية المنظمة، فعليها أن تتكيف مع أي تغير يطرأ عليها، فهي بالنسبة لها متغير مستقل وتتبع لحركة تغيراته.

في ضوء جميع ما تقدم يمكننا القول: لقد أخذ موضوع تكامل استراتيجية الموارد البشرية في المنظمات المعاصرة بالدول الصناعية حيزاً كبيراً من اهتمامها، بعد أن أيقنت بأن المورد البشري وسيلة فعالة للتصدي لغزو المنافسة للأسواق، فكما أوضحنا في السابق، فإن تحقيق جودة المنتج يتوقف عليه رضا العنصر البشري في العمل، وهذه الجودة يتوقف عليها رضا المستهلك، وبالتالي فهناك علاقة إنتاجية بينهما، لذلك يجب ألا تغيب شمس إدارة الموارد البشرية عن إستراتيجية المنظمة، فاستراتيجية هذه الادارة ومديرها لهما دور فاعل فيها ولا يجوز تهميش هذا الدور، وبناء عليه يفضل المختصون القول: بأن إستراتيجية الموارد البشرية جزءاً من استراتيجية المنظمة بدلا من القول بأنها تتكامل معها، فالتعبير الأول أقوى في معناه من الأول. لقد أصبح لمدير الموارد البشرية مقعداً على طاولة رسم استراتيجية المنظمة إلى جانب نظرائه مديري الادارات الأخرى، فغيابه يعني انفصال ممارسات إدارة الموارد البشرية عن إستراتيجية المنظمة والإدارات الأخرى، وأصبحت تعمل في منأى عن متطلبات هذه الادارات من الموارد البشرية المؤهلة الفعالة المحفزة، التي تمكنها من تحقيق أهدافها وأهداف إستراتيجية المنظمة.

أبعاد إستراتيجية إدارة الموارد البشرية

وضعت العولمة المنظمات في غالبية دول العالم في بيئة اقتصادية وقانونية ذات تغير مستمر وسريع، فقد أصبحت المنافسة في الأسواق على أوجها، لأنها باتت مفتوحة على مصراعيها في معظم أنحاء العالم، فلم تعد هناك قيوداً على حركة دخول السلع والخدمات لأسواق العالم. لقد فرضت هذه الأوضاع ضرورة تكييف المنظمات لاستراتيجياتها وممارساتها في كافة مجالات العمل فيها (الانتاج، التسويق، الموارد البشرية، نمط الادارة، الهيكل التنظيمي.. الخ) مع هذه التغييرات البيئية. وأحد هذه المجالات الذي احتاج إلى تغيير وتكييف هو عمل إدارة الموارد البشرية فدورها السابق تحت مسمى إدارة الأفراد الذي كان سائداً قبل الثمانينات، لم يعد يتوافق مع رياح التغيير التي هبت على اقتصاديات دول العالم ومنظماتها، فكان لابد من تغيير دور إدارة الأفراد بمسمى جديد هو إدارة الموارد البشرية (HRM) وبمهمة متطورة متكيفة مع الأوضاع الجديدة، فظهرت بثوب ومضمون جديدين، وأصبح لها إستراتيجية خاصة بها كجزء من استراتيجية المنظمة تلعب دوراً بارزاً في تحقيق أهدافها، فإستراتيجية هذه الادارة تعمل على فهم البيئة الخارجية والالمام باتجاهات متغيراتها المؤثرة في نشاط المنظمة، كما تعمل أيضاً على فهم بيئة المنظمة الداخلية ومتغيراتها الأساسية: رسالتها، ثقافتها التنظيمية، فلسفتها الإدارية، استراتيجيتها، متطلبات العمل فيها .. الخ، هذا الفهم الشامل للبيئة الخارجية والداخلية، أصبح يمثل أساساً يقوم عليه وضع استراتيجية إدارة الموارد البشرية، بشكل يمكنها من مواءمة ممارسات هذه الادارة مع متغيرات البيئة في الوقت نفسه. لقد بات معروفاً أن رسالة المنظمة وإستراتيجيتها المستقبلية لن تتحقق إلا من خلال استراتيجية موارد بشرية فعالة، تلبي حاجة إدارات المنظمة من الموارد البشرية الصالحة، والمؤهلة والمدربة والمحفزة جيدا، من خلال برامج وسياسات تضعها إدارة الموارد البشرية لهذه الغاية.

لقد أصبحت مسؤولية هذه الادارة مسؤولية جسيمة، فمطلوب منها وباستمرار تكييف استراتيجيتها وممارساتها مع تغيرات البيئة التي تؤثر في استراتيجية المنظمة، فحلول المشاكل التي كانت ناجحة في السابق، قد لا تكون كذلك في الأوضاع البيئية المستقبلية، وهذا يستدعي من إدارة الموارد البشرية ابتكار وتجديد مستمر لممارساتها تتماشى مع البيئة واستراتيجية المنظمة.

أصبح مطلوب من إدارة الموارد البشرية في الوقت الحاضر والمستقبل أن تصمم برامج وتضع سياسات حديثة فعالة تمكنها من استقطاب أفضل الموارد البشرية التي تحتاجها المنظمة من سوق العمل، وتنتقي أنسبها، وتعلمها، وتدربها، وتنميها، وتحفزها، وتزرع لديها الولاء والانتماء للمنظمة، وتحافظ على سلامتها وصحتها في العمل، وهذا كله من أجل خلق قوة عمل فعالة قادرة على إنجاز إستراتيجية المنظمة وتحقيق أهدافها، فنشاط إدارة الموارد البشرية الاستراتيجي يتغلغل في جميع أنحاء المنظمة، فهي قريبة من المديرين، تمد لهم يد العون والمساعدة في تهيئة مرؤوسيهم وجعلهم قادرين على تنفيذ المطلوب منهم بأعلى كفاءة.

وسنعمد فيما يلي الى عرض موجز للبعد الاستراتيجي لمهمة ودور إدارة الموارد البشرية:

* أصبح لإدارة الموارد البشرية استراتيجية خاصة بها وتعد جزءاً من استراتيجية المنظمة، وتعمل بشكل متكامل ومتوافق ومنسق معها، بشكل تلبي احتياجاتها من العنصر البشري.

* انطلاقاً من النقطة السابقة، فعمل إدارة الموارد البشرية عمل استراتيجي يسعى للاسهام في تحقيق رسالة المنظمة وأهدافها.

* أصبح لادارة الموارد البشرية ودورها رؤية جديدة معاصرة، تتماشى مع اتجاهات التغير التي سادت العالم في مجالات الإدارة، التسويق، الانتاج.. الخ.

* تتوافق ممارسات إدارة الموارد البشرية مع القيم التي تشتمل عليها ثقافة المنظمة التنظيمية.

* هدف إدارة الموارد البشرية الاستراتيجي هو خلق قوة عمل فعالة لديها ولاء وإنتماء للمنظمة، وهذا يتطلب عمل استراتيجي على شكل برامج وسياسات في مجال الحفز الانساني، وتوفير مناخ عمل تنظيمي مناسب يمكن الموارد البشرية من العطاء والتطور، فمسألة جعل مكان العمل محببا لنفوس العاملين مسألة استراتيجية الآن.

* يتوجب على من يعمل في مجال الموارد البشرية، أن يكون مؤهلاً أكاديمياً في هذا المجال، أي أنه إنسان متخصص ومحترف في شؤون هذا الموارد البشرية، فلم يعد يسمح بالعمل ضمن هذا المجال سوى للذين لديهم معرفة علمية وخبرة في مجال الموارد البشرية.

* النظر إلى الانفاق على الموارد البشرية وإدارتها على أنها إنفاق رأس مالي، أي استثمار له عائد كبير.

* تحديث برامج وسياسات الموارد البشرية باستمرار، لجعلها منسجمة مع الاتجاهات المعاصرة المتعلقة بالمورد البشري، كأحد أهم عناصر مدخلات العمل ونجاح المنظمة .

ـ لن تنجح إستراتيجية إدارة الموارد البشرية إلا بتعاون كافة المديرين في المنظمة، فمسؤولية إدارة العنصر ـ البشري في العمل مسؤولية مشتركة بين جميع المديرين، وخاصة الإدارة الوسطى والمباشرة، المسؤولتان مباشرة عن وضع هذه الاستراتيجية موضع التنفيذ. لذلك يتوجب وجود تنسيق وتعاون بين مدير إدارة الموارد البشرية وبين كافة المديرين والرؤساء داخل المنظمة.

* أن تتماشى استراتيجية الموارد البشرية مع الاتجاه المعاصر في إدارة المنظمات، الذي يسعى إلى تطبيق نهج إداري شامل، يركز على جودة الأداء والانتاج الشاملين، لتحقيق الرضا لدى الزبون الذي هو سيد السوق الآن، واعتبار رضاه هو أساس نجاح وبقاء المنظمة، فهذا الرضا يعني حصة سوقية أكبر وقدرة على المنافسة، وقد سمي هذا النهج "بادارة الجودة الشاملة TOTAL QUALITY MANAGEMENT (TQM) " . وبالطبع يقع على إدارة الموارد البشرية واستراتيجيتها دوراً ومسؤولية في تطبيق هذا النهج، ذلك لأن المسؤول الأول عن تحقيق الجودة الشاملة التي تخلق الرضا لدى الزبائن هو العنصر البشري وإدارته، لذلك وتماشياً مع اتجاهات إدارة الجودة الشاملة، أصبح مطلوب من إدارة الموارد البشرية تطبيق مفهوم إستراتيجية "الزبون الداخلي INTERNAL CUSTOMERS " الذي يعتبر العنصر ـ البشري في العمل ورضاه هو أساس تحقيق الجودة الشاملة التي تولد الرضا لدى الزبون الخارجي EXTERNAL CUSTOMER . ولا يكفي التخطيط لتطبيق هذا المفهوم، بل المطلوب التعاون مع إدارات المنظمة ومديريها على تفعيله ، وممارسته على أسس علمية صحيحة، فادارة الجودة الشاملة أفعال وليست أقوال. [1]

* العلاقة مع النقابة جزء من إستراتيجية إدارة الموارد البشرية، يجب النظر اليها على أنها جهة داعمة لجهودها، وليست عدواً بالمفهوم التقليدي، لذلك يجب التعاون معها لخدمة الطرفين المنظمة والعاملين فيها، وحل جميع المشاكل بينها وبين المنظمة بروح التآخي.

(1) انظر في ذلك تفصيلاً:

أ- عمر وصفي عقيلي، المنهجية المتكاملة لإدارة الجودة الشاملة، دار وائل، عمان، 2001.

ب- JOSEPH R. JABLONSKI, IMPLEMENTATION TOTAL QUALITY MANAGEMENT, LOUGH BOROUGA UNIVERSITY, U.K.
1996

التحول الاستراتيجي الذي طرأ على وظائف إدارة الموارد البشرية

على مدى أكثر من عشرين سنة مضت وتحديداً من عام 1980 وما بعده، حدثت تغيرات أساسية تدريجية في وظائف وممارسات إدارة الموارد البشرية، استلزمتها التحولات التي طرأت على المنظمات واستراتيجياتها، بسبب ما حدث ويحدث من مستجدات دراماتيكية في البيئتين العالمية والمحيطة بها وبعملها. واستكمالاً لعرض المواضيع السابقة، نجد من الأهمية بمكان عرض التحول الاستراتيجي الذي طرأ على وظائف إدارة الموارد البشرية وممارساتها على مدى العقدين الماضيين بشكل موجز جدا، على أن يأتي التفصيل في الفصول القادمة.

التحول الذي طرأ على وظيفة تصميم العمل:

لقد تحول مفهوم تصميم العمل الذي ألمحنا إليه في الفصل السابق، ليصبح بمفهوم وتسمية جديدين هما "إعادة هندسة العمل JOB RE- ENGINEERING " فالتغير الذي حدث في مجال المعرفة الإدارية، والبيئة الاقتصادية، واستراتيجية المنظمة استوجب كله من إدارة الموارد البشرية إعادة تصميم العمل في المنظمة بمفهوم جديد هو إعادة هندسة العمل أو هيكلته، لتخلق وظائف المنظمة لشاغليها عنصر الاثارة، والحماسة، والشعور بالحرية، والمسؤولية في ممارستهم لمهامهم ومسؤولياتهم. وأن توفر لشاغليها إمكانية تطوير الذات، من أجل تشجيع ودفع الموارد البشرية في المنظمة للأداء الجيد الفعال، واستغلال الموارد المادية أحسن استغلال.

التحول الذي طرأ على وظيفة تكوين الموارد البشرية :

أشرنا في الفصل الأول إلى أن هذه الوظيفة الرئيسة تشتمل على وظائف فرعية، سنأتي على شرح التحول الذي طرأ على كل منها فيما يلي:

1- تخطيط الموارد البشرية:

ارتبط تقدير حاجة المنظمة من الموارد البشرية مستقبلاً بشكل مباشر بحاجة استراتيجية المنظمة من هذه الموارد من حيث نوعياتها ومواصفاتها، فقد أصبحت عملية التقدير هذه ملازمة تماماً لمتطلبات إستراتيجية المنظمة الطويلة الأجل.

2- الاستقطاب والاختيار:

لم تعد عملية الاستقطاب والاختيار والتعيين تتم على أساس انتقاء الفرد المناسب ذو التخصص الضيق ليعمل في وظيفة ثابتة محددة تطبيقاً لشعار الرجل المناسب في المكان المناسب فهذه المقولة أصبحت متقادمة، لأن التوجه الحديث هو استقطاب واختيار الفرد الذي يمتلك مهارات متعددة تمكنه من العمل في وظائف أو مجالات مختلفة وممارسة مهام متنوعة، فلم يعد أسلوب تنفيذ الأعمال الآن إفرادياً بل جماعياً من خلال فرق عمل، وضمن الفريق يمارس الفرد مهاماً متعددة ويتبادل الأعمال مع زملائه أعضاء الفريق، فإذا لم تكن لديه مهارات متنوعة، لن يكون بامكانه العمل ضمن الفريق، فاستقطاب واختيار الموارد البشرية اليوم لم يعد يتم على أساس العمل في وظيفة واحد ثابتة بل على أساس العمل في عدة وظائف، وهذا يعني تلاشي نظرية الاعتماد على التخصص الضيق، ليحل محلها نظرية التخصص الواسع وتنوع الأدوار والمهام، فلم تعد المنظمات بحاجة اليوم إلى العمالة النصف ماهرة، بل بحاجة إلى عمالة ماهرة تمتلك مهارات عدة وليس مهارة واحدة، بحيث تتمكن من تشغيل الأفراد في وظائف عدة وليس في وظيفة واحدة. وأصبحت الموارد البشرية المطلوبة تتصف بالقدرة على التعامل والتفاعل مع تكنولوجيا الحاسب الآلي. هذه الاتجاهات الحديثة جعلت إدارة الموارد البشرية تصمم برامج جديدة لاستقطاب هذه النوعية من الموارد البشرية، وتستخدم تقنيات حديثة في عملية الاختيار والانتقاء، للكشف عن وجود المهارات المتعددة لدى هذه الموارد.

3- التدريب:

إن النظرة إلى التدريب على أنه نشاط وقتي عند الضرورة وأنه ذو صبغة تتسم بالمحدودية من أجل تلافي نقاط الضعف في الأداء وتحسين المهارات الحالية لدى الموارد البشرية نظرة متقادمة، فالنظرة للتدريب اليوم مكونة من ثلاثة عناصر مستمرة هي: تعلم، تدريب، تنمية يلازم جميعها حياة الفرد في المنظمة منذ تاريخ تعيينه حتى تركه العمل فيها. والغاية من ذلك دعمه ومساندته وتمكينه من أداء عدة أعمال في الحاضر والمستقبل، ضمن فريق عمل ينتمي إليه. فعملية التعلم والتدريب والتنمية المستمرة، تعتبر اليوم وسيلة فعالة لتكييف العنصر البشري في العمل مع آخر التطورات والمستجدات على الساحتين داخل المنظمة وخارجها، وأصبحت النظرة إليها على أنها استثمار له عائد، يتمثل في جعل قوة العمل قادرة على تحقيق جودة المنتج التي تحقق الرضا للعملاء، وتقوية المركز التنافسي للمنظمة في السوق. في ضوء ذلك يمكننا القول أن مضمون واتجاه التدريب والتنمية وهدفهما قد تحول من تطوير الأداء الحالي، إلى تطوير الأداء المستقبلي من خلال:

- تعليم العنصر البشري في العمل أي معرفة جديدة تظهر وتخص عمله.

- إكساب العنصر البشري مهارات جديدة ومتعددة تساعده على مواجهة التغييرات التي تحدث في أو تطرأ على أعماله الحالية والمستقبلية.

- جعل المنظمة مكاناً للتعلم يتوفر فيه استمرارية عملية التعلم والتدريب والتنمية، لأن ميادين الأعمال تشهد حركة تغير مستمرة يستوجب الأمر معها تكييف مهارات الموارد البشرية معها.

- استخدام أساليب تدريب معاصرة تساعد على تفجير طاقات الابداع والابتكار لدى العنصر البشري في العمل.

التحول الذي طرأ على وظيفة التحفيز:

بعد تغير أسلوب أداء العمل من فردي إلى جماعي على شكل فرق عمل، لم تعد أساليب التحفيز القديمة مقبولة مع هذا التغير، فقد تطلب أسلوب العمل الجديد من إدارة الموارد البشرية تصميم سياسة تحفيز جديدة تركز على الحفز الجماعي، وأن تتماشى مع التوجه المعاصر الذي يعتبر الموارد البشرية التي تعمل في المنظمة شريكاً في العمل وليس أجيراً، من هذا المنطلق راحت إدارة الموارد البشرية تصمم برامج لتمليك العاملين أسهماً في الشركة، وتغيير فلسفة المشاركة في الأرباح، وتضع أساليب تحفيز معنوية وجماعية جديدة تتوافق مع التوجه المعاصر في مجال الحفز الإنساني.

التحول الذي طرأ على وظيفة تقييم الأداء:

بعد تغير أسلوب تنفيذ الأعمال من فردي إلى جماعي (فرق عمل) أصبح تقييم الأداء الذي كان يُعمل به في السابق والمصمم على أساس تقييم الجهد الفردي متقادماً، فقد حل محله نظام جديد يعتمد على تقييم الجهد الجماعي، وباستخدام معايير تقييم أداء جديدة وهي: التكلفة، الجودة، الوقت، خدمة العملاء ومدى رضاهم، حتى أن العديد من المنظمات المعاصرة ربطت عملية التحفيز برضا عملائها.

التحول الذي طرأ على وظيفة علاقات العمل :

انحصرت هذه الوظيفة في الماضي، على قيام إدارة الموارد البشرية (التي تسمى آنذاك بادارة الأفراد) نيابة عن أصحاب العمل، بإجراء مفاوضات مع النقابة التي تمثل العاملين، للتوصل الى اتفاقات بينهما ترضي الطرفين، فيما يخص التعويضات المالية وبعض المزايا الوظيفية الأخرى، وكان كل طرف يحاول تحقيق مكاسب على حساب الطرف الآخر، وتجنب المشاكل مع النقابة قدر الامكان لانها

عدو يشكل تهديداً على مصالح المنظمة. لقد تغير هذا الاتجاه في ظل التحول الاستراتيجي الـذي طـرأ عـلى وظيفة إدارة الموارد البشرية، ليأخذ شكلاً ومضموناً جديداً ومختلفاً عن السابق، هذا الشكل الجديد يقـوم على تحقيق التعاون والوفاق بين المنظمة والنقابة، وإقامة علاقة حسنة وزرع الثقة بينهما. لقد أصبح هـذا الاتجاه الجديد جزءاً من استراتيجية المنظمة وإدارة الموارد البشرية، ذلك لأن رضا النقابة يعني رضا القـوى العاملة، فهذا الرضا يخفف من درجة الصراع داخل المنظمـة. لقـد تطلـب هـذا الوضـع الجديـد مـن إدارة الموارد البشرية، وضع سياسة جديدة للتعامل مـع النقابـة، وتطويرهـا بشـكل مسـتمر وتعـديلها مـع تغير القيادات النقابية، بسبب احتمال وجود تباين في قناعات هذه القيادات. ومما تجـدر الإشـارة إليـه في هـذا المقام، هو أن وظيفة علاقات العمل لم تعد محصورة ما بين المنظمة والنقابة، بـل امتـدت لتشـمل العلاقـة مع الحكومة وما تصدره من قوانين وتشريـعات خاصـة بالعمـل، حيـث أصـبح مطلـوب مـن إدارة المـوارد البشرية أن تفهم هذه القوانين فهماً جيداً، ليكون تطبيقها صحيحاً لا يعرض المنظمة لتساؤلات قانونية مـن طرف الحكومة.

التحول الذي طرأ على وظيفة التعويضات:

قامت نظم دفع الرواتب والأجور في السابق على أساس الأداء والجهد الفردي في العمـل، بسـبب كون أسلوب تنفيذ الأعمال كان فردياً، لكن مع تحول هذا الاسلوب إلى أسلوب فريق العمل، أصبحت نظـم دفع التعويضات القائمة على أساس الفردية غير مقبولة، وهذا دفع بادارة الموارد البشرية الى تصميم نظم جماعية لدفع تعويضات العاملين واستخدام معايير دفع جديدة تقوم على أساسه أهمها:

* جودة الأداء.

* تعظيم مخرجات العمل.

* الفاعلية التنظيمية ورضا العملاء.

* تحقيق وفورات في تكاليف التشغيل.

* حسن استخدام الموارد المادية.

لقد تغيرت فلسفة التعويضات من كونها تكلفة أو نفقة جارية الى استثمار له عائـد، عـلى أسـاس أن التعويضات تمثل أحد أهم أنواع الحفز الانساني المالي، الذي يخلق الدافعية للأداء الجيد، وتحقيـق الجـودة المطلوبة التي ترضي الزبائن، وخفض التكاليف، وزيادة انتاجية العمل.

تكوين استراتيجية إدارة الموارد البشرية

ظهر ونما التفكير بمسألة وضع استراتيجية لإدارة الموارد البشرية في مطلع التسعينات من القرن الماضي، وذلك بسبب التحولات الدراماتيكية التي شهدتها البيئات العالمية والمحلية، التي تعمل منظمات الأعمال في كنفها. فقد توجهت أنظارها جميعها الى التخطيط الاستراتيجي البعيد الأجل لحماية نفسها من مخاطر البيئة، وتوفير الأمان والاستقرار لها، فقد أصبح لكل إدارة فيها (ومن ضمنها إدارة الموارد البشرية) تخطيط واستراتيجية خاصة بها، تعمل في خدمة استراتيجية المنظمة الكلية. وسنعمد في الصفحات القادمة الى شرح المراحل التي تمر فيها عملية تكوين استراتيجية إدارة الموارد البشرية: (2)

المرحلة الأولى :

دراسة وتحديد متطلبات رسالة المنظمة:

تبدأ عملية تكوين استراتيجية إدارة الموارد البشرية بقيام مديرها الذي هو عضو في هيئة الادارة العليا في المنظمة المكونة من مديري الادارات الأخرى (المديرون التنفيذيون) بدراسة وتحليل متطلبات تحقيق رسالة المنظمة، شأنه في ذلك شأن باقي المديرين، فجميع الادارات تضع استراتيجياتها في خدمة تحقيق هذه الرسالة، التي تمثل الغاية الكلية البعيدة الأجل، التي يجب تحقيقها من قبل جميع العاملين في المنظمة، فالرسالة MISSION تحدد الإطار العام الذي توضع ضمنه استراتيجيات جميع الادارات، ذلك لان الرسالة تمثل سبب وجود المنظمة وبقاءها. لذلك يمكننا القول بأن منطلق أو قاعدة تكوين استراتيجية إدارة الموارد البشرية، هي دراسة متطلبات تحقيق رسالة المنظمة، التي تلون جميع ممارسات ونشاطات إدارات المنظمة بلون ينسجم مع سبل تحقيقها، فهي الضابط الأول والعام لجميع المناشط والأعمال التي تتم في المنظمة، وعن طريقها يتحقق مبدأ الالتزام لدى

---

(2) انظر في ذلك تفصيلاً:

- BELNGER J. EDWARD R.K., AND HAIVEN L., WORKPLACE INDUSTRIAL RELATIONS AND THE GLOBAL CHANGE, ILR., PRESS, NEW YORK, 1994.
- CHARLES W.L. AND GARETH R. JONES, STRATEGIG MANAGEMENT, AN INTEGRATED APPROACH, 4th ed., HOUGHTON MIFFILIN, BOSTON, 1998.
- RICHARD L. DAFT , ORGANIZATION THEORY AND DESIGN, 4th ed., OHIO SOUTH WESTERN, 1998.

الرؤساء والمرؤوسين فهي تمثل اللغة المشتركة بين جميع العاملين. لذلك يتوجب على إدارة الموارد البشرية أن تلم إلماماً دقيقاً وعميقاً بمضمون رسالة المنظمة، لأنها توضح الرؤية المستقبلية لأية منظمة، والصورة التي تريد أن تصبح عليها في المستقبل.

المرحلة الثانية :

دراسة وتحليل البيئة:

تتكون الدراسة والتحليل من شقين اثنين:

الأول: تحليل البيئة الداخلية الذي يهدف الى تحديد جوانب أو نقاط القوة والضعف في إمكانات الموارد البشرية الحالية، لمعرفة مدى قدرتها على تلبية إحتياجات إنجاز استراتيجية المنظمة ورسالتها المستقبلية.

الثاني: تحليل البيئة الخارجية الذي يهدف إلى معرفة فرص الاستثمار وطبيعتها التي بالامكان استغلالها، والمخاطر المحتملة التي يتوجب تلافيها، وهذا الأمر يتطلب الإجابة عن التساؤلات التالية:

- ما هي المتغيرات البيئية التي تؤثر في نشاط المنظمة وإدارة الموارد البشرية؟

- ما هي حركة أو اتجاهات المتغيرات البيئية المؤثرة في نشاط المنظمة وإدارة الموارد البشرية؟

- ما هو تأثير حركة الاتجاهات البيئية؟

- ما هي الاستراتيجية التي يجب تبنيها للتعامل مع تأثير المتغيرات البيئة؟

إن الاجابة عن التساؤلات الأربعة السابقة، تستوجب من إدارة الموارد البشرية القيام بدراسات ميدانية مستمرة، لمتابعة ما يحدث في البيئة من تغيرات تؤثر في نشاط المنظمة ونشاطها، وجمع معلومات عنها وتحليلها واستخلاص النتائج، التي في ضوئها تضع استراتيجيتها وتكيف ممارساتها المستقبلية معها. وفيما يلي الاسلوب الشائع في دراسة وتحليل البيئة الذي يتكون من الخطوات التالية:

1- تحديد المتغيرات البيئية واتجاهاتها المؤثرة وهذا يتطلب القيام بما يلي:

جمع المعلومات باستخدام الأساليب الاحصائية المعروفة، تحليل المعلومات، استخلاص النتائج، التنبؤ بحركة المتغيرات المؤثرة وتحديد احتمالاتها.

2- تحديد نتائج الاحتمالات لكل من الفرص والمخاطر البيئية الخارجية.

3- ترتيب الاحتمالات حسب مدى أهميتها.

4- تحديد الاستراتيجيات الواجب اتباعها مع كل احتمال، سواء أكان ايجابياً أم سلبياً.

5- توثيق المعلومات وجعلها متاحة للاستخدام من خلال نظام معلومات خاص.

في ضوء نتائج دراسة وتحليل البيئة الداخلية والخارجية تقارن إمكانات المنظمة البشرية، مع احتمالات الفرص والمخاطر المحيطة بها، فاذا كانت الامكانات أقل مما هو مطلوب معنى ذلك وجود فجوة استراتيجية STRATEGIC GAP ، يجب العمل على تغطيتها من أجل تمكين الموارد البشرية من استغلال الفرص وتلافي المخاطر.

إذاً يمكن القول بأن دور إدارة الموارد البشرية يتركز في هذه المرحلة، حول معرفة المهارات البشرية المطلوبة، من أجل استغلال الفرص الاستثمارية المتاحة في البيئة، وفي الوقت نفسه تلافي المخاطر المحتملة فيها، وهل بامكانات موارد المنظمة البشرية الحالية القيام بذلك، أم أن هناك فجوة يجب العمل على تلافيها، واذا كانت هناك فجوة، ما هي المهارات البشرية المطلوبة لتغطيتها؟ وكيف يمكن توفيرها؟ وكيف سيتم تدريبها، وتحفيزها، ورعايتها ؟

المرحلة الثالثة :

تطوير إستراتيجية إدارة الموارد البشرية:

تأسيساً على نتائج التحليل البيئي السابق، يجري وضع استراتيجية المنظمة العامة التي ترسم اتجاه وخط سيرها ونشاطها المستقبلي الذي ينسجم مع رسالتها. وفي ضوء متطلبات إنجاز استراتيجية المنظمة، تقوم جميع إداراتها بما فيها إدارة الموارد البشرية بوضع استراتيجياتها بشكل تهدف وتعمل على خدمة استراتيجية المنظمة، فاذا كانت استراتيجيتها توسعاً مثلاً، معنى ذلك بأن استراتيجيات الادارات ستنحو هذا المنحى، وسنعرض فيما يلي عدداً من أنواع استراتيجيات المنظمات على سبيل المثال، لنوضح كيف تضع إدارة الموارد البشرية استراتيجيتها بشكل يتوافق وينسجم معها ويعمل على خدمتها.

* إذا كانت إستراتيجية المنظمة إستراتيجية توسع:

في ظل هذه الاستراتيجية ستقوم إدارة الموارد البشرية باستقطاب المزيد من الموارد البشرية لتغطية زيادة عبء العمل المستقبلي الذي تطلبه استراتيجية التوسع، وستعمل على توسيع عملية الاختيار والتعيين، وبرامج التدريب والتنمية، وتكثيف نشاط حماية العاملين من مخاطر العمل، وإعداد خطة جديدة لفتح مسارات ترقية وظيفية جديدة، كما ستوسع من خطة الحوافز في المنظمة.

* إذا كانت استراتيجية المنظمة استراتيجية اندماج مع منظمة أخرى:

في ظل هذه الحالة ستكون استراتيجية إدارة الموارد البشرية قائمة على أساس الاستغناء عن جزء من مواردها البشرية، وهذا يستدعي بالضرورة تحديد: من الذي سوف يستغنى عنه؟ ومتى؟ وكيف ستدفع تعويضاته المالية؟ وما هي الأمور القانونية المرتبطة بالاستغناء؟ وما هي الاتفاقات التي ستبرم مع النقابة حيال ذلك؟ وكيف سيتم دمج الموارد البشرية في المنظمتين وتحقيق الانسجام والتوافق بينهما؟ وكيف يتم إزالة الازدواجية التي قد تنشأ في بعض الوظائف؟ ومن الذي سوف ينقل من وظيفته لوظيفة أخرى؟ وما هو نوع التأهيل والتدريب الذي سيخضع له المنقولين؟

* إذا كانت إستراتيجية المنظمة استراتيجية تنويع المنتجات:

في هذه الحالة ستكون معطيات استراتيجية إدارة الموارد البشرية قائمة على أساس تخطيط الحاجة لمهارات بشرية متنوعة، وهذا يستدعي الحاجة من إدارة الموارد البشرية، أن تصمم برامج استقطاب متنوعة بسبب تنوع المهارات المطلوبة، من أجل إنتاج تشكيلة سلعية حددتها إستراتيجية المنظمة، وستظهر الحاجة إلى تصميم برامج تعلم وتدريب وتنمية متنوعة أيضاً، وهذا التنوع يمتد ليشمل برامج حماية العاملين من مخاطر العمل وإصاباته وذلك بسبب تنوع مخاطر الأعمال في المنظمة.

* إذا كانت إستراتيجية المنظمة إستراتيجية استقرار:

في ظل هذه الاستراتيجية ستعمل إدارة الموارد البشرية على تحقيق الاستقرار في أوضاع شؤون الموارد البشرية، فسنجد مثلاً بأن عمليات الاستقطاب قليلة جداً وستبقى برامج التدريب والتنمية على حالها، وكذلك برامج حماية العاملين من مخاطر العمل، لكن سيتطلب الأمر زيادة التحفيز من أجل دفع العاملين على المحافظة على الوضع الحالي لنشاط المنظمة.

* إذا كانت إستراتيجية المنظمة تحقيق التميز في الجودة:

تحتاج إستراتيجية بناء سمعة خاصة بالسلع والخدمات التي تنتجها المنظمة كشركة IBM للالكترونيات و ROLEX لصناعة الساعات، أن تعمل إستراتيجية إدارة الموارد البشرية على الاستغناء عن الموارد البشرية النصف ماهرة والاستعاضة عنها بموارد بشرية ذات مهارة عالية قادرة على تحقيق التميز في الجودة. وفي هذه الحالة ستعمل هذه الادارة على تكثيف جهودها الاستقطابية، من أجل استقطاب نوعيات متميزة من المهارات البشرية ذات المستوى العالي من الأداء، وتصميم وتنفيذ برامج تعليم وتدريب مستمرة ومتطورة للعاملين لتمكينهم من تقديم كل جديد ومتطور، والمحافظة على مستوى التميز المطلوب. وكذلك بحاجة إلى برنامج جديد للتعويضات المالية والمزايا الوظيفية، لزيادة مستوى دافعية العنصر البشري في العمل للمحافظة على مستوى التميز في الجودة.

* إذا كانت إستراتيجية المنظمة استراتيجية المتوقع:

تهدف هذه الاستراتيجية الى تكييف ظروف المنظمة وامكاناتها الداخلية مع ما تتوقع حدوثه في البيئة، فإذا توقعت زيادة الطلب على منتجاتها في السوق، تعمل عندئذ على زيادة إنتاجها، وكذلك إذا توقعت تغيير المنافسين لمستوى جودة منتجاتهم وخدماتهم، تقوم برفع مستوى جودة منتجاتها وخدماتها أيضاً. لذلك تعمل المنظمات التي تنهج هذه الاستراتيجية الى توفير المرونة بدرجة عالية في مواردها ونشاطها وتنوعها، لتتمكن من التكيف مع احتمالات كل ما يستجد في البيئة المحيطة بها من متغيرات، ويتطلب منها حالة يقظة وترقب وتوقع لما سوف يحدث في البيئة. في ضوء المعطيات السابقة تقوم إدارة الموارد البشرية باستقطاب واختيار موارد بشرية تمتلك مهارات متنوعة وتقوم بتنويع برامجها التعليمية والتدريبية وجعلها برامج مستمرة، وتحفيز العاملين بشكل جيد، وهذا كله من أجل جعل موارد المنظمة البشرية جاهزة لانتاج أي نوع من المنتجات أو الخدمات يطلبها السوق، ومواجهة أي تغيير يحدث أو يطرأ في البيئة أو الساحة التي تعمل فيها المنظمة.

* إذا كانت استراتيجية المنظمة إستراتيجية قيادة التكلفة:

تقوم هذه الاستراتيجية على تحقيق أعلى كفاءة إنتاجية من خلال العلاقة بين المخرجات/ المدخلات، بحيث تسعى إلى إنجاز أكبر قدر من المخرجات بأقل قدر من المدخلات، وذلك من أجل طرح المنتج بسعر تنافسي في السوق لا يمكن للمنظمات المنافسة أن تبيع به. في هذا الوضع تبنى إستراتيجية إدارة الموارد البشرية على استقطاب والمحافظة على الموارد البشرية ذات المهارة العالية القادرة على العمل بكفاءة انتاجية بأقل تكلفة، وتصمم برامج تدريب تهدف إلى رفع مستوى مهارة الموارد البشرية وتمكينها من تقليل الهدر والفاقد من الموارد،

واستغلال الوقت أحسن استغلال، وتسعى إدارة الموارد البشرية في ظل هذه الاستراتيجية الى توفير سياسة حوافز جيدة تحفز على تخفيض تكلفة الانتاج، واستثمار الموارد المادية احسن استثمار، وتخفيض معدل دوران العمل إلى حده الأدنى.

يتضح من الأمثلة السابقة بأن وضع وتطوير استراتيجية إدارة الموارد البشرية يتم بشكل يعمل على خدمة وتحقيق استراتيجية المنظمة وإنجاز أهدافها، فقد وجدنا أنه اذا كانت استراتيجية المنظمة استقرار، إذاًستكون استراتيجية إدارة الموارد البشرية كذلك وهكذا.

المرحلة الرابعة :

تطوير استراتيجيات وظائف وممارسات إدارة الموارد البشرية:

وجدنا فيما تقدم أنه في ضوء استراتيجية المنظمة العامة، يوضع الإطار العام لاستراتيجية إدارة الموارد البشرية، حيث في ظل معطيات هذا الاطار، تقوم هذه الادارة برسم إستراتيجيات وظائفها وممارساتها المستقبلية داخل المنظمة من استقطاب، وتدريب، واختيار .. الخ، بشكل ينسجم ويتوافق ويسهم في تحقيق استراتيجية إدارة الموارد البشرية التي بدورها أصلاً تعمل على تحقيق أهداف استراتيجية المنظمة. ويمكن تصنيف استراتيجيات وظائف إدارة الموارد البشرية في أربع استراتيجيات كما هو موضح في الشكل التالي:

شكل رقم (11)

استراتيجيات وظائف وممارسات إدارة الموارد البشرية

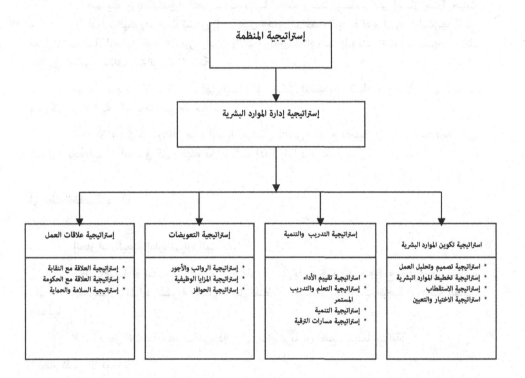

فيما يخص استراتيجية تكوين الموارد البشرية، فيتم تقدير احتياجات إدارات المنظمة وأعمالها من هذه الموارد من حيث النوع والمواصفات والعدد، كما يتم تحديد مصادر توفرها وبرامج استقطابها، وتبني السبل الكفيلة التي تساعد على اختيار أفضلها، بما يتماشى مع متطلبات تنفيذ استراتيجية المنظمة.

أما فيما يخص استراتيجية التعلم والتدريب والتنمية، فمطلوب من إدارة الموارد البشرية تصميم برامج ليتعلم العاملون كل جديد ومتطور، وبرامج تدريب لتحسين الأداء الحالي وجعله عالي المستوى، وبرامج للتنمية المستمرة لتأهيل العاملين لوظائف المستقبل، ولتمكينهم من التفاعل مع أي جديد يدخل الى المنظمة مستقبلا. وبوجه عام تسعى هذه الاستراتيجية الى جعل المنظمة مكاناً للتعلم والتدريب المستمرين. ولا شك أن هذا الأمر يتطلب أن يصاحبه استراتيجية

موضوعية لتقييم أداء الموارد البشرية العاملة في المنظمة، للوقوف على ومعرفة احتياجاتها التدريبية، كما يصاحبه استراتيجية لرسم مسارات الترقية الوظيفية لكل العاملين في المنظمة، التي تبين لهم الوظائف التي يمكن أن يصلوا إليها خلال حياتهم الوظيفية.

أما فيما يتعلق باستراتيجية التعويضات، فانها توضع بشكل يساعد على انجاز إستراتيجيات وظائف إدارة الموارد البشرية، حيث تسعى إلى تشكيل وخلق الدافعية الجيدة لدى الموارد البشرية التي تعمل في المنظمة، لتحقيق الأداء المتميز، والولاء والانتماء لديها تجاه أعمالها ومنظماتها، بما يسهم بشكل فعال في تحقيق أهداف استراتيجية المنظمة.

أما إستراتيجية علاقات العمل، فهي تسعى إلى تحقيق الانسجام والتفاهم المشترك بين المنظمة وبين كل من النقابة والحكومة على حد سواء.

ونود الإشارة في الأخير، بأن هذه الاستراتيجيات ستناقش وتشرح تفصيلاً في الفصول القادمة، التي تتناول الاتجاهات المعاصرة في كل وظيفة من وظائف إدارة الموارد البشرية.

المرحلة الخامسة :

إنجاز استراتيجية إدارة الموارد البشرية:

يتطلب إنجاز أو تنفيذ إستراتيجية إدارة الموارد البشرية تصميم برامج ووضع انظمة، وسياسات، وقواعد خاصة بشؤون الموارد البشرية وعملها داخل المنظمة، بحيث تترجم الاستراتيجية الى واقع العمل والتنفيذ.

ففيما يخص الانظمة مطلوب من إدارة الموارد البشرية أن تضع الأنظمة التالية:

* نظام تقييم الأداء.

* النظام التأديبي.

* نظام الاتصالات.

أما فيما يتعلق بالبرامج، فمطلوب من إدارة الموارد البشرية أن تصمم برامج:

* المزايا الوظيفية.

* التعلم والتدريب والتنمية.

* الاستقطاب.

* تخفيض ضغوط العمل.

* تخفيض الصراع التنظيمي.

* السلامة والصحة في مكان العمل.

أما السياسات فمطلوب من إدارة الموارد البشرية أن تضع سياسات:

* الاختيار والتعيين.

* الحوافز.

* علاقات العمل.

وما دمنا بصدد تنفيذ إستراتيجية إدارة الموارد البشرية، نجد من الأهمية بمكان الاشارة إلى نقطة هامة مفادها: إن عملية تنفيذ الإستراتيجية تحتاج إلى مرونة، أي إدخال تغييرات على الاستراتيجية في ضوء ما يستجد من أمور داخل البيئة الداخلية والخارجية للمنظمة، فهذه التغييرات هي بمثابة إستجابة لما يحدث في البيئتين من مستجدات. ويمكن لإدارة الموارد البشرية الاستجابة للمتغيرات البيئية وخاصة الخارجية (لأنه لا يمكنها السيطرة عليها) بأحد النوعين التاليين من الاستجابة:

الأولى: وتدعى بالاستجابة المسبقة PROACTIVE RESPONDE ، حيث تكون الإستجابة قبل وقوع الحدث أو التغيير، أي التنبؤ به والاستعداد له قبل حدوثه. الثاني: استجابة ردة الفعل REACTIVE RESPONDE وتكون الإستجابة في هذه الحالة بعد وقوع الحدث أي انتظار وقوعه ومن ثم تأتي الاستجابة.

لا شك أن النوع الأول من الاستجابة أكثر فاعلية، واليك المثال التالي للتوضيح: لنفترض أن الأوساط القانونية توقعت صدور تعديل قانوني يجعل من أيام العمل في الاسبوع خمسة بدلاً من ستة، فبعض المنظمات تبادر على الفور بوضع خطة لزيادة عدد العاملين لديها أو وضع خطة لزيادة ساعات العمل الإضافي، لتعويض نقص أيام عمل الاسبوع، في حين أن منظمات أخرى لا

تنصرف إلا عند صدور التعديل، وقد تجد صعوبة في التكيف مع التعديل وعدم إمكانها توفير أو تغطية ساعات العمل الناقصة في الوقت المطلوب.

وإليك مثال آخر للتوضيح أيضاً هو: تبادر بعض المنظمات الى رفع الرواتب والأجور لتحسين الأحوال المعيشية للعاملين لديها من تلقاء نفسها وبدون أن تطالب النقابة بذلك، في هذه الحالة ستكسب المنظمة ثقتها واحترامها، في حين أن منظمات أخرى لا ترفع من مستوى رواتبها وأجورها إلا بعد حدوث إضرابات عمالية تكلفها الشيء الكثير.

بناء على ما تقدم يتوجب على إدارة الموارد البشرية أن تتوقع الأحداث التي تحدث أثناء تنفيذ إستراتيجيتها بشكل مسبق، وتعالجها قبل أن تخرج الأمور عن نطاق سيطرتها، فتكون الاستجابة غير فعالة، فعليها مثلاً أن تتوقع الشكاوى قبل تقديمها وتعالج اسبابها لا أن تنتظر تقديمها.

المرحلة السادسة :

تقييم فاعلية إنجاز إستراتيجية إدارة الموارد البشرية:

في بداية استعراضنا لمضمون هذه المرحلة وهي الأخيرة، نود الاشارة الى نقطة هامة ذات علاقة بهذا الموضوع مفادها ما يلي:

كان ينظر في السابق إلى نشاط إدارة الموارد البشرية وممارساتها في المنظمات على أنه نفقة أو تكلفة على شكل مبلغ من المال أو ميزانية تنفق على مجالات شؤون العاملين، وكان تقييم نشاطها يتم وفق مقارنة الانفاق الفعلي المالي من هذه الميزانية مع ما هو مقدر لنشاطها من تكلفة. أما الآن ومع التوجه الاستراتيجي، فقد تغيرت النظرة لهذه الادارة وممارساتها، فقد اصبح ينظر اليوم إلى تكلفة نشاطها على أنه استثمار له عائد، وبالتالي أصبح تقييمها يتم في ظل فلسفة "القيمة المضافة" التي تحققها استراتيجيتها وممارساتها، وما ينتج عنه من عوائد تضاف لعوائد المنظمة، وأصبح المعيار الأساسي في تقييمها، هو مدى إسهامها في تحقيق فاعلية الأداء التنظيمي التي ترضي المنظمة من خلاله عملائها في السوق، بما يضمن لها البقاء والاستمرار.

وعندما نتحدث عن تقييم إنجاز إستراتيجية إدارة الموارد البشرية آخر مرحلة من مراحل تكوينها، معنى ذلك أننا بصدد الحديث عن تقييم أداء هذه الادارة ومدى فاعلية هذا الاداء. لقد أوضحنا في الفصل الأول السابق بأن هدف هذه الادارة يتمحور حول تحقيق معادلة الاداء الجيد (المقدرة × الرغبة)من أجل الوصول إلى أداء تنظيمي بشري عالي المستوى يحقق الفاعلية التنظيمية، التي تخلق الرضا والسعادة لدى زبائن المنظمة، من خلال ما يقدمه هذا الأداء الفعال إليهم من منتجات وخدمات ذات جودة متميزة، وقد ذكرنا بأن الوصول إلى ذلك لا يتم إلا من خلال رضا وسعادة الموارد البشرية العاملة في المنظمة، التي هي المسؤولة عن تحقيق ذلك، وفق ما أشرنا إليه في مثلث الجودة.

في ضوء التذكرة القصيرة السابقة يمكننا القول: إن المعيار الأساسي الذي يقوم عليه تقييم إستراتيجية إدارة الموارد البشرية ونتائج تنفيذها، هو مدى إسهامها في تحقيق فاعلية الأداء التنظيمي، نظراً للعلاقة المباشرة بين نجاح تنفيذ هذه الاستراتيجية ومستوى الأداء التنظيمي من جهة، وبين الأداء التنظيمي وتحقيق أهداف إستراتيجية المنظمة الكلية من جهة ثانية، فنجاح إستراتيجية إدارة الموارد البشرية يعني أداء تنظيمي بشري عالي المستوى، الذي يؤدي إلى تحقيق أهداف المنظمة واستراتيجيتها، على إعتبار أن الأداء التنظيمي هو المسؤول عن هذا التحقيق.

من خلال ما تقدم يمكننا القول: إن معيار تقييم مدى نجاح تنفيذ استراتيجية إدارة الموارد البشرية، هو مدى قدرة إستراتيجيتها ونشاطها وممارساتها على تحقيق أداء تنظيمي عالي المستوى، من خلال خلق رضا وسعادة لدى الموارد البشرية في العمل، وتحقيق إندماجها في المنظمة، وولاءها وإلتزامها لها، وقد سمي هذا المعيار "بدائرة الاندماج والالتزام INVOLOVMENT COMMITMENT CYCLE OF (HR) " التي يقوم مفهومها على معلومة أساسية مفادها:

العنصر البشري الذي لديه ولاء والتزام في العمل يكون أكثر إنتاجية وفاعلية في أداءه .

وتتكون دائرة الاندماج من حلقات متتالية مترابطة تكون إدارة الموارد البشرية هي المسؤولة عن تحقيقها، وفيما يلي شكل يوضح هذه المكونات:

شكل رقم (12)

دائرة إندماج وإلتزام العنصر البشري في العمل

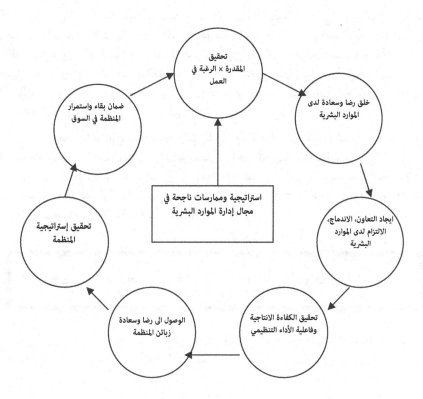

تتصف مكونات دائرة الإندماج والإلتزام السابقة بأن العلاقة القائمة بينها علاقة طردية، فكلما نجحت إدارة الموارد البشرية في استقطاب واختيار وتعيين موارد بشرية جيدة، كلما سهلت عملية تعليمها وتدريبها، وكان أداؤها ذا مستوى أعلى. وكلما نجحت في تحفيزها زاد مستوى رضاها وتعاونها وولاءها والتزامها وإندماجها للمنظمة، وهذا يؤدي بدوره إلى زيادة طردية في إنتاجية العمل وفاعلية الأداء التنظيمي البشري، وارتفاع مستوى رضا وسعادة زبائن المنظمة، وزادت حصتها في السوق، وزادت فرص بقائها واستمراريتها.

يتضح مما تقدم أنه لا يكفي وضع إستراتيجية لادارة الموارد البشرية ورسم الخطوط العريضة لوظائفها وممارساتها وتنفيذها، بل لابد من القيام بإجراء مكمل هو: وضع المعايير المناسبة التي من خلالها يمكن تقييم تنفيذها والحكم على مدى نجاح إدارة الموارد البشرية في أداء مهمتها وتحقيق استراتيجيتها، التي تتمحور كما أسلفنا حول العلاقة بين رضا وسعادة الموارد البشرية، والأداء التنظيمي ومدى فاعليته، ومن ثم رضا وسعادة زبائن المنظمة. لذلك يستوجب الأمر وضع معايير لتقييم أداء كل وظيفة من وظائف إدارة الموارد البشرية على حده، للوقوف على ما حققته من رضا لدى هذه الموارد، حيث يعتبر هذا الرضا هو الخط الموصل للأداء التنظيمي الفعال ورضا الزبائن. إذاً يتطلب الوضع القيام بعملية تقييم للرضا والسعادة الوظيفية لدى العاملين، على اعتبار أنهما يمثلان المعيار الأساسي للحكم على نجاح أداء إستراتيجية إدارة الموارد البشرية. ونود الإشارة في هذا المقام بأن عملية التقييم ليست سهلة، لانها تشتمل على معايير تقييم ملموسة وغير ملموسة معنوية يصعب تقييمها بدقة وسهولة، وهذا بدوره يمثل تحدياً أمام إدارة الموارد البشرية عليها مواجهته. وتولي العديد من الشركات اليابانية والأمريكية والبريطانية والكندية اليوم إهتماماً بعملية التقييم، لأن نتائج التقييم تساعد هذه الشركات على معرفة حقيقة وضعها فيما يخص أداءها التنظيمي ومدى فاعليته .

في ختام موضوع تكوين إستراتيجية إدارة الموارد البشرية، نعرض النموذج التالي الذي يوضح ما عرضناه من شرح سابق حول هذا الموضوع: (3)

(3) استمد هذا النموذج من المضمون العام للمرجعين التاليين :

- ALAN COWLING, CHLOE MAILER, MANAGING HUMAN RESOURCES, 2nd ed. EDWARD ARNOLD, LONDON, 1992.
- GEORGE T. MILKOVICH, JOHNE W. BOUNDER, OP.CIT .

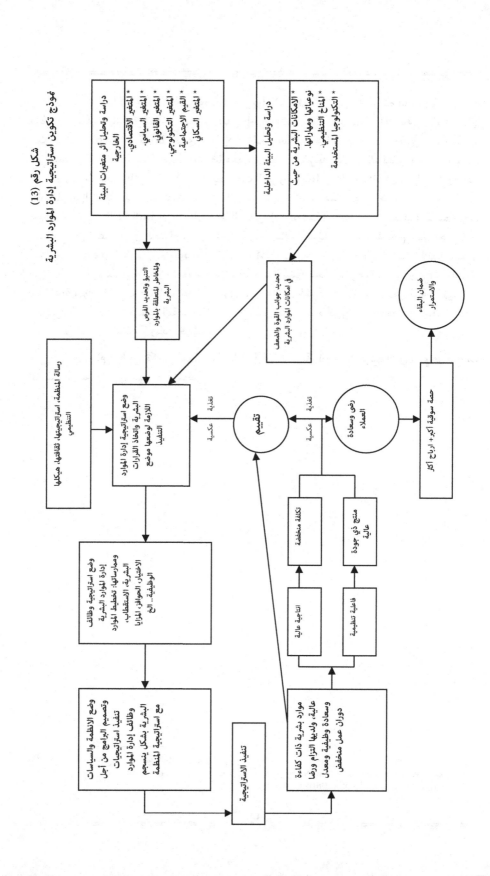

شكل رقم (13)
نموذج تكوين استراتيجية إدارة الموارد البشرية

المتغيرات البيئية المعاصرة المؤثرة في إستراتيجية إدارة الموارد البشرية

أشرنا في شرحنا للموضوع السابق تكوين إستراتيجية إدارة الموارد البشرية، إلى أن وضع هذه الاستراتيجية إنما يقوم على حجر أساس هو: دراسة وتحليل المتغيرات البيئية الخارجية والداخلية المؤثرة في نشاط المنظمة وإدارتها للموارد البشرية، وقد آثرنا شرح هذه المتغيرات بشكل منفصل ولاحق، لنعطيها حقها من التوضيح والمعالجة، وسنعرض فيما يلي شرحاً لأهم هذه المتغيرات المؤثرة:

رسالة المنظمة :

رسالة أية منظمة هي الرؤية المستقبلية لما تريد الوصول اليه مستقبلاً، وبالتالي فهي تمثل الطموح المشترك لكل من يعمل فيها، وتحقيقها لا يأتي في الأمد القصير بل يأتي على المدى الطويل، فالرسالة هي غاية جميع العاملين في المنظمة رؤساء ومرؤوسين، وهي الموجه لكافة نشاطاتها المستقبلية. إذاً يمكن القول أن نقطة الانطلاق في إعداد أية استراتيجية كانت، إنما يبدأ وينطلق ويخدم متطلبات تحقيق الرسالة ، لأن تحقيقها يعني بقاء المنظمة وإستمرارها.

تصميم المنظمة :

يتأثر وضع إستراتيجية إدارة الموارد البشرية بتصميم المنظمة ORGANIZATION DESIGN الذي يوضح فيما إذا كان تصميم أعمالها ووظائفها فردياً أم جماعياً. فإذا كان التصميم جماعياً على شكل فرق عمل، ستتوجه في هذه الحالة استراتيجية الاستقطاب، والاختيار، والتنمية إلى تكوين موارد بشرية تمتلك عدة مهارات، لتمكينها من ممارسة عدة أعمال أو مهام ضمن الفريق الواحد، وستركز إستراتيجية التعويضات والحوافز عموماً على ناتج العمل الجماعي وليس الفردي. إلى جانب ذلك يلعب نمط الهيكل التنظيمي فيما إذا كان عمودياً أم أفقياً وعدد المستويات الادارية في كل نمط في تحديد عدد ونوعيات الوظائف، وهذا يؤثر بلا شك في تخطيط مسارات الترقية الوظيفية من قاعدة الهرم التنظيمي لقمته، فإذا كان الهيكل أفقياً معنى ذلك أن المستويات ستكون قليلة ومسارات الترقية

للوظائف الرئاسية ستكون قصيرة نسبياً والعكس صحيح فيما إذا كان الهيكل طويلاً. وتلعب منظمة المصفوفة MATRIX تأثيراً في هذا المجال أيضاً، فمنظمة المصفوفة تحتاج من إدارة الموارد البشرية توفير قوة عمل إضافية تتمتع بمهارات متعددة ومتنوعة وقادرة على سرعة الحركة والتصرف ولديها قدر كبير من الحرية والاستقلالية في العمل، من أجل إنجاز مهمة المصفوفة وفق المطلوب ثم العودة إلى المنظمة الأم بعد إنهاء المهمة المكلفة بها.

ثقافة المنظمة التنظيمية :

الثقافة التنظيمية ORGANIZATIONAL CULTURE تعبير عن القيم والمعتقدات والعادات المشتركة داخل المنظمة، وهي تتفاعل مع بعضها لينتج عنها نمط سلوكي موحد لجميع العاملين، فالثقافة إذاً موجه للسلوك التنظيمي البشري داخل المنظمات باتجاه واحد، فهي توفر معايير وضوابط سلوكية يلتزم بها الجميع وتقرر ما يلي:

* الاتجاه العام الموحد للسلوك التنظيمي داخل المنظمة.
* أسلوب تعامل المنظمة مع مواردها البشرية.
* أسلوب تعامل المنظمة مع زبائنها.
* أسلوب تعامل المنظمة مع المجتمع.
* النمط القيادي وتعامل الرؤساء مع مرؤوسيهم.
* أسلوب تعامل الأفراد مع بعضهم بعضا في مكان العمل.

إذاً وجود ثقافة تنظيمية داخل المنظمة تحتوي على قيم وعادات سلوكية مفهومة وواضحة يؤدي الى توحيد إدراك العاملين فيها لرسالتها، وللقواعد السلوكية التي يجب الالتزام بها من قبلهم، فتوضح لهم ما هو مرغوب وأخلاقي وما هو غير ذلك، فالثقافة شيء أساسي وجوهري في جميع المنظمات المعاصرة اليوم، ذلك لأنها تساعد على تنميط السلوك التنظيمي فيها وتوجهه نحو أهدافها، وهذا يسهل بدوره من عملية تدريب وتنمية العاملين فيها من قبل إدارة الموارد البشرية، التي

عليها مسؤولية في هذا المجال تتلخص بقيامها بتعليم الثقافة لكل من يعمل في المنظمة (وخاصة الجدد) وشرحها لهم بوضوح من أجل فهمها واستيعابها، وتدريبهم كيف يلتزمون بها أثناء تعاملهم مع الآخرين، وتوعيتهم بأنها دستور اخلاقي للمنظمة. ولا تقتصر مسؤولية إدارة الموارد البشرية على هذا الحد، بل عليها أن تراعي في عمليات استقطاب وإختيار الموارد البشرية، أن تضع معايير إنتقاء هذه الموارد تنسجم مع مكونات هذه الثقافة، بحيث يتم إنتقاء عناصر بشرية للعمل تتوفر فيها أو تحمل معها أخلاقيات وقيم تنسجم مع مضمون ثقافة المنظمة التنظيمية، وعلى إدارة الموارد البشرية وباستمرار تصميم برامج للتنمية التنظيمية ORGANIZATION DEVELOPMENT لتوفير التوعية المستمرة لجميع العاملين في المنظمة بهذه الثقافة.

الاختلافات بين الموارد البشرية :

يضم مكان العمل أو المنظمة موارد بشرية تتباين من حيث العمر، والجنس، والثقافة، ومستوى التعليم، والبيئة، والتخصص.. الخ هـذه الاختلافـات تحـدث تباينـاً في حاجـات، ورغبـات، وآراء، واتجاهـات الموارد البشرية وتفكيرها، فكبار السن على سبيل المثال تختلف مطالبهم عن مطالب صغار السـن، وكذلك النساء عن الرجال. هذه الاختلافات يجب أن تأخذها إدارة الموارد البشرية في الاعتبار عند وضعها لبرامجها وقيامها بممارساتها في سبيل تنفيذها لاستراتيجتها، فلا يجـوز مثـلاً مراعـاة مطالب وشـؤون فئـة وتجاهـل حاجات فئة أخرى، فمثل هذا الأمر يحدث شرخاً في علاقة المـوارد البشـرية مـع منظمـتهم ، كمـا يحـدث صراعاً داخلياً يفكك عـرى التعاون داخل المنظمة. ونود الإشارة في هـذا المقام إلى أن مسؤولية إدارة الاختلاف أو التباين DIVERSITY MANAGEMENT لا تقع على عاتق إدارة الموارد البشرية فحسب، بـل تقع على عاتق جميع المديرين، فالمدير الناجح هو الذي يتمكن من التقريب بـين هـذه الاختلافـات والتعايش معها وتوليفها، فإدارة التباين أو الاختلاف تحدي يواجه المديرين عندما يديرون مرؤوسيهم، وعليهم تقبلـه والتفاعل معه، وهذا يتطلب منهم فهماً وتفكيراً وعقلاً مفتوحاً، لأن مسألة إدارة أفراد من بيئات ونوعيات وأعمار وثقافات .. الخ مختلفة، ليست بالمسألة السهلة البسيطة. وهنا يبرز دور إدارة الموارد البشرية، التي عليها تصميم برامج التعلم والتـدريب المناسبة لتأهيـل وتمكين المـديرين مـن التعامل بنجاح مـع هـذه الاختلافات واعتبار ذلك جزءاً من إستراتيجيتها.

المتغير الاقتصادي :

الاقتصاد الداخلي لأي بلد بمجمل قطاعاته المختلفة والمتنوعة والاقتصاد العالي بشكل خاص، هما من أهم المتغيرات المؤثرة في نشاط منظمات الأعمال بوجه عام وإدارات الموارد البشرية بشكل خاص، فقد شرحنا سابقاً ولا نريد التكرار، كيف عندما تكون الحالة الاقتصادية السائدة رواجاً، سيؤدي ذلك إلى زيادة الطلب على السلع والخدمات، وسيدفع المنظمات الى تبني إستراتيجية توسيع نشاطها، مما يستدعي من إدارة الموارد البشرية أن تضع إستراتيجيتها على أساس التوسع في برامجها الخاصة بالاستقطاب، والاختيار والتعيين، والتدريب، والحوافز.. الخ. وقد أشرنا أيضاً كيف أن العولمة وتحرير التجارة الخارجية خلقت منافسة عالمية شديدة بين منظمات الأعمال، هذه المنافسة استوجبت من إدارة الموارد البشرية أن تضع إستراتيجيتها في ظروف غير مستقرة أهمها ما يلي:

---

* توفير قوة عمل تتمتع بمرونة عالية المستوى تمتلك مهارات متنوعة للعمل في عدة أعمال، فقاعدة الثبات والرجل المناسب في المكان المناسب أصبحت فكرة تقليدية.

* التركيز الشديد على مسألة التعلم والتدريب والتنمية المستمرة، من أجل تحسين الأداء المستمر وتقديم أشياء جديدة للمستهلك تجذبه وترغبه، وتحقيق الجودة التي يطلبها.

* التركيز على مسألة القيمة المضافة في كل ممارسات إدارة الموارد البشرية، فالربح والعائد مسألة أساسية لبقاء المنظمة.

* احتمالات الكساد بسبب شدة المنافسة العالية، لذلك يتوجب التركيز على معادلة الانتاجية المخرجات/ المدخلات، أي تحقيق أعلى مخرجات بأقل كم من المدخلات.

* تذبذب الطلب على السلع والخدمات في السوق أدى إلى تذبذب الطلب على الموارد البشرية وعدم الاستقرار في برامج وممارسات إدارتها.

* تذبذب التعويضات والحوافز المالية بسبب تذبذب الأرباح الخاضعة لتغيرات الطلب على منتجات المنظمة.

* صعوبة توفير الإستقرار الوظيفي للعاملين بسبب عدم استقرار الطلب على المنتجات، فعندما ينخفض الطلب ستضطر المنظمات الى تخفيض حجم القوى العاملة لديها.

تلك كانت أمثلة عن أثر المتغير الاقتصادي في وضع استراتيجية إدارة الموارد البشرية وقيامها بممارساتها، فالحالة الاقتصادية غير المستقرة التي تعيشها منظمات الأعمال اليوم، تجعل من بيئة الأعمال في حالة حركة تغير مستمرة، وهذا يفرض واقعاً غير مستقر على إدارة الموارد البشرية عليها مواجهته، ومعايشته من خلال توفير المرونة العالية في استراتيجيتها وممارساتها.

المتغير التقني :

يلعب مستوى التقنية TECHNOLOGY المراد استخدامه في العمل تأثيراً مباشراً في استراتيجية إدارة الموارد البشرية، فالآلات والتجهيزات والمعدات ذات التقنية العالية المحوسبة، ستحتاج إلى إعادة تصميم الأعمال والوظائف في المنظمة من جديد لتتماشى معها، وسيتطلب من إدارة الموارد البشرية الاستغناء عن جزء من القوى العاملة الحالية التي هي نصف ماهرة والاستعاضة عنها بموارد بشرية ذات مهارة قادرة على التعامل مع التقنية الحديثة، وهذا الاستغناء قد يسيء للعلاقة بين المنظمة والنقابة، مما يستدعى الأمر منها إلى وضع خطة للتفاهم مع النقابة بهذا الشأن، كما يتطلب من إدارة الموارد البشرية تهيئة برنامج لصرف تعويضات من تم الاستغناء عنهم. ويتطلب منها تصميم برامج استقطابية خاصة لاستقطاب هذه العمالة الجديدة الماهرة، ويستوجب منها استخدام أساليب اختيار متطورة للكشف عن قدرة العمالة في التعامل مع التقنية الجديدة، وكذلك إعداد برامج تعويضات مالية وحوافز خاصة ترغب الموارد البشرية الجديدة في العمل والبقاء في المنظمة، وذلك بسبب ندرتها في سوق العمل. ولا يقف الأمر عند هذا الحد، إذ يتطلب الأمر منها تصميم برامج تنمية مستمرة لهذه الموارد من أجل تهيئتها لاستخدام أي تغير تقني تكنولوجي جديد يظهر في البيئة.

ولعل من الأمور الهامة المؤثرة في وضع إستراتيجية إدارة الموارد البشرية التي يتوجب عليها أخذها في الحسبان في هذا المجال، هو أن العمل المحوسب قد غير من طبيعة العلاقات الاجتماعية في أماكن العمل داخل المنظمات، فالحاسبات الآلية قللت اليوم من الاتصال التقليدي الشخصي في مكان العمل بين العاملين مع بعضهم وبين الرؤساء والمرؤوسين، فالحصول على المعلومات وإصدار الأوامر والتوجيهات، أصبح بالامكان أن تتم عن طريق برامج الحاسب الآلي، وهذا قلل بدوره من روابط العمل الاجتماعي غير الرسمية وظهور الانعزالية في العمل، مما يعود بنا إلى أيام "الادارة العلمية وفريدريك ونسلو تايلور" وهذا بالطبع ليس بمصلحة العمل على الاطلاق. لذلك يتطلب الأمر من إدارة الموارد البشرية تصميم

برامج اجتماعية وترفيهية.. الخ لتغطية هذه الفجوة في الروابط الاجتماعية التي يحدثها العمل التقني المحوسب.

المتغير القانوني :

تعتبر القوانين والتشريعات التي تصدرها الحكومات تدخلاً في ميادين منظمات الأعمال، ولها تأثير كبير ومباشر في وضع إستراتيجية إدارة الموارد البشرية وتنفيذها، فهذا المتغير يعد قوة خارجية إلزامية بامكانها تغيير استراتيجيتها وممارساتها. ومما يجعل لهذا المتغير أهمية كبيرة أن تأثيره لا يتصف بالاستقرار، فالقوانين والتشريعات الحكومية الخاصة بالعمل هي في حالة تغير مستمر، وهذا يتطلب من إدارة الموارد البشرية مهارة خاصة في التعامل معها، ووضع المتغير القانوني ضمن الاعتبارات الأساسية التي تقوم عليها إستراتيجيتها، ونسوق للقارئ بعض الأمثلة عن تأثير هذا المتغير في استراتيجية إدارة الموارد البشرية وممارساتها:

*** إذا سنت الدولة قانوناً يقضي بتخفيض ساعات العمل اليومية، معنى ذلك أن عدد ساعات العمل الكلية المتاحة في المنظمة سيقل، وهذا سيؤدي إلى ظهور احتمال الحاجة لموارد بشرية جديدة لتغطية النقص، ويستدعي الأمر إلى تصميم برامج تدريب وتأهيل جديدة أيضاً للعاملين الجدد.**

*** عندما تشرع الدولة رفع مستوى حقوق العاملين في مجالات الرواتب والأجور أو التأمين الصحي، أو الضمان الاجتماعي.. الخ سيضطر الأمر من إدارة الموارد البشرية تعديل خطة المزايا الوظيفية القديمة وإستبدالها بجديدة، وهذا بدوره سيرفع من تكلفة العمل. فاذا كانت المنظمة تعاني من نقص في مواردها المالية، ستضطر إدارة الموارد البشرية في هذه الحالة إلى توظيف قوى عاملة مؤقتة بدلاً من الدائمة، التي لا يشملها هذا التشريع، من أجل تخفيض تكلفة العمل.**

المتغير السكاني :

تلعب التركيبة السكانية من حيث الفئات العمرية (مجتمع فتي، هرم) ونسبة الذكور، والاناث، ونسبة المتزوجين، دوراً مؤثراً في استراتيجية إدارة الموارد البشرية وممارساتها، فعلى سبيل المثال يختلف مضمون برامج استقطاب وترغيب الشبان من متوسطي العمر ومن النساء إلى الذكور ومن المتزوجين إلى العزاب نظراً لاختلاف حاجات ومطالب ورغبات كل فئة عن الاخرى. فالمتزوجون مثلاً يجذبهم ويستقطبهم وجود دار لرعاية الأطفال في المنظمة لرعاية أطفالهم أثناء وجودهم في عملهم، في حين أن العذاب لا يجذبهم ذلك. وفيما يخص برامج التدريب والتنمية على سبيل المثال أيضاً، نجد أن صغار السن تواقين لتعلم الجديد والمتطور ويكونوا سريعي الاستيعاب ويحبون التحدي، في حين أن الكبار يفضلون القديم الذي اعتادوا عليه، هذا الأمر يستوجب بالتالي تنويع إدارة الموارد البشرية لبرامجها التعليمية والتدريبية والتنموية.

المتغير الاجتماعي :

يمارس المجتمع وما يسوده من قيم حضارية وعادات وتقاليد تأثيراً في نشاط المنظمات عامة وفي استراتيجية إدارة الموارد البشرية خاصة، فلم تعد منظمات الأعمال اليوم مع النمو الاجتماعي والديمقراطية تعمل ما يحلو لها في السابق، فهناك الرأي العام الذي يراقب نشاطها وممارساتها، فأصبح عليها تحقيق أهدافها في ظل قبول المجتمع لهذه النشاطات والممارسات، التي يجب أن تنسجم وتحترم العادات والتقاليد والقيم السائدة فيه. لقد دفع تأثير المجتمع في المنظمات الى ظهور ما يسمى الآن بالمسؤولية الاخلاقية والاجتماعية للمنظمات تجاه المجتمع الذي تعيش فيه، فهذه المسؤولية رتبت على المنظمات أن تأخذ في إعتبارها تقديم النفع والرفاهية له، وأن تساهم في تطويره وتنميته، فلا شك أن تحقيق الربح شيء أساسي لمنظمات الأعمال من أجل ضمان بقائها واستمراريتها، لكن تحقيقه يجب ألا يكون على حساب المجتمع وضرره فالربح المعقول هو المطلوب وليس الجشع.

من هذا المنطلق يتوجب على إدارة الموارد البشرية عند وضع استراتيجيتها وقيامها بممارساتها، أن تأخذ ذلك في اعتبارها، فعليها على سبيل المثال توفير برامج فعالة لحماية العاملين من مخاطر وأمراض أعمالهم، وأن تضع برامج تعويضات وحوافز تضمن للعاملين حداً معقولاً من المعيشة، وأن تكون هذه البرامج

عادلة ومنصفة، وأن تصمم برنامجاً سنوياً للمزايا الوظيفية كالتأمين الصحي والتأمين على الحياة، والضمان الاجتماعي، ودور للحضانة.. الخ تلبي من خلالها حاجات ورغبات الموارد البشرية. وأن تسعى إدارة الموارد البشرية الى تأهيل وتنمية هذه الموارد، وتوفير فرصة الترقية الوظيفية لها، لأن هذه الموارد البشرية جزء من المجتمع يتوجب على إدارة الموارد البشرية رعاية شؤونه وتلبية حاجاته.

إلى جانب ما تقدم يمكننا القول بأن المنظمة خلية اجتماعية يعمل فيها بشر ـ مختلفون في طباعهم وخصائصهم، توظفوا في المنظمة وقدموا إليها من بيئة شربوا منها قيمها وعاداتها وتقاليدها، وحملوا إليها إتجاهات متباينة حول العمل. فكلما كان المجتمع متحضراً تسوده قيماً حضارية اجتماعية متطورة ينعكس ذلك إيجاباً على مناخ العمل الاجتماعي داخل المنظمة، وسهل تعامل إدارة الموارد البشرية مع العنصر البشري في العمل، والعكس من ذلك صحيح اذا كان يسود المجتمع تعصب وقبلية وعادات اجتماعية بالية، فلا شك أن ممارسات إدارة الموارد البشرية ستكون صعبة. وفي المجتمعات التي تعمل فيها موارد بشرية من جنسيات مختلفة كدول الخليج العربي والولايات المتحدة الأمريكية، نجد أن هناك عادات وقيم اجتماعية متنوعة، مما يجعل من مناخ العمل التنظيمي غير مستقر ويعاني من مشاكل اجتماعية بسبب الأصول المتعددة، وسيكون الولاء ضعيف، وهذا عكس الحال في المجتمع الذي لا تعمل فيه جنسيات مختلفة كالمجتمع الياباني مثلاً المتماسك الذي يقدس عاداته وتقاليده ويضحي في سبيل بلده. إذاً يمكننا القول بأننا سنجد تفاوتاً في صعوبة وسهولة ممارسة إدارة الموارد البشرية لمهمتها من مجتمع لآخر، فالقيم و العادات إما أن تسهل من ممارسات هذه الادارة أو أن تجعلها صعبة.

النقابـة :

لا شك أن إستراتيجية إدارة الموارد البشرية وما تشتمل عليه من أنظمة وبرامج وسياسات، تتأثر إلى حد كبير بالاتفاقات التي تبرمها هذه الادارة (التي تمثل المنظمة) مع النقابات، فعلى سبيل المثال نجد أن مسائل الرواتب والأجور، والمزايا الوظيفية، وبرامج حماية العاملين من مخاطر العمل، هي حصيلة لهذه الاتفاقات. ففي غالبية البلدان ذات الاقتصاد الحر، توضع هذه السياسات والانظمة.. الخ في ظل ما تم الاتفاق عليه مع النقابة، تلافياً لحدوث الاضرابات من جهة، وتعزيزاً للعلاقة والثقة بين المنظمة والنقابة من جهة أخرى. ففي هذه البلدان ونتيجة الديمقراطية السائدة فيها، تمارس النقابات ضغوطاً على المنظمات، نظراً لما تمتلكه من قوة مستمدة من القوى العاملة المنتسبة إليها، فهذه القوة تجعلها في موقف قوي في عملية التفاوض مع أصحاب الأعمال. في ضوء ذلك يتوجب على إدارة الموارد

البشرية أن تراعي الاتفاقات المبرمة مع النقابة عند وضعها لإستراتيجيتها وقيامها بممارساتها.

سلطة إدارة الموارد البشرية وموقعها التنظيمي في ظل دورها الاستراتيجي

في ظل الدور التقليدي لإدارة الموارد البشرية عندما كان يطلق عليها تسمية إدارة الأفراد، كانت هذه الإدارة إدارة منفذة تضع برامج في مجالات شؤون العاملين وتنفذها، وكانت سلطتها إستشارية تقدم النصح والمشورة والارشاد لمديري الادارات الأخرى في مجال تعاملهم مع الموارد البشرية التي يديرونها في إداراتهم، وكان موقعها في هيكل المنظمة التنظيمي في الادارة الوسطى أو المباشرة. في ظل هذه السلطة والموقع التنظيمي لم تأخذ إدارة الموارد البشرية (إدارة الأفراد) الأهمية التي تليق بها، ولم يكن دورها قوياً، وقد اقترح بعض المختصين في مجال شؤون الأفراد أن تمنح إدارة الموارد البشرية سلطة وظيفية من أجل تفعيل دورها داخل المنظمة، وليكون بامكانها الزام الادارات الاخرى بالسياسات والبرامج التي تضعها وتصممها في مجالات شؤون العاملين، وقد طبقت بعض المنظمات هذا الاقتراح وبعضها الآخر لم يطبقه. ومع مرور الزمن تعززت قناعة المنظمات بهذا الاتجاه وراحت تقوي من سلطة إدارة الموارد البشرية، وبشكل خاص عند ظهور وتبني إتجاه الادارة الاستراتيجية، وإدارة الجودة الشاملة، والاهتمام بالعنصر البشري في العمل الذي أصبح أهم عناصر الانتاج. ففي ظل هذه الظروف المعاصرة تبوأت إدارة الموارد البشرية أهمية كبيرة في المنظمات الحديثة في بلدان العالم المتقدم، وصارت من الإدارات الأساسية التي تشترك في وضع إستراتيجية المنظمة، وصار لمديرها مقعد في الادارة العليا للمنظمة، وأصبحت تمد يد العون والمساعدة للإدارات الأخرى لتحسين وتفعيل أداء العاملين فيها. لقد أصبح مدير الموارد البشرية عضوا في هيئة الادارة العليا، ولديه سلطة وظيفية شأنه شأن باقي المديرين، وصار لادارته استراتيجية خاصة بها يشرف على تنفيذها لدى إدارات المنظمة، ويعمل بشكل متعاون معهم وكفريق عمل واحد لخدمة أغراض استراتيجية المنظمة. (4)

(4) انظر تفصيلاً في الفصل الأول من :

ALEN COWLING, CHLOE MAILER, OP.CIT, P. 14.

إذاً يمكن القـول بـأن إدارة المـوارد البشريـة المعـاصرة قـد أصبحت إحـدى الادارات الرئيسـة في المـنظمات الحديثـة مـنظمات القـرن (21) ومـديرها عضـو في هيئـة الادارة العليـا، وفي بعـض المـنظمات الأمريكية كشركة IBM واليابانية أصبح مديرها أحد نواب مديرها العام.

وفي ظل ما تقدم يبرز سؤال ويفرض نفسه في هـذا المقـام مـن الشرـح مفـاده: هـل موقـع إدارة الموارد البشرية في هيكل المنظمة التنظيمي وسلطتها ودورها واحد في جميع المنظمات؟ بالطبع الإجابـة لا، فموقع هذه الادارة وحجم مسؤوليتها ودورها وأهميتها ونطاق ممارسـاتها، يختلفـون مـن منظمـة لأخـرى وفق عوامل رئيسة أهمها ما يلي:

* حجم المنظمة وعدد الموارد البشرية فيها: ففي المنظمة الصغيرة الحجم التي لا يتجاوز عدد العاملين فيها من 20-30 من المحتمل جداً ألا نجد إدارة موارد بشرية فيها، حيث يقوم بدورها مـديرها أو مسـاعده أو موظف واحد مختص ومسؤول. أما في المنظمات المتوسطة والكبيرة الحجم فالوضع سيختلف، فهناك إدارة للموارد البشرية، ومديرها لديه صلاحيات كما شرحنا سابقاً.

* مدى قناعة أصحاب المنظمة بدور إدارة الموارد البشرية: فقد تكون المنظمة كبيرة الحجم ونشاطها واسع، لكن لا توجد قناعة بدور هذه الادارة، سنجد في هذه الحالة أن موقع إدارة الموارد البشرـية لـن يكـون في الادارة العليا، إنما سيكون في الادارة الوسطى أو المباشرة، ونطاق سلطتها وممارساتها محدود، مقارنـة فيما اذا وجدت القناعة بدورها وأهميتها.

* النظرة الى أهمية العنصر البشري في العمل: عندما تكون نظرة المنظمة الى الموارد البشرية على أنها أهـم عناصر العمل على الاطلاق، وهي أساس نجاحها، ومـن خلالهـا يـتم تحقيـق رضـا عملائهـا وسـعادتهم، سنجد وبشكل تلقائي أن لإدارة الموارد البشرية دور هام وموقع تنظيمـي عـالي المسـتوى في المنظمـة، ذلك لأنها هي المسؤولة عن رعاية شؤون هذه الموارد، ولا شك أن الوضع سيكون عكس ذلـك فـيما اذا كانت النظرة لهذا العنصر غير هامة كما هو الحال في العديد من منظمات الأعمال في الدول النامية.

* التدخل الحكومي في ميـادين الأعـمال: وجـدنا في شروحاتنـا السـابقة، أن التـدخل الحكـومي في ميـادين العمل يزداد يوماً بعد يوم من خلال قوانين وتشريعات العمل، وهذا التدخل يتطلب دعماً لـدور إدارة الموارد البشرية، وإعطائها السلطة الكافية، لتكون قادرة على التعامل مع هـذه القـوانين والتشرـيعات، لـكي لا تتعـرض المنظمـة لمسـاءلات قانونيـة هـي في غنـى عنهـا. أمـا البلـدان التـي يكـون التـدخل

الحكومي ضعيفاً كما هو الحال في الدول النامية والفقيرة، فبلاشك أن الوضع سيختلف.

* نمو وتزايد الوعي الثقافي والمستوى التعليمي للموارد البشرية:يؤدي هذا النمو الى زيادة مطالب الموارد البشرية في العمل، وهذا يستدعي بالضرورة إعطاء إدارة الموارد البشرية السلطة الكافية والتركيز على دورها، من أجل تمكينها من التعامل مع هذه المطالب المتزايدة مما يعطيها دعماً وتوسيعاً لنطاق ممارساتها.

في ختام شرحنا لموضوع سلطة إدارة الموارد البشرية وموقعها التنظيمي، أثار اهتمامي مؤلفاً لهذا الكتاب بحث نشر في مجلة العلاقات الصناعية البريطانية حول هذا الموضوع، لقد طرح البحث السؤال التالي وأجاب عنه بموضوعية: (5)

في ظل الدور الاستراتيجي لإدارة الموارد البشرية (وفق ما شرحناه في هذا الفصل) وحجم وعبء المسؤولية الملقاة على عاتقها في تعاملها مع أهم عناصر العمل والانتاج وهو العنصر البشري، هل سيكون دورها دور المراقب لتنفيذ استراتيجيتها وما تشتمل عليه من أنظمة وسياسات وبرامج لدى إدارات المنظمة، أي هل سيسند دور التنفيذ لمديري هذه الادارات، وتكتفي هي بمراقبتهم من بعيد، أم أنها هي التي ستطبقها في إداراتهم وتشرف على تنفيذها بمساعدتها وهي التي تحدد مدى التزامها بها؟

لا شك أن الاجابة عن السؤال السابق ذات حساسية والى القارئ هذه الإجابة التي تعبر عن وجهة نظر يؤيدها المؤلف:

لقد صمم الدور الاستراتيجي الجديد لادارة الموارد البشرية في المنظمات الحديثة المعاصرة، على أن تقوم هذه الادارة بوضع استراتيجية التعامل مع العنصر البشري في العمل، بشكل يتكامل ويتوافق مع رسالة المنظمة واستراتيجيتها ويسهم في تحقيقها، ويتفق معي القارئ على أن هذه المسؤولية مسؤولية جسيمة بلا شك، ذلك لأن تحقيق الرسالة والاستراتيجية يكون عن طريق الموارد البشرية أولاً، والموارد المادية الأخرى ثانياً. لقد أصبح على إدارة الموارد البشرية مسؤولية تكوين قوة عمل فعالة تمتلك قدرات ومهارات عالية المستوى، وجودة أداء متميزة

---

(5) GUST, D., OP.CIT, P. 75-149.

يرضى عنها عملاء المنظمة بما يمكنها من منافسة الآخرين في السوق. هذا الدور الاستراتيجي الجديد لادارة الموارد البشرية يتطلب منها جهداً شاقاً ودعماً قوياً لدورها، فما تقوم به من ممارسات في مجال تحديد احتياجات المنظمة من الموارد البشرية وتوفيرها وتأهيلها وتحفيزها وحمايتها ودمجها في المنظمة.. الخ مسؤولية جسيمة بلا شك. لذلك من المنطق جعل سلطة هذه الادارة وظيفية لتباشر تطبيق استراتيجيتها وممارساتها بنفسها في ادارات المنظمة، ولا يهم إن غضب مدير الانتاج أو غيره من مديري الادارات الأخرى، بسبب كون هذا الإجراء تدخلا في شؤون إداراتهم وإدارة الناس الذين يعملون تحت إشرافهم، فمسألة الغضب والحساسية مسألة خاصة وفردية، فالمهم هو المصلحة العامة، ويجب إفهام كل مدير في المنظمة أن الإدارة المعاصرة اليوم في ظل المنافسة العالمية الشديدة وخطر الزوال، ترفض وجود المصلحة والحساسية الشخصية، فالمنظمة المعاصرة منظمة القرن (21) هي فريق عمل واحد، وأسلوب العمل فيها جماعي، فكل ما هو مفيد أهلاً به، وكل ما هو غير مفيد ليس في مصلحة العمل والمنظمة يجب استبعاده مهما يكن، فبقاء المنظمة واستمراريتها هي أهم من أي شيء آخر، وإن غضب فلان أو فلان.

لنسأل الآن من يؤيد كون سلطة إدارة الموارد البشرية سلطة استشارية السؤال التالي: كيف يتسنى لهذه الادارة أن تقوم بدورها الإستراتيجي الجديد إذا كبلناها بقيود السلطة الاستشارية، وأن تراقب تنفيذ إستراتيجيتها من بعد؟ لا يعقل ذلك وإلا فنحن في هذه الحالة نناقض أنفسنا، نريد أن نكون معاصرين وفي الوقت نفسه نتمسك بالقديم ونراعي الحساسيات وإذا غضب فلان فماذا نفعل؟ وكيف نرضيه؟ فكيف بامكان مديري الادارات بخبرتهم المتواضعة في شؤون الموارد البشرية أن ينفذوا استراتيجيتها ؟ وإليك المثالين التاليين:

* في مجال خلق الولاء والالتزام التنظيمي: يعتقد مديرو الادارات في المنظمة أن مسألة خلق الولاء العالي لدى العاملين في إداراتهم مسألة يمكن حلها عن طريق حل الصراعات الداخلية بينهم وتحسين العلاقة معهم. هذا الكلام سطحي، فمسألة الولاء والالتزام مسألة إستراتيجية وهي أهم وأشمل وأعمق من ذلك بكثير، فالمنظمات اليابانية عندما وصلت إلى ذلك مارست إدارة الموارد البشرية فيها برامج متعددة في مجال التحفيز والمزايا الوظيفية.. الخ فالأمر يحتاج الى تخصص وخبرة عاليتا المستوى غير موجودتين لدى المديرين، الى جانب هذا الأمر أن وقتهم لا يتسع لذلك فيما اذا توفرت هذه الخبرة لديهم.

* في مجال العلاقات الاجتماعية في مكان العمل: لقد خلق إدخال الحوسبة ونظم العمل الآلية والمعلومات جواً من الانعزالية في العمل، وهذا يتنافى مع شيء هام أو أساسي إسمه جماعية العمل، هذه الفجوة وهي الانعزالية مسألة خطيرة ليس بامكان مديري الادارات تغطيتها، لأن الأمر يتطلب إعادة تصميم الأعمال والوظائف من جديد لتخفيف الانعزالية التي هي احدى مهام إدارة الموارد البشرية.

الفصل الثالث

نماذج عن تصميم استراتيجية إدارة الموارد البشرية

محتوى الفصل

- نموذج التفاعل البيئي القائم على أساس موارد المنظمة.
- نموذج ديفيد جست DAVID GUST MODEL .
- نموذج جامعة وورويتش WARWICH (HRM) STRATEGY .
- نموذج جامعة هارفارد HARVARD (HRM) STRATEGY MODEL .
- نموذج التطابق الاستراتيجي MATCHING STRATEGIC (HRM) MODEL .
- نظام معلومات إدارة الموارد البشرية نشاط داعم لنجاح استراتيجيتها.

تساؤلات يطرحها الفصل

- هل توجد أطر نمطية موحدة يمكن استخدامها في مجال تكوين استراتيجية إدارة الموارد البشرية؟
- ما هو دور نظم المعلومات في وضع استراتيجية إدارة الموارد البشرية؟
- هل يمكن تصميم نظام معلومات خاص بادارة الموارد البشرية؟

في ظلال الموضوعات التي عولجت وشرحت في الفصلين الأول والثاني، سنقوم في هذا الفصل وهو الثالث بعرض مكمل وختامي لهذه الموضوعات من أجل المزيد من التوضيح، وهذا الموضوع هو نماذج عن أطر تكوين وعمل استراتيجية إدارة الموارد البشرية، التي تمثل نتاج دراسات وبحوث قام بها عدد من المختصين والباحثين، ونحن بكل أمانة نعرض موجزاً لأهم هذه النماذج المعروفة والشائعة في الاستخدام [1]. وإضافة الى ذلك سنقوم بعرض موضوع أساسي ذو صلة وعلاقة مباشرة باستراتيجية إدارة الموارد البشرية هو: نظم المعلومات الخاص بالمورد البشري، الذي يعد أداة فعالة في خدمة تكوين إطار هذه الاستراتيجية.

نموذج التفاعل البيئي القائم على أساس موارد المنظمة

THE RESOURCE BASED MODEL

جاء هذا النموذج نتيجة إسهامات متعددة لعدد من المفكرين المختصين على مدى خمسة عقود من الزمن تقريباً، بدأت من قبل "سلزنيك SELZNICK عام 1957 ثم تلاه كل من بارني BARNEY وآميت AMIT وكابيللي CAPPELLI وبينروزPENROSE ، وبيورسل PURCELL ، ويعد هذا النموذج هو من أكثر النماذج شيوعاً في الاستخدام، وقد استمدت أفكاره الأساسية من الادارة الاستراتيجية وهو يتصف بطابع البعد والشمول.

فكرة النموذج العامة :

تقوم فكرة النموذج على أساس التفاعل بين بيئة المنظمة الداخلية وبيئتها الخارجية، فتكوين استراتيجية أية منظمة إنما يتم في ضوء نتائج تحليل هاتين البيئتين، وإن تحقيق المنظمة لاستراتيجيتها لا يكون إلا من خلال ما تمتلكه من موارد متنوعة أهمها المورد البشري، لأنه هو الأساس والاداة الفعالة في عملية

(1) استمدت هذه النماذج من :

- JOHNE BROTTON, JEFFRY GOLD, OP.CIT, P. 5, CHAPTER (1) .
- MITZBERG H. AHLSHAND, B., AND LAMPEL J. STRATEGY SOFAR : A GUIDED TOURE THROUGH THE WILD OF STRATEGIC MANAGEMENT , FREE PRESS, NEW YORK, 1998, PP. 27-35.

التحقيق هذه. لذلك يطلب النموذج من منظمات الأعمال أن تولي إهتماماً كبيراً وخاصاً بهذا المورد، لما له من دور فاعل وتأثير ايجابي في نجاح إستراتيجية منظمة الأعمال، وتحقيق المنفعة التنافسية في السوق، من منطلق أن الإنفاق على تعليمه وتدريبه وتنميته لإكسابه المعرفة والمهارة والخبرة استثمار له عائد، يتمثل بقدرة المورد البشري على التحديث والابداع اللذان هما أساس نجاح أية منظمة. ولكي يؤدي المورد البشري دوره الاستراتيجي المطلوب منه، لابد من تحليل البيئة الخارجية لمعرفة فرص الاستثمار المتاحة فيها، والمخاطر المحيطة بها، وكذلك تحليل البيئة الداخلية وما تشتمل عليه من موارد بما فيها المورد البشري، لمعرفة جوانب القوة والضعف في هذه الموارد مجتمعة، وهذا لغاية هي تمكين المورد البشري في المنظمة من استغلال الفرص المتاحة ومواجهة المخاطر البيئية المحيطة.

مضامين النموذج :

يشتمل النموذج على عدد من المضامين فيما يلي عرض موجز لأهمها:

أولاً: التحليل البيئي . [2]

يشير هذا النموذج إلى أن القاعدة الأساسية التي يقوم عليها تكوين أية استراتيجية هي المسح والتحليل البيئي وما تشتمل عليه من متغيرات INVIRONMENTAL SCAN ، ويتكون هذا التحليل من شقين هما:

1- تحليل البيئة الداخلية INTERNAL INVIRONMENT SCAN : الذي يهدف ويسعى إلى معرفة شيئين أشرنا إليهما سابقا هما: جوانب القوة المحتمل أن تتميز بها المنظمة على منافسيها، وجوانب الضعف التي تعاني منها.

2- تحليل البيئة الخارجية EXTERNAL ENVIRONMENT SCAN : الذي من خلاله تتكشف ما هي فرص الاستثمار المتاحة فيها، وما هي المخاطر المحتملة التي تشكل خطراً على نشاط المنظمة وبقاءها.

ويخلص النموذج بنتيجة مفادها:

---

(2) أشرنا في الفصل الثاني الى التحليل البيئي بشكل موجز وسريع لضرورات عرض المواضيع فيه.

إن تحليل البيئتين الداخلية والخارجية يكملان بعضهما في سبيل وضع الاستراتيجية وتحقيق القوة التنافسية للمنظمة في السوق، فهذه القوة لا تأتي عن طريق تحليل البيئة الخارجية فحسب بل تأتي عن طريق تحليل البيئة الداخلية أيضاً، لمعرفة إمكانات موارد المنظمة التي تمتلكها، وخاصة المورد البشري، فتعرف نقاط قوتها التي تنفرد بها مواردها عن المنظمات المنافسة، وبالتالي بامكانها استغلالها لتحقيق منافع استراتيجية تنافسية في السوق. وخلاصة القول يجد هذا النموذج بأن تكوين استراتيجية المنظمة وإستراتيجية إدارة مواردها البشرية، انما تقومان على أساس تحليل موارد المنظمة البشرية والمادية، من أجل التعايش والتكيف مع البيئة الخارجية.

وفيما يلي شكل يوضح المضمون السابق:

شكل رقم (14)

نموذج التفاعل البيئي من خلال موارد المنظمة

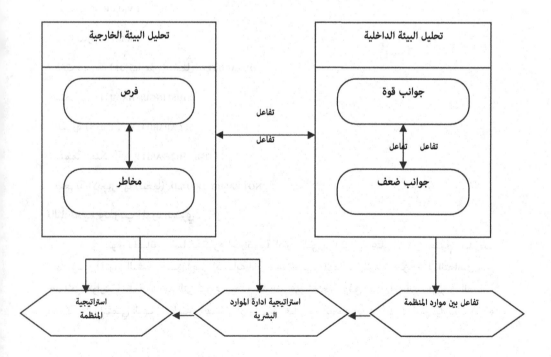

في ضوء الشكل السابق نرى مدى تأكيد هذا النموذج على إعطاء المورد البشري الاهتمام الأول وضرورة تحليل إمكاناته وإعداده، واعتبار استراتيجية إدارة الموارد البشرية جزءاً أساسياً في تكوين استراتيجية المنظمة، وركيزة تقوم عليها، من منطلق أن المورد البشري هو المسؤول الأول عن تنفيذ إستراتيجية المنظمة وتحقيق أهدافها.

ثانياً: موارد المنظمة .

اتضح لنا من المعالجة السابقة أن منظمات الأعمال تمتلك نوعين من الموارد المنتجة والمنتقاة من أجل تحقيق أهدافها الاستراتيجية. فالنوع الأول هو الموارد البشرية، والثاني الموارد المادية التي تقع مسؤولية إداراتها واستخدامها على النوع الأول، الذي يتكون من رؤساء ومرؤوسين. ويمثل كلا النوعين من الموارد إمكانات وطاقات المنظمة التي يدعوها بعضهم بالموارد الاستراتيجية، التي أشرنا آنفاً أنه يتوجب تحليلها لتحديد نقاط قوتها ونقاط ضعفها لدعم نقاط القوة وعلاج نقاط الضعف، من أجل تمكين الموارد البشرية من استغلال الفرص المتاحة ومواجهة المخاطر الموجودة في البيئة الخارجية.

لقد أوضح المختصون الذين وضعوا هذا النموذج، بأن خصائص موارد منظمة الاعمال تتصف بما يلي:

- ذات قيمة VALUE .
- ذات ندرة RARITY .
- ذات ديمومة (قدرتها على التحمل) DURABILITY .
- متميزة DISTINGUISHABILITY .
- القدرة (الطاقة) CAPABILITY .
- متممة (متكاملة) COMLEMENTARITY .
- صعوبة الاتجار بها (بيعها) NOT EASILY TRADED .

ثالثاً: تعليم وتدريب المورد البشري .

في ضوء الخصائص السابقة تقوم استراتيجية إدارة الموارد البشرية على أساس تعليم وتدريب العنصر أو المورد البشري، من أجل إكسابه المعرفة، الخبرة، المهارة اللازمة من أجل التعامل مع خصائص موارد المنظمة المادية التي تتصف بعدم الثبات، فهي متغيرة وفق المتغيرات التي تؤثر في الصناعة والبيئة التي تنتمي اليها المنظمة، وهذا يعني أن طبيعة استراتيجية إدارة الموارد البشرية ذات صفة

حركية، لأن خصائص موارد المنظمة غير ثابتة بل حركية. ويمكن القول بأن استراتيجية ادارة الموارد البشرية تركز على تمكين المورد البشري من التعامل مع خصائص موارد المنظمة، من أجل استغلال الفرص البيئية ومواجهة أخطارها بكفاءة عالية، بالتركيز على وظيفة أساسية هي وظيفة التعلم والتدريب المستمرين، واعتبار أي انفاق على الموارد البشرية في هذا المجال بمثابة استثمار له عائد. فعلى سبيل المثال: اذا كان أحد الموارد ذو قيمة عالية، يتوجب في هذه الحالة تعليم الموارد البشرية التعامل معه بحذر، واذا كان نادرا يجب التعامل معه بحكمة والتركيز على استخدامه واستثماره بشكل جيد.

رابعاً: التقنية .

ويؤكد هذا النموذج على مسألة تعليم الموارد البشرية استخدام التكنولوجيا، لأنها تتكامل مع معارفهم وخبراتهم ومهاراتهم، مما يساعد على تحقيق استراتيجية المنظمة بفاعلية، وتحقيق الأرباح والنفع لها. كما يؤكد النموذج على ضرورة أن تكون مسألة التعلم والتدريب في المنظمة على استخدام مواردها بشكل فعال، أسرع من نظيراتها من المنظمات المنافسة لها، وذلك من أجل كسب قصب السبق منها، وتقديم كل شيء جديد للسوق، والتفاعل الايجابي مع البيئة الخارجية.

خامساً: التحفيز .

وأكد النموذج في الأخير الى حد كبير على مسألة تحفيز الموارد البشرية بشكل جيد، لتحقيق الاستخدام الأمثل لموارد المنظمة المادية واستغلال الفرص ومجابهة المخاطر، فالتحفيز الجيد يعمل على:

- تشجيع الموارد البشرية على الابتكار والابداع.

- زرع الانتماء لدى الموارد البشرية تجاه المنظمة.

- زرع الولاء والالتزام لدى العاملين تجاه المنظمة.

- تشجيع الموارد البشرية على العطاء.

- دفع الموارد البشرية للمحافظة على موارد المنظمة وممتلكاتها وحمايتها من العبث والضياع.

أخيراً فقد انتهى النموذج السابق إلى نتيجة أساسية مفادها ما يلي:

* إن المسائل التي تشتمل عليها استراتيجية إدارة الموارد البشرية من توظيف وتعليم وتدريب وتحفيز .. الخ بمثابة ركائز تقوم عليها استراتيجية المنظمة، وهي وسائل فعالة تسهم في إنجاز أهدافها من خلال اغتنام الفرص البيئية ومواجهة مخاطرها.

* إن أهم مورد تمتلكه منظمات الأعمال المعاصرة هو المورد البشري فأداؤه هو الأداء الكلي للمنظمة على المدى الطويل، وله التأثير الأول والايجابي في نجاح المنظمة في تحقيق أهدافها الاستراتيجية. فاذا تمكنت إدارة الموارد البشرية من وضع استراتيجية جيدة لهذه الموارد بشكل متكامل ومتوافق مع إستراتيجية المنظمة، ومن خلال نتائج التحليل البيئي تمكنت المنظمة من استخدام موردها البشري أحسن استخدام، وتمكنت عن طريقه تحقيق أفضل إستخدام لباقي مواردها، لا شك أنها ستحقق النجاح الذي تصبو إليه.

نموذج ديفيد جست

DAVID GUST MODEL

وضع GUST نموذجه عام 1997 بعد تجارب وتطبيقات بدأها عام 1989 وفيما يلي شكل يوضح مضمون نموذجه نعرضه في البداية ليلخص الاطار العام لهذا النموذج:

شكل رقم (15)

نموذج (GUST) عن اطار استراتيجية إدارة الموارد البشرية

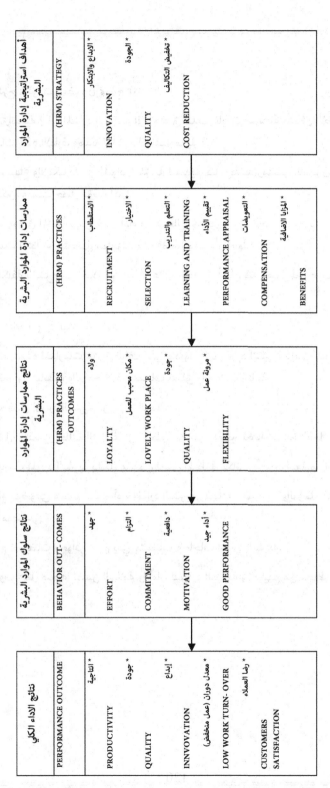

وفيما يلي شرح لمكونات ومضمون نموذج GUST :

* تهدف استراتيجية إدارة الموارد البشرية الى تحقيق ثلاث غايات أساسية تشكل الإطار العام لمهمة وممارسات هذه الادارة، وهذه الغايات الأساسية ما يلي:

- تحقيق الإبداع والابتكار لدى المواد البشرية لتقديم كل جديد ومتطور للسوق لجذب اهتمام المستهلكين، وكسب حصة سوقية أكبر.

- تحقيق الجودة في المنتجات من خلال أداء بشري عالي المستوى من الجودة، فالجودة العالية تخلق الولاء لدى عملاء المنظمة لمنتجاتها، مما يزيد من رقم مبيعاتها وأرباحها.

- تخفيض تكلفة الانتاج من خلال ترشيد الانفاق وتحقيق أعلى قدر من المخرجات بأقل قدر من المدخلات.

* ممارسات إدارة الموارد البشرية:

تعبر هذه الممارسات عن الوظائف التي تؤديها إدارة الموارد البشرية داخل المنظمة، حيث تقوم بوضع الأنظمة والسياسات والبرامج وتنفذ عمليات تتعلق بالجوانب التالية:

- استقطاب أفضل الموارد البشرية من سوق العمل.

- إنتقاء أفضل المتقدمين لطلب التوظيف في المنظمة، في ضوء معايير تخدم مصالح العمل فيها.

- تعليم وتدريب الموارد البشرية بشكل مستمر، لجعل المنظمة مكاناً للتأهيل والتعليم والتنمية المستمرة.

- وضع نظام موضوعي وسليم لتقييم أداء الموارد البشرية ومساعدة المديرين والرؤساء على تطبيقه بشكل سليم وموضوعي.

- وضع نظام تعويضات وحوافز سليم يفي بمتطلبات وحاجات الموارد البشرية.

- توفير ظروف عمل صحية، تضمن السلامة والأمان للموارد البشرية وتحميهم من مخاطر العمل.

- توفير السبل الكفيلة لـدمج المـوارد البشرية في المنظمـة، وجعلهـم يشـعرون بـأنهم جزءاً لا يتجـزأ مـن المنظمة، وأن مستقبلهم مرتبط بها.

* نتائج ممارسات إدارة الموارد البشرية:

اذا تمت الممارسات السابقة بشكل ناجح وفق المخطط والمرسوم لها، ستكون الحصيلة مكونة كما يلي:

- زرع الولاء والانتماء لدى العاملين تجاه منظمتهم.

- تصبح المنظمة مكاناً محبباً للعمل فيه من قبل الموارد البشرية.

- توفر المرونة والسهولة في أداء الأعمال والمهام بشكل عام.

* نتائج سلوك المورد البشري بعد قيام إدارة الموارد بممارساتها:

لا شك بأن نتائج ممارسات إدارة الموارد الجيدة ستنعكس إيجابياتها على سلوك هذه الموارد بما يلي:

- دافعية كبيرة للعمل.

- تفاني في العمل.

- التزام في العمل.

- غيرة على سمعة ومصلحة المنظمة.

* نتائج الأداء الكلي للمنظمة:

تمثل هذه النتائج حصيلة إسهامات كل ما تقدم شرحه، وتتمثل هذه النتائج بما يلي:

- إنتاجية عمل عالية.

- جودة المنتجات.

- إبداع وإبتكار لدى الموارد البشرية ومنتجات المنظمة متطورة .

- رضا وسعادة العملاء.

- رضا وسعادة العاملين.

- انخفاض في معدل دوران العمل.

- أرباح أكبر بسبب اتساع حصة المنظمة في السوق.

- فرص نمو المنظمة أكبر.

- فرص بقاء واستمرار المنظمة أكبر.

نموذج جامعة ووروتيش
WARWICH (HRM) STRATEGY MODEL

قام بوضع هذا النموذج كل من PITTGREW و HENDERY صورا من خلاله آلية العلاقة المتبادلة بين استراتيجية المنظمة واستراتيجية إدارة الموارد البشرية، والتأثير البيئي في تكوين كل منهما. ويتكون هذا النموذج من خمسة عناصر أساسية، سنأتي على شرح العلاقة والتأثير المتبادل بينها من خلال شرح عملية تكوين هاتين الاستراتيجيتن، وقبل الشرح نعرض للقارئ الشكل الذي يبين مضمون ومكونات هذا النموذج فيما يلي:

شكل رقم (16)

نموذج جامعة WARWICH

البيئة الخارجية
* المتغير الاقتصادي
* المتغير التكنولوجي
* المنافسة
* المتغير القانوني
استراتيجية المنظمة
* استراتيجية وحدات الأعمال
* الاستراتيجيات الوظيفية
البيئة الداخلية
* القيادة الادارية
* إنتاجية العمل
* جودة العمل
* رسالة المنظمة
استراتيجية إدارة الموارد البشرية
استراتيجيات وظائف ادارة الموارد البشرية
* الاستقطاب
* الاختيار
* التعلم والتدريب
* تقييم الافراد
* التعويضات
ممارسات إدارة الموارد البشرية
* برامج الاستقطاب
* عملية الاختيار والتعين
* نظام تقييم الأداء
* نظام التعويضات
* نظام سلامة وصحة العاملين

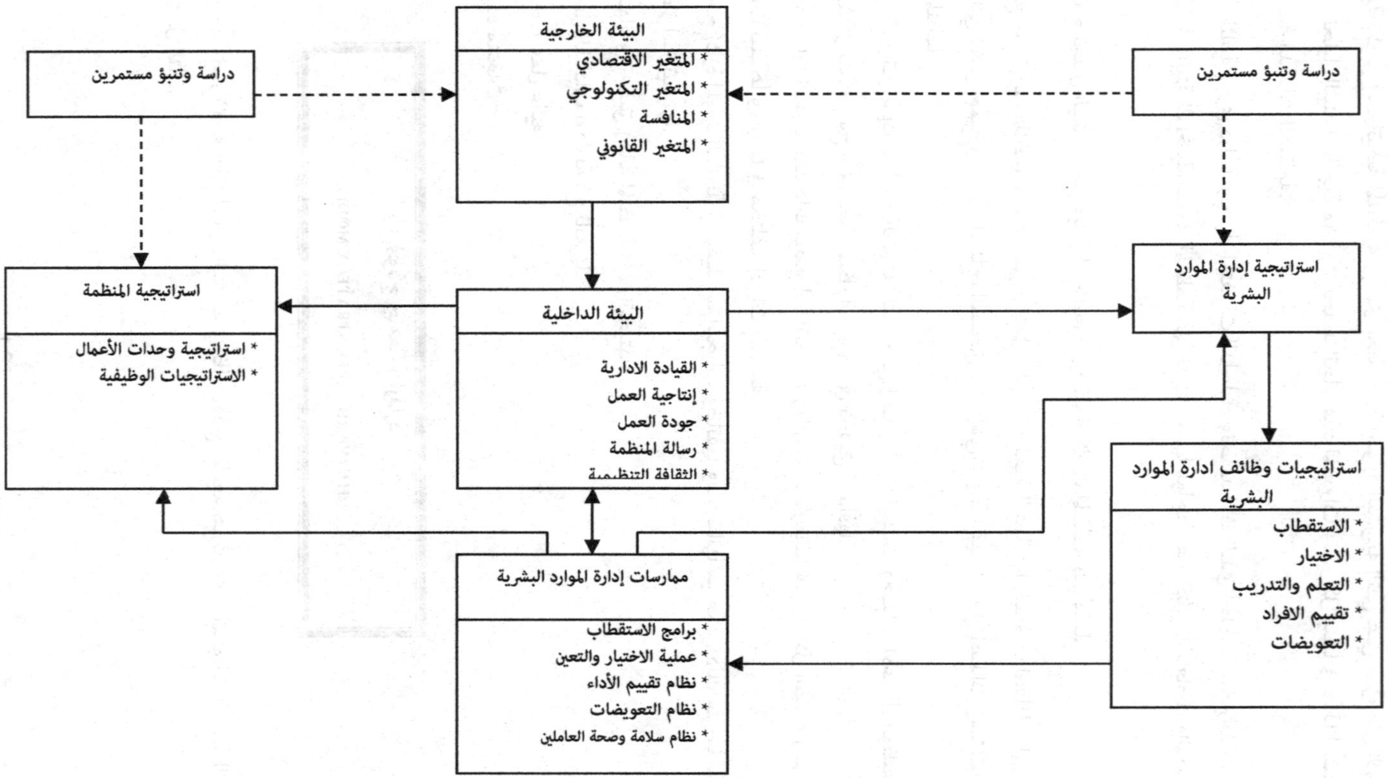

وفيما يلي شرح لمضمون النموذج:

* تبدأ عملية تكوين إستراتيجية المنظمة وإستراتيجية إدارة الموارد البشرية التي هي جزء من الأولى، بدراسة وتحليل البيئة الخارجية من أجل تحديد اتجاه هذه المتغيرات وتأثير كل منها في هذا النشاط أو في البيئة الداخلية للمنظمة.

* في المرحلة الثانية يجري دراسة وتحليل المتغيرات الداخلية، وتحديد الأثر الذي أحدثته متغيرات البيئة الخارجية في البيئة الداخلية، لتعمل المنظمة على تهيئة نفسها لمواجهة هذا التأثير والتعامل والتكيف معه.

* في ظل نتائج تحليل البيئتين الخارجية والداخلية، وفي ضوء إمكانات المنظمة يتم ما يلي:

1- وضع استراتيجية المنظمة الكلية، التي تشتمل على استراتيجية الأعمال والأهداف والخطط والبرامج التي تخص جميع وظائفها: الانتاج، التسويق.. الخ التي عن طريقها تتحقق أهداف إستراتيجية المنظمة.

2- وضع استراتيجية إدارة الموارد البشرية التي هي إحدى استراتيجيات وحدات الأعمال الوظيفية بشكل ينسجم مع استراتيجية المنظمة ويسهم في تحقيق أهدافها.

* تقوم إدارة الموارد البشرية بعد ذلك بوضع استراتيجيات وظائفها وممارساتها على شكل أنظمة وبرامج وسياسات تنفذها وتمارسها في مختلف إدارات المنظمة.

* عندما تنجح إدارة الموارد البشرية في تنفيذ استراتيجيات وظائفها وممارساتها سينعكس ذلك على ما يلي:
- إنجاز استراتيجيتها.
- الإسهام في تحقيق رسالة المنظمة واستراتيجيتها.
- تفاعل القيادات الإدارية مع تابعيها.
- إنتاجية عمل عالية.
- جودة منتجات

نموذج جامعة هارفارد
HARVARD (HRM) STRATEGY MODEL

تتكون استراتيجية إدارة الموارد البشرية في ظل نموذج جامعة هارفارد من المكونات التالية التي يوضحها الشكل التالي:

شكل رقم (17)
نموذج جامعة هارفارد

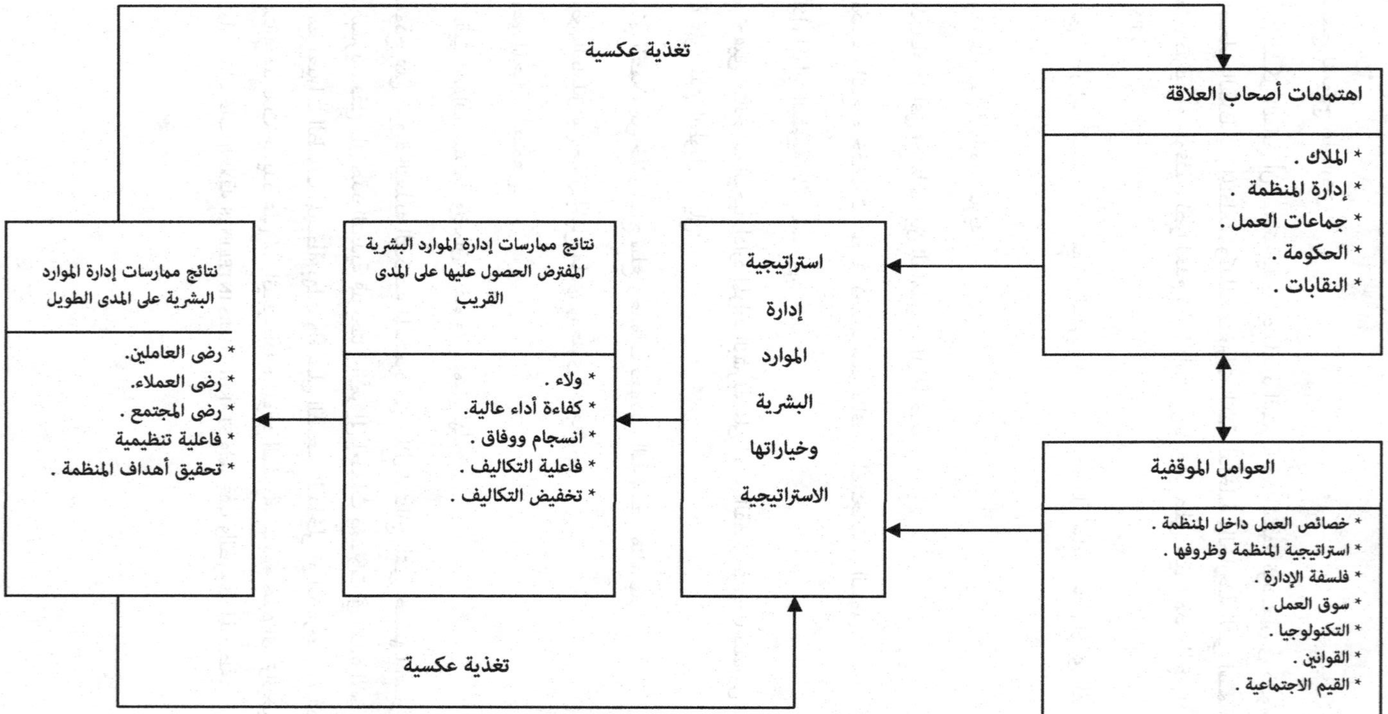

اهتمامات أصحاب العلاقة
* الملاك .
* إدارة المنظمة .
* جماعات العمل .
* الحكومة .
* النقابات .
العوامل الموقفية
* خصائص العمل داخل المنظمة .
* استراتيجية المنظمة وظروفها .
* فلسفة الإدارة .
* سوق العمل .
* التكنولوجيا .
* القوانين .
* القيم الاجتماعية .
استراتيجية إدارة الموارد البشرية وخياراتها الاستراتيجية
نتائج ممارسات إدارة الموارد البشرية المفترض الحصول عليها على المدى القريب
* ولاء .
* كفاءة أداء عالية.
* انسجام ووفاق .
* فاعلية التكاليف .
* تخفيض التكاليف .
نتائج ممارسات إدارة الموارد البشرية على المدى الطويل
* رضى العاملين.
* رضى العملاء.
* رضى المجتمع .
* فاعلية تنظيمية
* تحقيق أهداف المنظمة .
تغذية عكسية
تغذية عكسية

فيما يلي توضيح لنموذج هارفارد:

* الملاحظ من الشكل السابق أن استراتيجية إدارة الموارد البشرية وسياستها توضعان في ضوء اهتمامات وتأثير أصحاب العلاقة مع المنظمة، وكذلك بمتغيرات البيئة الداخلية والخارجية التي أسماها النموذج بالعوامل الظرفية أو الموقفية، نظراً لعدم ثباتها واستقرارها، وقد أطلق عليها مصطلح SITUATIONAL FACTORS .

* تتمثل نتائج إنجاز إستراتيجية إدارة الموارد البشرية وسياستها بعوامل أساسية على المدى القريب هي ما يلي:

- ولاء عالي من الموارد البشرية.

- إنسجام وتوافق اجتماعي بين العاملين داخل المنظمة.

- تكاليف إنتاج منخفضة تساعد في تحديد سعر تنافسي للمنتجات في السوق.

- أداء الموارد البشرية عالي المستوى.

* إذا ما تم تحقيق نتائج استراتيجية إدارة الموارد البشرية على المدى القصير، فسوف تنعكس نتائجها على المنظمة على المدى الطويل بما يلي:

- رضى العملاء من خلال انتاج سلع وخدمات بجودة عالية وسعر مناسب.

- رضى العاملين من خلال إشباع مادي ومعنوي لحاجاتهم.

- رضى المحيط المجتمعي.

- تحقيق أهداف المنظمة وضمان البقاء والاستمرار لها.

* يؤكد النموذج على ضرورة التغذية العكسية المستمرة من خلال النتائج التي حققتها استراتيجية إدارة الموارد البشرية، ففي ظل هذه التغذية قد يحتاج الأمر إلى إحداث تغييرات في هذه الاستراتيجية بما يتماشى مع تغييرات الظروف المحيطة بها، سواء على الصعيد الداخلي أو الخارجي، هذه التغييرات تكون بمثابة مدخلات جديدة على استراتيجية إدارة الموارد البشرية، لتتلاءم هذه الاستراتيجية وتتماشى مع اهتمامات أصحاب العلاقة STAKHOLDERS INTERESTS والمواقف والظروف المحيطة.

نموذج التطابق الاستراتيجي

THE MATCHING STRATEGIC (HRM) MODEL

تشير كلمة التطابق إلى معنى التوافق والانسجام والتكامل بين استراتيجية إدارة الموارد البشرية واستراتيجية المنظمة، حيث تعتبر الأولى وفق هذا النموذج جزءاً لا يتجزأ من الثانية. وفيما يلي شكل يوضح هذا النموذج:

شكل رقم (18)

نموذج التطابق

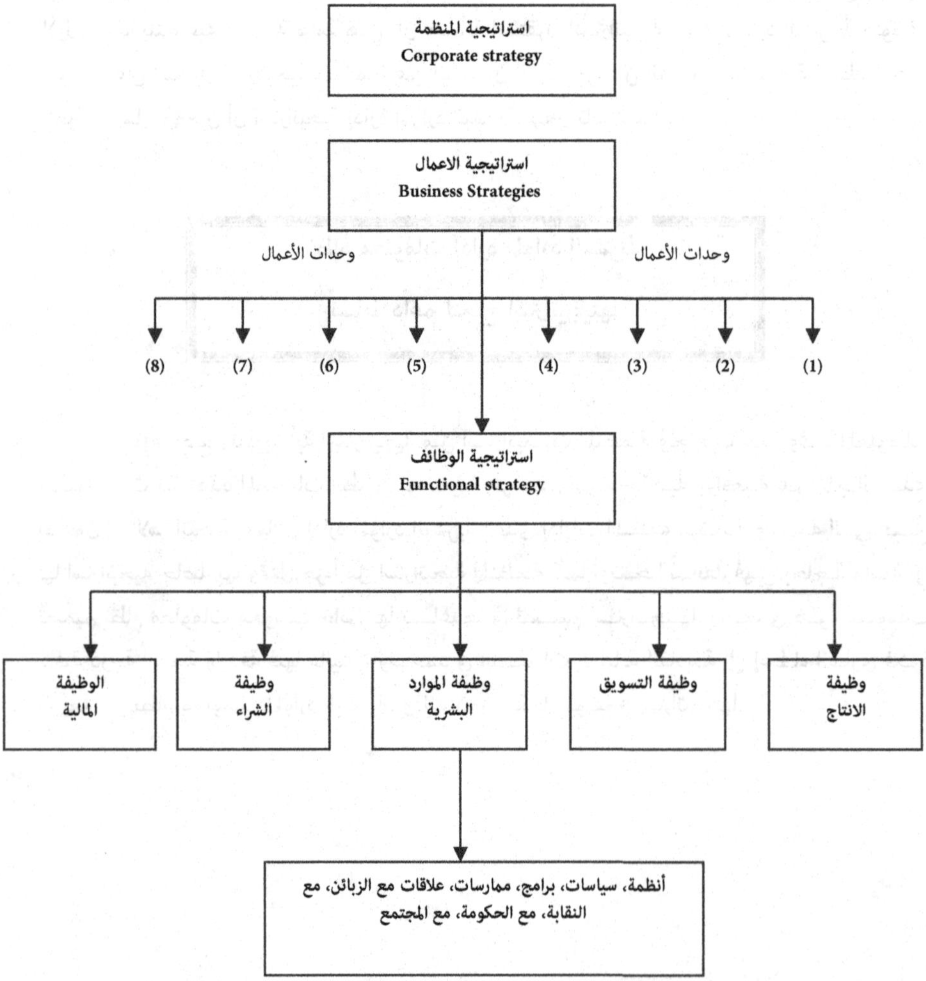

استراتيجية المنظمة
Corporate strategy
استراتيجية الاعمال
Business Strategies
وحدات الأعمال
وحدات الأعمال
(1)
(2)
(3)
(4)
(5)
(6)
(7)
(8)
استراتيجية الوظائف
Functional strategy
وظيفة الانتاج
وظيفة التسويق
وظيفة الموارد البشرية
وظيفة الشراء
الوظيفة المالية
أنظمة، سياسات، برامج، ممارسات، علاقات مع الزبائن، مع النقابة، مع الحكومة، مع المجتمع

يقوم هذا النموذج على قاعدة مفادها: تحقيق التوافق والانسجام بين استراتيجية إدارة الموارد البشرية واستراتيجية المنظمة، في ظل تأثير البيئتين الخارجية والداخلية، بشكل توضع إستراتيجية الموارد بما ينسجم مع رسالة المنظمة واستراتيجيتها ويحقق أهدافهما، هذا التوجه يستدعي بالضرورة أن تتكامل وتتلاءم نشاطات وممارسات إدارة الموارد البشرية مع متطلبات استراتيجية المنظمة ووحدات الأعمال فيها، فعدم التطابق سيحدث تضارباً بينها، وسينعكس ذلك سلباً على أداء وسلوك الموارد البشرية في العمل، بسبب عدم وجود التناغم والانسجام بين الاستراتيجيتين وستنخفض الفاعلية التنظيمية حتماً، وبالتالي يتأثر نجاح المنظمة.

في ظل القاعدة السابقة، يطلب نموذج التطابق، أن أي تغيير يطرأ على استراتيجية المنظمة، يستوجب بالضرورة إحداث تغييرفي استراتيجية وإدارة الموارد البشرية، بشكل يتطابق ويتوافق مع التعديل الأول، وهذا ينتج عنه معلومة هامة هي: إن مسألة استقرار استراتيجية إدارة الموارد البشرية متوقف ومرهون على استقرار استراتيجية المنظمة، على أساس أن الأولى جزء من الثانية، فاستراتيجية المنظمة هي متغير مستقل، في حين أن استراتيجية إدارة الموارد البشرية متغير تابع لها.

نظام معلومات إدارة الموارد البشرية
نشاط داعم لنجاح استراتيجيتها

يقوم وضع وتطوير أية استراتيجية من استراتيجيات المنظمة ونجاحها على وفرة المعلومات ودقتها، حيث تنير هذه المعلومات الطريق لواضعيها وتزودهم برؤية حقيقية وواقعية عن المجال الذي يضعون له الاستراتيجية. وبما أن إدارة الموارد البشرية إحدى إدارات المنظمة الرئيسة والهامة التي أصبح لها استراتيجية خاصة بها وتمثل جزءاً من استراتيجية المنظمة كما أوضحنا سابقاً، فهي بحاجة ماسة الى تصميم نظام معلومات محوسب خاص بها يساعدها في تصميم استراتيجيتها، وذلك في ضوء معلومات كافية درجة الصحة والدقة فيها عاليتين. وسنعمد في الصفحات القليلة القادمة الى إعطاء القارئ فكرة سريعة عن نظام معلومات الموارد البشرية، وذلك كجزء مكمل لموضوع استراتيجيتها.

ماهية نظام معلومات الموارد البشرية :

نظام معلومات الموارد البشرية HUMAN RESOURCE INFORMATION SYSTEM عملية منظمة يتم من خلالها الحصول المستمر على البيانات المتعلقة بكافة شؤون الموارد البشرية في المنظمة، لاستخدامها كأساس وقاعدة في عمليات اتخاذ القرارات المتعلقة بها. ويستخدم الحاسب الآلي من أجل استلام هذه البيانات ومعالجتها الكترونيا وتحويلها الى معلومات صالحة للاستخدام لاتخاذ القرارات في مجال الموارد البشرية، وتخزينها، وجعلها جاهزة عند الطلب بأقصى سرعة.

ويتكون هذا النظام من ثلاثة عناصر رئيسة هي ما يلي:

المدخلات:

وتمثل البيانات المتعلقة بالموارد البشرية التي يراد إدخالها للحاسب الآلي ومعالجتها، لجعلها صالحة للاستخدام فهي تمثل المادة الخام بالنسبة لعمل نظام المعلومات، ومن هذه البيانات على سبيل المثال:

* بيانات ذاتية العاملين وتشتمل على:

تاريخ التعيين، تاريخ الترقيات، تاريخ العلاوات، قرارات التأديب، قرارات النقل الوظيفي.. الخ .

* بيانات السيرة الذاتية وتشتمل على:

الاسم، العنوان، رقم الهاتف، الحالة العائلية.. الخ.

* بيانات عن الحالة الصحية وتشتمل على:

الأمراض التي ألمت بالفرد والعمليات الجراحية التي أجريت له، والاجازات المرضية التي حصل عليها.. الخ.

* بيانات تقييم الأداء وتشتمل على:

نقاط القوة والضعف في أداء الفرد، مدى تطور وتحسن أداءه .

* بيانات التعلم والتدريب وتشتمل على:

البرامج التعليمية والتدريبية التي خضع لها الفرد، البرامج التدريبية المقترحة له خلال حياته الوظيفية.

وتتطلب عملية جمع البيانات وإدخالها للحاسب الآلي للمعالجة تحديد ما يلي:

- من يجمع البيانات؟

- متى يتم جمعها؟

- كيف يتم جمعها؟

- كيف يتم إدخالها للحاسب الآلي، يدوياً أم عن طريق النسخ، أم إدخال الوثيقة ذاتها، حيث يقرأها الحاسب ويخزن بياناتها.

المعالجة الآلية للبيانات (المدخلات):

بعد إدخال البيانات الى الحاسب الآلي الذي يحتوي على نظام المعلومات المعالج، تتم معالجة هذه البيانات الكترونياً وإضافتها لقاعدة المعلومات الموجودة والمخزنة في الحاسوب من أجل الحفظ، وتكون المعلومات المخزنة مصنفة ومبوبة ومرتبة في ملفات وذلك بدقة عالية، حيث تتم هذه العملية بسرعة فائقة تكون بعدها المعلومات جاهزة للاستخدام.

المخرجات :

أي فرد يحتاج إلى معلومة ما في مجال الموارد البشرية، بامكانه أن يحدد نوعها ويطلبها من ملفها المخزن في ذاكرة الحاسب الآلي، حيث يكون لكل ملف رمزه الخاص به، وتظهر المعلومة المطلوبة مرئياً على شاشة الحاسب. وعندما يتأكد المستخدم USER منها، بامكانه أن يطلبها من الحاسب الآلي الذي ينسخها له عن طريق الطابعة الملحقة به بعد أن يعطي المستخدم أمراً للحاسب بالنسخ PRINT OUT . ونود الإشارة إلى أن طلب المعلومات من النظام لا يكون محصوراً بمكان معين، بل يمكن طلبها من أية رقعة في العالم عبر شبكات الانترنت. ونود لفت النظر في هذا المقام إلى أنه أصبح يستخدم الأنظمة الذكية في مجال نظام معلومات الموارد البشرية التي تقوم بربط المعلومات بعضها مع بعض وتحللها وتستخلص النتائج وتتخذ القرار المناسب.

نظام معلومات الاستقطاب:

ويتكون نظام معلومات الموارد البشرية من أنظمة فرعية فيما يلي أمثله عنها:

يوفر هذا النظام الفرعي قائمة بالوظائف الخالية في المنظمة، ومسمياتها، وتعريف كل منها، والمزايا الوظيفية المحددة لها، حيث يمكن لمن يريد التقدم لطلب التوظيف، الحصول على هذه المعلومات عن طريق الحاسب مباشرة.

نظام معلومات المتقدمين لطلب التوظيف:

هذا النظام عبارة عن قاعدة معلوماتية يحفظ فيها المعلومات الأساسية المتعلقة بكل شخص تقدم بطلب للتوظيف في المنظمة، حيث تؤخذ من سيرتهم الذاتية التي زودوا بها المنظمة. ويمكن من خلال هذه القاعدة من المعلومات اختيار الافضل وطلبه لدخول الاختبارات وعمليات الفحص للتأكد من مدى صلاحيته للتعيين .

نظام معلومات الإختيار:

يشتمل هذا النظام الفرعي على معلومات تتعلق بأنواع المقابلات التي ستجرى مع المتقدمين للتوظيف، وكذلك أنواع الاختبارات التي سيدخلوها ومواعيدها وكيفية التقدم إليها، ونتائجها. ويمكن لأي فرد الحصول على هذه المعلومات عن طريق الحاسب الآلي، وخاصة نتائج الاختبارات. وقد استخدمت بعض المنظمات أنظمة ذكية تقوم (بدون تدخل بشري) باجراء الاختبارات للمتقدمين للتوظف، وتعطيهم النتيجة مباشرة بعد انتهاء الاختبار. لقد خفض هذا النظام والى حد كبير تكلفة عمليات الاختيار في المنظمات.

نظام معلومات تقييم الأداء:

تعمل المنظمات الحديثة على حفظ نتائج تقييم أداء الموارد البشرية في نظام خاص محوسب، يساعدها في متابعة مراحل تطور أداء العاملين خلال حياتهم الوظيفية، ويمكنها من اتخاذ قرارات الترقية ومنح العلاوات والحوافز. كما يساعدها في معرفة من هم العاملين الذين بحاجة إلى تدريب لتلافي نقاط الضعف في أدائهم، وتحديد الأفراد أصحاب الأداء الضعيف الذين لا جدوى من تحسينه ويستوجب الأمر الاستغناء عن خدماتهم. أخيراً يساعد هذا النظام على حفظ كافة المعلومات المتعلقة بالتظلمات المقدمة تجاه بعض نتائج التقييم، وأسماء أصحابها، ولمن قدمت، ونتائج البت فيها.

مزايا نظام معلومات الموارد البشرية :

فيما يلي عرض لأهم الفوائد التي يمكن أن تجنيها المنظمات من وراء نظام معلومات موارد بشرية محوسب:

* الحصول على معلومات مرتبة، محللة، مبوبة، مصنفة، ودقيقة تساعد على وضع استراتيجية موارد بشرية جيدة.

* سرعة الحصول على المعلومات واستثمار عنصر الوقت.

* الحصول على المعلومات بأدنى تكلفة.

* تقليص حجم الورقيات المتداولة في العمل إلى أدنى حد.

* توثيق المعلومات والحفاظ عليها من التلف أو الضياع أو العبث بها.

* تقليل عدد الموظفين اليدويين مما يقلل من تكلفة العمل.

* خلق علاقات مباشرة بين العاملين من خلال شبكة الحاسب الآلي.

* قرارات أكثر صواباً.

* تقليل تكلفة الاتصال.

* تقليل الجهد في الحصول على المعلومات لأدنى حد.

* توفير درجة عالية من اللامركزية في الحصول على المعلومات وتقديم خدمات الموارد البشرية.

* إحداث التكامل بين وظائف وممارسات إدارة الموارد البشرية.

* تسريع تنفيذ العمل واتخاذ القرارات وحل المشاكل منها على سبيل المثال: إعداد قائمة الرواتب والأجور، معرفة مدى نجاح عمليات التدريب، معرفة من سيحال على التقاعد خلال العام.. الخ .

أسلوب استخدام نظام معلومات الموارد البشرية :

يتم استخدام نظام معلومات الموارد البشرية وفق أحد الاتجاهات الثلاثة التالية:

استخدام مركزي:

بموجب هذا الاتجاه لا يحق لأي فرد الدخول على النظام للحصول على أية معلومات يريدها، إلا بعد الحصول على تصريح مسبق من جهة أو أكثر صاحبة الحق بمنح التصريح.

استخدام لامركزي مطلق :

بموجب هذا الاتجاه يحق الدخول على النظام والحصول على المعلومات لأي شخص يعمل في المنظمة، ويتبع هذا الاسلوب بشكل خاص في المنظمات التي لها فروع في مناطق جغرافية متعددة.

استخدام لامركزي نسبي:

نظراً لسرية بعض المعلومات المتعلقة بالموارد البشرية والتزام المنظمة بهذه السرية وعدم تعريضها للمسؤولية في نشر هذه المعلومات، يحجب عادة الحصول على هذه المعلومات الشخصية، حيث لا يمكن الحصول عليها إلا باذن مسبق، ووفق إجراءات أمنية محددة أهمها ما يلي:

- تحديد نوعية المعلومات التي لا يمكن الحصول عليها وهي المعلومات السرية إلا باذن مسبق.

- تحديد من له الحق في الدخول على النظام؟

- تحديد الجهة التي يحق لها منح التصريح بالدخول على النظام.

- تحديد المعلومات المصرح الحصول عليها بدون إذن.

تصميم نظام معلومات الموارد البشرية :

تشتمل عملية التصميم على الخطوات التالية:

التخطيط:

ويشتمل على تحديد ما يلي:

* تحديد غايات النظام.

* تحديد القرارات التي سيستعان بالنظام عند اتخاذها.

متطلبات النظام:

ويشتمل على ما يلي:

* تحديد نوع البيانات المراد جمعها والتي سيعالجها الحاسب الآلي ويحولها الى معلومات صالحة للاستخدام.

* تحديد مصادر الحصول على البيانات.

* تحديد من سوف يجمع البيانات ومواصفاته؟

* تحديد كيفية الحصول على البيانات؟

تصميم أسلوب استخدام النظام:

ويشتمل على تحديد ما يلي:

* من الذي سوف يستخدم النظام ومواصفاته؟

* كيف سيدخل مستخدمو النظام إليه؟

* كيف تخزن المعلومات في النظام؟

* كيف تحدث معلومات النظام والفترة الزمنية التي تفصل بين تحديث وآخر.

تصميم النظام من الناحية الفنية:

في ضوء الإجابات السابقة يتم تصميم نظام الـ SOFTWARE والبرمجة اللازمة لتفعيل عمله.

إختيار النظام :

يجري اختيار النظام من خلال استخدام أو تجربة عدة مواقع فيه، للوقوف على جاهزيته للعمل.

تقييم النظام بعد استخدامه:

والغاية من ذلك معرفة مدى فاعلية وكفاءة عمل النظام، حيث من خلال نتائج التقييم يمكن إدخال تحسينات مستمرة عليه لزيادة فاعلية أدائه.

وفيما يلي شكل توضيحي لما سبق شرحه:

شكل رقم (19)

عملية تصميم نظام معلومات الموارد البشرية

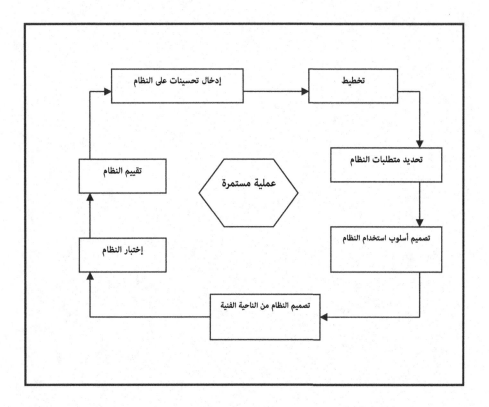

الفصل الرابع

آفاق هيكلة الأعمال والوظائف

محتوى الفصل

- طبيعة هيكلة الأعمال والوظائف.
- مدخل هيكلة الأعمال والوظائف التقليدي.
- المدخل السلوكي في هيكلة الأعمال والوظائف.
- مدخل إعادة هيكلة خطوط الانتاج.
- الاتجاه المعاصر في هيكلة الأعمال والوظائف.

تساؤلات يطرحها الفصل

- هل اختلفت الاتجاهات الفكرية المعاصرة عن التقليدية في مجال هيكلة الأعمال والوظائف؟
- هل هناك أسس وضوابط لنجاح هيكلة الأعمال والوظائف؟
- ما هو سر نجاح التجربة اليابانية في هيكلة الأعمال والوظائف؟
- هل هناك تداخل في مفاهيم مداخل هيكلة الأعمال والوظائف المعاصرة؟
- هل يمكن القول بأن لهيكلة الأعمال والوظائف إستراتيجية؟

طبيعة هيكلة الأعمال والوظائف

ماهية العمل :

العمل مصطلح شائع الاستعمال في كافة ميادين الحياة داخل المجتمعات قاطبة، فنسمعه في المصنع، في المنزل، في المشفى، في الجامعة، في منظمة دولية.. الخ، فما هو معنى هذا المصطلح؟ في الواقع يشتمل هذا المصطلح على معنيين اثنين هما:

العمل من حيث معناه العام:

هو نشاط إنساني ذهني وعضلي بآن واحد، يقوم به أو يؤديه شخص واحد أو مجموعة أشخاص، من أجل تحقيق غاية معينة، فما يقوم به مندوب المبيعات في الشركة هو عمل، ورعاية الأبوين لأطفالهما عمل، وتنظيف حديقة المنزل عمل أيضاً.

العمل من حيث معناه الاقتصادي:

وحدة عمل متكاملة تشتمل على عدد من الوظائف أو الأعمال أو المهام، مطلوب منها إنجاز عمل كلي من بدايته وحتى نهايته وفق مراحل تقسيمه لتحقيق هدفه. وينفذ من خلال جهد أو نشاط عضلي وذهني يقوم به فرد أو مجموعة أفراد في مكان معين وزمن محدد لتحقيق هدف ما، وفق تعليمات وقواعد محددة بشكل مسبق، ولقاء هذا النشاط أو الجهد يحصل من يؤديه على عائد مالي ومعنوي بآن واحد.

فعلى سبيل المثال وليس الحصر، تعتبر رعاية الأبوين لأطفالهما عمل من حيث معناه العام، لكن لا يعتبر عملاً اقتصادياً، في حين لو أن أحدهما قام بتربية طفل لدى عائلة أخرى لقاء تعويض مالي، يمكن في هذه الحالة اعتباره عملاً اقتصادياً. كذلك الطاهي الذي يطهو الطعام في فندق فنشاطه هو عمل اقتصادي، أما عندما يطهو الطعام لأولاده في منزله، في هذه الحالة لا يعتبر عمله نشاطاً اقتصادياً. في ضوء ذلك فجميع النشاطات الطوعية والخيرية هي أعمال ليست اقتصادية، فصحيح أن من قام بها قد حصل على تعويض معنوي على شكل رضى نفسي، إلا أنها ليست إقتصادية، لأنها لم تحقق لهم دخلاً مالياً.

بالطبع وفي ضوء توضيج المعنين السابقين، فمجال إهتمامنا وشرحنا في هـذا الفصـل هـو المعنـى الثاني، الذي يعبر عن طبيعة وماهية الأعمال في المنشآت (المنظمات الاقتصادية) سواء أكانت تنتج سـلعاً أو تقدم خدمات لأبناء المجتمع. في ظـل مـا تقـدم يمكننـا الآن أن نحـدد مضـمون العمـل مـن وجهـة النظـر الاقتصادية التي هي محور اهتمامنا بما يلي:

العمل هو:

* نشاط انساني يتمثل بجهد ذهني وعضلي بآن واحد يسعى إلى تحقيق هدف محدد بشكل مسبق.

* ينفذ خارج البيت في مكان محدد يدعى بالمنظمة التي تعمل ضمن مجتمع وبيئة معينة.

* ينفذ في أوقات محددة نهاراً أو مساء أو ليلاً.

* يؤدى في ظل علاقات اجتماعية مع الآخرين داخل وخارج المنظمة.

* يخضع تنفيذه الى أنظمة وقواعد وتعليمات محددة مسبقاً.

* يتكون من وظيفة (مهمة) واحدة أو من عدة وظائف (مهام) تنفذ بشكل متكامل باسـلوب او بطريقـة معينة لتحقيق هدف محدد، وتتحدد المهام في ظل العمل المطلوب إنجازه.

* يؤديه إما شخص واحد وهنا يتكون العمل من وظيفة (مهمة) واحدة، أو عدة أشخاص بحيث يؤدي كـل فرد مهمة أو وظيفة محددة، أو يؤديه وحدات إدارية.

* يخضع لرقابة وتقييم من قبل الآخرين باستخدام معايير أداء معروفة مسبقا.

* يتقاضى من ينفذه تعويضاً مالياً ومعنوياً (على شـكل رضى) بـآن واحـد، لقـاء الجهـد الـذهني والعضـلي المبذولان في أدائه، فالجهد هو بمثابة مدخلات يقـدمها مـن يـؤدي العمـل، والتعـويض هـو مخرجـات للمدخلات يحصل عليها من أدى العمل وفق المعايير المطلوبة.

لنتساءل الآن في ظل ما شرحناه آنفاً حول معنى العمل من جانب مفهومه الاقتصادي الذي هو محـور اهتمامنا: ما الذي يقصد بمصطلح الوظيفة؟

الوظيفة عمل اقتصادي على شكل مهمة أو دور محدد تسعى لتحقيق غاية معينة، يؤديهـا شـخص أو أكثر، فيتحمل (يتحملوا) أعباءها ومسؤولياتها ويمارس سلطاتها، وهي تعبر إما عن مهمة صغيرة يؤديها فرد واحد أو عن مهمة كبيرة مكونة من مهام فرعية يؤديها عدة أفراد، مع الإشارة إلى احـتمال وجـود وظيفـة

واحدة مسند لها مهمة واحدة لكن يؤديها عدة أشخاص، فعدد الأفراد الذين يؤدون الوظيفة الواحدة يتحدد بحجم أو عبء العمل المناط بها، فالبرمجة في شركة الكترونيات كبيرة على سبيل المثال هي وظيفة واحدة، لكن يمكن أن يعمل فيها مئة مبرمج (أو أكثر أو أقل) لأن حجم العمل كبيرا.

في ضوء ما تقدم نخلص إلى نتيجة مفادها ما يلي:

إن مصطلحا العمل والوظيفة مصطلحان مترادفان يحملان نفس المعنى من الناحية الاقتصادية، وإن كان بعضهم يشير إلى أن مصطلح العمل أعم وأشمل من مصطلح الوظيفة وهذا يمكن قبوله عندما نتحدث عن عمل المنظمة ككل، وكلاهما العمل والوظيفة يؤديان مهمة إما أن تكون صغيرة أو كبيرة، فعندما تكون المهمة كبيرة، فهناك احتمال أن تكون مكونة من عدة مهام (أعمال أو وظائف) وداخل العمل أو الوظيفة الواحدة يمكن أن يعمل شخص واحد أو عدة أشخاص، فهذا يتوقف على حجم أو عبء العمل المناط بهما. ولكل عمل أو وظيفة هدف محدد يجب السعي إلى تحقيقه من قبل من يؤديهما، وهنا يترتب عليهما مسؤوليات محددة، ويحق لمن يؤديهما ممارسة صلاحيات محددة. في ضوء ذلك يمكننا أن نستخدم المصطلح التالي كعنوان لهذا الفصل وهو الرابع تصميم الأعمال والوظائف.

ماذا الآن عن معنى مصطلح عمل المنظمة ORGANIZATION WORK الذي نحن بصدد شرح كيفية تصميمه؟

عمل المنظمة وأيا كان طبيعة نشاطها الاقتصادي، هو مهمة كبيرة وكلية تعبر عن نشاطها الذي تؤديه في المجتمع أو البيئة، من أجل تحقيق هدف استراتيجي هو رسالتها المستقبلية، وهذه المهمة الكلية مجزأة إلى أعمال أو وظائف رئيسة تمثل ما تقوم به أو تؤديه كالانتاج، والتسويق، والشراء، والتخزين.. الخ. وتقع هذه الوظائف والأعمال الرئيسة في المستوى الاداري الأول من الهيكل التنظيمي. تجزئ الأعمال أو الوظائف الرئيسة الى وظائف أو أعمال فرعية يشكل مجموعها التقسيمات (الوحدات) الادارية التي يتكون منها المستوى الاداري الثاني الذي يدعى بالإدارة الوسطى، التي تجزئ هي أيضا الى أعمال ووظائف فرعية أصغر، ليتشكل منها مستوى الادارة المباشرة وهي المستوى الاداري الثالث في هيكل المنظمة التنظيمي، وتصل تجزئة الأعمال والوظائف الى قاعدة الهرم التنظيمي، التي يكون

فيها أعمالاً ووظائف (مهام) صغيرة محددة، كل مجموعة منها تكون تابعة لمشرف واحد يشرف ويتابع من يؤديها من أفراد.

من خلال ما تقدم يتضح لنا، بأن عمل المنظمة الكلي يجزئ إلى أعمال ووظائف من قمة الهرم التنظيمي حتى قاعدته عبر المستويات التنظيمية التي يشتمل عليها، وكل عمل أو وظيفة يتكونا من مهام تعمل بشكل متكامل لانجاز هدف محدد لهما، وتقع عليهما مسؤوليات ويمارس فيهما سلطات معينة. وبهذه الصورة نجد أن عمل المنظمة نظام كلي يشتمل على أعمال ووظائف فرعية تتعاون وتتكامل وتتناسق مع بعضها من أجل تحقيق هدف العمل الكلي للمنظمة وهو رسالتها المستقبلية. ولكي تحقق أعمال ووظائف المنظمة هذه الرسالة، يستوجب الأمر من إدارة الموارد البشرية أن تصمم لكل عمل أو وظيفة سواء أكانا رئيسان أو فرعيان، الدور الذي يتوجب عليهما القيام به من قبل الأفراد الذين يعملون فيهما، وذلك بشكل جيد ووفق أسس علمية، واستحداث طرق عمل معاصرة متطورة، ليمارس الأفراد أدوار أعمالهم ووظائفهم بشكل فعال، لتحقيق الأداء ذي المستوى العالي والفاعلية التنظيمية للمنظمة ككل.

تعريف هيكلة الأعمال والوظائف :

الهيكلة هي تصميم لأعمال ووظائف المنظمة وهي نشاط أساسي تمارسه كافة أنواع المنظمات، وتأخذ شكل عملية فنية إدارية بآن واحد تسهم فيه إدارة الموارد البشرية وتشرف على تطبيق نتائجه. ويتم من خلال هذا النشاط تحديد الأطر العامة والتفصيلية لجميع الأعمال والوظائف التي تؤدى داخل المنظمة، وهذه الأطر توضح الدور الذي يؤديه كل منها، وتشتمل هذه الأطر على تحديد ما يلي:

* عدد ونوع الأعمال والوظائف الرئيسة التي ستؤدى داخل المنظمة لتحقيق أهدافها.

* أهداف الأعمال والوظائف الرئيسة التي توضح الانجازات المطلوب تحقيقها من كل وظيفة وعمل.

* طبيعة الأعمال والوظائف من حيث خصائصها.

* المراحل (الخطوات) التي ينجز بها العمل الواحد من بدايته وحتى نهايته، وتحديد عدد ونوع الوظائف أو المهام المطلوبة لانجاز هذه المراحل او الخطوات، وتحديد هدف ودور كل مرحلة وخطوة منها من أجل تحقيق هدف العمل الكلي.

* معايير أداء الأعمال والوظائف التي على أساسها تتم عمليات تقييم انجازات كل منها.

* حجم ونطاق الواجبات المناطة لكل عمل ووظيفة ونطاق المسؤولية المرتبة عليها.

* أسلوب أداء الأعمال فيما إذا كان فردياً أم جماعياً.

* كيفية أداء الأعمال والوظائف في ضوء المراحل أو الخطوات المحددة لانجاز كل منها

* الآلات والمعدات التي سوف تستخدم في الأعمال والوظائف.

* البيئة والمناخ المادي والمعنوي التي ستؤدى فيها الأعمال والوظائف.

ويراعى عند تصميم أطر أو أدوار الأعمال والوظائف، أن يحقق التصميم عملية إنصهار وإندماج هـذه الواجبات والمسؤوليات والصلاحيات مع بعضها في بوتقة واحدة هـي الوظيفة أو العمل الواحـد، بشـكل يتمكن من يؤديها من تحقيق الإبداع والابتكارفيهما، وأيضاً تحقيق التعاون والانسجام مـع بـاقي الأعمال والوظائف، في مسعى لتحقيق أهداف المنظمة الكلية التي تعمل جميع وظائفها في خدمة إنجازها.

في ضوء ذلك يمكننا القول بأن معيار نجاح تصميم الأعمال والوظائف الأساسي هو مـدى قدرتـه على إتاحة الفرصة لمن يؤديها لاظهار امكاناته وقدراتـه، وتفجيـر طاقـات الابـداع والابتكـار لديـه وتحقيـق التكامل والانسجام بينها جميعها، لتحقيق الفاعلية التنظيمية التـي مـن خلالهـا تتحقـق أهـداف المنظمـة المنشودة.

ونود الاشارة الى أن تصميم الأعمال يتم على مستويين اثنين هما:

الأول: التصميم العـام لعمـل المنظمـة ORGANIZATION WORK DESIGN ويتم فيه تحديد الأطر العامـة لأعمال ووظائف المنظمة الرئيسة التي تؤديها لتحقيق أهدافها.

الثاني: التصميم التفصيلي JOB DESIGN ويتم فيه تصميم الأعمال والوظائف الفرعيـة التـي تشـتمل عليهـا الأعمال الرئيسة التي جرى تصميمها في التصميم العام، حيث يجري التصميم لكل عمل ووظيفة كـل عـلى حده.

نشأة وتطور هيكلة الأعمال والوظائف :

تعود النشأة الأولى لتصميم الأعمال والوظائف للمفكر الاقتصادي المعـروف آدم سـميث ADAM SMITH عندما قام بتصميم العمل في مصنع للدبابيس سنة 1776 عـلى أسـاس تقسـيمه الى أعـمال (مهـام) رئيسة وتخصيص قسم صناعي لأداء كل عمل رئيس، وداخل كل قسم صناعي قسم العمل فيه الى جزئيات (أعمال صغيرة) بشكل جعل كل عامل يتخصص بأداء جزئية، أو عمل صغير بسيط كوسيلة لرفـع المهـارة في أداء العمل وتسريعه ورفع إنتاجيته.

بعد آدم سميث جاء شخص آخر يدعى "تشارلز بابيبج CHARLES BABBAGE" حيث أضـاف شـيئاً لما قدمه سميث، وهو أنه فتت العمل أو الجزئية الواحدة الى جزئيات (مهـام) متناهيـة في الصـغر، ليكـون أداءها أكثر سهولة وبساطة وسرعة من قبل العامل، لتحقيق مستوى أعلى في انتاجيـة العمـل. وقـد هـدف بابيج من وراء ذلك، استخدام عمال غير مهرة من ذوي الأجور المنخفضة، فجزئية العمل البسيطة لا تحتاج إلى عامل ماهر، وفي هذه الحالة تمكن بابيج من خفض تكلفة العمل والانتاج.

ومع بداية القرن العشرين الماضي زاد الاهتمام بموضوع تصميم الأعمال، فظهر فريدريك ونسـلو تايلور FREDERICK W. TALOR " عام 1908 بمفهوم تصميم الأعمال، فاسـتحدث بمـا سـمي آنـذاك "بدراسـة الحركة الزمن" التي من خلالها حددت الحركات التي يتوجب على العامـل القيـام بهـا أثنـاء أدائـه لعملـه، والزمن اللازم التقيد به لتنفيذ كل حركة.

وفي عـام 1918 طـور "هـنرى فـورد HENERY FORD " مؤسـس مصـنع فـورد لصـناعة السـيارات مفاهيم "تايلور" فقام بتصميم أعمال مصنعه على شكل خط إنتاج تجميعي مقسم إلى مراحل تصنيع فيهـا أعمال متعددة، وبشكل تؤدي كل مرحلة وما تشتمل عليه من أعمال عملاً إنتاجياً معينـاً، تقـوم بتسـليمه للمرحلة التالية، وهكذا للمرحلة الأخيرة، بحيث ينساب العمل الانتاجي على خط الانتاج بسهولة.

جاء بعد ذلك مدرسة العلاقات الانسانية، التي قـدمت مفهـوم العمـل الانتـاجي الجماعـي، ثـم تلاها المدرسة الأمريكية في مجال إغناء الأعمال، ومن ثم المدرسة اليابانية، وانتهـى الأمـر بمدرسـة "مايكـل هامر وتشامبي اللذان قدما مفهوماً جديداً لتصميم الأعمال والوظائف وهو هندسة الأعمال، وسوف نقـوم في الصفحات القادمة تحت عناوين مداخل تصميم الأعمال بشرح هذه المداخل الفكرية في هذا المجال.

خصائص وانعكاسات هيكلة الأعمال والوظائف المعاصرة :

تتصف هيكلة الأعمال والوظائف الجيدة بمجموعة من الخصائص الهامة، التي يجب أن تتوفر فيها لتحقيق الفوائد المرجوة منها، التي يشكل مجموعها إنعكاسات التصميم الفعال على ممارسي الأعمال والوظائف وعلى المنظمة ككل. وسنعرض فيما يلي أهم هذه الخصائص وانعكاساتها الايجابية فيما يلي:

الخصائص :

* تصميم العمل الفعال هو الذي يترجم ويعكس ثقافة المنظمة التنظيمية وفلسفتها الادارية التي تدار وتنفذ الأعمال في ظلها، ذلك لأن التصميم كما عرفناه ، يعكس الأطر العامة لما تقوم به وتؤديه الموارد البشرية من مهام وممارسات داخل المنظمة.

* أن يحدد التصميم أهداف الأعمال والوظائف المطلوب إنجازها منها بوضوح ودقة، وبشكل يبين فيه مدى أهمية كل وظيفة أو عمل وسبب وجودها، وعلاقتها مع بعضها بعضا، ومدى اسهامها في تحقيق أهداف المنظمة.

* أن يراعي التصميم الدقة والوضوح في تحديد الواجبات المطلوبة من الأعمال والوظائف، بحيث لا تكون فيها ازدواجية أو تداخل، وبشكل توضح ما هو المطلوب أداءه من ممارسيها، في سبيل انجاز أهدافها، فالواجبات تتحدد في خدمة الاهداف.

* أن يوفر التصميم عنصر التحدي في ممارسة الأعمال والوظائف من قبل شاغليها أو من يعمل فيها، وهذا يعني أن يعمل مضمونها على إثارة الحماسة في نفوس شاغليها على تقبل التحدي والصعاب وبذل الجهود.

* أن يعمل التصميم على تفجير إمكانات وطاقات ممارسي (شاغلي) الاعمال والوظائف.

* أن يوفر التصميم التنويع في استخدام المهارات SKILL VARITY أي امكانية استخدام عدة مهارات في العمل أو الوظيفة الواحدة من قبل ممارسيها، بحيث تسهم هذه المهارات سواء بشكل مباشر أو غير مباشر في تحقيق أهداف العمل.

* أن يحدد التصميم ماهية وطبيعة الأعمال والوظائف TASK IDENTIFY، وهل سيؤدي شاغل أو شاغلو هذه الوظائف جزءاً من العمل أو المهمة أم سيؤديها كاملة من بدايتها وفي نهايتها.

* أن يعمل التصميم على توفير الاحساس بالأهميـة JOB SIGNIFICANCE لممارسي الأعـمال والوظـائف قـدر المستطاع، مع الإشارة الى أن هذه الأهمية ستكون متفاوتة من عمل ووظيفة لأخرى حسب موقعها في الهيكل التنظيمي وطبيعتها.

* أن يوفر التصميم لممارسي الأعمال والوظائف درجـة جيـدة مـن الاسـتقلالية AUTONOMY ويقصـد بهـذه الخاصية أن يوفر التصميم إمكانية تحكم وسيطرة ممارسو الأعمال والوظـائف بـأداء مهـامهم وتحمـل مسؤولياتهم، في مسعى لتحقيق الحرية والمرونة في أداء الأعمال والوظائف.

* أن يوفر التصميم التغذية العكسية FEED BACK لممارسي الأعمال والوظائف عـن نتـائج أدائهـم، ليعرفـوا حقيقة هذا الأداء ويقيموا أنفسهم، ويسعوا لتطوير أدائهم.

ويمكن القول أخيراً بأن هيكلة الأعمال والوظائف الفعالة هي: التي ترفع من معنويات ممارسيها، وتخلق لديهم الدافعية الايجابية والرغبة في العمل بجد ونشاط وفاعلية، بشكل يؤدي إلى إندماجهم وحبهم لاعمالهم.

الانعكاسات :

عندما تؤدي هيكلة الأعمال والوظائف دورها بشكل فعال في تحديد أطر ومضامين العمل داخل المنظمة وفق ما شرحناه آنفاً، فسوف تتحقق إنعكاسات إيجابية على الموارد البشريـة التـي تـؤدي وتمـارس هذه الأعمال والوظائف بشكل مباشر وعلى المنظمة بشكل غير مباشر، ويمكن عـرض هـذه الانعكاسـات في الشكل التوضيحي التالي:

شكل رقم (20)
انعكاسات هيكلة الأعمال والوظائف

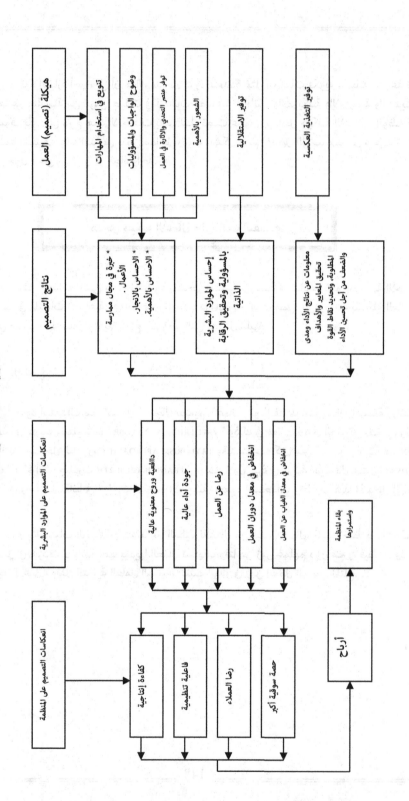

ونود الاشارة أخيراً، إلى أن هناك مداخل كثيرة متعددة تمثل اتجاهات فكرية وعملية متنوعة تم تطويرها عبر مئة سنة من الزمن، طبقت في المنشآت الصناعية اليابانية والأمريكية والاوروبية والكندية.. الخ، وسوف نأتي على شرح هذه الاتجاهات بعد قليل تحت عنوان مداخل هيكلة الاعمال والوظائف، حيث قمنا بتصنيف هذه المداخل ضمن مداخل رئيسة، بشكل يضم المدخل الواحد مداخل فرعية تدور أو تقوم حول / على مضمون أو اتجاه واحد.

مدخل هيكلة الأعمال والوظائف التقليدي

تمثل المداخل التي يشتمل عليها المدخل التقليدي بداية ونشأة موضوع هيكلة الأعمال والوظائف في المنشآت الصناعية، أي أنها تمثل تاريخ هذا الموضوع الذي مضى على ولادته بشكله العلمي والعملي مئة سنة تقريباً. وفيما يلي شرح للمداخل التي يشتمل عليها:

المدخل العلمي :

يعود استحداث هذا المدخل في مجال تصميم الأعمال والوظائف لمدرسة الإدارة العلمية ورائدها المعروف "فريدريك ونسلو تايلور FREDERICK W. TAYLOR " وذلك في مطلع القرن العشرين الماضي، وقد سمي آنذاك بمدخل التايلورية TAYLORISM APPROACH وقد ساعده كل من "هنري جانت HENERY GANTT " و "فرانك جيلبرث FRANK B. GILBERTH " وطبق لأول مرة في شركة "ميدفال ستيل MIDVAL STEEL " في ولاية بنسلفانيا في الولايات المتحدة الأمريكية. ويعود إستحداث وتطوير هذا المدخل إلى ما يلي:

* تأثر تايلور بالممارسات الخاطئة والتنفيذ غير السليم للأعمال من قبل العمال، فقد لاحظ ضياع وقت العمل في حركات لا فائدة منها يؤديها العمال تستهلك وقتا من زمن عملهم دون مبرر، فيطول وقت إنجاز الأعمال، وتقل إنتاجية العامل اليومية، بسبب الهدر في زمن العمل الرسمي المتاح.

* لاحظ تايلور بأن العامل الواحد يؤدي عدة أعمال أو مهام، مما يقلل من درجة تخصصه ويشتت جهده، ويؤثر سلباً في إنتاجيته، ذلك لأن تركيز جهد العامل في مهمة أو عمل واحد سيزيد من مهارته وسرعته في أداء العمل، مما يرفع من إنتاجيته ويقلل من أخطاءه.

في ظل ما تقدم قام تايلور وزملاؤه بوضع وتطوير مدخلهم العلمي في تصميم الأعمال والوظائف، من أجل التوصل إلى طريقة مثلى لأداء العمال لأعمالهم تطبيقاً لشعار أطلقه تايلور آنذاك هو: THERE IS ONE BEST WAY OF DOING A JOB "يوجد طريقة واحدة مثلى لأداء العمل". ويهدف المدخل العلمي الى تحقيق الأهداف التالية:

* تبسيط الأعمال إلى أقصى حد ممكن، من أجل تسهيل أدائها وعدم الحاجة لعمال مهرة، وتسهيل عملية الرقابة عليها.

* استغلال الامكانات الفسيولوجية لدى منفذي الأعمال لأقصى درجة ممكنة.

* تخفيض تكلفة العمل من خلال اختصار وقت تنفيذه، وذلك باستبعاد حركات لا لزوم لها يؤديها العمال.

* رفع انتاجية العمل عن طريق تبسيطه وتسهيل وتسريع أدائه، وذلك من خلال التركيز على التخصص الضيق.

وتحقيقاً للأهداف السابقة وضع تايلور وزملاؤه عدة مبادئ يقوم عليها مدخلهم العلمي في تصميم العمل، سنعرض فيما يلي موجزاً يوضح هذا المبادئ ومضامينها:

التركيز على التخصص الضيق:

ويكون ذلك عن طريق زيادة درجة تقسيم (تفتيت) العمل الواحد الى جزئيات (مهام) متناهية في الصغر، وإسناد أداء الجزئية (أو الخطوة) أو المهمة الواحدة الى عامل واحد يقوم بتكرارها باستمرار، فزيادة درجة التقسيم والتخصص سيؤديان الى نتائج إيجابية هي ما يلي:

* تسهيل وتبسيط العمل، وجعل زمن تعلمه واتقانه سريعاً وسهلاً، مما يؤدي إلى عدم الحاجة للعمال المهرة ذوي الأجور المرتفعة.

* جعل أداء العمل (الجزئية) متكرراً لزيادة المهارة في أدائه.

* الإقلال من العمل الرقابي وجعله سهلاً وذلك بسبب بساطته وتكراره.

* توظيف عمال غير مهرة من ذوي الأجور المنخفضة بسبب بساطة العمل وسهولته.

* سرعة أداء العمل بسبب زيادة المهارة فيه .

* قلة الأخطاء في أداء الأعمال.

* إرتفاع إنتاجية العمل عموماً.

دراسة الحركة والزمن:

يعتبر مبدأ دراسة الحركة والزمن TIME AND MOTION STUDY ترجمة فعلية للمبدأ السابق، فقد اعتبر تايلور هذه الدراسة القاعدة الأساسية التي يقوم عليها تصميم الطريقة المثلى لأداء الأعمال. لقد اعتمدت هذه الدراسة على الآلية المفرطة في أداء العمل GREEDY ROBOT من قبل العمال، من أجل التخلص من حركات زائدة لا لزوم لها التي يؤدونها، فيضيع بسببها جزءاً من وقت أعمالهم. لذلك قام تايلور بتحديد الحركات اللازمة التي يتوجب على العمال القيام بها أثناء أداءهم لأعمالهم، وحدد لهم الزمن اللازم لأداء كل حركة، وفرض عليهم الالتزام به، سعياً للوصول إلى الطريقة المثلى في أداء الأعمال.

مستلزمات العمل:

سعى تايلور من خلاله مدخله إلى تقليل حركة انتقال العمال في مكان العمل أثناء مزاولتهم لأعمالهم من أجل توفير الوقت، فطلب وضع كافة مستلزمات أعمالهم بجانبهم، وقام بتحسين المناخ المادي (تهوية، إضاءة.. الخ) الذي تؤدى فيه الأعمال.

الفصل التام بين التخطيط والتنفيذ:

قصدت التايلورية من وراء هذا المبدأ، عدم قيام العامل بتخطيط أداءه لعمله، واختيار طريقة الأداء والادوات والمعدات التي يريدها، فالعامل المرغوب فيه هو عامل بسيط، تفكيره محدود، لديه المهارة الكافية لأداء مهمة بسيطة وسهلة، وليس لديه المهارة الكافية ليخطط أداء عمله. لذلك وجد تايلور سحب قرار تخطيط أداء الأعمال من العمال وإسناده للادارة، لتقوم نيابة عنهم بهذا التخطيط، وفي ظل ذلك لا يملك العمال الخيار في أي شيء يتعلق بأعمالهم، فما يريدونه ويريحهم ليس مهماً، فكل شيء مفروض عليهم ويجب الالتزام به.

الفصل بين الأعمال المباشرة وغير المباشرة:

قصدت التايلورية بصفة المباشرة الأعمال الهامة والأساسية التي لها صلة مباشرة بانجاز العمل، أما غير المباشرة فهي الأعمال الثانوية التي تساعد الأعمال الأساسية من أجل إتمامها كأعمال تحضير الآلات، والخدمة العامة.. الخ البسيطة. وهدف تايلور من وراء هذا الفصل، إلى إسناد الأعمال غير المباشرة للعمال غير المهرة ذوي الأجور المنخفضة، أما الأعمال الأساسية المباشرة فتسند للعمال المهرة ذوي الأجور المرتفعة، فعملية الفصل هذه تؤدي إلى تفريغ العمال المهرة للأعمال الأساسية واستغلال وقتهم فيها بالكامل، وعدم إضاعته في الأعمال البسيطة غير المباشرة، وفي هذه الحالة تكون المنظمة قد استغلت وقت العمال المهرة بالكامل وأحسن استغلال.

ربط الأجر بالإنتاج:

استحدثت التايلورية نظاماً جديداً لدفع الأجور آنذاك سمي بنظام الحوافز أو الأجور التشجيعية، كعملية دعم للأفكار التي اشتمل عليها مدخلها في تصميم الأعمال وتنفيذها. فبموجب هذا النظام يزداد أجر العامل وحوافره المالية كلما زاد انتاجه ، في مسعى لاستغلال وقت العمل وعدم إضاعته من قبل العمال، والتقيد بالمعايير الموضوعة للأداء، وهذا يحقق الفائدة للعمال والمنظمة بآن واحد.

زيادة عدد الوظائف:

تطلبت زيادة تقسيم وتفتيت الأعمال إلى جزئيات (خطوات) متناهية في الصغر، وإسناد أداء الجزئية الواحدة لعامل واحد، الى تزايد عدد الوظائف والأعمال وزيادة الحاجة إلى عمال أكثر من ذي قبل وارتفاع تكلفة الأجور، وهذه مسألة انتقدت بها التايلورية في تصميم الأعمال. لكن التايلورية ردت على هذا الانتقاد بأن زيادة تكلفة الأجور ستغطيها عدم احتياج المنظمة كثيراً للعمال المهرة ذوي الأجور المرتفعة، فتبسيط العمل أدى إلى حاجتها لعمال غير مهرة أجورهم منخفضة مقارنة مع العمال المهرة، أضف إلى ذلك أن زيادة التخصص سيؤدي إلى رفع الانتاجية وتسريع العمل، مما يحقق وفورات مالية تغطي زيادة تكلفة الأجور وتزيد عليها.

إن حياة تطبيق أفكار التايلورية في مجال تصميم الأعمال كانت قصيرة لأسباب متعددة نسوق عدداً منها فيما يلي:

* إستغرق إقتناع أصحاب المنظمات آنذاك بأفكار التايلورية وقتاً لا بأس به.

* ظهور مشاكل بين النقابات العمالية والمنظمات التي طبقت مدخل التايلورية في تصميم العمل،ذلك لأن هذا المدخل جعل من العامل آلة تدار حسب رغبة

الادارة، وأدى إلى ظهور ملل وسأم في تنفيذ الأعمال لدى العمال، وشعورهم بالعزلة وعدم الأهمية، بسبب تكرار أعمال بسيطة بشكل دائم ومستمر، مما نتج عنه انخفاض في روحهم المعنوية وعدم قيام علاقات انسانية واجتماعية في مكان العمل داخل المنظمة.

* ارتفاع معدل دوران العمل في المنظمة بسبب ارتفاع حالات تركه الذي سببه عدم الراحة النفسية والجسدية لدى العمال، نتيجة الملل وروتين العمل الرتيب المتكرر.

* ظهور مدرسة العلاقات الانسانية وانتقادها للتايلورية، وتقديمها لأفكار انسانية واجتماعية في مجال تصميم الأعمال، كانت النقابات العمالية والعمال في شغف وانتظار لها.

* حدوث الكساد الاقتصادي العالمي آنذاك وظهور مشاكل بين أصحاب المنظمات والنقابات العمالية، بسبب تسريح أعداد كبيرة من العمال في ذلك الوقت.

مدخل الفوردية :

سمي هذا المدخل "بالفوردية FORDISM APPROACH " نسبة لأفكار رائد صناعة السيارات الأمريكي "هنري فورد HENERY FORD " الذي أسس شركة "فورد" لصناعة السيارات في الولايات المتحدة الأمريكية، وسنعمد فيما يلي الى عرض أهم الأفكار التي طبقها فورد في مجال تصميم العمل في مصنعه:

* يعتبر "فورد" صاحب فكرة تصميم العمل المصنعي على شكل خط إنتاج تجميعي ASSEMBLY LINE الذي قسم العمل الانتاجي الكلي على الخط التجميعي الى مراحل إنتاج أو تصنيع، بشكل يقوم كل منها بأداء أو تصنيع جزء من صناعة السيارة، على أساس أن المرحلة الانتاجية (التصنيعية) اللاحقة لا تبدأ إلا بعد الانتهاء من المرحلة السابقة، وبهذه الصورة ينساب العمل الانتاجي عبر مراحل التصنيع بتسلسل وانسيابية، حيث يبدأ تصنيع السيارة بالمرحلة الانتاجية الأولى وينتهي في المرحلة الأخيرة التي عندها تكون السيارة منتهية الصنع. بهذا الشكل يكون مدخل الفوردية في تصميم العمل قد حقق سهولة الرقابة على أداء العمل، إلى جانب انسيابيته وسرعته، ذلك لأن مراحل الانتاج التي يتكون منها الخط الانتاجي مفتوحة على بعضها، وأداء الأعمال يكون تحت مرأى العين.

* طبقت الفوردية أفكار التايلورية في مجال تقسيم العمل والتخصص، مع إضافة جديدة هي، تطبيق التخصص ليس فقط على مستوى عمل العمال فحسب، بل على مستوى الأقسام أو المراحل الانتاجية، حيث يتخصص كل قسم بأداء مرحلة

واحدة من العملية الانتاجية، كذلك طبقت التخصص على مستوى الآلات والمعدات، بشكل تـؤدي الآلـة الواحدة جزءاً محدداً من العملية الانتاجية في كل قسم أو مرحلة تصنيع على حده.

* استخدمت الفوردية نظاماً سمي آنذاك "بنظام الوصل الداخلي INTERLINKING SYSTEM " الـذي بموجبـه استخدمت خطوط داخلية لتموين مراحل الانتاج عـلى خط التجميع باحتياجاتهـا مـن مسـتلزمات العمل، بشكل يكون لكل مرحلة إنتاجية خط تموين خاص بها يمدها بكافة مستلزماتها. والغايـة مـن ذلك تسريع العمل الانتاجي، وضمان عدم توقفه أو تأخره على خط التجميع.

* طبقت الفوردية أسلوباً جديداً آنذاك هو تنميط الانتاج، وذلك على مستوى القطع الجاهزة المستخدمة في عملية التصنيع، أو الآلات والمعدات، فاستخدمت قطعاً بمقاييس ومواصفات واحدة بحيث تدخل في تصنيع عدة أنواع من السيارات، وأصبح بامكان الآلـة أن تخدم إنتاج أكثر مـن سيارة واحدة. وقـد هدفت الفوردية من وراء التنميط الى تخفيض تكلفـة الإنتـاج، وتسـهيل الرقابـة عليـه، ورفع مسـتوى جودة المنتجات.

* ركزت الفوردية كثيراً على مسألة تسريع العمل على خط الانتاج باستخدام السبل التالية:

- طبقت دراسة الحركة والزمن التي قدمتها التايلورية، وذلك من أجل تسهيل وتبسيط عمل العمـال في مراحل الانتاج على خط التجميع، وتسريعه باختصار زمن تنفيـذه، بالتركيز عـلى اسـلوب جعل أداء جزئية العمل متكررة وروتينية.

- الطلب من مهندسي ومراقبي الانتاج اكتشاف احتمالات تأخر العمل عـلى خطـوط الانتاج عـن طريـق المتابعة المستمرة، وذلك للعمل على تلافيها قبل وقوعها، وهذا ما نسميه اليوم في لغة الإدارة "بالرقابـة الوقائية" .

- التحديث والصيانة المستمرة للآلات والمعدات لمنع خطر توقفها وتأخر العمـل عـلى خط الانتاج التجميعي.

- استخدام الرقابة المباشرة واللصيقة على أداء العمال، وذلك من أجل عـدم إضاعة وقت العمـل الرسـمي واستغلاله أحسن استغلال.

- استخدام سجلات لمراقبة زمن إنجاز الأعمال على خط الإنتاج.

- استخدام نظام حـوافز ماليـة تشجيعية، بحيث يـدفع بموجبه للعامل المـاهر ضعف أجره اليومي اذا وفر زمناً معيناً في إنجاز عملـه، كـما تـدفع حـوافز ماليـة للعمـال الـذين يقلعـون عـن التـدخين وشرب الكحـول والعـادات السـيئة، وبشكل خـاص

النزاعات أثناء العمل، والغاية من ذلك خلق عادات وأنماط سلوكية حسنة في مكان العمل من أجل تسريع الأداء ورفع الانتاجية.

* طبقت الفوردية نظاماً لتقييم أداء العمال الذي تبين نتائجه نقاط القوة والضعف في أدائهم، للعمل على تلافي نقاط الضعف بالتدريب من أجل تحسين أدائهم المستقبلي، وتحسين نظام الرقابة على الأداء المعمول به وذلك نحو الأفضل.

مدخل توسيع العمل أفقياً :

بموجب مدخل تصميم العمل أفقياً HORIZONTAL JOB ENLARGMENT يجري تصميم مضمون الأعمال والوظائف بشكل يتيح للموظف أو العامل ممارسة عدة مهام أو يؤدي عدة خطوات ضمن الوحدة الادارية أو القسم أو المرحلة التي يعمل فيه / فيها مع المحافظة على تخصصه الأصلي، وفيما يلي مثالين يوضحان ذلك:

* أستاذ جامعي تخصصه العام إدارة أعمال، وتخصصه الفرعي (الضيق) إدارة إنتاج، يسمح بموجب هذا المدخل أو يطلب منه أن يدرس إضافة إلى مادة الانتاج مواد أخرى ضمن تخصص إدارة الأعمال، كأن يدرس مادة تنظيم صناعي، أو إدارة المشروعات الصناعية.. الخ.

* معمل لصناعة المفروشات المنزلية فيه الأقسام الانتاجية التالية: قسم نجارة غرف النوم، قسم نجارة الصالونات، قسم نجارة غرف الطعام. يسمح بموجب هذا المدخل للعامل أن يمارس عدة مهام ضمن قسم النجارة الواحد، فعلى سبيل المثال يسمح للنجار الذي يعمل في قسم غرف النوم أن يمارس عمل نجارة خزانة الملابس، والسرير، وخزانة البياضات.

من خلال المثالين السابقين نجد أن هذا المدخل يحافظ على التخصص الأصلي للفرد، والسماح له بممارسة أعمال أو مهام أخرى ضمن وحدة العمل التي يعمل فيها، أو أن يؤدي أكثر من خطوة ضمن العمل الواحد أو الوظيفة الواحدة. والغاية من ذلك إيجاد عنصر الاثارة في تأدية الأعمال والمهام، والقضاء على الملل نتيجة ممارسة عمل واحد أو وظيفة واحدة.

لقد حقق هذا المدخل ميزة هامة مقارنة بالمداخل السابقة وهي تسريع العمل، فعند دمج مهام أو خطوات مع بعضها وإسنادها لشخص أو قسم واحد ليؤديها، معنى ذلك أن عمليات انتقال العمل من شخص لشخص أو من قسم لآخر، ستقل وسيقل معها فترات الانتظار بين خطوات أو مراحل تنفيذ الأعمال، مما يقلل من زمن إنجاز العمل الكلي وتسريع تنفيذ العمل الواحد.

المدخل السلوكي في هيكلة الأعمال والوظائف

يلاحظ من خلال المداخل التقليدية السابقة التي عرضناها آنفاً، أنها لا تأخذ في اعتبارها الجانب المعنوي في تصميم الأعمال والوظائف باستثناء مدخل توسيع العمل أفقياً وبشكل قليل، فهذه المداخل تنظر الى الفرد نظرة آلية خالية من الناحية الانسانية، وهذا ما دفع مجموعة من المفكرين الى الظهور باتجاه جديد في تصميم الأعمال والوظائف وهو الاتجاه الانساني السلوكي، الذي حاولوا فيه تغيير النظرة الآلية في تصميم العمل وتحويلها إلى نظرة إنسانية . وسنعمد في الصفحات القادمة الى شرح وتوضيح المداخل الفرعية التي اشتمل عليها هذا المدخل الرئيس وهو المدخل السلوكي :

مدخل العلاقات الانسانية :

وضع هذا المدخل وصممه حركة العلاقات الانسانية HUMAN RELATION MOVEMENT في أواخر عقد العشرينات من القرن الماضي، نتيجة دراسات ميدانية نفذها رائد هذه الحركة "التون جورج مايو ELTON G. MAYO " مع مجموعة من زملاءه في مصانع "هوثورن HAWTHORN " في شركة "الويسترن الكتيرك WESTERN ELECTRIC " في شيكاغو بالولايات المتحدة الأمريكية، حيث قاموا بدراسة أثر المتغيرات المناخية في مكان العمل كالإضاءة والتهوية والحرارة.. الخ المتعلقة بتصميم الأعمال في انتاجية العمال، وذلك في قاعات خاصة بالاختبارات. وقد خرجت الدراسات بأن تأثير هذه المتغيرات ليس بالكبير كما كان يعتقد، وتوصلت الى نتيجة مفادها: أن الجوانب المعنوية والاجتماعية اذا وفرها تصميم الاعمال والوظائف سيكون لها أثر كبير جداً في تحفيز العمال على أداء أعمالهم بشكل فعال أكثر بكثير من الجوانب المناخية. (1)

لقد وجد مايو وزملاءه بأن تحقيق تصميم العمل لعنصر التوافق والانسجام الاجتماعي في مكان العمل جانب هام في تحفيزهم على العمل الجاد المنتج، لذلك وضعت حركة العلاقات الانسانية رسالة واضحة لادارة المنظمات الصناعية، تؤكد فيها على ضرورة توفير عناصر وخصائص أساسية في مضمون الاعمال والوظائف، كخاصية التحدي والاثارة في ممارسة الاعمال، والاحترام والتقدير فيه

(1) عمر وصفي عقيلي، الادارة: أصول ومفاهيم وأسس، مرجع سبق ذكره، ص 113-115 .

.. الخ وإن المشاركة في اتخاذ القرارات، وعدم ممارسة السلطة والنفوذ من قبل الرؤساء المباشرين، وتوفير الحرية في أداء الأعمال، عناصر أساسية يجب أخذها بعين الاعتبار عند تصميم الاعمال والوظائف.

لقد انتقد هذا المدخل في تصميم الأعمال والوظائف، بأنه بالغ جداً في التركيز على الجوانب النفسية والاجتماعية في تصميم أعمال وأدوار الأفراد، وقلل من أهمية تأثير جوانب وعناصر المناخ المادي في تأدية الأعمال وأثر الحوافز الاقتصادية في دافعية الموارد البشرية في مكان العمل.

مدخل المدرسة السلوكية :

يعتبر هذا المدخل في مجال تصميم الأعمال والوظائف امتداداً لحركة العلاقات الانسانية، حتى أن بعضهم أسماه بمدخل العلاقات الانسانية الحديثة في تصميم العمل، وقد ظهر هذا المدخل في عقد الخمسينات والستينات من القرن الماضي، وأشهر رواده "دوجلاس ماكجر يجور DOGLAS McGREGOR " وفريدريك هيرزبيرج FREDERICK HERZBERG " و"سالامون ليتر SALAMON LITTER " . ويهدف هذا المدخل في مجال تصميم الأعمال الى تحسين نوعية الحياة في مكان العمل QUALITY OF WORK LIFE وركز على خمسة مبادئ أساسية في عملية التصميم هي ما يلي:

إنهاء العملية :

يشير هذا المبدأ إلى ضرورة إنهاء العمل الواحد بكامل خطواته وجزئياته (أو كامل مهام الوظيفة الواحدة) من بدايته وحتى نهايته، من قبل شخص واحد أو فريق عمل، وذلك حسب حجم العمل وجسامة مسؤولياته.

التأكيد على الرقابة الذاتية :

بموجب هذا المبدأ تصبح مسؤولية الرقابة على الأداء وجودته من مسؤولية منفذ أو منفذي العمل، وذلك من أجل تحقيق إشباع معنوي لديه أو لديهم، يتمثل بالاحساس بالمسؤولية والاهمية، وإعطاء العنصر البشري الذي يؤدي الأعمال دفعة معنوية، وإشعارهم بثقة رؤسائهم بهم. والى جانب الرقابة الذاتية هناك رقابة خارجية يمارسها الرؤساء المباشرون على مرؤوسيهم لكن من بُعد، بحيث يتدخلون عند الحاجة والضرورة.

تنويع المهام :

يشير هذا المبدأ الى ضرورة تصميم مضمون الأعمال بشكل يتيح لشاغلها ممارسة مهام متنوعة واكتساب عدة مهارات، ويكون ذلك من خلال الدوران الوظيفي الذي بموجبه ينتقل الفرد بين عدة وظائف لفترات زمنية. فمن خلال هذا التنقل يتمكن منفذو الاعمال من ممارسة مهام متنوعة وإكتساب مهارات متعددة، وهذا يشعرهم بعنصر الاثارة والتحدي في أداء أعمالهم، ويحقق لهم إشباعاً معنوياً واجتماعياً كبيراً. ولتطبيق هذا المبدأ يتطلب الأمر أن يراعي تصميم العمل مسألة توفير المرونة وإلى حد كبير ، في تصميم مضمون الأعمال والوظائف وممارستها.

الاستقلالية:

لا يقصد بالاستقلالية هنا الانعزالية، بل يقصد بها بأن يوفر تصميم الأعمال والوظائف قدراً جيداً من حرية تصرف الأفراد في أداء أعمالهم، وعدم تقييدهم بقيود أو وضع عوائق، فهذا الشكل من الاستقلالية بلا شك سيخلق لديهم حافزاً معنويا للعمل، ويحقق لديهم إشباعاً نفسياً واجتماعياً.

التفاعل :

يتوجب على تصميم العمل بموجب هذا المبدأ، أن يراعي إقامة أو تحقيق التفاعل بين الوظائف والاعمال بعضها مع بعض، فيوفر حرية الاتصال مع الآخرين، وإقامة علاقات اجتماعية رسمية وغير رسمية بين شاغلي الأعمال والوظائف، وأن يسمح التصميم بوجود تعاون فيما بينها.

مدخل إغناء (اثراء) العمل :

ظهر إستخدام مدخل إغناء العمل JOB ENRICHMENT أو مدخل توسيع العمل عمودياً VERTICAL JOB ENLARGMENT كما أسماه بعضهم في مجال تصميم الأعمال والوظائف في عقد السبعينات والثمانينات من القرن الماضي، حيث أجبرت المنافسة الشديدة من قبل المنظمات اليابانية الشركات الاوروبية والأمريكية على إعادة النظر في استراتيجية هيكلة أعمالها، وأشهر من عمل في هذا المجال "كيلي KELLY " وهاكمان HACKMAN " و "أولدمان OLDMAN "، فقد شاع استخدام هذا المدخل في المنظمات عموماً والصناعية خاصة. ويمكن تعريف هذا المدخل بما يلي:

مجموعة من التغييرات الأساسية في مضمون الأعمال والوظائف ومستوى المسؤوليات المناطة بها، من أجل توفير عنصر الإثارة والتحدي والرغبة لدى من يقوم بممارسة مهامها، وإتاحة الفرصة له لتحقيق التنمية الذاتية لديه، وتمكينه من إدخال تحسينات مستمرة على عمله أو وظيفته. إذاً يقوم هذا المدخل على فلسفة جعل خصائص الأعمال والوظائف توفر لشاغليها وممارسيها الانسجام والاندماج فيها وتكون محببة إلى نفوسهم، في مسعى لرفع روحهم المعنوية ومقدرتهم على العمل في الوقت نفسه، أي التركيز على الجانب المعنوي والمادي في أداء الأعمال، من أجل خلق الدافعية للعمل بجد ونشاط وفاعلية.

ويمكننا تحديد أبعاد مدخل إغناء الأعمال والوظائف بالآتي: (2)

* تعميق مهام الأعمال والوظائف عن طريق تنويعها وجعلها أكثر صعوبة، من أجل خلق عنصر الاثارة والتحدي في ممارستها، وإكساب شاغليها مهارات متنوعة.

* تعميق وتوسيع نطاق مسؤولية الأعمال والوظائف، عن طريق سحب بعض صلاحيات المشرف المباشر وإسنادها الى شاغلي الوظائف والأعمال التابعين له، وبموجب ذلك يكون بإمكانهم أن يخططوا ويجدولوا مهامهم المكلفين بها، مما يشعرهم بالحرية والمرونة في ممارسة أعمالهم، ويكونوا اكثر جدية ورغبة في العمل.

* توفير مناخ مادي واجتماعي إيجابي في مكان العمل، لتمكين الافراد من ممارسة أعمالهم بفاعلية.

* توفير التعلم والتدريب المستمرين خلال العمل، لاكساب شاغلي الوظائف والاعمال مهارات متعددة ومتجددة باستمرار.

* توفير تغذية عكسية لشاغلي الأعمال والوظائف عن نتائج ممارساتهم وبشكل مستمر، ليعرفوا جوانب الضعف والقوة في أداءهم، في مسعى لتطوير أداءهم الذاتي.

(2) سنعمل فيما بعد الى تفصيل هذه الابعاد في نموذج توضيحي لاثنين من الباحثين.

* توفير درجة من الاستقلالية في ممارسة الأعمال والوظائف مـن أجـل إتاحـة الفرصـة لممارسيها للإبـداع والابتكار وتحسين أدائهم، وهذا يتطلب إعطاءهم درجة من الرقابة الذاتية على أعمالهم.

ومن أجل تحقيق الأبعاد السابقة الذكر، فقـد اعتمـد مـدخل إغنـاء العمـل عـلى السبـل التاليـة الذكر:

* جعل التحفيز جماعياً يركز على الجانب المعنوي كثيراً، من أجل تلبية الحاجات النفسـية والمعنويـة لـدى الأفراد، كالاحترام، وتقدير الذات، وتنمية الاحساس بالمسؤولية .. الخ.

* التركيز على مسـألة تفـويض السـلطة، لتـوفير الحريـة والمرونـة والاسـتقلالية في العمـل، وتمكين مـمارسي الأعمال من تطوير أدائهم الذاتي.

* الاعتماد على الرقابة غير المباشرة من قبل الرؤساء على مرؤوسيهم .

* تجميع المهام بدلاً من تفتيها، أي الاعتماد على التخصص الواسع وليس الضيق، لاشعار الأفـراد بـأهميتهم وأنهم ينجزون شيئاً له أهمية.

* تقليل عدد الوظائف الاشرافية والرقابية، من أجل إعطاء الحرية في ممارسة الاعمال والوظائف وذلك مـن خلال تفويض السلطة.

بعد استعراضنا لمضمون وأبعاد مدخل إغناء الأعمال والوظائف، نعرض للقارئ نموذجاً توضيحياً عن هذا المدخل وضعه كل من OLDMAN و HACKMAN سنة 1985 ، حيث اشتمل نموذجهما عـلى خمسـة قواعد أساسية، يمكن من خلالها إغناء وإثراء الأعمال وتحقيق الرغبة والروح المعنوية والدافعية والاثـارة في ممارسة الأعمال والوظائف، وفيما يلي هذه القواعد (المبادئ) الخمس:

تحديد هوية العمل او الوظيفة ومضمونها JOB (TASK) IDENTIFY :

على التصميم أن يحدد المكونات (الأجزاء، المراحل، الخطوات) التي يتكـون منهـا العمـل الواحـد وطريقة تنفيذه من بدايته وحتى نهايته، أي يوضح ما يجب القيام به من الفرد أو الأفـراد لانجـازه بشـكل كامل.

تنوع المهارات SKILL VARIETY :

يتوجب على التصميم أن يحدد عدد ونوع المهارات المطلوبة من الفرد أو الأفراد الـذي / الـذين سيؤدون العمل، وبشكل يتيح العمل لممارسيه استخدام هذه المهارات المتنوعـة، في مسـعى لايجـاد عنصرـ الرغبة والاثارة في تنفيذ الاعمال.

دلالة أو أهمية العمل أو الوظيفة JOB (TASK) SIGNIFICANCE :

مطلوب من التصميم الجيد أن يجعل مضمون الأعمال والوظائف تـوفر لممارسيها درجـة مـن الاحساس بالاهمية، أي شعورهم بأنهم يؤدون عملاً له أهمية، وأنهم ينجزون شيئاً له قيمة، وبالتالي يرفض هذا النموذج جعل أداء الأعمال سهلاً بسيطاً روتينياً متكرراً، ويطلب جعـل الأعمـال مثـيرة تشـعر شـاغليها بالمسؤولية.

الاستقلالية AUTONOMY :

التصميم الناجح هو الذي يصمم مضمون الأعمال والوظائف بشكل تـوفر لمن يؤديها درجـة جيدة من الحرية والمرونة في أداء مهامها وتحمل مسـؤولياتها وممارسـة صـلاحياتها، بحيـث يـتمكن معـه ويعتمد على نفسه في تخطيط عمله وتنفيذه، وتفعيل مستوى الرقابة الذاتية لديه، وتحمل مسؤولية نتائج عمله. ولتحقيق ذلك يتطلب الأمر جعل رقابة رئيسه المباشر عليه رقابة غـير مباشرة، أي عـدم التـدخل في عمله في كل صغيرة وكبيرة، وجعل محاسبته ومساءلته في النهاية على قدر ما أنجزه ومدى تحقيقه للهـدف المطلوب من عمله.

التغذية العكسية FEEDBACK :

تصميم الأعمال والوظائف الجيد هو الذي يوفر لمن يؤديها معلومـات كافيـة عـن نتـائج أدائهـا، ليعرف ممارسوها جوانب الضعف في هذا الأداء وليعملوا على تلافيها في المرحلة القادمة، وجوانب القوة أو النجاح ليستفيدوا منها ويدعموها مستقبلاً.

في الأخير أشار هذا النموذج بـأن تصـميم الأعمـال والوظـائف الـذي تتـوفر فيـه هـذه القواعـد الخمس السابقة، لا شك أنها ستحدث دافعية ايجابية قوية لدى الأفراد، بسبب ما يحدثه مضمون أعمالهم من تفاعلات نفسية، وفسيولوجية مريحة، لكن درجة هذه التفاعلات والدافعية تتباين مـن شـخص لآخـر، فتكون هذه الدرجة عالية لدى الفرد الذي يمتلك مهارات متنوعة ويحب عنصر الاثارة والتحـدي في العمـل ويسعى لحمل المسؤولية، وستكون الدرجة منخفضة عندما يكون الفرد عكس ذلك.

في ختام عرض مدخل إغناء العمل يود المؤلف التعليق عليه بما يلي:

يعتبر مدخل إغناء العمل تحولاً هاماً في مجال تصميم الأعمال والوظائف، ذلك لأنه أنهى أستبدادية الرؤساء DESPOTISM فقد أخذ جزءاً من سلطاتهم وأعطاها لمرؤوسيهم، بشكل يمكن معه توفير درجة جيدة من الحرية والمرونة لهم في ممارسة مهامهم وتحمل مسؤولياتهم، فجعلهم يخططوا ويقرروا ما يحتاجه تنفيذ أعمالهم. لقد قيد هذا المدخل سلطة الرؤساء والمشرفين المباشرين وتحكمهم وسيطرتهم في كل صغيرة وكبيرة في عمل مرؤوسيهم، وأبعد عن الأفراد آلية العمل والضجر والملل، وزاد من رضاهم الوظيفي، وساهم في تحقيق الولاء والالتزام لدى منفذي الأعمال والوظائف في المنظمة، وفَعَّل من الرقابة الذاتية وتحمل المسؤولية، وجعل من رقابة المشرفين رقابة عن بُعد والتدخل عند الضرورة. لقد حقق هذا المدخل إنجازات كبيرة على صعيد دافعية العمل وانتاجيته في العديد من الشركات الأوروبية الغربية والأمريكية وكندا واستراليا.

مدخل الادارة بالأهداف :

الإدارة بالأهداف MANAGEMENT BY OBJECTIVES كفلسفة وأسلوب في تصميم الأعمال وتنفيذها، ركز على وضع أهداف متفق عليها بين الرؤساء ومرؤوسيهم، يتوجب على الأخيرين إنجازها خلال فترة زمنية محددة، عن طريق القيام بمجموعة من المهام المتفق عليها أيضاً بين الطرفين، حيث تعتبر هذه الأهداف بمثابة معايير تستخدم من أجل تقييم أداء المرؤوسين الممارسين للأعمال والوظائف التي يشرف عليها رؤساؤهم، وتعتبر هذه الأهداف القاعدة التي ترتكز عليها عملية تحفيز العاملين، وإشراف الرؤساء على جهود مرؤوسيهم وتوجيهها نحو تحقيقها.

من خلال التعريف السابق يمكننا القول بأن تصميم الأعمال والوظائف باستخدام فلسفة الإدارة بالأهداف، يرتكز على قيام الرئيس مع مرؤوسيه بتصميم مضمون أعمالهم التي سيؤدونها من أجل تحقيق أهداف الوحدة الإدارية التي يعملون فيها جميعا والنابعة من أهداف المنظمة الكلية، ثم توفير الحرية والمرونة والاستقلالية لهم أثناء تنفيذهم لأعمالهم وتحقيق ما هو مطلوب منهم. وفي نهاية الفترة الزمنية المتفق عليها، يقوم الطرفان (الرؤساء والمرؤوسون) بمراجعة الأداء وتقييمه، وتحديد مدى النجاح أو الإخفاق في تحقيق الأهداف المتفق عليها.

نخلص مما سبق الى نتيجة مفادها: إن تصميم الأعمال والوظائف مـن خـلال الإدارة بالأهـداف، يتم من خلال المشاركة بين الرؤساء والمرؤوسين، حيث يتفق الطرفان ويحددان ما يلي:

* هدف العمل الذي يتوجب إنجازه من قبل المرؤوس خلال فترة زمنية معينة.

* المهام التي يتوجب القيام بها من قبل المرؤوس لإنجاز الهدف المحدد له.

* جدولة تنفيذ المهام المكلف بها المرؤوس.

* أسلوب وطريقة أداء المرؤوس للمهام المناطة به.

* أسلوب وتفاصيل تقييم أداء المرؤوس لعمله.

ولتحقيق الأبعاد السابقة، يتوجب على تصميم العمل (من خلال الرؤسـاء المبـاشرين) أن يسـمح لشاغلي الأعمال والوظائف بما يلي:

- إدخال تحسينات على عملهم وأداءهم بما يخدم تحقيق الهدف المطلوب منهم.

- حرية التصرف والمرونة في تنفيذ مهامهم عن طريق تفويضهم لقدر كاف من السلطة، التـي تمكنهم مـن تحقيق الهدف.

- المشاركة في تخطيط، وتنظيم، ورقابة، وتقييم، عملهم مع رؤسائهم.

يتضح لنا في ختام هذا العرض الموجز لمدخل الإدارة في الأهداف في مجال تصميم الأعمـال أنـه يقوم على ركائز أساسية هي ما يلي:

* المشاركة.

* الاستقلالية في العمل.

* الاعتماد على الذات.

* الاشراف غير المباشر على أداء وتنفيذ الأعمال.

* رفع الروح المعنوية لدى منفذي الأعمال.

مدخل إعادة هيكلة خطوط الانتاج

طبق مدخل إعادة تنظيم خطوط الانتاج RE-ORGANIZATION OF ASSEMBLY LINE على نطاق واسع في منظمات الأعمال الصناعية في الولايات المتحدة الأمريكية، وألمانيا، والسويد، وكندا. ويعود السبب في استحداث هذا المدخل، الى تبني هذه المنظمات إستراتيجية تنويع منتجاتها، لتتمكن من خلال التنويع مواجهة ظروف المنافسة العالمية الشديدة، فهذه الاستراتيجية تساعدها على تلبية حاجات ومطالب شرائح أكبر من المستهلكين، والحصول على حصة سوقية أكبر. لقد استوجبت استراتيجية تنويع المنتجات من منظمات الأعمال الصناعية والخدمية، أن تعيد النظر في هيكلة عملياتها الانتاجية ووظائفها، بشكل يساعدها على تحقيق أهداف هذه الاستراتيجية. فاستراتيجية التنويع جعلت المنظمات ليست بحاجة لقوى عاملة غير ماهرة أو نصف ماهرة، بل جعلتها تحتاج إلى موارد بشرية ماهرة تمتلك مهارات عدة تمكنها من مزاولة عدد من الأعمال والمهام، ذلك لأن تنويع المنتجات يفرض عليها التنويع في أعمالها ووظائفها. كما أن هذه المنظمات لم تعد بحاجة إلى آلات متخصصة تؤدي عملاً إنتاجياً واحدا، فاستراتيجية تنويع المنتجات تحتاج إلى آلات وتجهيزات بإمكانها أداء عدة عمليات إنتاجية، وعليه فخط الإنتاج الواحد لم يعد ينتج سلعة واحدة، بل بإمكانه إنتاج تشكيلة واسعة بمقاسات وأحجام ومواصفات متنوعة، فكل عمل أو مرحلة إنتاجية أو آلة على خط الإنتاج، مطلوب منه/ منها أن يؤديا عدة مهام، وفي الوقت نفسه أصبحت الموارد البشرية التي تعمل على خط الانتاج لا تقوم بأداء عمل واحد فقط، بل تؤدي عدة أعمال أو مهام مختلفة تستوجب توفر عدة مهارات لديها، لتمكنها من خدمة تحقيق تنويع المنتجات.

إذاً يمكن القول: إن شعار مدخل تصميم الأعمال بموجب مدخل إعادة تنظيم خطوط الإنتاج هو المرونة في كل شيء داخل المنظمة، وقد وصفه بعضهم بمدخل التخصص المرن FLEXIBLE SPECIALIZATION APPROACH

وسنعمد فيما يلي إلى عرض الأسس التي يقوم عليها هذا المدخل :

1- توسيع نطاق التخصص في الآلات والتجهيزات، حيث يكون بإمكانها أداء عدة أعمال إنتاجية.

2- توسيع نطاق تخصص الموارد البشرية، بحيث يكون بإمكان الفرد أداء أعمال (مهام) متنوعة.

3- تسريع العمل ورفع إنتاجيته من خلال:

* الإعتماد على آلات ذاتية الحركة (تقنية عالية المستوى) .

* استخدام موارد بشرية ذات مهارة بشرية عالية المستوى وتمتلك عدة مهارات.

* إلغاء الأعمال غير المباشرة (أعمال التحضير) بالاعتماد على التقنية الذاتية.

* إعادة تنظيم (توزيع) الآلات وفق متطلبات العمل ومراحل الانتاج، وإلغاء التوزيع المتخصص الذي كان يجمع الآلات التي تؤدي عملاً واحداً في قسم أو مكان واحد مخصص لها.

* توفير المرونة في أداء وممارسة الأعمال.

4- تنفيذ مراحل العمل على خط الانتاج من خلال فرق عمل لتحقيق أسلوب جماعية العمل والتعاون، وضمن الفريق أو مرحلة الانتاج الواحدة، يكون بإمكان الفرد ممارسة عدة أعمال أو مهام، حيث يكون بإمكانه تبادل العمل مع زملاءه، مما يوفر لأعضاء الفريق الحرية والمرونة في ممارسة الأعمال.

الإتجاه المعاصر في هيكلة الأعمال والوظائف

أولاً: مدخل فريق العمل .

يعتبر هذا المدخل جزءاً أساسياً من النمط الياباني في تصميم الأعمال والوظائف، قامت الشركات الأوروبية والأمريكية باقتباسه وطبقته لديها، وقد دلت نتائج الدراسات الميدانية عن هذا المدخل، بأنه حقق إرتفاعاً كبيراً في الروح المعنوية لدى الموارد البشرية في العمل، وخلق دافعية ايجابية لديهم، وسرعة استجابتهم لكل جديد تدخله المنظمة لمكان العمل، وقد أصبح الآن جزءاً من الثقافة التنظيمية للمنظمات.

بموجب مدخل فريق العمل WORK TEAM DESIGN APPROACH يصمم تنفيذ الأعمال والوظائف على أساس جماعي من خلال فرق عمل أعضاؤها متجانسون، يرأس الفريق قائد هو عضو فيه مثله كمثل باقي الأعضاء يعمل جنباً

إلى جنب معهم، لكنه يتميز عنهم بخبرته ومهارته. يسند لكل فريق أداء عمل أو مهمة محددة، ويعطى صلاحية، ويحمل مسؤولية تصميم الإطار التفصيلي للمهمة أو العمل وتوزيع المهام على أعضاءه. وللفريق الحق أيضاً بتحديد أسلوب ضبط ورقابة سير العمل ذاتياً وجدولة توقيت تنفيذه. وتأخذ عملية أداء العمل ضمن الفريق طابع التحفيز الاجتماعي، بحيث يشجع كل عضو في الفريق الآخرين على العمل بجد، وتحقيق إنتاجية وجودة، ذلك لأن المسؤولية ضمن الفريق مسؤولية جماعية، بسبب أن اتخاذ القرارات داخله يأخذ شكل القرارات الجماعية التي يشارك فيها كافة أعضاء الفريق.

من خلال ما تقدم يهدف هذا المدخل إلى دمج عناصر أساسية مع بعضها في تنفيذ الأعمال، ليشكل منها نظاماً يساعد على تحقيق أداء عمل عالي المستوى HIGH PERFORMANCE WORK وهذه العناصر ما يلي:

* توفير الراحة النفسية للعاملين في مكان العمل أثناء ممارستهم لأعمالهم، من خلال توفير مناخ اجتماعي فيه روابط اجتماعية، وتنسيق، وتعاون.

* توفير تكنولوجيا عالية المستوى تساعد فرق العمل على أداء مهامها بكفاءة عالية.

* توفير مناخ وظروف عمل مادية (تهوية، إضاءة، حوافز مالية.. الخ) صحية مناسبة .

ويمكن تلخيص المرتكزات التي يقوم عليها مدخل فرق العمل في تصميم الأعمال بما يلي:

* لفريق العمل السلطة الكافية لتخطيط وتنظيم تنفيذ عمله والرقابة عليه، وتوزيع الأدوار على أعضاءه، بالطريقة التي يختارها ويراها مناسبة.

* يراعي الفريق عند توزيع مهامه على أعضاءه مدى ملاءمة المهمة للعضو وإمكاناته والخصائص التي يحملها، من أجل تمكينه من أداء الدور المكلف به بفاعلية.

* تحدد للفريق الوسائل التقنية التي سيستخدمها في إنجاز مهمته.

* يحمل الفريق مسؤولية كاملة جماعية عن إنجاز وتحقيق العمل المكلف به وتحقيق النتائج المطلوبة منه.

* الرقابة على أداء الفريق رقابة عن بُعد.

* يحاسب الفريق ويحفز على قدر ما حققه من نتائج.

* أسلوب تحفيز الفريق هو تحفيز جماعي وليس إفرادي أي قائم على أساس الجهد الجماعي.

* اتخاذ القرارات يأخذ الشكل الجماعي، فكافة أعضاء الفريق يسهمون في اتخاذ قراراته ويتحملون مسؤوليتها.

* تقليل عدد الوظائف ضمن الفريق الواحد، فشعار العمل فيه هو المرونة التي تسمح لأعضاءه بتبادل الأعمال بين بعضهم بعضاً.

* أعضاء الفريق يجب أن تتوفر فيهم مهارات متنوعة لممارسة عدة مهام فيه، فالتخصص الواسع هو المطلوب وليس التخصص الضيق.

* توفير المعلومات الكافية للفريق لتمكينه من أداء مهمته وإنجاز المطلوب منه في الوقت المحدد.

* قائد الفريق هو:

معلم، مدرب، ملهم روحي، خبير فني، مساند، منسق، مطور ومحسن للأداء، وهو قائد يتحلى بصفات القيادة الادارية، وبالتالي فهو ليس رئيساً بل قائداً يقود فريقه نحو تحقيق هدفه بفاعلية، عن طريق تحفيزه المستمر لأعضاء الفريق.

وليتمكن فريق العمل من أداء مهمته ودوره المكلف به يتطلب الأمر القيام بما يلي: [3]

* تعليم أعضاء الفريق مهارات متعددة لاتاحة الفرصة لهم أداء عدة مهام ضمن الفريق، وليتمكنوا من أن يحل الواحد مكان الآخر في عمله، ويقدم له العون والمساعدة.

* تعليم أعضاء الفريق كيف يحسنون أداءهم دون انتظار المختصين للقيام بذلك، فبهذه الصورة يتمكن أعضاء الفريق أن يقدموا الدعم لانفسهم والاعتماد على الذات.

* تعليم الفريق كيف يخطط وينظم تنفيذ عمله المكلف به.

* تعليم الفريق كيف يراقب عمله.

* تعليم الفريق كيف يقيم أداءه ويوفر لنفسه التغذية العكسية عن النتائج التي حققها.

(3) ROBERT LEVERIG, ONE HUNDERED BEST COMPANY TO WORK FOR, 2nd ed., RANDOM HOUSE , NEW YORK, 1992, P. 193.

وفيما يلي شكل يوضح نموذج شركة جنرال موتورز في مجال تصميم فرق العمل: [4]

شكل رقم (21)

نموذج تصميم فرق العمل في شركة جنرال موتورز الأمريكية *

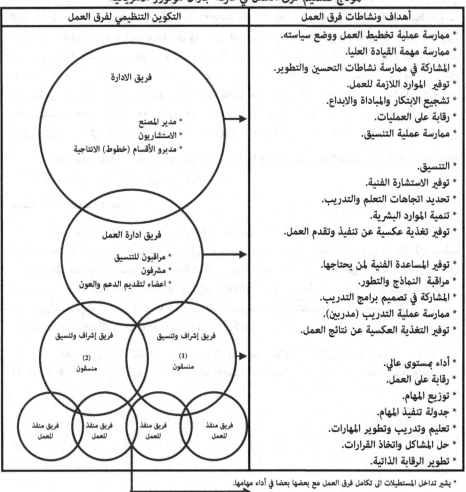

أهداف ونشاطات فرق العمل	التكوين التنظيمي لفرق العمل
* ممارسة عملية تخطيط العمل ووضع سياسته. * ممارسة مهمة القيادة العليا. * المشاركة في ممارسة نشاطات التحسين والتطوير. * توفير الموارد اللازمة للعمل. * تشجيع الابتكار والمباداة والابداع. * رقابة على العمليات. * ممارسة عملية التنسيق. * التنسيق. * توفير الاستشارة الفنية. * تحديد اتجاهات التعلم والتدريب. * تنمية الموارد البشرية. * توفير تغذية عكسية عن تنفيذ وتقدم العمل. * توفير المساعدة الفنية لمن يحتاجها. * مراقبة النماذج والتطور. * المشاركة في تصميم برامج التدريب. * ممارسة عملية التدريب (مدربين). * توفير التغذية العكسية عن نتائج العمل. * أداء بمستوى عالي. * رقابة على العمل. * توزيع المهام. * جدولة تنفيذ المهام. * تعليم وتدريب وتطوير المهارات. * حل المشاكل واتخاذ القرارات. * تطوير الرقابة الذاتية.	

فريق الادارة
* مدير المصنع
* الاستشاريون
* مديرو الأقسام (خطوط) الانتاجية
فريق ادارة العمل
* مراقبون للتنسيق
* مشرفون
* اعضاء لتقديم الدعم والعون
فريق إشراف وتنسيق
(2)
منسقون
فريق إشراف وتنسيق
(1)
منسقون
فريق منفذ للعمل
فريق منفذ للعمل
فريق منفذ للعمل
فريق منفذ للعمل

* يشير تداخل المستطيلات الى تكامل فرق العمل مع بعضها بعضا في أداء مهامها.

(4) مأخوذ من نموذج تصميم فريق العمل في مصانع شركة جنرال موتورز الأمريكية Ibid, P. 194.

ثانياً: مدخل إعادة هندسة الأعمال .

يقول كل من جيمس تشامبي JAMES CHAMPY ومايكل هامر MICKEL HAMMER الأبوان الروحيان لمدخل إعادة هندسة الأعمال BUSINESS RE- ENGNEERING فيما يخص العمل داخل المنظمات ما يلي: للأسف الشديد عندما تحدث مشاكل في مكان العمل داخل منظمة ما، يقوم المديرون والرؤساء فيها على الفور بإلقاء اللوم على مرؤوسيهم بأنهم هم السبب في حدوثها، دون أن يعلموا بأن معظم هذه المشاكل ناتجة عن عملية تصميم الأعمال والوظائف غير الناجحة فيها. فيتوجب على المديرين والرؤساء البحث عن مسببات هذه المشاكل، فيما اذا كانت ناتجة عن تصميم العمل غير السليم، فاذا كان التصميم هو السبب، يتوجب على المنظمة المبادرة فوراً إلى إعادة تصميم أعمالها من جديد، باستخدام مدخلهم الذي أسموه كما ذكرنا في البداية إعادة هندسة الأعمال، لجعلها أكثر إنتاجية وفعالية عن ذي قبل.

بعد هذه المقدمة لتشامبي وهامر عن مدخلهما في مجال تصميم الأعمال اللذان قدماه للعالم سنة 1993 نعرض أهم الأفكار التي تقدما بها آنذاك. [5]

ماهية إعادة هندسة الأعمال :

هي عملية إعادة تفكير جديد لإحداث تغييرات جذرية وليست اصلاحات وترميم تتعلق بأعمال المنظمة، بهدف تمكين هذه الأعمال من تحقيق النتائج المطلوبة منها، وذلك عن طريق إدخال تحسينات جوهرية على مضمونها وأسلوب تنفيذها في ظل معايير أساسية هي: تخفيض تكلفة الاداء والانجاز، تحقيق الجودة في الأداء، تحقيق السرعة في الإنجاز، وتأدية الخدمة المطلوبة منها. فإعادة هندسة الأعمال هي تغييرات جذرية أساسية RADICAL تدخل على تصميم وهيكلة أعمال المنظمة، لجعلها أكثر قدرة على التكيف مع متغيرات البيئة المتنوعة والمتسارعة في حركتها، لجعلها أكثر تجددا في مواجهة تحديات البيئة.

لقد سعى هذا المدخل الجديد في تصميم الأعمال، إلى جعل أعمال ووظائف المنظمة قادرة على خلق الإثارة، والدافعية، والحماسة، والشعور بالحرية والمرونة،

(5) (A) JAMES CHAMPY, BEYONED RE-ENGENEERING, HAPPER BUSINESS, NEW YORK, 1997 .
(B) JAMES CHAMPY, MICKEL HAMMER, MANAGEMENT, RE-ENGENEERING, MANDATED FOR NEW LEADERSHIP, HAPPER BUSINESS, NEW YORK, 1996.

وإمكانية تطوير الذات لدى شاغليها أثناء أدائهم لمهامها وتحمل مسؤولياتها وممارسة سلطاتها، واستخدام موارد المنظمة المادية أحسن استخدام. والى جانب ذلك يسعى هذا المدخل إلى إحداث التكامل الافقي والعمودي بين مهام الأعمال والوظائف التي تؤدى في المنظمة، لجعلها تعمل ككل واحد متكامل، يسعى جميعها الى تحقيق هدف المنظمة الكلي.

وتشتمل الفلسفة التي تقوم عليها إعادة هندسة الأعمال على النقاط الأساسية التالية:

إعادة هندسة الأعمال سلاح ضد هيراركية العمل والروتين وتدرج السلطة في المنظمات على إختلاف أنواعها، فهي ثورة على الماضي التقليدي، وتوجه لكل جديد ومتطور في أداء الأعمال داخل المنظمات، فإعادة الهندسة تنظر إلى العنصر البشري في العمل، على أنه أهم عناصر الإنتاج وأساس نجاح المنظمة، وتعتبره تكلفة متغيرة VARIBLE COST ، فكلما زاد الانفاق عليه نتوقع زيادة العائد منه على شكل إنتاجية وفاعلية تنظيمية، فالعنصر البشري المحفز جيداً من خلال عمله الذي يؤديه في المنظمة، يكون في نظرها قادراً على خدمة عملاء المنظمة بفاعلية ومن تلقاء نفسه، دون الحاجة للأمر والسلطة والمتابعة، كما كانت تفعل الإدارة التقليدية.

وتأخذ إعادة هندسة الأعمال في اعتبارها، تحول علاقة المنظمة بعملاءها من علاقة ديكتاتورية المنتج إلى ديمقراطية هذه العلاقة. ففي السابق كلنا يعرف بأن المنتج كان سيد السوق بسبب قلة المنافسة، فهو الذي يقرر كل شيء فيما يتعلق بتقديمه للسلع والخدمات للمستهلكين، أما اليوم فبسبب المنافسة الشديدة التي أحدثتها التجارة العالمية الحرة في الأسواق، وتطور تقنيات الأعمال المذهلة التي أغرقت الأسواق بكم هائل من السلع والخدمات، أصبح العرض أكبر من الطلب في السوق، مما أدى إلى إندفاع المنظمات لإرضاء المستهلك بكافة السبل والوسائل، لكسب حصة سوقية أكبر، وهذا الوضع أدى إلى تحول علاقة المنظمات الديكتاتورية بالمستهلك إلى علاقة ديموقراطية، تسعى إلى معرفة ما يرضيه، للعمل على تحقيقه. في ظل هذه العلاقة الجديدة صارت إدارة العمل في المنظمات صعبة تحتاج إلى تغييرات مستمرة على أعمال المنظمات كل فترة لتتعايش وتلبي حاجات عملاءها ورغباتهم المتغيرة والمتنوعة، وكان الحل هو تبني مدخل إعادة هندسة الأعمال، لتجديد أعمال المنظمة بشكل دائم ومستمر، فخوف المنظمات الآن ليس من مسألة التعامل مع مواردها البشرية، بل من عملاءها ذوي الحاجات المتغيرة والمتنوعة. لذلك يتوجب على المنظمة تكييف استراتيجيتها باستمرار مع متطلبات عملائها، وهذا يفرض على إعادة هندسة الأعمال فيها أن تأخذ هذه الناحية في اعتبارها،

بحيث تعمل إعادة تصميم أعمال المنظمة على جعل أدائها التنظيمي منسجماً ومتوافقاً مع أهداف ومتطلبات هذه الاستراتيجية.

ونعرض فيما يلي جدولاً يوضح الخصائص والمتغيرات التي تتعامل معها إعادة هندسة الأعمال، مقارنة بالنمط التقليدي في تصميم الأعمال في المنظمات.

جدول رقم (1)

مقارنة بين الخصائص والمتغيرات التي كان يتعامل معها النمط التقليدي في تصميم الأعمال مع نمط إعادة هندسة الأعمال

الخصائص والمتغيرات	النمط التقليدي	نمط إعادة هندسة الأعمال
السوق	محلي	عالمي
وسيلة المنافسة	تخفيض التكلفة لتخفيض السعر	الجودة، التجديد، السرعة
أهم الموارد	رأس المال	العنصر البشري والتكنولوجيا
النظرة الى الجودة	إصلاح وتطوير	تجديد وابتكار ولا مجال للاصلاح والترميم
الهدف	تحقيق الربح بأية وسيلة	تحقيق الربح من خلال رضى المستهلك
تصميم هيكل المنظمة التنظيمي	عمودي	أفقي منبسط ومتكامل
الرقابة	مركزية خارجية	لا مركزية وذاتية
القيادة	ديكتاتورية	ديموقراطية ومشاركة
مرونة العمل	ضعيفة	عالية المستوى
الاتصالات	عمودية	عمودية وأفقية
أسلوب العمل	فردي	جماعي فرق عمل
طبيعة العمل	روتيني متكرر	إثارة وتحدي
التخصص	ضيق	واسع

المرتكزات الأساسية التي تقوم عليها إعادة هندسة الأعمال :

تقوم إعادة هندسة الأعمال أحد أحدث مداخل تصميم العمل في المنظمات الحديثة اليوم على مجموعة من القواعد والمبادئ نوجزها فيما يلي:

1- تصميم الهيكل التنظيمي من جديد :

تسعى إعادة هندسة الأعمال إلى إعادة تصميم الهيكل التنظيمي لتحويله من هيكله العمودي الى هيكل أفقي منسبط من أجل تفعيل عملية التنسيق بين أعمال المنظمة، وتقصير خطوط الاتصال فيها، وتسريع نقل المعلومات والآراء والأوامر.. الخ عبر المستويات التي يشتمل عليها هيكل المنظمة التنظيمي.

2- تصميم مضمون الأعمال والوظائف من جديد :

تعمل إعادة هندسة الأعمال على إعادة تصميم أدوار الوظائف والأعمال (مهامها، مسؤولياتها، صلاحياتها) وتحويلها من أدوار فردية إلى أدوار جماعية على شكل فرق عمل، وإتاحة الفرصة لأعضائها أن يمارسوا عدة أعمال أو مهام ضمنها بحرية ومرونة واستقلالية، وأن يجدوا متسعاً من الوقت لتطوير أداءهم الذاتي.

3- تصميم السلطة من جديد :

تؤكد إعادة هندسة الأعمال على ضرورة تفويض فرق العمل سلطة كافية لتمارس أعمالها بحرية ومرونة كبيرتين، وهذا يستوجب بالضرورة دفع تفويض السلطة واتخاذ القرارات من أعلى الهرم التنظيمي الى قاعدته، والتركيز على الإدارة المباشرة وقاعدة هذا الهرم BOTTOM LINE التي فيها تنفيذ الأعمال، وهي خط المجابهة الأول FRONT LINE ، فتبني هذا الاتجاه في لامركزية السلطة، يساعد على تحقيق جودة الأداء وسرعته، وتوفير الحرية والمرونة في تنفيذ الأعمال داخل المنظمة.

4- تصميم دور الإدارة الوسطى من جديد:

تطلب إعادة هندسة الأعمال تقليص عدد وظائف الإدارة الوسطى لجعل الهيكل التنظيمي منبسطاً وليس طويلاً، وتغيير نمط إشرافها ورقابتها التقليدي، وجعله رقابة عن بعد والتدخل عند اللزوم، لاتاحة الفرصة للإدارة المباشرة التي هي على تماس مع قاعدة الهرم التنظيمي، أن تعمل بحرية ومرونة.

5- تصميم أسلوب التحفيز من جديد :

تطالب إعادة هندسة الأعمال بتغيير نمط التحفيز الإنساني من فردي الى جماعي، لأن تصميم الأدوار وأسلوب تنفيذها أصبح على شكل فرق عمل مدارة ذاتياً، وبالتالي تعطى الحوافز على أساس ما ينجزه فريق العمل بكامل أعضائه وليس العضو الواحد.

6- تصميم معايير الأداء من جديد :

تؤكد إعادة هندسة الأعمال على ضرورة جعل تقييم أداء الموارد البشرية في العمل قائماً على أساس ما يحققه فريق العمل من قيمة مضافة إجمالية للمنظمة، وهذا يستدعى تبني المعايير التالية:

* زمن إنجاز العمل.

* سرعة الأداء.

* تكلفة الأداء.

* جودة الأداء وكميته.

* تحقيق الهدف، وهو تحقيق الرضى لدى عملاء المنظمة.

7- إدخال تكنولوجيا المعلومات على العمل:

تؤكد إعادة هندسة الأعمال على ضرورة إدخال تكنولوجيا المعلومات على أعمال المنظمة ووظائفها، لجعل تنفيذها محوسباً، والمساعدة على تحقيق معدلات أداء عالية: السرعة، الدقة، الجودة، قلة التكلفة.

8- تصميم العمليات من جديد :

تطالب إعادة هندسة الأعمال بتصميم مراحل وخطوات تنفيذ الأعمال من بدايتها وحتى نهايتها من جديد وفق المبادئ التالية:

* دمج المهام الفرعية المتكاملة في مهمة واحدة.

* تصميم العملية الواحدة بشكل يكون بامكانها أداء اكثر من عمل واحد.

* إلغاء عمليات التدقيق والمراجعة اللا لزوم لها.

* عدم التقيد بالتصميم القديم للعملية، فإعادة الهندسة تعني الكتابة من جديد وفي ورقة بيضاء.

* لا مجال للإصلاح والترميم، فإعادة الهندسة هي عملية تجديد وليس إصلاح وترميم لما كان معمول به سابقاً.

* مراعاة تخفيض التكلفة لأدنى حد ممكن.

* مراعاة تحقيق جودة الأداء بين مراحل تنفيذ العملية ، مما يجعل مسؤولية تحقيق الجودة مسؤولية كل من يعمل وينفذ العملية. ويستخدم لهذا الغرض أسلوباً يدعى باسلوب تحليل وتقييم العملية الذي سنشرحه بعد قليل.

8- تبني مفهوم قيادي جديد :

تؤكد إعادة هندسة الأعمال على ضرورة تبني القيادات الإدارية في المنظمة مبدأ "حب التجديد والتغيير والخوف منه بآن واحد" فحب التجديد لوحده لا يفي بالغرض، إذ يتطلب الخوف منه من قبل القادة، فالخوف قوة تجعلهم حذرين ومندفعين بعقلانية، مما يجعلهم أكثر فاعلية في إدخال التغييرات الجذرية التي تتطلبها عملية إعادة الهندسة. وهنا يستوجب من القادة الاقتناع بعدم الخوف من الفشل، لأن سيطرة هذا الخوف يجعلهم لا يحبون ولا يقدمون على إحداث التغييرات المطلوبة في الأعمال، وبالتالي تطلب إعادة هندسة الأعمال قادة يحبون التحدي والتغيير، حذرين منه، لكن لا يخافون من الفشل.

9- تقييم إنسياب العمل كأسلوب لإعادة هندسة العمليات :

يستخدم مدخل إعادة هندسة الأعمال من أجل إعادة تصميم العمليات التي تؤدى في المنظمات أسلوباً يدعى "تقييم إنسياب (تدفق) العمل ASSESSING WORK FLOW " الذي يعتمد على مفهوم القيمة المضافة ADD VALUE ، الذي بموجبه يقيم أداء المراحل أو الخطوات التي تتكون منها العملية الواحدة من بدايتها وحتى نهايتها (التي هي في العادة متسلسلة ومترابطة ويؤديها إما فرد أو فريق عمل) على أساس ما تقدمه مراحل أو خطوات العملية الواحدة لبعضها بعضاً من أداء وخدمة ذات جودة عالية، حيث إذا ما أريد إنجاز العملية بانتاجية عالية وتحقيق قيمة مضافة من ورائها، يتوجب أن تؤدي كل مرحلة أو خطوة (ضمن العملية الواحدة) المطلوب منها بمستوى عالي من الجودة والانتاجية، لتمكن المرحلة اللاحقة لها من تأدية ما هو مطلوب منها كذلك للمرحلة التي تليها، وبالتالي فالمرحلة أو الخطوة التي تنجز المطلوب منها بكفاءة وجودة عالية إذاً تكون قد حققت للمرحلة التالية القيمة المضافة التي تنتظرها منها. وبالتالي يمكن القول أن هذا الأسلوب يقيم مستوى الأداء والجودة والابداع والتحسين الذي تحققه مراحل أو خطوات العملية لبعضها بعضاً، وذلك من أجل تحقيق هدف العملية وهو القيمة المضافة التي تقدمها للمنظمة.

وبالنتيجة نجد أن تقييم إنسياب العمل ضمن العملية يلغي كل مرحلة أو خطوة لا تقدم قيمـة مضافة للمرحلة أو الخطوة التي تليها، والمرحلة التي تحقق قيمة مضافة لكـن لـيس كـمـا هـو مطلوب او بمستوى منخفض، يجري إعادة تصميم مضمونها من جديد لرفع مستوى أدائها.

ونود الإشارة في هذا المقام إلى أن أسلوب تقييم إنسياب أو تدفق العمل بالإمكان تطبيقـه عـلى مستوى العملية الواحدة بكامل خطواتها، أو على مستوى المرحلة أو الخطوة الواحدة التي يؤديها إما فرد أو فريق عمل. فعلى سبيل المثال، اذا أظهر التقييم بأن فرداً واحداً يؤدي خطوة تتكون مـن خمـس مهـام جزئية فرعية وأن المهمة الثالثة لديه لا تعطي قيمة مضافة للمهمة الرابعة، تحذف هذه الخطوة الثالثـة على الفور.

ثالثاً: مدخل إدارة الجودة الشاملة .

إدارة الجودة الشاملة TQM فلسفة إدارية معاصرة تأخذ شكل نهج أو نظام إداري شـامل، قـائـم على أساس إحداث تغييرات ايجابية جذرية لكل شيء داخل المنظمة، بحيث تشمل هذه التغـيرات: الفكـر، القيم، المعتقدات التنظيمية، المفاهيم الادارية، نمط القيادة الادارية، الاعمال والوظائف، إجراءات وطرق العمل.. الخ وذلك من أجل تحسين كل مكونات المنظمة، للوصـول إلى أعـلى جـودة في مخرجاتهـا (سـلع، خدمات) وبأقل تكلفة، بهدف تحقيق الرضا العالي والسعادة لـدى زبائنها. ولتحقيق ذلك تسعى إدارة الجودة الشاملة تحت مظلة الجهود المتضافرة لجميع من يعمل في المنظمة، الى ترسيخ العمل الجماعي التعاوني المنسق، وتفجير الطاقات، والامكانات، والقـدرات الموجـودة لـدى المـوارد البشرية التي تعمـل في المنظمة، واستغلالها بشكل حسن، وتطويرها بشكل مستمر لتحقيق أعـلى مستوى جـودة في أداء الأعمال [6]. ونعرض فيما يلي أهم أبعاد تصميم الأعمال في ظل منهجية إدارة الجودة الشاملة:

* تحقيق التميز في كل شيء داخل المنظمة، عـن طـرق إدخـال تحسينات مستمرة عـلى جميع مكونـات الاعمال التي تؤدى فيها.

* التأكيد على أن تحقيق جودة العمل هي مسؤولية كل من يعمل في المنظمة.

(6) عمر وصفي عقيلي، المنهجية المتكاملة لادارة الجودة الشاملة، مرجع سبق ذكره، ص 31.

* جودة الأعمال الكلية في المنظمة هي وسيلة لارضاء عملائها، الذين يتوقف عليهم بقاء المنظمة واستمراريتها في السوق، فالجودة سلاح تغزو به المنظمة الأسواق وتحقق فيه الانتصار على المنافسين.

ولتحقيق الأبعاد السابقة تعمل إدارة الجودة الشاملة على تصميم الأعمال بصورة أو إطار يتوفر فيه ما يلي:

* تحدد أهداف الأعمال والوظائف بما ينسجم مع رسالة المنظمة واستراتيجيتها.
* تكون ممارسة الأعمال والوظائف وفق ثقافة تنظيمية خاصة بالمنظمة ومحددة بشكل مسبق، لتوحيد سلوكيات ممارسيها.
* توجيه أداء جميع الأعمال والوظائف نحو تحقيق الرضا لدى زبائن المنظمة فرضاهم مسؤولية الجميع.
* تصميم أسلوب تنفيذ الأعمال على شكل فرق عمل مدارة ذاتيا من قبل أعضائها.
* توفير جو ومناخ عمل ديمقراطي داخل فرق العمل.
* ايجاد مرونة وحرية واستقلالية لفرق العمل في أداء مهامها.
* تصميم العمل ضمن الفريق بشكل يتيح لأعضائه اكتساب مهارات متعددة.
* جعل عملية التعلم والتدريب مستمرة وجزءاً من مكونات الأعمال، من أجل تحقيق التحسين المستمر للأداء.
* الابتكار والتجديد جزءاً أساسياً من مكونات جميع أعمال المنظمة.

يتضح مما تقدم، بأن منهجية إعادة هندسة الأعمال تتقارب مفاهيمها كثيراً من مفاهيم إدارة الجودة الشاملة في مجال تصميم الأعمال والوظائف، ويمكن اعتبار الأولى ركنا وجزءاً أساسيا من الثانية، ذلك لأن الأخيرة أكثر شمولاً من الأولى.

رابعاً: النمط الياباني .

يعد النمط الياباني JAPANEESE STYLE JOB DESIGN من أحدث مداخل تصميم الأعمال، وقد انتشر استخدامه كثيراً في منظمات الأعمال البريطانية والامريكية في التسعينات من القرن الماضي.

يقوم هذا المدخل على ركائز أساسية أربعة وهي ما يلي:

أساليب التصنيع MANUFACTURING TECHNIQUES :

وتتكون من ثلاثة أساليب هي ما يلي:

1- ترتيب الآلات في مجموعات على شكل حرف (U) على خط الانتاج:

يطلق على هذا الأسلوب مصطلح CELLULAR TECHNOLOGY ويرمـز لـه بـ (CT) فقـد صـمم اليابانيون بموجب هذا الأسلوب مراحل العملية الانتاجية جميعها على خط الانتاج عـلى شـكل حـرف (U) ، حيث رتبت مجموعة آلات كل مرحلة على شكل هذا الحرف، حيث تدخل السلعة تحت الصنع من طرف وتخرج من الطرف الآخر بانسيابية على النحو التالي:

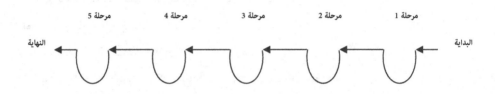

بموجب هذا الترتيب تعتبر كل مرحلة مسؤولة عن إنجاز جزء من العملية الانتاجيـة (أو تصـنيع المنتج) ويؤديها فريق عمل واحد. إن تصميم مراحل العمليـة الانتاجيـة بهـذا الشـكل وترتيب آلات كـل مرحلة على شكل (U) ، يجعل العمل مرنـاً وينسـاب من آلة لآلة ومن مرحلة لأخرى بشـكل مـريح، ويسـهل انتقال العمال ومشرفيهم في المرحلة الواحدة بمرونة وسهولة أيضاً.

ونود الإشارة في هذا المقام الى أن اليابانيين راعوا مبدأ التخصص الضيق والعام في الوقت نفسه في أداء كل مرحلة إنتاجية، فضمن المرحلة الواحدة التي يؤديها فريق عمل واحد، يؤدي كل عامل عمله عـلى آلة معينة، حيث يكون لديه مهارة وامكانية أداء جميع العمليات الانتاجية التـي تؤديهـا الآلـة، ذلـك لأن الآلة الواحدة تؤدي عدة أعمال إنتاجية وليس عمـلاً واحـداً. امـا المشرفون عـلى فرق العمـل، فيجب أن يكونوا مـن ذوي المهـارات المتعـددة MULTISKILLED ليتمكنـوا مـن العمـل عـلى أيـة آلة ضـمن المرحلـة الإنتاجية الواحدة التي ينفذها فريق العمل، وقد أطلق عليهم مصطلحاً انجليزياً هـو GENERALIZED SKILLED FORMAN المشرف ذو التخصص العام والواسع.

2- أسلوب مرونة رقابة الجودة QUALITY CONTROL FLEXIBILITY :

طبق اليابانيون في مجال تصميم الأعمال نهج الرقابة الشاملة على الجودة TOTAL QUALITY CONTROL (TQC) من أجل توفير المرونة في عملية الرقابة. وتحقيقاً لهذه الغاية وضعوا معايير جودة خاصة بكل مرحلة إنتاجية أو عمل، ومعايير خاصة بكل آلة وكل عامل، وجعلوا مسؤولية تحقيق الجودة مسؤولية الجميع أي كل من يعمل في المنظمة رؤساء ومرؤوسين، وسمحوا للجميع في ضوء نتائج الرقابة على الجودة، إدخال التحسينات التي يرونها مناسبة في مجال العمل الذي يؤدونه، وذلك من أجل وضع وتحسين جودة المنتج بشكل مستمر، وقد سموا هذه العملية بالتحسين المستمر للجودة CONTIUOUS QUALITY IMPROVEMENT هذا التوجه الى جانب تحقيقه للتحسين المستمر للجودة، فقد قلل من عدد مفتشي الجودة، وجعل أخطاء الانتاج قليلة جداً، حتى أن بعض المنظمات اليابانية سعت الى تحقيق مبدأ ZERO DEFECT أي لا أخطاء في الانتاج، فالرقابة الشاملة والمرنة على الجودة، قللت من التكاليف بوجه عام، وذلك من خلال الاقلال من تكلفة مفتشي الرقابة، وتكلفة أخطاء الانتاج، مما ساعد اليابانيين على تقديم سلع بجودة عالية وسعر مناسب للمستهلك، تمكنوا من منافسة أسواق العالم.

3- أسلوب في الوقت المحدد JUST IN TIME (JIT) :

يهدف هذا الأسلوب إلى تقليل الهدر والضياع الانتاجي MINIMUM WAST PRODUCTION لحده الأدنى، وبالتالي فهو يسعى الى تصميم العمليات الانتاجية والعمل كله بكافة مراحله بشكل تنتهي في الوقت المطلوب والمحدد لها، وأن يتم توفير مستلزمات العمل بالكميات المحددة دون زيادة أو نقص، واستخدامها في الوقت المحدد أيضا، وذلك في مسعى للقضاء على تكلفة التخزين التي تشتمل على تكاليف تلف وضياع وبوار المواد.

في ضوء ذلك يمكن القول بأن أسلوب (JIT) يعمل على توفير مستلزمات العمل اللازمة لمراحل العمل بالكمية والجودة المحددة، وفي الوقت المحدد المطلوب. بهذه الصورة تمكن اليابانيون من أن يصمموا العمل بشكل يصلوا فيه إلى نقطة الصفر في تكلفة التخزين المتمثلة بالبوار والضياع والهدر والتالف.. الخ، ذلك لأن مستلزمات العمل تستخدم فوراً دون أن يخزن منها إلا الشيء القليل لضرورات معينة. بهذا الشكل يكون مستوى الفاقد والهدر.. الخ عند حده الأدنى.

لقد بلغت حسابات الوقت من الدقة لدى اليابانيين في هذا الأسلوب بشكل يلفت الأنظار، فقد سعوا إلى عدم تخزين مستلزمات الانتاج، وعدم تخزين المنتج تحت الصنع بين مراحل العملية الانتاجية ولا ساعة، وعمدوا إلى استخدام كميات قليلة من المواد، وإنتاج كميات محدودة في مراحل تصنيع المنتج، والغاية من ذلك

فحص الكميات بسهولة وسرعة ودقة، واكتشاف العيوب بسرعة ودقة أيضاً، مما يحقق مستوى جودة عالي في المنتجات.

العلاقات الاعتمادية DEPENDENCY RELATIONSHIP:

في ضوء ما تقدم، وجد اليابانيون أن تطبيق أساليب التصنيع التي صمموها يحتاج إلى ايجاد علاقات تبادلية إعتمادية (او باتجاهين) وذلك في المجالات الاساسية التالية:

1- تحقيق علاقات اعتمادية مع الموردين:

SUPPLIERS DEPENDENCY RELATIONSHIP

ويقصد بذلك أن يكون للمنظمة سيطرة عالية المستوى على مصادر تمويلها الخارجية بمستلزمات وإحتياجات العمل، وذلك عن طريق وضع وتنفيذ سياسة تعامل ايجابية معهم، تهدف الى تنمية العلاقات الحسنة والودية بهم، وتقديم كل أنواع الدعم والمساندة لهم، ليلبوا مطالبها، ويقفوا بجانبها، ويكون لديهم ولاء لها. ويمكن تلخيص مكونات سياسة التعامل مع الموردين بما يلي:

* تخطيط التعامل معهم لأجل طويل.

* زرع مستوى عالي من الثقة لديهم بالمنظمة.

* التوجه لاحتكار شراء منتجاتهم كلها لصالح المنظمة.

* دعمهم مالياً وفنياً لتوفير مستلزمات العمل بالكميات والجودة المحددة والزمن المحدد.

وقد لجأت بعض الشركات اليابانية لخدمة هذه العلاقات إلى تطبيق أسلوب المنظمة الأم ORGANIZATION MOTHER ، الذي بموجبه تقوم شركة كبيرة بتمويل عدد من الشركات الصغيرة بالأموال والخبرة الفنية، لتنتج لها احتياجاتها من المواد والمستلزمات بالكمية المحددة والوقت المحدد، وبشكل يكون إنتاج هذه الشركات الصغيرة حكراً للشركة الأم، فبهذه الصورة تكون الشركة الأم الكبيرة قد سيطرت على مصادر تمويلها الخارجية من مواد ومستلزمات العمل.

2- تحقيق علاقات إعتمادية مع العاملين:

EMPLOYEES DEPENDENCY RELATIONSHIP

تشتمل هذه العلاقات على وضع سياسة إيجابية للتعامل مع الموارد البشرية في المنظمة لها الأبعاد التالية:

* توظيف موارد بشرية منتقاة بشكل جيد، وفق المهارات المطلوبة.

* تأهيل وتدريب وتنمية الموارد البشرية بشكل مستمر.

* وضع سياسة تعويضات موضوعية وعادلة تلبي حاجات الموارد البشرية.

* وضع سياسة تحفيز معنوي مناسبة،من أجل دمج العاملين في العمل وفي المنظمة، بالاعتماد على مشاركة عميقة في اتخاذ القرارات، وتوفير حرية ومرونة في العمل، وجعل أسلوب العمل جماعياً (فرق عمل)

* إقامة علاقات جيدة مع النقابة

3- تحقيق علاقات اعتمادية بين العاملين ضمن مراحل العمل:

INTERNAL CUSTOMER RELATIONSHIP

ويطلق عليها مصطلح رضا الزبون الداخلي، حيث تقوم العلاقة التبادلية والاعتمادية بين العاملين بعضهم مع بعض على أساس تبني مفهوم سلسلة الجودة ورضى المستهلك الداخلي، فهذه العلاقة قائمة على أساس مستهلك ومورد داخلي، فالجهة التي تنفذ خطوة أو مرحلة من العمل الكلي (التي إما أن تكون وحدة إدارية أو فرداً) هي مستهلكة لما أنتجته المرحلة السابقة، وفي الوقت نفسه منتجة وممولة لما سوف تستخدمه المرحلة التالية في عملها. بهذه الصورة يكون قد تحققت علاقات تكاملية بين العاملين في مراحل أو خطوات تنفيذ الأعمال، فهذه العلاقات يؤثر مستوى جودة كل مرحلة أو خطوة في مستوى أداء وجودة المرحلة التالية، فكل مرحلة (فرق أو فريق) تتوقع أن تمول بمنتج عالي الجودة ليسهل من عملهما، لتتمكن من أن تقدم منتجاً عالي المستوى للآخرين في الخطوة او المرحلة التالية لتسهل عملها، وهكذا حتى آخر مرحلة من مراحل العمل الواحد. الى جانب ذلك يسعى النمط الياباني في تصميم العمل الى توسيع العلاقات الاجتماعية بين العاملين أثناء العمل لأقصى حد ممكن، لتوطيد العلاقة بينهم، وجعلهم يشعرون بأنهم عائلة وعشيرة واحدة.

موفقات MODIFICATIONS :

تعبر الموفقات عن منهجية الادارة التي سوف تستخدمها المنظمة في إدارة أعمالها التي أسماها اليابانيون MANAGEMENT IDEOLOGY وهذه الموفقات تعتبر البعد الثالث في نظام تصميم الأعمال الياباني وتشتمل الموفقات على الجوانب التالية:

* المنظمة ككل وجميع الأعمال والوظائف الموجودة فيها أنظمة متكاملة مع بعضها، يسودها جو عالي المستوى من التعاون والتنسيق.

* تصمم الأعمال والوظائف وتنفذ في ظل وجود ثقافة تنظيمية تشتمل على قيم وقواعد سلوكية يلتزم بها العاملون اثناء تأديتها.

* يعتمد نجاح المنظمة في تحقيق الجودة التي يرضى عنها العملاء على رضى الموارد البشرية التي تعمل فيها.

* دعم كبير للرقابة الذاتية على الأداء.

* الاعتماد على أسلوب فرق العمل في تنفيذ الأعمال والمهمات لتحقيق التعاون والتفاعل الاجتماعي بين العاملين، وقد أطلق المصطلح التالي على هذا النمط وهو: التنظيم الاجتماعي للعمل SOCIAL ORGANIZATION OF WORK .

النتائج OUTCOMES :

تمثل النتائج الأهداف التي يسعى النمط الياباني الى تحقيقها في مجال تصميم الأعمال، وهي البعد الرابع التي يتكون منه هذا النمط، وتتمثل هذه النتائج بما يلي:

* مرونة قوة العمل WORKFORCE FLEXIBILITY :

وتعني إكساب الموارد البشرية في العمل مهارات متنوعة لتأدية أعمال متعددة .

* مرونة العمل WORK FLEXIBILITY :

وتعني توفير وإتاحة الفرصة للعاملين بأن يعملوا في عدة وظائف أو مهام، بشكل يؤدي ذلك الى تمكينهم من استخدام عدة مهارات.

* تخفيض الضياع والفاقد الى أدنى حد MINIMUN WASTE :

وتعني تخفيض التكاليف عن طريق جعل الفاقد في الموارد عند حده الأدنى.

* الجودة QUALITY :

تحقيق أعلى جودة ممكنة والوصول إلى مستوى الصفر في عدد الوحدات المعيبة.

* تحقيق رضى الزبون CUSTOMER SATISFACTION :

من أجل تحقيق البقاء والاستمرار للمنظمة، وذلك من خلال تلبية مطالبة ورغباته.

* تحقيق رضى المجتمع SOCITY SATISFACTION :

ويقصد بذلك أن تقدم أعمال المنظمة كل منفعة وخدمة للمجتمع والبيئة التي تعيش وتعمل فيها.

لقد وضحت المدرسة اليابانية في مجال تصميم الأعمال بأن نموذجها يتطلب من المنظمات ما يلي:

* مهارة إشراف عالية لدى المديرين والمشرفين للإشراف على العمال من أجل تحقيق الجودة المطلوبة والانتاج بالزمن المحدد.
* استخدام تقنية (تكنولوجيا) انتاج عالية المستوى.
* صيانة دورية للآلات والمعدات لمنع خطر توقف العمل.
* العمل باسلوب فرق العمل لتحقيق التعاون.
* تشجيع روح المبادرة لدى كل من يعمل في المنظمة ودفعه للابتكار والابداع، وتحسين العمل بشكل مستمر.
* زرع الولاء والانتماء لدى العنصر البشري تجاه أعمالهم والمنظمة، وذلك خلال استراتيجية تحفيز مادي ومعنوي وفكري.

يتضح من خلال النمط الياباني في مجال تصميم الأعمال بأنه نمط ذو صفة شمولية لكافة مكونات المنظمة، حيث يسعى لأن تعمل بانسجام وتناغم وبشكل جماعي، وهو الى حد كبير يعبر عن نهج إدارة الجودة الشاملة الياباني، الذي استمدت منه نماذج الشركات الغربية الأمريكية للجودة الشاملة.

كلمة أخيرة حول النمط الياباني في تصميم الأعمال :

لا شك أن توجهات الادارة اليابانية في مجال تصميم الأعمال في المنظمات، تستحق الدراسة والبحث والاستفادة منها بعد أن أثبتت نجاحها في التجربة، وقد استخدمت العديد من الشركات الاوروبية الغربية والامريكية النمط الياباني في تصميم أعمالها.

لقد أصبح ينظر الى النمط الياباني في دول العالم الصناعية المتقدمة، على أنه نموذج رشيد ومعياري في تصميم الأعمال، يمكن أن يحتذى به مع إجراء بعض التعديلات اللازمة، ليتماشى مع بيئة المنظمة التي تود تطبيقه، فالتطبيق الحرفي له لا يمكن، لأن هذا النمط وليد ونابع من البيئة اليابانية الفريدة بسماتها وخصائصها المعروفة.

ونعرض في الأخير شكلاً يلخص النمط الياباني في تصميم الأعمال وفق ما شرحناه في الصفحات السابقة، وإلى القارئ هذا الشكل:

شكل رقم (22)
النمط الياباني في مجال تصميم الأعمال والوظائف

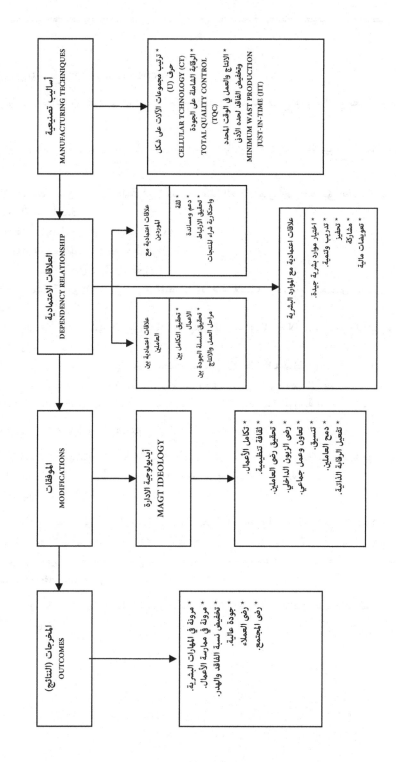

أساليب تصنيعية
MANUFACTURING TECHNIQUES
* ترتيب مجموعات الآلات على شكل حرف (U)
CELLULAR TCHNOLOGY (CT)
* الرقابة الشاملة على الجودة
TOTAL QUALITY CONTROL (TQC)
* الانتاج والعمل في الوقت المحدد وتخفيض الفاقد لحده الأدنى
MINIMUM WAST PRODUCTION
JUST-IN-TIME (JIT)
العلاقات الاعتمادية
DEPENDENCY RELATIONSHIP
علاقات اعتمادية مع الموردين
* ثقة
* تحقيق الارتباط واحتكارية شراء المنتجات
علاقات اعتمادية بين العاملين
* تحقيق التكامل بين الاعمال
* تحقيق سلسلة الجودة بين مراحل العمل والانتاج
علاقات اعتمادية مع الموارد البشرية
* اختيار موارد بشرية جيدة.
* تدريب وتنمية.
* تحفيز
* مشاركة
* تعويضات مالية
الموفقات
MODIFICATIONS
أيديولوجية الادارة
MAGT IDEOLOGY
* تكامل الأعمال.
* ثقافة تنظيمية.
* تحقيق رضى العاملين.
* رضى الزبون الداخلي.
* تعاون وعمل جماعي.
* تنسيق.
* دمج العاملين.
* تفعيل الرقابة الذاتية.
المخرجات (النتائج)
OUTCOMES
* مرونة في المهارات البشرية.
* مرونة في ممارسة الأعمال.
* تخفيض نسبة الفاقد والهدر.
* جودة عالية.
* رضى العملاء
* رضى المجتمع.

الفصل الخامس

تحليل الأعمال والوظائف

محتوى الفصل

- أبعاد تحليل العمل.
- منهجية تحليل العمل.
- مداخل تحليل العمل.

تساؤلات يطرحها الفصل

- ما هي العلاقة القائمة بين تصميم الأعمال والوظائف وتحليلها؟
- هل تحليل العمل يأتي بشيء أو يضيف شيئاً جديداً للأعمال والوظائف التي يحللها؟
- لماذا لا يمكن لإدارة الموارد البشرية ممارسة وظائفها إلا بعد الانتهاء من تحليل العمل؟
- ما هي المنهجية التي يسير عليها تحليل العمل؟
- ما هو التوجه الجديد في مجال أساليب تحليل العمل؟
- ما هي النتائج المتوقع الوصول إليها من وراء تحليل العمل؟

أبعـاد تحليل العمـل

يعتبر تحليل الأعمال والوظائف إمتداداً طبيعياً لتصميمها، حيث يبدأ التحليل من النقطة التي انتهى إليها التصميم، وبالتالي فهو إحدى وظائف إدارة الموارد البشرية الأساسية، التي تكمل ما قام به التصميم، الذي تعتبر نتائجه بمثابة الأساس الذي يقوم عليه تحليل العمل.

مفهوم تحليل العمل :

تحليل الأعمال والوظائف عملية يتم من خلالها جمع معلومات وحقائق واقعية فعلية عن طبيعة وظائف المنظمة، وتحليلها، وتلخيصها، وتقديمها على شكل قوائم مكتوبة تبين مهامها، ومسؤولياتها وصلاحياتها، والمناخ المادي والنفسي والاجتماعي الذي تؤدى فيه، والمخاطر والأمراض المهنية المحتملة التي تصاحب أداءها، ومن ثم معرفة وتحديد المهارات والقدرات البشرية اللازمة من أجل أدائها، وبالتالي فنتائج التحليل تساعد على ما يلي:

* أن يعرف شاغل كل وظيفة ما هو المطلوب منه أداءه في عمله ووظيفته، وكيف يؤديه بنجاح.
* أن يعرف المديرون والمشرفون طبيعة الأعمال التي يشرفون عليها، ليتمكنوا من تحديد الكيفية التي يوجهون من خلالها أعمال مرؤوسيهم، وجعل أدائهم أفضل، وتمكينهم من تحقيق أهداف العمل المطلوب منهم بنجاح.
* أن تعرف إدارة الموارد البشرية من هو المناسب لشغل كل وظيفة وعمل داخل المنظمة.

من خلال التعريف السابق يتضح لنا بأن تحليل العمل، يقوم بتحليل المعلومات التي تم جمعها عن الوظائف من أجل الوصول إلى النتائج التالية:

1- وصف الأعمال والوظائف JOB DESCRIPTION :

ويسميه بعضهم بالوصف الوظيفي أو وصف الوظيفة، الذي يحدد ويصف الجوانب التالية لكل وظيفة وعمل داخل المنظمة:

* أهداف الوظيفة، أي ما يراد تحقيقه منها.

* المهام الذهنية والجسدية المطلوب أداؤها من الوظيفة (شاغلها).

* معايير الأداء المطلوب تحقيقها من الوظيفة.

* الظروف المناخية والنفسية والاجتماعية التي تؤدى في ظلها مهام الوظيفة.

* المسؤوليات المترتبة على الوظيفة.

* الخصائص التي يتصف بها أداء الوظيفة.

* الأمراض والمخاطر التي تحيط بأداء الوظيفة.

* كيف وأين تؤدى الوظيفة.

* علاقات الوظيفة مع الوظائف الأخرى داخل المنظمة.

2- معايير أداء العمل JOB PERFORMANCE STANDARDS :

من خلال تحليل المعلومات المجموعة عن الوظائف، يقوم المحلل بوضع بيان تفصيلي يبين فيه معايير أداء الوظيفة أو العمل، التي تمثل الحد الأدنى المقبول إنجازه من قبل شاغلها من المهام والمسؤوليات، وهذه المعايير تستخدم فيما بعد في تقييم مستوى أدائه وكفاءته، وتحديد احتياجاته التدريبية، وترقيته الوظيفية مستقبلاً، وتعويضاته المالية.

3- محددات الوظائف والأعمال JOB SPECIFICATIONS :

هي بيان تفصيلي يوضح المواصفات (الشروط) والخصائص الانسانية الواجب توفرها في شاغلي الوظائف، حيث يوضع هذا البيان في ضوء وصف الوظائف الذي يبين مطالب شاغليها الذين سيؤدون مهامها ويتحملون مسؤولياتها وصعوباتها ومخاطرها. فوظيفة طيار مدني على سبيل المثال مطلوب أن تكون قوة نظره كاملة، في حين أن الأستاذ الجامعي ليس بالضرورة أن تكون قوة نظره كذلك، فالذي حدد قوة النظر المطلوبة لكلتا الوظيفتين هو طبيعة كل منهما. وتشتمل محددات العمل عادة على مجموعة من الشروط والمواصفات أهمها: المؤهل العلمي، الخبرة، المهارة، الجنس، العمر.. الخ وسنأتي على شرحها بشكل تفصيلي فيما بعد.

يتضح مما تقدم أن محددات الوظائف عمل يستكمل به ما أنجزه تحليل العمل في مجال وصفه للوظائف، وبالتالي يمكن القول بأن نتائج التحليل بشقيه الوصف الوظيفي ومحددات الوظائف، يسعيان إلى إحداث المواءمة والتوافق ما بين متطلبات أداء الوظائف والأعمال من جهة، ومن سوف يشغلها ويؤديها من جهة ثانية بمستوى عالي من الفاعلية .

ونود الإشارة في هذا المقام إلى أن الوصف الوظيفي الذي يتوصل إليه تحليل العمل ويضعه على شكل بيان ملخص ومكتوب، لا يقدم ولا يضيف شيئاً على الحقائق المتعلقة بواقع عمل الوظائف، فالتحليل يصف طبيعة الوظيفة فقط ولا يقول ما يجب أن يكون، فتحديد ما يجب أن يكون قام به تصميم العمل الذي شرحناه في الفصل السابق، وبالتالي فتحليل العمل ومن خلال الوصف الوظيفي، له علاقة مباشرة بالوظيفة وليس بشاغلها .

مجالات استخدام نتائج تحليل العمل :

تبين وتوضح مجالات استخدام نتائج تحليل الأعمال والوظائف، علاقة التحليل احدى وظائف إدارة الموارد البشرية مع باقي وظائفها التي تمارسها في المنظمات، فهذه المجالات تمثل الفوائد التي يمكن الحصول عليها من وراء القيام بتحليل موضوعي لأعمال ووظائف المنظمة. ونود الإشارة في هذا المقام الى أن نتائج تحليل العمل الثلاث التي أوضحناها آنفا، تعد حجر الأساس والقاعدة التي يقوم عليها تنفيذ معظم وظائف إدارة الموارد البشرية، فهي تمثل نقطة انطلاق يبدأ منها تنفيذ وممارسة هذه الوظائف، وإلى القارئ عرضاً موجزاً يوضح هذه المجالات والفوائد والعلاقات.

1- مجال تخطيط الموارد البشرية:

يسعى تخطيط الموارد البشرية إلى تقدير احتياجات المنظمة من الموارد البشرية من حيث تخصصاتها، ومواصفاتها، وأعدادها ولا يمكنه القيام بذلك، إلا بعد معرفة طبيعة وماهية الوظائف والأعمال داخل المنظمة، وحجم مهامها ومسؤولياتها ونوعية مخاطرها.. الخ التي يوفرها له تحليل العمل، حيث في ضوء هذه المعلومات، يتمكن التخطيط من تقدير حاجة الوظائف من الأفراد من حيث عددهم ونوعيتهم، ومن هنا يتكشف لنا مدى الاعتمادية المطلقة لوظيفة تخطيط الموارد البشرية على نتائج تحليل الأعمال والوظائف.

2- مجال اختيار وتعيين الموارد البشرية:

أوضحنا آنفاً أن نتائج تحليل الأعمال والوظائف تبين المهارات والمواصفات المطلوبة لأدائها بشكل جيد، وبالتالي فهذه المواصفات هي بمثابة معايير يجب توفرها فيمن سوف يشغلها، وعلى أساسها يجري انتقاء أفضل الموارد البشرية المتقدمة للعمل في المنظمة وتعيينها فيها. إذاً يمكن القول بأن تحليل العمل يمد وظيفة الاختيار والتعيين بمعايير انتقاء أفضل الموارد البشرية للعمل في المنظمة.

3- مجال استقطاب الموارد البشرية:

تتلخص مهمة الاستقطاب إحدى وظائف إدارة الموارد البشرية بأنه يقوم بجـذب وترغيـب أكبر عدد ممكن من هذه الموارد من سوق العمل، وذلك وفق أعداد وتخصصات ومواصفات محـددة تحتاجهـا أعمال ووظائف المنظمة، لتنفيذ ما هو مناط بها من مهام ومسؤوليات. وعليه يمكن القول بأن الاستقطاب لا يمكنه أداء مهمته إلا بعد أن يعرف خصائص ومواصفات الموارد البشرية المراد استقطابها التي وفرهـا تحليل العمل، فمعرفتها تمكنه من معرفة من سوف يستقطب، وأين هو موجود في سوق العمـل، وبالتـالي فالتحليل يوفر الأساس المنطقي السليم ليؤدي الاستقطاب دوره المحدد له بنجاح.

4- مجال تدريب وتنمية الموارد البشرية:

بات معروفاً لدى القارئ الآن بأن تحليل الأعمال والوظائف يحدد ما يجب أداءه من شاغليهـا أو من قبل من يعمل فيها من مهام، ليحققوا النجاح المطلوب منهم، وهذا التحليل يساعد التدريب والتنميـة على معرفة ما يجب أن يؤدى في كل وظيفة، وكيف يؤدي بفاعلية، وعلى هذا الأساس يتم تـدريب وتنميـة شاغلي الوظائف. إذاً يمكن القول بأن تحليل العمل يوضح للتـدريب والتنميـة المهـارات المطلـوب تنميتهـا وإكسابها للموارد البشرية ليؤدوا أعمالهم بنجاح، أي يوفر لهـما القاعـدة التـي عـلى أساسـها تحـدد المـادة التدريبية والبرنامج التدريبي المطلوبين.

5- مجال تقييم أداء الموارد البشرية:

يتم تقييم أداء الموارد البشرية في العمل عادة من قبل رؤسائها المباشرين، وذلـك بهـدف معرفـة ما حققوه من إنجازات وفق ما هو مطلوب منهم. وعملية تقييم الأداء هذه لا يمكن أن تتم إلا باستخدام معايير توضح ما هو هذا المطلوب. وتستمد هذه المعايير كـما أوضحنا سـابقا مـن نتائج تحليل الأعمـال والوظائف، التي توضح طبيعتها، وما يجب أن يؤديه شاغلوها ليكون أداءهم ناجحاً. فعـن طريـق مقارنـة الرؤساء ما يجب أن يؤدى (من خلال نتائج التحليل) مع ما أنجزه المرؤوس في عمله، يمكن عندئـذ تحديـد مستوى كفاءة الأداء والإنجاز، وعليه نجد بأن نتائج تحليل العمل تمد تقييم الأداء بالمعايير اللازمة لتقييم أداء الموارد البشرية في العمل.

6- مجال السلامة والصحة في مكان العمل:

يحيط بكل عمل ووظيفة أيا كانت طبيعتهما نوع من الأمراض والحوادث والاصابات، التي يتوجـب على المنظمة (من خلال إدارة الموارد البشرية) العمل على منع حدوثها أو التقليل منها. وليتسنى لهـذه الإدارة أداء هذه المهمة أو الوظيفة بنجاح، لابد لها من معرفة طبيعة هذه المخاطر ومسبباتها، لتضع سبل الحماية

المناسبة، والذي يوفر المعلومات عن هذه الأمراض والاصابات المحتملة هو بالطبع نتائج تحليل العمل، فهي التي تحدد وتصف طبيعة هذه الأخطار المصاحبة لأداء كل نوع من الوظائف والأعمال داخل المنظمة، وعليه يمكن القول بأنه في ضوء نتائج التحليل تتمكن وظيفة السلامة والحماية من وضع برامجها المناسبة، لتوفير الأمان للموارد البشرية من مخاطر أعمالها في المنظمات.

7- مجال تحديد التعويضات المالية :

تقول قاعدة عدالة دفع التعويضات المالية للموارد البشرية التي تعمل في المنظمات، أن يكون التعويض على قدر جسامة مهام ومسؤوليات الأعمال والوظائف ومدى خطورتها، التي كلما كانت كبيرة تطلب من ممارسيها أو من يؤديها جهداً اكبر وخصائص ومهارات أعلى. في ضوء هذه الجوانب أو الأسس التي يوضحها تحليل العمل، يمكن لوظيفة تحديد التعويضات المالية اعتمادها كمعايير لدفع التعويضات المالية للعاملين في المنظمة، بما يحقق ويوفر العدالة فيها.

8- مجال تخطيط المسارات الوظيفية:

تعمل وظيفة تخطيط المسارات الوظيفية على تحديد الترقيات المحتملة التي يمكن أن تحصل عليها الموارد البشرية خلال حياتها ومسيرتها في العمل داخل المنظمة. فالمعروف عن الترقية أنها عملية تعيين في وظيفة جديدة أعلى مختلفة من حيث مستواها الاداري وطبيعتها عن الوظيفة السابقة. ولتحقيق الموضوعية في عملية الترقية، لابد من مقارنة الخصائص التي يحملها المرشح للترقية مع متطلبات الوظيفة الجديدة التي سيرقى اليها، التي سبق لتحليل العمل أن حددها، وعليه فرسم مسارات الترقية لا يمكن أن يتم دون معرفة نتائج هذا التحليل. والشكل رقم (23) يوضح مجالات استخدام نتائج تحليل الأعمال والوظائف.

شكل رقم (23)

مجالات (فوائد، علاقات) استخدام نتائج تحليل العمل

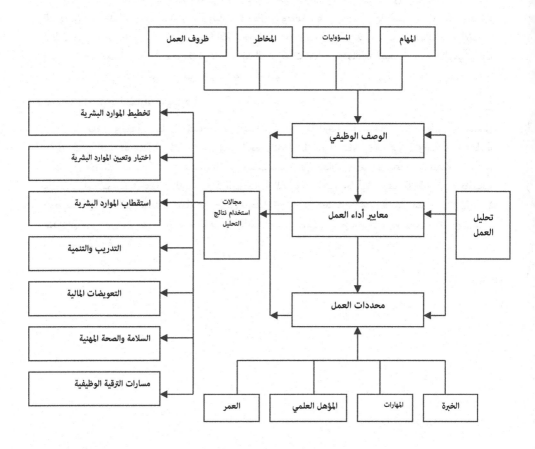

مبررات تحليل العمل :

ينفذ تحليل الأعمال والوظائف في الحالات أو المناسبات التالية:

* عند تأسيس المنظمة لأول مرة.

* عند إحداث أعمال ووظائف جديدة في المنظمة.

* عند إدخال تغييرات جديدة على مضمون الأعمال والوظائف، فهذا التغيير يحدث تغييراً في مواصفات شاغليها، فتغير أسلوب العمل مثلاً من يدوي ورقي الى آلي محوسب يستدعي بالضرورة إحداث تغيير في مواصفات العاملين .

في ضوء ما تقدم، نجد أن مبدأ تحليل العمل لمرة واحدة عند تأسيس المنظمة مبدأ اصبح مرفوضاً في ظل البيئة السريعة التغير التي تعيش في كنفها منظمات اليوم، فالظروف والمعطيات التي بني عليها التحليل في السابق واليوم لابد من أن تتغير مع مرور الزمن ويصبح التحليل متقادماً. فالتطورات التقنية على سبيل المثال، تطالعنا كل فترة باختراعات جديدة في مجال الأعمال، مما يحدث تغيراً في طبيعة الوظائف وأسلوب ممارستها، مما يستدعي بالضرورة إحداث تغييرات مستمرة في المواصفات المطلوبة في الموارد البشرية. فمثلاً لم تعد الوظائف والأعمال في المنظمة المعاصرة بحاجة لفرد يمتلك مهارة واحدة او مهارة بسيطة، بل هي بحاجة الى موارد بشرية ذات مهارات متعددة وعالية المستوى تمكنها من العمل في عدة وظائف، وخاصة في فرق العمل، ولديها مستوى عالي من الذكاء والخبرة. فوظائف اليوم ليست بحاجة الى أفراد يحققون معايير الأداء المطلوبة فحسب، بل بحاجة الى أفراد يتخطون هذه المعايير، فالأداء المطلوب الآن بالنتائج وليس بالسلوك لوحده.

نخلص بالقول: أنه طالما طبيعة الأعمال ومضمونها ومواصفات شاغليها في حالة تغير مستمر بسبب تغيرات البيئة، إذاً نحن بصدد عملية تحليل عمل مستمرة، فهذه المتغيرات السريعة التي تشهدها بيئات العمل، تستوجب استمرارية التحليل، لمواءمة مضمون الوظائف ومواصفات شاغليها معها.

منهجية تحليل العمل :

تحليل الأعمال والوظائف عملية يجري تنفيذها من خلال مراحل متسلسلة ومتلاحقة ، سنأتي على شرح وتوضيح مضمونها فيما يلي:

المرحلة الأولى : تحديد الوظائف والأعمال المراد تحليلها .

لا شك أن أية منظمة أيا كان نوعها وطبيعة عملها، فهي تشتمل على أنواع متعددة من الأعمال والوظائف (مكتبية، إدارية، فنية، خدمات.. الخ) فهل سيشمل التحليل جميع هذه الوظائف أم سيقتصر على قسم منها دون الآخر؟ إن شمولية التحليل تتوقف على الظروف أو الحالة التي تمر بها المنظمة والتي أوضحناها سابقا تحت عنوان مبررات تحليل العمل، حيث بعد عملية التحديد، يعد القائمون على هذه العملية قوائم بالوظائف التي سوف تحلل، وتحدد القطاعات والوحدات الادارية التي سيبدأ العمل فيها أولاً، وفق ترتيب وتسلسل معين.

المرحلة الثانية : تحديد المعلومات المراد جمعها .

تسعى هذه المرحلة إلى معرفة وتحديد المعلومات والحقائق المطلوب جمعها عن الوظائف والأعمال بغية تحليلها، فبدونها لا وجود للتحليل. فليؤدي التحليل دوره وفق المطلوب، يجب توفير المعلومات الموضوعية والكافية عن طبيعة الوظائف والأعمال وذلك من حيث، مهامها ومسؤولياتها وكيف تؤدى، وفيما يلي أهم الجوانب التي يحتاج الى معلومات عنها:

* مسمى الوظيفة وتبعيتها الادارية وموقعها في الهيكل التنظيمي.

* طبيعة المهام المناطة بالوظيفة ومسؤولياتها وصلاحياتها.

* المخاطر المصاحبة لأداء الوظيفة.

* المناخ والظروف التي تؤدى فيها الوظيفة.

* الأدوات والمعدات المستخدمة في أداء الوظيفة.

* الكيفية التي تؤدى فيها الوظيفة.

* طبيعة علاقات الوظيفية مع الوظائف الأخرى ومع الجمهور الخارجي.

* طبيعة الاشراف الواقع على الوظيفة.

المرحلة الثالثة : تحديد مصادر المعلومات .

يتم جمع الحقائق والمعلومات المطلوبة عن الوظائف بغية تحليلها من مصادر متعددة أهمها ما يلي:

نتائج تصميم الاعمال والوظائف :

أوضحنا في السابق كيف أن تصميم العمل يحدد الهيكلة الأساسية التي يقوم على أساسها تنفيذ أعمال ووظائف المنظمة، موضحا كيف أنه يحدد ماهية الأعمال

والوظائف ومضمونها وخصائصها، وما هو المطلوب منها إنجازه. هذه المعلومات لا شك أنها غنية تساعد تحليل الأعمال على الخروج بنتائج واضحة عن: الوصف الوظيفي للوظائف والأعمال، محددات وشروط شغلها وممارستها، ومعايير أدائها.

الرئيس أو المشرف المباشر:

نتيجة الاتصال والاحتكاك اليومي للرؤساء بأعمال مرؤوسيهم وتقييم أدائهم لهذه الاعمال، لا شك بأنه يتوفر لديهم معلومات وفيرة عن طبيعة الوظائف والأعمال التي تمارس تحت إشرافهم ورقابتهم، يمكن الاستفادة منها في عملية التحليل.

شاغل الوظيفة نفسه:

يعتبر الفرد الذي يمارس العمل أو الوظيفة، من أهم مصادر المعلومات ووفرتها، فهو أقدر من أي شخص آخر على تحديد ماهية وطبيعة المهام التي يمارسها ومسؤولياتها .. الخ وما تحتاجه وظيفته من مطالب. إلا أن هذا المصدر يشكو من مشكلة هي إحتمالية التحيز، فقد يبالغ شاغل الوظيفة في وصف وظيفته، ليعطيها أهمية أكبر عما هو عليه الحال في الواقع.

الزملاء في العمل:

نتيجة التواصل اليومي المستمر بين العاملين في مكان العمل، يكون لديهم معلومات جيدة عن ماهية أعمال بعضهم بعضاً، حيث يكون بامكانهم تزويد التحليل بقدر جيد من المعلومات عن وظائف بعضهم.

المراجع العلمية:

تصدر دور النشر والجمعيات العلمية بين الحين والآخر نشرات وقواميس لوصف الوظائف وتحديد متطلباتها كالقاموس الأمريكي DICTIONARY OF OCCUPATIONAL TITLES الذي يشتمل على معلومات تصف ماهية وطبيعة المئات من الأعمال والوظائف، بحيث يمكن الاستفادة منها في تحليل وظائف المنظمات المشابهة. هذا المصدر لا بأس به من حيث قلة تكاليفه، لكن يؤخذ عليه بأن المعلومات التي يوفرها تأخذ طابع العمومية، لذلك ينصح الاستعانة به كمصدر مساعد لجمع المعلومات، وليس مصدراً أساسياً.

المنظمات الأخرى:

يمكن الاستعانة بالمنظمات الأخرى التي تشابه طبيعة أعمالها ووظائفها وظائف المنظمة التي يجري التحليل فيها، وذلك من أجل الحصول على المعلومات

التي يحتاجها. يتميز هذا المصدر بقلة تكلفته، وهو جيد ويمكن الاعتماد عليه في حالة وجود تعاون بين المنظمة والمنظمات الأخرى.

مراكز الخبرة والاستشارة:

يتوفر لدى العديد من بيوت الخبرة والاستشارات الادارية خبراء متخصصين في مجال تحليل ووصف الوظائف، الذين لديهم معلومات وخبرة عن طبيعة وماهية الأعمال والوظائف التي تمارس في العديد من أنواع المنظمات، وبالتالي يمكن الاستعان بهم من أجل الحصول على المعلومات التي تحتاجها عملية التحليل. يؤخذ على هذا المصدر بان معلوماته ذات طابع عمومي وتكلفته في العادة تكون مرتفعة.

بعد استعراض مصادر المعلومات السابقة، يوجد سؤال يطرح نفسه في هذا المقام هو:

أي من هذه المصادر أفضل لجمع المعلومات؟ في الواقع إن الإجابة عن هذا السؤال تتكون من شقين اثنين هما:

* الأفضل الاعتماد على أكثر من مصدر قدر المستطاع، لتكون المعلومات أكثر وفرة ودقة وموضوعية.

* تخضع عملية المفاضلة بين هذه المصادر لانتقاء أفضلها الى معايير أساسية هي: التكلفة، السرعة، الدقة، الموضوعية، طبيعة وماهية فئة الوظائف التي تجمع عنها المعلومات، فلا يعقل الاعتماد على مصدر بيوت الخبرة لجمع معلومات عن وظيفة مراسل مثلاً.

ونود الاشارة هنا إلى أن المصدر الأول وهو نتائج تصميم الأعمال والوظائف هو مصدر أساسي لا غنى عنه، ذلك لأنه هو الذي قام بوضع هيكلة الأعمال بشكل عام وظروف وأسلوب تأديتها.

المرحلة الرابعة : اختيار أسلوب جمع المعلومات .

بمجرد الانتهاء من تحديد نوع المعلومات المراد جمعها ومصادرها، تأتي المرحلة الرابعة التي تعتبر مكملة للمرحلة السابقة، وهي اختيار الأسلوب المناسب الذي سيتم بوساطته جمع المعلومات، وذلك من بين عدد من الأساليب، التي نوضح بعضاً منها فيما يلي :

الملاحظة OBSERVATION :

يعتمد هذا الاسلوب على قيام أفراد متخصصين في جمع المعلومات وتحليل الوظائف ووصفها، بزيارات ميدانية لواقع تنفيذ الأعمال أثناء تأديتها، لملاحظة هذا الأداء وجمع المعلومات المطلوبة لعملية التحليل . يتميز هذا الاسلوب بأنه يوفر قدراً كبيراً من المعلومات الموضوعية والدقيقة عن ماهية الوظائف وممارساتها، لكنه يستغرق وقتاً طويلاً وتكلفته مرتفعة، إلى جانب أنه لا ينفع سوى مع الأعمال والوظائف البسيطة السهلة التي لا تحتاج إلى مهارات عالية كالمهارات الذهنية والفكرية، التي من شبه المستحيل ملاحظة ممارستها بسهولة.

الاستبيان QUESTIONAIR :

هو عبارة عن نموذج مطبوع فيه مجموعة من الأسئلة والاستفسارات عن طبيعة وماهية الوظائف وممارساتها، يرسل إلى أحد مصادر المعلومات التالية: المشرف المباشر، أو شاغل الوظيفة نفسه، أو الزملاء في العمل للإجابة عنها، فهذه الإجابات تعتبر بمثابة معلومات يعتمد عليها في عملية تحليل الوظائف والاعمال ووصفها. يتميز هذا الأسلوب بالسرعة وقلة التكلفة، لكنه يعاني من عدة مشاكل أهمها: عدم الإلمام الكافي بالقراءة والكتابة لدى بعض شاغلي الوظائف، احتمال الفهم الخاطئ لبعض الاستفسارات التي تشتمل عليها الاستبانة، أو عدم الاهتمام بالاستبيان.

قوائم التدقيق والمراجعة CHECK LISTS :

هي عبارة عن استمارة مطبوع فيها عبارات كثيرة ومتنوعة عامة تصف ماهية الأعمال والوظائف المراد تحليلها من حيث مهامها، ومسؤولياتها، مخاطرها.. الخ ترسل إلى شاغلي الوظائف أو رؤسائهم المباشرين، أو زملائهم في العمل، ليحددوا بالاشارات المكتوبة أي من هذه العبارات موجودة في وظائفهم، أو وظائف مرؤسيهم، أو زملائهم، وبالتالي فهذه العبارات المشار إليها من قبلهم تمثل المعلومات المطلوبة عن الوظائف التي يجري تحليلها. يمكن القول بأن هذا الاسلوب يشبه أسلوب الاستبيان، لكنه أدق من حيث المعلومات التي يجمعها، وذلك لأنه هو الذي يحدد المعلومات المطلوبة، ولا يترك الحرية لمصدر المعلومات أن يحددها، وبالتالي يكون بالإمكان تجاوز بعض المشكلات التي يعاني منها الاستبيان.

سجل الموظف (أو العامل) EMPLOYEE RECORD :

يعطى الموظف المراد جمع معلومات عن وظيفته كراساً مبوباً بالأيام، بحيث يغطي فترة زمنية محددة كالشهر مثلاً، ليسجل فيه ما يؤديه من مهام بشكل متكرر وغير متكرر يوميا، والمسؤوليات التي يتحملها، والصعاب والضغوط التي

يواجهها أثناء عمله، والجهد والتعب الذي يبذله في أداء مهامه، والمخاطر المهنية المحيطة به .. الخ. يتميز هذا الاسلوب بوفرة المعلومات التي يقدمها وهو قليل التكاليف، إلا أنه يشكو من مشكلة هي مبالغة شاغل الوظيفة للمعلومات التي يقدمها عن عمله.

وحول أفضلية الأساليب السابقة للاستخدام يفضل استخدام نفس معايير المفاضلة التي أوضحناها في مجال اختيار مصدر المعلومات وهي: طبيعة الوظائف، دقة المعلومات وموضوعيتها، السرعة، التكلفة، مع الإشارة الى إمكانية استخدام اكثر من اسلوب واحد حسب مقتضيات الحاجة والضرورة.

المرحلة الخامسة : تحديد مسؤولية تحليل الوظائف والأعمال .

تكون هذه المسؤولية عادة مشتركة بين ثلاث جهات هي:

إدارة الموارد البشرية: التي هي مسؤولة عن تحديد نوع المعلومات اللازمة للتحليل، وتصميم الاستبيانات الخاصة بجمع المعلومات، واختيار أساليب جمعها وتحليلها، وكذلك اختيار المحللين الذين سيقومون بتحليل المعلومات واستخلاص النتائج وإعداد قوائم الوصف الوظيفي.

الرؤساء والمشرفون المباشرون: تنحصر مسؤولية هؤلاء في تقديم التسهيلات اللازمة لإدارة الموارد البشرية في مجال جمع المعلومات وتوفيرها وفق المطلوب، وكذلك الرد على استفسارات المحللين عندما يحتاجون الى معلومات إضافية أو ناقصة في بعض الأحيان.

المحللون: وهم الذين سينفذون عملية التحليل واستخلاص النتائج وإعداد قوائم وصف ومحددات الوظائف، هؤلاء يعملون تحت إشراف إدارة الموارد البشرية. والمحلل عموماً يجب أن تتوفر لديه خلفية جيدة عن الأعمال والوظائف التي سيقوم بتحليل المعلومات المتوفرة عنها، كما يجب أن تتوفر لديه خبرة وممارسة عملية في مجال تحليل الوظائف والوصف الوظيفي.

المرحلة السادسة : جمع المعلومات :

بعد تحديد نوع المعلومات اللازمة للتحليل ومصادرها واسلوب جمعها، تأتي مرحلة تنفيذ عملية جمع المعلومات وفق ما هو مخطط ومرسوم، ويفضل قبل البدء بها، القيام بشرح وتوضيح أهداف تحليل الوظائف ووصفها الذي تود إدارة الموارد البشرية القيام به وكيف سيتم جمع المعلومات، وذلك لجميع العاملين في المنظمة، من أجل الحد من مخاوفهم ومقاومتهم، وكسب مساعدتهم وتأييدهم في إنجاح عملية جمع المعلومات وتحليلها. ويتم هذا الأمر من خلال عقد اجتماعات معهم لتوعيتهم، أو عن طريق ممثلي النقابة، أو طبع كراس مطبوع يوزع عليهم.

ونود الإشارة في هذا المقام، أنه بعد الانتهاء من عملية جمع المعلومات وقبل البدء بتحليلها، من الأهمية بمكان مراجعة وتصنيف المعلومات، فالمراجعة تكشف بعض النواقص للعمل على استيفائها، أما التصنيف فهو يجمع المعلومات المتعلقة بكل فئة وظيفية على حده، تسهيلاً لعملية تحليلها.

المرحلة السابعة : تحليل المعلومات واستخلاص النتائج .

تتم عملية تحليل المعلومات بعد درساتها بشكل جيد من قبل المحللين وهي في غاية الأهمية، لأن في ضوء التحليل سيتم التوصل إلى نتائج على أساسها يتحدد وصف الوظائف ومعرفة مواصفات وخصائص من سيشغلها. وبوجه عام تهدف عملية التحليل هنا الى بيان الجوانب التالية:

* الهدف المطلوب تحقيقه من كل عمل ووظيفة.

* طبيعة وماهية الأعمال والوظائف.

* عدد المهام ونوعيتها الملقاة على عاتق الأعمال والوظائف وأسلوب أدائها.

* مقدار الجهد ونوعه (جسدي، ذهني، الاثنان معاً) المطلوب لأداء كل عمل ووظيفة من أجل إنجاز المهام.

* حجم ونوعية المسؤوليات المترتبة على كل عمل ووظيفة.

* الظروف المناخية والنفسية والاجتماعية التي تؤدى الوظيفة أو العمل في ظلها.

* مدى الارهاق والتعب المصاحبان لأداء العمل أو الوظيفة ونوعه.

* نوع الأمراض والحوادث المهنية المحتمل أن يصاب بها من يؤدي العمل او الوظيفة ومدى خطورتها.

* الخصائص والاشتراطات المطلوب توفرها في من سوف يشغل كل عمل أو وظيفة .

وتتم عملية التحليل باستخدام أسلوب معين، حيث هناك عدة أساليب يطلق عليها بعضهم مسمى المداخل، يمكن إختيار أحدها بما يتماشى مع الظرف أو الموقف، وسنعمد فيما بعد إلى شرح أهم هذه الأساليب أو المداخل، وذلك بعد الانتهاء مباشرة من شرحنا لمراحل عملية تحليل الأعمال والوظائف ووصفها.

المرحلة الثامنة : إعداد بطاقة تحليل الوظيفة .

بطاقة التحليل هي وثيقة أو بيان تفصيلي على شكل قائمة توضح نتائج تحليل المعلومات التي جرى تحليلها في المرحلة السابعة، وهي مصممة خصيصاً ليسجل فيها هذه النتائج، وتتكون البطاقة من قسمين هما: [1]

وصف الوظيفة :

ويشتمل على سرد مفصل لماهية الوظيفة أو العمل ويشتمل على الجوانب التالية:

* معلومات عامة عن الوظيفة: وتشتمل على المسمى الوظيفي للعمل أو الوظيفة، الرمز المخصص لها، الفئة الوظيفية التي تنتمي لها، تبعيتها الادارية، موقعها في الهيكل التنظيمي.

* تعريف عام للوظيفة: ويشتمل على ملخص أو فكرة عامة عن طبيعة الوظيفة وأهدافها، وسبب وجودها، ومدى مساهمتها مع الوظائف الأخرى في الأداء الكلي للمنظمة وتحقيق أهدافها.

* المهام والمسؤوليات والصلاحيات الأساسية والضرورية التي يجب القيام بها لتحقيق الفاعلية في أدائها.

* المخاطر والظروف التي تؤدى فيها الوظيفة أو العمل.

* الأسلوب والكيفية التي تؤدى فيها الوظيفة أو العمل.

* الأدوات المستخدمة في أداء الوظيفة أو العمل.

* العلاقات التي تربط الوظيفة مع الآخرين داخل وخارج المنظمة.

* معلومات أخرى.. الخ .

ويمكن القول أن وصف الوظيفة أو الوصف الوظيفي كما يسميه بعضهم يحدد تفصيلاً العناصر الأساسية التي تتكون منها الوظائف والأعمال، وهو بمثابة الدليل المرشد (معايير) من اجل أدائها بشكل فعال. ونود الإشارة في هذا المقام إلى ضرورة كون الوصف دقيقاً وواضحاً، لأن في ظله تتخذ قرارات وظيفية متعددة تتعلق بمستقبل شاغليها داخل المنظمة وعلى رأسها قرارات تحديد الرواتب والأجور.

---

(1) MILON MORAVEC AND ROBERT TUCKER, JOB DESCRIPTION FOR 21ST CENTURY, PERSONNEL JOURNAL", JUNE 1992, PP. 37-44 .

محددات العمل أو شاغل الوظيفة:

يشتمل القسم الثاني من بطاقة تحليل الأعمال والوظائف على بيان تفصيلي عـن الخصائص والمواصفات الإنسانية المطلوب توفرها في الشخص الذي سوف يشغل العمل أو الوظيفة، بشكل تمكنه من أداء متطلباتها وتحمل ظروفها ومسؤولياتها وصعوباتها باقتدار وفاعلية، ونعرض للقارئ فيما يلي عدداً من هذه الخصائص (المحددات) التي قد تختلف وتتشابه بين وظيفـة وأخرى: العمـر، الجنس، التحصيل العلمي، التخصص، الثقافة، مستوى الذكاء والادراك، القدرة على التفاوض، القدرة على الاتصـال بـالاخرين، القدرة على إقناع الاخرين، الكتابة والصياغة اللغوية، استخدام أدوات الاتصال الحديثة، القدرة على العمـل ضمن فريق عمل، اللغات المطلوب اتقانها، القـدرة عـلى إجـراء لقـاءات ومقـابلات مـع الآخرين.. الـخ ، الشروط الصحية.

ونود الإشارة الى ضرورة وضع اسم وتوقيع المحلل على بطاقة التحليل وكذلك التاريخ، فالتاريخ يوضح متى آخر مرة جرى فيها تحليل الوظيفة، فكما ذكرنا في السابق، تلجأ العديد من المنظمات إلى اعادة تحليل أعمالها ووظائفها كل فترة زمنية بسبب التغيرات البيئية، حيث بعد مضي فـترة زمنيـة عـلى التحليـل يكون غير صالح، مثله كمثل شركات الأدوية التي تضع تاريخ صنع الدواء على عبـوات الـدواء الـذي تنتجـه وتوضح تاريخ انتهاء صلاحية مفعول الدواء.

ونعرض للقارئ فيما يلي نموذجاً عن بطاقة تحليل وظيفة :

نموذج رقم (1)
نموذج بطاقة تحليل وظيفة

اسم الوظيفة : سكرتير تنفيذي

الادارة : مكتب المدير العام

الفئة الوظيفية : وظائف مكتبية

رمز الوظيفة : س / ت / 5

تعريف الوظيفة :

هي وظيفة سكرتير شخصي للمدير العام، تمارس مهاماً يغلب عليها طابع الثقة والمحافظة عـلى أسرار العمل، وتتعامل مع معلومات سرية وغير سرية، وهي ذات طبيعة تخصصية.

المهام :

* استلام المعاملات والمعلومات الواردة لمكتب المدير العام وغربلتها وتنظيمها وعرضها عليه .
* تنظيم مواعيد واجتماعات ولقاءات المدير العام وسفرياته.
* الرد على المكالمات الهاتفية الواردة لمكتب المدير العام.
* إجراء الاتصالات بأنواعها التي يطلبها المدير العام.
* النسخ على الحاسب الآلي.
* تنظيم قاعدة معلومات خاصة بالمدير العام على الحاسب الآلي.
* حفظ ملفات أوراق المدير العام.

المسؤولية :

معنوية ذات حساسية كبيرة، إضافة الى مسؤولية مالية.

ظروف العمل:

* الإضاءة : جيدة .
* الحرارة : معتدلة صيفاً شتاء.
* الضجة : لا توجد .
* مساحة المكتب : واسعة ومريحة.
* النظافة : جيدة .
* تلوث : لا يوجد .
* مخاطر : لا توجد .
* الوضع النفسي : ضغوط عمل كبيرة.
* الوضع الاجتماعي: جيد ومريح.
* مدى التعب : بشكل إجمالي مرتفع.

المواصفات والشروط المطلوبة :

* المؤهل العلمي : معهد متوسط سكرتارية.
* الخبرة العملية : العمل في مجال السكرتارية التنفيذية مدة لا تقل عن 7 سنوات.
* المهارات : القدرة على التنظيم، القدرة على التسجيل وحفظ المعلومات، القدرة على استخدام الحاسب الآلي، القدرة على استخدام وسائل الاتصال

الحديثة، القدرة على الاتصال اللفظي مع الآخرين، الصياغة اللغوية والاختزال.

* المظهر العام : ضروري أن يكون جيدا.

* الجنس : ذكر أو انثى

* العمر : لا يقل عن 30 سنة .

* الحالة الصحية: جيدة .

_____

اسم المحلل : فتحي عبد الله

تاريخ التحليل :   /   /

مصادر المعلومات : الرئيس المباشر، شاغل الوظيفة نفسه، المراجع العلمية.

_____

ونعرض فيما يلي شكلاً يوضح المراحل التي يمر بها تحليل العمل التي عرضناها فيما سبق :

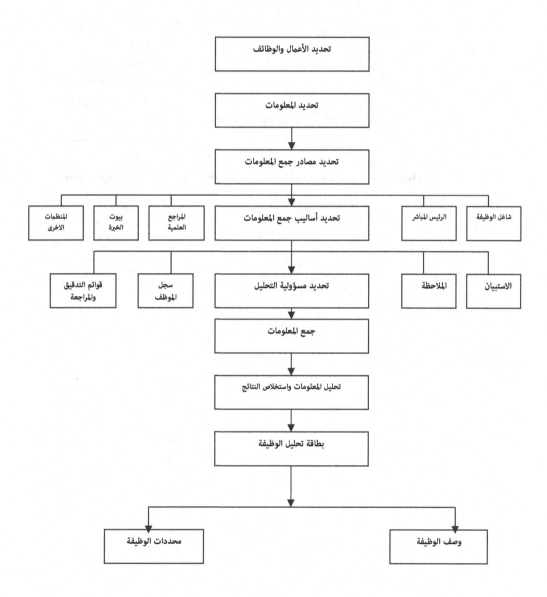

شكل رقم (24)

مراحل تحليل الأعمال والوظائف

مداخل تحليل العمل

المدخل السردي أو القصصي :

ويصطلح عليه بـ NARRATIVE JOB ANALYSIS APPROACH OR TECHNIQUE ، وهـو مـن أكثر المداخل شيوعاً في الاستخدام نظراً لبساطته وسهولته، فبموجبه يقرأ المحلل المعلومات التي يتم جمعها عن كل عمل او وظيفة، ويقوم باستخلاص النتائج التي توضح وصف الوظيفة ومحدداتها، والوصف إما أن يكون مفصلاً أو مختصراً حسب الرغبة المطلوبة، وتتوقف جودته على مقدرة المحلل اللغوية وقدرته علـى الصياغة وتوضيح نتائج التحليل.

مدخل قوائم التدقيق والمراجعة :

ويصطلح عليه بـ CHECK LIST JOB ANALYSIS APPROACH OR TECHNIQUE ، يعتمد هذا المدخل على إعداد قائمة تتضمن عـدداً كبيراً مـن العبـارات التي تصف أداء ومطالـب عـدد كبير مـن الأعـمال والوظائف، وهذا يعني أنها تتصف بالعمومية، أي مـن المفترض أن يكون معظمها موجـود ومطلوب في غالبية الوظائف التي يجري تحليلها. ويحدد لكل صفة ومطلب في القائمة مقياساً بيانياً مقسماً الى مستويات يعبر كل منها عن مدى توفر العبارة (الصفة المطلب) في كل وظيفة. وبعد انتهاء المحلل مـن وضع الاشارات على المقـاييس في القائمـة الخاصـة بكـل وظيفـة، يقـوم في ضوئها باعداد وصـف الوظيفة ومحددات شاغلها.

لقد طور ايرنست مكروميك ERNEST McCROMICK أسلوباً مشتقاً مـن هـذا الاسـلوب أسـماه بـ "استقصاء تحليل الوظيفة POSITION ANALYSIS QUESTIONAIR حيث أعد قائمة تشتمل على (194) بنداً أو عبارة تعكس أبعاد عدد كبير من الوظائف، من حيث مهامها ومسؤولياتها .. الخ ووصف هذه العبارات في ستة أقسام على النحو التالي:

* قسم المعلومات: ويشتمل على عبارات لها علاقة بـأين؟ وكيف تحصل الوظيفـة علـى المعلومـات التـي يحتاجها أداؤها.

* قسم العمليات الذهنية: ويشتمل على عبارات تصف ممارسة الوظيفة للتفكير، واتخاذ القرارات، والتخطيط، ومعالجة المعلومات.

* قسم العلاقات مع الآخرين: ويشتمل على عبارات تصف العلاقات المطلوب إقامتها من قبل الوظيفة مع الوظائف الأقرب داخل المنظمة ومع الآخرين خارجها.

* قسم البيئة الوظيفية: ويشتمل على عبارات تصف الظروف المناخية والاجتماعية المحيطة بالوظيفة التي تؤدى فيها.

* قسم الجهد : ويشتمل على عبارات تصف مقدار ونوع الجهد اللازم لأداء الوظيفة والادوات المستخدمة فيها.

* قسم الخصائص الأخرى: ويشتمل على عبارات تصف نشاطات وظروف عمل اخرى متنوعة مصاحبة للوظيفة لا تقع في الأقسام السابقة.

وقد جعل "مكروميك" لكل بند أو عبارة في القائمة مقياساً قسمه الى ست درجات، لتوضح مدى توفر العبارة في الوظيفة التي يجري تحليلها، وهذه الدرجات ما يلي: غير موجود، نادراً، أحياناً، متوسط، متوفر بشكل جيد، متوفر بدرجة جوهرية أو عالية. وتنحصر مهمة المقيم في مقارنة المعلومات المتوفرة عن الوظيفة مع عبارات القائمة، ليحدد أي منها متوفر في الوظيفة التي يحللها ودرجة او مدى هذا التوفر، وفي نهاية المقارنة يعد المحلل وصف الوظيفة وبعده يضع محددات شاغلها.

يمكن القول أخيراً أن هذا المدخل ذي صفة عمومية، أي يمكن استخدامه في تحليل عدد كبير من الوظائف في المنظمات، ذلك لأن عبارات القائمة جميعها عامة يمكن أن تنطبق على غالبية الوظائف في المنظمات. ونود الإشارة هنا إلى أن مسألة العمومية لا تعني بأن الوظائف متماثلة، فعلى سبيل المثال وظيفتا طيار مدني وسائق شاحنة، كلاهما يحتاجان الى معلومات من أجل أدائهما، لكن مصدر الحصول على هذه المعلومات ونوعيتها يختلفان، فوظيفة الطيار تحصل على المعلومات من الحاسب الآلي والخرائط الجوية وهي عبارة عن إحداثيات يتقيد بها الطيار أثناء رحلته الجوية، في حين أن السائق يحصل على المعلومات التي يحتاجها من رئيس المرآب، وهي من نوعية تختلف عن نوعية المعلومات التي يحتاجها الطيار .

مدخل قائمة جرد تحليل المهمة :

ويصطلح عليه بـ TASK ANALYSIS INVENTORY APPROACH OR TECHNIQUE بموجب هذا الاسلوب يجري تقسيم الوظائف المراد تحليلها في المنظمة الى مجموعات متجانسة متشابه FAMILIES من حيث طبيعتها وخصائصها ومتطلبات شغلها، ومن ضمن كل مجموعة يتم اختيار وظيفة أساسية FOCAL معيارية، تعتبر من أكثر وظائف المجموعة مهاماً ومسؤوليات وحاجة لمهارات وقدرات مختلفة ومتنوعة، ليقوم المحلل في ضوء المعلومات التي جمعت عنها، باعداد قائمة بمكونات هذه الوظيفة الاساسية ومتطلبات شغلها، وتسمى هذه القائمة بقائمة جرد تحليل المهمة، التي ستلعب دور المعيار الذي على أساسه ستحلل باقي وظائف المجموعة التي تنتمي اليها هذه الوظيفة المنتقاة منها. وتتم عملية تحليل وظائف المجموعة واحدة واحدة، وذلك عن طريق مقارنة المعلومات التي تم جمعها عن كل منها مع قائمة الجرد هذه، ليحدد المحلل أي من المهام والمسؤوليات.. الخ والمتطلبات التي تشتمل عليها القائمة موجودة في الوظيفة التي يجري تحليلها. وبعد الانتهاء من المقارنة، يقوم المحلل باعداد قائمة تحليل خاصة بكل وظيفة يضمنها وصفها ومحددات شغلها، وبنفس الأسلوب يجري تحليل وظائف باقي المجموعات.

مدخل تحليل العمل الوظيفي :

ويصطلح عليه FUNCTIONAL JOB ANALYSIS APPROACH OR TECHNIQUE ويمثل الاتجاه الحديث في تحليل الأعمال والوظائف، ذلك لأنه يحدد ويصف ما يجب القيام به وأداءه في الوظيفة من قبل شاغلها، لإنجاز ما هو مطلوب منها أي هدفها، ويعتبر هذا المدخل تعديلاً للقاعدة التقليدية التي يقوم عليها تحليل العمل، التي كانت تصف ما تقوم به الوظيفة في الواقع الفعلي أي ما هو قائم وموجود فعلا، فالمدخل الوظيفي لم يعد يعتمد على وصف ما يقوم به شاغل الوظيفة في الواقع من أجل تسيير عمله فحسب، بل أصبح يركز على وصف السبل التي يجب أن يتبعها وما يجب القيام به من أجل تحقيق هدف وظيفته والمطلوب منها وتخطي هذا المطلوب، لأن هذا المطلوب يمثل الحد الأدنى الذي يجب إنجازه.

يعتمد هذا الأسلوب على ثلاثة عناصر تحليل أساسية ذات صفة عمومية، من أجل تحليل أكبر عدد ممكن من الوظائف المتباينة من حيث طبيعتها وماهيتها، حيث يعرف كل عنصر منها ويشرح بوضوح تام ومفهوم بالنسبة للمحلل. وتتم عملية التحليل عن طريق مقارنة المعلومات المجموعة والمتوفرة عن كل وظيفة يراد تحليلها مع تعاريف وشرح العناصر الثلاثة، لمعرفة مدى توفر هذه العناصر

في الوظيفة التي تحلل، وبالتالي فنتائج المقارنة تعطي المحلل صورة كاملة عن طبيعة الوظيفة وماهيتها ومضمونها ومتطلبات العمل فيها، حيث في ضوء الصورة الواقعية عن الوظيفة وما يجب ان يكون عليه أداؤها، يقوم المحلل بوضع تقرير يوضح فيه ما يجب أن تؤديه الوظيفة (الوصف) وما يجب توفره في شاغلها (المحددات) لتحقيق الفاعلية في أدائها.

ونود الإشارة في هذا المقام، الى أن هذا المدخل يستخدم بشكل خاص في تحليل الوظائف ذات الطبيعة المعقدة كالوظائف الرئاسية، والألكترونية، والهندسية وهو قليل الاستخدام في مجال تحليل الأعمال المصنعية، وسنعمد فيما يلي الى توضيح عناصر التحليل الثلاثة التي يعتمد عليها هذا المدخل.

* فعل واستخدام الاشياء THINGS :

يشتمل هذا العنصر على تخطيط، وتنظيم، ورقابة، وفعل ومعالجة الأشياء أو الأمور المتعلقة بتسيير العمل داخل الوظيفة، وتحديد الأدوات والمساعدات والآلات التي يتوجب على من يعمل فيها أن يتقن استخدامها.

* الناس PEOPLE :

يوضح هذا العنصر علاقة أداء الوظيفة وممارستها مع الآخرين: المرؤوسين، الرؤساء، الزملاء، الجمهور، أي علاقاتها داخل المنظمة وخارجها فيما يتعلق بعملها. ويشتمل هذا العنصر ـ على إقامة العلاقات مع الآخرين، والتعاون معهم والاشراف والرقابة عليهم، وتقييمهم، والتفاوض معهم، واقناعهم، والتحدث والاصغاء اليهم بفاعلية.

* البيانات DATA :

يوضح هذا العنصر مدى استخدام الوظيفة للبيانات من حيث: جمعها، ومعالجتها، وتحليلها، وتحويلها إلى معلومات، واستخلاص النتائج وتخزينها.

يلاحظ مما تقدم، أن هذا المدخل يعتمد على عمومية عناصر التحليل، من أجل استخدامها في تحليل عدد كبير من الوظائف والأعمال، فالملاحظ أنها مطلوبة في الكثير من الوظائف، مع الإشارة إلى أن مدى حاجة الوظائف اليها تختلف من واحدة لأخرى من حيث البساطة والتعقيد، فبساطتها وتعقيدها تشكلان هرمية تتماشى مع هرمية الهيكل التنظيمي للمنظمة، بمعنى أن هذه العناصر تكون سهلة وبسيطة نسبياً في وظائف المستوى الإداري الأول، وتزداد صعوبة وتعقيداً كلما ارتفعنا بالهيكل التنظيمي للأعلى.

الفصل السادس

تقييم الأعمال والوظائف

محتوى الفصل

- أبعاد تقييم الأعمال والوظائف.
- الطرق الكمية المستخدمة في تقييم الأعمال والوظائف.
- الطرق غير الكمية المستخدمة في تقييم الأعمال والوظائف .

تساؤلات يطرحها الفصل

- هل تقييم الأعمال والوظائف عمل اقتصادي يهدف إلى تحديد الرواتب والأجور، أم أنه وسيلة لتحديدها؟
- لماذا وصفت عملية تقييم الأعمال والوظائف بالعملية النظمية؟
- هل يمكن إتباع منهجية معينة في تقييم الأعمال والوظائف؟
- هل بالامكان استخدام الجانب الكمي في تقييم الأعمال والوظائف؟
- لماذا لا يمكن تحقيق العدالة والموضوعية بشكل كامل في تقييم الأعمال والوظائف؟ وهل يعتبر ذلك داعياً لعدم القيام بعملية التقييم؟

أبعاد تقييم الأعمال والوظائف

تعريف تقييم الأعمال والوظائف :

عملية نظمية تصممها وتنفذها إدارة الموارد البشرية، بهدف تحديد الأهمية (القيمة) النسبية لجميع وظائف المنظمة وأعمالها، باستخدام طرق وإجراءات رسمية، من أجل تقرير قيمة وأهمية كل منها، حيث في ضوء هذه القيمة يتم تحديد التعويض المالي (الراتب، الأجر) الذي تستحقه، وبشكل يتحقق معه العدالة والمساواة في دفع التعويضات المالية لجميع العاملين في المنظمة، فينتهي الأمر بدفع تعويض عالي للأعمال والوظائف التي تحصل على تقييم (قيمة) مرتفع، وتعويض أقل للتي تحصل على تقييم منخفض، وهذا يعني أن التعويض يتناسب طرداً مع زيادة قيمة الوظيفة التي يحددها التقييم وذلك في ضوء نتائج تحليلها وتوصيفها، التي تبين مدى ودرجة صعوبتها، وحجم مسؤولياتها، وخطورتها، ومتطلبات أدائها.

يفهم من ذلك أن التقييم يأخذ في اعتباره الجانب الإداري وليس الاقتصادي، بمعنى أنه لا يسعر الوظائف أي لا يحدد تعويضاتها، إنما يحدد قيمتها وأهميتها النسبية فقط، التي على أساسها يجري التسعير وتحديد التعويض المالي العادل الذي تستحقه، فمسألة التسعير عمل مكمل ولاحق لعملية التقييم، وسوف نأتي على شرح موضوع تحديد التعويضات في فصل لاحق. من خلال ذلك يمكننا القول بأن مهمة تقييم الأعمال والوظائف تنحصر في تثمينها من خلال ما تظهره نتائج تحليلها وتوصيفها، للوصول إلى قيمها النسبية التي على أساسها تتحدد تعويضاتها المالية.

هدف تقييم الأعمال والوظائف :

نستنتج من التعريف السابق، بأن عملية تقييم الأعمال والوظائف عملية نظمية تهدف إلى تحقيق العدالة والمساواة الداخلية في دفع التعويضات المالية. ويقصد بالعدالة الداخلية هنا تحقيق الانصاف والمساواة في دفع التعويضات المالية لجميع العاملين في المنظمة فقط، لأن هناك مساواة وعدالة خارجية تشير إلى أن التعويضات التي تدفع للعاملين في المنظمة، يجب أن تكون معادلة لما تدفعه

المنظمات الأخرى المنافسة والمشابهة للعاملين فيها مـن تعويضـات. وهنـا لابـد مـن الإشـارة إلى أن مسـألة العدالة والمساواة مسألة نسبية وليست مطلقة، بمعنى أنه لـيس بامكـان منظمـة مـا الوصـول إلى العدالـة والمساواة الكاملة في دفع تعويضاتها المالية للعاملين فيها، وهذا بسبب عوامل متعددة سنأتي على توضيحها لاحقاً.

جدوى تقييم الأعمال والوظائف :

يعد تقييم الأعمال والوظائف من المواضيع التي تتسم بطابع الحساسية، نظـراً لعلاقتـه المبـاشرة بتقرير ما يدفع للعاملين من رواتب وأجور أساسية. لقد اختلفـت الآراء حـول جـدواه أو نفعـه، فبعضـهم يقول: إن الوصول إلى تقييم موضوعي للأعمال، وتحديد التعويض العادل لهـا، أمـر مشـكوك فيـه، فعمليـة الوصول إلى قيمة كل عمل أمر ليس بالسهل في ظل عوامل تقيـيم يخضـع تحديـدها وتقييمهـا في الأعـمال والوظائف - وإلى حد كبير- إلى الرأي والحكم الشخصي للمقـيم، الـذي مـن المحتمـل في بعـض الأحيـان ألا يكون صحيحاً أو صائباً، وبالتالي تكون النتيجة غير موضوعية، ويكون الأجر أو الراتب المحدد غير عادل. إذاً ما دام الأمر هكذا فهل نستغني عن تقويم الأعمال؟ إن الإجابة عن هـذا التسـاؤل هـي بـالنفي، فـالتقييم مهما كان وضعه فهو خير من عدم وجوده، وبمزيد من التدريب لمنفذيـه، والتوعيـة والارشـاد يمكننـا تـلافي قسماً كبيراً من أخطاء المقيمين التي من المحتمل أن يقعوا فيها أثناء تقيـيمهم للأعـمال والوظـائف، والتـي تؤثر في دقة وموضوعية النتائج التي يتوصلون اليها. وبوجه عام يمكن القول أن تقويم الأعمال الجيد يمكننا من الحصول على الفوائد التالية:

* المساعدة في وضع هيكل عادل لرواتب وأجور جميع الوظائف داخل المنظمة، إذ يمكن القضاء على عـدم تساوي تعويضات الأعمال المتماثلة سواء في نفس الادارة الواحدة، أو في ادارات مختلفة ضمن المنشـأة، كما يساعد على إعطاء كل عمل حقه من التعويض المالي في ضوء واجباته ومسؤولياته.

* المساعدة في حسم الخلافات المتعلقة بالأجور والرواتب، على أساس أن كل فرد يتقاضى راتبـه أو أجـره في ظل أهمية وصعوبة عمله.

* المساعدة في تنميط الوظائف وطريقة تقويمها، وهذا يمكننا من تقدير قيم الوظائف التي تنشـأ مسـتقبلاً على هذا الأساس.

إطار عمل تقييم الأعمال والوظائف :

يشتمل تقييم الأعمال والوظائف على عدد من الأبعاد توضح نطاقه ومداه، سنأتي على ذكرها فيما يلي:

* وُصف تقييم الأعمال والوظائف بأنه عملية نظمية، أي أنه نظام SYSTEM يتكون من:

1- مدخلات : وتشتمل على معلومات عن الوظائف التي يحتاجها التقييم من أجل تحديد قيمتها وأهميتها، وتتوفر هذه المعلومات من نتائج تحليل الوظائف وتوصيفها. كما تشتمل على المقيمين الذين سيقومون بعملية التقييم، وطرق ومعايير هذا التقييم، التي على أساسها تتحدد قيم الوظائف والأعمال وأهميتها.

2- نشاط : ويمثل الجهد الذي يقوم به المقيمون في دراسة المعلومات المتوفرة عن الوظائف، ومن ثم تقييمها من خلال استخدام طريقة ومعايير تقييم محددة.

3- مخرجات: وتمثل نتائج نشاط التقييم التي تحدد قيمة كل وظيفة وأهميتها النسبية.

* يركز التقييم على الوظائف وليس على شاغليها أو من يؤديها فهو يقيم الوظيفة ولا يقيم شاغلها، وهذا يعني أن تقييم الوظائف ليس له علاقة بكفاءة من يؤديها، وبالتالي فالحوافز المالية التي تدفع للعاملين على أساس جهدهم في العمل ليس لها علاقة أو إرتباط بنتائج تقييم الوظائف، ذلك لأنها تدفع لهم على أساس مستوى كفاءتهم في تأدية مهام وظائفهم.

* لا يحدد التقييم التعويض المالي الذي تستحقه الوظائف والأعمال، إنما يحدد قيمها وأهميتها النسبية، أي أنه عملية سابقة لتحديد هيكل التعويضات المالية، ففي ضوء نتائجه تتحدد الرواتب والأجور، وبالتالي يمثل التقييم جوهر عملية تحديد التعويضات المالية في المنظمات.

* يشير مصطلح أهمية الوظيفة النسبية إلى أن أهمية الوظائف تتباين من فئة وظيفية لأخرى ومن مستوى إداري لآخر، وهذا ما يجعل تعويضاتها المالية متباينة داخل المنظمة الواحدة، نتيجة اختلاف قيمها التي يحددها التقييم.

* تحتاج عملية التقييم الى مقيمين من ذوي الخبرة، يستخدمون معاييراً وطرق تقييم محددة لهم بشكل مسبق، وتسمى هذه المعايير بالعوامل التعويضية

COMPENSABLE FACTORS التي تختلف أهميتها من فئة وظيفية لأخرى ومن منظمة لمنظمة ثانية، وقد سميت بالتعويضية لأنه على أساس مدى توفرها في الوظيفة يتم تحديد قيمتها وأهميتها النسبية وبالتالي التعويض المالي الذي تستحقه، تحقيقاً لشعار العدالة والمساواة الداخلية التي أشرنا إليها سابقاً.

* توجد طرقاً متعددة تستخدم في عملية تقييم الوظائف والأعمال، وهي متباينة من حيث قدرتها وفاعليتها على تحقيق التقييم الموضوعي وتحديد أهمية الوظائف النسبية.

* تعتمد عملية تقييم الأعمال والوظائف على الرأي والحكم الشخصي للمقيمين ومدى خبرتهم الشخصية، وبالتالي لا يمكن تحقيق الموضوعية الكاملة فيها، فموضوعية التقييم مسألة نسبية وذلك بسبب خضوع التقييم لاعتبارات شخصية تختلف من مقيم لآخر، وحسب المعايير وطرق التقييم المستخدمة.

* تمثل نتائج تحليل وتوصيف الأعمال والوظائف القاعدة الأساسية التي يقوم عليها التقييم، فهو يوفر المعلومات الكافية عن طبيعتها وماهيتها وخطورتها وصعوباتها، التي تعتبر جميعها بمثابة معايير أساسية يستخدمها التقييم للوصول إلى تحديد قيمها وأهميتها النسبية.

* يشارك إدارة الموارد البشرية في تقييم الأعمال والوظائف عادة مديرو الوحدات أو الادارات الأخرى في المنظمة، لكونهم على دراية ومعرفة بطبيعة الوظائف التي تؤدى في وحداتهم الإدارية، وبالتالي فمسؤولية التقييم مسؤولية مشتركة بين إدارة الموارد البشرية التي يقع عليها مسؤولية مباشرة في هذا المجال، وبين مديري الادارات الذين تقع عليهم مسؤولية غير مباشرة، ويفهم من ذلك أن عملية التقييم تتم من خلال لجان مشتركة داخل المنظمة.

منهجية تقييم الأعمال والوظائف :

يمر تنفيذ تقويم الأعمال بخطوات متعددة متلاحقة، تسعى جميعها إلى تحقيق غايته الأساسية وهي ايجاد الأساس الموضوعي والعادل في دفع رواتب وأجور العاملين الأساسية، وهذه الخطوات ما يلي :

في الخطوة الأولى يتم دراسة وتحليل النتائج التي توصل إليها نشاط تحليل العمل، التي توفر لنا معلومات مفيدة عن واجبات ومسؤوليات كل وظيفة، والمتطلبات الواجب توفرها في الفرد الذي سيشغلها، من أجل النجاح في أداء مهامها. أما الخطوة الثانية، ففيها يتم تقرير ما هو الشيء الذي ستدفع المنظمة على

أساسه التعويض المالي ، وهذا يعني تقرير العوامل التي ستستخدم في تقييم الأعمال والوظائف، فعوامل التقييم هي بمثابة معايير على ضوئها يتم تحديد قيمة وأهمية كل وظيفة، وهي التي لا يمكن تحديدها إلا بعد الدراسة الجيدة لنتائج تحليل الأعمال. وعوامل التقييم المستخدمة من قبل المنظمات تكون في العادة مختلفة ومتنوعة، إلا أن جميعها من المفترض أن تعمل على إظهار المساهمات التي يقدمها شاغل الوظيفة للمنظمة.

وبوجه عام يجب ان يتوفر في عوامل التقييم أو العوامل التعويضية هذه، مجموعة من الصفات التي أهمها ما يلي:

- أن تكون عامة، بمعنى أن تكون متوفرة وموجودة في كافة الأعمال والوظائف.

- ألا تكون متداخلة في معانيها.

- أن تكون مهمة لأداء العمل أو الوظيفة، أي يعتمد نجاح الأداء عليها.

- يمكن تحديد وجودها في العمل وتقييمها بسهولة ومن قبل أكثر من مقيم واحد.

- أن يكون لكل منها قيمة تمثل أهميتها النسبية بالنسبة لباقي عوامل التقييم.

أما الخطوة الثالثة فيتم فيها إختيار طريقة التقييم التي سوف تستخدم في سبيل الوصول إلى تحديد قيم وأهمية الوظائف والأعمال التي يجري تقييمها. ويتم إختيار الطريقة وفق ظروف وإمكانات المنظمة، وطبيعة الأعمال التي يتم تقييمها، هذا وسوف نعمل على شرح طرق تقييم الأعمال بعد قليل. وأخيراً وفي الخطوة الرابعة يتم إختيار منفذي التقييم، أي الأشخاص الذين سيستخدمون طريقة التقييم، وهؤلاء يجب أن يكونوا على خبرة ومعرفة بموضوع التقييم بشكل عام، وعلى دراية وإلمام بكيفية إستخدام طريقة التقييم وفهم معاييره بشكل خاص.

الطرق الكمية المستخدمة في تقييم الأعمال والوظائف

الآن وبعد عرضنا لماهية وأبعاد تقييم الأعمال والوظائف وخطواته وجدواه، سنأتي إلى شرح عدد من الطرق الكمية المعروفة شائعة الاستخدام في مجال التقييم فيما يلي:

طريقة مقارنة العوامل :

يطلق على هذه الطريقة مصطلح COMPARISON FACTORS METHOD ويتم تقييم الأعمال والوظائف فيها من خلال الخطوات التالية:

1- تحديد معايير التقييم وتعريفها :

يستخدم في هذه الطريقة خمسة معايير تتصف بطابع العمومية والشمول لأكبر عدد من الوظائف وهذه المعايير وتعاريفها ما يلي:

* الجهد الذهني MENTAL EFFORT : يمثل هذا المعيار ما يحتاجه أداء الوظيفة من مستوى ذكاء وتصور ومنطق وتحليل للأمور واستخلاص النتائج.

* الجهد الجسدي PHYSICAL EFFORT : يعبر هذا المعيار عن ما يحتاجه أداء الوظيفة من جهد عضلي فسيولوجي، ومقدار التعب والارهاق الذي يصاحب هذا الأداء من قبل من سيؤديها.

* المهارة SKILL : تمثل المهارة مقدار الحذق والخبرة اللذان يحتاجهما أداء الوظيفة بنجاح وفاعلية من قبل شاغلها.

* المسؤولية RESPONSIBILITY : تعبر عن الالتزامات المترتبة على الوظيفة التي سوف يتحملها من سيؤديها، كما تعبر عن نطاق ونوعية هذه الالتزامات.

* ظروف العمل المادية WORK CONDITIONS : تشير الظروف الى بيئة العمل المادية التي تؤدى فيها الوظيفة كالتهوية، الاضاءة، الضوضاء، المخاطر.. الخ ومدى صعوبة وخطورة هذه الظروف.

2- إختيار مجموعة من الوظائف الدالة:

يطلق على هذه المجموعة مصطلح BENCHMARK JOBS ويسميها بعضهم بالوظائف المعيارية أو القياسية، وهي عبارة عن عينة يتم اختيارها من وظائف المنظمة التي سيجري تقييمها وبالتالي فهي تمثل هذه الوظائف، لذلك يتوجب عند اختيارها أن تمثلها من حيث نوعها وماهيتها وطبيعتها، وهذا يعني أن تكون وظائف هذه العينة متفاوتة ومتدرجة من حيث حجم مسؤولياتها، وصعوبة الظروف المحيطة بها، والجهد الذهني والجسدي الذي يحتاجه أداؤها، وأن تكون من مختلف المستويات الإدارية، وأن تتصف بالاستقرار النسبي من حيث محتواها وتوصيفها. وتنحصر مهمة هذه المجموعة أو عينة الوظائف الدالة، أنه على أساس تقييمها سيتم تقييم وظائف المنظمة، أي أن نتائج تقييمها ستكون بمثابة معيار لتقييم جميع وظائف المنظمة، وهنا يتطلب الأمر تقييم وظائف هذه المجموعة أولا باستخدام معايير التقييم التي جرى تحديدها في الخطوة الأولى، تمهيداً لتقييم وظائف المنظمة الذي

سيتم على أساس نتائج تقييمها. ولمزيد من التوضيح، نود الإشارة إلى أن صفة الدالة التي أطلقت على وظائف هذه العينة، تعني بأنه اذا قرأنا نتائج تحليلها وتوصيفها نفهم طبيعة وماهية وظائف المنظمة والعمل الذي يؤدى فيها، وسوف نفترض بأن عينة مجموعة الوظائف الدالة في منظمة ما قد اشتملت على الوظائف التالية: وظيفة مدير التسويق، وظيفة محاسب، وظيفة سكرتير، وظيفة ناسخ، وظيفة مراسل.

3- تقييم عينة مجموعة الوظائف الدالة :

يتم تقييم مجموعة الوظائف الدالة عن طريق استخدام معايير التقييم التي حددت في الخطوة الأولى، ويجري ذلك من خلال تحديد قيم أو أوزان لهذه المعايير، ومن ثم يُقيم مدى توفر كل معيار منها في كل وظيفة اشتملت عليها المجموعة، بحيث يعبر التقييم عن مدى أهمية (قيمة) المعيار لكل واحدة منها، ويمثل مجموعة النقاط التي تحصل عليها الوظيفة، تقييمها أو أهميتها النسبية وفيما يلي جدول يوضح عملية التقييم:

جدول رقم (2)
جدول تقييم عينة الوظائف الدالة

قيمة أو وزن المعيار	معايير التقييم				
	ظروف وأحوال العمل	المجهود الجسدي	المجهود الذهني	المسؤولية	المهارة
1000			وظيفة مدير التسويق	وظيفة مدير التسويق	وظيفة مدير التسويق
900					
800					
700			وظيفة محاسب		وظيفة محاسب
600	وظيفة مدير التسويق	وظيفة مدير التسويق		وظيفة محاسب	وظيفة سكرتير
500			وظيفة سكرتير		وظيفة ناسخ
400	وظيفة محاسب	وظيفة سكرتير		وظيفة سكرتير	
300	وظيفة سكرتير	وظيفة مراسل		وظيفة ناسخ	
200	وظيفة مراسل	وظيفة محاسب	وظيفة ناسخ		
100	وظيفة ناسخ	وظيفة ناسخ	وظيفة مراسل	وظيفة مراسل	وظيفة مراسل

وتحسب قيم وظائف المجموعة الدالة من خلال جدول التقييم السابق عن طريق قسمة مجموع النقاط التي حصلت عليها الوظيفة الدالة على عدد معايير التقييم وذلك على النحو التالي:

قيمة وظيفة مدير التسويق   = $\dfrac{4200}{5}$ نقطة   =   840 نقطة

قيمة وظيفة محاسب   = $\dfrac{2600}{5}$ نقطة   =   520 نقطة

قيمة وظيفة سكرتير   = $\dfrac{2200}{5}$ نقطة   =   440 نقطة

قيمة وظيفة ناسخ   = $\dfrac{1200}{5}$ نقطة   =   240 نقطة

قيمة وظيفة مراسل   = $\dfrac{800}{5}$ نقطة   =   160 نقطة

3- تقييم وظائف المنظمة :

في ضوء تقييم الوظائف الدالة أو المعيارية التي وضحها جدول التقييم السابق، يجري تقييم وظائف المنظمة عن طريق مقارنة توصيف كل وظيفة من هذه الوظائف مع توصيف وظائف المجموعة الدالة كل معيار على حده على النحو التالي:

لنفرض أن الوظيفة المراد تقييمها هي وظيفة رئيس قسم الخدمات، ولدى مقارنة توصيف هذه الوظيفة مع توصيف وظائف المجموعة الدالة تبين للمقيم ما يلي: بالنسبة لمعيار المهارة، اتضح نتيجة المقارنة بأن وظيفة رئيس قسم الخدمات تحتاج لمهارة بنفس القدر الذي تحتاجه وظيفة سكرتير، في هذه الحالة تحصل وظيفة رئيس قسم الخدمات بالنسبة لمعيار المهارة على نفس القيمة التي حصلت عليها وظيفة سكرتير وهي 600 نقطة ، وهكذا تتكرر عملية المقارنة بالنسبة لكل معيار من معايير التقييم وبالطريقة نفسها. ولنفرض أن وظيفة رئيس قسم الخدمات قد تشابهت نتيجة المقارنة مع معايير التقييم وفق ما يلي:

من حيث المهارة تشابهت أهميتها مع وظيفة سكرتير   600

من حيث المسؤولية تشابهت أهميتها مع وظيفة محاسب   600

من حيث الجهد الذهني تشابهت أهميته مع وظيفة سكرتير   500

من حيث الجهد الجسدي تشابهت أهميته مع وظيفة محاسب   200

من حيث ظروف العمل تشابهت أهميته مع وظيفة محاسب   <u>400</u>

2300 نقطة

في هذه الحالة تكون قيمة وظيفة رئيس قسم الخدمات 2300÷5 = 460 نقطة وهكذا تتكرر العملية بالنسبة لباقي وظائف المنظمة التي يجري تقييمها.

طريقة النقط :

تقيم الوظائف والأعمال بموجب هذه الطريقة من خلال الخطوات التالية:

1- تصنف وظائف المنظمة ضمن فئات أو مجموعات وظيفية متشابهة متجانسة FAMILIES كالوظائف الفنية، الوظائف المحاسبية، وظائف الخدمات.. الخ، والغاية من التصنيف هو أن ماهية وطبيعة وظائف المجموعات تختلف من واحدة لأخرى، مما يجعل أهمية معايير تقييمها تختلف أيضاً، وهذا يعني أن معايير التقييم واحدة بالنسبة لجميع المجموعات الوظيفية لكن أوزان أو أهمية هذه المعايير تختلف من فئة وظيفة لأخرى. فمعيار الخبرة مثلاً يدخل في تقييم جميع وظائف المجموعات أو الفئات، لكن وزنه أو أهميته تختلف من مجموعة لأخرى، فنجدها هامة جداً بالنسبة للوظائف الرئاسية، في حين أن أهميتها أقل بالنسبة للوظائف الفنية، في ضوء ذلك يتوجب تقييم وظائف كل مجموعة على حدة .

2- تحدد معايير تقييم وظائف المجموعات بشكل تتصف بالعمومية والشمولية، أي تدخل في تقييم جميع وظائف المنظمة، ولابد من تعريف هذه المعايير وبيان معنى كل منها بشكل واضح ومفهوم للمقيمين الذين سيستخدمونها في التقييم. وتحدد أوزان هذه المعايير بالنسبة لكل مجموعة وظيفية على حده، نظراً لاختلاف أهميتها من مجموعة لأخرى، ولنفرض أن معايير التقييم هي ما يلي:

مستوى (الشهادة) التعليم المطلوب، الخبرة، المسؤولية، المهارة في العمل، الجهد الذهني، الجهد الجسدي، ظروف وأحوال العمل المادية والأخطار.

3- تحدد قيمة التقييم الاجمالية التي تمثل القيمة الكلية لمعايير التقييم وذلك بعدد من النقاط، ويلعب عدد المعايير دوراً في تحديد هذه القيمة، فقد تكون 100، أو 500 ، أو 1000 نقطة حسب الحاجة وعدد معايير التقييم، فكلما كان عدد المعايير كبيراً احتجنا إلى قيمة كلية أكبر والعكس صحيح.

4- توزع قيمة التقييم الكلية على معايير التقييم، بحيث يحصل كل معيار على جزء من هذه القيمة التي تسمى بالوزن النسبي أو الأهمية النسبية، وبشكل يتماشى التوزيع مع مدى أهمية كل معيار بالنسبة لوظائف كل مجموعة على حده، وهذا يعني أن القيمة أو الأهمية النسبية للمعيار تختلف من مجموعة لأخرى، فأهمية معيار المسؤولية للوظائف الرئاسية مثلاً أكبر بكثير من أهميته لمجموعة الوظائف الكتابية. ونود الإشارة هنا الى أن القيمة الكلية لمعايير التقييم تمثل أعلى قيمة أو تقييم تحصل عليه وظيفة عند القيام بتقييم المجموعات الوظيفية .

5- توزع قيمة أو الوزن النسبي لكل معيار الى درجات أو مستويات توضح مدى توفره (أو أهميته) في الوظيفة التي يجري تقييمها، وينتج عن هذا التوزيع دليل يدعى بجدول أوزان معايير التقييم، حيث يكون لكل مجموعة وظيفية جدول خاص بها، وهذا بسبب أن أهمية المعايير تختلف من مجموعة لأخرى، ونوضح فيما يلي كيفية إعداد جدول أوزان المعايير.

بافتراض أن القيمة الكلية لمعايير كل مجموعة وظيفية هي /500/ نقطة، وأن أوزانها النسبية لمجموعة الوظائف المحاسبية على سبيل المثال وعلى التوالي ما يلي: 22% ، 18% ، 16% ، 14% ، 10% ، 8% وبافتراض أيضاً أن المعيار الواحد يراد تقسيمه إلى خمسة مستويات. في ظل هذه الافتراضات نحصل على جدول توزيع الأوزان التالي: [1]

---

(1) تم احتساب الفرق بين مستويات توزيع الوزن النسبي لمعايير التقييم عن طريق:

$$\frac{\text{قيمة المعيار الكلية}}{\text{5 درجات}} = \frac{500 \times 22}{100} = \frac{110}{5} = 22 \text{ نقطة}$$

جدول رقم (3)

جدول توزيع الأوزان النسبية لمعايير التقييم

معايير التقييم	وزن المعايير	درجات توفر المعايير في الوظائف المقيمة				
		1	2	3	4	5
المؤهل العلمي	%22	22	44	66	88	110
الخبرة السابقة	%18	18	36	54	72	90
المهارة في العمل	%16	16	32	48	64	80
المسؤولية	%14	14	28	42	56	70
الجهد الذهني	%12	12	24	36	48	60
ظروف وأحوال العمل	%10	10	20	30	40	50
الجهد الجسدي	%8	8	16	24	32	40
المجموع الكلي	%100					500

6- بعد إنهاء الخطوات التمهيدية السابقة، يجري تقييم الوظائف ضمن المجموعة الواحدة عن طريق قراءة المقيم لنتيجة تحليلها وتوصيفها الوظيفي، حيث تساعده القراءة على تحديد درجة أو مستوى توفر كل معيار من معايير التقييم فيها، في ضوء الأوزان المحددة في جدول التقييم السابق، فإذا حصلت وظيفة ما على النقاط التالية وفق المعايير الموضحة فيه وعلى التوالي: 88 ، 54 ، 64 ، 70، 60 ، 40 ، 40 فيكون تقييمها /416/ نقطة من أصل /500/ وهذه القيمة توضح أهميتها ضمن المجموعة الوظيفية التي تنتمي إليها. وبعد الانتهاء من تقييم وظائف المجموعة الواحدة، يعد جدولاً يوضح نتائج تقييمها كما هو مبين في الجدول التالي:

جدول رقم (4)

جدول تقييم مجموعة وظائف الخدمات الفنية

الوظيفة	المؤهل العلمي	الخبرة السابقة	المهارة في العمل	المسؤولية	الجهد الذهني	ظروف العمل	الجهد الجسدي	مجموع النقاط
محاسب	88	54	64	70	36	20	8	340
مدقق	44	54	48	56	36	10	8	256
كاتب الحسابات	22	18	16	14	12	10	8	100

طريقة هيْ   HAY :

تستخدم هذه الطريقة بشكل خاص في تقييم الأعمال والوظائف الادارية ذات الصبغة الرئاسية الإشرافية، وهي واسعة الانتشار والاستخدام في المنظمات على اختلاف أنواعها. وتعتمد هـذه الطريقـة في عملية تقييمها للوظائف على ثلاثة عوامل تعويضية رئيسة لها صفة وطابع العمومية، حيث الغالبية العظمى من الوظائف الادارية يتوقف النجاح في أدائها على وجود هذه العوامل فيها. وهـذه الطريقـة كسابقتها النقط ومقارنة العوامل، تعتمد على إعطاء قيم رقمية على شكل نقاط، توضح مدى أهميـة كـل معيار بالنسبة للوظائف التي يجري تقييمها. إن معايير التقييم الثلاثة الرئيسة التي يجري التقييم علـى أساسها، لا يتم تقييمها لدى كل وظيفة بشكل إجمالي، بل تقيم بشكل مجزئ. وبعبارة أوضح يجـزئ كـل معيار تقييم إلى معايير فرعية، يعطى كل منها قيمة رقمية توضح أهميته ضمن المعيار الرئيس الـذي يتبع له، وبالتالي فالقيمة التي تحدد للمعيار الرئيس تبين مدى أهميته، وتوزع على معايير التقييم الفرعية التي يشتمل عليها. وفيما يلي معايير التقييم الرئيسة الثلاثة ومضمون كل منها:

* يعرف كيف (المعرفة)   KNOW HOW :

ويقصد بهذا المعيار المعرفة، المهارات المطلوبة من شاغل الوظيفة ليؤدي عمله بنجاح، ويشتمل على جوانب متعددة هي: المعرفة الفنية، المعرفة العملية أو التطبيقية، سعة الأفق الاداري (المقدرة علـى جعل عدة أنشطة تعمل مع بعضها بشكل متجانس وبكفاءة عالية) . كما يشتمل هذا المعيار علـى المهـارة في تحضير وقيادة الآخرين وتحقيق الرغبة في العمل المنتج والتعاون.

* حل المشكلة   PROBLEM SOLVING   والنشاط الذهني:

يوضح هذا المعيار ما تحتاجه الوظيفة من شاغلها لاتخاذ قرار صحيح، وبالتالي فهو يشـتمل علـى أبعاد تتعلـق بتحليل وتشخيص المشكلة، والتقييم المنطقـي لهـا، واستخلاص النتائج، ووضع الحلـول، والابتكار، والابداع، والتحدي.

* المساءلة   ACCOUNTABILITY :

يعبر هذا المعيار عن نوع المسؤولية وحجمها الملقاة على الوظيفة، والتي سوف يتحملها شـاغلها، وتشتمل المساءلة على المسؤولية عن الأموال، والتجهيزات، والأفراد. كما يشتمل على مدى أهمية الوظيفـة من خلال مدى تأثيرها في نتائج أعمال المنظمة.

ويتم التقييم عن طريق قراءة المقيم لتحليل كل وظيفة على حده، ليحدد مدى أهمية كل معيار فرعي ضمن المعيار الرئيس الذي ينتمي إليه، وذلك بأن يعطيه قيمة معينة من القيمة (الوزن) الكلية المحددة له. فاذا كان وزن المعرفة وهو معيار رئيس /40/ نقطة من أصل /100/ نقطة تمثل القيمة الكلية لمعايير التقييم، وكان وزن المعيار الفرعي المعرفة الفنية /15/ نقطة من أصل الـ /40/ نقطة المحددة للمعيار الرئيس المعرفة، إذاً سيحدد المقيم مدى أهمية المعرفة الفنية لكل وظيفة خاضعة للتقييم في حدود 15 نقطة فقط، وهكذا الأمر بالنسبة لباقي معايير التقييم، وتمثل النقاط التي تحصل عليها الوظيفة في نتيجة التقييم النهائية قيمتها وأهميتها.

طريقة التقييم على أساس المهارة :

تعتمد هذه الطريقة في تقييمها للأعمال على معيار تقييم رئيس وأساسي هو المهارة المطلوبة لأداء العمل، التي يجب أن تكون متوفرة حكماً لدى الفرد الذي سيشغله، وبالتالي تقوم هذه الطريقة (وبناء على نتائج تحليل الأعمال) باعطاء قيمة للمهارة التي يتطلبها أداء كل عمل أو وظيفة في المنظمة، هذه القيمة تسعر فيما بعد، بحيث يحدد في ضوء نتيجتها الراتب أو الأجر الذي يتقاضاه شاغل العمل أو الوظيفة. وبناء عليه يبدأ جميع العاملين الجدد في المنظمة براتب معين، وكلما تعلموا أو اكتسبوا مهارة جديدة في العمل تؤهلهم لأداء عمل جديد، يرتفع هذا الراتب أو الأجر. يتضح مما تقدم أن هذه الطريقة تتميز بخاصية جيدة وهي أنها تحفز العاملين على تعلم واكتساب المهارات الجديدة، وتطوير أدائهم للأفضل. كما تتميز بسهولتها وبساطتها وقلة تكلفتها من حيث الجهد والوقت. إن تطبيق هذه الطريقة يكون عادة مقروناً باعداد وتنظيم دورات تدريبية لمساعدة العاملين على اكتساب مهارات جديدة، من أجل الحصول على راتب أو أجر مرتفع، على اعتبار أن الأجر أو الراتب الذي يتقاضاه الفرد يمثل مجموع قيم المهارات التي تعلمها او اكتسبها خلال حياته الوظيفية. وقد استخدمت هذه الطريقة في تصميم هيكل الرواتب والأجور، الذي سنعمد إلى شرحه في فصل لاحق بعنوان التعويضات المالية.

يؤخذ على هذه الطريقة أنها لا تأخذ في اعتبارها سوى عامل تعويضيـ (معيار تقييم) واحد فقط، علماً بأن هناك عوامل أخرى لها أهمية من الضروري أخذها في الحسبان عند التقييم.

في ختام عرضنا لطرق تقييم الأعمال والوظائف الكمية، نجد أن هذه الطرق تتميز بقدرتها على تحديد قيمة الوظائف بشكل دقيق، وذلك من خلال عدد

النقاط التي تحصل عليها الوظائف نتيجة تقييمها، وبالتالي فهي تحدد التفاوت بين أهمية الوظائف بدقة، مما يعطي ثقة نسبية في نتائج تقييمها.

الطرق غير الكمية المستخدمة في تقييم الأعمال والوظائف

تشتمل الفئة الثانية من طرق تقييم الوظائف على طريقتين معروفتين منذ زمن وهما طريقة ترتيب الوظائف، وطريقة الدرجات الوظيفية او تصنيف الوظائف، وسنأتي فيما يلي على شرح هاتين الطريقتين:

طريقة الترتيب :

تعد طريقة الترتيب JOBS RANKING أولى الطرق المستخدمة إبان شيوع تقييم الأعمال، وتتم عملية التقويم بموجبها، بأن يطلب من المقوم أن يرتب الأعمال الموجودة في المنظمة حسب درجة صعوبتها ومسؤولياتها وبالتالي أهميتها، وعلى أساس الحكم العام الاجمالي على كل وظيفة باعتبارها وحدة عمل متكاملة، وذلك إما تصاعدياً من الأسهل للأصعب أو تنازلياً من الأهم والأصعب إلى الأقل أهمية وصعوبة. ولتكون عملية التقويم دقيقة، توضع بعض المعايير الارشادية للمقوم. وذلك من واقع ما يقدمه تحليل الأعمال وتوصيفها من معلومات، ليستعين بها في عملية تقييمه للوظائف والاعمال ومثال على هذه المعايير : التعليم، الخبرة، ظروف العمل.. الخ. وتنفذ عملية التقويم بموجب هذه الطريقة بوساطة أسلوبين. الأسلوب الأول وهو التقويم الافرادي، حيث يقوم مقيم واحد بالعمل التقييمي اعتماداً على مقدرته وخبرته. ويستخدم هذا الأسلوب في الواقع في حالة كون عدد الأعمال أو الوظائف المراد تقييمها قليل من جهة، وكون المقيم على معرفة وإلمام بمضمون الوظائف والأعمال من جهة ثانية، بحيث تكون معروفة ومألوفة بالنسبة اليه. أما الأسلوب الثاني فهو الأسلوب الجماعي، حيث يتم التقييم بموجبه من قبل لجنة، ويستخدم في حالة كون عدد الأعمال المراد تقويمها كبيراً، لأن احتمال وجود مقيم واحد يلم بمضمونها جميعها ضعيف. ويتم التقييم عن طريق اللجنة على النحو التالي:

توزع على أعضاء لجنة التقييم بطاقات تتضمن وصفاً محدداً لكل عمل أو وظيفة مطلوب تقويمها، ويطلب منهم دراسة وصفها، ثم مقارنته مع وصف الأعمال والوظائف الأخرى، واختيار أعلى وأدنى عملين (وظيفتين) كحدين يتم ترتيب الوظائف بينهما إما تصاعداً أو تنازلياً حسب درجة صعوبتها ومسؤولياتها. ولضمان الدقة والسلامة في التقدير، تكرر عملية التقويم مرة أو مرتين يتخللها فاصل زمني، وفي الأغلب أسبوع، وذلك ليتسنى لعضو اللجنة أن يقارن نتائج تقويمه، والوقوف على ما قد يكون من اختلاف بينها. وبعد الإنتهاء من عملية التقويم، تدرس لجنة التقويم قوائم الترتيب، وتناقش الاختلافات بينها، وتقوم بحساب متوسط التقديرات لجميع أعضاء اللجنة، وفيما يلي نموذج لجدول التقويم لكل عضو في اللجنة:

جدول رقم (5)

الوظيفة	الترتيب الأول	الترتيب الثاني	الترتيب الثالث	المتوسط التقريبي	الترتيب النهائي
أ	2	1	1	1.33	1
ب	1	2	2	1.66	2
جـ	3	3	3	3	3
د	4	4	4	4	4

طريقة التصنيف أو الدرجات :

تقيم طريقة الدرجات JOB GRADING أو التصنيف JOB CLASSIFICATION الوظائف من خلال الخطوات المتلاحقة التالية:

* يحدد عدد معين من الدرجات (الفئات) كل درجة تحتوى على مجموعة من الوظائف المتشابهة من حيث صعوبتها ومسؤولياتها، وإن اختلفت في مسمياتها ولا يوجد عدد نمطي للدرجات، إذ يتوقف ذلك على طبيعة العمل في المنظمة، وتعدد وتنوع الأعمال والوظائف فيها، وفيما يلي عدد من الدرجات وما تشتمل عليه من وظائف على سبيل المثال لا الحصر:

الدرجة الأولى: وتشتمل على وظائف الادارة العليا التي تقوم برسم السياسات والتنظيم والرقابة العامة.. الخ .

الدرجة الثانية : وتشتمل على وظائف البحوث والدراسات.

الدرجة الثالثة: وتشتمل على الوظائف ذات الطابع العلمي المتخصص كالمهندسين والكيميائيين على سبيل المثال.

الدرجة الرابعة: وتشتمل على الوظائف المالية والمحاسبية والادارية والاحصائية والحاسب الآلي.

الدرجة الخامسة: وتشتمل على وظائف الصيانة والخدمات الفنية كالكهربائية وميكانيك سيارات.. الخ.

الدرجة السادسة: وتشتمل على الوظائف الكتابية.

الدرجة السابعة: وتشتمل على وظائف الخدمة العامة كالنظافة، والمراسلين.. الخ.

وترتب الدرجات عادة حسب أهميتها إما تنازليا أو تصاعدياً، ويحدد تعريف لكل منها على شكل وصف وظيفي، يبين طبيعة وماهية الوظائف التي تشتمل عليها كل درجة . كما يوضح مواصفات أو معايير شاغلها كالتحصيل العلمي (الشهادة) الخبرة.. الخ .

* بعد الانتهاء من الخطوة التمهيدية السابقة، يقوم المقيم بمقارنة تحليل ووصف كل وظيفة من وظائف المنظمة مع وصف الدرجات المحددة، ويصنفها في الدرجة التي يتشابه وصفها مع وصف الوظيفة الخاضعة للتقييم، وفي نهاية التقييم يكون المقيم قد وزع أو صنف وظائف المنظمة على أو ضمن الدرجات، وتكون النتيجة أن الوظائف التي تشتمل عليها الدرجة الوظيفية الواحدة، متشابهة من حيث قيمتها وأهميتها وطبيعة وماهية عملها، وهذا يستدعي أن تعامل معاملة واحدة من حيث تحديد راتبها أو أجرها.

وتجدر الاشارة إلى أنه من الممكن بعد الانتهاء من توزيع الوظائف على الدرجات، أن ترتب الوظائف ضمن كل درجة أيضا حسب أهميتها النسبية، وذلك باستخدام الطريقة الأولى الترتيب. ويستخدم هذا الوضع في حالة وجود بعض الفروق في الاهمية النسبية ضمن وظائف الدرجة الواحدة.

يتضح من خلال استعراض الطرق غير الكمية، أنها لا تفتت العمل الواحد أو الوظيفة الواحدة الى مكوناتها لتقييمها والحكم على مدى أهميتها النسبية، بل تكتفي بالتقييم الاجمالي والحكم العام عليها، لذلك فهي لا تتصف بطابع الدقة والموضوعية كالطرق الكمية.

في نهاية عرضنا لموضوع طرق تقييم الأعمال، نود الاشارة الى نقطة مفادها: أن الكثير من القراء ربما لا تقنعهم الدلائل والخبرات المعروضة بأن تقويم

الأعمال والوظائف يمكن أن يكون أداة لإقامة هيكل عادل للتعويضات المالية، نظراً لعـدم دقـة نتائجـه. إلا أننا نرد على ذلك بأن تقويم الأعمال والوظائف على الرغم من سلبياته، فإنه يبقى أداة (اذا أعطي الاهتمام الكافي، وهيء له الخبرة الجيدة) يسهم ويساعد في تحديد هيكل الأجور والرواتب المناسب والعـادل قـدر الإمكان، وعدم استعمال التقويم على أية حال لن يحقق فوائد اكثر من استخدامه.

الفصل السابع

تخطيط الموارد البشرية الاستراتيجي

محتوى الفصل

- ماهية التخطيط الاستراتيجي للموارد البشرية.
- تخطيط الموارد البشرية عملية استراتيجية.
- طرق الاستغناء عن قوة العمل.
- مصفوفة ماركوف أداة لتخطيط الموارد البشرية الاستراتيجي.

تساؤلات يطرحها الفصل

- لماذا تعد عملية تخطيط الموارد البشرية عملية استراتيجية.
- هل هناك منهجية علمية يمكن اتباعها في رسم التخطيط الاستراتيجي للموارد البشرية؟
- ما هو الدور الاستراتيجي الذي يلعبه تخطيط الموارد البشرية بين استراتيجية المنظمة واستراتيجية ادارة الموارد البشرية؟
- ما هي الآلية التي يمكن من خلالها وضع استراتيجية الموارد البشرية؟
- ما هي الاستراتيجيات التي يمكن بوساطتها التعامل مع نتائج تخطيط الموارد البشرية الاستراتيجي؟

ماهية التخطيط الاستراتيجي للموارد البشرية

تعريف التخطيط الاستراتيجي للموارد البشرية وهدفه :

هو أحد الأنشطة (الوظائف) والممارسات الأساسية التي تؤديها إدارة الموارد البشرية في كافة أنواع المنظمات، فمن خلاله تُقدرْ وتُحسبْ احتياجات المنظمة المستقبلية من الموارد البشرية من حيث أعدادها وأنواعها ومهاراتها، بشكل يخدم متطلبات تحقيق استراتيجيتها. وفي سبيل ذلك يقوم تخطيط الموارد البشرية بوضع استراتيجية مستقبلية، تقوم أساساً على دراسة حجم وعبء العمل المستقبلي المحدد في استراتيجية المنظمة، ومقارنته مع قوة وامكانات الموارد البشرية المستقبلية فيها، لتحديد فيما إذا كانت المنظمة بحاجة إلى قوة عمل اضافية وما هو نوعها ومهاراتها المطلوبة لانجاز عبء العمل المستقبلي، أم أن لديها فائض عن حاجتها من الموارد البشرية (قوة العمل)، أم لا يوجد نقص أو فائض، بحيث تكفي الموارد الحالية لانجاز ما هو مخطط له من حجم عمل في استراتيجية المنظمة العامة.

وتوضع استراتيجية تخطيط الموارد البشرية عادة في ظل تأثير المتغيرات البيئية، سواء أكانت متعلقة بالبيئة الداخلية أو بالبيئة المحيطة، ومن هذه المتغيرات: استراتيجية المنظمة وأهدافها، سياسات العمل، الانظمة والقوانين، المنافسة في السوق، التكنولوجيا .. الخ . إذ تلعب هذه المتغيرات مجتمعة، دوراً مؤثراً وكبيراً في رسم استراتيجية الموارد البشرية في المنظمات عامة.

يتضح من ذلك أن تخطيط الموارد البشرية الاستراتيجي يتعامل مع ظروف من عدم التأكد وسرعة التغير فيها، وهذا سببه أن المتغيرات البيئية التي توضع في ظلها استراتيجية المنظمة وتنفذغير مستقرة. وبما أن تخطيط الموارد البشرية يوضع تحت مظلة وخدمة هذه الاستراتيجية، إذاً هو الآخر يعمل في ظل ظروف متغيرة يسودها درجة من عدم التأكد، التي تستدعي إدراك وفهم جيد لجميع المسائل المؤثرة في استراتيجية المنظمة وأداءها الكلي، ولاشك أن هذا الفهم يتطلب وفرة من المعلومات الموضوعية والدقيقة عن المتغيرات البيئية المؤثرة. يمكننا القول إذاً بأن نشاط تخطيط الموارد البشرية الاستراتيجي نابع ويتوافق ويخدم استراتيجية المنظمة، فيحدد حاجتها من البشر الذين سيؤدون وظائفها وأعمالها المستقبلية من أجل تحقيق أهدافها الاستراتيجية .

يتضح من التعريف السابق، بأن جوهر عملية تخطيط الموارد البشرية الاستراتيجي، يهدف إلى تحقيق التوازن بين حاجة استراتيجية المنظمة وأداءها الكلي المستقبلي من الموارد البشرية على اختلاف أنواعها، وبين ما هو متاح من هذه الموارد في المنظمة مستقبلاً، وذلك من خلال المقارنة بين حجم العمل المطلوب في استراتيجية المنظمة، وبين قوة العمل التي تمثل إمكانات الموارد البشرية المتاحة مستقبلاً، فاذا كان المتاح لا يكفي حجم العمل المطلوب، فهذا يعني وجود نقص متوقع في الموارد البشرية (قوة العمل)، يجب تحديده ومن ثم توفيره. أما اذا كان المتاح من هذه الموارد أكبر من حجم العمل المطلوب، إذاً في هذه الحالة سيكون لدى المنظمة فائض في مواردها البشرية مستقبلاً يجب العمل على التخلص من، لأنه يمثل تكلفة عمل تؤثر في أرباح المنظمة سلباً، وهذا كله من أجل تحقيق التوازن المستقبلي بين حجم عمل المنظمة الذي حددته استراتيجيتها مع قوة العمل التي تمثل إمكانات مواردها البشرية EQUILIBRUEM . BALANCE BETWEEN DEAMND AND SUPPLY

إذاً يمكننا القول بأن عملية تخطيط الموارد البشرية الاستراتيجي تقوم على ثلاثة أركان رئيسة هي ما يلي:

* التنبؤ بمطالب العمل المستقبلي من الموارد البشرية DEMAND OF WORK ، ويتم ذلك في ظل وضوء حجم العمل الذي حددته استراتيجية المنظمة وأداءها الكلي.

* التنبؤ بمدى قدرة المنظمة على تزويد أو تلبية مطالب العمل المستقبلي من مواردها البشرية المتاحة لديها SUPPLY OF WORK ، ويتم ذلك من خلال ما يسمى بتحليل قوة العمل WORKFORCE ANALYSIS الذي يشتمل على معرفة وتحديد عدد الموارد البشرية المتاحة في كل قسم ووحدة إدارية، ونوعياتها، وتخصصاتها، وإمكاناتها على تنفيذ حجم العمل المطلوب.

* مقارنة ما يحتاجه العمل المستقبلي من موارد بشرية مع ما هو متاح منها في المنظمة، لنعرف فيما إذا سيكون لديها مستقبلاً فائض أم نقص في هذه الموارد.

وفيما يلي شكل يوضح عملية تخطيط الموارد البشرية الاستراتيجي والهدف الأساسي الذي يسعى الى تحقيقه وهو: توفير احتياجات استراتيجية المنظمة من الموارد البشرية بشكل يتوازن فيه حجم العمل المطلوب مع قوة العمل، بحيث لا يكون معه لدى المنظمة نقص في الموارد البشرية ولا فائض:

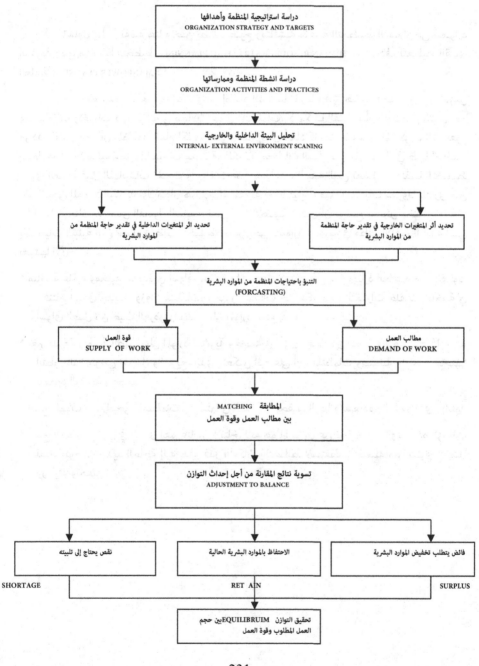

شكل رقم (25)

جوهر عملية تخطيط الموارد البشرية الاستراتيجي وهدفها

دراسة استراتيجية المنظمة وأهدافها
ORGANIZATION STRATEGY AND TARGETS

دراسة انشطة المنظمة وممارساتها
ORGANIZATION ACTIVITIES AND PRACTICES

تحليل البيئة الداخلية والخارجية
INTERNAL- EXTERNAL ENVIRONMENT SCANING

تحديد اثر المتغيرات الداخلية في تقدير حاجة المنظمة من الموارد البشرية

تحديد أثر المتغيرات الخارجية في تقدير حاجة المنظمة من الموارد البشرية

التنبؤ باحتياجات المنظمة من الموارد البشرية
(FORCASTING)

قوة العمل
SUPPLY OF WORK

مطالب العمل
DEMAND OF WORK

المطابقة   MATCHING
بين مطالب العمل وقوة العمل

تسوية نتائج المقارنة من أجل إحداث التوازن
ADJUSTMENT TO BALANCE

نقص يحتاج إلى تلبيته

الاحتفاظ بالموارد البشرية الحالية

فائض يتطلب تخفيض الموارد البشرية

SHORTAGE

RET AIN

SURPLUS

تحقيق التوازن   EQUILIBRUIM بين حجم العمل المطلوب وقوة العمل

التخطيط الاستراتيجي للموارد البشرية وتخطيط القوى العاملة :

تساؤل يطرح نفسه هنا ونحن بصدد طرح ومناقشة ماهية التخطيط الاستراتيجي للموارد البشرية وهو: هل هذا التخطيط HUMAN RESOURCE STRATEGIC PLANNING هو مرادف لتخطيط القوى العاملة MANPOWER PLANNING ؟

في الواقع ومع مطلع الثمانينات وعلى امتداد التسعينات وما رافق هذين العقدين من الزمن من تطورات وتغييرات دراماتيكية في مجالات عمل المنظمات، لا يمكننا القول بأن المصطلح الثاني هو مرادف للأول. فمع أن المضمون العام لكليهما هو واحد، إلا أن أبعاد كل منهما وعمق المرتكزات التي يقوم عليها الاثنان وشمولية عملهما أصبحت مختلفة، ذلك لأن معطيات البيئة التي كان يعمل في ظلها تخطيط القوى العاملة قبل الثمانينات تغيرت واختلفت عن معطيات البيئة التي يعمل في كنفها التخطيط الاستراتيجي للموارد البشرية. ولا مجال هنا لإجراء المقارنة بين البيئتين ، فهذا الأمر بات معروفاً للقارئ من خلال ما شرحناه على مدى الفصول السابقة، لكن من الأهمية بمكان أن نوضح بشكل مختصر ونذكر بالمعطيات البيئية التي يعمل في ظلها التخطيط الاستراتيجي للموارد البشرية في مطلع الألفية الثالثة التي نعيشها الآن:

* منافسة عالمية ومحلية شديدة في أسواق تصريف المنتجات، بسبب تحرير التجارة العالمية من القيود، وافتتاح أسواق جديدة، وزوال منظمات، وظهور منظمات جديدة، هذه التغيرات خلقت خلخلة في أسواق العمل من حيث العرض والطلب على الموارد البشرية.

* تغير طبيعة ونوعية الطلب على الموارد البشرية وحجمه في سوق العمل بين الحين والآخر، وهذا سببه التطور التكنولوجي المذهل والسريع، الذي ينعكس أثره على أداء المنظمات وطبيعة ونوعية حاجتها للموارد البشرية وحجمها.

* أصبح الهدف الاستراتيجي للمنظمات وفرصتها في البقاء هو تحقيق الرضا والسعادة والسرور لدى زبائنها.

* أصبح العنصر البشري في العمل أهم عناصر الانتاج، لأنه هو المسؤول عن تحقيق رضا وسعادة الزبائن، لذلك يتوجب تحديد الحاجة إليه بدقة قدر الامكان والتخطيط لاستقطاب أفضله من سوق العمل ورعايته وتحفيزه.

* بسبب شدة المنافسة وسعي المنظمات لارضاء المستهلكين، أصبحت تعتمد على مسألة تحقيق القيمة المضافة في جميع نشاطاتها وممارساتها، لتتمكن من تخفيض التكاليف وطرح منتجها بجودة عالية وسعر منافس للآخرين، وهذا الامر فرض على تخطيط الموارد البشرية تحديد حاجة المنظمة من الموارد البشرية بدقة، بشكل لا يكون لديها فائض منها يرفع من تكلفة العمل فيها.

* بما أن تخطيط الموارد البشرية أصبح الآن يعمل في ظل متغيرات بيئية داخلية وخارجية سريعة الحركة، إذاً يتطلب هذا منه متابعة دائمة لحركة واتجاهات هذه المتغيرات، والتعامل مع انعكاساتها على نشاط المنظمة واستراتيجيتها بسرعة.

* أصبح التخطيط الاستراتيجي للموارد البشرية حلقة الوصل ما بين استراتيجية المنظمة واستراتيجية إدارة الموارد البشرية، ففي ضوء نتائجه ترسم هذه الادارة مسار نشاطاتها الاستقطاب الاختيار والتعيين، التدريب والتنمية.. الخ وتحدد نطاق ممارساتها. ويفهم من ذلك أنه أصبح هو المسؤول عن تحقيق التفاعل بين نشاطات وممارسات ادارة الموارد البشرية، بما يخدم إنجاز استراتيجية المنظمة.

* يعتمد التخطيط الاستراتيجي للموارد البشرية الآن والى حد كبير على عملية التنبؤ باتجاهات المتغيرات البيئية وتحديد أثرها في نشاط المنظمة وحاجتها من الموارد البشرية. ومن أجل جعل عملية التنبؤ دقيقة أصبح يعتمد على الادوات الكمية المتطورة، ويركز كثيراً على عملية جمع المعلومات الوفيرة والدقيقة عن الماضي والحاضر ليتنبأ بما سيحدث في المستقبل من خلال تحليل هذه المعلومات، وهذا بلا شك يحتاج إلى خبرة وممارسة في هذا المجال.

التفاعل الاستراتيجي بين تخطيط الموارد البشرية ونشاطات إداراتها الاخرى :

في ضوء التوازن الذي يحققه تخطيط الموارد البشرية بين حاجة المنظمة من الموارد ومع ما هو متاح منها لديها، يتحدد تفاعل هذا التخطيط وعلاقاته المباشرة وغير مباشرة مع باقي وظائف ادارة الموارد البشرية، التي سنعمد فيما يلي الى عرض نماذج عن هذا التفاعل وهذه العلاقة:

1- التفاعل مع وظيفة الاستقطاب:

تعتبر نتائج تخطيط الموارد البشرية بمثابة مدخلات لنشاط الاستقطاب التي على أساسها يباشر ممارسة مهمته، فالتخطيط يوضح له حجم الموارد البشرية المراد استقطابها ونوعياتها، وموعد الحاجة اليها، مما يساعده على تحديد مصادر

استقطابها ووضع البرنامج الاستقطابي المناسب لها، لترغيب أكبر عدد منها في سوق العمل للتقدم وطلب التوظف في المنظمة.

2- التفاعل مع وظيفة الاختيار والتعيين:

تمثل نتائج تخطيط الموارد البشرية وما تظهره من تقدير لحجم الموارد البشرية المطلوبة ونوعيتها، مدخلات ايضا لوظيفة الاختياروالتعيين، فهي توضح العدد المطلوب اختياره من الموارد البشرية التي جرى استقطابها، ونوعية هذا المطلوب، ومن ثم السعي لاختياره وتعيينه في الأعمال المناسبة وفي الوقت المحدد.

3- التفاعل مع وظيفة التدريب والتنمية :

تساعد نتائج تخطيط الموارد البشرية نشاط التدريب والتنمية في أنها توضح له حجم الموارد البشرية المطلوبة لانجاز استراتيجية المنظمة، وهذا بحد ذاته يمكنه من تحديد احتياجات هذه الموارد التدريبية، التي على أساسها توضع برامج التدريب والتنمية المناسبة، التي تمكن الموارد البشرية من أداء أعمالها وتحمل مسؤولياتها بشكل جيد.

4- التفاعل مع وظيفة إدارة التعويضات:

في ضوء حاجة المنظمة من الموارد البشرية من حيث أعدادها ونوعياتها وتخصصاتها التي يظهرها التخطيط، تباشر وظيفة ادارة التعويضات بتحديد الرواتب والأجور وطرق دفعها، وكذلك تحديد الحوافز والمزايا الوظيفية التي ستقدم للعنصر البشري في العمل، من أجل تحقيق الدافعية والحافز لديه للعمل بجد ونشاط، وبالتالي فنتائج التخطيط تحدد نطاق عمل وممارسة إدارة التعويضات.

5- التفاعل مع وظيفة السلامة والصحة المهنية:

أشرنا في السابق إلى أن وظيفة السلامة تسعى إلى وضع البرامج المناسبة الكفيلة بتوفير عنصر الحماية للعاملين في المنظمة من مخاطر العمل. ولتمكين هذه الوظيفة من وضع هذه البرامج وتحديد سبل الحماية الملائمة، لابد لها من معرفة حجم الموارد البشرية التي ستعمل فيها مستقبلاً، ونوعية الأعمال التي ستمارسها، وهذا بالامكان الحصول عليه من نتائج تخطيط الموارد البشرية.

6- التفاعل مع وظيفة تخطيط المسارات الوظيفية:

يقصد بالمسارات الوظيفية أن إدارة الموارد البشرية في المنظمات تعمل على رسم حركة تنقلات العاملين التي تعمل في هذه المنظمات، سواء عن طريق الترقية، أو النقل الافقي، وذلك منذ بداية تعيينهم وحتى نهاية خدمتهم فيها، حيث يكون معروفاً لكل فرد يعمل في المنظمة إذا بدأ بوظيفة كذا، فسيكون بالإمكان أن

ينتهي إلى وظيفة كذا. وعليه يمكن القول أن برامج المسارات الوظيفية في المنظمة تعمل على رسم التدرج الوظيفي للأعمال فيها، بحيث يكون لكل عمل أو وظيفة مسار (إما متخصص أو غير متخصص) خاص بها، يتدرج من المستوى الأدنى للمستوى الأعلى. وبالتالي تعمل هذه البرامج المشار إليها على تحديد احتياجات كل مسار وظيفي من الأفراد وتخصصاتهم، والزمن الذي يجب خلاله توفير هذه الاحتياجات، التي إما أن يتم توفيرها من داخل المنظمة أو من خارجها. وأيا كان مصدر توفير الحاجة، فالنتائج التي يتم التوصل اليها تعد جزءاً أساسياً من خطة الموارد البشرية في المنظمة، ذلك لأنها تبين احتياجات وظائفها من الموارد البشرية مستقبلاً من حيث النوعية والكمية التي سيجري العمل على توفيرها في الوقت المطلوب بموجب هذه الخطة.

مداخل تخطيط الموارد البشرية الاستراتيجي :

يقصد بالمدخل هنا الاتجاه الذي ستسير فيه عملية التنبؤ باحتياجات المنظمة المستقبلية من الموارد البشرية، ومن ثم تقديرها وتحديدها.وفي هذا المجال هناك مدخلين معروفين هما:

التنبؤ والتخطيط من الأسفل للأعلى:

ويصطلح عليه BOTTOM UP FORCASTING AND PLANNING ، وبموجبه تطلب إدارة الموارد البشرية من الادارات في المنظمة أن تقدر حجم أعمالها المطلوبة منها (وفق توجهات استراتيجية المنظمة) وإمكانات قوة العمل لديها، بدءاً من قاعدة الهرم التنظيمي باتجاه المستويات الادارية الأعلى.

التنبؤ والتخطيط من الأعلى للأسفل:

ويصطلح عليه بـ TOP DOWN FORCASTING AND PLANNING وهو عكس إتجاه المدخل السابق، وبموجبه تقوم الإدارة العليا برسم وتحديد الاعمال المطلوبة من كل وحدة إدارية عليا، وتنقله للمستويات الادنى من أجل تفصيله وتقدير إمكاناتها البشرية لاداء حجم هذه الأعمال.

ونود الإشارة في هذا المجال الى نقطتين هما:

* أن كل مستوى إداري وما يشتمل عليه من وحدات إدارية، تناقش حجم أعمالها وقوة العمل المتاحة لديها إما مع المستوى الأدنى أو الأعلى حسب اتجاه أو مدخل التنبؤ والتخطيط المعمول به.

* يفضل المدخل الثاني، ذلك لأن المستوى الأعلى أكثر خبرة ونضجاً فيما يتعلق بتصورات استراتيجية المنظمة ومتطلباتها، فتكون عملية البداية من الأعلى أكثر صواباً ودقة مقارنة فيما اذا كانت مـن القاعـدة أو الاسفل.

مسؤولية التخطيط الاستراتيجي للموارد البشرية :

في ضوء ما تم شرحه سابقاً يتضح لنا أن مسؤولية تخطيط المـوارد البشريـة لا تقـع عـلى إدارتهـا فحسب، بل هي مسؤولية مشتركة بين إدارة الموارد البشرية وجميـع إدارات المنظمـة، وهـي مقسـومة إلى شقين:

مسؤولية مباشرة:

وتقع على عاتق إدارة الموارد البشرية التي عليها جمع المعلومات عن حجم العمل المستقبلي في إدارات المنظمة، وقوة العمل وإمكانات الموارد البشرية التي ستكون متاحة لـديها في المستقبل، وإجراء المقارنات بينهما لتحديد فيما اذا كان لدى كل منها فائض او نقص، للعمل على معالجته وتحقيق التـوازن بين حجم أعمالها وقوة العمل فيها، ومن ثم الخروج بخطة استراتيجية تحدد احتياجات المنظمة من المـوارد البشرية من حيث أعدادها وتخصصاتها ونوعياتها، وبشكل يخدم تحقيق أهداف المنظمة الاستراتيجية. ولا تقتصر مسؤولية إدارة الموارد البشرية على هذا الحد، بل تمتد لتشمل تقييم خطة الموارد البشرية، لتحديد مدى فاعليتها بعد التنفيذ وتحديد الثغرات فيها للعمل على تلافيها.

مسؤولية غير مباشرة:

تقع هذه المسؤولية على عاتق جميع المـديرين ورؤسـاء الوحـدات الاداريـة في المنظمـة، الـذين عليهم أن يزودوا ادارة الموارد البشرية بالمعلومات الكافيـة عـن حجـم العمـل لـديهم، وإمكانـات المـوارد البشرية المتاحة في وحداتهم الادارية، التي على أساسها يضع تخطيط المـوارد البشريـة خطتـه المستقبليـة لتوفير الموارد اللازمة للمنظمة مستقبلاً.

تخطيط الموارد البشرية مسألة ذات بعد استراتيجي:

في ضـوء كـل مـا تقـدم يمكننـا القـول بـأن تخطيـط المـوارد البشريـة مسـألة ذات بعـد استراتيجي بالنسبة لجميع المنظمات قاطبة وذي علاقة وارتباط مباشر باستراتيجياتها، لأنه يبنى في ضوء متطلبات احتياجات تنفيذها، فهو يقدر ويحدد ما تحتاجه المنظمـة مـن مـوارد بشريـة مـن أجـل تنفيذ أعمالها المستقبلية، بشكل يضمن لها استمرارية التشغيل، وتحقيق الأهداف المطلوبة. فتخطيط الموارد البشرية عمل متواصل ومستمر طالما أن المنظمة قائمة وتعمل في ظل متغيرات بيئية متنوعة

تؤثر في حجم أعمالها فتجعله غير مستقر، مما يجعل حاجة المنظمة للموارد البشرية متغيرة بين الحين والآخر. يتضح من ذلك أن تخطيط الموارد البشرية عمل استراتيجي لا غنى عنه، طالما هناك في المنظمات حالات تعيين وترك للعمل مستمرة، مما يجعلنا نؤكد أنه لا توجد منظمة ما وليس فيها معدل دوران عمل بسبب هذه الحالات، وبالتالي لا يكون بامكان أي منها جعل هذا المعدل صفراً، لأن المتغيرات البيئية الداخلية والخارجية المحيطة بها لا تمكنهامن السيطرة عليها وخاصة بالنسبة للخارجية. وبما أن تخطيط الموارد البشرية هو المسؤول عن تقدير وتحديد حاجة أعمال المنظمات من الموارد البشرية، إذاً فهو عمل استراتيجي مستمر يلازم تنفيذ استراتيجيات المنظمات، طالما أنها قائمة وتعمل في ظل ظروف بيئية دائمة التغير.

يتضح مما تقدم بأن تخطيط الموارد البشرية الاستراتيجي يلعب دور حلقة الوصل بين استراتيجية المنظمة واستراتيجية ادارة هذه الموارد، ذلك لأنه في ضوء معطيات ومتطلبات استراتيجية المنظمة وما تريد إنجازه من أعمال في المدى المستقبلي الطويل، يقوم تخطيط الموارد البشرية بالتنبؤ ومن ثم تقدير وتحديد احتياجات استراتيجية المنظمة من الموارد البشرية، التي على أساسها تباشر إدارة هذه الموارد بوضع استراتيجية عملها، بشكل يخدم ويسهم في تنفيذ استراتيجية المنظمة. ففي ضوء احتياجات المنظمة من الكفاءات البشرية من حيث أعدادها ونوعياتها وتخصصاتها، تقوم إدارة الموارد البشرية برسم سياسات وبرامج نشاطاتها وممارساتها في مجالات الاستقطاب، الاختيار والتعيين، التدريب والتنمية، الصحة والسلامة المهنية في مكان العمل .. الخ، وتحديد نطاق ممارسة هذه السياسات والبرامج داخل المنظمة. وهذا يقودنا للقول بأن نتائج تخطيط الموارد البشرية، هي التي ترسم الاطار العام لاستراتيجية إدارة هذه الموارد الذي ستعمل ضمنه، بشكل يتكامل ويتوافق مع متطلبات تنفيذ استراتيجية المنظمة من المهارات والكفاءات البشرية الصالحة والمؤهلة للعمل، بمستوى عالي من الانتاجية والفاعلية.

تخطيط الموارد البشرية عملية إستراتيجية

يمر بناء تخطيط المـوارد البشـرية كعمليـة بمراحـل متعـددة ومتسلسـلة ومتكاملـة مـع بعضـها، لتشكل في الأخير خطة استراتيجية توضح حاجة المنظمة من الموارد البشرية عن الفترة الزمنية التي يخطط لها، وسنعمل فيما يلي على شرح هذه المراحل:

المرحلة الأولى: تحديد والتنبؤ باتجاهات المتغيرات البيئية .

تبدأ عملية تخطيط المواد البشرية بمعرفة ما هي المتغيرات البيئية التي سـتؤثر في تقـدير حاجـة المنظمة من هذه الموارد كماً ونوعاً مستقبلاً. وتقسم هـذه المتغيرات سـواء أكانت ذات علاقـة بالبيئـة الخارجية أو الداخلية الى قسمين (وفق ما شرحناه في بداية هذه الفصل) هما ما يلي:

1- متغيرات بيئية تؤثر في نشاط المنظمة وحجم أعمالها المستقبلي.

2- متغيرات بيئية تؤثر في قوة العمل (إمكانات الموارد البشرية) التي ستكون متاحة في المنظمة مستقبلاً.

في ضوء ذلك يمكننا القول بـأن نقطـة البدايـة والمرحلـة الأولى في عمليـة تخطيط المـوارد البشـرية الاستراتيجي هي ما يلي:

* معرفة ما هي متغيرات البيئة الخارجية والداخلية المؤثرة في نشاط المنظمـة وقـوة العمل فيها وتحديـد اتجاه هذه المتغيرات؟

* تحليل إنعكاس أو أثر اتجاه المتغيرات البيئيـة بشـقيها الـداخلي والخـارجي في نشـاط المنظمـة وحجم أعمالها المستقبلي من جهة، وقوة العمل التي ستكون متاحة فيها مستقبلاً من جهة ثانية.

وسنعمد فيما يلي الى شرح هذين القسمين من المتغيرات كل على حده:

القسم الأول :

المتغيرات البيئية المؤثرة في تقدير حجم أعمال المنظمة ونشاطها المستقبلي :

يعبر عن هذه المتغيرات استراتيجية المنظمة وأهدافها المستقبلية، فنحن نعرف أن استراتيجيات المنظمات المستقبلية عموماً توضع في ظل عدة متغيرات أساسية تحدد اتجاه وخط سير المنظمة العام مستقبلاً. فعندما يدرس تخطيط الموارد البشرية استراتيجية المنظمة واتجاهاتها، معنى ذلك انه درس جميع المتغيرات التي حددت حجم أعمالها ونشاطها المستقبلي، وعلى رأس هذه المتغيرات المتغير الاقتصادي، والقانوني، والمنافسة السوقية. وسنعمد فيما يلي إلى شرح تأثير هذه المتغيرات في تقدير حجم أعمال المنظمة ونشاطها مستقبلاً:

1- المتغير الاقتصادي:

يشتمل هذا المتغير على حالة الرواج والكساد الاقتصادي، ومستوى الدخل الفردي السائدان في البيئة الخارجية، فاذا كانت الحالة الاقتصادية رواجاً، إذاً يتوقع المخطط زيادة الطلب على منتجات المنظمة الذي ستواجهه بتوسيع حجم أعمالها، وإذا كان الدخل مرتفعاً سيحدث نفس الأمر، والعكس من ذلك صحيح.

يتضح من ذلك (وكما شرحنا في السابق) بأن تخطيط الموارد البشرية عمل استراتيجي يسير جنباً إلى جنب مع استراتيجية المنظمة، وبما أنه هو المسؤول عن تقدير احتياجات تنفيذ هذه الاستراتيجية من الموارد البشرية، فإن توجه هذا التخطيط سيكون وفق توجه استراتيجية المنظمة.فاذا كانت هذه الاستراتيجية توسعاً، معنى ذلك أنه من المتوقع زيادة حجم أعمالها مستقبلاً وإحتمال حاجتها لموارد بشرية اضافية. أما اذا كان توجه استراتيجية المنظمة نحو الانكماش، سنتوقع عندئذ احتمال وجود فائض في الموارد البشرية لديها، بسبب تقليص حجم أعمالها.

2- المتغير القانوني:

يتكون تأثير المتغير القانوني في الواقع من شقين: الأول ويتعلق بحجم أعمال المنظمة، والثاني بقوة العمل، وسنعمد هنا الى شرح التأثير الأول، أما الثاني فسوف نشرحه في مكانه في القسم الثاني الخاص بالمتغيرات المؤثرة في قوة العمل. والى القارئ المثال التالي الذي يوضح التأثير الأول:

لنفترض أن منظمة ما تقوم بانتاج سلعة معينة، وصدر قانون يمنع استيراد مثل هذه السلعة من الخارج من أجل توفير الحماية للصناعات المحلية، فما الذي سوف يحدث؟ بلا شك سيزداد الطلب على هذه السلعة نتيجة عدم وجود منافسة خارجية لها في السوق، وزيادة الطلب هذه سيرافقها زيادة حجم انتاج المنظمة

وأعمالها لتغطية هذه الزيادة، التي من المحتمل أن يرافقها حاجة إضافية للموارد البشرية والعكس من ذلك صحيح. يتضح من ذلك بأن القوانين والتشريعات الحكومية ذات تأثير في نشاط المنظمات وحجم أعمالها المستقبلية وبالتالي تخطيط مواردها البشرية.

3- المنافسة :

تلعب المنافسة في السوق بشقيها المحلية والعالمية تأثيراً قوياً في تحديد حجم أعمال المنظمات عموماً، فعندما تتوقع المنظمة منافسة قوية في المستقبل، معنى ذلك وجود احتمالية انخفاض في حجم مبيعاتها، الذي تقابله عادة بتقليص حجم أعمالها، لكي لا يحدث لديها فائض في الانتاج ورقم مخزون سلعي عالي ليس بامكانها تسويقه. أما اذا كانت المنافسة ضعيفة فالتوقع عندئذ سيكون زيادة في رقم المبيعات، بسبب زيادة الطلب على المنتجات، مما يدفع المنظمات الى توسيع حجم انتاجها وأعمالها المستقبلي، من أجل تلبية هذه الزيادة.

القسم الثاني :

المتغيرات البيئية المؤثرة في تقدير قوة العمل:

تتكون هذه المتغيرات مما يلي:

1- تكنولوجيا العمل :

ويقصد بها المستوى التقني المراد استخدامه في تنفيذ العمل والانتاج، فإذا كان توجه المنظمة إلى استخدام الآلية الكاملة في تنفيذ أعمالها وأتمتة الإجراءات فيها، أي أن الآلة ستحل محل الانسان في تنفيذ العمل، على مخطط الموارد البشرية في هذه الحالة توقع حدوث فائض في اليد العاملة النصف ماهرة لدى المنظمة مستقبلاً بسبب عدم حاجة العمل إليها، وظهور حاجة جديدة للعمالة الماهرة ذات التأهيل العالي، القادرة على التعامل مع هذه التقنية الآلية. أما اذا كان توجه المنظمة إلى إبقاء المستوى التقني الآلي المستخدم فيها على حاله، إذاً يجب التوقع بأن هيكلة الموارد البشرية في المنظمة ستبقى على حالها.

2- القوانين الحكومية :

اذا عدنا بالزمن إلى الوراء، ومن ثم نظرنا إلى الحاضر، سوف نجد أن هناك تزايداً للتدخل الحكومي في مجال الأعمال، وعلى الأخص فيما يتعلق بموضوع شؤون الأفراد والعاملين. فأسلوب وطبيعة العمل في إدارة الموارد البشرية في المنظمة الحديثة قد جرى تغييره بمايتوافق وينسجم مع القوانين

والتشريعات التي تصدرها الدولة في مجال الأعمال بشكل عام، والموارد البشرية بشكل خاص، ومن المتوقع أن هذا التدخل وهذا التأثير سيزداد مستقبلاً. فتخفيض عدد أيام العمل الأسبوعية من ستة أيام إلا خمسة، وانقاص عدد ساعات العمل اليومية بموجب قانون العمل على سبيل المثال، سيؤدي إلى انقاص زمن العمل المتاح وتخفيض لقوة العمل داخل المنظمة، مما قد يحدث فيها نقصاً في الموارد البشرية.

3- الاتجاه السائد في المجتمع تجاه التقاعد :

مع تزايد معدلات التضخم الاقتصادي في غالبية دول العالم وبشكل خاص البلدان النامية، أصبح لدى الموارد البشرية اليوم، ميل للعمل أطول مدة زمنية ممكنة خلال حياتها، وإن امكنها مد السن القانونية المحددة للاحالة على التقاعد لفعلت ذلك، والسبب في هذا يعود إلى ارتفاع تكلفة المعيشة التي سببها التضخم الاقتصادي. لا شك أن هذا الاتجاه جعل الموارد البشرية لا ترغب في الإحالة على التقاعد في سن مبكرة مما أدى إلى عدم خسارة المنظمات لها مبكراً، وعدم حدوث نقص في مواردها البشرية فيها بسبب هذا الاتجاه، وبالطبع سيحدث عكس ذلك فيما اذا كان الاتجاه السائد في المجتمع هو الحصول على التقاعد في سن مبكرة من أجل الراحة. إذاً يمكن القول بأن القيم الاجتماعية السائدة في المجتمع تلعب دوراً مؤثراً في حجم الموارد البشرية المتاحة في المنظمة مستقبلاً من حيث النقص أو بقاء الوضع على ما هو عليه فيها.

4- التعديلات المتوقع إدخالها على هيكل المنظمة التنظيمي :

تؤدي إضافة بعض الأنشطة الجديدة أو إستبعاد بعضها إلى تغيير في عدد ونوعية الوظائف في المنظمة، فعملية الإضافة والإلغاء عملية مستمرة ولازمة في حالات كثيرة. فقد تقرر المنظمة مثلاً وضع وتنفيذ برنامج لمراقبة الجودة، مما يستلزم بالضرورة إنشاء مجموعة من الوظائف لم تكن موجودة من قبل. وقد يحدث العكس فتقرر المنظمة إلغاء أحد الأنشطة القائمة، فيصبح وجود الوظائف الحالية والمسؤولة عن النشاط الملغى أمر غير ضروري ويتحتم إلغاءها، وبالطبع وفي كلتا الحالتين بتأثر حجم الموارد البشرية المتاح في المنظمة. ففي حالة الإضافة يعني ذلك أن هناك حاجة لموارد البشرية إضافية سواء من حيث العدد أو النوع. وفي الحالة الثانية يعني ذلك بأنه سيكون لدى المنظمة فائضاً في مواردها البشرية عليها مواجهته بشكل موضوعي ورشيد.

5- مبادئ التنظيم التي تتبعها المنظمة :

إن لبعض مبادئ التنظيم المعروفة تأثير في حاجة المنظمة للموارد البشرية المطلوبة من حيث عددها ونوعها فهي تؤثر في تصميم العمل وتكوينه، وسنوضح تأثير ثلاثة مبادئ على سبيل المثال هي: المركزية واللامركزية الادارية وتصميم العمل، والتنسيق.

ينص مبدأ المركزية على تركيز الأعمال والسلطة في أجهزة مركزية، أو في وحدات إدارية معينة، أما اللامركزية فتنص على توزيع الأعمال والسلطة على أكثر من وحدة إدارية، وإحداث وحدات جديدة يناط بها تنفيذ بعض الأعمال التي كانت تنفذ مركزيا، كما هو الحال في إحداث فروع في المناطق الجغرافية البعيدة. فلا شك أن استخدام اللامركزية سيؤثر في عدد الوظائف المطلوبة بالزيادة وكذلك في حجم ونوعية الموارد البشرية التي سيناط بها مهام وأعباء هذه الوظائف أو الأعمال، ولا شك أن العكس سيحدث فيما اذا طبقت مركزية الأداء.

أما بالنسبة لتصميم العمل فيلعب المدخل المراد استخدامه تأثيراً في حجم ونوعية الموارد البشرية المطلوبة. فاذا استخدمنا المدخل العلمي (سبق أن ناقشنا مداخل تصميم العمل في فصل سابق) في التصميم، علينا أن نتوقع زيادة حاجة المنظمة ليد عاملة نصف ماهرة وغير ماهرة، ذلك لأن هذا المدخل يعتمد على زيادة درجة التخصص، أي تفتيت العمل الواحد الى عدة جزئيات من أجل تبسيط أدائه، واسناد كل جزئية الى فرد واحد. أما إذا كان المدخل المراد استخدامه إغناء العمل الذي بموجبه يضاف للفرد عدة مهام خارج نطاق تخصصه الضيق، معنى ذلك أن حجم العمل المناط بالفرد ووظيفته سيزداد، مما يقلل من عدد الأفراد الذين ستحتاجهم المنظمة، ويغير من نوعية الموارد البشرية المطلوبة، حيث ستحتاج المنظمة في هذه الحالة لعمالة ماهرة يكون بامكانها أداء عدة أعمال.

أما بالنسبة لمدى التنسيق المطلوب بين الأنشطة داخل المنظمة، فله تأثير أيضاً في عدد ونوع الأعمال والأفراد. فنحن نعرف أن التنسيق يحتاج إلى جهود كبيرة، وقد يحتاج في بعض الأحيان إلى احداث وظائف متخصصة مهمتها التنسيق بين الأعمال. أضف إلى ذلك أن للتنسيق أنواع فطبيعة كل نوع من الأعمال تتطلب تنسيقاً من نوع معين، وهذا كله يستدعي توظيف عناصر جديدة يناط بها عمليات التنسيق هذه أو إضافة مهام لبعض الوظائف مما يزيد من حجم وعبء العمل فيها.

6- كفاءة الموارد البشرية الحالية والتغيرات المتوقع أن تطرأ عليها :

إن مستوى كفاءة العاملين له تأثير كبير في حجم الموارد البشرية فعندما يكون رقم الإنتاج ثابتاً، وتحسنت كفاءة الفرد في العمل بالساعة الواحدة (أي زادت

انتاجيته) فلا بد أن يؤدي ذلك إلى وجود فائض في العمالة، لأن رقم الانتاج يمكن تحقيقه بعدد أقل من الأفراد الحاليين، والعكس من ذلك صحيح. وعملية التنبؤ هنا يمكن أن تتم من خلال الإطلاع على برامج التدريب المزمع تنفيذها مستقبلاً، سواء داخل أو خارج المنشأة.

7- معدل دوران العمل :

يعد التنبؤ بمعدل دوران العمل في المنظمة ركناً أساسياً في مجال تخطيط الموارد البشرية، فارتفاعه يعتبر مؤشراً إلى الحاجة لموارد بشرية لتغطي معدل الخسارة فيها، التي تحدث نتيجة عوامل متعددة أهمها الاستقالات، إصابات العجز، والوفاة، وحالات الفصل والتسريح من العمل. ويمكن أن نضيف إليها عدد أيام وساعات الغياب عن العمل باعتبارها تمثل جهداً بشرياً ضائعاً يجب تعويضه، وهذه المتغيرات يمكن التنبؤ باتجاهاتها من واقع سجلات إدارة الموارد البشرية في الماضي. ويمكن القول بان التنبؤ بمعدل دوران العمل في المنظمة، يعد مؤشراً يوضح العدد المرتقب من الموارد البشرية الذي ستحتاجه المنظمة مستقبلاً لتغطية الخسارة البشرية المتوقعة، والتي تسمى بعمليات الإحلال البشرية.

8- حركة الترقيات الوظيفية المتوقعة :

على تخطيط الموارد البشرية أن يتابع حركة الترقيات المستقبلية بين المستويات الادارية داخل المنظمة على مدى الفترة الزمنية التي يخطط لها، وذلك لمعرفة ما هي الوظائف التي ستكون خالية في كل مستوى بسبب الترقية للمستوى الأعلى، ومن هم المرشحون لشغلها من المستويات الأدنى. وتفيد هذه المتابعة في معرفة الوظائف التي لا يوجد شاغل لها من داخل المنظمة للعمل على معرفته وتوفيره من خارجها.

ونود الإشارة في هذا المجال، إلى أن تخطيط الموارد البشرية يستخدم في عملية المتابعة وسيلة تدعى "بخريطة الاحلالات الادارية REPLACEMENT CHART وهي عبارة عن قائمة توضح الوظائف الإدارية في مختلف المستويات الإدارية في المنظمة، وأسماء شاغليها، والترقيات المتوقع حدوثها في كل مستوى إداري، والأشخاص المؤهلين من كل مستوى الذين يمكن ترقيتهم. فمن خلال الإطلاع على هذا الجدول أو الخريطة، يمكن أن نكشف النقص من الموارد البشرية الذي لن تتم تغطيته مستقبلاً عن طريق عمليات الترقية من المستويات الأدنى، والذي يجب العمل على توفيره من خارج المنظمة.

9- إحالات التقاعد :

لا شك أن الأفراد المحالين للتقاعد عند بلوغهم السن القانونية يمثلون خسارة يستوجب الأمر تعويضها وأخذها في الحسبان عند تخطيط الموارد البشرية. فالتنبؤ بعدد إحالات التقاعد ليس بالأمر الصعب، إذ من خلال الإطلاع على سجلات خدمة العاملين في المنظمة، يمكن معرفة عدد ونوعية الأفراد الذي سيحالون الى التقاعد خلال الفترة التي يجري التخطيط لها، وذلك في ضوء تاريخ تعيين الأفراد في المنظمة. ونود الإشارة هنا إلى أنه إلى جانب حالات التقاعد عند بلوغ السن القانونية، قد يكون هناك طلبات إحالة للتقاعد من قبل بعض العاملين قبل بلوغهم السن القانونية، وتسمى هذه الطلبات بطلبات الاحالة للتقاعد المبكر، هذه الطلبات يتطلب الأمر التنبؤ بها، وذلك عن طريق إجراء دراسة ميدانية إستقصائية بين صفوف العاملين في المنظمة، لتحديد عدد هذه الاحالات، والتاريخ المتوقع تقديمها من قبل أصحابها.

المرحلة الثانية: تقدير حاجة استراتيجية المنظمة من الموارد البشرية .

عملية التقدير هذه هي المرحلة الثانية من مراحل التخطيط الاستراتيجي للموارد البشرية، فبعد دراسة اتجاهات المتغيرات البيئية السابقة، وتحديد أثرها في حجم أعمال المنظمة المستقبلي وقوة العمل التي ستكون متاحة لديها في المستقبل الذي يخطط له، وبعد معرفة حجم العمل المطلوب من كل وحدة إدارية وما هو متاح لديها من قوة عمل خلال الفترة التي تخطط لها استراتيجية المنظمة، في ضوء ذلك كله يبدأ التخطيط مرحلته الثانية، وهي تقدير حاجة هذه الاستراتيجية من الموارد البشرية كماً ونوعاً ومن مختلف التخصصات. ونود الإشارة هنا إلى نقطة هامة جداً وهي، أن عملية التقدير تتم لكل وحدة إدارية، ولكل وظيفة وعمل على حده وبشكل تفصيلي، ذلك لأن حجم الأعمال في كل منها، وكذلك قوة العمل المتاحة فيها، تختلف من واحدة لأخرى وفي ضوء ذلك يمكننا القول ما يلي:

تبنى عملية تقدير حاجة استراتيجية المنظمة من الموارد البشرية في ضوء حجم أو رقم الأعمال المطلوب إنجازه والمحدد فيها، وهذا يستدعى بالضرورة دراسة عبء أو حجم العمل المستقبلي في كل إدارة وقسم داخل المنظمة، لتقدير حاجاتهما من الموارد البشرية لتغطية هذا الحجم. كذلك يستدعى الأمر دراسة قوة العمل المتاحة في كل منها لمعرفة كمية العمل التي بامكانها تغطيته من عبء عملها الكلي، وبعد المقارنة بين الحاجة من الموارد البشرية لانجاز العمل المطلوب، مع ما هو متاح منها (قوة العمل)، يمكن تقدير حاجة كل قسم وإدارة والمنظمة ككل من الموارد البشرية كماً ونوعاً.

في ظل التوضيح السابق نستنتج بأن تقدير حاجة المنظمة من الموارد البشرية في المستقبل يتم من خلال ثلاث خطوات تمثل الأركان الأساسية التي يقوم عليها هذا التقدير، وفيما يلي شرح لهذه الأركان أو الخطوات:

أولاً: حصر عدد ونوعية الوظائف المطلوبة في المنظمة مستقبلاً .

تنقسم عملية الحصر الى قسمين:

1- حصر الوظائف الإدارية :

يقصد بالادارية هنا الوظائف الرئاسية التي ستكون موجودة مستقبلاً في كافة المستويات الإدارية التي يشتمل عليها هيكل المنظمة التنظيمي، سواء في الإدارة العليا المستوى الأول، أو الادارة الوسطى المستوى الثاني، أو الادارة المباشرة المستوى الثالث، وهذه الوظائف ذات طبيعة ذهنية فكرية أي إنتاجيتها غير ملموسة. وتتصف عملية الحصر هذه بالبساطة وعدم وجود مشاكل فيها، فمجرد الاطلاع على الخريطة التنظيمية، بالامكان حصر عدد الوظائف ونوعياتها في كل مستوى إداري.

2- حصر الوظائف غير الإدارية:

ويقصد بها الوظائف غير الرئاسية التي يتم بوساطتها تنفيذ الأعمال والإجراءات أي العمل التشغيلي، حيث يتجمع معظمها في قاعدة الهرم التنظيمي، ومن هذه الوظائف على سبيل المثال وليس الحصر: وظيفة محاسب، وظيفة مبرمج على الحاسب الآلي، وظيفة سكرتير، وظيفة ناسخ.. الخ. ونود الإشارة هنا الى نقطة هامة مفادها، أن الوظيفة الواحدة قد يعمل ضمن نطاقها أكثر من فرد واحد، فلا نعني عندما نقول أننا بحاجة إلى وظيفة محاسب أننا بحاجة إلى محاسب واحد فقط، إذ من الممكن أن يحتاج العمل ضمن هذه الوظيفة إلى أكثر من محاسب واحد. كذلك عندما نقول أننا بحاجة إلى وظيفة ناسخ، فهذا لا يعني أننا بحاجة إلى ناسخ واحد، بل قد نحتاج إلى أكثر من ذلك بكثير، حيث يتحدد ذلك وفق كمية العمل المطلوب انجازها من هاتين الوظيفتين.

ثانياً: تقدير حاجة الوظائف من الموارد البشرية كماً ونوعاً .

تنقسم عملية التقدير هنا إلى قسمين، تماشياً مع تصنيف الوظائف الذي حددناه في الخطوة السابقة، وفيما يلي هذين القسمين:

1- تقدير حاجة الوظائف الادارية من المديرين والرؤساء:

عملية التقدير هنا بسيطة، فانطلاقاً مما أكد عليه أشهر مبادئ الادارة والتنظيم وهو "وحدة القيادة والتوجيه" ألا تصدر الأوامر والتوجيهات إلا من مدير أو رئيس واحد، يتوجب إذاً أن يكون لكل وظيفة رئاسية في كافة المستويات الإدارية مديراً أو رئيساً واحدا، فاذا كان في المستوى الاداري الأعلى /7/ وظائف رئاسية، معنى ذلك أن هذا المستوى بحاجة إلى سبعة مديرين ليديرون العمل في هذه الوظائف السبع هذا من حيث العدد، أما من حيث نوعية هؤلاء المديرين المطلوبين، فطبيعة الوظائف الرئاسية هي التي تحدد هذه النوعية. فوظيفة التسويق مثلاً لا يعقل أن يشغلها شخص يحمل مؤهل علمي في الحقوق،بل تحتاج إلى شخص مختص وذي خبرة في مجال التسويق، وعلى العموم هذا الأمر محتوم، حيث يمكن تحديد النوعيات من خلال وصف الوظائف الذي ناقشناه في فصل سابق.

لنفرض الآن أن حجم العمل الملقى على عاتق إحدى وظائف الادارة العليا وهي الوظيفة المالية كان كبيراً، بحيث ليس بامكان شخص واحد وهو المدير المالي أن ينجزه لان هذا الحجم فوق مستوى طاقته وقدراته، فماذا نفعل في هذه الحالة؟ الحل بسيط وهو أن تحدث وظيفة جديدة بمسمى معاون المدير المالي ونعين فيها شخصاً مختصاً ليشغلها ويعاون المدير المالي في انجاز عبء العمل الملقى على عاتق وظيفته. ونعرض فيما يلي مثالاً توضيحاً يبين كيف تتم عملية تحديد حاجة الوظائف الرئاسية من الموارد البشرية.

توضح الخريطة التالية هيكل تنظيمي لاحدى المنظمات التي تبين الوظائف الإدارية في كل مستوى إداري، مع الاشارة الى أن المستطيل المظلل يشير إلى أن الوظيفة خالية :

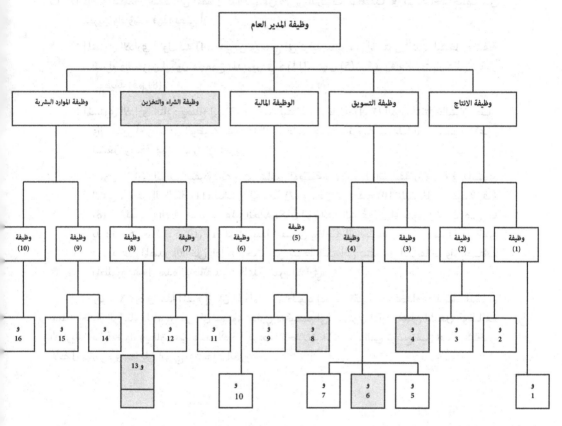

شكل رقم (26)

أ- إذا كانت المنظمة تعتمد على المصدر الخارجي في تلبية احتياجاتها من المديرين والرؤساء فهذا يعني أن:

* المستوى الإداري الأول بحاجة لمدير واحد ليشغل وظيفة الشراء والتخزين.
* المستوى الاداري الثاني بحاجة لمديرين ليشغلا الوظيفة رقم (4)، والوظيفة رقم (7) .
* المستوى الاداري الثالث بحاجة لأربعة رؤساء أو مشرفين ليشغلوا الوظائف (4)، (6)، (8)، (13)

اذا وفي ضوء المعطيات السابقة تكون المنظمة بحاجة إلى سبعة مديرين ورؤساء ليشغلوا الوظائف الادارية في كافة المستويات الادارية.

ب- اذا كانت المنظمة تعتمد على المصدر الداخلي عن طريق الترقيات الوظيفية في تلبية احتياجاتها من المديرين والرؤساء فهذا يعني أن:

* المستوى الاداري الاول:فيه (4) مديرين ويحتاج إلى ترقية مدير من المستوى الثاني ليشغل وظيفة الشراء والتخزين ليكون مجموع المديرين في هذا المستوى (5)، وقد وقع الاختيار على شاغل الوظيفة رقم (8) .

* المستوى الاداري الثاني: يحتاج إلى (3) مديرين ليشغلوا الوظيفة (4، 7) اللتان كانتا خاليتان أصلاً، والى مدير آخر يشغل الوظيفة رقم (8) التي خلت بسبب ترقية شاغلها الى المستوى الاعلى ليشغل وظيفة مدير الشراء والتخزين.

* المستوى الاداري الثالث: لنفرض أنه اختير شاغل الوظيفة (5) ليشغل الوظيفة رقم (4) في المستوى الأعلى وشاغل الوظيفة (11) ليشغل الوظيفة (7) وشاغل الوظيفة (10) ليشغل الوظيفة رقم (8) في المستوى الاعلى أيضاً. في هذه الحالة تكون الوظائف الشاغرة في المستوى الثالث هي ما يلي: (4، 6، 8، 13، 5، 10، 11) أي أن هذا المستوى بحاجة إلى سبعة رؤساء، وبما أن المنظمة تعتمد على المصدر الداخلي، اذا ستبحث عن سبعة اشخاص يمتلكون المؤهلات والمواصفات المطلوبة لشغل هذه الوظائف من قاعدة الهرم الاداري.

ونود الإشارة في هذا المقام إلى أن المنظمات المتطورة إدارياً، تقوم باستخدام أداة تساعدها في عملية اختيار الرؤساء المناسبين من كل مستوى اداري لترقيتهم الى مستوى إداري أعلى لشغل الوظائف الادارية الخالية فيها، ويطلق على هذه الأداة "خريطة الاحلالات الادارية"، التي توضح من هذا الشخص الأفضل للترقية، وفيما يلي نموذج عن هذه الخريطة: [1]

---

(1) منقول عن :

RICHARD M. MODGETTS, MANAGEMENT THEORY AND PRACTICE, 5TH, ED., HARCOURT BRACE JONE MOVEICH , SAN DIAGO, 1990, P. 219 .

شكل رقم (27)

العمر : AGE A

الخبرة في الوظيفة الحالية : EXPERIENCE E

إجمالي الخبرة السابقة والحالية : TOTAL EXPERIENCE TE

أداء ممتاز :

أداء متوسط :

أداء ضعيف :

جاهز للترقية :

بحاجة لتدريب :

لا يصلح للترقية :

2- تقدير حاجة الوظائف غير الادارية من الموارد البشرية:

يتم تقدير حاجة هذه الوظائف باتباع الخطوات التالية:

أ- تقدير حجم أو عبء العمل المطلوب إنجازه WORK LOAD :

ويتم ذلك بالنسبة لكل وظيفة على حده، ويكون التقدير على شكل وحدات عمل (إنتاج) مطلوب إنجازها من كل وظيفة مثل: عدد فواتير التحصيل لوظيفة محصل، عدد الأوراق المنسوخة لوظيفة ناسخ، عدد جوازات السفر لوظيفة استخراج جواز سفر.. الخ . بعد تقدير وحدات العمل، يحدد المعيار الزمني اللازم لانجاز وحدة عمل واحدة، ويتم ذلك عن طريق تحديد عدد الدقائق، أو الساعات، أو الأيام اللازمة لانجاز الوحدة، فاذا ضربنا عدد وحدات العمل المطلوبة من الوظيفة بالمعيار الزمني المحدد لانجازها، نحصل في هذه الحالة على المعيار الزمني الكلي (أو الزمن اللازم) الذي يحتاجه تنفيذ العمل المطلوب من الوظيفة الواحدة.

ب- تقدير قوة العمل WORK FORCE :

ويتم ذلك أيضاً بالنسبة لكل وظيفة على حده، باتباع ما يلي:

* تحديد عدد الأفراد الذين يعملون حالياً في الوظيفة.

* تحديد زمن العمل الفعلي المتاح للأفراد الذين يعملون في الوظيفة عن طريق زمن العمل الرسمي مطروح منه الوقت الضائع، ويقصد بالوقت الضائع الاستراحات، الغياب والتأخير عن العمل، الاجازات المرضية المتوقعة.. الخ .

فاذا ضربنا زمن العمل الفعلي المتاح للفرد الواحد بعدد الافراد العاملين في الوظيفة، نحصل في هذه الحالة على قوة العمل الفعلية التي تمثل زمن العمل المتاح (قوة العمل) في الوظيفة.

جـ- المطابقة MATCHING :

عندما نقارن الزمن المطلوب لانجاز كمية العمل المقدرة للوظيفة في خطوة (أ) مع الزمن المتاح فيها (قوة العمل) وفق الخطوة (ب)، نحصل على احدى النتائج الثلاث التالية:

* يوجد نقص في الموارد البشرية: وذلك في حالة كون الزمن المطلوب أكبر من الزمن المتاح.

* يوجد فائض في الموارد البشرية: وذلك في حالة كون الزمن المطلوب أقل من الزمن المتاح.

* يوجد توازن: وذلك في حالة كون الزمن المطلوب يعادل الزمن المتاح.

وللحصول على عدد الأفراد الفائضين عن الحاجة، أو عدد النقص، نحول الـزمن النـاقص أو الفـائض إلى أفراد على النحو التالي: عدد ساعات العمل (الفائضة أو الناقصة) في الوظيفة مقسومة علـى عـدد سـاعات العمل الفعلية للفرد الواحد، فاذا كان عدد ساعات العمل الناقصة في الشهر مثلاً 720 سـاعة، وكـان الـزمن الفعلي المتاح للفرد هو 180 ساعة شهريا، إذاً تكون الحاجة من الافراد 720÷180=4 أفراد .

ونعرض فيما يلي مثالاً يوضح لنا ما جاء في الخطوات الثلاث أ، ب، جـ وذلك في ضوء المعطيات التالية:

* عبء العمل الملقى على وظيفة س في السنة هو .   =   (20000) وحدة عمل

* عدد الأفراد الذين يعملون في الوظيفة س هو .   =   (8) موظفين

* المعيار الزمني المحدد لانجاز وحدة العمل من قبل الموظف.   =   (1) ساعة عمل

* عدد ساعات العمل النظرية للموظف الواحد سنويا هو.   =   2200 ساعة عمل

* الوقت الضائع من زمن العمل الرسمي للعامل الواحد سنويا هو.   =   200 ساعة عمل

* متوقع زيادة عبء العمل في السنة القادمة في الوظيفة س بمقدار.   =   2000 ساعة عمل

* المطلوب تحديد: هل يوجد نقص أم فائض أم توازن في عدد الموظفين في الوظيفة (س) .

عبء العمل المتوقع العام القادم   =   20000 + 2000   =   22000 وحدة عمل

الزمن اللازم لانجاز كمية العمل   =   22000 × 1 ساعة   =   22000 ساعة عمل

زمن العمل المتاح للموظف فعليـاً في السنة   =   2200 - 200 ساعة   =   2000 ساعة عمل

عدد الموظفين اللازم لانجاز كميـة العمل   =   22000 وحدة عمل ÷ 2000 ساعة عمل = 11 موظف

بما أن المطلوب هو (11) موظف لانجاز كمية العمل البالغة (22000) وحـدة عمـل، وطالمـا أن عدد الموظفين الحالي في الوظيفة (س) هو (8) موظفين. إذن تحتاج هذه الوظيفة الى (3) موظفين العـام القادم اضافة لما هو موجود فيها: المطلوب 11 موظف - 8 موظفين متاحين = (3) موظفين يمثلون الحاجة.

المرحلة الثالثة: استراتيجيات التعامل مع نتائج تخطيط الموارد البشرية .

يمثل هذا التعامل المرحلة الثالثة من عملية التخطيط فقد أوضحنا في بداية هذا الفصل، أن هدف تخطيط الموارد البشرية هو توفير الموارد البشرية اللازمة لانجاز حجم العمل المطلوب، بحيث لا يكون هناك فائضاً ولا نقصاً، أي أنه يسعى الى تحقيق التوازن بين حجم العمل من جهة وكمية الموارد البشرية اللازمة من جهة ثانية. بناء عليه سنعرض للقارئ الآن الإستراتيجيات التي يمكن اتباعها في معالجة نتائج هذا التخطيط لتحقيق هذا التوازن.

1- التخطيط لمعالجة النقص PLANNING FOR SHORTAGE OF (HR) :

يشتمل التخطيط لمعالجة النقص على عدة حلول أو استراتيجيات يمكن أن تلجأ المنظمة إلى احداها أو اكثر، حسب الظروف التي تعيشها والمحيطة بها، وفيما يلي عرض لعدد من هذه الاستراتيجيات:

أ- استراتيجيات الاعتماد على المصدر الخارجي في سد النقص :

يمكن للمنظمة الاعتماد على الحلول أو البدائل التالية:

*** تعيين موارد بشرية جديدة ودائمة** PERMENENT (HR) :

يتطلب هذا الحل قيام إدارة الموارد البشرية بالبحث عن حاجتها من الموارد البشرية من المصادر الخارجية أي في سوق العمل، وأن تضع برامج استقطابية لترغيب الموارد المتاحة في هذه المصادر للتقدم وطلب العمل في المنظمة، وبعد الاستقطاب وكما هو معروف تحتاج إلى عملية انتقاء دقيقة وموضوعية لافضل المستقطبين وتعيينهم بشكل دائم لديها. ينصح باستخدام هذه الاستراتيجية في حالة إقدام المنظمة على توسيع أعمالها في الفترة القادمة، وتوقع حالة من الرواج الاقتصادي وزيادة الطلب على منتجاتها في السوق.

*** تعيين موارد بشرية مؤقتة** TEMPORARY (HR) :

يعتمد توجه هذه الاستراتيجية في سد النقص من الموارد البشرية على التوظيف المؤقت، الذي يعين بموجبه موارد بشرية بموجب عقود عمل لفترة زمنية محددة، وبأجر أو راتب معين. بناء على ذلك تتوجه برامج الاستقطاب في سوق العمل الى هذا النوع من الموارد البشرية، التي تكون عملية إنتقائها أقل صعوبة من العمالة الدائمة. تتميز هذه الاستراتيجية بامكانية الاستغناء عن هذه الموارد وقت ما تشاء المنظمة دون الدخول في مشاكل مع النقابة أو وزارة العمل، كما أن رواتبها وأجورها أقل من الموارد البشرية الدائمة، وهي لا تتمتع بالمزايا الوظيفية الممنوحة للموارد البشرية الدائمة. المشكلة التي تعاني منها هذه الاستراتيجية أو هذا الحل،

هو أن الموارد البشرية المؤقتة لا يكون لديها في العادة ولاء وإنتماء مثل الدائمة، وتكون إنتاجيتها أقل، بسبب ضعف الدافعية لديها، لعلمها المسبق بأن فترة عملها في المنظمة ستكون قصيرة فلا داعي لتبذل الكثير من الجهد.

ينصح باستخدام هذه الاستراتيجية في حالتين هما: الاولى هي عندما تكون طبيعية عمل المنظمة موسمية، أو أنها تواجه ضغط عمل لفترة مؤقتة ثم سيزول هذا الضغط بعد ذلك. أما الحالة الثانية فهي عندما يكون لدى المنظمة نقص في الموارد المالية فتلجأ الى الموارد البشرية المؤقتة لأن تكلفة توظيفها تكون أقل من الدائمة.

* تكليف جهة عمل خارجية لأداء بعض المهام OUTSOURCING :

تلجأ بعض المنظمات إلى منظمات أخرى متخصصة في أداء بعض الأعمال لتنفيذ أعمال من نوعها لديها، حيث يكون لدى الأخيرة امكانات بشرية وفنية كافية، تمكنها من أداء هذه الأعمال بشكل اقتصادي أكثر من المنظمة المحتاجة لها، ومن أمثلة هذه الأعمال، خدمات الصيانة والنظافة .. الخ. ويمكن القول أن الاعتماد على هذه الاستراتيجية في سد النقص في الموارد البشرية، هو بديل عن استراتيجية التوظيف الدائمة أو المؤقتة، وقبل تبنيها يتوجب على المنظمة ما يلي: المقارنة بين التكلفة التي ستدفع للجهات الخارجية لاداء هذه الأعمال، مع تكلفة أدائها من قبل عمالة دائمة أو مؤقتة والاختيار يقع على أيهما أقل، مع الأخذ في الاعتبار مدى أهمية وحساسية الخدمة المطلوبة، فاذا كانت هامة وحساسة ولضمان أدائها في الوقت المطلوب، يفضل الاعتماد على استراتيجية التوظيف، والعكس من ذلك صحيح.

* استخدام تكنولوجيا حديثة:

تلجأ بعض المنظمات لسد النقص في الموارد البشرية لديها وتغطية عبء العمل الاضافي المستقبلي فيها، الى استخدام آلات وتجهيزات ذات تقنية عالية، بحيث يكون انتاجها من حيث كميته وجودته كبيرين فيغطيان هذا العبء الاضافي. تتميز هذه الاستراتيجية بأنها تجنب المنظمة مشاكل وتكاليف كبيرة تتعلق بتوظيف موارد بشرية لاداء حجم العمل الاضافي، وتعطيها مرونة أكبر في تنفيذ الاعمال، وتكون في غنى عن عمليات استقطاب واختيار وتدريب، ورواتب وأجور ومزايا وظيفة أخرى، وعلاقات مع النقابة.

ب- استراتيجيات الاعتماد على المصدر الداخلي في سد النقص:

توجد عدة استراتيجيات تلجأ إليها المنظمات عادة في سد النقص في الموارد البشرية بالاعتماد على مواردها البشرية الذاتية وأهمها ما يلي:

* العمل الاضافي OVERTIME - WORK :

العمل الإضافي هو إطالة زمن العمل الرسمي في المنظمـة لعـدد محـدد مـن السـاعات، لمواجهـة ضغط عمل موسمي أو دائم، كبديل لتوظيف مـوارد بشـرية دائمـة أو مؤقتـة. تتميـز اسـتراتيجية العمـل الاضافي كحل لسد النقص في الموارد البشرية، في أنها وسيلة لتحسين الـدخل المالي لهـذه المـوارد، أضف إلى ذلك أنها قليلة التكلفة مقارنة باستراتيجية توظيف موارد بشرية جديدة ودائمـة التي تحتـاج إلى تـدريب وتأهيل واستقطاب. كما تتميـز بأنها تؤدي إلى تنفيـذ عبء العمل الإضافي بموارد المنظمـة البشـرية الحاليـة المدربة والمؤهلة والمعتادة على طبيعة العمل في المنظمـة، فيكـون انتاجهـا أعـلى. لكـن في المقابـل تشكو استراتيجية العمل الاضافي من بعض المشاكل أهمهـا: أنها تجعـل سـاعات العمـل طويلـة فتسـبب التعـب والارهاق لدى الموارد البشـرية في عملهـا اليـوم التـالي، هـذا الى جانب احـتمال حـدوث صـراع بينهـا حـول الحصول على فرصة العمل الاضافي، ذلك لأن المنظمة لا تحتـاج غالبـاً الى جميـع العـاملين لـديها في العمـل الإضافي.

ونود الاشارة في هذا المجال، أنه لمعالجة التعب والإرهاق الذي يسببه العمل الاضافي بعد انتهاء زمن العمل الرسمي، فقد لجأت بعض الشـركات في الولايـات المتحـدة الأمريكيـة الى جعله في أحـد يـومي العطلة الاسبوعية (السبت أو الاحد) وجعلت العمل فيه اختيارياً وليس إجبارياً.

* إعادة تشكيل قوة العمل الداخلية:

هي حركة تنقلات وظيفية عمودية وأفقية مخططة عبر المستويات الإدارية تجريها إدارة المـوارد البشرية ويصطلح عليها بـ INTERNAL MOVEMENT OF EMPLOYEE . وتتكون عملية التشـكيل مـن عمليتـين هما: الترقية لسد النقص في الوظائف الرئاسية (وقد تحدثنا عـن ذلك سـابقا)، والنقـل الافقـي مـن وحـدة إدارية لديها فائض إلى وحدة أخرى تشكو من وجود نقص في الموارد البشرية. وقبل إجراء حركة التـنقلات أو إعادة تشكيلها، هناك مجموعة من الأسئلة تجب الاجابة عنها هي ما يلي:

س1 - ما هي أسباب حركة الانتقال من وظيفة لأخرى؟

س2 - ما هو اتجاه حركة الانتقال : أفقي أم عمودي؟

س3 - ما هي معايير حركة الانتقال؟

س4 - كيف يتم التنسيق مع استراتيجية الاعتماد على المصدر الخارجي لتمويل الوظائف بـالموارد البشـرية التي لا يوجد من يشغلها من المصدر الداخلي؟

وتقوم عملية إعادة تشكيل قوة العمل على أركان أساسية ثلاثة هي ما يلي:

- تحديد الوظائف الخالية أو الشاغرة.

- إنتقاء الأفراد المناسبين لشغل هذه الوظائف من داخل المنظمة.

- تأهيل وتدريب الأفراد الذين عينوا في الوظائف الشاغرة، لأنه في الغالب تكون طبيعة العمل فيها من حيث مهامها ومسؤولياتها، مغايرة الى حد ما عن طبيعة أعمالهم السابقة.

ونود الاشارة في هذا المجال، إلى أن عملية إعادة تشكيل قوة العمل، تحتاج أن يتوفر لدى إدارة الموارد البشرية نظام معلومات محوسب خاص بكل من يعمل في المنظمة، يشتمل على معلومات تتعلق بمواصفات ومؤهلات ومهارات العاملين، وذلك لتعرف ما هي الموارد البشرية التي يمكن الاعتماد عليها من داخل المنظمة في تغطية حاجتها من هذه الموارد. وينصح في هذا المجال أن يكون لدى المنظمة نوعين من القوائم البشرية هما ما يلي:

قوائم جرد المهارات البشرية:

وهي عبارة عن نظام معلومات محوسب يتضمن معلومات تتعلق بالمهارات الفنية البشرية المتوفرة في المنظمة، التي تعمل في وظائف ليست رئاسية. وتشتمل هذه القوائم التي لكل فرد في المنظمة قائمة خاصة به، على المعلومات التالية: معلومات شخصية، خبرته، المهارات التي يمتلكها، المعرفة المتوفرة لديه، الشهادات العلمية التي يحملها، الدورات التدريبية التي حضرها، نتائج تقييم أدائه، الوظائف المتوقع الترقية أو النقل اليها.

لا شك أن هذه المعلومات تساعد وإلى حد كبير في انتقاء المهارات البشرية المناسبة من أجل شغل الوظائف الخالية وسد النقص في الموارد البشرية.

قوائم جرد المديرين (أو الادارية):

تؤدي هذه القوائم نفس الغرض الذي تؤديه قوائم جرد المهارات السابقة، فهي تساعد على إنتقاء المدير المناسب لترقيته لوظيفة أخرى خالية، وذلك عن طريق مقارنة مواصفاته مع الشروط المطلوبة لشغل الوظيفة المرشح لشغلها عن طريق الترقية، وفيما يلي أهم المعلومات التي تشتمل عليها هذه القائمة:

معلومات شخصية (الاسم، العمر، الجنس، تاريخ التعيين، الخبرة السابقة، الشهادات العلمية، مجال التخصص)، الوظيفة التي يشغلها حالياً، نقاط القوة والضعف الموجودة في أداء المدير، احتياجات التدريب والتنمية لديه، حالته

الصحية، التاريخ المتوقع لاحالته على التقاعد، الوظائف المحتمل الترقية إليها مستقبلا، طموحاته الوظيفية، تفضيلاته للوظائف التي يحب الانتقال اليها.

ونود الاشارة هنا إلى ضرورة تحديث معلومات هذين النوعين من القوائم باستمرار لتكون جاهزة للاستخدام عند أية لحظة، فاذا استقال مدير أو موظف ما، فيمكن على الفور اختيار وتوفير البديل المناسب من داخل المنظمة.

*** رفع كفاءة الموارد البشرية:**

تلجأ بعض المنظمات كوسيلة لسد النقص في الموارد البشرية لديها، الى تنظيم وتنفيذ برامج تدريبية الغاية منها رفع كفاءة وانتاجية مواردها البشرية التي تعمل لديها حالياً، بحيث يكون بامكانها إنجاز الأعمال المطلوبة بزمن أداء أقل، مما يجعل زمن العمل الكلي المتاح أكبر.

لقد أثبتت التجربة العملية بأنه لا يمكن الاعتماد على هذه الاستراتيجية بشكل كلي في سد النقص في الموارد البشرية لاسباب عدة أهمها: عدم ضمان كفاءة عملية التدريب، وكذلك عدم ضمان إستفادة الموارد البشرية منه، هذا إلى جانب عدم قدرة التدريب على سد حالات النقص المستعجلة في الموارد البشرية، ذلك لأنه يستغرق وقتاً ليس بالقصير لتدريب العاملين. لهذه الأسباب ينصح بأنه يُعتمد على هذه الاستراتيجية كوسيلة مساعدة وليست أساسية.

*** إطالة سن التقاعد:**

معروف أن جميع المنظمات تحدد سناً معيناً عندما يبلغه العاملون لديها، يحالون على التقاعد بسبب كبر سنهم. لكن بعض المنظمات وكوسيلة لسد النقص في مواردها البشرية بكفاءات ذات خبرة طويلة وإلمام كبير في العمل، تعمد إلى إطالة سن الإحالة على التقاعد فيها لمدة زمنية محددة، كعملية تمويل داخلي ذاتي بالموارد البشرية التي تحتاجها. هذه الاستراتيجية جيدة وممكنة، لكن ماذا لو كان سن التقاعد في المنظمة هذه هو في الأصل مرتفع، لا شك أنه في هذه الحالة لا يكون بالامكان الاعتماد على هذه الاستراتيجية.

2- التخطيط لمعالجة الفائض PLANNIG FOR SURPLUS OF (HR) :

تشتمل معالجة الفائض في الموارد البشرية لدى المنظمة على عدة استراتيجيات يمكن استخدام أحدها أو أكثر، حسب الظروف المحيطة بها والتي تعايشها، ويطلق عليها مصطلح HR. RIGHTSIZING وفيما يلي عرض لعدد منها:

تخفيض حجم الموارد البشرية عن طريق التسريح الدائم PERMENENT LAYOFF :

بموجب هذه الاستراتيجية يتم الاستغناء عن الموارد البشرية الفائضة عن حاجة المنظمة استغناء نهائيا، وينصح باستخدامها في حالة توجه المنظمة إلى تقليص حجم أعمالها اما بسبب الكساد التجاري، أو شدة المنافسة. وتلجأ بعض المنظمات إلى هذه الاستراتيجية عندما تود استبدال مواردها البشرية غير الماهرة أو النصف ماهرة بموارد بشرية ذات كفاءة ومهارة عالية أقل حجما. مشكلة هذه الاستراتيجية، أنها تضعف من ثقة الموارد البشرية التي لم يستغن عنها ومن روحها المعنوية، ذلك لأنها تجعلهم يعيشون في حالة قلق وعدم استقرار وخوف دائم من الاستغناء عنهم مثل من سبقهم، هؤلاء بالتأكيد سيتركون العمل في المنظمة عند أول فرصة تسنح لهم، مما يرفع من معدل دوران العمل في المنظمة، ويخفض من مستوى الانتماء لدى العاملين لديها .

التسريح المؤقت TEMPORARY LAYOFF :

ويقصد به استغناء المنظمة عن الفائض لديها من الموارد البشرية لفترة زمنية محددة ثم إعادتها للعمل ثانية. وتلجأ اليه في حالة مرورها بفترة انخفاض طلب مؤقت على منتجاتها، فبدلاً من أن تخسر مواردها البشرية المسرحة من قبلها بشكل نهائي وتعيين موارد عوضاً عنها تحتاج الى استقطاب وتدريب.. الخ، تقوم بعملية الاستغناء عنها بشكل مؤقت. مشكلة هذه الاستراتيجية هي: ما هو ضمان عودة من تم تسريحه من المنظمة للعمل لديها ثانية؟ لاشك أنه لا يوجد ضمان، وخاصة أن عملية التسريح ستولد لديهم مشاعر سلبية تجاه المنظمة، هذا الى جانب أن هؤلاء سيكونوا قد بحثوا ووجدوا فرصة عمل في منظمة أخرى.

استبدال الموارد البشرية الدائمة بموارد مؤقتة :

تقوم بعض المنظمات كبديل لمعالجة فائضها من الموارد البشرية، بتسريح جزء كبير من هذه الموارد البشرية بشكل نهائي واستبداله بموارد بشرية مؤقتة، وذلك لتوفير الفرق بين تكلفة استخدام الجزء الدائم المسرح وبين توظيف البديل عنه من الموارد البشرية المؤقتة. وتلجأ هذه المنظمات إلى هذا الحل في حالات الكساد التجاري القصير والطويل الأجل على حد سواء.

حث الموارد البشرية على طلب التقاعد المبكر EARLY RETIREMENT :

تلجأ بعض المنظمات من أجل التخلص من الفائض من الموارد البشرية لديها، الى حث وتشجيع العاملين فيها من قارب بلوغ سن التقاعد على طلب الإحالة اليه عن رغبته، وهي في سبيل ذلك تقدم لهم محفزات متعددة منها على سبيل المثال:

* دفع مكافأة مالية اضافية.

* استمرار المحال على التقاعد في حصوله على المزايا الوظيفية كالتأمين الصحي وعلى الحياة الى أن يبلغ السن القانوني للاحالة على التقاعد.

لا شك أن تكلفة هذه المحفزات يجب أن تكون أقل من تكلفة بقاء الفرد لحين بلوغه سن التقاعد.

تخفيض السن القانوني للتقاعد:

تعمد بعض المنظمات الى تخفيض السن القانوني للإحالة على التقاعد، كوسيلة للتخلص من كبار السن الذين قاربوا بلوغهم لهذا السن. يشترط استخدام هذه الاستراتيجية إيقاف عملية التوظيف في المنظمة، وألا يكون قرار التخفيض يخالف اللوائح والقوانين الحكومية، وكذلك يتطلب التفاوض مع النقابات بشأنه، كي لا تدخل في مشاكل مع الحكومة ومع النقابات.

تجميد التوظيف HIREING FREEZ :

تعد هذه الاستراتيجية في التخلص من الموارد البشرية استراتيجية طويلة الأجل عادة، فبموجبها لا يعين بدلا عن العاملين الذين يحالون على التقاعد، أو الذين يموتون أو يصابون باصابات عجز دائم، أو من يفصلون أو يسرحون من العمل، فعدم التعويض التدريجي ومع مرور الزمن يُمكن المنظمة من امتصاص الفائض لديها من الموارد البشرية.

العمل المقصر SHORTEN WORK :

يأخذ التقصير أحد الشكلين التاليين :

* تخفيض عدد ساعات العمل اليومية   REDUCE OF WORK DAY HOURES
* تخفيض عدد أيام العمل الاسبوعية   REDUCE OF WORK WEEK DAYS

وتلجأ المنظمات لهذه الاستراتيجية كحل أو بديل عن إستراتيجية الاستغناء الدائم عن الفائض من الموارد البشرية، فبدلا من الاستغناء لخفض تكلفة العمل، تقوم المنظمة بتحقيق هذا التخفيض عن طريق تقصير إما ساعات العمل اليومية أو عدد أيام العمل الاسبوعية.

تخفيض التعويضات المالية والمزايا الوظيفية:

في مسعى لكي لا تخسر المنظمات موارد بشرية مؤهلة ومدربة لديها عن طريق التسريح الدائم، ومن أجل تخفيض تكلفة العمل لديها بسبب هذا الفائض، لجأ بعض منها الى تخفيض تكلفة عمل الموارد البشرية الفائضة، عن طريق تخفيض مستوى التعويضات المالية المدفوعة للعاملين والمزايا الوظيفية الممنوحة لهم، لفترة

زمنية قد تكون قصيرة وقد تكون طويلة حسب ظروف عمل المنظمة والبيئة. فكثير من الموارد البشرية تقتنع بهذا الحل، فبدلاً من أن تخسر دخلها بشكل نهائي وتبحث عن أخر قد لا تجده بسرعة، تفضل أن تخسر جزءاً منه. مشكلة هذه الاستراتيجية أنها لا تضمن بقاء الكفاءات البشرية لديها لفترة طويلة من الزمن مع هذا التخفيض للرواتب والمزايا، لذلك ينصح أن يكون تخفيضها لفترة مؤقتة من الزمن وليست طويلة.

3- التخطيط لمعالجة الاستقرار PLANNING FOR STABILITY OF (HR) :

لا تواجه المنظمات التي يظهر تخطيط الموارد البشرية الاستراتيجي فيها توازنا بين حجم العمل المتوقع مع امكانات مواردها البشرية أو قوة العمل لديها مستقبلاً أية مشاكل، لكن ينصح أن تستخدم الاستراتيجيات التالية للمحافظة على هذا التوازن فيما يخص قوة العمل :

* تفعيل وتنويع الحوافز للمحافظة على الموارد البشرية الحالية وعدم تسربها لمنظمة أخرى .

* تدريب وتعليم وتنمية الموارد البشرية الحالية للمحافظة على مستوى انتاجيتها وتحسينه باستمرار.

* توفير فرص ترقية للجميع قدر الامكان.

* استبدال الموارد البشرية الضعيفة والمتوسطة الكفاءة بكفاءات عالية المستوى.

المرحلة الرابعة: خطة الموارد البشرية الاستراتيجية .

تمثل خطة الموارد البشرية المرحلة الرابعة من مراحل تخطيطها الاستراتيجي، والخطة نتاج للمراحل السابقة وهي عبارة عن جدول تفصيلي يبين فيه الموارد البشرية من حيث أعدادها وأنواعها التي يحتاجها تنفيذ استراتيجية المنظمة مستقبلاً، فهي توضح ما هو متاح من موارد بشرية، وما يجب توفره، ومن ثم النقص أو الفائض في كل وحدة إدارية ضمن المنظمة. وفيما يلي نموذج يوضح هذه الخطة :

نموذج رقم (2)
خطة الموارد البشرية المستقبلية

القسم – الادارة / الوظيفة	قسم الافراد والعلوم السلوكية		قسم الانتاج والتسويق		قسم الخدمات العامة		الشؤون المالية والادارية		الفرق الحاجة أو الفائض	المجموع العام
	الموجود حاليا	الواجب توفره	الموجود حاليا	الواجب توفره	الموجود حاليا	الواجب توفره	الموجود حاليا	الواجب توفره		
رؤساء	1	1	1	1	1	1	1	1	-	4
مساعد ونائب	1	1	1	1	1	1	1	1	-	4
باحثون رئيسيون :										
شؤون الأفراد	1	2	2	2	3	3	2	2	1	9
علوم سلوكية	1	1	1	1	1	1	1	1	-	4
برمجة انتاج	2	2	1	2	2	2	1	1	1	7
تسويق	3	3	2	3	2	2	2	2	1	10
اعلان	1	2	1	1	1	1	1	1	1	5
مهندسوا الكترون	1	1	2	2	1	2	1	1	1	6
علاقات عامة	1	1	1	1	1	2	2	2	1	6
ارشيف ومحفوظات	2	2	1	1	1	2	1	1	1	6
باحثون مساعدون :										
شؤون الأفراد	2	2	1	3					2	5
علوم سلوكية	2	4							2	4
برمجة انتاج			2	4					2	4
تسويق			4	6					2	6
اعلان			2	2					-	2
قانون اداري									-	-
مبرمجون					2	4			2	4
صيانة					2	4			2	4
محاسب					2	4	1	2	3	6
أمين مكتبة							1	2	1	2
كتبة							5	8	3	8
نسخ الكتروني							3	5	2	5
مستخدمون							10	15	5	15

معيار تقييم التخطيط الاستراتيجي للموارد البشرية :

في ظل ما تقدم من شرح حول مضمون ومراحل تخطيط الموارد البشرية نتساءل الآن: ما هو المعيار الأساسي في تقييم مدى نجاح نشاط التخطيط في أداء دوره؟

في الواقع هذا المعيار هو: مدى دقة التخطيط في تحديد حاجة المنظمة من الموارد البشرية في الفترة الزمنية التي يخطط لها، بحيث لا يكون لديها فائضاً أو نقصاً في هذه الموارد، أي تحقيق التوازن بين حجم العمل وقوة العمل، وبالتالي فالتوازن هنا يعبر عن ويمثل المعيار الاساسي في تقييم نشاط تخطيط الموارد البشرية الاستراتيجي.

إلى جانب هذا المعيار، يمكن أن نضع أو نستخدم معايير مساعدة هي على سبيل المثال:

* أن يتم التخطيط بأقل تكلفة ممكنة.

* مدى التنسيق بين نشاط التخطيط مع وظائف ادارة الموارد البشرية الأخرى.

* مدى التنسيق بين نشاط التخطيط مع الادارات الأخرى في المنظمة من حيث تحديدها لحجم أعمالها، وقوة العمل المتاحة لديها.

طرق الاستغناء عن قوة العمل

قمنا بإرجاء بحث هذا الموضوع لبعد انتهائنا من شرح مراحل تخطيط الموارد البشرية، لنعطيه حقه من الدراسة والبحث، فالفائض في الموارد البشرية مشكلة تعاني منها العديد من المنظمات في دول العالم اليوم، بسبب العولمة والمنافسة الشديدة والكساد الاقتصادي. وبوجه عام تستخدم المنظمات طريقتين أو معيارين في عملية التخفيض، فهما يساعدانها على تحديد ومعرفة من الذي سوف يستغنى عنه من مواردها البشرية سواء عن طريق التسريح الدائم، أو المؤقت، أو من سوف يستبدل بموارد بشرية مؤقتة، وهاتان الطريقتان أو المعياران هما: معيار الانتاجية، ومعيار القيمة المضافة، وسوف نقوم بشرحهما من خلال مثال توضيحي عن قسم تسويق في احدى المنظمات، حيث يبين الجدول التالي العاملين في هذا القسم ونتائج أعمالهم السنوية :

جدول رقم (6)

مندوبو المبيعات	رقم المبيعات السنوي	نسبة الربح المحقق 20%	عدد سنوات الخدمة (القدم)	الراتب السنوي
فهد	40000	8000	8	5000
أحمد	40000	8000	8	5000
محمد	40000	8000	2	2000
نائل	40000	8000	6	4000
سمير	40000	8000	6	4000
مهند	30000	6000	8	5000
وسام	30000	6000	4	3000
باسم	30000	6000	8	5000
تامر	30000	6000	6	4000
ساري	30000	6000	4	3000
وائل	20000	4000	8	5000
مجاهد	20000	4000	2	2000
فتحي	20000	4000	6	4000
منى	20000	4000	4	3000
سالي	20000	4000	4	4000
دعد	10000	2000	2	2000
منال	10000	2000	2	2000
وصال	10000	2000	2	2000
نهير	10000	2000	6	4000
نورا	10000	2000	4	4000
الاجمالي (20) مندوب	500.000	100.000	100	72000

"بافتراض أن عدد الفائض في مندوبي المبيعات هو خمسة مندوبين يراد الاستغناء عنهم فمن هم هؤلاء"؟

طريقة الانتاجية :

تشتمل هذه الطريقة على ثلاثة معايير أو طرق لتحديد من سوف يستغنى عنه وهذه المعايير ما يلي:

أولاً: الاستغناء عن الأقل كفاءة .

يتم الاستغناء عن مندوبي المبيعات الخمس الأقل كفاءة عن طريق ما يلي:

* حساب متوسط الانتاجية الكلية لجميع مندوبي المبيعات البالغ عددهم العشرين.

* اختيار خمس مندوبين هم الأقل مبيعات من باقي المندوبين.

* يحسب رقم المبيعات المحقق من قبل الخمس مندوبين الذين هم أقل انتاجية.

* يحسب متوسط انتاجية جميع مندوبي المبيعات بعد استبعاد رقم مبيعات الخمس مندوبين الأقل كفاءة .

* يقارن متوسط انتاجية جميع المندوبين العشرين، مع متوسط انتاجية المندوبين بعد استبعاد رقم مبيعات الخمس مندوبين الأقل كفاءة، فاذا ارتفع متوسط انتاجية القسم بعد استبعاد الخمسة مندوبين عن متوسط انتاجية العشرين مندوب أي قبل استبعادهم، يكون قرار الاستغناء عن هؤلاء الخمسة صائبا، وفيما يلي تطبيق لعمليات الحساب السابقة:

متوسط الانتاجية الكلية لعشرين مندوب مبيعات = $\frac{500.000}{20}$ = 25000 وحدة مباعة

- دعد، منال، وصال، نهير، نورا هم أقل المندوبين من حيث رقم مبيعاتهم أي أنهم الأقل كفاءة، حيث بلغ مجموع مبيعاتهم السنوية (50000) وحدة مباعة .

- متوسط إنتاجية مندوبي المبيعات الكلية بعد استبعاد الخمسة الأقل كفاءة =

$$\frac{500000 - 50000}{15} = 30000$$

من خلال المقارنة يتبين بأن متوسط انتاجية قسم التسويق ارتفعت بمقدار (5000) وحدة (30000-25000) نتيجة الاستغناء عن الخمسة مندوبين الاقل كفاءة وبالتالي فالأفضل الاستغناء عنهم .

ثانياً: الاستغناء عن الأقل أقدمية .

في هذا المعيار نطبق نفس الخطوات المطبقة في المعيار السابق، لكن بدلاً من اختيار الأقل كفاءة نختار الأقل أقدمية الذين هم: محمد، مجاهد، دعد، منال، وصال، حيث يبلغ رقم مبيعاتهم السنوي (90000) وحدة مباعة، في هذه الحالة يكون متوسط انتاجية مندوبي المبيعات الخمسة عشر- باستبعاد مبيعات الخمس مندوبين الأقل أقدمية ما يلي:

$$\frac{90000 - 500.000}{5-20} = 27333 \text{ وحدة}$$

اذا قارنا متوسط الانتاجية بعد استبعاد الخمسة مندوبين وهم الأقل أقدمية مع متوسط الانتاجية الكلية للعشرين مندوب وهو (25000)، نجد أن متوسط الانتاجية بعد استبعاد الخمسة الأقل أقدمية قد رفع متوسط انتاجية القسم إلى 27333 وحدة أي بزيادة قدرها (2333) وحدة .

ثالثاً: الاستقالات

في ظل هذا المعيار يكون المتوقع أن يقدم استقالته هو الأكثر كفاءة، ذلك لأن فرص العمل الأفضل المتاحة له في أماكن أخرى أكثر من غيره. في هذه الحالة يتوقع أن يقدم استقالته كل من: فهد، احمد، محمد، نائل، سمير، حيث يبلغ رقم مبيعاتهم السنوي (200000) وحدة مباعة، فيكون متوسط انتاجية قسم التسويق بعد استبعاد هؤلاء الخمسة ما يلي:

$$\frac{200000 - 500000}{5-20} = 20000 \text{ وحدة}$$

وبمقارنة هذا المتوسط مع متوسط الانتاجية الكلية للعشرين مندوب وهو (25000) وحدة، نجد أن استبعادهم سيخفض الانتاجية الكلية للقسم بمقدار (5000) وحدة مباعة.

بمقارنة نتائج تطبيق المعايير الثلاثة السابقة، نجد أنه من الأفضل الاستغناء عن: نورا، نهير، وصال، منال، دعد وهم الأقل كفاءة، فعند استبعادهم ارتفعت انتاجية قسم التسويق بمقدار (5000) وحدة. من جانب آخر يتوجب على المنظمة تحفيز وترغيب كل: فهد، احمد، محمد، نائل، سمير على البقاء في العمل، لأن خسارة هؤلاء وتركهم للعمل سيخفض من انتاجية القسم بمقدار (5000) وحدة.

طريقة القيمة المضافة :

تمثل القيمة المضافة المعيار الثاني الرئيس الذي يمكن استخدامه في اختيار من سوف يستغنى عنه، فاذا طبقنا المعايير أو الأساليب الثلاثة السابقة التي عرضناها في طريقة أو معيار الانتاجية، فسيقع الاستغناء عن الخمسة مندوبين وفق ما هو موضح في الجدول التالي:

جدول رقم (7)

المعايير	اجمالي ربح مندوبي المبيعات المحتمل الاستغناء عنهم	الراتب السنوي لمندوبي المبيعات المحتمل الاستغناء عنهم	القيمة المضافة
الاستغناء عن الأقل كفاءة	10000	14000	-4000 خسارة
الاستغناء عن الأقل أقدمية	18000	10000	+8000 ربح
الاستقالة	40000	20000	+20000 ربح

يتضح لنا من خلال الجدول السابق بأن معيار الاستغناء الأفضل هو المعيار الأول أي الاستغناء عن الأقل كفاءة لأن الاستمرار في توظيفهم لا يحقق قيمة مضافة بل يحقق خسارة للمنظمة قدرها (4000) وحدة نقدية، ذلك لأن مجموع رواتبهم السنوية أكبر مما يحققونه من ربح بمقدار: 14000 - 10000 = 4000 وحدة نقدية خسارة. وعليه فقرار الاستغناء يجب أن يشمل كلاً من: نورا، نهير، وصال، منال، دعد، في المقابل يتوجب ترغيب كل من: فهد، احمد، محمد، نائل، سمير والاستمرار في العمل داخل القسم، لأن أداءهم يحقق للقسم قيمة مضافة قدرها (20000) وحدة نقدية.

مصفوفة ماركوف أداة لتخطيط الموارد البشرية الاستراتيجي

تهدف مصفوفة ماركوف MARKOVE MATRIX الى تحديد عدد أفراد الموارد البشرية الذي سيكون متاحاً (قوة العمل) في كل وظيفة من وظائف المنظمة وعبر مستوياتها الإدارية، وهـي عبارة عـن جـدول يوضح وظائف المنظمة والمستويات الادارية الموجودة فيها هذه الوظائف، وعدد الأفراد الذين يعملـون في كل منها في الوقت الحاضر، وما هو العدد المحتمل إنتقالـه منهـا للوظـائف الأخـرى، وكـذلك عـدد الأفـراد المتوقع انتقالهم من الوظائف الأخرى اليها سواء عن طريق الترقيـة أو النقـل الأفقـي، وتوضـح أيضـاً عـدد الأفراد المتوقع انفصالهم عن كل وظيفة وترك العمل في المنظمة لأي سبب كان.

يمكن القول إذاً في ضوء ما تقدم، بأن مصفوفة ماركوف توضح حركة انتقال الموارد البشـرية بـين وظائف المنظمة وعبر مستوياتها الادارية، فيعرف الموظف مسار حياته الوظيفية خـلال عملـه في المنظمـة، فيكون على اطلاع مسبق بالوظائف التي سينقل اليهـا مسـتقبلاً أو التـي سـيتدرج فيهـا، وبالتـالي يمكـن أن يحسب العدد المتاح في كل وظيفة وفق ما يلي:

(عدد الأفراد الحاليين في الوظيفة + عدد الافراد المتوقع انتقالهم اليها من الوظائف الأخرى) - (عدد الافراد المتوقع انتقالهم من الوظيفة لوظائف أخرى + عدد الأفراد المتوقع انفصالهم عن الوظيفة) .

وبمقارنة الناتج الذي يمثل قوة العمل المتاحة (عدد الافراد) في كل وظيفـة مـع مـا هـو مطلـوب توفره فيها، نعرف عندئذ فيما اذا كان فيها وفرة أو نقص أو توازن.

ونعرض فيما يـلي مثـالاً توضـيحياً لاسـلوب عمـل مصـفوفة مـاركوف في مجـال تخطـيط المـوارد البشرية من خلال الجدول التالي :

جدول رقم (8)
مصفوفة ماركوف في تقدير قوة العمل

المسار الوظيفي	عدد الموظفين الحالي في الوظائف	حركة انتقال الموظفين المتوقعة بين وظائف المنظمة خلال الفترة التي يخطط لها										عدد الموظفين المتوقع انفصالهم	عدد الموظفين المتاح
		وظيفة A	وظيفة B	وظيفة C	وظيفة D	وظيفة E	وظيفة F	وظيفة G	وظيفة H	وظيفة I	وظيفة J		
مسار وظائف الادارة العليا	A 5	5	2									1	6
	B 7	2	5	3								2	6
	C 10		3	7	2							2	7
	D 15			2	13							4	9
مسار وظائف الادارة الوسطى	E 18					18	3					2	19
مسار وظائف الادارة المباشرة	F 22					3	19	4				3	20
	G 25					4	21					3	18
مسار وظائف السكرتارية	H 30								30			4	26
مسار الوظائف الفنية	I 35									35	5	5	35
مسار وظائف الخدمات العامة	J 40									5	35	6	29

وبتطبيق عملية الحساب التي أشرنا إليها آنفاً على الأرقام التي يشتمل عليها جـدول المصـفوفة، سيكون العدد المتاح في الوظائف على النحو التالي:

الخانة A :

العدد المتاح في الوظيفة A =

(العدد الموجود حاليا في الوظيفة 5+2 منقول اليها من الوظيفة B) - (1 متوقع انفصاله من الوظيفة) = 6 موظفين .

الخانة B :

العدد المتاح في الوظيفة B =

(العدد المتبقي في الوظيفة بعد انتقال الموظفين منها 5+3 منقول اليها من الوظيفة C) - (2 موظف متوقع إنفصاله من الوظيفة) = (6) موظفين .

الخانة C :

العدد المتاح في الوظيفة C =

(العدد المتبقي في الوظيفة بعد انتقال الموظفين منها 7+2 المنقول إليها من الوظيفةD) - (2 موظف متوقع انفصاله منها) = (7) موظفين .

الخانة D :

العدد المتاح في الوظيفة D =

(العدد المتبقـي في الوظيفـة بعـد انتقال المـوظفين منها 13)- (4 مـوظفين متوقع انفصاله منهـا) = (9) موظفين .

الخانة E :

العدد المتاح في الوظيفة E =

(العدد الموجود حاليا 18+3 منقول اليها من الوظيفة F) -(2 متوقع انفصال عن الوظيفة) = (19) موظف .

الخانة F :

العدد المتاح في الوظيفة F =

(العدد الحالي بعد انتقال المـوظفين منها 19 +4 مـوظفين منقولين اليها من الوظيفة G) - (3 مـوظفين متوقع انفصالهم من الوظيفة) = (20) موظف

الخانة G :

العدد المتاح في الوظيفة G =

(العدد الحالي الموجود في الوظيفة 21 بعد انتقال الموظفين منها للوظيفة F)- (العدد المتوقع انفصاله عن الوظيفة 3) = (18) موظف .

الخانة H :

العدد المتاح في الوظيفة H =

(العدد الموجود حالياً 30 موظف) -(العدد المتوقع انفصاله من الوظيفة 4) = (26) موظف .

الخانة I :

العدد المتاح في الوظيفة I =

(العدد الموجود حالياً في الوظيفة 35 موظف+ 5 موظفين متوقع انتقالهم من الوظيفة J) - (5 موظفين متوقع انفصالهم من الوظيفة) = 35 موظف .

الخانة J :

العدد المتاح في الوظيفية J =

(العدد المتبقي في الوظيفة بعد انتقال الموظفين منها للوظيفة I 35) - (6 موظفين متوقع انفصالهم من الوظيفة) = (29) موظف .

الفصل الثامن

استراتيجية دراسة سوق العمل، واستقطاب الموارد البشرية

محتوى الفصل

- التعريف باستقطاب الموارد البشرية.
- استراتيجية دراسة سوق العمل.
- استراتجيات استقطاب الموار البشرية في ضوء مصادرها.
- تخطيط برنامج الاستقطاب وتقييمه.
- هيكل مصدر الموارد البشرية الخارجي.
- أساليب استقطاب الموارد البشرية.
- العوامل المؤثرة في نجاح الاستقطاب.

تساؤلات يطرحها الفصل

- هل تغيرت النظرة التقليدية لاستقطاب الموارد البشرية اليوم أم ما زالت كما هي عليه؟
- ما هو البعد الاستراتيجي لهدف الاستقطاب اليوم؟
- هل يمكن وضع استراتيجية لدراسة سوق العمل وربطها بتخطيط استقطاب الموارد البشرية؟
- مصادر الموارد البشرية متعددة ومتنوعة، كيف يحدد أفضلها؟
- متى يكون الاستقطاب فعالاً؟

التعريف باستقطاب الموارد البشرية

يعد نشاط الاستقطاب (احدى وظائف إدارة الموارد البشرية) من النشاطات المؤثرة في أداء المنظمة وتحقيق أهدافها، فاستقطاب الموارد البشرية الجيدة وانتقاء أفضلها وتعيينه في المنظمة، سيؤثر إيجاباً في مقدرتها على الأداء في المدى القصير والبعيد، وسنعمد فيما يلي إلى شرح وتوضيح أبعاد عملية الاستقطاب من حيث تعريفها وأهدافها وأهميتها والمتغيرات التي تتعامل معها: (1)

ماهية الاستقطاب :

يشير مصطلح الاستقطاب RECRUITMENT إلى عملية البحث عن الموارد البشرية التي تحتاجها المنظمة في سوق العمل، والتي أوضحها تخطيط الموارد البشرية في ظل متطلبات استراتيجية المنظمة المستقبلية، ثم العمل على توفيرها بأكبر عدد ممكن وبالنوعيات والمواصفات المطلوبة. ويتم تحقيق ذلك عن طريق قيام الاستقطاب بتصميم البرامج الاستقطابية المناسبة، التي يتم خلالها خلق الرغبة والدافعية لدى الموارد البشرية التي تحتاجها المنظمة من سوق العمل، وتحفيزها ودعوتها للتقدم وطلب التوظيف لديها عن رغبة واقتناع.

إذاً يمكننا القول بأن عملية الاستقطاب عملية ذات اتجاهين يجب أن يلتقيا لنقول عنه أنه قد حقق الغاية المرادة منه. فالاتجاه الأول هو أن الاستقطاب بمثابة تعبير عن حاجة المنظمة لموارد بشرية من مواصفات معينة، والاتصال بأكبر عدد موجود منها في سوق العمل، وتقديم المحفزات والمغريات الموضوعية الصادقة لها، بشكل تخلق لديها الرغبة والقناعة للتقدم وطلب التوظف في المنظمة. أما الاتجاه الثاني الذي يجب أن يلتقي مع الاتجاه الأول، فهو أن يحدث الاستقطاب القناعة والرغبة لدى الموارد البشرية المستهدفة للعمل لدى المنظمة، وعليه فكلما كان التوافق بين الاتجاهين عالياً زادت القناعة والرغبة، وزاد معها عدد المستقطبين الراغبين المتقدمين لطلب التوظف في المنظمة.

---

(1) أنظر في ذلك تفصيلا:

JAMES A. BREAUGH, RECRUITMENT : SCIENCE AND PRACTICE, PWS-KENT, BOSTON, 1992 .

ويبرز دور الاستقطاب وأهميته في ظل الظروف التالية:

* توسيع نشاط المنظمة المستقبلي، فقد يستدعي هذا التوسع حاجة المنظمة لموارد بشرية إضافية جديدة من أجل تغطيته.

* استبدال بعض المهارات البشرية التي تعمل حالياً في المنظمة بسبب عدم الحاجة اليها، وإحلال مهارات جديدة من سوق العمل مكانها.

* في حالة وجود ندرة في الموارد البشرية بوجه عام في سوق العمل أو في بعض التخصصات التي تحتاجها المنظمة.

في ظل الحالات السابقة نجد بأن المنظمة لا تكون بحاجة لنشاط الاستقطاب في حالة وجود فائض لديها من الموارد البشرية وتسعى إلى التخلص منها، وبناء عليه يمكن الآن تحديد هدف وظيفة الاستقطاب بما يلي:

جذب وترغيب أكبر عدد ممكن من الموارد البشرية المؤهلة والصالحة التي تحتاجها المنظمة والمتاحة في سوق العمل بأقل تكلفة ممكنة، وفق نوعيات ومواصفات محددة تخدم نشاطها المستقبلي، بحيث تمكن الوفرة المستقطبة من انتقاء أفضل المستقطبين. ولا يقتصر الاستقطاب على الموارد البشرية الخارجية، إنما يشمل الموارد البشرية التي تعمل حالياً لدى المنظمة، فالتحفيز لا يشمل الجديد منها فحسب بل يشمل القديم والجديد، وذلك من أجل المحافظة عليها وعدم تسربها للمنظمات أخرى.

ففي عام /2001/ قامت شركة MICROSOFT بوضع سياسة جديدة للمحافظة على مهندسي الألكترونيات العاملين لديها، ذلك لأنها قدرت تكلفة استقطاب مهندس ألكترون للعمل لديها سيكلفها ما بين 10000-20000 دولار أمريكي بسبب ندرة هذا التخصص وشدة الطلب عليه من قبل الشركات المنافسة.

أهمية استقطاب الموارد البشرية :

في نهاية الثمانينات وفي مطلع التسعينات ومع التطورات التي شهدتها الساحة العالمية بسبب العولمة وتحرير التجارة الدولية، والتطورات التقنية السريعة والمذهلة، وتعاظم المنافسة وتهافت المنظمات على إرضاء عملائها كوسيلة للبقاء

والاستمرار في السوق، فقد تغيرت نوعية الموارد البشرية التي تحتاجها المنظمات اليوم، فأصبحت حاجتها لموارد بشرية ماهرة مؤهلة مدربة قادرة على التعامل الجيد مع التقنيات الحديثة وتحقيق جودة المنتج لارضاء العملاء.

لقد خلق هذا الوضع ندرة في هذه النوعية من الموارد البشرية في سوق العمل، وذلك بسبب زيادة الطلب عليها من قبل المنظمات، الأمر الذي دفعها إلى إعطاء أهمية كبيرة لنشاط الاستقطاب، الذي احتل مكانة بارزة مع مطلع عام /2004/ في ممارسات إدارة الموارد البشرية، ذلك لأنه الوسيلة لتحفيز وترغيب هذا النوع من المهارات البشرية من سوق العمل، للتقدم وطلب العمل في المنظمة.

وتبرز أهمية دور الاستقطاب من خلال علاقته مع الاختيار والتعيين إحدى وظائف إدارة الموارد البشرية، فعندما ينجح الاستقطاب بجذب عدد وفير من الموارد البشرية التي تحتاجها المنظمة وبمواصفات عالية ووفق المطلوب، معنى ذلك أنه وفر لعملية الاختيار والتعيين بدائل انتقاء متعددة تمكنها من المفاضلة بينها بسهولة وانتقاء أفضلها، مما يرفع من مستوى فاعلية أداء المنظمة مستقبلاً. كذلك عندما يجذب الاستقطاب مهارات بشرية مطلوبة بمواصفات عالية، هذا يؤدي إلى تسهيل مهمة انتقاء الافضل منها، وتأهيله وتدريبه ليس بسهولة فحسب بل بتكلفة أقل بعد تعيينه في المنظمة.

استراتيجية دراسة سوق العمل

اتضح لنا من خلال شرح ماهية الاستقطاب بأن محور عمل هذا النشاط ينصب في سوق العمل LABOR MARKET الذي يمول حاجة المنظمات من الموارد البشرية على اختلاف أنواعها، لهذا السبب نجد من الأهمية بمكان التعرض لموضوع هذا السوق وابعاده، والمتغيرات البيئية التي تؤثر فيه، وتلعب دوراً مؤثراً في استقطاب المنظمات لحاجتها من الموارد البشرية منه.

قوة العمل :

قبل التعرض لمضمون سوق العمل وأبعاده، نجد من الضروري أن نُعرف ما هي قوة العمل LABOR FORCE التي يتشكل منها هذا السوق. تعبر قوة العمل عن الموارد البشرية المتاحة في السوق التي يمكن للمنظمات الاعتماد عليها في تلبية حاجاتها منها، وبالتالي فهي تمثل القوى العاملة المتاحة فيه في فترة زمنية

معينة، وهذه القوى متنوعة من حيث مؤهلاتها العلمية، وخبراتها، ومهاراتها، وإمكاناتها، التي تجعلها قادرة على العمل، وهي من كلا الجنسين (ذكور، واناث)، وتتراوح أعمارها بين حدين أدنى وأعلى وفق ما تحدده التشريعات الحكومية السائدة، ولديها القدرة والرغبة في العمل وتبحث عنه. ويستثنى من قوة العمل هذه الموارد البشرية الموجودة في السجون والمصحات العقلية والنفسية، والمصابون بأمراض مستعصية، كما يستثنى منها كل فرد قادر ومؤهل للعمل لكن ليس لديه الرغبة فيه، مثل الزوجات اللواتي يفضلن عدم العمل والبقاء في المنزل لرعاية الأطفال، وكذلك الأفراد الذين يؤدون خدمة العلم الالزامية. هاتان الفئتان الاخيرتان يطلق عليهما تسمية "قوة العمل الاحتياطية في السوق"، ذلك لأنه يمكن لأفراد الفئة الأولى أن تغير رأيها فيما يخص رغبتها في العمل في أي وقت فتتحول رغبتها من سلبية الى ايجابية، وكذلك بالنسبة للفئة الثانية التي يمكن أن تحسب من ضمن قوة العمل بعد أن تنهي خدمة العلم إذا كانت قادرة وراغبة في العمل، في هذه الحالة تتحول الفئتان من قوة عمل احتياطية الى أساسية متاحة في السوق.

سوق العمل :

هو المنطقة الجغرافية (مدينة، اقليم، دولة.. الخ) التي تتوفر فيها موارد بشرية (قوة عمل) قادرة وجاهزة للعمل وراغبة فيه في كافة الأوقات، ويكون بامكان المنظمات توفير حاجتها منها. وسوق العمل كأي سوق آخر يتكون من متغيرين اثنين هما:

العرض SUPPLY :

ويمثل ما هو متاح من موارد بشرية في منطقة جغرافية معينة، وذلك من مختلف الأعمار والجنس والتخصصات والمهارات.. الخ القادرة على العمل وتبحث عنه، وذلك في فترة زمنية معينة.

الطلب DEMAND :

ويمثل حاجة المنظمات من الموارد البشرية على اختلاف انواعها وتخصصاتها، ومهاراتها .. الخ في منطقة جغرافية معينة، وفترة زمنية محددة.

ونود الإشارة في هذا المقام إلى أن العرض والطلب في سوق العمل في حالة تغير مستمر بسبب تأثرهما بمجموعة من المتغيرات البيئية المحيطة بهما التي سنأتي على شرحهما لاحقاً. ويأخذ هذا التغير شكل إرتفاع وانخفاض بآن واحد في كل منهما، ذلك لأن العلاقة بينهما علاقة تأثير متبادل. فعندما يرتفع طلب المنظمات

على الموارد البشرية (تخصص معين مثلاً)، معنى ذلك وجود سحب من قوة العمل المتاحة فيه، وبالتالي ستظهر احتمالية وجود نقص في عرض الموارد البشرية في السوق. وبالمقابل إذا كان سحب المنظمات للموارد البشرية من السوق للعمل لديها أقل من مستوى تمويل مصادر الموارد البشرية للسوق بقوة العمل، معنى ذلك وجود إحتمالية وفرة في هذه الموارد، بسبب كون العرض أكبر من الطلب.

كما نود الاشارة الى أن المتغيرات البيئية المؤثرة في حركة العرض والطلب في سوق العمل ليست مستقرة بل هي متحركة أيضا، فتارة نجد ندرة في تخصص ما أو في مهارة معينة، وبعد فترة أخرى نجد أن هذه الندرة تحولت إلى وفرة بسبب تغير ما حدث في أحد متغيرات البيئة المؤثرة في سوق العمل. فعلى سبيل المثال إذا زاد الوعي في بلد نامي حول ضرورة تعليم المرأة ودخولها ميدان العمل وتحققت لديها الرغبة في ذلك، لاشك أن عرض الموارد البشرية في السوق سيزداد مع مرور الزمن بشكل عام. ومثال آخر على ذلك، اذا رفعت دولة ما سن السماح للعمل من /16/ سنة إلى /19/ معنى ذلك أنه سيحدث انخفاض في نسبة الموارد البشرية المتاحة في سوق العمل.

يتضح مما تقدم أن مستوى العرض والطلب في سوق العمل ليس مستقراً وهو في حالة حركة وتغير مستمرين، لذلك يتوجب على القائمين بنشاط الاستقطاب أن يتابعوا هذه الحركة التي تحدث فيه، ليكونوا في الصورة الكاملة والواضحة عما يجري وسيجري فيه، والتكيف مع التغيرات المؤثرة في هذه الحركة.

مثال واقعي

منحت الولايات المتحدة الأمريكية عام 1991 ما يقارب (1.8) مليون جنسية لأفراد من بلدان مختلفة في العالم، والنسبة الغالبة من هؤلاء موارد بشرية صغيرة السن قادرة على العمل وراغبة فيه، وتحمل مؤهلات علمية ومهارات وخبرات متنوعة، مولت عرض العمالة في سوق العمل الأمريكي بموارد بشرية وبدماء جديدة، سهلت من حصول المنظمات الأمريكية المختلفة على حاجتها من هذه الموارد، مع الإشارة إلى أن الجنسية لا تمنحها البلدان المتقدمة والصناعية عموماً إلا للتخصصات النادرة. اذا قيمنا هذه الواقعة، نجد أنها تمثل زيادة أو نمو سكاني في الولايات المتحدة الأمريكية، مول سوق العمل فيها بموارد بشرية مؤهلة وجاهزة للعمل لم تنفق عليها شيئاً.

هدف دراسة سوق العمل :

وتهدف دراسة سوق العمل إلى تحديد ومعرفة المتغيرات البيئية التي تؤثر في حركة العرض والطلب الخاص بقوة العمل فيه، ومن ثم تحديد اتجاه هذه المتغيرات وتأثير كل منها في وفرة أو ندرة هذه القوة مستقبلاً، ومدى الصعوبة او السهولة التي ستواجه عملية الاستقطاب التي ستنفذها إدارة الموارد البشرية لاستقطاب حاجة المنظمة من قوة العمل. إن نتائج دراسة التنبؤ باتجاه تأثير المتغيرات البيئية، تساعد نشاط الاستقطاب على وضع خطته المستقبلية للتكيف مع تأثير هذه المتغيرات، واستقطاب حاجة المنظمة من القوى البشرية التي ستحتاجها مستقبلاً بفاعلية.

كما تهدف دراسة سوق العمل إلى معرفة قوة العمل المتاحة فيه في الوقت الحاضر من حيث تخصصاتها، ومهاراتها.. الخ والعدد المتاح من كل فئة منها، لمعرفة مدى وفرة الموارد البشرية في السوق بوجه عام، ونوعية ومواصفات الموارد التي تحتاجها المنظمة بشكل خاص، لتصميم البرنامج الاستقطابي المناسب.

وتهدف دراسة السوق أيضا الى تحديد المنظمات المنافسة للمنظمة في عملية استقطاب حاجتها من الموارد البشرية، وذلك من أجل دراسة سياساتها وبرامجها الاستقطابية، لتتمكن إدارة الموارد البشرية من مواجهة هذه السياسات والبرامج بسياسة وبرنامج استقطابي فعال.

تجزئة سوق العمل :

تلجأ إدارات الموارد البشرية من خلال نشاط الاستقطاب الى تجزئة سوق العمل، كوسيلة لتسهيل عملية دراسة حركة العرض والطلب على الموارد البشرية فيه، واتجاهاتها المستقبلية. ويقصد بتجزئة سوق العمل LABOR MARKET SEGMENTATION تصنيف الموارد البشرية المتاحة فيه إلى فئات باستخدام معيار واحد معين أو أكثر، كأن يتم التصنيف حسب المؤهل الجامعي والتخصص، فاذا كان كذلك، وكان المؤهل المحدد بكالوريوس علوم إدارية ومصرفية، سيكون لدينا الفئات او المجموعات التالية: بكالوريوس إدارة أعمال، محاسبة، مالية ومصرفية، إدارة فنادق.. الخ. وقد يستخدم معايير أخرى كالعمر، الجنس، نوع المهارات، الندرة والأهمية، فاذا كان معيار التصنيف هو الأخير مثلاً، سيكون لدينا الفئات التالية: مهارات هامة ونادرة عرضها قليل والطلب عليها كبير، ومهارات قليلة الأهمية وغير نادرة لن يجد الاستقطاب صعوبة في عملية استقطابها.

وتهدف تجزئة سوق العمل عموماً إلى تسهيل دراسة التنبؤ بحركة العرض والطلب على كل فئة من فئات الموارد البشرية المتاحة فيه، لمعرفة مدى وفرتها أو ندرتها مستقبلا، من أجل تكثيف أو عدم تكثيف الجهود الاستقطابية.

وتفيد عملية تجزئة السوق نشاط الاستقطاب، في أنها تساعده في تصميم برنامج الاستقطاب الذي يناسب كل فئة على حده، فبرنامج استقطاب مديرين ماليين يختلف عن برنامج استقطاب موظفين للأعمال الكتابية، فسياسة الاتصال، والرسالة الاستقطابية، والمحفزات التي ستقدم لكل فئة، تختلف جميعها من فئة إلى أخرى.

وعليه يمكن القول بأن تجزئة سوق العمل، يساعد نشاط الاستقطاب في جهوده الرامية لاستقطاب حاجة المنظمة من الموارد البشرية، والاسهام في جعل هذه الجهود أكثر فاعلية.

المتغيرات البيئية المؤثرة في سوق العمل :

بعد توضيحنا لمفهوم سوق العمل، وأبعاده وأهداف دراسته، سنأتي الآن على عرض وشرح أهم المتغيرات البيئية التي تؤثر في حركة العرض والطلب على الموارد البشرية فيه، حيث تؤثر هذه المتغيرات بشكل مباشر أو غير مباشر في مدى وفرة أو ندرة (العرض والطلب) هذه الموارد فيه، مما ينعكس أثره على الجهود الاستقطابية التي تمارسها إدارات الموارد البشرية لاستقطاب حاجة المنظمات من قوى العمل البشرية منه.

المتغير الاقتصادي والاتجاهات الاقتصادية العامة:

تلعب فترات الرواج والإنكماش والتضخم الاقتصادي، دوراً مؤثراً في سوق العمل ونشاط الاستقطاب، ففي فترات الرواج يكون الطلب على السلع والخدمات كبيراً، وتسعى المنظمات الى زيادة إنتاجها كي تلبي هذه الزيادة المتوقعة، ولا شك أن هذا الوضع يتطلب من المنظمات التوسع في استخدام الموارد البشرية. فالمنظمة التي تتنبأ بأن الوضع الاقتصادي سائر نحو فترة رواج، عليها أن تتوسع في عملية التوظيف والاستخدام، وأن تتوقع وجود طلب كبير على الموارد البشرية في سوق العمل. ويحدث العكس في حالة التنبؤ بفترة انكماش اقتصادي، فالطلب على السلع سيقل، وبالتالي ستعمل المنظمات على تقليص إنتاجها، وسيؤدي ذلك إلى وجود فائض في العمالة لديها، إلى جانب وجود عرض كبير للموارد البشرية في سوق العمل، في حين أن الطلب عليها يكون قليلاً. ويلعب التضخم الاقتصادي دوراً مؤثراً كذلك في سوق العمل فزيادة نسبة التضخم الاقتصادي سيجبر المنظمات على زيادة الرواتب والأجور التي تدفعها للعاملين

لديها لتتناسب قدر الإمكان مع تزايد نسب التضخم، وهذا يجعل أسعار منتجاتها المطروحة في السوق مرتفعة. ولتلافي ذلك تعمد المنظمات إلى زيادة إنتاجها باستخدام نفس المدخلات أو أقل، واستخدام أساليب وطرق عمل جديدة تعتمد على التكنولوجيا التي لا تحتاج إلى عمالة، سعياً منها إلى تقليل تكلفة العمل، وبالتالي عرض إنتاجها بأسعار تنافسية. والنتيجة في هذه الحالة التي نريد الوصول اليها، هي أن المنظمات لا تلجأ إلى توظيف موارد بشرية جديدة، وقد تلجأ في بعض الحالات (كما هو الحال في الدول المتقدمة) الى الاستغناء عن جزء من موارد البشرية التي هي فائضة عن حاجتها. يتضح مما تقدم مدى تأثير الظروف والاتجاهات الاقتصادية العامة في سوق العمل، التي تتطلب من نشاط الاستقطاب أن يتنبأ باتجاهاتها، ويأخذها في الحسبان عند وضعه لخطة استقطاب حاجة المنظمة من الموارد البشرية المتاحة في السوق.

التطور التقني :

إن التقدم التكنولوجي في مختلف المجالات، له تأثير كبير في حجم ونوعية الموارد البشرية المستخدمة في المنظمات على إختلاف أنواعها، وبصفة خاصة الاختراعات في مجال الإنسان الآلي، الذي أصبح يحل تدريجياً محل العنصر البشري في العمل. فالعالم الصناعي يسوده اليوم سباق في مجال التصنيع الآلي، الذي يعتمد على الآلية الكاملة في أداء الأعمال، وذلك كوسيلة لتخفيض حجم الموارد البشرية المستخدمة في العمل، وزيادة الانتاجية، وتخفيض تكلفة العمل. وبوجه عام يمكن تلخيص تأثير التطور التكنولوجي والآلية الكاملة في الموارد البشرية في نقاط أساسية ثلاث هي ما يلي:

* انخفاض حجم الموارد البشرية المستخدمة في المنظمات بشكل عام، على اعتبار أن إنجاز العمل يتم فيها بشكل آلي، دون الحاجة الى العنصر البشري.

* الاتجاه إلى توظيف موارد بشرية ماهرة تنسجم مع طبيعة العمل الآلي، إذ لم تعد هناك حاجة للقوة العضلية لتشغيل الآلات، ففرص العمل المتاحة اليوم هي للخبرات والمهارات الفنية المؤهلة والمدربة التي تمتلك عدة مهارات وليس مهارة واحدة، والتي تتوافق مع طبيعة العمل الآلي.

* التغير في حجم ونوعية العرض والطلب في سوق العمل، فالطلب الآن يتجه إلى إستقطاب وتوظيف الموارد البشرية الماهرة، والابتعاد عن العمالة اليدوية. أما حركة العرض فقد اتجهت المؤسسات التعليمية والتدريبية (باعتبارها الممول الرئيس لسوق العمل بالموارد البشرية) الى تعديل برامجها بما ينسجم مع التطور التكنولوجي وطبيعة احتياجاته في المنظمات، فقد أصبحت تسعى إلى توفير عمالة ماهرة فنياً قادرة على العمل الآلي .

لذلك يمكننا القول أنه من الضروري جداً القيام بعمليات تنبؤ، لرصد اتجاهات التطور التكنولوجي الحالي والمستقبلي، لمعرفة انعكاساته على الموارد البشرية المتاحة في سوق العمل من حيث الكمية والنوعية.

المتغير السكاني:

يلعب المتغير السكاني دوراً مؤثراً في سوق العمل من حيث العرض والطلب على الموارد البشرية فيه، ويتمثل هذا التأثير بعدد من العوامل نشرح بعضاً منها فيما يلي:

1- معدل النمو السكاني:

يتأثر معدل النمو السكاني بمعدل الولادات والوفيات، فإذا كان معدل الولادات أكبر من الوفيات، إذا سنتوقع زيادة سكانية في الفترة الزمنية القادمة، وهذه الزيادة سترفع مستقبلاً من حجم الموارد البشرية المتاحة في سوق العمل بشكل عام، أي سيرتفع العرض ويكون هناك وفرة في قوة العمل فيه مستقبلا. هذا من جهة، لكن من جهة ثانية سترفع الزيادة السكانية من حجم الطلب على السلع والخدمات الذي ستقابله المنظمات بزيادة انتاجها، وهذه الزيادة سيرافقها احتمال حاجة أكبر للموارد البشرية من قبل المنظمات التي سيلبيها سوق العمل، وفي هذه الحالة سنجد أن الطلب على الموارد البشرية في سوق العمل سيزداد، وعلى المستقطب أن يتوقع احتمالية حدوث ندرة مستقبلاً فيها.

2- التركيبة السكانية:

يقصد بالتركيبة السكانية، الشرائح العمرية التي يتكون منها المجتمع السكاني في بلد ما. في ظل هذا المتغير يواجه نشاط الاستقطاب في دراسته لسوق العمل احتمالين هما: الاول أن يكون المجتمع فتياً، وينشأ هذا الاحتمال عندما تمثل الفئة العمرية الصغيرة السن النسبة الاكبر من المجتمع السكاني، وذلك بسبب ارتفاع درجة الخصوبة فيه. هذا الاحتمال أو الحالة سينعكس أثرها في سوق العمل بوجود وفرة في الموارد البشرية الفتية القادرة على العمل، وهنا يتوقع الاستقطاب زيادة عرض هذه الموارد في سوق العمل. أما الاحتمال الثاني فهو أن يكون المجتمع هرماً، أي أن شريحة كبار السن تمثل النسبة الأكبر من المجتمع السكاني، في ظل هذا الاحتمال أو الحالة سيتغير الوضع في سوق العمل إلى العكس.

متغير القوانين الحكومية :

تلعب القوانين الحكومية الصادرة بشأن الهجرة، والتعليم تأثيراً في حركة العرض والطلب في سوق العمل، وسنعمد فيما يلي إلى شرح هذا التأثير في هذين المجالين على سبيل المثال، لنعطي القارئ فكرة عن تأثير هذا المتغير:

1- قانون الهجرة والجنسية :

إن تأثير الهجرة من الخارج الى الداخل في سوق العمل كبير، فبعض الـدول فتحـت بـاب الهجـرة ومنح الجنسية للمهاجرين اليها كاستراليا، وكنـدا، والولايات المتحـدة الأمريكيـة ونيوزيلانـدا ضـمن شروط ومواصفات محددة يجب توفرها فيهم، هذه الهجرة بلا شك ستوفر لهذه الدول مـوارد بشـرية مـن أعمـار تكون في العادة فتية ومن تخصصات مختلفة ومهارات وخبرات نادرة، وبتعويضات مالية أقل مما تتقاضاه العمالة من أهل البلد، فالموارد البشرية المهاجرة تمول أسواق العمل في الدول التي تستقبلها. على النقـيض من ذلك تعاني بعض الدول النامية ذات المجتمعات الفتية من زيادة عرض الموارد البشرية في سوق العمـل لديها، وقلة الطلب عليها، وهذا مرده إلى انخفاض معدلات النمو الاقتصادي فيها وعـدم حاجـة منظماتها الى قوة عمل جديدة بسبب قلة الطلب على سلعها وخدماتها الناتج عن انخفاض مستوى الدخل فيها. إن فتح الهجرة في هذه الدول للخارج سيحدث توازناً نسبياً بين العرض والطلب لكن لفـترة زمنيـة محـدودة، فمع مرور الزمن سيحدث نقصاً تـدريجياً في المهارات والتخصصات الهامـة في أسواق العمل لـديها مـما يحدث ندرة فيها.

2- سياسة الدولة التعليمية :

مما لا شك فيه أن الممول الرئيس لسوق العمل بالموارد البشرية على اختلاف تخصصاتها، هـي الجامعات والمعاهد والمدارس المهنية التي تشرف الدولة على وضع سياستها التعليمية، التي تلعب دوراً مؤثراً ومباشراً في حجم ونوعية ما هو معروض مـن مـوارد بشرية في سوق العمـل، التـي سـتعتمد عليهـا المنظمات في تلبية احتياجاتها. لذلك نجد من الأهمية بمكان أن يتـابع المسـؤولون عـن نشـاط الاستقطاب سياسة الدولة التعليمية وأخذها في الحسبان عند تخطيط عمليات الاستقطاب المستقبلية.

فعلى سبيل المثال عندما تفتح الجامعات في بلد ما كليات لتكنولوجيا المعلومات وتضع خطط تدريسية حديثة ومتطورة وتوفر المخابر اللازمة وأعضاء هيئة تدريس كفؤة، نتوقع في المسـتقبل أن يزيـد مستوى العرض في سوق العمل من هذا التخصص وهو تكنولوجيا المعلومات، ولا يكون نشاط الاستقطاب بحاجة لاستقطاب هذا التخصص من أسواق عمل خارجية بسبب ندرتها في السوق المحلي كـما هـو الحـال في السابق.

متغير أفضلية العمل : (2)

يسود العديد من المجتمعات وخاصة النامية منها تقليد هـو أن هنـاك أعمـالاً تناسـب النسـاء
وأعمالاً تناسب الرجال، فقد أصبح معروف في هذه المجتمعات أن الأعمال الكتابية، والسكرتارية، والآلـة
الكاتبة، والتمريض على سبيل المثال وليس الحصر تناسب النساء أكثر من الرجال، في حين بات معروفاً أيضاً
بأن أعمال الاطفاء والبناء والمناجم تناسب الرجال أكثر من النساء، وعندما يعمل أحد الجنسـين في مجـال
عمل الآخر، يعتبر ذلك إلى حد ما غير مقبول لدى بعض الفئات من الناس في المجتمع كبعض دول الخليج
العربي وإيران ودول أخرى التي ما زالت تحتفظ بفكرة تقليدية كهـذه. لـذلك يتوجـب علـى القائمـين علـى
عملية الاستقطاب في مثل هذه المجتمعات أن يدرسوا اتجاهـات أفضـلية الاسـتخدام السـائدة في المجتمـع،
ففي حالة كون تمسك المجتمع بمثل هذه التوجهات، سيؤدي ذلك إلى وجـود طلـب زائـد في سـوق العمـل
على أحد الجنسين للأعمال التي تناسبه، مما يدعو للاستعداد لذلك مسبقاً.

استراتيجيات استقطاب الموارد البشرية في ضوء مصادرها

مصادر الموارد البشرية :

يعرف مصدر الموارد البشرية بأنه الجهة التي تتوفر فيها حاجة المنظمة من الموارد البشرية، التـي
يمكن الحصول منها على هذه الحاجة. وتصنف المصادر التـي تعتمـد عليهـا المنظمـات في تمويـل أو تزويـد
حاجتها من الموارد البشرية وعلى اختلاف أنواعها ضمن مصدرين اثنين، سنأتي علـى شرح كـل منهمـا فيمـا
يلي:

1- المصدر الداخلي :

يقصد بالمصدر الداخلي الموارد البشرية التي تعمل حاليـاً في المنظمـة بكافـة أنواعهـا وتخصصـاتها،
والمتوقع استمرارها في العمل خلال الفترة الزمنيـة التـي يخطـط لهـا ، وبالتـالي فكـل العاملـين وعلـى اختـلاف
فئاتهم المتوقع احالتهم على التقاعد لبلوغهم السن المحددة، أو استقالتهم، أو فصلهم من العمل، أو الوفيات

---

(2) PETER F. DRUCKER, WORKING WOMEN, UNMAKING THE 19TH CENTURY, WALL STREET JOURNAL ,
   JULY 6 , 1981, P. 12.

المتوقعة بسبب الأمراض، لا يعتبرون مصدراً داخلياً للموارد البشرية ولا يمكن أن تعتمد عليه المنظمة في تمويل حاجتها ذاتياً منها.

وتلجأ المنظمات إلى المصدر الداخلي عادة في حالات الترقية، فعندما تخلو وظيفية رئاسية في أي مستوى إداري داخل المنظمة لأي سبب كان، فبدلاً من تعيين شخص من خارج المنظمة فيها يرقى إليها شخص من داخلها. كما تلجأ إليه في تلبية حاجتها من الموارد البشرية في حالة وجود عدم توازن في توزيع مواردها البشرية على قطاعات العمل فيها، حيث يتم تحويل بعض الموارد البشرية من الوحدات الإدارية التي فيها فائض منها إلى وحدات أخرى لديها نقص في الموارد البشرية.

ويتميز المصدر الداخلي للموارد البشرية عن طريق الترقية بالمزايا التالية:

* يوفر معلومات كافة ووافية عن المرشحين لشغل الوظائف الحالية، وذلك من حيث إمكاناتهم، وقدراتهم، وميولهم، ورغباتهم، وبالتالي استعدادهم لشغل الوظائف الشاغرة، فهم معروفون لدى إدارة الموارد البشرية.

* تعتبر الترقية عنصراً هاماً لحفز العاملين الحاليين على العمل بحيوية ونشاط، أملاً في أن يشغلوا إحدى الوظائف الأعلى مستقبلاً.

* تحقق الترقية انسجام المرقى مع بيئة العمل وثقافة المنظمة لكونه ليس بغريب عنها، وبالتالي لا يحتاج إلى تأهيل وتكييف مع بيئة العمل الداخلية.

* ترفع الترقية كمصدر داخلي من الروح المعنوية للعاملين الحاليين، نتيجة شعورهم بأن المنظمة التي يعملون فيها، تقدر جهودهم، وتعتمد عليهم في ملء الشواغر الوظيفية لديها، وذلك نتيجة ثقتها بهم، مما يعزز من مستوى ولائهم وانتمائهم لها وحبهم للعمل فيها.

* تقليل تكاليف المنظمة المتعلقة بالوقت والجهد الذي يتطلبهما استقطاب وإختيار وتدريب الموارد البشرية الخارجية الجديدة، على اعتبار أن الموارد البشرية الحالية التي تعمل في المنظمة اكثر تدريبياً وتأهيلاً من الموارد الجديدة.

* المحافظة على الموارد البشرية الحالية ومنعها من التسرب وترك المنظمة، أملاً منها في ايجاد منظمة أخرى توفر لها فرص التقدم والترقية الوظيفية.

في مقابل هذه المزايا، هناك مآخذ على الترقية باعتبارها مصدراً داخلياً من مصادر الموارد البشرية وأهم هذه المآخذ ما يلي:

* يؤدي الاعتماد على الترقية الى نقص التنويع في الاهتمامات، والمعارف، والثقافات الجديدة التي تحملها معها الموارد البشرية الخارجية، وهذا ما يطلق

عليه بالدم الجديد الذي يجب إدخاله للمنظمة بشكل مستمر، لضمان بقائها وفاعليتها واستمراريتها.

* هيمنة وسيطرة الموارد البشرية الحالية على وظائف المنظمة، وقد ينتج عنه وجود صراعات بين أفرادها، وإمكانية حدوث إحباطات نفسية لدى الأفراد الذين لم يتمكنوا من الحصول على ترقية، وكذلك احتمالية نشوء ظاهرة النفاق لدى الرؤساء.

2- المصدر الخارجي :

يمثل جهات خارج المنظمة يتوقع توفر حاجتها فيها من الكفاءات والمهارات البشرية، ويكون بإمكانها تزويدها بهذه الحاجة في مختلف الأوقات. ولا يمكننا في هذه الحالة القول بأن كل جهة خارجية يتوفر فيها موارد بشرية بأنها مصدر محتمل لتزويد حاجة المنظمة بهذه الموارد، فالمصدر المحتمل، هو الجهة التي يتوفر فيها حاجة المنظمة من الموارد البشرية التي تطلبها من حيث العدد، والنوعيات، والتخصصات. فإذا كان مركز لأبحاث الطاقة الذرية على سبيل المثال محتاج الى باحثين في مجال الذرة من حملة الدكتوراة في العلوم تخصص علوم نووية، لا يعتبر في هذه الحالة معهد متوسط تجاري مصدراً للموارد البشرية بالنسبة لهذه المركز، في حين يعتبر مصدراً بالنسبة لمصرف تجاري، لأن الصفة الغالبة لطبيعة عمله في المحاسبة المالية.

نخلص من ذلك بأن نوعية الحاجة للموارد البشرية، هي التي تحدد المصادر الخارجية التي يتوفر فيها احتياجات المنظمة من هذه الموارد، فما قد يكون مصدراً للموارد البشرية لمنظمة ما، قد لا يكون كذلك لمنظمة أخرى، وأيضاً ما قد يكون مصدراً للموارد البشرية بالنسبة لمنظمة ما في وقت معين، قد لا يكون كذلك لنفس المنظمة في وقت آخر.

وبشكل عام يتكون المصدر الخارجي للموارد البشرية من مصادر عدة منها على سبيل المثال وليس الحصر: المؤسسات التعليمية، الجمعيات العلمية، أسواق العمل الخارجية، مكاتب العمل.. الخ وسنأتي على شرح هذه المصادر تفصيلاً في ما بعد.

ويتميز المصدر الخارجي للموارد البشرية بعدد من المزايا أهمها ما يلي:

يزود المنظمة بموارد بشرية جديدة تحمل أفكاراً وثقافة حديثة وتصورات متطورة تغذي المنظمة بدم جديد، تجعلها متجددة الحيوية والنشاط باستمرار. الى جانب ذلك، فالمصدر الخارجي يزود المنظمة بموارد بشرية مؤقتة يمكن الاستغناء عنها بعد

الانتهاء من الحاجة اليها، مما يعطيها مرونة في عملية توفير احتياجاتها من الموارد البشرية.

في مقابل هذه المزايا هناك مآخذ على المصدر الخارجي كبديل للاعتماد على المصدر الداخلي في تمويل حاجة المنظمة من الموارد البشرية أهمها ما يلي:

احتمال تعيين موارد بشرية من خارج المنظمة لا تنطبق عليها بعض الشروط والمواصفات المطلوبة. إلى جانب ذلك فالاعتماد على المصدر الخارجي في شغل الوظائف الرئاسية يؤثر سلباً في الروح المعنوية للعاملين في المنظمة، وذلك بسبب تفضيل المنظمة لموارد بشرية خارجية عنهم في شغل هذه الوظائف، مما يصاحبه احتمال ضعف في انتاجية عملهم، واحتمال تركهم له في أقرب فرصة سائحة لهم، مما يرفع من معدل دوران العمل لديها، وخسارتها لكفاءات بشرية مؤهلة ومدربة.

استراتيجيات استقطاب الموارد البشرية في ضوء مصادرها :

من المتعارف عليه بأن هناك استراتيجيتان تستخدمان في مجال استقطاب الموارد البشرية، بما يتماشى مع توجه الاعتماد على مصدر المورد البشري الخارجي والداخلي، سنعمد فيما يلي الى شرحهما:

استراتيجية التشخيص :

توضع استراتيجية التشخيص DIAGNOSTIC STRATEGY وتعمل في ضوء التكيف مع الظروف المحيطة والمؤثرة في استراتيجية المنظمة، حيث تتصف هذه الظروف بالتأثير المديد في نشاطها، مما يجعل استقطاب الموارد البشرية يضع خطته لتوفير احتياجات المنظمة من هذه الموارد، بما يتماشى ويتكيف مع هذا التأثير الطويل الأجل. إذاً فاستراتيجية التشخيص هي استجابة تحليلية للتغيرات البيئية ذات التأثير البعيد المدى في نشاط المنظمة، وهيكلها التنظيمي، وأدائها الكلي من جهة، وحاجتها من الموارد البشرية على مدى طويل من الزمن من جهة ثانية، وهذا الوضع الاستراتيجي يدفع إدارة الموارد البشرية إلى الاعتماد على المصدر الخارجي (سوق العمل) لتوفير حاجة المنظمة من هذه الموارد. والسبب في ذلك هو ما يتصف به هذا المصدر من مرونة في عملية التوفير وتنوع الكفاءات البشرية فيه، مما يمكن إدارة الموارد البشرية من تلبية هذه الحاجة الطويلة الاجل بفاعلية. يفهم من ذلك أن هذه الاستراتيجية لا تعتمد على المصدر الداخلي للموارد البشرية، لقناعتها بأنه لا يمكنها في غالب الأحيان من التلبية السريعة والوفيرة والمتنوعة لحاجة المنظمة من الموارد البشرية على المدى الطويل بشكل سريع ومرن، بشكل يتناسب مع التغيرات البيئية وعلى رأسها التطور التكنولوجي الذي كان وما زال

يحدث تأثيرات في هيكلية الموارد البشرية في المنظمات، وذلك من حيث حجمها، ونوعياتها، وتخصصاتها ومستوى مهاراتها وخبراتها المطلوبة.

الاستراتيجية الرشيدة:

تعتمد الاستراتيجية الرشيدة RATIONALIZED STRATEGY في تلبية احتياجات المنظمة مـن المـوارد البشرية على المصدر الداخلي، أي على قوة العمل المتاحـة التـي تعمـل حالياً في المنظمـة، دون اللجـوء إلى تعيين موارد بشرية من خارج المنظمة أي من المصدر الخارجي.

وتقوم هذه الاستراتيجية على الافتراضات التالية:

* وجود وفرة وتنوع في المهارات البشرية الموجودة حالياً في المنظمة بحيث يمكنها من الاعتماد عليها في تلبية حاجاتها في المستقبل المتوسط الأجل.

* وجود قدرة لدى المنظمة على إعادة تشكيل مهاراتها البشرية وتكييف تشغيلها واستخدامها مـن جديـد، بشكل يلبي التغيرات التي تحدث في حجم أعمالها ونشاطاتها وأساليب الانتاج والعمل، والتكنولوجيـا فيها.

* وجود تنوع في المهارات البشرية التي تمتلكها المنظمة بحيث يمكنها ذلك مـن تلبيـة احتياجـات العمـل المتغيرة بسرعة ومرونة.

* توفر المرونة في تصميم العمل بشكل يتيح إمكانيـة تبـادل الأعمـال بـين المـوارد البشرية التـي تعمـل في المنظمة.

* امتلاك العنصر البشري فيها لاكثر من مهارة، بحيث يمكنه ذلك من ممارسة عدة أعمال أو مهـام في مكـان العمل.

ويمكننا القول بأن الاستراتيجية الرشيدة تتعامـل مـع المـدى الزمنـي القصـير والمتوسط الأجـل، وتعتمد على امكانات المنظمة البشرية الذاتية المتاحة لـديها في تلبية احتياجاتها مـن الكفايـات البشرية، التي لا يوجد ما يضمن قدرتها على هذه التلبية بشكل دائم وسريع. كما يمكننا القول بأن هـدف ومسـعى هذه الاستراتيجية هو تقليل تكاليف استقطاب الموارد البشرية من سوق العمل، واختيارها، وتدريبها.. الـخ والتمتع بكافة المزايا التي تصاحب الاعتماد على المصدر الداخلي للموارد البشرية.

وحول أفضلية إحدى الاستراتيجيتين للاستخدام، وجد نتيجة الممارسة بأن الأفضلية هـي الاعتماد على الاستراتيجيتين بآن واحد أي الاعتماد على المصدر الخارجي والداخلي معـاً في تلبية حاجـات المنظمـات من الموارد البشرية، وذلك للاستفادة من مزايا الاستراتيجيتين، والتكيف بشكل فعـال أكثر مـن المتغيرات البيئية ذات التأثير المتوسط والطويل الآجل.

تخطيط برنامج الاستقطاب وتقييمه

تمر عملية تخطيط برنامج الاستقطاب وتقييمه بعدد من الخطوات سناتي على توضيحها فيما يلي:

الاطلاع على نتائج دراسة سوق العمل :

تمثل النتائج التي يتوصل اليها من خلال دراسة سوق العمل واتجاهات المتغيرات البيئية المؤثرة فيه، القاعدة الأساسية التي تقوم عليها استراتيجية الاستقطاب، فهذه النتائج هي بمثابة الموجه العام لهذه الاستراتيجية وتخطيط برامجها التنفيذية الحالية والمستقبلية، وقد شرحنا آنفاً هـذه المتغيرات وتأثيرها في استراتيجية الاستقطاب.

الاطلاع على نتائج تخطيط الموارد البشرية وتحليل الأعمال:

يفيد الاطلاع على نتائج تخطيط الموارد البشرية في معرفة وتحديد عدد ونوعية هذه الموارد التي تحتاجها المنظمة مستقبلاً، وموعد هذه الحاجة، ليعمل نشاط الاستقطاب حسابه على تلبية ذلك. أما الإطلاع على نتائج تحليل الأعمال، فهي تفيد في معرفة مواصفات المـوارد البشـرية التي تحتاجها أعمـال ووظائف المنظمة، وهذا يساعد كثيراً في تحديد مصادر توفرها في سوق العمل، كما يفيد في وضع الحوافز الاستقطابية التي تناسبها.

وضع سياسة البرنامج :

تشتمل سياسة البرنامج الاستقطابي على عدد من الجوانب الأساسية هي ما يلي:

* تحديد الموارد البشرية المستهدفة التي تمثل حاجة المنظمة.

* تحديد المصادر المتوفر فيها الموارد البشرية المستهدفة، وهنا يتحدد ضمناً سوق العمل المستهدف.

* تحديد المحفزات والمغريات المناسبة التي سوف يستخدمها الاستقطاب في عملية الترغيب، وتوضع هـذه المحفزات في ظل نوعية الموارد البشرية التي تحتاجها المنظمة.

* تصميم الرسالة الاستقطابية التي سيتم إيصالها للموارد البشرية المراد استقطابها، التي يجب أن تتضمن كافة المعلومات التي يحتاجها المستقطب عن المنظمة والوظيفة المحتملة التي سيتقدم للتعيين فيها. ومن الأهمية بمكان صياغة الرسالة الاستقطابية بشكل تحدث إثارة نفسية إيجابية وثقة ورغبة لدى المستهدفين بالاستقطاب، للتقدم وطلب العمل في المنظمة المستقطبة. كما أنه من الضروري أن يراعي تصميم مضمون الرسالة الاستقطابية تلبية ما يريده ويحتاجه المستقطب من معلومات تساعده على اتخاذ قراره للتقدم وطلب العمل في المنظمة، وهنا ينصح بالابتعاد عن عمومية المعلومات والاشياء البديهة بالنسبة للمستقطب. ونود الإشارة في هذا المقام إلى أن مضمون الرسالة الاستقطابية يختلف من نوعية موارد بشرية لأخرى ومن بيئة لأخرى، لاختلاف العادات والتقاليد من واحدة لأخرى أيضاً .

* تحديد قنوات الاتصال المناسبة بمصادر الموارد البشرية، ونود الاشارة هنا إلى أن اختيار قناة الاتصال المناسبة يحكمه نوعية المصدر، ونوعية الموارد البشرية المطلوبة، فما يناسب مصدراً أو نوعية معينة قد لا يناسب آخر / أو أخرى.

* تحديد واختيار أعضاء الفريق الذي سوف ينفذ عملية الاتصال بالموارد البشرية المستهدفة وتحقيق هدف الاستقطاب المطلوب.

تقييم تنفيذ برنامج الاستقطاب :

تهدف عملية تقييم البرنامج الاستقطابي الى معرفة إدارة الموارد البشرية مدى نجاح وظيفة الاستقطاب في تصميم وتنفيذ برنامجها، وتحديد الثغرات لتعديل استراتيجيتها الاستقطابية مستقبلاً وجعلها أكثر فاعلية، وتحتاج عملية التقييم كأي تقييم آخر، لمعايير تجري على أساسها عملية تحديد مدى النجاح الذي حققه الاستقطاب، وأهم المعايير المستخدمة في هذا المجال ما يلي:

* عدد الأفراد الاجمالي الذي تم استقطابه فوفرة العدد دليل على النجاح .

* عدد التخصصات النادرة التي جرى استقطابها.

* مستوى مواصفات من جرى استقطابه، فالمواصفات العالية مؤشر على النجاح.

* المدة الزمنية التي تم أو أنجز فيها الاستقطاب فقصر المدة مؤشر على النجاح.

* تكلفة الاستقطاب التي تحسب عن طريق قسمة تكلفته على عدد المستقطبين.

* درجة القناعة التي تولدت لدى المستقطبين للتقدم والعمل في المنظمة.

* مدى كفاءة عمليات الاستقطاب الطارئة.

* عدد مصادر الموارد البشرية التي جرى الاتصال بها.

* عدد المقابلات التي أجريت في عملية الاستقطاب.

هيكل مصدر الموارد البشرية الخارجي

أشرنا في مجال تخطيط البرنامج الاستقطابي إلى أن تحديد مصادر الموارد البشرية هو أحد مكونات هذا التخطيط، فتحقيق هدف نشاط الاستقطاب يتطلب الإحاطة والإلمام بالمصادر التي يمكن أن تعتمد عليها المنظمة في استقطاب حاجتها من الموارد البشرية من حيث العدد والنوعية والمواصفات المطلوبة لشغل الوظائف الشاغرة أو الخالية لديها. ولا يقتصر الأمر على ذلك فحسب، بل يشمل البحث المستمر عن مصادر جديدة، ومتابعة الاتصال بها باستمرار. ويصنف المختصون في مجال نشاط الاستقطاب مصادر الموارد البشرية في مصدرين اثنين هما: المصدر الخارجي والمصدر الداخلي كما أشرنا في السابق، وسنأتي على شرح المصادر الفرعية التي يتكون منها المصدر الخارجي فقط فيما يلي، على اعتبار أننا شرحنا مكونات المصدر الداخلي سابقاً.

المؤسسات التعليمية :

مع التطورات التقنية السريعة وظهور المفاهيم الادارية والتسويقية والمالية المعاصرة التي إنعكس تأثيرها على تطوير أساليب العمل، أصبحت المنظمات بوجه عام والصناعية بشكل خاص، بحاجة إلى موارد بشرية مؤهلة تأهيلاً علمياً ومهنياً، لتتمكن من مسايرة هذا التطور والتكيف معه. وتعد الجامعات والمعاهد المتوسطة والمدارس المهنية، مصدراً أساسياً تعتمد عليه المنظمات اليوم في تمويل حاجتها من هذه النوعية من الموارد البشرية. لهذا السبب يتوجب على نشاط الاستقطاب تحقيق الاتصال المستمر بهذه المؤسسات التعليمية وخاصة الجامعات، وتوطيد العلاقات الحسنة معها، للحصول على المعلومات المتعلقة بطلابها، وعلى الأخص الخريجين منهم أو من هم على وشك التخرج، وأهم هذه المعلومات أسماء الطلبة، تخصصاتهم، عناوينهم، معدلات تخرجهم، لمحة عن سيرتهم العلمية والسلوكية خلال سنوات دراستهم، حيث تفيد هذه المعلومات في عملية الاتصال بهم واستقطابهم.

ونود الإشارة هنا أنه يتوجب عند اختيار المؤسسة التعليمية لتكون مصدراً للموارد البشرية لتنفيذ عملية الاستقطاب فيه مراعاة الجوانب التالية:

* أن تكون ذات سمعة جيدة من حيث خططها التدريسية وأساتذتها ومخابرها.. الخ.

* أن يتوفر فيها التنوع والندرة في التخصصات التي تدرسها.

* أن يكون عدد خريجيها السنوي وفيراً.

* أن تكون معدلات خريجها مرتفعة.

مثال واقعي

تقوم بعض المنظمات في اليابان والولايات المتحدة الأمريكية، بتمويل بعض الجامعات والمدارس والمعاهد المتميزة، بمنح ومساعدات مالية وفنية لتطوير مناهجها التعليمية، وتمدها أحياناً بأعضاء هيئة تدريس عالية المستوى، وذلك لتوفر لها خريجين بمستوى عالي من التأهيل والتحصيل العلمي والمعرفة، بشكل يلبي حاجتها من الموارد البشرية من التخصصات الهامة والنادرة.

مكاتب العمل الخاصة: (3)

ويطلق عليها أيضاً مكاتب الاستخدام أو التوظف، ومهمتها الوساطة بين المنظمات ذات الحاجة للعمالة من جهة، والأفراد الراغبين في العمل من جهة ثانية، إذ تحتفظ لديها بكافة المعلومات المتعلقة بالمنظمات صاحبة الحاجة، والخاصة بعناوينها والوظائف الشاغرة فيها، وأيضاً بعناوين طالبي العمل وكافة المعلومات المتعلقة بهم. إذاً دورهذه المكاتب هو الاتصال بين الجهتين ليتم اللقاء بينهما والتفاوض ثم التعيين، بعد خضوع الأفراد لإجراءات معينة سنأتي على شرحها لاحقاً. وهذه المكاتب نوعان، منها ما هو خاص يؤدي هذه الخدمة لقاء أجر معين تتقاضاه، ومنها ما هو عام تابع للدولة تقدم خدماتها دون مقابل للأجهزة الحكومية.

(3) JOHNE B. MINER, MARY GREEN MINER , PERSONNEL AND INDUSTRIAL RELATION: A MANAGIRIAL APPROACH, THIRD ED, MACMILLAN PUBLISHING. NEW YORK, 1977, P. 266 .

النقابات :

تعد النقابات على اختلاف أنواعها أحد مصادر الموارد البشرية التي تعتمد عليها المنظمات في استقطاب وتلبية حاجتها من الموارد البشرية، فهي تلعب في الولايات المتحدة الأمريكية بشكل خاص والعديد من الدول الأوروبية وبلدان العالم بشكل عام، دور الوسيط بين المنظمات المستقطبة وبين الموارد البشرية المنتسبة لها والراغبة في العمل وتبحث عنه. ونود الإشارة هنا إلى أن بعض النقابات الأمريكية تلعب دوراً بارزاً في التوظيف، حيث تشترط على المنظمات عدم تعيين عامل ما، إلا بعد الرجوع إليها، في هذه الحالة تقتصر عملية توظيف العمال على المنتسبين للنقابة، وهذا يزيد من عدد العمال المنتسبين للنقابات ويعطيها قوة أكبر.

أقرباء وأصدقاء العاملين في المنظمة:

يطلق على هذا المصدر مصطلح WORD-OF-MOUTH RECRUITING ويعد من المصادر المألوفة التي يمكن للمنظمة أن تعتمد عليها في توفير احتياجاتها من الموارد البشرية وعلى الأخص في حالة الندرة ، أو بالنسبة لبعض التخصصات أو المهارات. وتكمن فائدة هذا المصدر في الحصول على موارد بشرية من مستوى اجتماعي مقارب لمستوى العاملين فيها، هذا فضلاً عن نمو روح الألفة والتعاون بين صفوف العاملين بسبب تجمع عدد من الاصدقاء والمعارف. وتلجأ المنظمة في العادة عند اعتمادها على هذا المصدر، إلى إعداد برنامج يدعى "ببرنامج الاستفسار من الموظف أو العامل" يتم بموجبه سؤال العاملين في المنظمة إما شفهياً أو عن طريق إعلان داخل المنظمة، يشير إلى تخصيص مكافآت للفرد الذي يتقدم بمعلومات صحيحة ومفيدة يعرفها عن أفراد لديهم مهارات جيدة ومعينة، من أجل ترشيحهم لشغل بعض الوظائف أو الأعمال في المنظمة. [4] لقد أثبت هذا المصدر بأنه ذو تكلفة منخفضة في استقطاب الموارد البشرية، ويوفر حصيلة جيدة من المعلومات عن المستقطبين بدرجة عالية من الثقة.

الجمعيات العلمية :

تعد هذه الجمعيات مصدراً هاماً من المصادر التي يمكن الاعتماد عليها في عملية الاستقطاب وتلبية إحتياجات المنظمات من الموارد البشرية، فهذه الجمعيات يكون لديها في الغالب وسائل إخبارية، كالمجلات، واجتماعات سنوية يمكن الاستفادة منها كوسيلة للاعلان عن فرص عمل متاحة أو وظائف خالية مطلوب شغلها. فالاجتماعات السنوية والمؤتمرات التي تعقدها هذه الجمعيات، فرصة لأن

---

(4) RICK STOOPS, EMPLOYEE REFFRRA: PART (1)" PERSONNEL JOURNAL" , FEBRUARY, 1991, P. 98 .

يتعامل مديرو المنظمات مع بعض الأفراد المؤهلين للعمل، وترغيبهم في التقدم وطلب العمل في منظماتهم وخاصة بالنسبة لبعض التخصصات النادرة. إن هذه اللقاءات مفيدة إلى حد ما، وذلك بسبب قصر مدتها، إلا أنه يمكن استخدامها كخطوة أولية في عملية الاستقطاب، بحيث تكون بمثابة لقاء أولي تعارفي بين الطرفين يتبعها خطوات استقطابية لاحقة.

طلبات التوظف المباشرة:

تستلم إدارة الموارد البشرية في المنظمة بين الحين والآخر طلبات يتقدم بها أفراد من خارجها مباشرة تدعى بطلبات العمل المباشرة DIRECT APPLICANTS يرغبون ويطلبون العمل فيها، دون أن تكون المنظمة قد قامت بالاتصال بهم واستقطابهم مسبقاً، ويكون هؤلاء عادة من نوعيات مختلفة من حيث مستوى تحصيلهم العلمي، وخبراتهم، ومهاراتهم.. الخ. هذه الطلبات يجب ألا تهمل ولا يقلل من أهميتها، فهي أحد المصادر التي يمكن أن تحصل منها المنظمة على حاجتها من الموارد البشرية، وخاصة اذا اخذنا في اعتبارنا أن هؤلاء المتقدمين يطلبون العمل في المنظمة بمحض إرادتهم ورغبتهم، مما يصاحبه احتمال يدل على اهتمامهم ورغبتهم بالعمل فيها.

أسواق العمل الخارجية:

يقصد بأسواق العمل الخارجية العمالة (قوى العمل) الوافدة من الدول المجاورة وغير المجاورة التي لديها وفرة في الموارد البشرية الراغبة للسفر إلى الخارج من أجل العمل، بسبب انخفاض مستوى الرواتب والأجور لديها. يعتبر هذا المصدر من المصادر الجيدة لاستقطاب الموارد البشرية في الدول التي تعاني أسواق العمل فيها من نقص في هذه الموارد، أو ندرة بعض التخصصات والمهارات. وتتميز الموارد البشرية الوافدة بتنوعهامن حيث التخصصات والمهارات ومستوى التحصيل العلمي، وتكون عادة مدربة ومؤهلة وجاهزة للعمل وليست بحاجة الى تعليم وتدريب وتكاليف، ويوجد مرونة في إنهاء عملها بدون مشاكل مع النقابات أو الجهات الحكومية المعنية كوزارة العمل. وينفرد هذا المصدر بخاصة مميزة هي، أنه يمد المنظمات بدماء جديدة على شكل قدرات ومهارات وثقافات بشرية بامكانها التجديد والابداع وخلق أشياء جديدة، عندما تتمازج مع الموارد البشرية المحلية.

لكن على الرغم من هذه المزايا المصاحبة لمصدر سوق العمل الخارجي، إلا أن بعض البلدان مثل كندا، إستراليا، نيوزلانده، والولايات المتحدة الأمريكية، تعاني من ضعف انسجام الموارد البشرية الوافدة من جنسيات وبيئات مختلفة مع بعضها بعضاً من جهة، وبينها وبين العمالة المحلية من جهة ثانية، فقد أحدثت

العمالة الوافدة من أسواق العمل الخارجية تنوعاً وتشكيلة في القيم والعادات في مكان العمل، حملتها هذه العمالة من البيئات التي عاشت وترعرعت فيها. وتختلف حدة مشكلة التمازج من بلد لآخر، ففي بلدان الخليج العربي نجدها أخف من الولايات المتحدة الأمريكية، ذلك لأن غالبية الموارد البشرية الوافدة اليها هي من جنسيات عربية متشابهة من حيث قيمها وعاداتها وتقاليدها. لذلك يُرى بأن مسألة التنوع في الموارد البشرية وتحقيق التمازج بينها في منظمات البلدان التي تعتمد على أسواق العمل الخارجية، مسألة تتطلب من إدارة الموارد البشرية بوجه عام ومن مديري المنظمات بوجه خاص، قدرة ومهارة للتعامل مع هذا التنوع، وإحداث الانسجام والتمازج بين الموارد البشرية في مكان العمل، وتوجيهها نحو مصلحة المنظمة وفائدتها، وإذا لم ينجحوا في ذلك، تحولت العمالة الوافدة الى تنظيمات غير رسمية منعزلة تتقوقع على نفسها ولا تتعاون مع قوة العمل المحلية، وتفقد المنظمات في هذه الحالة روح الانسجام والتعاون في العمل، وهذه المسألة خطيرة، لأنها قد تسبب صراعات في بعض الأحيان. ويمكن القول أخيراً بأن مسألة الموارد البشرية الوافدة قد خلقت في منظمات الدول التي تعتمد عليها، مهمة جديدة أمام ادارة الموارد البشرية فيها سميت "بادارة تنوع قوة العمل MANAGING OF LABORFORCE DEVERSITY " من أجل تحقيق الانسجام وعدالة المعاملة في مجال الحقوق وإحداث التمازج بين العمالة المحلية والعمالة الوافدة. (5)

الموارد البشرية المرنة:

يقصد بها المصادر التي تلبي حاجة المنظمات من الموارد البشرية للعمل لديها بشكل مؤقت PART-TIME حيث تعتبرها مصدراً بديلاً للموارد البشرية الدائمة FULL-TIME ، وتلجأ المنظمات الى الاستقطاب من هذا المصدر عندما تكون طبيعة عملها موسمية، أو لمواجهة عبء عمل طارئ ومفاجئ. يتصف هذا المصدر بسهولة استقطاب الموارد البشرية منه، وانخفاض تكلفة استخدامها وجذبها وترغيبها بشكل عام، فالموارد البشرية المؤقتة لا تتمتع بالمزايا الوظيفية التي تحصل عليها الموارد الدائمة، ولا تحتاج الى جهود استقطابية كبيرة، لكن يتوجب على نشاط الاستقطاب أن يعرف عناوين هذه المصادر، وكيفية الاتصال بها، لتلبية حاجة العمل في المنظمة منها عند الضرورة، ونعرض فيما يلي بعضا من هذه المصادر:

(5) انظر تفصيلاً في:
SUSAN JACSON , DIVERSITY IN THE WORKPLACE, GUILFORD PUBLICATIONS, NEW YORK, 1992.

1- مكاتب الاستخدام المؤقت :

تنظم هذه المكاتب عملها عن طريق تسجيل أسماء طالبي العمل وكافة المعلومات المتعلقـة بهم، ثم تبدأ بالبحث عن فرص عمل مؤقتة لهم في المنظمات التي تتعامل معها، حيث تلبي حاجتها في شغل الوظائف الشاغرة لديها مؤقتاً، من هذه الأسماء المسجلة لديها. يتضح من ذلك أن القوى العاملـة في هذه الحالة ليس لها الخيـار (في الغالب) في إنتقاء العمل الـذي تفضله، لأن التفضيـل يحكمه حاجـة المنظمات المتعاملة مع مكاتب الاستخدام هذه. وفي الواقع تعتمد المنظمات (وخاصة في الدول الرأسمالية) كثيراً على هذه المكاتب، وذلك بسبب أنها قد تحتاج إلى قوى عاملة مؤقتة عـدة مـرات في السـنة، وبالتالي هذا الوضع لا يسمح لها بأن تنظم عمليات استقطاب متعددة، تتطلب منها وقتاً طويلاً، وتكاليف مرتفعة، وبالتالي تلجأ المنظمات إلى مثل هذه المكاتب لتلبية احتياجاتها المؤقتة من القوى العاملة.

2- العمل الحر في منظمات متعددة :

ويطلق عليه مصطلح FREELANCE WORK ويعتبر أحد أشكال العمـل غيـر المتفرغ ومصدراً مـن مصادر الموارد البشرية المؤقتة، ويمثل نوعية من القوى العاملة التي لا تعمل في منظمة واحدة بل في عـدة منظمات بآن واحد، حيث توزع فترة عملها اليومي على أكثر من منظمة، بشكل تعمل في كـل منها لفتـرة زمنية محددة يومياً، ويكون عملها بموجب عقد عمل لفترات زمنية محددة، يوضح فيه ساعات العمـل اليومية التي ستعمل فيها في كل منظمة.

أساليب استقطاب الموارد البشرية

يستخدم نشاط الاستقطاب في المنظمات عادة أساليب استقطابية متعددة متعارف عليها، وهـي ذات انتشار واسع، وسنعمد فيما يلي الى شرح أهمها باختصار:

أساليب الاستقطاب الخارجي :

1- الاعلان الاستقطابي :

يـتم الإعـلان عـن الوظائف الشاغرة في المنظمـة إمـا عـن طريـق طبـع كراس صـغير، أو إعـداد مـادة إعلانيـة، يتضـمنان معلومـات مختصـرة وأساسـية تتعلـق

بالمنظمة وبالوظائف الشاغرة لديها، والميزات التي تقدمها للعاملين فيها (المعلومات التفصيلية تعطى عند زيادة الراغبين في العمل للمنشأة)، وبخصوص الإعلان فيمكن أن يتم بواسطة التلفزيون، أو الراديو، أو المجلات أو الصحف، أما الكراس فيمكن توزيعه على طلاب الكليات والمعاهد والمدارس إما عن طريق الاتصال المباشر بهم، أو يطلب من إدارة المعهد أو الكلية توزيعه على طلابها، أو الاتصال بمكاتب العمل، والنقابات المهنية وتزويدها بهذا الكراس لتوزعه على الراغبين في العمل.

ومن الأهمية بمكان أن يتم تصميم الإعلان والكراس بشكل جيد يثيران الاهتمام وأن يتضمنا معلومات أساسية هي ما يلي:

- اسم المنظمة وعنوانها.

- وصف عام للمنظمة وطبيعة العمل فيها.

- أسماء الوظائف الشاغرة.

- تعريف بالوظائف الشاغرة وإعطاء لمحة موجزة عن مهامها ومسؤولياتها.

- مواصفات شاغلي الوظائف (المؤهل العلمي، الخبرة، التدريب.. الخ).

- كيفية التقدم لطلب العمل في المنظمة.

- موعد تقديم طلبات التوظف.

- موعد الاختبارات .

- راتب أو أجر الوظائف المعلن عنها .

- المزايا الاضافية التي تقدمها المنظمة للعاملين لديها.

وبشكل عام يتطلب الإعلان الاستقطابي في أي وسيلة إعلانية كانت مهارة جيدة، ولهذا السبب تلجأ المنظمات الى الطلب من شركات الإعلان تصميم وتنفيذ إعلانات مدروسة وجيدة، بدلاً من أن تقوم بنفسها بهذا العمل وتصرف المال والوقت في سبيل ذلك.

وفي هذا المقام نجد من الأهمية بمكان أن نتعرض بالشرح بشيء من الإيجاز لأهم وسائل الاعلان المعروفة، التي يمكن الاعتماد عليها في عملية الاستقطاب، والتي هي ما يلي :

الراديو والتلفزيون: هما من أكثر وسائل الاتصال شيوعاً وأكثرها انتشاراً في دول العالم. فاعلان الاستقطاب عن طريق الراديو والتلفزيون بشكل خاص، تضمن المنظمة وصوله لأعداد كبيرة جداً من أفراد القوى العاملة الراغبة في العمل. إلا

أنه من ناحية أخرى يعتبر الإعلان فيهما ذو تكلفة مرتفعة جدا، فالدقيقة الاعلانية في التلفزيون تكلف المنظمة تكلفة ليست بالقليلة، لذلك تلجأ المنظمات للإعلان في الراديو والتلفزيون خاصة، عندما تيأس من الوصول الى بعض النوعيات من القوى العاملة التي يوجد نقص فيها في سوق العمل.

الصحف: تعتبر الصحف من أكثر وسائل الاستقطاب الخارجي التقليدية استخداماً، فهي وسيلة سريعة لإيصال إعلان المنظمة الاستقطابي لعدد كبير من الموارد البشرية الذين تحتاجهم، وفي الوقت نفسه تعد وسيلة ذات تكلفة منخفضة نسبياً. وتتميز الصحف بأنها وسيلة استقطاب واسعة الانتشار، وتصلح لاستقطاب أنواع متعددة من القوى البشرية سواء بالنسبة للعمال المهرة، أو العمال غير المهرة، وحتى بالنسبة للوظائف الإدارية العليا، ووظائف البحث العلمي.. الخ.

المجلات التجارية: تتميز هذه الوسيلة بأنها تمكن المنظمات من توجيه جهودها الاستقطابية نحو فئة معينة من الموارد البشرية التي تحتاجها، وبالتالي تكون وسيلة الاتصال في هذه الحالة أكثر تحديداً عما هو عليه الحال في الصحف. وبشكل عام تعتبر المجلات التجارية وسيلة راقية للاستقطاب، وتناسب ترغيب الأفراد من ذوي التأهيل العلمي والخبرة العالية، حيث يُمكن الورق الجيد المستخدم في طباعتها، من تنفيذ إعلانات جذابة. وبالرغم من مزايا هذه الوسيلة، إلا أنه يؤخذ عليها بأنها وسيلة بطيئة نوعاً ما في عملية الاتصال.

2- الزيارات الميدانية :

يقصد بها قيام لجنة بإجراء زيارات ميدانية لأفراد القوى العاملة المتوقعة في مصادرها المتواجدة فيها. وتكون هذه الزيارات في الغالب للكليات، والمعاهد المتوسطة، والمدارس المهنية، حيث يتم خلالها مقابلة طلبتها عموماً، وطلبة السنة الأخيرة ما قبل التخرج بشكل خاص، وذلك باعطائهم نظرة حقيقية واقعية عن العمل في المنظمة بشكل عام والوظائف الشاغرة لديها بشكل خاص، والقيم التي تؤمن بها والسائدة فيها، والتي على أساسها تتعامل مع أفراد القوى العاملة لديها. أضف الى ذلك تعمد لجنة المقابلة إلى شرح المزايا الممنوحة للعاملين ، والتعويضات التي تدفع لهم.

ولا بد من الإشارة الى أن نتائج الدراسات التي تمت حول مدى جدوى اسلوب الزيارات تشير إلى نتائج إيجابية جيدة، فطلاب الكليات والمعاهد والمدارس يشعرون براحة ويظهرون شعوراً إيجابياً تجاه مقابلات الاستقطاب، لأنها تترك الحرية لهم في طرح الاسئلة والاستفسارات التي يريدونها، ويتلقون عادة إجابات فورية عنها من قبل اللجنة التي تكون مستعدة لذلك مسبقا.

3- الاستقطاب التعارفي :

بموجب هذا الاسلوب يتم توظيف طلبة الجامعة المتميـزين لـدى المنظمـة قبـل تخـرجهم منهـا ولفترات زمنية في عطلات الصيف، وذلـك بشـكل مؤقـت وبراتـب محـدد. فخـلال فـترة العمـل المؤقتـة في المنظمة، يكون الطالب المرشح للتوظيـف قـد تعـرف عـلى طبيعـة العمـل فيهـا، ومـارس الحيـاة العمليـة، واستفاد مالياً خلال عطلات الصيف. بالمقابل تتمكن المنظمة مـن التعـرف عـلى امكانـات الطالـب، ومـدى أهليته للعمل لديها بشكل دائم. إذاً يمكن القول بأن الاستقطاب التعارفي يساعد الطرفين الطالب والمنظمة على اتخاذ قرار موضوعي حول عملية التعيين المستقبلية سواء من قبل الطالب أو المنظمة.

مصفوفة المصادر الخارجية وأساليب استقطابها:

ويصطلح عليها بـ: METHODS AND SOURCES MATRIX OF HR. RECRUITMENT تلجـأ المـنظمات الكبيرة وخاصة التـي لهـا فـروع في منـاطق جغرافيـة متعـددة وتحتـاج إلى مـوارد بشريـة كثـيرة ومتنوعـة باستمرار لتغطية نشاطاتها الواسعة، إلى استخدام هذه المصفوفة كأداة مساعدة للنشاط الاسـتقطابي فيهـا، من أجل اختيار المصدر والأسلوب المناسب لاستقطاب حاجتها من المـوارد البشريـة. والمصـفوفة هـذه هـي عبارة عن جدول يوضح مصادر الموارد البشرية المحتملة وأساليب الاستقطاب التي يمكن الاعـتماد عليهـا في عملية الاستقطاب منها، حيث يكون بامكان المنظمة تحديد واختيار المصدر المناسـب ووسـيلة الاسـتقطاب الملائمة له، وفق الظروف والمعطيات المحيطة بعملية الاستقطاب بشكل خاص والمنظمة بشـكل عـام. هـذا من جهة، ومن جهة ثانية وفق نوعية الموارد البشرية التـي سـيجري اسـتقطابها والتـي تحتاجهـا المنظمـة. وفيما يلي نعرض نموذجاً عن هذه المصفوفة:

شكل رقم (28)

مصفوفة المصادر الخارجية وأساليب استقطابها

	أساليب الاستقطاب					
مصادر الموارد البشرية	الاتصال الشخصي	اعلان في المجلات العلمية	اعلان بالانترنت	الزيارات الميدانية والمقابلات	الاعلان بالراديو	الاعلان بالتلفزيون
الجامعات	×		×	×		×
المعاهد المتوسطة	×				×	
المدارس المهنية		×		×	×	
أسواق العمل الخارجية			×			×
الباحثون عن فرص للعمل		×			×	
الاستقطاب التعارفي	×			×		

فاذا كانت على سبيل المثال المنظمة المستقطبة جامعة، ولديها حاجة لأعضاء هيئة تدريس من تخصص نادر وبرتبة علمية أستاذ، في مثل هذه الحالة يكون المصدر المناسب أسواق العمل الخارجية والجامعات الاخرى، ووسيلة الاستقطاب الأفضل بالنسبة لسوق العمل الخارجي، هو الاعلان عن طريق الانترنت، والفضائيات التلفزيونية. أما بالنسبة لمصدر الجامعات الأخرى فالوسيلة الافضل هي الاعلان عن طريق التلفزيون والاتصال الشخصي.

أساليب الاستقطاب الداخلي :

نعرض فيما يلي أساليب الاستقطاب التي تستخدم في حالة اعتماد المنظمة على تلبية حاجتها من الموارد البشرية من المصدر الداخلي، وهو الكفاءات البشرية التي تعمل لديها حالياً.

1- الاعلان الداخلي : [6]

ويصطلح عليه بـ JOB POSTING ، وهو إعلان داخلي يعمم على جميع العاملين في المنظمة، سواء في لوحات الاعلان، أو عن طريق منشور يوزع على

(6) ROBERT J. CARCIA, "JOB POSTTING FOR PROFESSIONAL STAFF" PERSONNEL JOURNAL, MARCH, 1981, PP. 189-192.

العاملين، أو في مجلة المنظمة في حالة وجودها.. الخ، حيث يوضح الاعلان حاجة المنظمة لموارد بشرية لشغل وظائف خالية لديها، ومشيراً الى مسميات هذه الوظائف والمزايا المعطاة لها، ومستواها الاداري، ومتطلبات التقدم اليها .. الخ. إذاً يمكن القول أن الاعلان الداخلي، هو عبارة عن دعوة عامة ومفتوحة لكافة العاملين في المنظمة، للتقدم وطلب التوظف عن رغبة من أجل شغل الوظائف الخالية لديها والمعلن عنها.

يتميز هذا الاسلوب، بأنه يحقق المساواة بين كافة العاملين في المنظمة، حيث يعطي فرصة للجميع للتقدم للوظائف الخالية. أضف الى ذلك أنه يوفر الفرصة امام العاملين لاختيار الوظائف أو الأعمال التي تناسبهم أكثر. وتوضع الاعلانات عادة في أماكن بارزة داخل أبنية المنظمات، وخاصة المرافق العامة كالكفتيريا، ليكون متاحاً لجميع العاملين في المنظمة الاطلاع عليه.

2- التوصيات الإشرافية :

يطلق على هذا الأسلوب مصطلح SUPERVISORY RECOMMENDATIONS وبموجبه يطلب من المشرفين والرؤساء المباشرين ان يبحثوا عن أفراد من مرؤوسيهم تتوفر فيهم المواصفات المطلوبة للتعيين في الوظائف الخالية، وترشيحهم وحثهم على التقدم وطلب التوظف فيها، فالمشرفون والرؤساء يكون لديهم في العادة معلومات وافية جيدة عن الموارد البشرية التي تعمل تحت إشرافهم، ويكون بامكانهم تحديد الأفضل والأصلح منها.

العوامل المؤثرة في نجاح الاستقطاب

تعتمد فاعلية الاستقطاب على قيام المنظمة بتوفير مجموعة من العوامل التي تساعد على جذب وترغيب الموارد البشرية وزيادة عدد الراغبين في العمل لديها، وبالتالي زيادة بدائل الاختيار أمامها، لانتقاء أفضل القوى العاملة المناسبة. وسنعمد فيما يلي إلى شرح مجموعة من هذه العوامل ذات العلاقة بالموضوع الذي نحن بصدده الآن:

جعل المنظمة مكاناً محبباً للعمل فيه:

لنتساءل: متى يحدث الاستقطاب والجذب والترغيب لدى المستهدفين بعملية الاستقطاب؟ يحدث ذلك عندما تكون بيئة ومناخ العمل المادي والاجتماعي في

المنظمة وما تقدمه من مزايا وظيفية تتوافق مع توقعات من يراد استقطابه، فعند حدوث هذا التوافق يحدث الجذب والاستقطاب، وكلما زادت درجة هذا التوافق زادت رغبة المستهدفين بالاستقطاب في طلب العمل لدى المنظمة المستقطبة. من هذا المنطلق نجد من الأهمية بمكان وقبل القيام بأية عملية استقطابية، وكجزء من استراتيجية المنظمة، أن تجعل من نفسها مكاناً مرغوباً للعمل فيه، وذلك عن طريق القيام بعملية إصلاح وتحسين لظروف العمل المادية والاجتماعية، وإزالة المعوقات، وحل المشاكل التي تحول دون تحقيق الرغبة لدى الموارد البشرية المراد استقطابها. بهذا الشكل نجعل النشاط الاستقطابي يقوم على أرضية صلبة، تساعده على تحقيق هدفه بسهولة ويسر وبأقل تكلفة، فالمنظمة التي تعاني من مناخ عمل غير جيد، ستلاقي صعوبات كثيرة في استقطاب حاجتها من الموارد البشرية وبشكل خاص النادرة منها. وعليه يمكننا القول بأن نجاح الاستقطاب يعتمد على سمعة المنظمة وثقافتها التنظيمية وأسلوب تعاملها مع الموارد البشرية التي تعمل لديها. ونعرض فيما يلي وعلى سبيل المثال مجموعة من العوامل التي تجعل من مكان العمل مرغوباً فيه:

- معاملة إنسانية يحترم بموجبها العنصر البشري في العمل وتحقيق طموحاته المعنوية.

- إشراف غير لصيق يمارس العاملون من خلاله رقابة ذاتية.

- مشاركة في اتخاذ القرارات.

- حرية التعبير عن الرأي.

- جعل طبيعة الأعمال متنوعة، وذات أهمية، تثير اهتمام الأفراد، وتعمل على تنمية وتوسيع دائرة معرفتهم وخبرتهم في العمل.

- السعي من أجل إشباع الحاجات المادية والمعنوية لدى العاملين، وتوفير فرص النمو والتقدم أمامهم.

- ضمان استمرارية العمل للعاملين وعدم تهديدهم بالفصل والتسريح.

الرسالة الاستقطابية :

تتوقف فاعلية الاستقطاب على مدى إدراك المستقطبين للرسالة الاستقطابية الموجهة إليهم وفهمها، ذلك لأنها تشتمل على المعلومات التي يحتاجها المستقطبون عن طبيعة العمل في المنظمة، والوظائف المطلوب العمل فيها، ومزاياها الوظيفية.. الخ، وتسمى هذه الرسالة بالنظرة المسبقة عن العمل، التي يجب أن تكون واضحة ومركزة ووافية بشكل تعبر عما تريد المنظمة قوله للمستهدفين بالاستقطاب بدقة

وموضوعية وصدق وغير مبالغة، وذلك في مسعى لتعزيز ثقتهم بها. إن الرسالة الاستقطابية أو النظرة الحقيقية المسبقة عن العمل إضافة الى الثقة التي تولدها، فهي تساعد المستقطبين على أن يقارنوا واقع المنظمة والوظيفة التي سيتقدمون للعمل فيها مع إمكاناتهم وظروفهم، فيساعدهم ذلك على تحديد مدى مناسبة العمل لهم، ففي ضوء هذه المعلومات الموضوعية والدقيقة يمكنهم إتخاذ القرار الصائب حيال تقدمهم وطلب التوظف. أضف الى ذلك أنهم عندما يعينون، لا يفاجئ أحد منهم بأية سلبية بعد تعيينه، فكل شيء معروف وواضح لهم بشكل مسبق، وتبرز أهمية ذلك بشكل خاص عند استقطاب الكفاءات البشرية النادرة. لذلك نؤكد على أن تشتمل الرسالة الاستقطابية على ايجابيات وسلبيات العمل في المنظمة بشكل عام، والوظائف المطلوب العمل فيها بشكل خاص، لأن من يستقطب ويجد بعد تعيينه في المنظمة أن ما جاء من أجله غير موجود أو مبالغ فيه، ستحدث في نفسه ردة فعل سلبية، ويشعر بأنه قد مورس عليه عملية غش، فيتولد لديه شعوراً عدائياً نحو المنظمة، وترك العمل فيها في أقرب فرصة سانحة، وهذا الأمر دعاية سيئة لها، ويرفع من معدل دوران العمل فيها، ويكلفها عمليات استقطاب واختيار ثانية لتعويض من ترك العمل.

التوافق مع إستراتيجية المنظمة:

تتجه المنظمات المعاصرة اليوم في مواجهة المنافسة الشديدة التي أوجدها تحرير التجارة الدولية، إلى تطبيق منهجية إدارة الجودة الشاملة، التي تسعى إلى تحقيق الرضى والسعادة لدى المستهلك لضمان البقاء، حيث تؤكد هذه المنهجية المعاصرة على أن الوسيلة الفعالة لتحقيق ذلك هو العنصر البشري في العمل. من هذا المنطلق يتوجب عل نشاط الاستقطاب أن يسعى جاهداً إلى خلق الرغبة لدى الكفاءات البشرية المتميزة في سوق العمل من أجل التوظيف لدى المنظمة، بشكل تكون قادرة على خدمة عمليات التحسين التي تقوم بها وخدمة زبائنها، فإدارة الجودة الشاملة تعتمد اليوم وإلى حد كبير على الموارد البشرية الفعالة القادرة على تلبية احتياجات العمل في المنظمات وفق حاجات ورغبات الزبائن.

استراتيجية شركة تويوتا في استقطاب الموارد البشرية

تشتمل استراتيجية الاستقطاب في شركة تويوتا على الأبعاد التالية:

* ربط أهداف واحتياجات الموارد البشرية باستراتيجية الشركة، وجعلها جزءاً منها يتوجب العمل على تحقيقه.

* النظر الى العنصر البشري في العمل على أنه أهم عناصر الانتاج وأغلى ما تملكه الشركة من موارد، وهو الذي يجب أن يأخذ الاهتمام والرعاية الأولى فيها.

* أن يكون لدى إدارة الشركة حساسية عالية تجاه مشاعر الموارد البشرية في مكان العمل.

* مراعاة خصائص الموارد البشرية المستهدفة بعملية الاستقطاب وظروفها، لتكون المحفزات والمغريات المقدمة لها متوافقة مع هذه الخصائص والظروف.

* استقصاء حاجات وطموحات الموارد البشرية التي تعمل في الشركة حالياً، والمراد استقطابها، لمعرفتها ووضع السبل المناسبة لتلبيتها، وأن تكون هذه الاستقصاءات عملية مستمرة.

الفصل التاسع

اختيار الموارد البشرية وبعده المعاصر

محتوى الفصل

- الاختيار والتعيين من منظور إستراتيجي.
- مداخل تصميم عملية الاختيار والتعيين.
- منهجية الاختيار والتعيين العلمية.
- تقييم عملية الاختيار والتعيين.

تساؤلات يطرحها الفصل

- هل تغيرت أسس ومفاهيم اختيار وتعيين الموارد البشرية في الوقت الحاضر عما كانت عليه في السابق؟
- ما هو الدور الذي يلعبه الاختيار والتعيين في تكوين قوة العمل في المنظمات؟
- هل يمكن تحقيق الموضوعية والعدالة بدرجة عالية في عملية اختيار وتعيين الموارد البشرية؟
- ما هي طبيعة منهجية الاختيار والتعيين العلمية؟
- هل يمكن تقييم عملية الاختيار والتعيين، واذا كان ذلك ممكناً فهل التقييم ضرورياً؟ ولماذا؟ وما هي معايير التقييم المناسبة؟

الاختيار والتعيين من منظور استراتيجي

يشتمل البعد الاستراتيجي المعاصر لعملية اختيار وتعيين الموارد البشرية على مفاهيم جديدة ومتطورة، تناسب التوجهات الحديثة في مجالات الأعمال وإدارتها والاقتصاد العالمي الجديد، التي ظهرت في أواخر القرن الماضي ومطلع القرن الحالي، هذه المفاهيم سنأتي على شرحها وتوضيحها في هذا الفصل.

الاختيار والتعيين عملية نظمية ذات أبعاد استراتيجية :

الاختيار والتعيين عملية نظمية مخططة تأخذ شكل نظام متكامل، يتكون من عناصر أساسية هي: المدخلات، العمليات، المخرجات، والتغذية العكسية المرتدة، وتشتمل على أسس وقواعد علمية، وتسعى إلى إنتقاء أفضل المتقدمين لطلب التوظف ممن جرى استقطابهم، للتعيين في وظائف خالية داخل المنظمة، وفق مبادئ الموضوعية، والعدالة، والمساواة بين المتقدمين، حيث يتم الانتقاء في ضوء مواصفات وشروط محددة بشكل مسبق مطلوب توفرها في من يتم انتقاءه. ويجري تحديد هذه المواصفات التي تدعى بمعايير الاختيار، من خلال تحليل وتوصيف الوظائف. وعملية الاختيار والتعيين ما هي في الحقيقة إلا عبارة عن تنبؤ مستقبلي يتعلق بتحديد مدى نجاح أو إخفاق المتقدمين للتوظف من حيث أدائهم وسلوكهم بآن واحد في وظائف متعددة (وليس في وظيفة واحدة)، التي من المحتمل أن يشغلوها في المنظمة حاضراً ومستقبلاً، وذلك لتحقيق فاعلية الأداء التنظيمي وإنجاز أهداف استراتيجية المنظمة ورسالتها التي تطمح في الوصول اليها في المستقبل البعيد.

إذاً يمكن القول بأن عملية الاختيار والتعيين في المنظمات قاطبة، ذات هدف استراتيجي يتمثل في انتقاء أفضل المستقطبين بصورة يتحقق معها قاعدة إحداث التكامل والتوافق بين خصائص من يتم انتفاءه وبين متطلبات الوظيفة المرغوب تعيينه فيها، ووظائف أخرى محتمل تكليفه بها مستقبلاً، تماشياً مع مفهوم أن المنظمة نظام كلي وفريق عمل واحد.

من خلال التوضيح السابق بامكاننا استنباط عدد من الأبعاد الاستراتيجية لعملية اختيار وتعيين الموارد البشرية، التي يشكل مجموعها مفاهيماً أساسية وحديثة معاصرة لهذه العملية، وفيما يلي هذه الأبعاد:

1- الاختيار والتعيين كعملية متكاملة :

يوصف اختيار وتعيين الموارد البشرية بأنه عملية PRCESS تتكون من مراحل أو إجراءات متعددة متسلسلة ومتلاحقة، تهدف جميعها إلى جمع أكبر قدر ممكن من المعلومات عن المتقدم طالب التوظف، وتقييمها عن طريق مقارنتها مع معايير الانتقاء الموضوعية، للتأكد من توفرها فيه، والحكم في النهاية عن صلاحيته للتعيين. يمكن القول إذاً بأن عملية الاختيار بمجملها ما هي في الواقع إلا عبارة عن عملية غربلة المتقدمين لانتقاء أفضلهم للتعيين، أي قبول من تتوفر فيه المواصفات أكثر من غيره، واستبعاد من لا تتوفر فيه. ويتم التأكد من مدى توفر معايير الاختيار في المتقدمين للتوظف، عن طريق استخدام مجموعة من الاختبارات والمقابلات والتقنيات، التي توضح وتحدد من يصلح للتعيين ومن لا يصلح ليجري استبعاده. في ضوء ما تقدم نؤكد على مدى أهمية وموضوعية ووفرة المعلومات التي تجمع عن المتقدمين، لأن على أساسها يجري التقييم والحكم على صلاحية التعيين، كما نؤكد على موضوعية ووضوح معايير الانتقاء التي على أساسها تتحدد هذه الصلاحية.

2- الاختيار والتعيين عملية نظمية :

يقصد بالنظمية أن عملية الانتقاء هي نظام يتكون من عناصر أربعة أساسية هي: المدخلات، والعمليات الفرعية، والمخرجات، والتغذية العكسية المرتدة، وفيما يلي شكل توضيحي يبين آلية هذا النظام ومكونات عناصره :

شكل رقم (29)

الاختيار والتعيين عملية نظمية

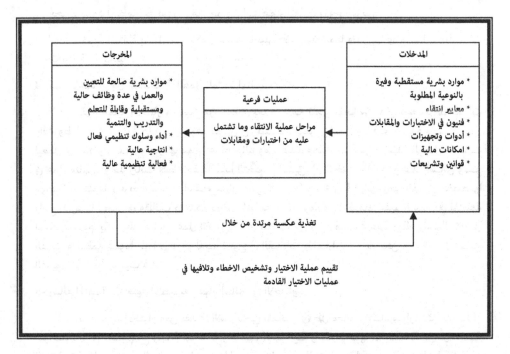

المدخلات
* موارد بشرية مستقطبة وفيرة بالنوعية المطلوبة
* معايير انتقاء
* فنيون في الاختبارات والمقابلات
* أدوات وتجهيزات
* امكانات مالية
* قوانين وتشريعات
عمليات فرعية
مراحل عملية الانتقاء وما تشتمل عليه من اختبارات ومقابلات
المخرجات
* موارد بشرية صالحة للتعيين والعمل في عدة وظائف حالية ومستقبلية وقابلة للتعلم والتدريب والتنمية
* أداء وسلوك تنظيمي فعال
* انتاجية عالية
* فعالية تنظيمية عالية
تغذية عكسية مرتدة من خلال
تقييم عملية الاختيار وتشخيص الاخطاء وتلافيها في عمليات الاختيار القادمة

3- تكلفة عملية الاختيار والتعيين استثمار مستقبلي :

ينظر في الوقت الحاضر الى تكلفة عملية اختيار وتعيين الموارد البشرية على أنها استثمار مستقبلي له عائد كبير وليست نفقة بدون عائد شريطة تنفيذها بشكل علمي وموضوعي وعادل، وبافتراض أن العملية انتقت موارد بشرية مؤهلة وذات كفاءة عالية. ويتمثل هذا العائد بفوائد متعددة أهمها ما يلي:

* الاختيار الجيد يوفر للمنظمة موارد بشرية ذات إنتاجية عالية، أي أن مخرجات أدائها وسلوكها في العمل عاليا المستوى، وأخطاؤها قليلة، وهدرها للمواد والتجهيزات قليل، وهذا كله يؤدي إلى تخفيض تكلفة الانتاج.

* الاختيار الجيد يوفر للمنظمة موارد بشرية يكون بإمكانها تحقيق الفاعلية في أداء المنظمة الكلي، وتقديم منتج ذي جودة عالية يحقق الرضا لدى زبائنها، مما يحقق حصة أكبر في السوق، ويساعدها على إنجاز أهداف استراتيجيتها وضمان بقائها.

* إنتقاء الموارد البشرية بشكل جيد يسهل من إنسجامها وتطبيقها لثقافة المنظمة التنظيمية، وما تشتمل عليه من تقاليد وقواعد سلوكية تخدم تحقيق رسالتها المستقبلية.

* الاختيار الجيد والسليم يوفر للمنظمة موارد بشرية قادرة على تحقيق التفاعل والانسجام فيما بينها، بحيث يسود المنظمة مع مرور الزمن جو من التفاهم والتعاون وروح الفريق.

* الموارد البشرية المنتقاة بشكل جيد تكون عملية تأهيلها الأولي وتعليمها وتدريبها وتنميتها سهلة وذات تكلفة قليلة نسبياً.

4- كسر قاعدة الرجل المناسب في العمل الواحد المناسب :

تقوم عملية الاختيار والتعيين من منطلق بعدها الاستراتيجي المعاصر، على تحديد المواصفات والشروط التي يجب توفرها في من سوف يعين في المنظمة، ليس ليشغل وظيفة واحدة فحسب، بل ليعمل في عدة وظائف (أو يمارسها مهام عدة) حالياً ومستقبلياً، وهذا يعد كسراً لقاعدة الرجل المناسب في عمل مناسب واحد وثابت فقط تحقيقاً لمبدأ التخصص الضيق. إن الاختيار الآن يتم على أساس وضع مواصفات متنوعة وعريضة تسمح بانتقاء موارد بشرية لديها تنوع في قدراتها ومهاراتها أي تخصصها واسع، ليؤهلها للعمل في وظائف متعددة داخل المنظمة حاضراً ومستقبلاً، فنمط تنفيذ الأعمال في المنظمة المعاصرة اليوم، يقوم على أسلوب عمل الفريق، الذي يتطلب من الفرد ممارسة عدة مهام وأعمال داخل الفريق والمنظمة عموماً، فإذا لم تتوفر لديه تنوع في القدرات والمهارات لن يتمكن من العمل ضمن الفريق، وهو غير مرغوب فيه.

5- رسالة المنظمة وثقافتها التنظيمية معيار أساسي في الاختيار :

تتم عملية الاختيار وفق بعدها الاستراتيجي المعاصر، في ظل معايير إنتقاء موارد بشرية تمتلك المواصفات التي تنسجم مع رسالة المنظمة وثقافتها التنظيمية واستراتيجيتها المستقبلية، أي أن عملية الاختيار تركز ليس على الحاضر، بل على المستقبل البعيد، فاختيار موارد بشرية يتوفر فيها هذه المواصفات، يحقق لها التكيف والتعايش السريع والسهل مع زملائها الذين يعملون حاضراً ومستقبلاً في المنظمة.

6- مسؤولية الاختيار والتعيين مسؤولية مشتركة :

نظراً لحساسية اختيار الموارد البشرية الذي تؤكده أهمية العنصر البشري في العمل أحد أهم عناصر الانتاج على الإطلاق، لم تعد إدارة الموارد البشرية تنفرد في انتقاء هذه الموارد، فالتوجه الآن يؤكد على ضرورة مشاركة الوحدات الادارية المعنية التي سوف يعين فيها الأفراد الذين سيجري انتقاءهم، حيث تتحدد مشاركتهم في وضع معايير الانتقاء والمفاضلة بين المتقدمين للتوظيف، وفي تنفيذ المقابلات معهم، وتقييمهم، وإصدار الحكم النهائي حول مدى صلاحيتهم للتعيين في وحداتهم الادارية. ففي ظل هذه المشاركة نضمن عدالة وموضوعية أكبر في عملية الاختيار، كما نضمن أن من تم اختياره يتوافق مع متطلبات العمل الفعلية في المنظمة حاضراً ومستقبلاً.

الاختيار والتعيين ركن أساسي في استراتيجية تكوين الموارد البشرية :

تتألف عملية تكوين الموارد البشرية STAFFING في المنظمات من وظائف أساسية، يشكل مجموعها الجزء الأكبر من استراتيجية إدارة الموارد البشرية فيها، التي توضع عادة (كما أشرنا سابقا) في ظل وخدمة تحقيق استراتيجيات هذه المنظمات. وتتشكل عملية التكوين هذه من وظائف أو أنشطة متسلسلة متكاملة تؤديها إدارة الموارد البشرية في سبيل الوصول إلى عنصر بشري كفؤ، يخدم أهداف المنظمات الحالية والمستقبلية، وهذه الوظائف هي: تصميم وتحليل العمل، تخطيط الموارد البشرية، الاستقطاب، الاختيار والتعيين، التدريب والتأهيل الأولي، تقييم الأداء. يتضح من ذلك أن الاختيار والتعيين يلعب دوراً أساسياً في عملية تكوين الموارد البشرية، فتربطه علاقة تكاملية تسلسلية مع عدد من وظائف إدارة الموارد البشرية السابقة واللاحقة له، وفيما يلي توضيح لهذه العلاقة:

لا تبدأ عملية الاختيار والتعيين إلا بعد تنفيذ نشاط أو وظيفة تصميم وتحليل الوظائف، الذي يوفر لها المواصفات التي على أساسها ستتم عملية انتقاء الأفراد المتقدمين بطلب التوظيف، أي أنه يوفر له معايير هذا الاختيار. بعد ذلك يأتي تنفيذ وظيفة أو نشاط تخطيط الموارد البشرية، الذي يحدد للاختيار عدد ونوعية هذه الموارد التي يحتاجها حجم العمل في المنظمة في الحاضر والمستقبل، والتي يتوجب عليه توفيرها وفق المطلوب وفي الزمن المحدد. بعد ذلك يبدأ نشاط الاستقطاب دوره بأن يستقطب للاختيار أعداداً كافية من الموارد البشرية، التي حددها تخطيط هذه الموارد، لانتقاء أفضل المؤهلين منها الذين يصلحون للتعيين، وفق المواصفات التي حددها تصميم وتحليل العمل. يفهم من ذلك بأن هناك ثلاث

وظائف أو نشاطات لادارة الموارد البشرية يجب القيام بها قبل البدء بالاختيار وهي، تصميم وتحليل الوظائف، تخطيط الموارد البشرية، الاستقطاب.

أما بالنسبة للوظائف أو الأنشطة البعدية التي يتوجب على إدارة الموارد البشرية أداؤها بعد الاختيار فهي: تقييم الأداء الذي توضح نتائجه مستوى كفاءة الأفراد الذين جرى تعيينهم بعد انقضاء فترة زمنية، هذه النتائج إذا كانت إيجابية دل ذلك على أن الاختيار والتعيين كان جيداً وسليماً، والعكس من ذلك صحيح. أما الوظيفة الثانية التي تنفذ بعد الانتهاء من الاختيار والتعيين، فهي وظيفة أو نشاط التعلم والتدريب ومن ثم التنمية، فالفرد الذي ينتقى بشكل جيد سيكون تعليمه وتدريبه بعد التعيين وفي المستقبل، سهلاً وقليل التكلفة.

نخلص بالقول مما سبق بأن عملية تكوين الموارد البشرية التي يعتبر الاختيار والتعيين جزءاً مهما فيها، عملية مكونة من أنشطة أو وظائف متكاملة مع بعضها بعضاً، يتوسطها الاختيار، الذي تسبقه وظائف تمهيدية له، وتنفذ وظائف أخرى بعده لكي تتمم عمله. وفيما يلي نعرض شكلاً توضيحياً لذلك :

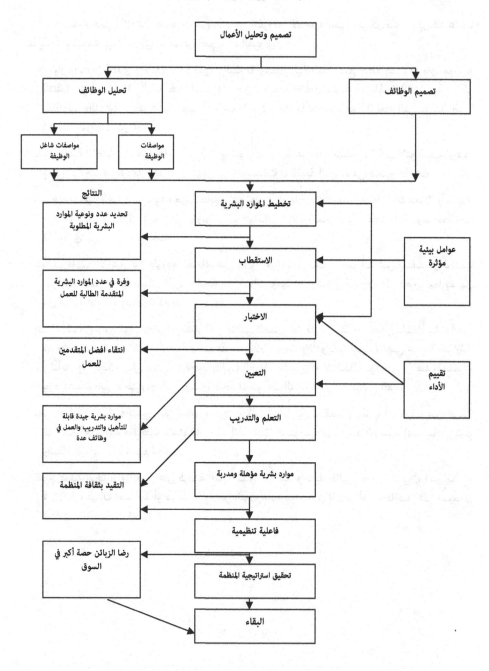

شكل رقم (30)

مراحل تكوين الموارد البشرية

تصميم وتحليل الأعمال

تحليل الوظائف

تصميم الوظائف

مواصفات شاغل الوظيفة

مواصفات الوظيفة

النتائج

تحديد عدد ونوعية الموارد البشرية المطلوبة

تخطيط الموارد البشرية

عوامل بيئية مؤثرة

الاستقطاب

وفرة في عدد الموارد البشرية المتقدمة الطالبة للعمل

الاختيار

انتقاء افضل المتقدمين للعمل

التعيين

تقييم الأداء

موارد بشرية جيدة قابلة للتأهيل والتدريب والعمل في وظائف عدة

التعلم والتدريب

التقيد بثقافة المنظمة

موارد بشرية مؤهلة ومدربة

فاعلية تنظيمية

رضا الزبائن حصة أكبر في السوق

تحقيق استراتيجية المنظمة

البقاء

الفروض التي يقوم عليها الاختيار والتعيين :

تقوم عملية الاختيار والتعيين على عدد من الفروض الأساسية التي تشكل دعائم يرتكز عليها تنفيذها، وسنعمد فيما يلي إلى استعراض أهم هذه الفروض:

* الاختيار والتعيين إحدى وظائف إدارة الموارد البشرية وممارساتها، الذي يضع خطة هذه الموارد موضع التنفيذ، أي أن هذه الوظيفة هي المسؤولة عن توفير حاجة المنظمة من الموارد البشرية بالكم المطلوب، والنوعية المطلوبة، وحسب التوقيت المحدد، وفق ما تضمنته هذه الخطة التي توصل إليها تخطيط الموارد البشرية.

* تقوم عملية الاختيار والتعيين على فرض أساسي هو، أنها بمثابة غربلة للمتقدمين لطلب التوظيف، وهذا يعني استبعاد ورفض كل متقدم لا تتوفر فيه المواصفات المطلوبة التي تدعى بمعايير الاختيار.

* تستخدم عملية الغربلة مجموعة من المعايير، التي على أساسها يتم استبعاد وقبول المتقدمين، وتستمد هذه المعايير من خلال نتائج تحليل وتوصيف الوظائف، التي تبين المواصفات والشروط المطلوب توفرها في من سوف يتم تعينه.

* تتوقف فاعلية الاختيار عن طريقة الغربلة، على مدى وفرة المعلومات المجموعة عن المتقدمين لطلب التوظف، فالمعلومات تعطي فكرة واضحة عن قدرات ومهارات وشخصية هؤلاء المتقدمين، مما يسهل من عملية الانتقاء ودقة نتائجها.

* يتم التأكد من مدى توفر معايير الإختيار لدى طالبي العمل، عن طريق مقارنة المعايير بالمعلومات التي تم جمعها عنهم ، وذلك بإستخدام مجموعة من الاختبارات والأدوات، حيث تنتهي عملية المقارنة والتأكد، إلى الحكم على مدى صلاحية طالب العمل للتعيين أم لا. لذلك نؤكد على مدى أهمية موضوعية معايير الإختيار ودقتها، ومدى صحة المعلومات التي تجمع عن طالبي العمل.

* تقوم عملية الاختيار والتعيين على أساس وجود فروقات فردية بين المتقدمين لطلب التوظيف من حيث قدراتهم ومهاراتهم وأنماطهم السلوكية، هذه الفروقات تستوجب من هذه العملية المفاضلة بينهم وانتقاء أفضلهم وأصلحهم للعمل.

* تقوم عملية الاختيار والتعيين على فرضية التنبؤ بمدى صلاحية وأهلية طالبي العمل للتعيين، فمن ينجح في الانتقاء فهناك احتمالية أو درجة عالية من التوقع بأنه سينجح في العمل أو الوظائف التي سيعمل فيها في المنظمة بعد تعيينه فيها.

يفهم من ذلك بأن انتقاء طالب العمل وتعيينه يعد مؤشراً للتنبؤ لنجاحه في العمل الذي جرى تعيينه فيه، ولا يعد الاختيار نهائياً، إلا بعد مضي فترة زمنية على تسلمه لعمله، حيث بعد مضي هذه الفترة، يجري تقييم أدائه ومدى نجاحه في عمله. فعلى ضوء نتائج التقييم، إما أن يثبت في عمله وهنا تكون عملية إختياره ناجحة، أو لا يثبت بسبب عدم نجاحه في العمل وهنا يكون إختياره غير ناجح، ويتطلب الأمر إعادة النظر في عملية الإختيار وإجراءاتها لمعرفة السبب.

* قرار الاختيار والتعيين قرار إستراتيجي هام، ونتائجه سواء من الناحية الايجابية أم السلبية تدوم لوقت طويل، ولتكون ايجابية أكثر ما يمكن يجب:

- توخي الدقة، والعدالة، والموضوعية في عملية الاختيار والتعيين، لأن نجاح المنظمة يتوقف إلى حد كبير على كفاءة وفاعلية مواردها البشرية.

- أن تتصف معايير الاختيار بالوضوح، والسهولة في تقييم مدى توفرها في المتقدمين لطلب العمل، وأن تكون أساسية أي يتوقف النجاح في أداء العمل الحالي والمستقبلي على مدى توفرها في طالب التوظف، وأن يتم وضعها في ظل نتائج تحليل وتوصيف الأعمال أو الوظائف.

* يجب أن نضع في اعتبارنا أن عملية الاختيار والتعيين وما تشتمل عليه من مراحل وإجراءات وقرارات تعتمد وإلى حد لا بأس به على الرأي والحكم الشخصي في اتخاذ قرارات الاختيار والتعين، وبالتالي يجب أن نتوقع وجود قدر ما من اللاموضوعية في هذه القرارات طالما يلعب الرأي الشخصي دورا في اتخاذها، لذلك يتوجب وقدر المستطاع الحد من اللاموضوعية هذه.

الأهمية الاستراتيجية للاختيار والتعيين :

تشكل عملية انتقاء الموارد البشرية التي تحتاجها المنظمات كما وصفها "بيتر دركر PETER DRUCKER " جزءاً من استراتيجية المنظمة المستقبلية، فهي ذات أهمية وحساسية كبيرتين، لأن الانتقاء السليم الجيد لهذه الموارد، يمثل العمود الفقري لتكوين وتشكيل قوة العمل فيها قاطبة، فانتاجيتها وفعالية أدائها التنظيمي يتوقفان وإلى حد كبير عليها، ذلك لأن العنصر البشري يمثل الآن (كما أشرنا في السابق) أهم عناصر العمل والانتاج على الاطلاق، فاذا لم تنجح منظمة ما في اختيار مواردها البشرية، فسيكون مآلها الاخفاق ولن تعيش طويلاً، فتنفيذ الخطط وتحقيق أهدافها بنجاح كما أشار "دركر" يعتمد أساساً على موارد بشرية تمتلك القدرات والمهارات الجيدة، التي تمكنها من الأداء الجيد والفعال، فاذا لم تكن هذه الموارد كذلك، فالفشل حتمي في هذه الحالة، حتى لو كانت التكنولوجيا المستخدمة

في المنظمـة في أعـلى مسـتوياتها، واسـتراتيجيتها محكمـة، والتنبـؤات سـليمة، لأن كـل هـذه الجوانـب التنظيمية، لن تؤتي ثمارها إلا بتوفر موارد بشرية جيدة من خلال منهجية علمية رصينة للاختيـار والتعيـين. (1)

إن ما جاء به هذا المفكر الإداري الشهير هو صلب الحقيقة والواقع، فاليابـان وكوريـا الجنوبيـة وما وصلتا إليه الآن من تطور صناعي وخدمي وفتح أسواق عالمية جديدة لمنتجاتها ومـا تتمتعـان بـه مـن جودة، ما هو في الواقع الا ثمار مشتركة لموارد بشرية جيـدة مؤهلـة ومدربـة تسـتخدم تكنولوجيـا حديثـة ومتطورة، أي تكامل ممتاز بين المورد البشري والمورد المادي التقنـي. فالاختيـار غـير السـليم كـما جـاء عـن "دركر" هو فشل مستقبلي أكيد للمنظمة، فاختيار غير جيد لطيارين في شركة طيران مـا عـلى سـبيل المثـال، سيكلفها ملايين الدولارات نتيجة ما يسببونه من كوارث طـيران يـذهب ضحيتها مئـات البشرـ الى جانـب تضرر سـمعة الشركـة وعـدم إقـدام المسـافرين عـلى السـفر بطائراتهـا، وهـذا دون أي شـك فشـل حتمـي مستقبلي لمثل هذه الشركة وأية شركة أخرى مهما كان نوع وطبيعة عملها. لقد أصبح متفق عليـه الآن، أن الفاعلية التنظيمية ونجـاح المنظمـة يتوقفـان عـلى أداء مواردهـا البشرـية، التـي إذا مـا أحسـن إختيارهـا، ضمنت المنظمة أداء متميزاً في كل شيء، جودة منتج، أخطاء قليلـة، تكـاليف تـدريب منخفضـة.. الـخ، وفي النهاية رضا الزبائن وضمان البقاء والاستمرار في العمل والسوق.

مسائل جوهرية وحساسة في الاختيار والتعيين :

1- الموضوعية وعدم التحيز :

الموضوعية هي شعار نجـاح أيـة عمليـة اختيـار للمـوارد البشرـية، فـأي تحيـز وأيـا كـان نوعـه، يعنـي انتقـاء عنصرـ بشرـي غـير مؤهـل وغـير صـالح للتعيـن، ودخـول جسـم غريـب للمنظمـة يـؤثر سلباً في أدائها على مر الزمن، وقد تحدثنا عن الجوانب السلبية المصاحبة لموارد بشرية غير جيدة سـابقاً ولا داعي لتكرارها هنا ثانية. وفي تصور العديد من المختصين في هذا المجـال، أنـه إذا صـاحب عمليـة الاختيـار التحيز، فالافضل الاعتماد على الانتقاء العشوائي من الموارد البشرية التي جرى اسـتقطابها، لأنـه عـلى الأقـل يضـمن لنـا احصـائياً احـتمال أن 50% ممـن تـم اختيـارهم بشـكل عشـوائي هـم جيـدون بـدون صرف المال والوقت والجهد في عملية اختيار يشوبها التحيز. لذلك نؤكد على ضرورة توخي الموضـوعية في عمليـة

(1) نقلاً عن فصل اختيار الموارد البشرية من كتاب:
JOHNE BROTTON, JEFFERY GOLD, HRM THEORY AND PRACTICE, OP.CIT.

الاختيار والتعيين في كافة مراحلها (التي سوف نأتي على شرحها لاحقاً)، وبشكل خاص اختيار القائمين على تنفيذها ممن يتمتعون بالسمعة الحسنة.

2- عدم السرعة :

لا شك أن السرعة في تنفيذ عملية إنتقاء الموارد البشرية سيكون على حساب دقة الاختيار، فلنتصور مثلاً أنه طُلب من إدارة الموارد البشرية في منظمة صناعية ما توفير مهندس كهربائي خلال يومين بدلاً من المهندس الذي استقال فجأة وترك العمل فيها. بالطبع هذا غير معقول، فكيف سيتم استقطاب عدد من المهندسين وانتقاء واحداً منهم للتعيين بدلاً من المستقيل وخلال يومين. إن السرعة في عملية الاختيار تمارس ضغطاً وتأثيراً سلبياً في دقة انتقاء الموارد البشرية، ونرى أن الحل لمعالجة هذه المسألة الطارئة وما شابهها، هو تكليف زملاء هذا المهندس المستقيل لأداء عمله، ريثما يتم توفير البديل له. أما إذا كانت المنظمة صغيرة الحجم والمستقيل هو المهندس الوحيد الموجود فيها، يمكن في هذه الحالة أن تلجأ إلى خبرة متخصصة خارجية لتغطية عمل المهندس لفترة زمنية وجيزة لقاء أجر معين، ريثما يتم توفير البديل المناسب. ونود الإشارة في هذا المقام إلى أن أنظمة المعلومات المحوسبة في المنظمات الحديثة تخدم سرعة توفر البديل، حيث من خلال تخزين طلبات التوظيف السابقة في هذه الأنظمة والتي لم تكن بحاجة إليها، أن تعود إليها بسرعة وتتصل بأصحابها، وتستقطبهم وتنتقي المهندس المناسب.

3- توحيد إجراءات الإختيار والتعيين :

تحقيق لشعار العدالة والموضوعية في عملية إنتقاء المتقدمين لطلب التوظيف، لابد لإدارة الموارد البشرية من توفير النمطية أو التوحيد في إجراءات الاختيار، فكل المتقدمين يخضعون إلى نفس المراحل والإجراءات، مع مراعاة توفير درجة من المرونة في تغيير مضمونها. فعلى سبيل المثال يجب أن يخضع جميع المستقطبين لفحص المقابلة، لكن مدة هذه المقابلة تختلف من نوعية موارد بشرية لأخرى حسب طبيعة الوظائف التي ستعين فيها، فمدة ربع ساعة مثلاً تكفي على سبيل المثال لمقابلة فرد من أجل التعيين في وظيفة سكرتير، في حين أن هذه المدة قد لا تكفي لمقابلة شخص يحمل مؤهل علمي دكتوراه يريد التعيين في عضوية هيئة تدريس في إحدى الجامعات. بناء عليه يمكن القول بأن النمطية والتوحيد في إجراءات الاختيار والتعيين مطلب ضروري في تنفيذ عملية الاختيار، شريطة توفير قدر من المرونة في تطبيقها حسب ما تقتضيه الحاجة والظروف.

4- وفرة المستقطبين المتقدمين للتوظيف :

إن وفرة المستقطبين الذين يتقدمون بطلب توظف للمنظمة APPLICATION POOL مسألة هامة تلعب دوراً مؤثراً في نجاح عملية الاختيار، لأن الوفرة تعني وجود بدائل كثيرة أمام عملية الاختيار، الأمر الذي يمكنها من إنتقاء المتقدمين وفق معايير صعبة، تنتهي باختيار موارد بشرية ذات مستوى عالي من التأهيل والإمكانات، والعكس من ذلك صحيح. فإذا كان عدد الوظائف الخالية (10) وظائف مثلاً وكان عدد المتقدمين (12) فرداً سوف لن تكون عملية الانتقاء بمستوى من الجودة كما لو كان عدد المستقطبين (50) فرداً، فعندما يكون عدد المتقدمين قليلاً، ستضطر عملية الاختيار إلى استخدام معايير انتقاء سهلة. وتبرز هذه الحالة بشكل خاص، في حالة وجود ندرة في بعض التخصصات من الموارد البشرية في سوق العمل. يتضح من ذلك أن وفرة المستقطبين تمكن من انتقاء موارد بشرية أفضل، وتدعى هذه الوفرة بمصطلح SELECTION RATIO التي تقاس عن طريق :

عدد الأفراد المراد تعيينهم في وظيفة معينة

─────────────────────────

عدد المستقطبين الاجمالي المتقدمين للتوظف في وظيفة معينة

فوفق ما أوضحناه نجد أنه كلما زاد عدد المستقطبين إلى عدد المراد تعيينهم كان الاختيار أفضل والعكس من ذلك صحيح.

مداخل تصميم عملية الاختيار والتعيين

يشير مصطلح مدخل التصميم إلى النهج العام الذي سيتبع في تصميم مضمون مراحل عملية الاختيار والتعيين وأسلوب تنفيذها، من أجل الوصول إلى موارد بشرية جيدة وصالحة للتعيين، وسنعرض في الصفحات القادمة المداخل المعروفة في مجال هذا التصميم.

المدخل التعويضي :

ويدعى بـ COMPENSATORY APPROACH وبموجبه يمر طالب التوظف المستقطب الـذي يـدعى بالمرشح للتعيين APPLICANT بعدد من المراحل والاختبارات، وهي مصممة جميعها على شكل حـواجز أو عوائق عليه اجتيازها جميعها، ويخصص عادة لكل حاجز أو مرحلة عدداً من النقاط تحـدد حسب مـدى أهميتها أو أهميته، والمتقدم (المرشح) الأفضل هو الذي يحصل على عدد من النقاط أكثر من غيره. ويوضع عادة في ظل هذا المدخل حداً معيناً للنقاط يجب أن يحققه المرشح كحد أدنى للتعيين، أي لا يجوز أن يقل مجموع النقاط التي يحصل عليها عن هذا الحد عند اجتيازه لحواجز الاختيار. فإذا كان هـذا الحـد الادنى (60) نقطة من أصل (100) إذاً كل متقدم حاز على مجمـوع نقـاط (60) ومـا فـوق فهـو نـاجح ومؤهـل للتعيين، وإذا كان عدد الذين حصلوا على (60) نقطة ومـا فـوق أكـثر مـن عـدد الأفـراد الـذين تحتاجهم المنظمة، يؤخذ في هذه الحالة الأكثر مجموعاً فالأقل وهكذا.

يتضح من خلال هذا المدخل أنه مطلوب من كل المتقـدمين إجتيـاز جميـع حـواجز أو مراحـل عملية الاختيار أي يكملوها حتى آخرها، وإن حصل أحدهم على نقـاط قليلـة في واحـدة منهـا أو أكـثر لا يستبعد من عملية الاختيار، لأن قرار الانتقاء يتخذ في ضوء مجمـوع النقـاط الـتي يحققهـا المتقدم خـلال اجتيازه لجمع العوائق أو المراحل، فإذا تجاوز مجموع نقاطه الحد الأدنى المطلوب، فهـو إذا مـن المرشحين للتعيين، أما إذا لم يتجاوزه، فيستبعد في هذه الحالة ويرفض طلبه، وهـذا يعنـي أنـه لم ينجح في عمليـة الاختيار. يفهم من ذلك أن مجموع النقاط هو الذي يرسم الصورة المتعلقة بصلاحية المتقدم للتوظـف للتعيين أو الرفض.

يؤخذ على هذا المدخل أنه لا يأخذ في اعتباره المواصفات الأساسية الـتي لا غنـى عـن توفرهـا في المرشح للتعيين والتي افتقاره لها يؤدي إلى عدم إمكانية نجاحه في العمل المتقدم للتعيين فيه. فالمعروف أن كل حاجز أو مرحلة تقوم بالكشف والتأكد من توفر خاصية معينة أو أكثر لـدى المتقـدم، فحصولـه علـى عدد نقاط قليلة عند اجتيازه لأحد الحواجز، معنى ذلك أن الصفة أو الخاصية المطلوبة متـوفرة لديـه بدرجة ضعيفة وفي هذه الحالة لا يجوز اختياره، لكن بموجب هـذا المـدخل يسمح للمتقدم الاستمرار في اجتيازه جميع المراحل او العوائق للنهاية، وهذا بالطبع ثغرة فيه. في ظل ذلك لا يستخدم المـدخل التعويضي ــ إلا في حالة كـون المواصـفات المطلوبـة أو المعـايير المطلـوب توفرهـا في المتقـدم ليسـت أساسية جميعها بل عامة، استناداً على أن الخاصية (المعيار) المتوفرة بدرجة عاليـة لـدى المتقـدم، تغطي

الخاصية المتوفرة لديه بدرجة ضعيفة أو قليلة. وفيما يلي شكل يوضح تصميم عملية الاختيار وفق هذا المدخل: [2]

شكل رقم (31)

المدخل التعويضي في تصميم عملية الاختيار والتعيين

مجمـوع النقـاط التـي حصـل عليهـا طالب التوظف خلال اجتيازه لعوائق (مراحل) عملية الاختيار.	المراحـل (عوائـق) أو الحـواجز التـي تشتمل عليها عملية الاختيار والتعيين .	المتقدمون لطلب التوظف الذين جرى استقطابهم
قبول أو رفض ←———————	طلــب التوظـف + الاختبــارات + المقابلات + الفحص الطبي + .. الخ	دخول المتقدمين ←——————— مراحل (حواجز) عملية الاختيار والتعيين

مدخل الحواجز المتعددة :

ويصطلح عليه بـ MULTIPLE HARDDLES APPROACH وتصمم عملية الاختيار بموجبه على شكل حواجز أو عوائق على المتقدم طالب التوظيف اجتيازها جميعها بنجاح، فاجتيازه للمرحلة أو العائق الواحد شرط أساسي لدخوله المرحلة أو الحاجز التالي، فالنجاح إذاً في هذه الحالة تصريح للدخول إلى المرحلة أو العائق اللاحق واستمراريته في عملية الاختيار. وتصمم كل مرحلة بشكل تكشف عـن صفة أو خاصية أساسية معينة يحتاجها العمل ومطلوب توفرها لدى المتقدم، بمعنى أنه لا غنى عنها وبدونها لا يمكن للمتقدم النجاح في أداء المهام التي ستوكل اليه بعد التعيين، وبناء عليه ففشله في اجتياز العائق يعني افتقاره للخاصية، وهذا يعرضه للاستبعاد مـن عملية الاختيار وعدم إكماله للعوائق أو المراحل المتبقية منها. وفيما يلي شكل يوضح هذا التصميم:

---

(2) Ibid, P. 213 .

شكل رقم (32)

مدخل العوائق المتعددة في تصميم عملية الاختيار والتعيين

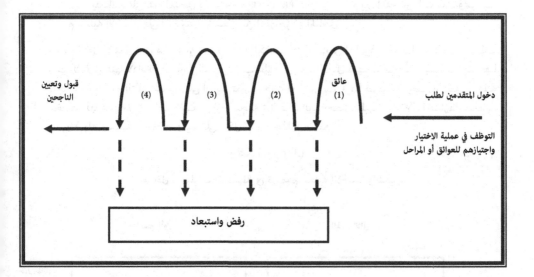

يتضح من الشكل السابق أن اجتياز كل حاجز أو عائق يصاحبه احتمالية رفض أو استبعاد بعض المتقدمين الذين يفشلوا في تخطي العائق أو المرحلة، وبالتالي يرافق كل متقدم احتمالات استبعاد بعدد العوائق التي تتكون منها عملية الاختيار. كما يتضح أن تطبيق هذا التصميم مخصص للوظائف التي تحتاج إلى مجموعة من الخصائص الأساسية التي لا غنى عن توفرها في المتقدمين لطلب التوظف، فاذا كانت الوظيفة المراد شغلها أو التعيين فيها على سبيل المثال منقذ في نادي للسباحة، نجد أنه من الضروري توفر الخواص الأساسية التالية لمن سوف يعين فيها.

- لائق صحياً وبدرجة ممتازة.
- يجيد السباحة بدرجة ممتازة.
- يعرف كيف ينفذ الغريق بمهارة وسرعة.
- يعرف كيف يقدم الاسعافات الأولية للغريق.

في مثالنا هذا لا يمكن إنتقاء متقدم يفتقر لاحدى هـذه الخصائص عـلى الاطلاق، وعليـه يـتم تصميم عملية الاختيار في هذه الحالة من أربعة عوائق، يتوجب عـلى المتقـدم اجتيازهـا جميعهـا بنجـاح، للحكم على أنه مؤهل وصالح للتعيين في وظيفة منقذ.

مدخل العمليات المختلطة :

يصطلح على هذا المدخل بـ HYBRIDE PROCESSESS وهو يجمع بين المدخلين السابقين، وبموجبـه تصمم عملية الاختيار على أن تشتمل قسمين من الحواجز أو المراحل .

القسم الأول يشتمل على مرحلة أو أكثر (عائق) للكشف عن خصائص أساسية متوفرة لدى طالب التوظف وهي لا غنى عنها لأداء الوظيفة، وبالتالي يتوجب عليـه أن يجتـاز كـل منهـا بنجـاح أي اجتيازهـا جميعهـا بنجاح. أما القسم الثاني فيصمم على أن يشـتمل مرحلـة أو أكـثر يمـر فيهـا طالـب التوظف، وكـل مرحلـة مخصص لها عدد من النقاط، حيث في ضوء مجموع النقاط التي يحصل عليها من خلال اجتيازها جميعها، يتقرر قبوله وتعيينه أو رفضه، وفيما يلي شكل يوضح هذا التصميم:

شكل رقم (33)

مدخل العمليات المختلطة في تصميم عملية الاختيار والتعيين

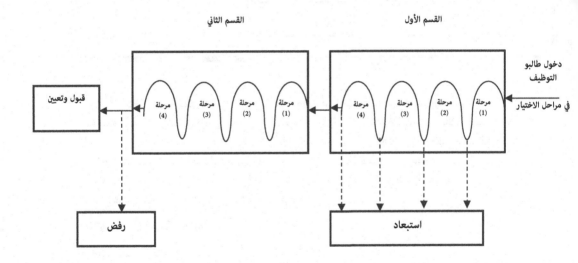

منهجية الاختيار والتعيين العلمية

المنهجية هي المراحل التي تشتمل عليها عملية الاختيار والتعيين التي يمر فيها المتقدمون لطلب العمل، كما تشتمل على الإجراءات التي من المفروض أن تطبقها المنظمات في هـذه العملية، لتتمكن مـن تحقيق الاختيار والتعيين السليمين والناجحين، مع الإشارة إلى إمكانية إدخـال تعـديلات عليهـا سـواء عـلى عددها أو مضمونها، أو تسلسل تنفيذها، وذلك حسب الموقف والظروف المحيطة بالمنظمة.

ونود أن نذكر وقبل استعراضنا لمراحل هذه المنهجية بجانب هام يتعلق بالاختيار والتعيين الـذي نوجزه فيما يلي:

جمع معلومات كافية ووافية عن المتقدمين لطلب العمل الذين جرى استقطابهم، بوساطة طلب التوظـف والاختبارات، والمقابلات.. الخ، ومن ثم تقييم هذه المعلومات، لتحديد صلاحية المتقـدمين للتعيـين في عـدة وظائف أو ممارسة عدة أعمال وليس عملاً واحداً، إنطلاقاً من أن المنظمـة المعـاصرة اليـوم تحتـاج إلى مـوارد بشرية لديها قدرات ومهارات متنوعة وتتقن عدة أعمال، وذلك وفق توجهات العمل الجماعي وفرق العمـل، الذي يستدعي بالضرورة تنويع مصادر المعلومات عن المتقدمين والاختبارات، لتكون عملية التقييم جيـدة، ويكون الاختيار سليماً.

ولعل مجموعة الأسئلة التالية تساعد على رسم الاطار العام لمنهجية الاختيار والتعيين التي يمكـن اتباعها من قبل المنظمات، وهي على سبيل المثال وليس الحصر:

* ما هي نوعية المعلومات المراد جمعها عن المتقدمين طالبي العمل؟

* ما هي مصادر المعلومات التي سيعتمد عليها من أجل الحصول على معلومات كافية عن المتقدمين طالبي العمل؟

* ما هي أساليب جمع المعلومات عن المتقدمين طالبي التوظف؟

* ما هو المدخل الذي سيستخدم في تصميم عملية الاختيار؟

* ما هو التصميم الأفضل لطلب التوظف؟ وهل سيستخدم نموذجاً واحداً أم عدة نماذج؟

* ما هي معايير الاختيار والمفاضلة التي ستستخدم لانتقاء أفضل المتقدمين وحسب ما هو مطلوب؟

* ما هو نوع الاختبارات المراد استخدامها والتي سيخضع لها المتقدمون؟

* ما هي أنواع المقابلات التي سوف تستخدم؟

* من هم أعضاء لجان المقابلات ومواصفاتهم؟

* ما هي معايير تقييم عملية الاختيار والتعيين؟ ومن هو المسؤول عن التقييم؟

* من يصدر القرار النهائي حول صلاحية المتقدمين للعمل بعد انتهاء اختيارهم؟

* ما هي فترة التجربة والتمرين التي سيقضيها الفرد الذي نجح وتم تعيينه مؤقتاً؟

وسوف نعرض في الصفحات القادمة المراحل والإجراءات التي تشتمل عليها المنهجية العلمية للاختيار والتعيين التي من خلالها ستتم الإجابة عن التساؤلات السابقة الذكر.

المرحلة الأولى: مراجعة طلبات التوظف وتقييمها .

يصطلح على طلب التوظف بـ APPLICATION BLANK ويعبر عن رغبة الموارد البشرية المستقطبة في التقدم وطلب العمل في المنظمة بشكل رسمي، وهو نموذج ورقي مكون من ورقة مطبوعة أو أكثر، تشتمل على معلومات واستفسارات من قبل إدارة الموارد البشرية عن المستقطبين الراغبين في التوظف، وتتكون هذه المعلومات من : [3]

* معلومات شخصية: الاسم، العنوان، مكان وتاريخ الميلاد، الجنس، الجنسية، الحالة الاجتماعية (متزوج، أعزب، أرمل، مطلق) عدد الأولاد.

* معلومات عن التحصيل العلمي: المؤهل العلمي، التخصص العام والدقيق، الجامعات والمعاهد والمدارس التي درس فيها طالب التوظف، سنوات الحصول على الشهادات العلمية وتواريخ حصوله عليها.

---

(3) منقول بتصرف عن:

RPOBERT C. APPLEBY, MODERN BUSINESS ADMINISTRATION, SECONED ED., PITMAN PUBLISHING LIMITED, LONDON, 1977, P. 240 .

* معلومات عن الحالة الصحية: الوضع الصحي العام، الطول، الوزن، الامراض السابقة، العمليات الجراحية التي أجريت في السابق.

* معلومات عن الرغبات والميول والهوايات.

* معلومات عن الوضع الثقافي.

* معلومات عن الخبرات السابقة: المنظمات التي عمل فيها طالب التوظيف سابقاً، والوظائف التي عمل فيها، ومدة الخدمة.

* معلومات عن الأشخاص والجهات التي يمكن الرجوع إليهم للتأكد من صحة المعلومات التي أدلى بها طالب التوظف.

* معلومات عن الأشخاص للتزكية والتوصية: أسماؤهم، عناوينهم، وظائفهم.. الخ.

* اسم الوظيفة المتقدم إليها صاحب الطلب.

* توقيع صاحب الطلب، وتاريخ تقديمه له.

ويتم استيفاء المعلومات التي يحتوي عليها طلب التوظف شخصياً من المتقدم وبخط يـده دون استخدام طابعة، فالخط وتنظيم الاجابات عـن الاستفسـارات، يعطيان انطباعـا أوليـاً عـن نمـط شخصية المتقدم، يساعد فيما بعد في تحديد مضمون هذا النمط. ونود الإشارة في هـذا المقـام، إلى أن نطاق وعمق المعلومات المطلوبة في طلب التوظف، تختلف مـن طلب لآخر حسـب نوعيـة وطبيعة الوظائف المراد التعيين فيها، لذلك نجد المنظمات تصمم أكثر من نموذج واحد لطلب التوظف. وبوجـه عـام يفيد طلـب التوظف بما يلي:

- تستخدم المعلومات الواردة فيه كأساس لتوجيه الأسئلة اللازمة للحصول على مزيد من المعلومات، والتي توجه للمتقدم في مراحل الاختيار اللاحقة.

- يزود المنظمة بمعلومات أولية عن طالبي العمل، إذ يمكن إستبعاد الأفراد الذين لا تتوفر فيهم الشروط اللازمة للتعيين.

- تمثل هذه الطلبات مرجعاً يمكن الاحتفاظ به في ملف المتقدم، يمكن الرجوع إليه عنـد الحاجة بعد تعيينه .

- يمكن عن طريق المعلومات الواردة والتي أدلى بها المتقدم للعمل، معرفة مقدرته عـلى الكتابـة والصياغة الصحيحة، وعلى درجة تعبيره عن نفسه، وطريقة ترتيب أفكاره.

وعلى الرغم من الفوائد التي يحققها طلب التوظف، إلا أن بعض المنظمات تشكو من بعض أصحاب الطلبات الذين يدلون بمعلومات غير صحيحة عنهم، مما يجعل طلباتهم تقبل وهي لا تستحق القبول.هذه المسألة عادية تحدث في جميع عمليات الاختيار، ولا يمكن تلافيها، ويبقى طلب التوظف مرحلة أساسية لا غنى عنها في هذه العمليات.

ولنتساءل الآن كيف تتم عملية مراجعة وتدقيق الطلبات لاستبعاد التي لا يتوفر فيها الشروط المطلوبة وانتقاء أفضلها؟ يتم ذلك ببساطة، وذلك عن طريق مقارنة المعلومات الموجودة في الطلب مع الشروط المحددة لقبوله، فإذا كان شرط الخبرة السابقة المطلوبة في صاحب الطلب (5) سنوات على سبيل المثال، إذاً يستبعد كل طلب تكون مدة الخبرة فيه أقل وهكذا، كما تستبعد أيضاً كافة الطلبات التي تكون المعلومات المتوفرة فيها ناقصة. وتستخدم المنظمات الحديثة في الوقت الحاضر الحاسب الآلي في فرز طلبات التوظف، حيث يغذى بالشروط والمعايير المطلوبة، ليقوم بمقارنة المعلومات التي فيها مع الشروط المحددة، وفرز الطلبات المقبولة وغير المقبولة، حيث تخضع المقبولة منها بعد الفرز الى تقييم لانتقاء أفضلها، من أجل دخول أصحابها في مراحل عملية الاختيار اللاحقة. وتتم عملية التقييم هذه عن طريق استخدام ما يسمى بـ "طلب التوظف ذي الأوزان WEIGHTED APPLICATION BLANK"، الذي يضع لكل شرط مطلوب توفره في صاحب الطلب مقياساً أو وزناً مقسم إلى درجات، لتقيس مدى توفره لدى المتقدمين، واختيار الطلبات التي يتوفر فيها الشروط أكثر من غيرها. فاذا عدنا الى شرط الخدمة السابقة وهو (5) سنوات، وكان عدد الطلبات التي يتوفر فيها هذا الشرط عشرة طلبات، وكنا نريد انتقاء ثمانية منها، سنختار في هذه الحالة الطلبات الثمانية التي فيها مدة الخدمة أكثر من الباقي. وتقسم الشروط المطلوبة ذات الأوزان الى درجات على النحو التالي :

شكل رقم (34)

5 سنوات	6 سنوات	7	8	9
60 نقطة	70 نقطة	80 نقطة	100 نقطة	

ويحدد عادة مجموع من النقاط التي يجب أن يحصل عليها طلب التوظيف، ليدخل صاحبه في مراحل الاختيار اللاحقة. فإذا كان هذا المجموع (500) نقطة من أصل (1000) إذاً تقبل جميع طلبات التوظيف التي تحوز في تقييمها في ضوء شروط التوظف المطلوبة على (500) نقطة وأكثر واستبعاد الطلبات التي تحوز على أقل من هذه النقاط.

في ضوء ما تقدم نجد أن طلب التوظف هو مرحلة لا غنى عنها في منهجية الاختيار والتعيين، ويعتبره المختصون عملية غربلة أولية للمتقدمين لسببين أوضحناهما فيما تقدم نلخصهما فيما يلي:

* عملية التدقيق والمراجعة تستبعد الطلبات التي لا تتوفر فيها الشروط المطلوبة.
* عملية تقييم الطلبات تنتقي أفضلها ممن يتوفر فيها الشروط المطلوبة .

المرحلة الثانية: المقابلة الأولية .

ويصطلح عليها بـ PRELIMINARY INTERVIEW وهي لقاء يجرى مع المتقدمين الذين نجحوا في تقييم طلبات توظفهم في المرحلة السابقة، والغاية منه التأكد من توفر بعض المواصفات العامة المطلوبة للتعيين التي لا غنى عنها والظاهرة للعين المجردة في المتقدمين. فإذا كان الاختيار من أجل التعيين في وظيفة تدريسية على سبيل المثال، يستبعد أي متقدم يعاني من مشكلة ما في نطقه للكلمات. وفي هذه المقابلة يسأل المتقدمين عادة عن سبب تفضيلهم للعمل في المنظمة، والدافع الذي حفزهم للعمل بشكل عام، والوظيفة المتقدمين لها بشكل خاص، كما يسألون عن رغباتهم وميولهم العامة. فمن خلال تقييم المعلومات

المجموعة، يكون بالامكان غربلة المتقدمين واستبعاد بعضهم وقبول الباقي، ليستمروا في عملية الغربلة والدخول في مراحل عملية الاختيار اللاحقة.

المرحلة الثالثة : الجولة الميدانية .

يتم في هذه المرحلة استقبال طالبي التوظف الذين نجحوا في المقابلة الأولية في تاريخ وموعد محدد من قبل ممثلين عن إدارة الموارد البشرية والعلاقات العامة، والقيام بجولة ميدانية معهم في أنحاء المنظمة ومواقع العمل فيها، لإطلاعهم على طبيعة عملها بوجه عام والوظائف المتقدمين للتعيين فيها بوجه خاص. وتكمن فائدة ذلك في أنه من المحتمل أن يكون لدى بعض المتقدمين لطلب العمل فكرة معينة عن المنظمة وطبيعة العمل فيها، بحيث دفعتهم للتقدم وطلب التوظف فيها، لكن وعلى أرض الواقع وبعد الجولة الميدانية، قد تتغير هذه الفكرة أو الصورة، ويتولد لديهم رغبة في عدم التوظف فيها وعدم الاستمرار في عملية الاختيار، بهذه الحالة تكون المنظمة قد وفرت جهداً ووقتاً، وتكون الجولة الميدانية في هذه الحالة بمثابة غربلة للمتقدمين.

المرحلة الرابعة : الفحص الطبي .

يخضع جميع المتقدمين للتوظف والعمل في المنظمات إلى فحوصات طبية الهدف منها:

* تحديد مدى ملاءمة الوضع الصحي لطالب التوظيف للوظيفة المتقدم للتعيين فيها والوظائف المحتمل الانتقال إليها مستقبلاً، ويتم ذلك عن طريق مقارنة الحالة الصحية لديه مع الشروط الصحية المطلوبة للعمل في هذه الوظائف المحتملة، حيث تتحدد هذه الشروط من قبل لجنة أطباء بعد إطلاعها على طبيعة العمل في هذه الوظائف، من خلال نتائج تحليلها وتوصيفها.

* التأكد من خلو المتقدمين من الأمراض المعدية والسارية، حفاظاً على صحة جميع من يعمل في المنظمة، ومثال عن هذه الأمراض: الايدز، السل، التهابات الكبد الفيروسي والجرثومي.. الخ .

* التأكد من خلو المتقدمين من الأمراض الوراثية GENETIC TESTS ، كأمراض القلب، والسكر وغيرها، أو لمعرفة فيما اذا كان لديهم استعداد وراثي للاصابة بها، فهذه الفحوصات الطبية المتعلقة بهذه الأمراض، تجنب المنظمة تعيين أفراد مصابين بهذه الأمراض، أو الذين لديهم مورثات تؤدي إلى إصابتهم بها في المستقبل، مما يحملها أعباء مالية من أجل علاجها هي في غنى عنها.

* التأكد من عدم تعاطي المتقدمين لطلب التوظف لأي نوع من المخدرات، والكحول، والتدخين بالنسبة لبعض الوظائف التي لا يجوز التدخين فيها كوظائف التمريض على سبيل المثال، وعمال مصانع الورق والمطابع.. الخ .

ونود الإشارة في هذا المجال إلى أن شمولية، ونوعية، وعدد الفحوصات الطبية والمخبرية التي يخضع لها المرشحون طالبو العمل، تكون وفق متطلبات الوظائف المراد العمل فيها أولاً، وطبيعة العمل في المنظمة ثانياً، وشروط البيئة والصحة العامة ثالثاً.

المرحلة الخامسة : اختبارات التوظف .

ويصطلح عليها بـ EMPLOYMENT TESTS وهي حلقة أساسية وفعالة في سلسلة منهجية عملية إختيار وتعيين الموارد البشرية بل هي جوهر هذه العملية، ذلك لأنها تكشف عن مدى أهلية المتقدمين للتوظف من أجل التعيين. فبموجبها يجري التأكد من أن الشروط والمواصفات التي تشكل معايير الإنتقاء المطلوبة للعمل متوفرة لديهم، وبالتالي يمكن اعتبارها وسيلة للتنبؤ بمدى صلاحيتهم للتوظف والنجاح في الأعمال التي سيكلفون بها بعد تعيينهم حاضراً ومستقبلاً. إذاً يمكن القول أنه عن طريق الاختبارات تضمن إدارة الموارد البشرية والمنظمة اختيار عنصر بشري جيد وصالح للعمل بفاعلية، وبالتالي ومن هذا المنطلق نجد أنه يتوجب على الاختبارات التركيز على جانبين أساسيين في اختبار المتقدمين للعمل هما:

* الكشف عن مدى مقدرتهم على أداء مهام الوظائف التي سيكلفون بها حاضراً ومستقبلاً بفاعلية، وهذا يتطلب الكشف عن القدرات والمهارات المطلوبة لهذه الوظائف.

* الكشف عن مدى توفر الرغبة لديهم في الوظائف التي سوف يكلفون بها حاضراً ومستقبلاً، بما يتوافق مع ما شرحناه سابقاً، بأن معادلة مستوى الأداء البشري الفعال تتكون من المقدرة × الرغبة.

ونود التأكيد ثانية في هذا المقام على مسألة ذات أهمية وهي: أنه على الرغم من أن الاختبارات وسيلة جيدة للتنبؤ عن صلاحية المتقدمين للعمل من أجل التعيين، إلا أنها لا تتصف بطابع الدقة، وذلك بسبب أن جزءاً لا بأس من هذه الاختبارات تعتمد على الرأي الشخصي للقائمين عليها من جهة، وأن هناك صفات غير ملموسة كالذكاء مثلاً لا يمكن تحديد درجتها بدقة من جهة ثانية، هذا إلى جانب الاضطراب النفسي والخوف اللذان يصاحبان المتقدمين للعمل عند خضوعهم للاختبارات، مما يؤدي إلى عدم إعطاء فكرة دقيقة عن صلاحيتهم للتعيين. وعلى

أي حال يمكن القول أخيراً أن الاختبارات وسيلة من أجل معرفة مدى استعداد، وقدرة، ورغبة، وخبرة المتقدمين للتوظف للتعيين في عدد من الأعمال المحتمل تكليفهم بها في المنظمة بعد تعيينهم مباشرة أو في المستقبل. وتأخذ هذه الاختبارات شكلين هما: الاختبارات التحريرية أو الكتابية، والإختبارات الشفهية، حيث تستدعي طبيعة الحاجة استخدام أحد الشكلين أو الاثنين معاً. وسنعمل في الصفحات القادمة على شرح عدد من الإختبارات المعروفة والشائعة في الاستخدام.

أولاً : اختبارات القدرات والاستعداد .

ويصطلح عليها بـ APTITUDE ABILITIES TESTS وتهدف الى الكشف عن الإمكانات (القدرات) الموجودة لدى الفرد المتقدم للتوظف، ومقارنتها مع الإمكانات المطلوبة لأداء وظيفة أو أكثر، تأسيساً على قاعدة مفادها: أن توفر القدرات اللازمة للعمل لدى الفرد، تشكل لديه الاستعداد والقابلية للتعلم والتدريب، والتنبؤ بامكانيته على اكتساب المهارات الجديدة وأداء الأعمال التي توكل إليه في الحاضر والمستقبل بجدارة وفاعلية، وذلك تحقيقاً لمقولة معروفة هي: "مالك الشيء يعطيه، وفاقد الشيء لا يعطيهً، فالمهارات لا تتشكل لدى الإنسان بمستوى عالي، إلا إذا كان يمتلك القدرات اللازمة لاكتسابها. يتضح من ذلك أن إختبار القدرات يميز بين القدرة ABILITY من جهة والمهارة SKILL من جهة ثانية. فالأولى تعني أن الشخص يمتلك إمكانية معينة تخلق لديه الاستعداد لتعلم واكتساب المهارة المرتبطة بها، وأداء عمل معين والنجاح فيه. في حين أن الثانية تعني بأن الفرد لديه دقة وإتقان في تنفيذ عمل محدد نتيجة وجود القدرة أو القدرات اللازمة لهذا العمل. نخلص من ذلك بأن توفر مهارة معينة لدى فرد ما يعني أنه يمتلك القدرة اللازمة التي مكنته من اكتسابها مع مرور الزمن وقد اكتسبها من خلال التعلم، والتدريب، والممارسة.

في ظل ما تقدم يمكننا القول إن هذا النوع من الاختبارات وسيلة للتنبؤ بمدى استعداد وقابلية طالب العمل لأداء نوع معين من الوظائف أو الأعمال وتنفيذ مهامها بنجاح. ولا تقتصر مهمة اختبارات القدرات على الكشف عنها لدى طالبي العمل فقط، بل تسعى إلى تحديد درجة أو مدى توفرها لديهم ايضا، لأن هذا الكشف يعتبر مسألة هامة تتعلق بامكانية التنبؤ بمدى أو مستوى نجاح الفرد في العمل الذي سيناط به، فالشخص الذي يتمتع بدرجة ذكاء عالية على سبيل المثال، يمكنه أداء عدة أعمال أو مهام صعبة ومعقدة. ونعرض فيما يلي عدد من القدرات على سبيل المثال وما ينتج عنها من مهارات:

* قدرة الذكاء : المهارة في حل الأمور المعقدة، استخلاص النتائج، الابداع في العمل، الوصول إلى أشياء جديدة، تعلم الأشياء الجديدة بسرعة .. الخ .

* القدرة على التخطيط : المهارة في تحديد واختيار الأهداف، وتحديد الأنشطة اللازمة لها، وتواقيت تنفيذها، ووضع جداول العمل.. الخ .

* القدرة على العمل مع الآخرين: مهارة العمل ضمن الفريق، والاسهام في اتخاذ قراراته، التعاون مع اعضائه، واكتساب المهارة من الآخرين وثقتهم ومحبتهم، والتعايش معهم بانسجام، ومهارة الاتصال بهم.

* القدرة على التكيف: المهارة في التعامل مع المواقف المتغيرة، والتعايش معها.

وسنعمل في الصفحات القادمة على شرح عدد من اختبارات القدرات على سبيل المثال وليس الحصر.

اختبارات القدرة الذهنية أو الذكاء :

ويصطلح عليها بـ MENTAL/ INTELEGENCE ABILITY TESTS وتهدف إلى تحديد مستوى ذكاء الفرد ومقارنته مع مستوى الذكاء المطلوب لأداء عدد من الوظائف، بغية معرفة مدى مناسبة مستوى ذكائه للوظائف التي من المحتمل أنه يعمل فيها في المنظمة بعد تعيينه فيها، تأسيساً على أن كل وظيفة تتطلب درجة أو مستوى ذكاء معين، فكلما ارتفع مستوى الوظيفة التنظيمي، وكلما زادت صعوبتها وتعقيدها، ارتفعت درجة الذكاء المطلوبة لأدائها. وقد أجريت بحوث كثيرة من أجل تحديد درجات الذكاء المطلوبة لكل نوع من الوظائف وذلك في ضوء نتائج تحليلها وتوصيفها، ووضعت جداول تحدد الحد الأدنى من الذكاء الذي يجب توفره في الفرد ليتمكن من أداء مهامها بنجاح. وقد أطلق عليه تسمية "المدى المقبول" أو الحد الأدنى للقبول، إذ أثبتت التجارب أن هناك قدراً من الذكاء يسمح بتعلم مهام الوظيفة وأعبائها بزمن معقول. وفائدة هذه الدراسات أنها وضحت بأن الفرد ذو المستوى المرتفع من الذكاء يجب أن يعين في وظيفة تحتاج هذا المستوى، والعكس صحيح. لذلك لا يصلح أن يكون مستوى الذكاء لدى الفرد أعلى بكثير مما هو مطلوب للوظيفة.

ويمكن القول بوجه عام، بأن اختبارات الذكاء هامة، ذلك لأنها تقيس قدرة هامة وأساسية يحتاجها أداء جميع أنواع الوظائف والأعمال لكن بدرجات متفاوتة، وبالتالي تتفاوت أهمية هذه القدرة من نوع لآخر من الوظائف، وذلك حسب طبيعتها ودرجة صعوبتها وتعقيدها. وفيما يلي عدد من اختبارات القدرة الذهنية (الذكاء) على سبيل المثال وليس الحصر:

أ. اختبار الإدراك:

ويطلق عليه مصطلح COGNITIVE TEST ويركز على العمليات الذهنية والفكرية، فبموجبه يطلب من الفرد الذي يجري اختباره حل مشاكل معينة أو تحليل

مواقف واستخلاص نتائج منها، أو حل مسائل رياضية. فعلى سبيل المثال، يعرض على الفرد موقف غامض يطلب منه تحليله، وتفسيره، واستنباط الأفكار منه، حيث من خلال التحليل والتفسير والاستنتاجات التي يتوصل إليها، يمكن معرفة مستوى ذكائه.

ب. إختبار القدرة على فهم واستيعاب الاتصال اللفظي:

ويصطلح عليه بـ VERBAL COMPREHENSION TEST ويسعى إلى قياس درجة ذكاء الفرد من خلال قدرته على فهم المعاني من الجمل والكلمات بسرعة، ويركز على التنبؤ بمستوى قدرته على ايجاد العلاقة بين الكلمات واكتشاف المعاني الضمنية التي يقال عنها المعاني بين السطور. فبموجب هذا الإختبار يلقى على الفرد الذي يجري اختباره خطاباً شفهياً فيه غموض وعدم وضوح، ويطلب منه تلخيص ما فهمه من هذا الخطاب الذي يعد بشكل مسبق ومدروس. فاذا تمكن من كشف المعاني الضمنية فيه وفهم الخطاب، دل ذلك على وجود قدرة لديه على الفهم والاستيعاب اللفظي.

جـ إختبار القدرة على الخلق والاختراع:

ويطلق عليه مصطلح CREATIVE ABILITY TEST ويوصف بالصعوبة ويركز على التفكير العميق، والغوص في مضمون المسائل والأمور واكتشاف الحلول والأشياء الجديدة، وبالتالي فهو يسعى إلى كشف الذكاء وسعة الأفق لدى الفرد الذي يجري اختباره. ويستخدم هذا الاختبار لفحص المتقدمين من أجل التعيين في وظائف البحث العلمي، وتصميم الاعلانات، والهندسة المعمارية، وما شابهها.

د. إختبار إدراك المعرفة :

ويطلق عليه مصطلح KNOWLEDGE PERCEPTION TEST ويهدف إلى تحديد مقدرة الفرد على الاستيعاب والفهم السريع للمعرفة، فالذي يمتلك هذه المقدرة يكون بإمكانه استيعاب أي تغيير يدخل على مضمون عمله ووظيفته ويتكيف معه، ومثال على ذلك: إدخال استخدام الحاسب الآلي في تنفيذ مهام الوظيفة، أو زيادة مهام أصعب عليها. لذلك يمكن القول: يسعى هذا الاختبار إلى تحديد طالبي التوظف الذين لديهم قاعدة معرفية واسعة وقدرة على الفهم الجيد والسريع، وإدراك، واستيعاب الأمور الجديدة التي تدخل على أعمالهم.

هـ اختبار القدرة العضلية المرتبطة بعملية ذهنية ونفسية:

يصطلح على هذا الاختبار بـ PSYCHOMOTORE ABILITIES TEST ويهدف إلى كشف قدرة طالب التوظف على أداء أعمال صناعية إنتاجية تحتاج إلى ربط العملية الذهنية بحاسة النظر مع اليدين أو الاصبع بمهارة ودقة، ومن أمثلة هذه

الأعمال الصناعات الالكترونية، صناعة عدسات العين. ولا يقتصر هذا الاختبار على كشف قدرة الفرد على عملية الربط هذه فحسب، بل يشتمل على كشف قدرته على ربط قدرته الذهنية والفسيولوجية والنفسية معاً، فالأشخاص الذين يتصفون بالعصبية كجانب نفسي، لا شك أنه يؤثر سلباً في العملية الذهنية لديهم، التي بدورها تؤثر سلباً في مهارة استخدامهم لقدرتهم العضلية، وبشكل خاص اليدين والأصابع. وفيما يلي مثالين بسيطين عن هذا الاختبار:

ضع نقاطاً داخل المثلثات بأحجام تتناسب مع حجمها وبسرعة ومن اليمين إلى اليسار.

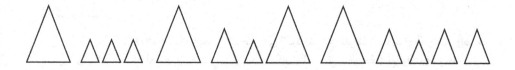

مرر خطاً متصلاً من الفتحات داخل المستطيل وبأقصى سرعة ومن اليسار لليمين.

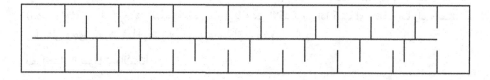

و. إختبار القدرة العددية:

ويطلق عليه مصطلح NUMERICAL ABILITY TEST ويركز على سرعة ودقة الفرد في إجراء العمليات الحسابية باستخدام قواعد وأصول علم الرياضيات، من أجل تحديد مدى صلاحيته لشغل وظائف محاسبية، مالية، هندسية.. الخ .

ثانياً : اختبارات الشخصية .

وتدعى بـ PERSONALITY TESTS وتهدف إلى تحقيق غايتين أساسيتين هما: الأولى إيجاد التوافق بين نمط شخصية الفرد المتقدم والمرشح للتعيين، مع نمط الشخصية التي تحتاجها الوظيفة أو الوظائف المنوي العمل فيها، تأسيساً على أن كل نوع من الوظائف يتطلب نمط شخصية معين، فلا يعقل على سبيل المثال أن

تكون شخصية فرد ما إنطوائية، ويرشح للتعيين في وظيفـة لهـا احتكـاك مـع الجمهـور، كموظف علاقـات عامة أو مندوب مبيعات مثلاً. أما الغاية الثانية فهي اكتشاف الأمراض والعقد النفسية المحتمل وجودهـا لدى المتقدمين لطلب العمل، والتي تؤثر في مستوى أدائهم وسلوكهم في العمل. وتعد إختبارات الشخصية من الاختبارات الصعبة، نظراً لأنها تسعى لاكتشاف وقياس صفات شخصية غير ملموسة، ونعرض فيما يـلي بعضاً من اختبارات الشخصية على سبيل المثال وليس الحصر:

1- إختبار اسقاط الشخصية:

ويصطلح عليه بـ PERSONALITY PROJECTIVE TEST ، وهو أسلوب يسـتخدم عـرض مواقـف غـير واضحة المعالم على طالب العمل، ويطلب منه أن يصف ما يراه فيها، أو يؤلف قصة مـا عنهـا، فمـن خـلال ذلك يظهر الفرد مكونات نفسه ومعالم شخصيته دون أن يشعر، ومن أشهر اختبارات الإسقاط ما يلي:

أ. إختبار القصص :

ويدعى بـ STORIES TEST ويعرض بموجبه على الفرد المتقدم للتوظف صورة أو أكثر غـير واضحة وليس فيها فكرة محددة أو معنى ما، فهي عبارة عن أشكال وألوان غير مفهومة وغير واضحة، ويطلب منه أن يصف ما يراه وأن يستنتج منها أشياء وفق قناعته، فبهذا الأسلوب يكون الاختبار قد جعل الفرد يخرج ما في نفسه من تراكمات وانفعالات نفسية توضح معالم شخصيته دون أن يشعر. وقد يطلب منه أحياناً أن يكتب قصة صغيرة يصف فيها ما رآه وما استنتجه، فمن خلال تحليل القصة، يمكن تحديد معالم شخصيته. فإذا كان مضمون القصة يتصف بطابع التشاؤم مثلاً، يكون في هـذه الحالـة قـد ربـط إدراكـه للموقـف (الصور، الأشكال..الخ) بحالته النفسية التي هو فيها وهي الاكتئاب، وإذا كتب أو وصف مـا رآه واستنتجه يدل على وجود معركة فهذا يعني أن نفسيته عدوانية، وهكذا.

ب. إختبار الرسومات والأشكال:

ويدعى بـ GRAPHOLOGY TEST ، وبموجبه يعرض على الفرد مجموعة مـن الأشكال والرسـومات البيانية غير واضحة ليختار واحداً منها، ليقوم باعادة رسمها من جديد حسب ما يراه فيها، ومن ثم يطلـب منه وصف الشكل الذي رسمه بعدد من الأسطر، فمن خلال نوع الشكل الذي اختاره ورسمه مـن جديـد ومضمون وأسلوب وصفه له يمكن الحكم على معالم شخصيته.

2- إختبار قائمة (تقرير) الجرد الذاتي:

ويصطلح عليه بـ SELF-REPORT INVENTORY TEST وهو عبارة عن قائمة تحتوي على مجموعة كبيرة من الجمل والعبارات والأسئلة المدروسة والمعدة بشكل مسبق ومرتبة بصورة معينة، تطرح على الفرد لمعرفة استجابته لكل جملة أو عبارة أو سؤال، حيث تدرس هذه الاستجابات وتحلل من قبل المختصين، ليحددوا بعدها معالم شخصيته، وفيما إذا كان يعاني من أمراض وعقد نفسيه أم لا.

ثالثاً: إختبارات السلوك .

وتدعى بـ BEHAVIOR TESTS ، وتهدف إلى اكتشاف مدى إمكانية الفرد في التعامل مع المواقف التي يواجهها بنجاح وبشكل خاص مع الآخرين، وفيما يلي نعرض بعض الاختبارات السلوكية على سبيل التوضيح :

1. إختبار الحدث المحرج :

ويطلق عليه مصطلح CRITICAL INCIDENT TEST ، ويتم من خلاله تعريض الفرد الذي يجري اختباره لموقف أو أكثر حرج وحساس، وذلك للاطلاع ومعرفة ما الذي سيفعله ويتصرف به حيال هذا الموقف المحرج، بعد ذلك يتم تقييم تصرفه وسلوكه، ومن ثم تحديد هل تصرفه كان ناجحاً أم لا. ففي ضوء التقييم يمكن معرفة مدى توافق سلوكه مع الوظيفة المتقدم للتعيين فيها. وتصمم المواقف الحرجة عادة بشكل تكون نابعة من طبيعة العمل المتقدم له، وهذه إشارة لضرورة الإطلاع على تحليل ووصف الوظيفة الذي يبين طبيعة عملها، التي تساعد على تصميم المواقف المناسبة التي سيتعرض لها الفرد.

2. إختبار مهارات إقامة العلاقات مع الآخرين:

ويدعى بـ INTERPERSONAL SKILLS TEST ويهدف إلى إكتشاف إمكانية الفرد على التعامل الايجابي مع الناس والتعايش والتعاون معهم ضمن فريق عمل واحد، فهذا الجانب من العمل أساسي ومهارة يجب أن يمتلكها أي فرد يريد العمل والتوظف، لأنها تشكل قاعدة للعمل ضمن الفريق، الذي أصبح يمثل الأسلوب المعاصر في تنفيذ الأعمال في المنظمات، فالفرد الذي يفتقر لهذه الإمكانية والمهارة، سيجد فرص العمل المتاحة أمامه قليلة، لأن المطلوب الآن موظف أو عامل.. الخ اجتماعي تعاوني.

لذلك يسعى هذا الاختبار إلى الكشف عن مدى توفر هذه الخاصية لدى المتقدمين للعمل بأساليب متعددة أشهرها قائمة الاستقصاء، التي توجه إليهم عدداً من الأسئلة لمعرفة استجابتهم لها، فمن خلال هذه الاستجابات وتحليلها يمكن الحكم على مدى توفر هذه الخاصية لدى المتقدمين للعمل.

3. إختبار وصف السلوك:

ويصطلح عليه بـ BEHAVIOR DESCRIPTION TEST وهو عبارة عن مجموعة من الأسئلة المعدة بشكل مسبق تطرح على المتقدمين للتوظف الذين يجري اختبارهم، الغاية منها الكشف عن سلوكياتهم في مواقف تعرضوا لها في الماضي، حيث يسألون عن ما هي المواقف المحرجة التي واجهتهم في حياتهم العملية، وكيف تصرفوا حيالها، فمن خلال وصفهم للتصرفات والسلوكيات التي صدرت عنهم تجاه هذه المواقف، يكون بالإمكان استنتاج الجوانب التي تساعد في الحكم على صلاحيتهم للعمل المتقدمين له.

رابعاً : إختبارات الإلمام بالعمل .

وتدعى بـ JOB KNOWLEDGE TESTS ومنهم يسميها باختبارات التحصيل ACHIEVMENT TESTS ، وتهدف إلى تحديد مدى إلمام المتقدم للتوظف الذي يجري اختباره بقواعد وأصول ممارسة المهنة أو العمل الذي يريد التعيين فيه، وذلك من كافة جوانبه الفنية، والعملية، والقانونية.. الخ. وعليه يمكن القول بأن هذه الاختبارات تركز على كشف مدى الإلمام النظري والعملي لدى طالب التوظف بأداء عمل أو أكثر يكلف به بعد التعيين. وتأخذ اختبارات الإلمام بالعمل أشكالاً متعددة نعرض بعضا منها فيما يلي:

1. إختبار استقصاء المعرفة :

ويدعى بـ JOB KNOWLEDGE QUESTIONAIR ، وهو عبارة عن مجموعة من الأسئلة مستوحاة من تحليل وتوصيف الأعمال تطرح على المتقدم للتوظف، وتتعلق بالعمل أو الاعمال المحتمل أن يعمل فيها بعد التعيين، فمن خلال إجاباته يمكن الحكم على مدى إلمامه بها وصلاحيته للتعيين. فإذا كانت الوظيفة المعلن عنها وظيفة سائق مثلاً، فيمكن أن تطرح على المتقدمين لهذه الوظيفة الأسئلة التالية:

* ماذا تفعل عندما تريد تشغيل السيارة صباحاً؟

* ماذا تفعل عندما تريد تجاوز سيارة أمامك؟

* ماذا تفعل عندما تصل إلى تقاطع طرق؟

* ماذا تفعل إذا انفجر إطار السيارة الأمامي وأنت تقودها بسرعة 100كم؟

* كيف تغير الإطار الذي أصيب بثقب؟

يتضح من قائمة الأسئلة السابقة المتعلقة بالتصرفات التي سيقوم بها الفرد في الواقع الفعلي والعملي، بأنها تضعه في مواقف مشابهة تماماً للمواقف التي سيتعرض لها عند ممارسته للعمل فيما إذا جرى تعيينه فيه، وبالتالي فمدى صحة ودقة إجاباته هي التي تحدد صلاحيته للتعيين أم لا.

2. إختبارات الأداء :

وتدعى بـ PERFORMANCE TESTS ، وبموجبها يطلب من المتقدم للعمل، أداء نفس الأعمال التي سيكلف بها في حالة تعيينه في المنظمة، وبالتالي يهدف الإختبار هنا الى التنبؤ بأداء الفرد مستقبلاً، ومدى إمكانية نجاحه في عمله في حالة تعيينه. إن استخدام إختبار الأداء يتطلب وضع معايير لقياس وتقييم مدى نجاح أو فشل طالب العمل في أدائه للأعمال التي سيكلف بها، ولا شك أن وضع معايير أداء بالنسبة للأعمال ذات الإنتاجية الملموسة يكون أسهل بكثير من وضع معايير أداء للوظائف الإشرافية والأعمال ذات الطابع الذهني والانتاجية غير الملموسة. وبوجه عام تعد إختبارات الأداء في الوقت الحاضر شائعة الإستخدام ولجميع أنواع الوظائف حتى الاشرافية منها، وهي تقوم على فكرة أساسية مفادها ما يلي: "إن الإلمام النظري الجيد بمجال عمل معين لا يعني النجاح الأكيد في أدائه". فاختبارات الأداء تستبعد كل طالب عمل ليس لديه حد أدنى من المهارة اللازمة لأداء عمل معين تقدم للتعيين فيه. وعليه يمكن القول إن الأفراد الذين لديهم خبرة عملية في مجال الأعمال المطلوب شغلها في المنظمة، ستكون فرصتهم في النجاح أكثر من نظرائهم الذين لا يمتلكون هذه الخبرة.

وينفذ طالب العمل اختبار الأداء عادة على نماذج عمل، التي إما أن تكون مصطنعة ومماثلة لنماذج العمل الفعلية ولظروف أدائها في الواقع، أو أن تكون نماذج عمل فعلية ينفذها في موقع العمل ذاته. ويسمى أسلوب النماذج المصطنعة باسلوب "المحاكاة SIMULATION " (التمثيل او التقليد) ، أما أسلوب النماذج الفعلية فيسمى بأسلوب "عينة العمل الفعلية"، كأن يطلب من ناسخ أن ينسخ مذكرة من مذكرات العمل على الحاسب الآلي في موقع العمل ذاته، وفي نفس ظروفه الفعلية التي سيعمل فيها في حالة نجاحه وتعيينه ناسخاً في المنظمة المتقدم للعمل فيها.

لقد طور المختصون في مجال إختبارات الأداء أسلوباً من أجل الوظائف الإدارية أو وظائف المديرين أسموه "في السلة IN THE BASKET " بموجبه يتم إيجاد ظروف عمل مطابقة تماماً لظروف العمل الفعلية، حيث يتم إشعار الفرد المتقدم لشغل وظيفة مدير أو مشرف بأنه الآن يشغل وظيفة إدارية، ومطلوب منه أداء أعبائها وتحمل مسؤولياتها. إن الظروف والمشكلات المصاحبة للوظيفة تكون عادة مكتوبة ومحضرة بشكل مسبق وتقدم إليه على شكل بريد يومي، يطلب منه

دراستها، واتخاذ الإجراءات والتوجيهات اللازمة حيالها إما كتابياً أو شفهياً، وتكون الظروف والمشكلات التي تقدم للفرد ذات علاقة بمجموعات مختلفة من الناس سواء أكانت داخل المنظمة أو خارجها. ويعطى المدير الذي يتم اختباره مدة زمنية محددة ليؤدي فيها الاختبار، وخلال هذه المدة تمارس عليه ضغوطاً مصطنعة ليكون جو الاختبار مماثلاً تماماً لجو العمل الفعلي. ومن هذه الضغوط مقاطعة عمله بمكالمات هاتفية، أن يطلب منه البت في بعض الأمور المستعجلة أو الطارئة.. الخ. بعد إنتهاء مدة الاختبار، يقيم أداء المدير بموجب معايير محددة مسبقاً، وعلى أساس نتائج التقييم يتم الحكم على نجاحه أو فشله، وبالتالي على مدى أهليته للتعيين.

نخلص مما تقدم بأن اختبارات الأداء تسعى إلى تحديد مدى توفر مهارات معينة لدى المتقدم الذي يجري اختباره مطلوبة لأداء وظائف معينة، فيتم تعيين الأفراد الذين يمتلكون هذه المهارات، ويستبعد من لا يمتلكها.

خامساً : إختبارات الرغبة في العمل .

تسعى هذه الإختبارات إلى تحديد مدى حب وانسجام الفرد المتقدم للتوظف مع العمل الذي يريد التعيين فيه، وأعمال أخرى قد يكلف بها مستقبلاً، والاستمرار في العمل لمدة طويلة من الزمن، كذلك توقع مدى انسجامه مع زملائه في فريق العمل الذي سيكون عضواً فيه . ونود الإشارة في هذا المجال إلى أن هذا النوع من الاختبارات لا يساعد على اكتشاف مقدرة الفرد على العمل، بل يساعد على اكتشاف الرغبة في العمل فقط، وتحديد مدى وجودها لدى طالب التوظف، دون تحديد المقدرة. وسنعرض فيما يلي نوعين من هذه الاختبارات على سبيل المثال وليس الحصر:

1. اختبار الميول:

يسعى هذا الاختبار إلى اكتشاف ميول المتقدم للتوظف، ومقارنتها مع الميول المطلوبة التي تناسب طبيعة الأعمال المحتمل أن يمارسها في الحاضر والمستقبل، والغاية من ذلك معرفة هل ميوله متوافقة مع طبيعة هذه الأعمال المحتمل تكليفه بها فيما إذا جرى تعيينه في المنظمة أم لا. فنحن نجد الكثيرين من الناس لديهم مؤهلات علمية في تخصص ما، لكن ليس لديهم الميل لممارسة هذا التخصص في الواقع، فقد تكون هناك ظروف خارجة عن نطاق إرادتهم دفعتهم لدراسة هذا التخصص. مثل هؤلاء لن يحققوا النجاح المطلوب فيما إذا عملوا في مجال تخصصهم، لأن الميل نحو مهنة أو عمل ما عامل أساسي لنجاح الإنسان فيه، لذلك نجد أن هذا الاختبار له درجة كبيرة من الأهمية.

في ضوء ما تقدم يمكن القول بأن إختبار الميول يساعد الفرد في أن يعرف الأعمال التي تساعده على تحقيق إحتياجاته ورغباته، كما يساعد إدارة الموارد البشرية على تحديد الأعمال التي تناسب الفرد وفق الميول الموجودة لديه، وذلك من خلال مقارنة ميوله الشخصية مع ما تحتاجه هذه الأعمال من ميول لتحديد مدى ملاءمتها له.

2. إختبار التفضيل:

ويدعى بـ PREFERENCE TEST ويسعى الى معرفة الخصائص التي يفضل طالب التوظف توفرها في الاعمال التي سيمارسها، فمعرفة ذلك يساعد إلى حدٍ كبير في تحديد العمل أو الأعمال المناسبة له التي من خلالها يمكنه إشباع حاجاته ورغباته، على اعتبار أن العمل هو وسيلة الاشباع الأساسية لها. ولمعرفة الخصائص التي يريد أو يفضل طالب العمل وجودها في عمله أو وظيفته التي سيشغلها، تستخدم قائمة تدعى بقائمة التفضيل"، تتضمن مجموعة من الخصائص والصفات، تعرض عليه ليقوم بتحديد الخصائص التي يفضلها، ودرجة تفضيله لكل منها على حده، على اعتبار أن الخصائص المطلوب توفرها في العمل من قبل طالبيه تكون بدرجات متفاوتة. فقد يفضل أحدهم أن تتوفر خاصية التحدي في عمله بدرجة كبيرة، في حين أن فرداً آخر يفضل توفرها بدرجة متوسطة، وهكذا بالنسبة لبقية الخصائص التي تشتمل عليها القائمة. لذلك عند إعداد القائمة تحدد فيها درجات التفضيل التي قد تكون من 1-10 أو من 1-5 .. الخ. وعليه يمكننا القول إن درجات التفضيل تبين مدى تفضيل طالب العمل لوجود الخصائص في العمل الذي سيشغله حيث من خلاله سيشبع حاجاته ورغباته.

سادساً : إختبارات الأمانة والاستقامة .

وتدعى بـ INTEGRITY (HONESTY) TESTS وتسعى إلى قياس درجة الأمانة والصدق وبالتالي الثقة لدى طالبي العمل، وذلك للحكم على مدى أهليتهم لشغل بعض الوظائف التي تتطلب توفر درجة كبيرة من الأمانة لدى شاغليها. ومن هذه الوظائف، وظائف الأمن، والجيش، والبنوك، والاعمال المالية كأمانة الصندوق، والأعمال الصيدلانية .. الخ. وبوجه عام جميع الاعمال التي تتعامل مع أشياء دقيقة لا يدركها المستهلك ولا المنظمة، ومن أشهر الاختبارات المستخدمة في هذا المجال ما يلي:

*** الاختبار الألكتروني:**

يستخدم هذا الاختبار جهازاً ألكترونيا يدعى POLYGRAPH الذي يقيس الانفعال والتوتر النفسي لدى الفرد الذي يجري اختباره، عندما تطرح عليه أسئلة

محرجة تتعلق بالصدق والامانة. فمن خلال سرعة نبضات القلب، وقياس ضغط الدم الشرياني، وذبذبة الموجات الكهربائية في الدماغ، يمكن تحديد درجة الصدق لديه فزيادة النبضات، وارتفاع ضغط الدم، وزيادة الموجات الكهربائية، جميعها تعتبر مؤشراً على انخفاض درجة الصدق والامانة لدى الفرد، والعكس صحيح.

*** إختبار قائمة الأسئلة العاكسة:**

تشتمل هذه القائمة على مجموعة من الأسئلة المعدة بشكل مسبق، توجه للفرد الذي يجري اختباره ليجيب عنها، ومعظم هذه الأسئلة تكون غير مباشرة وتعتمد على تقاطع المعلومات. فعلى سبيل المثال إذا أجاب عن السؤال رقم (22) باجابة ما، فيجب اذا تكرر طرحه أكثر من مرة بصورة أخرى أن تكون الإجابات متطابقة مع بعضها، فالتطابق يعد مؤشراً على الصدق والامانة والعكس من ذلك صحيح، وفيما يلي عينة من هذه الأسئلة على سبيل المثال:

* هل سبق لك أن أخذت شيئاً لا يخصك؟

* إذا وجدت محفظة فيها نقود في الشارع، ولديك قريب بحاجة ماسة لدواء، فهل تأخذ جزءاً من المال من المحفظة لمساعدة هذا القريب؟

* إذا وجدت محفظة في الشارع ماذا تفعل؟

* ما رأيك بموظف يعمل في مطعم ولديه أولاد كثيرون ودخله منخفض، أخذ بعض الطعام الفائض من الزبائن لإطعام أولاده الجياع؟

في نهاية عرضنا للاختبارات لنتساءل الآن ما هو أفضل نوع من هذه الاختبارات؟ في الواقع لا يمكننا القول أن اختباراً أفضل من إختبار، لأن هذا يحكمه مدى ملاءمته لطبيعة العمل أو الوظيفة، والإمكانات المادية والفنية المتوفرة لدى المنظمة. ونود الاشارة إلى أنه ليس من الضروري أن نستخدم كافة الاختبارات في الحكم على أهلية المتقدم للعمل، فقد نحتاج لاختبار واحد، أو اثنين، أو أكثر، فهذا يحكمه طبيعة الوظائف وإمكانيات المنظمة.

المرحلة السادسة : مقابلة الاختيار .

ويصطلح عليها بـ SELECTION INTERVIEW وهي لقاء يجريه شخص أو لجنة أو الحاسب الآلي أحياناً مع المتقدمين لطلب التوظف، لتحقيق غاية أساسية هي:

جمع معلومات مباشرة أكثر وأعمق عنهم، للمساعدة في إصدار الحكم الموضوعي المدروس حول صلاحيتهم للتعيين، فهذه المعلومات وبعد تقييمها يمكن من خلالها معرفة مدى استعداد طالبي التوظف وميولهم للعمل المتقدمين للتعيين

فيه. لذلك تعتبر مقابلة الإختيار مرحلة أساسية في عملية إنتقاء الموارد البشرية وفي غاية الأهمية، ويعتبرها بعضهم اختباراً شفهياً يمكن من خلال نتائجها الحكم على صلاحية الشخص للتعيين. وقد أشار GEORGE T. MILKOVICH في كتابة عن إدارة الموارد البشرية، بأن 56% من الشركات الأمريكية عام 1996 كانت تعتبر مقابلة الاختيار هي المرحلة الأساسية في عملية انتقاء مواردها البشرية. وفي البلدان النامية تعتبر منظماتها هذه المقابلة هي الوسيلة الأساسية والوحيدة في إنتقاء الموارد البشرية، أي تعتبرها هي عملية الإختيار بكاملها. ونحن بدورنا نؤكد على أن مقابلة الاختيار مرحلة أساسية في منهجية عملية إختيار الموارد البشرية، شريطة مراعاة الأصول والقواعد العلمية في إعدادها وتنفيذها، وتوخي جانب الموضوعية فيها، لكن من الخطأ جعلها بديلاً عن الاختبارات، فالمقابلة وعلى الرغم من أهميتها، فإنها تبقى مرحلة من مراحل عملية الإختيار، وليست هي العملية بكاملها، ذلك لأنه من الصعوبة بمكان ضمان الموضوعية بدرجة كبيرة فيها، نظراً لأن الأحكام الصادرة عنها تخضع بشكل كبير إلى الرأي والحكم الشخصي للاشخاص الذين ينفذونها.

أولاً : أساليب المقابلات .

سنعرض فيما يلي عدداً من أساليب المقابلات الشائعة في الاستخدام، التي يُعتمد عليها في عمليات إختيار الموارد البشرية :

* أسلوب المقابلة غير الموجهة

ويصطلح عليها بــ NONDIRECTED (UNSTRUCTURED) INTERVIEW ويسميها بعضهم بالمقابلة الحرة، حيث يكون لدى منفذيها الحرية في أن يسألوا طالب العمل ما يشاؤونه من أسئلة واستفسارات، لذلك فهي تعتمد على الأسئلة المفتوحة وليست المغلقة، أي ذات إجابات غير محددة، وذلك من أجل تشجيع الفرد الذي تجري مقابلته على التحدث والافصاح عن ما لديه من معلومات تساعد في الحكم عليه بشكل موضوعي. يتضح من ذلك أن هذا النوع من المقابلات يوفر قدراً كبيراً من المرونة لمنفذيها، وتتيح لهم الحصول على معلومات متنوعة عن طالب العمل دون قيود. وبالرغم من هذه المزايا، يؤخذ على المقابلة غير الموجهة بأن نتائجها أحياناً تكون غير دقيقة بسبب الارتجالية في توجيه بعض الأسئلة لطالب التوظف، هذا إلى جانب أنه بسبب الحرية والمرونة الكبيرتين الممنوحتين لمنفذيها، يجعل نتائجها تتسم بطابع الرأي الشخصي الذي يصاحبه درجة من اللاموضوعية. ونود الإشارة في هذا المقام إلى أن هذا النوع من المقابلات يحتاج إلى خبرة ومقدرة عالية لدى منفذيها.

* أسلوب المقابلة الموجهة :

ويطلق عليها مصطلح DIRECTED (STRUCTURED) INTERVIEW وبموجبها توضع أسئلة إرشادية تتضمن النقاط الأساسية التي يجب على منفذ المقابلة أن يتقيد بها كمرشد أو كدليل مساعد له في تنفيذها، وما عداها يكون بإمكانه أن يضيف عليها أسئلة جديدة، أو يوسع بعضها حسب ما يراه ضرورياً، وذلك من أجل الكشف عن خلفية طالب العمل ومواصفاته بشكل معمق. إذاً تعتبر الأسئلة الموضوعة بمثابة نقطة إنطلاق وكموجه ومرشد في تنفيذ هذه المقابلة. يتميز هذا الأسلوب بأنه يوفر مرونة معقولة في تنفيذ المقابلة، بحيث يتيح لمنفذها بأن يتصرف حسب ما يراه مناسباً مع سير المقابلة والمناقشة التي تجري فيها، هذا إلى جانب أنها تخفف من عيوب الأسلوب السابق المقابلة غير الموجهة، فمن خلالها يتم ضبط الحرية والمرونة الممنوحة لمنفذيها في طرح الأسئلة على الذين تجري مقابلتهم، كما أنها لا تتطلب القدر الكبير من المهارة لدى منفذيها كما هو الحال في المقابلة غير الموجهة.

* أسلوب المقابلة النمطية:

وتسمى بـ PATTERNED INTERVIEW وبموجبها يتم وضع الأسئلة التي يراد طرحها على طالب العمل بشكل مسبق وتكون عادة مطبوعة، وتنحصر مهمة منفذ المقابلة في تسجيل الإجابات فقط، في الفراغات الموجودة بين سطور الأسئلة. إذاً يأخذ شكل هذا الأسلوب من المقابلات شكل قائمة إستقصاء تتضمن أسئلة شفهية مطلوب من طالب العمل الإجابة عنها. تتميز هذه المقابلة بالسهولة حيث يمكن لأي فرد أن يطرح الأسئلة، وهي لا تتطلب وقتاً كبيراً في تنفيذها، على أساس أن الأسئلة معدة بشكل مسبق. كما تتميز بعدم حاجتها لأفراد مدربين كثيراً من أجل تنفيذها، وهي تقلل من احتمال إغفال منفذ المقابلة لبعض الجوانب الهامة التي يجب استيضاحها من طالب العمل. وبالرغم من هذه المزايا فهناك مأخذ عليها ألا وهو:أن هذا النوع من المقابلة لا يتيح لمنفذها أن يطرح أسئلة إضافية قد يراها جوهرية، قد تنشأ الحاجة إلى طرحها على طالب العمل خلال تنفيذها.

* أسلوب المقابلة الفردية:

ويطلق عليها ONE-ON-ONE INTERVIEW وبموجبه تقوم لجنة المقابلة بلقاء الفرد الذي تجري مقابلته بشكل إفرادي، أي يقوم كل عضو في لجنة المقابلة بمقابلته بشكل منفرد، حيث يطرح عليه الأسئلة الخاصة به بمعزل عن زملائه الآخرين أعضاء اللجنة. والغاية من ذلك عدم تأثر أعضاء لجنة المقابلة بآراء بعضهم بعضاً عند طرح الأسئلة وجمع المعلومات وإصدار الحكم النهائي على صلاحية الفرد للتعيين. هذا من جهة، ومن جهة ثانية تخفيف حدة الارتباك والخوف

لدى الفرد الذي تجري مقابلته، فمثوله أمام كل عضو على انفراد، يخفف من ارتباكه مقارنة فيما لو مثل أمام جميع الأعضاء دفعة واحدة أي بآن واحد. ولا ننسى أن الخوف والإرتباك يؤثران في دقة الإجابات التي تؤثر بدورها في إصدار حكم صائب حول صلاحية التعيين.

*** أسلوب مقابلة هيئة اللجنة :**

ويصطلح عليها بـ BOARD INTERVIEW وهو عكس الأسلوب السابق، فبدلاً من أن يَمْثُل الفرد الذي تجري مقابلته أمام كل عضو على انفراد، يمثل أمام جميع أعضاء لجنة المقابلة وبآن واحد، حيث يقوم كل عضو بطرح أسئلته على الفرد أمام الآخرين ولا شك أن هذا الأسلوب يجعل زمن تنفيذ المقابلة أقصر. وتبرز أهمية ذلك عندما يكون عدد المتقدمين لطلب العمل كبيراً، فيكون عامل الوقت هام جدا، لكن بالمقابل يتعرض الفرد لضغط نفسي كبير عندما يمثل أمام جميع أعضاء اللجنة بآن واحد.

*** أسلوب المقابلة الضاغطة :**

وتسمى بـ STRESS INTERVIEW ، في جميع أساليب المقابلات يطلب من أعضاء لجانها أن يخففوا من انفعالات من يجري مقابلتهم كي لا تتأثر إجاباتهم بهذه الانفعالات، وتكون المعلومات المجموعة عنهم في هذه الحالة مشوشة، مما يجعل الحكم على صلاحيتهم للتعيين غير موضوعي. لكن في اسلوب المقابلة الضاغطة يكون عكس ذلك، حيث يطلب من الأعضاء إثارة أعصاب طالبي العمل الذين تجري مقابلتهم، وجعلهم في حالة ضغط نفسي، من أجل معرفة مدى تحملهم للضغوط في الحياة العملية، وخاصة إذا كانت الوظائف المتقدمين للتعين فيها يصاحبها ضغوط وانفعالات نفسية. إذاً يمكن القول بأن المقابلة الضاغطة تستخدم أسئلة معينة، الغاية منها إثارة أعصاب الأفراد والضغط عليهم وجعلهم غير مرتاحين وإثارتهم، لمعرفة مدى تحملهم لمثل هذه الضغوط.

*** أسلوب المقابلة الموقفية:**

وتسمى بـ SITUATIONAL أو BEHAVIOR DESCRIPTION INTERVIEW أي مقابلة وصف السلوك، وبموجبها يطرح على الأفراد المتقدمين لطلب العمل الذين تجري مقابلتهم مجموعة من الأسئلة والافتراضات يشكل مجملها موقفاً محرجاً وحساساً أمامهم عليهم الإجابة عنها، حيث تعبر مجموع إجابات الفرد، عن نمط معالجته للموقف المحرج الحساس الذي يتعرض له والمفروض عليه. يمكن القول إذاً إن هذه المقابلة تضع طالبي العمل أمام تحدي معين، لتقييم مدى نجاحهم في التصدي له، والحكم على صلاحيتهم للتعيين في وظائف تتعرض لمثل هذه

المواقف. وتوضع الأسئلة والفروض عادة من خلال الإطلاع على تحليل وتوصيف الوظائف، لكي يتوافق الموقف الذي يتعرض له طالبو العمل مع طبيعة الأعمال المحتمل تكليفهم بها بعد التعيين.

*** أسلوب مقابلة الحاسب الآلي :**

ويصطلح عليها بـ COMPUTER INTERVIEW ، فبسبب بعد المسافات ومن أجل تخفيض تكاليف المقابلات، أصبحت تنفذ عن طريق الحاسب الآلي في بعض المنظمات، حيث يقوم المبرمجون بتصميم برنامج يشتمل على الأسئلة التي يراد طرحها على طالبي العمل، وتحديد إجاباتها المرغوبة ويغذى بها الحاسب الآلي، ومن ثم ينزل البرنامج في موقع المنظمة على الانترنت. فعن طريق دخول الفرد طالب العمل على هذا الموقع، يكون بامكان الحاسب الآلي إجراء المقابلة معه، عن طريق طرح الأسئلة عليه وإستلام أجوبتها، التي يقوم بمقارنتها مع الأجوبة النموذجية المخزنة فيه، وإصدار الحكم الخاص بصلاحيته للتعيين أم لا. لا شك أن هذا الأسلوب سهل وقليل التكاليف، لكنه أسلوب غير مباشر في جمع المعلومات وتقييمها، علماً أن الميزة الرئيسة من المقابلة هي أنها أسلوب مباشر في جمع المعلومات، وهي تجعل أعضاء اللجنة على تماس مباشر مع طالب التوظف مما يجعل التقييم أكثر دقة من مقابلة الحاسب الآلي. لكن بالمقابل تحقق المقابلة الآلية ميزة كبيرة وهي الموضوعية وعدم التحيز في إصدار الحكم عن صلاحية الفرد للتعيين.

ثانياً: إرشادات وقواعد إجراء المقابلات .

على الرغم من عدم وجود مقابلتين متماثلتين، إلا أن هناك قواعد إرشادية ونصائح يطلب مراعاتها في غالبية أنواع المقابلات، لتحقيق النجاح في تنفيذها، وسنعرض فيما يلي عدداً من هذه الإرشادات:

* تحديد الهدف من المقابلة وشرحه لمن سوف ينفذها.

* تحديد نوع المعلومات المراد جمعها عن الأشخاص الذين تجري مقابلتهم.

* التأكد من عدم وجود مقاطعات (هاتفية، دخول شخص ما.. الخ) أثناء تنفيذ المقابلة، أي منع الاتصال مع أعضاء اللجنة اثناء تنفيذ المقابلة.

* يجب أن يكون تسجيل الملاحظات من قبل أعضاء اللجنة أثناء المقابلة بشكل غير مباشر وغير واضح وبعد الانتهاء من الإجابة والحصول على المعلومات، لكي لا يحدث ارتباكاً لدى الفرد، ومنع حدوث إنقطاع في سرد المعلومات من قبله.

* يجب ذكر اسم الفرد الذي تجري مقابلته بشكل صحيح من قبل أعضاء لجنة المقابلة، فالخطأ في ذكر الاسم يحرجه ويربكه.

* يجب قراءة السيرة الذاتية للفرد الذي تجري مقابلته وكذلك معايير الانتقاء من قبل أعضاء لجنة المقابلة قبل وقت كاف من موعد تنفيذها، والغاية من وراء ذلك، تكوين فكرة أولية جيدة عنه، تساعدهم على طرح الأسئلة وتحديد المعلومات الهامة المطلوب معرفتها عنه.

* التركيز على ماضي طالب العمل الذي تجري مقابلته وخاصة ماضيه الوظيفي، لأنه يساعد في التنبؤ بصلاحيته المستقبلية للعمل، فالماضي يكشف ما سوف يحدث في المستقبل.

* تدريب أعضاء لجان المقابلات على اكتساب مهارة التحدث والاصغاء بشكل خاص، لأن مهمتهم الأساسية هي الاستماع وجمع المعلومات ومن ثم تقييمها .

* إتاحة الفرصة لطالب العمل الذي تجري مقابلته بأن يفصح عن ما لديه من معلومات وإمكانات، لذلك يجب إصغاء أعضاء اللجنة له باهتمام، وأن يكون هذا الاصغاء أكثر من تحدثهم إليه.

* يجب إظهار الاهتمام بالفرد الذي تجري مقابلته من قبل أعضاء لجنة المقابلة، فهذا الاهتمام يريحه نفسياً، ويجعله يستجيب للأسئلة ويعطي ما لديه من معلومات.

* أن يركز أعضاء لجنة المقابلة عيونهم على طالب العمل أثناء طرحهم الأسئلة عليه وعندما يتحدث إليهم وعدم النظر لجهة أخرى، فهذا السلوك يشعره بأن اللجنة غير مهتمة به.

* يجب على أعضاء اللجنة استخدام ورق وقلم لتسجيل ملاحظاتهم، وعدم اعتمادهم على ذاكرتهم في تذكر ما قاله طالب العمل أثناء المقابلة.

* أن يتم تقييم المعلومات بعد إنتهاء المقابلة، وليس أثناء تنفيذها.

* على أعضاء لجنة المقابلة إنهاءها بعبارات مجاملة، لتترك إنطباعاً إيجابياً لدى طالب العمل الذي تجري مقابلته، وذلك من أجل عمليات استقطاب واختيار مستقبلية.

* أن يخصص الوقت الكافي لإجراء المقابلة.

* أن تجرى المقابلة في مكان هادئ بعيد عن الضوضاء.

* أن يحدد وقت إجراء المقابلة بشكل مناسب، ومن المستحسن عدم التأخرعن موعدها، كي لا ترهق أعصاب طالب العمل.

* ألا يخرج منفذ المقابلة عن الموضوعات التي يقوم بجمع المعلومات عنها من طالب العمل، وذلك منعاً لتشتيت أفكاره وإضاعة الوقت.

* أن يسعى المقابل لأن يجعل جو المقابلة جواً ودياً، يبعد فيه القلق والتوتر الذي يكون مصاحباً عادة لطالب العمل، نتيجة رهبته من المقابلة. فالجو الودي يساعد كثيراً في أن يدلي طالب العمل بما لديه من معلومات دون انفعال. وينصح في العادة في هذا المجال أن تبدأ المقابلة بطرح أسئلة عامة عن الطقس مثلاً، لتخفيف حدة الإنفعال لدى طالب العمل. كما ينصح في هذا المقام أن يسجل المنفذ ملاحظاته بشكل لا يحدث قلقاً لديه.

* ينفذ المقابلة عادة أكثر من شخص واحد، وفي هذه الحالة قد يحدث تداخلاً وتكراراً في طرح الأسئلة على طالب العمل، وهذا ما يجهده ويضيع الوقت. لذلك ينصح أن يجتمع منفذو المقابلة قبل تنفيذها لينسقوا عملية طرح الأسئلة فيما بينهم، تجنباً لهذه المشكلة.

* على منفذ المقابلة أن يأخذ في اعتباره أن تكون الأسئلة التي يطرحها في المقابلة، منسقة ومترابطة، وهدفها الأساسي الوصول إلى معلومات قيمة تساعد في تكوين خلفية جيدة عن طالب العمل حول صلاحيته للتعيين.

ثالثاً: أخطاء شائعة في تنفيذ المقابلات .

بغض النظر عن نوع وشكل المقابلة المستخدمة في الاختيار والتعيين، هناك عدد من الأخطاء التي لها طابع العمومية تؤثر في نجاحها، وإن إدراكها ومعرفتها يساعدان إلى حد كبير في التقليل من إحتمال حدوثها. وهنا يمكن لادارة الموارد البشرية أن تلعب دوراً في هذا المجال، وهو أن تقوم بتوضيح هذه الاخطاء التي قد يقع فيها منفذو المقابلة، كي يعرفوها ويدركوها، ويدربوا على كيفية تجنبها، وذلك من أجل زيادة مقدرتهم على تنفيذ المقابلة وتحقيق الغاية المرجوة منها. وسنعمد فيما يلي إلى عرض عدد من هذه الأخطاء بشيء من الايجاز:

* **خطأ الانطباع الأول** FIRST IMPRESSION ERROR :

يقصد بهذا الخطأ إصدار حكم أولي سريع على طالب العمل الذي تجري مقابلته، وسواء أكان هذا الحكم إيجابياً أم سلبياً، فوقوع منفذ المقابلة في مثل هذا الخطأ وفي وقت مبكر من تنفيذه لها، يؤدي إلى وضع عقبة أمامه في سبيل حصوله على معلومات مفيدة من طالب العمل. فالحكم السريع يوحي للمنفذ ويقنعه أحياناً بأن المعلومات الأولية التي حصل عليها كافية لإعطائه فكرة تمكنه من تقييم طالب

العمل. لذلك من الضروري عدم تقييم طالب العمل والحكم على مدى أهليته ومتابعته لاجراءات الاختيار إلا في نهاية المقابلة، وذلك بعد الحصول على معلومات كافية عن طالب العمل، ومراجعتها بشكل دقيق.

* خطأ التباين أو التضاد CONTRAST ERORR :

مضمون هذا الخطأ هو أن بعض منفذي المقابلات يضعون تقييمهم عن طالب العمل على أساس مقارنة صفاته مع صفات الآخرين من المتقدمين لطلب التوظف. فقد يكون طالب العمل ذو مستوى متوسط، وباقي طالبي العمل مستواهم ضعيف. ونتيجة المقارنة بهم يظهر طالب العمل ذو المستوى المتوسط على أنه جيد، وبالتالي يكون الحكم في هذه الحالة على صلاحية التعيين غير صحيحة. لذلك ينصح منفذ المقابلة بأن يعتبر أساس الاختيار هو المعايير الموضوعة، التي توضح ما هي المواصفات المطلوب توافرها لدى طالب العمل لتحديد مدى صلاحيته للتعيين.

* خطأ التأثر بالهالة HALO EFFECT ERROR :

ويقصد به أن يطغى تقييم منفذ المقابلة لصفة معينة سواء أكانت ايجابية أم سلبية لدى طالب العمل على تقييمه لباقي الصفات الأخرى الموجودة لديه، بحيث يأتي تقييمه لطالب العمل متأثراً بهذه الصفة. ومن الصفات التي قد يتأثر بها منفذ المقابلة لدى طالب العمل المرح، جاذبية الحديث، حسن المظهر.. الخ. ولا شك أن التأثر بالهالة سيؤدي في النهاية الى تقييم ضعيف ومتحيز، ويؤثر في موضوعية عملية الاختيار. لذلك ينصح المنفذ بأن ينظر إلى صفات المتقدم للعمل نظرة واحدة، وعدم التأثر بصفة معينة لديه سواء أكانت إيجابية أم سلبية.

* خطأ التماثل SIMILARITY ERROR :

يقصد بهذا الخطأ تأثر منفذ المقابلة بخاصية لدى طالب التوظف موجودة فيه أو لديه، كأن يكون من نفس القرية، أو تخرجا من نفس الجامعة، أو لديهما نفس الهوايات والاهتمامات، هذا التأثر يلون تقييمه للفرد الذي تجري مقابلته بلون اللاموضوعية والتحيز.

* خطأ التأثر بدلائل الاتصال غير اللفظي :

NONVERBAL COMMUNICATION ERROR

يقصد بهذه الدلائل الحركات اللاإرادية التي تصدر عن طالب العمل أثناء تنفيذ المقابلة، وهي حركات في جسمه أو في اليدين، أو الوجه مثل طقطقة الأصابع،تحريك الرقبة، اللعب بالحواجب.. الخ فمثل هذه الحركات اللاإرادية قد

تصرف إنتباه منفذ المقابلة عن المعلومات الشفهية التي يدلي بها طالب العمل. لذلك يجب على المنفذ ألا يعير إهتماماً لمثل هذه الدلائل، فهمه وهدفه الأول والأخير في المقابلة، هو الحصول على أكبر قدر من المعلومات عن طالب العمل، والحكم على مدى أهليته للتعيين.

* خطأ الأسئلة المحرجة CRITICAL QUESTIONS ERROR :

على منفذ المقابلة الابتعاد عن الأسئلة الجارحة التي قد لا يكون لزوماً لها، وفي حالة قناعته بضرورة طرح بعض الأسئلة ذات الطابع الشخصي- نظراً للحاجة إليها، عليه في هذه الحالة أن يصيغها بشكل يخفف من تأثيرها السلبي في طالب العمل، وإن امتنع الأخير عن الاجابة، على المنفذ عدم الإلحاح عليه بالحصول على إجابة عنها، فالإحراج والانفعال يؤثران كثيراً في عملية الحصول على المعلومات المطلوبة عن طالب العمل، وبالتالي الحكم على صلاحيته للتعيين بشكل غير دقيق.

المرحلة السابعة: إعلام المتقدمين لطلب العمل بنتائج الاختبارات ومقابلة الإختيار.

يصطلح على هذا الإعلام أو الاخطار بـ NOTIFICATION OF CANDIDAITE ، ويكون الإعلام لجميع من تقدم للاختبارات ودخل في مقابلة الإختيار سواء أكان ناجحاً أم لا، ويجب أن يكون هذا الاخطار سريعاً وللفئتين. فبالنسبة للناجحين فالسرعة مطلوبة بسبب وجود احتمال أن يكون أحدهم متقدم للتوظف في أكثر من منظمة ونجح في عمليات الانتقاء فيها، فالتأخير يعني احتمالية خسارة بعض الناجحين وذهابهم لمنظمة أخرى، كي لا تضيع عليهم الفرصة هناك. أما بالنسبة لغير الناجحين فالسرعة مطلوبة أيضا، ليتسنى لهم تقديم طلبات توظف في منظمات أخرى، وبالتالي فإن إعلامهم يعزز من ثقتهم بالمنظمة من أجل عمليات استقطاب مستقبلية، مع الإشارة إلى ضرورة شرح أسباب عدم نجاحهم وإخفاقهم، فالشرح والتبرير يفرضان إحترام المنظمة عليهم وتقديرهم لها. ويعطى الناجحين بعد إعلامهم مهلة زمنية للإلتحاق بالمنظمة، فإذا لم يفعلوا ذلك خلال المدة المحددة، يعتبر عدم إلتحاقهم استنكافاً منهم وعدم رغبتهم في التعيين.

المرحلة الثامنة: إصدار قرار التعيين تحت الاختبار .

يكون هذا القرار مكتوباً وصادراً عن الجهة صاحبة السلطة، ويتضمن اسم الناجح، واسم الوظيفة التي سيعين فيها، والتبعية الادارية للوظيفة، والدرجة الوظيفية، والراتب أو الأجر الشهري، وتاريخ مباشرة العمل. ولا شك أن الفترة الزمنية التي يوضع فيها الناجح تحت التجربة والتمرين PROBATIONARY PERIOD مسألة هامة تؤثر في اتخاذ قرار التعيين النهائي، فنتيجة تقييم أداء الناجح خلال هذه الفترة، تعد مؤشراً هاماً في تقييم والحكم فيما اذا كان اختياره سليماً أم

لا، حيث اذا أثبت الناجح جدارة خلال هذه الفترة، كان ذلك مؤشراً على نجاح إختياره والعكس مـن ذلك صحيح.

إن التعيين تحت الاختبار، أو مـا يسـمى "بتجربـة الاداء" هـو في الحقيقـة جـزء مكمـل لعمليـة الاختيار، وهو الاختبار النهائي لمدى توافق الفرد مع الوظيفة التي عين فيها. لذلك تعتبر فترة الاختبار معياراً يمكن بوساطته الحكم على مدى سلامة عملية الاختيار، إذ أن المقارنة بين الدرجات التي حصل عليها الفرد في الاختبارات، والتقديرات التي حصل عليها خلال فترة الإختبـار بمعرفة رئيسـه المبـاشر، تـدل عـلى مـدى كفاءة عملية إختياره.

ونود الإشارة في هذا المجال، إلى أنه بعد صدور قرار التعيين تحت الاختبار، مـن الضروري قيـام مندوب من إدارة الموارد البشرية بتقديمه إلى رئيسه المباشر، الذي بدوره يقدمه إلى زملائه، أو مرؤوسـيه في حالة وجودهم. ومن الضروري أن يشرح له رئيسه كافة التعليمات الخاصة بعمله، وكيفية إنجازه على خـير وجه، كما يتعهده بالعناية والإرشاد من وقت لآخر، ويوضح له أخطاءه وكيفية تصحيحها. ومن الضروري أيضاً تزويد الفرد بكافة المعلومات عن نشاط المنظمة وسياساتها، وقوانين ولوائح العمل. ولا شـك أن لهـذه الخطوة أهمية كبيرة ومؤثرة في نفسية الناجح، ذلك لأنه يكون في هذه الفترة متخوفاً من العمل، ولا يعرف بالضبط واجباته ومسؤولياته، ويخشى الفشل، لـذلك مـن الضروري جـداً تعريـف النـاجح بعملـه والبيئـة الجديدة التي سيعمل فيها.

المرحلة التاسعة : إصدار قرار التعيين النهائي .

قرار التعيين النهائي هو المرحلة الأخيرة في منهجية عملية الاختيار والتعيين، ويعني تثبيت الفـرد الذي جرى تعيينه تحت الاختبار في الوظيفة التي عين فيها. إذ بعد ثبوت صلاحية ومقدرة الفـرد عـلى أداء مهام الوظيفة التي عين فيها مؤقتاً وتحت الاختبار، تقوم إدارة المـوارد البشرية بإعـداد قـرار التثبيـت في الوظيفة، ورفعه للجهة صاحبة السلطة للموافقة عليه.

وفي ختام استعراضنا لمراحل منهجية عملية الاختيار والتعيين، نعرض شكلاً توضيحياً يبين لنا آليـة هذه المراحل التي شرحناها في الصفحات السابقة:

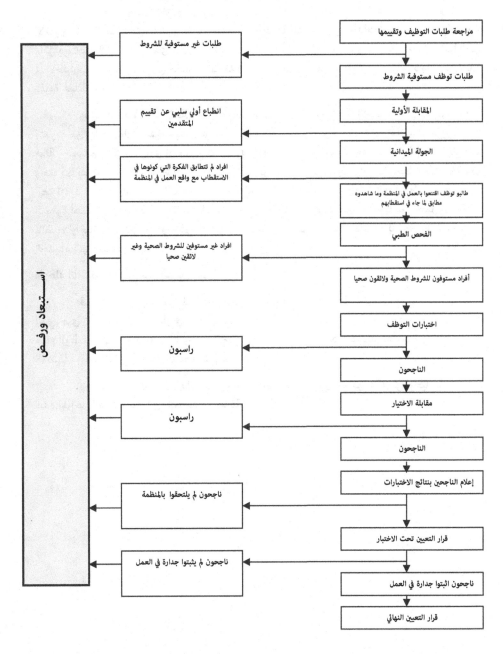

شكل رقم (35)

آلية مراحل منهجية عملية إختيار الموارد البشرية

طلبات غير مستوفية للشروط		مراجعة طلبات التوظيف وتقييمها
		طلبات توظف مستوفية الشروط
انطباع أولي سلبي عن تقييم المتقدمين		المقابلة الأولية
		الجولة الميدانية
افراد لم تتطابق الفكرة التي كونوها في الاستقطاب مع واقع العمل في المنظمة		طالبو توظف اقتنعوا بالعمل في المنظمة وما شاهدوه مطابق لما جاء في استقطابهم
		الفحص الطبي
افراد غير مستوفين للشروط الصحية وغير لائقين صحيا		أفراد مستوفون للشروط الصحية ولائقون صحيا
		اختبارات التوظف
راسبون		الناجحون
		مقابلة الاختيار
راسبون		الناجحون
		إعلام الناجحين بنتائج الاختبارات
ناجحون لم يلتحقوا بالمنظمة		قرار التعيين تحت الاختبار
ناجحون لم يثبتوا جدارة في العمل		ناجحون اثبتوا جدارة في العمل
		قرار التعيين النهائي

استبعاد ورفض

ونود الإشارة في ختام حديثنا عن منهجية عملية الاختيار والتعيين إلى أن نمط تصميم هذه العملية يختلف من منظمة لأخرى حسب إعتبارات رئيسة ثلاث هي:

* طبيعة ونوعية العمل في المنظمة.

* طبيعة ونوعية الوظائف والأعمال التي يراد انتقاء موارد بشرية من أجل التعيين فيها.

* عدد الأفراد المستقطبين الذين تقدموا لطلب التعيين في المنظمة.

فعلى سبيل المثال في عام 1992 وفي شركة تويوتا لصناعة السيارات وفي بريطانيا تحديداً، كانت الحاجة آنذاك إلى /400/ شخص للتعيين في /400/ وظيفة خالية أو شاغرة، وكان عدد المستقطبين الذين تقدموا بطلبات توظف للشركة آنذاك /20000/ فرد، فبناء على هذه الوفرة في المتقدمين، صممت عملية الاختيار لتكون عملية صعبة، وكانت معايير الانتقاء صعبة أيضاً، فالوفرة ساعدت الشركة على جعل هذه المعايير صعبة، فكثرة عدد المستقطبين تساعد إدارة الموارد البشرية على جعل عملية الاختيار صارمة وصعبة ومتشددة، وذلك للوصول إلى أفضل /400/ متقـــــــدم مـــــــن الـــــــ /20000/ الذين يمثلوا المجموع الكلي للمستقطبين.

وفيما يلي المراحل التي اشتملت عليها عملية الاختيار في شركة تويوتا عام 1992:

* تدقيق طلبات التوظف وغربلتها عن طريق استبعاد الطلبات التي لا تتوفر فيها الشروط العامة المطلوبة.

* اختبارات متنوعة للكشف عن قابلية طالب العمل للتعلم.

* إختبارات متعددة للكشف عن ميول ورغبات المتقدم لطلب التوظف.

* مقابلة أولى لمدة (75) دقيقة للتعرف على النمط السلوكي لطالب التوظف وكشف معالم شخصيته.

* اختبار الأداء والمحاكاة.

* فحص طبي شامل.

* مقابلة اختيار نهائية، لإصدار الحكم الأخير حول صلاحية المتقدم للتعيين أو الرفض.

تقييم عملية الاختيار والتعين

يعد تقييم عملية الاختيار والتعين لمعرفة مدى سلامة وموضوعية النتائج التي توصلت إليها ذات أهمية كبيرة، فالتقييم يوضح لنا عدة أمور لعل أهمها ما يلي: هل نجحت إجراءات الإختيار والتعيين (وعلى الأخص الاختبارات) في أن تنتقي أفضل المتقدمين لطلب العمل؟ وهل استطاعت أن تتأكد بأن مطالب العمل اللازمة للنجاح فيه متوفرة لديهم؟ وهل روعيت الدقة والعدالة في عملية إختيارهم؟ وهل التكلفة التي أنفقت في سبيل إختيارهم لم تذهب سدى؟ يتضح من خلال هذه التساؤلات التي تجيب عنها عملية التقييم، مدى أهمية التقييم في مجال الاختيار والتعيين.

إذاً مما لا شك فيه أن تقييم عملية الاختيار والتعيين مسألة هامة، بسبب أهمية اختيار الموارد البشرية التي تشكل أهم عناصر العمل وأساس نجاح المنظمات، فتقييم هذه العملية بشكل مستمر للوقوف على مدى كفاءتها، مسألة ذات أهمية وحساسة بالنسبة لادارة الموارد البشرية بشكل خاص وللمنظمة بشكل عام. ويشترك في تقييم عملية إختيار الموارد البشرية مديرو الوحدات الإدارية الذين جرت عمليات التعيين في وحداتهم، فهؤلاء يمدون المسؤولين عن التقييم بالمعلومات اللازمة عن أداء الموارد البشرية الذين عينوا تحت الاختبار لديهم ومستوى كفاءتهم، فهذه المعلومات تساعد وإلى حد كبير جداً في تقييم اختيارهم وتعيينهم. وبشكل عام هناك عدة معايير معروفة وشائعة في الاستخدام، يمكن بوساطتها الحكم على سلامة عملية إختيار الموارد البشرية وتعيينها، وسوف نعمد في الصفحات القادمة إلى عرض أشهرها.

معيار صحة أو صلاحية النتائج :

يصطلح على هذا المعيار بـ VALIDITY ويطرح التساؤلات التالية:

* هل عملية الاختيار قد انتقت الأفضل؟

* هل من تم اختياره تتوفر فيه المعايير المطلوبة التي تمكنه من الأداء الفعال في الوظيفة أو الوظائف التي سيعمل فيها بعد تعيينه وفي المستقبل؟

* هل حققت عملية الاختيار المطلوب منها؟

فإذا كانت الإجابة عن التساؤلات السابقة الذكر بنعم، معنى ذلك أن عملية الاختيار قد حققت هدفها وتوفر فيها معيار الصحة.

ويقوم هذا المعيار على فكرة أساسية مفادها، أن هناك إرتباط أو علاقة ما بين متغيرين إثنين في عملية الإختيار هما: الأول وهو النتائج التي حصل عليها طالب العمل خلال عملية إختياره، والثاني هو مدى نجاحه في أداء العمل أو الأعمال التي مارسها بعد التعيين، وبشكل خاص خلال فترة التجربة والتمرين. فإذا كانت درجة الارتباط عالية بين المتغيرين، دل ذلك على صلاحية عالية، وأمكن الحكم على عملية الإختيار والتعيين بأنها كانت ناجحة. أما إذا كانت درجة الارتباط ضعيفة، فذلك يدل على نتيجة عكسية، ونحكم بالتالي على هذه العملية بأنها كانت فاشلة. ويتم الوصول إلى هذه النتائج بعد انتهاء فترة الاختبار أو التجربة والتمرين، التي يخضع أداء الفرد للتقييم في نهايتها، لإصدار الحكم النهائي حول صلاحيته للتعيين أو الرفض.

ونود الإشارة بأن درجة الارتباط التامة يعبر عنها كمياً بواحد، وبالتالي فكلما قلت درجة الارتباط عن واحد بين المتغيرين السابقين في نتائج عملية التقييم، كان الاختيار أقل دقة ونجاحاً. ويرسم الارتباط بياناً بخط مستقيم، فكلما كانت نتائج تقييم من جرى تعيينه تحت التجربة والاختبار قريبة من الخط المستقيم، دل ذلك على درجة ارتباط عالية، واعتبر ذلك مؤشراً على نجاح وسلامة إختياره والعكس من ذلك صحيح، وفيما يلي رسمان يوضحان ذلك:

شكل رقم (36)

معامل الارتباط بين نتائج عملية الاختيار ونتائج تجربة الأداء

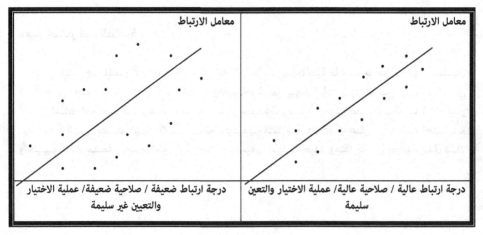

يلاحظ من الشكلين السابقين، أنه كلما اقتربت النقاط التي تعبر عن نتائج تقييم من جرى تعيينهم من الخط المستقيم، دل ذلك على درجة إرتباط عالية، وبالتالي فعملية الاختيار كانت ناجحة، والعكس من ذلك صحيح. مع الإشارة إلى أنه إذا وقعت قيم الظاهرة (النقاط) على الخط تماماً، دل ذلك على أن درجة الارتباط تامة، وأن الاختيار كان سليم تماماً، وهذه حالة نادرة الحدوث.

يؤخذ على هذا المعيار في تقييم عملية الاختيار والتعيين، وجود إحتمالية أن يكون إنتقاء أحد المعنيين تحت الاختبار والتجربة جيداً وناجحاً، لكن بسبب ما خارج عن نطاق إرادته جعل أداءه خلال فترة التجربة غير جيد، في هذه الحالة تكون نتائج تقييم أدائه غير معبرة عن الواقع، وهذا ما ليس بامكان معيار الصحة أو الصلاحية اكتشافه.

معيار المصداقية أو الثقة :

ويسميه بعضهم بمعيار الثبات ويصطلح عليه بـ RELIABILITY ويقوم على فكرة مفادها: أنه إذا تم إعادة إختيار طالب العمل الذي ثبتت أهليته للتعيين مرة أخرى، لكانت النتيجة نفسها، وإذا كررت لأكثر من مرة لأعطت نفس النتائج تقريباً، فثبات النتائج في تكرار مراحل الاختيار بوجه عام، والإختبارات بشكل خاص، دليل يشير إلى موضوعية وصحة عملية الإختيار والتعيين، والعكس من ذلك صحيح. ولتطبيق هذا المعيار يتطلب الأمر أن تكون ظروف عملية الإختيار والإختبارات واحدة وثابتة، فأي تغيير فيها سيؤدي إلى حدوث إختلاف في نتائج تكرار عملية الإختيار. إذاً فدرجة ثبات عالية في النتائج هي مؤشر على درجة ثقة عالية، ويمكن القول عندئذ أن عملية الاختيار والتعيين قد حققت الغاية المطلوبة منها وأنها سليمة.

معيار انتشار قيم الظاهرة :

يشير هذا المعيار SCUTTERPLOT إلى أنه كلما كانت قيم ظاهرة ما متقاربة من بعضها بعضاً، دل ذلك على وجود درجة عالية من الثقة والارتباط فيما بينها. فإذا جرى تعيين (20) موظفاً في إحدى المنظمات بعد خضوعهم لعملية اختيار محددة، وقيم أداءهم بعد إنتهاء فترة الاختبار والتجربة التي خضعوا لها، وكانت نتائج تقييمهم متقاربة، دل ذلك على أن عملية اختيارهم وتعيينهم كانت سليمة. فعندما تكون هذه النتائج جميعها إيجابية جيدة ومتقاربة من بعضها، يدل ذلك

على أن عملية إختيارهم وتعيينهم كانت ناجحة، والعكس من ذلك صحيح، وفيما يلي شكلان يوضحان ذلك:

شكل رقم (37)

معيار انتشار قيم الظاهرة

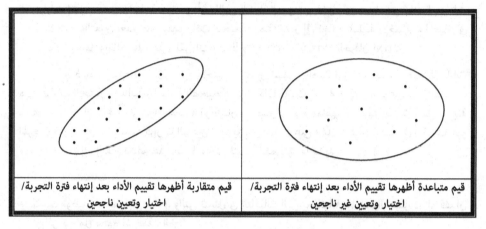

قيم متباعدة أظهرها تقييم الأداء بعد إنتهاء فترة التجربة/ اختيار وتعيين غير ناجحين	**قيم متقاربة أظهرها تقييم الأداء بعد إنتهاء فترة التجربة/ اختيار وتعيين ناجحين**

معيار احتمالات قرارات الإختيار والتعيين :

تنتهي عملية الإختيار والتعيين بأحد الاحتمالات الأربعة التالية:

أ. قرارات إختيار سلبية خادعة: وتعبر عن قرارات إختيار إنتهت إلى رفض التوظف، لكن هذه القرارات غير صحيحة، وبمعنى أوضح أن من تم رفضه كان صالحاً للعمل، وبالتالي فهذا يعني أن عملية الإختيار فشلت في تحديد أهليته أو صلاحيته للتعيين. ويطلق على هذه القرارات مصطلح FALSE NEGATIVE او الحرفان (FN) .

ب. قرارات اختيار إيجابية خادعة: وتعبر عن قرارات إختيار إنتهت إلى صلاحية طالب العمل للتعيين، لكن هذه الصلاحية غير سليمة، وبمعنى أوضح أن من تم إختياره لا يتمتع بالأهلية للتعيين، وهذا مؤشر على فشل عملية الاختيار والتعيين في اختيار الفرد المناسب. ويطلق على هذه القرارات مصطلح FALSE POSITIVE أو الحرفان (FP) .

ج. قرارات إختيار صحيحة إيجابية : وتعني أن طالبي العمل الذين تم انتقاءهم للتعيين مؤهلين وصالحين فعلاً للتعيين، وهذا يعني أن عملية الاختيار كانت ناجحة في أداء مهمتها. ويطلق على هذه القرارات مصطلح TRUE POSITIVE أو الحرفان (TP) .

د. قرارات إختيار صحيحة سلبية : وتعني أن طالبي العمل الذين تم رفضهم وإستبعادهم خلال إجراءات الإختيار والتعيين لعدم صلاحيتهم كانت صحيحة، وهذا يشير إلى نجاح عملية الإختيار والتعيين في أداء مهمتها، ويطلق على هذه القرارات مصطلح TRUE NEGATIVE أو الحرفان (TN) .

في ضوء ما تقدم نجد أن عملية الاختيار والتعيين تسعى جاهدة إلى إتخاذ نوعين من القرارات هما: قرارات الإختيار الايجابية والسلبية الصحيحة، حيث كلما كانت نسبة هذين النوعين من القرارات مرتفعة، كان ذلك مؤشراً على نجاح عملية الإختيار والتعيين في أداء مهامها وتمكنها من تحقيق الغاية المرجوة منها. أما إرتفاع نسبة قرارات النوعين الآخرين، فهذا يدل على فشل عملية الإختيار في أداء ما هو موكول إليها، وإلى إرتفاع تكلفة هذه العملية التي تتمثل أهم بنودها بما يلي:

- تكاليف الاستقطاب .

- تكاليف توظيف شخص غير صالح، والتي تتمثل في التلفيات التي يحدثها في المواد والتجهيزات، أو فقدان زبائن تتعامل معهم المنظمة.. الخ .

- تكاليف مصاحبة لرفض طالب عمل سيكون أداءه وسلوكه ناجحاً في العمل فيما لو كان قد تم اختياره وتعيينه (الفرصة الضائعة).

من خلال احتمالات قرارات الاختيار والتعيين السابقة، يكون بالإمكان الحكم على الجدوى الكلية لعملية الاختيار والتعيين, وذلك بعد طرح السؤال التالي والإجابة عنه:

أيهما يحقق منفعة أكثر أو قيمة مضافة أكبر: تنفيذ منهجية عملية الاختيار والتعيين العلمية وفق ما شرحناه في هذا الفصل؟ أم استخدام الأسلوب العشوائي في الاختيار، كأن يتم تعيين طالبي العمل الذين يتقدمون بطلباتهم قبل غيرهم، من خلال إجراءات تعيين بسيطة؟

يفيدنا علم الإحصاء في هذا المجال في الاجابة عن التساؤل السابق، بأن الاختيار العشوائي يحقق لنا إحتمال كون 50% من قرارات الاختيار هي قرارات صحيحة بما فيها الايجابية (قبول وتعيين) والسلبية (رفض) بنسبة متساوية 25% لكل منهما. وفي المقابل 50% وهي القرارات المتبقية ستكون خادعة أي غير صحيحة بفئتيها الايجابية والسلبية وبنسب متساوية أيضاً 25% لكل منهما. في ضوء ما تقدم يتوجب على عملية الاختيار والتعيين التي تتم وفق منهجيتها العلمية التي شرحناها، أن تحقق نسبة قرارات صحيحة ايجابية وسلبية أكثر من 50%،فاذا فشلت في ذلك فلا فائدة منها والأفضل الاعتماد على الاختيار العشوائي، لأنه يحقق لنا نسبة 50% من القرارات الصحيحة. وبالتالي يمكن القول بأنه كلما حققت عملية الاختيار العلمية نسبة قرارات صحيحة أكثر من 50% زادت درجة نجاحها وجدواها بشكل عام. ونعرض فيما يلي شكلان يوضحان ما تقدم شرحه :

شكل رقم (38)

جدوى عملية الاختيار وفق نسبة قراراتها الصحية وغير الصحية مقارنة بنسبة الاختيار العشوائي

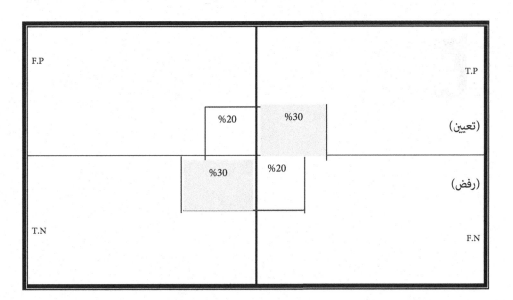

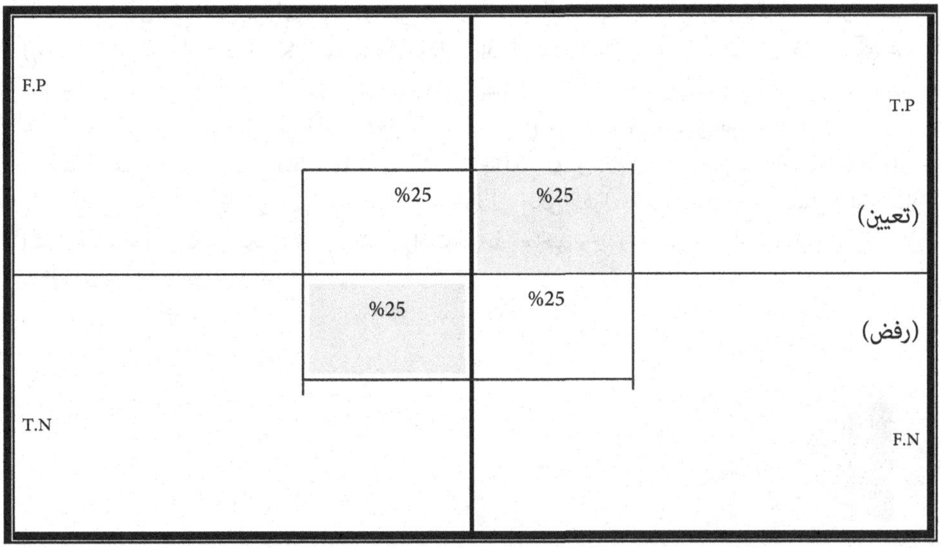

يتضح من الشكل الثاني أن منهجية عملية الاختيار والتعيين العلمية كانت ناجحة نسبياً، لأن نسبة القرارات الصحيحة الإيجابية والسلبية بلغت 60% وهي أكثر من نسبة النجاح 50% التي تحققها عملية الاختيار العشوائية، وبالطبع كلما زادت هذه النسبة عن 60% كانت عملية الاختيار العلمية أكثر نجاحاً.

ونود الإشارة في هـذا المقام إلى أن الخطر يكمـن بشكل أساسي في نسبة القرارات الايجابيـة الخادعة، لأنها تؤدي إلى تعيين موارد بشرية غير صالحة وغير مؤهلة بشكل جيد للعمل، فتتحمل المنظمة تبعات سلبية كثيرة من ورائها. أما القرارات السلبية الخادعة، فهي مؤشر لعدم كفاءة عملية الانتقاء، إلا أنها ليست بخطورة الأولى، فهي فقط تعرض المنظمة لتكاليف إختيار دون عائد، وتمثل إلى جانب ذلك فرصاً ضائعة على شكل موارد بشرية مؤهلة وصالحة للعمل خسرتها المنظمة.

معيار الرضا عن العمل :

من المعايير المستخدمة في الحكم على جدوى عملية الاختيار والتعيين، هـو قياس مدى رضا الأفراد الذين تم اختيارهم عن الأعمال التي عينوا فيها، والمدى الذي من خلاله يشعرون بأن قدراتهم ومهاراتهم يستفاد منها في العمل، وأن إحتياجاتهم تشبع بوساطته، وأنهم يحسون بالإنسجام والإندماج في العمل داخل القسم الذي عينوا فيه، وداخل المنظمة بشكل عام. وطالما أن هذه النواحي يمكن أن تتغير، فبالتالي يجب على المسؤولين عـن نشـاط الاختيار والتعيين في إدارة المـوارد البشريـة أن يراقبوها بشكل منتظم عن طريق دراسات ميدانية دورية.

ونود الإشارة في ختام تقييم عملية الاختيار والتعيين إلى ضرورة أخـذ التقييم مسألة تكلفـة الاختيار والتعيين وزمن تنفيذه بعين الاعتبار، فكلما كانت التكلفـة وزمن التنفيـذ أقل، كان ذلك مؤشراً يسهم في الدلالة على نجاح هذه العملية، شريطة عدم تأثيرهما في كفاءة الانتقاء. إلى جانب ذلك أنه يمكن لعملية التقييم أن تعتمد على أكثر من معيار في الحكم على نجاح الاختيار والتعيين، كي تكون نتائج هذا التقييم أكثر دقة وموضوعية.

الفصل العاشر

الاتجاه المعاصر في تقييم أداء الموار د البشرية

محتوى الفصل

- أبعاد تقييم الأداء المعاصرة.
- مداخل تقييم الأداء.
- المقيم كمصدر لمعلومات التقييم.
- تدريب المقيم.
- معايير تقييم الأداء.
- أساليب تقييم الأداء.
- مقابلة تقييم الأداء.
- حق التظلم من نتائج تقييم الأداء.

تساؤلات يطرحها الفصل

- هل اختلف هدف تقييم الأداء المعاصر عن هدفه في السابق؟
- لماذا يشكل تقييم الأداء حساسية لدى الرؤساء والمرؤوسين؟
- هل لتقييم الأداء آلية معينة يعمل بموجبها؟
- ما هي الجوانب الايجابية والسلبية المرتبطة بتقييم الأداء.
- ما هي الاتجاهات الفكرية المعاصرة في تصميم نظام تقييم الأداء؟
- هل هناك ضرورة لتدريب المقيم؟
- متى نقول عن معايير تقييم الأداء أنها قيمت الأداء بشكل جيد؟
- لماذا يفضل الغالبية علنية ومناقشة نتائج تقييم الأداء مع من قيم أداءه؟

أبعاد تقييم الأداء المعاصرة

يعد تقييم أداء الموارد البشرية من المواضيع ذات الأهمية الكبيرة في مجالات العمل في المنظمات قاطبة سواء أكانت صناعية، أم خدمية، أم حكومية، لأنه ذو علاقة وارتباط مباشر بانتاجية العمل فيها وفاعليتها التنظيمية، التي يتوقف عليها بقاؤها واستمرار نشاطها في السوق. فنتائج تقييم الأداء توفر التغذية العكسية عن مستوى أداء وكفاءة كل من يعمل في المنظمة، فتساعد على معرفة حقيقة هذا الاداء بايجابياته وسلبياته، فهذه المعرفة تمثل الأساس الذي يقوم عليه تطوير وتحسين الأداء المستقبلي فيها. وسنعمد فيما يلي إلى استعراض مواضيع ذات طابع عام متعلقة بتقييم الأداء لرسم أبعاد هذا التقييم المعاصرة منذ البداية:

تعريف تقييم الأداء :

يعرف تقييم الأداء وفق بعده المعاصر بما يلي:

نظام رسمي تصممه إدارة الموارد البشرية في المنظمة، ويشتمل على مجموعة من الأسس والقواعد العلمية والإجراءات، التي وفقاً لها تتم عملية تقييم أداء الموارد البشرية في المنظمة، سواء أكانوا رؤساء أو مرؤوسين أو فرق عمل، أي جميع العاملين فيها، بحيث يقوم كل مستوى إداري أعلى بتقييم أداء المستوى الأدنى، بدءاً من قمة الهرم التنظيمي مروراً بمستوياته الادارية وصولاً لقاعدته.

وتتم عملية التقييم بوساطة مقيمين في كل مستوى إداري، يتابعون أداء وسلوك من يقيمون أداءهم، وذلك بشكل مستمر خلال فترة زمنية محددة، يجمعون خلالها وعن طريق الملاحظة المباشرة كافة المعلومات ذات الصلة بجهد وسلوك من يقيمون أداءهم، وذلك أثناء أدائهم لأعمالهم، حيث في نهاية الفترة المحددة، يضعون تقييمهم النهائي على أساس موضوعي وعادل، يحددون فيه مستوى أداء من قيموه، متعرضين بشكل جوهري لجوانب القوة والضعف في هذا الأداء، مع تحديد مسببات كل جانب، تحقيقاً لغاية أساسية هي: مكافأة كل فرد في المنظمة على قدر ما يعمل وينتج، وتطوير وتحسين أداء العنصر البشري في العمل بشكل دائم ومستمر، عن طريق علاج مسببات الضعف في الأداء، وتدعيم وتفعيل مسببات القوة فيه، وصولاً لهدف استراتيجي هو: رفع إنتاجية المنظمة، وزيادة فاعليتها التنظيمية باستمرار، مما يعود بالنفع على الطرفين المنظمة والموارد البشرية العاملة فيها.

آلية تقييم الأداء وبعده الاستراتيجي :

في ضوء التعريف السابق يمكن رسم آلية تقييم أداء الموارد البشرية وبعده الاستراتيجي الهام من خلال الشكل التالي:

شكل رقم (39) آلية تقييم الأداء وبعده الاستراتيجي

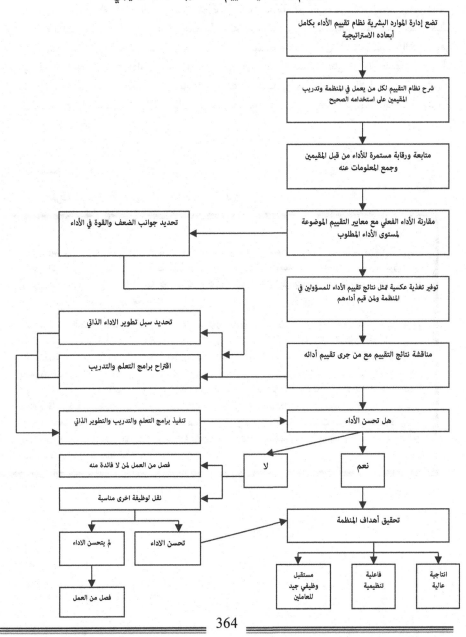

من خلال الشكل السابق يمكننا توضيح كيف تعمل آلية تقييم أداء الموارد البشرية من بدايتها وحتى نهايتها فيما يلي:

* تبدأ هذه الآلية بقيام إدارة الموارد البشرية بتصميم نظام التقييم الذي هو عبارة عن مجموعة من الأسس والقواعد العلمية والإجراءات، التي يجب أن يطبقها كل من جرى تكليفه بتقييم أداء الآخرين، وهذه الجوانب إلزامية.

* شرح نظام تقييم الأداء لكل من يعمل في المنظمة، سواء أكان مُقيماً أو مُقيَماً أداءه، ليدرك الجميع أهدافه وأبعاده، في مسعى لتخفيف حدة مقاومته وكسب التأييد له. ويدرب المقيمين على كيفية تطبيق نظام تقييم الأداء بشكله الصحيح والمطلوب، للوصول إلى نتائج تقييم موضوعية وعادلة.

* يقوم المقيمون خلال فترة زمنية يحددها النظام، بمتابعة أداء من يقيمون أداءه وبشكل مستمر، وذلك لجمع المعلومات عن الأداء بدقة وموضوعية، بحيث تعطي هذه المعلومات في نهاية الفترة، رؤية واضحة عن مستوى وحقيقة الأداء.

* يقارن المقيمون الأداء الفعلي الذي توضحه المعلومات المجموعة، مع معايير التقييم المحددة، التي تمثل مستوى الأداء المطلوب، حيث توضح هذه المقارنة جوانب الضعف والقصور، وجوانب القوة فيه.

* يقوم المقيمون بوضع تقرير التقييم النهائي للأداء وذلك على شكل نتائج تسمى بالتغذية العكسية، ويرفع هذا التقرير لادارة الموارد البشرية لاطلاعها عليه، ويرسل نسخة منه لكل من جرى تقييم أدائه، ليطلع على ويعرف حقيقة هذا الأداء.

* يقوم المقيمون باجراء مقابلات شخصية مع من قيموا أداءهم، وذلك لشرح نتائج هذا التقييم، وموضحين فيها جوانب الضعف والقوة في أدائهم، ويتفق الطرفان المقيمون ومن قيم أداءه على وضع خطة مستقبلية لتطوير هذا الأداء وتحسينه، في ضوء نتائج التقييم ومناقشتها، وتشتمل خطة التطوير والتحسين على قسمين هما:

1- برنامج لتطوير الأداء الذاتي وتقع مسؤولية تنفيذه على من جرى تقييم أدائهم ويتابع المقيمون تنفيذه وتقييمه.

2- اقتراح برامج تعلم وتدريب وتنمية من أجل علاج جوانب الضعف في الأداء، وتفعيل جوانب القوة فيه، وتقع مسؤولية إعداد وتنفيذ هذه البرامج على عاتق إدارة الموارد البشرية.

* بعد مناقشة نتائج التقييم وتنفيذ برامج تطوير وتحسين الأداء، فالمفروض أن يكون الأداء قد تحسن، فاذا لم يتحسن يجري فصل الأفراد الذين لا فائدة مرجوة منهم، أما الذين فيهم أمل، فيمكن نقلهم لوظيفة أخرى أكثر مناسبة لهم منعاً لحدوث المشاكل. أما اذا لم يتحسن أداء من تم نقله، عندئذ لا مفر من فصله وإبعاده عن العمل والمنظمة، لانه يمثل تكلفة عمل دون عائد.

* عندما يتطور ويتحسن أداء الموارد البشرية ستنعكس آثاره الايجابية على:

1- ارتفاع إنتاجية العمل.

2- زيادة فاعلية الاداء التنظيمي الكلي للمنظمة، وهذا يحقق الرضا لدى زبائنها، ويضمن لها البقاء والاستمرار في نشاطها.

3- تحقيق مكاسب مالية ومعنوية للموارد البشرية ومستقبل وظيفي جيد لهم.

هدف تقييم الأداء :

من خلال آلية تقييم أداء الموارد البشرية التي عرضناها آنفاً، بالإمكان الآن تحديد هدف هذا التقييم بما يلي:

يتجسد هدف تقييم الأداء في أية منظمة، في أنه يوفر لها معلومات غنية وواضحة وموضوعية وصحيحة عن أداء مواردها البشرية التي تعمل لديها بشكل دوري ومستمر، بما يخدم استمرارية عملية تطوير وتحسين هذا الأداء، وتحقيق فاعلية تنظيمية عالية المستوى لأدائها التنظيمي الكلي مع مرور الزمن. فنتائج التقييم تعكس صورة واضحة وصادقة عن أداء كل فرد في المنظمة، فتبين فيما اذا كان يعمل بجد ونشاط وفاعلية وفق ما هو مطلوب أم لا، لتكون مكافأته قائمة على أساس عادل في ضوء جهده في عمله. كما أن هذه النتائج تكشف جوانب الضعف في الأداء لعلاجها، وجوانب القوة فيه من أجل وضع السبل الكفيلة لزيادة الاستفادة منها. وبالتالي ومن هذا المنطلق نجد أن تقييم الأداء يخدم المنظمة والعاملين فيها بآن واحد، كما يخدم المجتمع بأن تقدم المنظمة له سلعاً وخدمات ذات جودة عالية وبأسعار معقولة.

يتضح إذاً أن تقييم الأداء لا يعني كما يعتقد بعضهم أنه حكم يصدر في نهاية فترة زمنية محددة، ليحدد ما يستحقه الفرد من تقدير يبنى على أساسه بقاؤه في العمل، أو ترشيحه للترقية، أو حصوله على حوافز مالية، بل يعني شيئاً أكثر وأهم من ذلك وهو: معرفة حقيقة مستوى أداء العاملين، من أجل تطوير وتحسين هذا المستوى باستمرار، من خلال توجيه وإرشاد الرؤساء المباشرين الذين هم

معلمين لمرؤوسيهم بالدرجة الأولى، وكذلك من خلال برامج التدريب والتنمية التي تعدها إدارة الموارد البشرية لمعالجة النتائج التي يوضحها التقييم.

ملاحظة ذات بعد استراتيجي:

لقد أصبح التوجه الاستراتيجي المعاصر فيما يخص هدف تقييم الأداء، يركز على ما يحققه هذا الأداء من قيمة مضافة كمعيار أساسي للتقييم، أي ما يحققه الأداء من عوائد ومنافع للمنظمة وللعاملين فيها بآن واحد، وهذا يستدعي بالضرورة أن يركز التقييم على الأهداف والنتائج التي يحققها الفرد في عمله، وفي هذه الحالة يكون معيار التقييم الأول منصبا على ما يحققه هذا الفرد من إنجازات، بدلاً من جعل الصفات الشخصية هي الأساس في التقييم، فالصفات كمعايير لتقييم الأداء يخضع تقييمها للرأي والحكم الشخصي للمقيم، مما يعرض نتائج التقييم الى قدر ما من اللاموضوعية. لكن يجب ألا يفهم من ذلك أن نهمل الصفات الشخصية في مجال تقييم الأداء، فهي ما زالت معايير لها أهميتها وتأثيرها في مستوى الأداء وجودته، لكن كل ما هنالك أن يأتي ترتيبها من حيث الأهمية في التقييم في الدرجة الثانية.

عمومية وشمولية تقييم الأداء :

يقصد بالعمومية والشمولية هنا أن يشمل تقييم الأداء جميع العاملين في المنظمة رؤساء ومرؤوسين في كافة المستويات الادارية، ومن قمة الهيكل التنظيمي حتى قاعدته. ويرتكز هذا التوجه على قاعدة تبريرية مفادها: أن كل من يعمل في المنظمة ويسهم في تحقيق أهدافها من خلال الدور المكلف أو المناط به، يجب ان يخضع إسهامه للتقييم المستمر، للوقوف على جودة هذا الإسهام، الذي ينتج عن أدائه خلال فترة زمنية محددة. فشمولية التقييم تشعر جميع من يعمل في المنظمة بنزاهة وعدالة نظام تقييم الأداء فيها، فالكل يعرف مسبقاً بأنه محاسب عن نشاطه في العمل، وأن تقدمه في السلم الوظيفي مرهون بمستوى أدائه لعمله، لذلك سنرى أن الجميع لديه دافع لتطوير وتحسين أدائه بشكل مستمر.

ويرى بعضهم أن التقييم يجب ألا يشمل المدير العام ومديري الادارات العليا، على اعتبار أن هذا مساس وتشكيك في قدراتهم ومستوى أدائهم. في الواقع يجب ألا تؤخذ الأمور بهذه الحساسية واعتبارها مسائل شخصية وتشكيك في القدرات .. الخ. يجب أن تؤخذ الأمور بموضوعية والنظر من زاوية هي أن تقييم الأداء هو لمصلحة الجميع، فالادارة العليا ومن منطلق عملها الاستراتيجي وأهميته،

وحساسيته، وعلاقته المباشرة بنجاح المنظمة وتحقيق رسالتها، لابد من تقييم أدائها وباستمرار، لتلافي الثغرات المحتمل وجودها في أدائها، في سبيل تطوير وتحسين أدائها نحو الأفضل.

المسؤوليات في مجال تقييم الأداء :

يقصد بالمسؤوليات في مجال تقييم أداء الموارد البشرية، الأدوار التي يشتمل عليها هذا التقييم، التي تتحدد بثلاثة أدوار أو مسؤوليات هي ما يلي:

أولاً: دور إدارة الموارد البشرية .

ويصطلح عليه بـ ROLE OF H.R.M ويتجسد بما يلي:

1. تصميم نظام تقييم الأداء، الذي يشتمل على مجموعة من الأسس والقواعد التنظيمية، التي على أساسها ستتم عملية تقييم هذا الأداء، فهي بالتالي بمثابة ضوابط لهذه العملية، وهذه الأسس والقواعد يجب التقيد بها من قبل كافة الأطراف المعنية بتقييم الأداء وبشكل خاص المقيمون. ويشتمل نظام التقييم على الجوانب التالية:
   - تحديد معايير تقييم الأداء المناسبة.
   - تحديد أسلوب التقييم المناسب.
   - تحديد من سيقوم بعملية التقييم.
   - تحديد فترة التقييم ودروريته، وهي الفترة التي تفصل بين تقييم وآخر.
   - تدريب المقيمين على استخدام أسلوب التقييم ومعاييره المحددة، للوصول إلى تقييم موضوعي عادل. وكذلك تدريبهم على مناقشة نتائج التقييم مع من قاموا بتقييم أدائه.
   - وضع قواعد للبت في الشكاوى المقدمة من قبل العاملين تجاه نتائج تقييم أدائهم.
   - وضع القواعد والأسس التي تكفل توفير العدالة والموضوعية في نتائج التقييم.
2. الاشراف على تطبيق نظام تقييم الأداء ومتابعة هذا التطبيق، ورصد أية مشكلة تظهر عند تنفيذه، للعمل على حلها.
3. إستلام نتائج تقييم الأداء من المقيمين ورفعها للجهات المسؤولة.

4. العمل على تطوير وتحسين نظام تقييم الأداء نحو الأفضل.

5. البت في طلبات التظلم من نتائج تقييم الأداء، من قبل من يشعر بعدم عدالة تقييم أدائه .

ثانياً: دور المقيم .

ويصطلح عليه بـ ROLE OF RATOR المقيمون هم كافة الرؤساء والمشرفون المباشرون في كافة المستويات الإدارية، الذين هم مسؤولون عن تطبيق نظام تقييم الأداء ووضعه موضع التنفيذ الفعلي عند تقييم أداء مرؤوسيهم. فمسؤولية المقيم هي مسؤولية مباشرة عن نتائج تقييم الأداء ووضع التقرير النهائي المتعلق به، وبالتالي فهو المسؤول الأول عن النجاح أو الاخفاق في عملية تقييم الأداء ونظام التقييم ككل كتحصيل حاصل، فتحقيق العدالة والموضوعية في التقييم اللتان تمثلان العمود الفقري لنجاحه، متوقفتان على عدالته ونزاهته في عملية التقييم. ويمكن تلخيص دور ومسؤولية المقيم بما يلي:

1. دراسة معايير التقييم بشكل دقيق لمعرفة ما الذي سوف يقيمه، وشرح هذه المعايير لمن سوف يقيم أداءه (هم في العادة مرؤوسيه).

2. متابعة أداء من يقيم أداءه وجمع المعلومات عن هذا الأداء ومراجعتها قبل استخدامها في وضع تقييمه النهائي.

3. مقارنة الأداء الفعلي لمن يجري تقييمه مع معايير التقييم المحددة له، لتحديد مستوى أداءه وكفاءته، الذي يصيغه في تقرير يوضح فيه نتائج التقييم، التي يجب أن تشتمل على الايجابيات والسلبيات الموجودة في الأداء ومسببات كل منهما. وعند وضع التقييم النهائي، يتوجب على المقيم أخذ الظروف المحيطة بالأداء، التي تلعب دوراً مؤثراً في مستواه.

4. مناقشة نتائج تقييم الأداء مع من قيم أداءه (مرؤوسيه) وشرحها له بوضوح، ووضع خطة لتطوير وتحسين هذا الاداء، التي تشتمل على معالجة نقاط الضعف وتدعيم نقاط القوة فيه، وعليه متابعة مدى إلتزام الفرد (المرؤوس) بتطبيق هذه الخطة بشكل مستمر.

5. تشجيع مرؤوسيه الذين قيم أداءهم على:

- تزويده بالمعلومات الحقيقية غير الظاهرة في أدائهم.
- تكرار الجوانب الايجابية في أدائهم وتلافي جوانب الضعف فيه.

- توثيق المعلومات عن أداء مرؤوسيه لاستخدامها فيما بعد عند مناقشة نتائج التقييم معهم، والعودة اليها عند الحاجة.

في ظل ما تقدم نجد أنه من الخطأ الاعتقاد بأن إدارة الموارد البشرية هي التي تقييم الأداء، هذا الاعتقاد وفق ما أوضحناه أعلاه خاطئ تماما، فمسؤولية تنفيذ عملية التقييم وتطبيق نظامه تقع مباشرة على المقيمين.

دور المُقيّم (المرؤوس) :

ويصطلح عليه بـ ROLE OF RATEE ففي ظل البعد المعاصر لتقييم الأداء، أصبح للفرد الذي يقَيم أداءه دور هام ومسؤولية جسيمة في مجال هذا التقييم، ويتمثل هذا الدور بما يلي :

1. الإصغاء بفهم لشرح المقيم لمعايير تقييم أدائه المطلوب منه تحقيقها.

2. المساهمة الفعلية والجادة مع المقيم في تطوير وتحسين أدائه المستقبلي من خلال:

أ. تطبيق توجيهات وإرشادات المقيم أثناء العمل بروح منفتحة وفهم ووعي ويقدر أن هذه الارشادات هي لمصلحته.

ب. إعلام المقيم بأية ملاحظات يرى أنها هامة تسهم في تطوير وتحسين أدائه، وبشكل خاص المشاكل الخفية التي يعاني منها أداءه والتي لا يعرفها سواه.

جـ. السعي لتطوير أدائه باستمرار وبشكل ذاتي.

3. أن يقنع نفسه بأن التقييم هو خدمة تقدمها المنظمة له، فعن طريقه يضمن تطوير وتحسين أدائه وتحقيق مكاسب وظيفية لنفسه.

في ضوء الأدوار والمسؤوليات السابقة والمتكاملة يجب أن نميز بين مصطلحين هما: إدارة الأداء "PERFORMANCE MANAGEMENT" ، "وعملية تقييم الأداء PERFORMANCE APPRAISAL PROCESS" من خلال ما يلي:

إدارة الأداء :

وتشير إلى دور ومسؤولية إدارة الموارد البشرية في تصميم نظام تقييم الأداء، الذي يشتمل على الأطر والمكونات التي يتم من خلالها التقييم، وقواعد وإجراءات تطبيقها، وفق ما هو مستهدف من النظام كله، للوصول إلى نتائج موضوعية وعادلة، توضح مستوى كفاءة أداء الموارد البشرية في كافة المستويات التنظيمية في المنظمة.

عملية تقييم الأداء:

وتشير إلى دور ومسؤولية المقيم والمقيَّم (الرئيس والمرؤوس)، اللذان يؤديان عدة ممارسات وفق ما جاء في نظام تقييم الأداء، لتحقيق الأهداف المحددة فيه، أي أن هذه العملية هي التي يُطبق من خلالها هذا النظام ووضعه موضع التنفيذ العملي والفعلي، وبالتالي فهي ترجمة تطبيقية لنظام تقييم الأداء.

بناء عليه يمكننا القول لا يمكن الفصل بين الموضوعين أعلاه وشرح كل منهما على حده، لأنهما يتصفان بأبعاد متداخلة متكاملة، وبالتالي فهما موضوع واحد، يبدأ بالعموميات والقواعد الارشادية يحددها نظام التقييم، ليأتي بعدها عملية تقييم الأداء لتضع هذا النظام موضع التنفيذ، على شكل ممارسات على أرض الواقع يؤديها كل من المقيم والمقيم، وهذا ما يدعونا في نهاية الأمر الى شرح الموضوعين مع بعضهما.

مسائل هامة وحرجة في تقييم الأداء :

من الأهمية بمكان ونحن بصدد شرح أبعاد تقييم الأداء المعاصر، أن نتعرض الى بعض الجوانب الحساسة المتعلقة به، لتوضيح بعض المشاكل المصاحبة له التي أهمها ما يلي:

* يعتمد تقييم الأداء بشكل كبير على الرأي والحكم الشخصي للمقيم، وطالما أن الوضع كذلك، فلابد من توقع وجود إحتمالية للتحيز واللاموضوعية في نتائج التقييم، وهذه مشكلة كبيرة لا مفر منها في تقييم الأداء، يجب بشتى السبل التخفيف من حدتها لأدنى حد ممكن، لأن القضاء تماماً على الجوانب الشخصية المصاحبة لتقييم الأداء شبه مستحيل.

* يجب أن نتوقع بأن تقييم الأداء سيلقى مقاومة من قبل الموارد البشرية وذلك لسببين هما: الأول أنه يخضعهم للرقابة المستمرة، والإنسان بفطرته يكره ذلك. الثاني هو خوف هذه الموارد على مستقبلها الوظيفي المرتبط بنتائج تقييم أدائها، التي لا يضمنون توفر العدالة والموضوعية فيها، بسبب الجوانب الشخصية المصاحبة للتقييم. إذاً المقاومة شيء لا مفر منه يجب أن نتوقعها وأن نتعامل معها بحكمة وروية، عن طريق توعية العاملين بالسبل التي تكفل لهم درجة كبيرة من الموضوعية في تقييم أدائهم، وأن التقييم هو أصلاً لفائدتهم التي تتمثل بتطوير وتحسين أدائهم.

* إن تحقيق الرضا الكامل عن نتائج تقييم الأداء لدى من قيم أداءه أمر مستحيل، وهذا سببه الفروقات الفردية الموجودة لدى الموارد البشرية، فالفرد الذي من صفاته الشخصية الشك، يكون من المستحيل إقناعه بموضوعية نتيجة تقييمه، كذلك الشخص الذي تكون علاقته الشخصية مع مقيمه غير جيدة، سوف لن يقتنع بموضوعية تقيمه، هذه الأمثلة عن أسباب عدم إمكانية تحقيق الرضا الكامل، تجعلنا ندرك بأن مسألة الرضا هي مسألة نسبية تتفاوت من شخص لآخر، بسبب قناعته ومكونات شخصيته.

* تقييم الأداء مسألة حساسة جداً بالنسبة للرؤساء المباشرين الذين هم المسؤول الأول عن عملية التقييم، فهو يضعهم في موقف محرج امام مرؤوسيهم الذين قيم أداءهم. وتنشأ هذه الحساسية عندما يعرف الرؤساء ومرؤوسوهم بأن نتائج تقييم الأداء مرتبط بها مستقبلهم الوظيفي وحوافزهم، فتقييم الأداء بالنسبة للرؤساء كألم الرقبة الذي يسببه ما يسمى بعلم الطب "المناقير" التي لا علاج قاطع لها، إنما من الممكن تخفيف آلامها، وهكذا الحال بالنسبة لتقييم الأداء أمر لا مفر منه، لكن يمكن تخفيف درجة الحساسية فيه بوسائل شتى سنأتي على شرحها لاحقاً.

* يجب أن نتوقع شعوراً عدائياً لدى بعض من قُيِّم أداءه بدرجة متوسطة أو ضعيفة، وحرم من المزايا الوظيفية التي تقدمها المنظمة للأشخاص أصحاب مستويات الأداء الجيدة، على اعتبار أن هذه المزايا مربوط الحصول عليها بنتائج تقييم الأداء وهذا الأمر لا مفر منه أيضاً ويجب أن نتوقف ونعمل على تخفيف حدة أثره، عن طريق التوعية بأن النتائج الضعيفة ستعالج بعد فترة، ويكون بامكان أصحابها الحصول على المزايا التي تقدمها المنظمة لمواردها البشرية الكفؤة.

* من الصعوبة بمكان التأكد من صحة ودقة نتائج تقييم أداء من يعمل في وظائف إدارية ذات الانتاجية غير الملموسة، وهذا سببه أن أغلب المعايير المستخدمة في

التقييم هي صفات شخصية، التي يصعب تحديد مدى توفرها في الفرد الذي يقيم أداءه بسهولة وبدقة.

ونود الإشارة في ختام عرضنا للمسائل الحرجة أعلاه، أنه مهما كانت طبيعة الصعاب المصاحبة لتقيم أداء الموارد البشرية، يجب السعي للقضاء على بعضها وتخفيف حدة بعضها الآخر، حيث ليس بالامكان التغلب عليها نهائياً، ويكون التغلب بوسائل علمية متعددة سنعرض بعضا منها فيما يلي:

1. تحديد معايير التقييم بشكل واضح ودقيق، بحيث يستطيع فهمها كل من المقيم والمُقيْم أداءه، وأن يتم هذا التحديد من خلال نتائج تحليل وتوصيف الوظائف، الذي يبين الجوانب الأساسية في أداء الأعمال، التي يرتكز عليها مدى النجاح في هذا الأداء.

2. مراجعة نتائج تقييم الأداء من قبل جهة ذات علاقة غير الجهة التي قيمت، وذلك للتأكد من موضوعية وصحة هذه النتائج.

3. وجوب مساءلة ومحاسبة أي مقيم يكتشف وجود خطأ ما في تقييمه، وخاصة إذا كان الخطأ يتعلق بموضوع التحيز سواء أكان إيجابياً أم سلبياً.

4. مناقشة نتائج تقييم الأداء مع كل من جرى تقييم أدائه، وذلك من قبل المقيم الذي حدد هذه النتائج، بحيث يشرحها ويبررها له.

5. فتح باب التظلم من نتائج تقييم الأداء، لكل من يرى أو يشعر بأن نتيجة تقييمه غير صحيحة أو غير عادلة، وذلك للنظر في هذا التظلم وإصدار الحكم النهائي.

6. خلق الشعور بالثقة والاطمئنان لدى الموارد البشرية بنظام تقييم الأداء، إذ من الضروري قيام إدارة هذه الموارد بشرح أهدافه وأبعاده لكل العاملين في المنظمة، والفوائد التي تعود عليهم وعلى المنظمة من ورائه، وأن هذا النظام ستبذل الجهود الكبيرة فيه، لضمان النزاهة والموضوعية في عملية التقييم.

7. تدريب المقيمين الذين سينفذون عملية التقييم، لتوحيد مفهومهم عن نظام تقييم الأداء، وتوعيتهم بأهمية الدقة والموضوعية وإرشادهم إلى كيفية تطبيق قواعد هذا النظام، والوصول إلى نتائج تقييم صحيحة.

مبررات تقييم الأداء :

بعد إستعراضنا للمسائل الحساسة المصاحبة لتقييم الأداء، سنأتي الآن إلى عرض المبررات الأساسية لوجود تقييم أداء للموارد البشرية في أية منظمة كانت، فهذه المبررات تفرض علينا أن نطرح هنا السؤال الجوهري التالي:

> ## لماذا نقيم أداء الموارد البشرية في المنظمات؟

توضح لنا الإجابة عن هذا السؤال مدى فائدة التقييم وكيف أنه لا غنى عنه، على الرغم من الجوانب الحرجة والحساسة المصاحبة له. ويمكن القول أن الإجابة عن هذا التساؤل تشتمل على شقين اثنين هما : آثار تقييم الأداء الإيجابية، ومجالات استخدام نتائج التقييم، وفيما يلي شرح لهذين الشقين:

أولاً : آثار تقييم الأداء الايجابية .

تتمثل هذه الآثار بمجموعة من الفوائد التي يمكن تحقيقها من وراء تقييم أداء موضوعي وعادل، التي يمكن تلخيصها بما يلي:

* يعد تقييم الأداء في الوقت الحاضر جزءاً أساسياً في منهجية إدارة الجودة الشاملة TOTAL QUALITY MANAGEMENT ، التي تمثل النهج المعاصر في إدارة المنظمات، هذه المنهجية تؤكد وإلى حد كبير على ضرورة التحسين المستمر في أداء الموارد البشرية من خلال ما تظهره نتائج تقييم أدائهم، لأن الفاعلية التنظيمية التي توفر للزبائن سلعاً وخدمات يرضون عنها، متوقفة على جودة الأداء وتحسينه المستمر، فتقييم أداء الموارد البشرية أداة رقابية فعالة في المنظمات، تضع الأداء التنظيمي فيها تحت السيطرة، فهو يرصد الانحرافات السلبية فيعالجها، وينمي الانحرافات الايجابية فيه، في مسعى الى تطوير وتحسين الأداء التنظيمي وتحقيق الفاعلية التنظيمية، وبالتالي تحقيق الرضا لدى العملاء.

* توفر نتائج تقييم الأداء تغذية عكسية عن أداء كل من يعمل في المنظمة، حيث يعرف الفرد من خلالها حقيقة أدائه بايجابياته وسلبياته، وبسبب معرفته المسبقة بأن مستقبله الوظيفي مرتبط بهذه النتائج، يُتوقع أن تتولد لديه في هذه الحالة دافع ورغبة لتطوير أدائه وتحسينه، سواء عن طريق الذات أو عن طريق برامج التعلم والتدريب المستمرين، التي تعدها إدارة الموارد البشرية في المنظمة.

* يسهم تقييم الأداء في رفع الروح المعنوية لدى الموارد البشرية وذلك من خلال ما يلي:

إن جواً من التفاهم والعلاقة الحسنة يسود لدى العاملين في المنظمة، عندما يدركون أن جهودهم المبذولة في تأدية أعمالهم مكان تقدير واهتمام من قبل المنظمة التي يعملون فيها، فعندما يعرفون أن هدف تقييم الأداء الأساسي هو تطوير وتحسين أدائهم للحصول على مكاسب وظيفية، التي لا يحصل عليها أي فرد منهم إلا بجهده ونشاطه، سيتولد لديهم شعور ايجابي نحو عملهم ومنظمتهم التي يعملون فيها.

* يضمن تقييم الأداء الموضوعي تحقيق عدالة المعاملة بين جميع العاملين في المنظمة، فوجود نظام تقييم عادل وموضوعي قائم على أساس من التخطيط السليم والقواعد التنظيمية الموضوعية، يضمن أن كل فرد ينال ما يستحقه من المزايا الوظيفية وفق جهده ونشاطه المبذول في عمله، وهذا ما يضمن أن كل من يعمل في المنظمة يلقى نفس معاملة الآخرين دون تحيز أو تمييز. هذا إلى جانب أن تقييم الأداء يضمن عدم إغفال كفاءة ونشاط أي فرد من ذوي الكفاءات العالية الذين يعملون بصمت. هذا الأمر يبعث في نفوس الموارد البشرية في المنظمة، بأنها تعامل كل فرد منهم بشكل عادل، مما يؤدي إلى حدوث إستقرار في الموارد البشرية وانخفاض في معدل دوران العمل فيها، فارتفاع هذا المعدل سيحرمها من مهارات وظيفية ساهمت في ايجادها وتنميتها، فخسرتها بسبب ذهابها للعمل في منظمة أخرى توفر لها عدالة المعاملة.

* تقتضي طبيعة تقييم الأداء من الرؤساء المقيمين متابعة أداء مرؤوسيهم الذين يقيمون أداءهم باستمرار، وجمع معلومات عن هذا الأداء، والقيام بتحليلها بشكل دقيق، ليتمكنوا من الوصول إلى تقييم عادل وموضوعي. كما تقتضي هذه الطبيعة منهم أن يوجهوا أداء مرؤوسيهم ومساعدتهم على تخطي جوانب الضعف وتنمية جوانب القوة لديهم. هذه الأمور مجتمعة تسهم في تنمية وتحسين عملية الاشراف والتوجية لدى الرؤساء، وتنمي لديهم ملكة التقدير والحكم على الأمور ووضعها في نصابها, وهذا كله يرفع من مستوى قيادتهم الادارية لمرؤوسيهم.

* تعد نتائج تقييم الأداء وثائق تبرر المنظمة من خلالها جميع القرارات المتخذة في مجال شؤون العاملين بوساطة إدارة الموارد البشرية من ترقية، وفصل من العمل، وتعويضات .. الخ، وذلك أمام الحكومة الممثلة بوزارة العمل، والمحاكم والنقابات العمالية، على اعتبار أن جميع القرارات مبررة، لأنها متخذة في ضوء نتائج تقييم أداء الموارد البشرية التي تعمل لديها.

* تعتبر نتائج تقييم الأداء وما توضحه من جوانب ضعف وقصور في أداء الموارد البشرية، أداة مقنعة يستخدمها المديرون والرؤساء المقيمون في تبرير توجيهاتهم ونصائحهم لمرؤوسيهم أثناء العمل، من أجل تطوير وتحسين أدائهم بشكل مستمر.

* يعد التواصل بين الرؤساء ومرؤوسيهم عن طريق الاتصال المستمر بينهم، جانباً مهماً في عملية الادارة بوجه عام والاشراف والتوجيه بشكل خاص، هذا الأمر الهام يحققه تقييم الأداء، من خلال الطلب الى الرؤساء المقيمين أن يتابعوا أداء مرؤوسيهم باستمرار وجمع المعلومات عنهم، ومن ثم تقييمه، حيث في ضوء نتائج هذا التقييم، تصدر توجيهاتهم ونصائحهم لمرؤوسيهم، فمن خلال استمرارية هذا العمل، يكون تقييم الأداء قد حقق هذا التواصل المستمر الهام بين الطرفين.

ثانياً : مجالات استخدام نتائج تقييم الأداء .

إن معرفة المجالات التي تستخدم فيها نتائج تقييم الأداء لخير برهان وإثبات على مدى جدوى وأهمية هذا التقييم، الذي على الرغم من أن المديرين والرؤساء والمرؤوسين لا يميلون له، إلا أنهم مقتنعون بضرورته وعدم إمكانية الاستغناء عنه، لأن نتائجه تستخدم في المجالات التالية:

* تخطيط الموارد البشرية:

تقدم نتائج تقييم الأداء معلومات مفيدة لتخطيط الموارد البشرية، (أحد وظائف إدارة هذه الموارد) تساعده في أداء مهمته الأساسية على النحو التالي:

أ- عندما تشير نتائج تقييم الأداء إلى وجود مستوى عالي في كفاءة الموارد البشرية، فهذا مؤشر لوظيفة التخطيط بأن عبء العمل المستقبلي سينفذ مستقبلاً بزمن أقل نتيجة ارتفاع هذا المستوى، مما يجعل زمن العمل المتاح في المستقبل الذي يخطط له أكبر، وهذا يشير إلى احتمالية عدم الحاجة لموارد بشرية مستقبلاً، لتغطية الزيادة المستقبلية المحتملة في عبء العمل.

ب- توضح نتائج تقييم الأداء من هم ضعفاء الكفاءة الذين سوف يستغنى عنهم ووجوب الاستعاضة عنهم بموارد بشرية جديدة من خارج المنظمة، مما يسهم في تقدير حاجة المنظمة المستقبلية من الموارد البشرية من حيث حجمها ونوعيتها، وهذا يمثل جوهر وصلب عملية تخطيط الموارد البشرية.

* الترقية وتخطيط المسارات الوظيفية:

تساعد نتائج تقييم الأداء في رسم وتحديد مسارات المستقبل الوظيفي لجميع العاملين في المنظمة، وبشكل خاص للأشخاص الذين يشغلون وظائف إدارية، فنتائج التقييم المستمر توضح إمكانات الموارد البشرية التي على أساسها يتم تحديد الوظائف التي يمكن أن يتدرج فيها الفرد عن طريق الترقية على مدى حياته الوظيفية المستقبلية في المنظمة. فتقييم الأداء يوضح بشكل جلي من هو المرشح للترقية، وما هي الوظيفة المناسبة التي يمكن أن يرقى إليها هذا المرشح، لأن نتائج تقييم الأداء مع مرور الزمن، تعتبر مقياساً موضوعياً يكشف عن إمكانات وقدرات الموارد البشرية لشغل عدد معين من الوظائف في المستقبل.

* تقييم الاستقطاب والإختيار:

عندما تظهر نتائج تقييم الأداء ضعفاً في مستوى كفاءة الموارد البشرية التي جرى تعيينها مؤخراً في المنظمة خلال فترة التجربة والتمرين التي تلي عملية تعيينها وما بعدها، معنى ذلك أن نشاط الاستقطاب ، والاختيار والتعيين وهما وظيفتان من وظائف إدارة الموارد البشرية، قد فشلتا في استقطاب وانتقاء الموارد البشرية ذات الامكانات العالية والمؤهلة بشكل جيد، وبالتالي تكون نتائج تقييم الأداء بمثابة المعيار الذي يشير إلى مدى نجاح هاتين الوظيفتين في أداء مهمتهما المطلوبة منهما.

* تحديد ماهية ونوعية البرامج التعليمية والتدريبية :

تبين نتائج تقييم أداء العاملين عادة مواطن الضعف والقصور في أدائها، التي يتوجب على المنظمة من خلال إدارة الموارد البشرية فيها، تصميم وتنفيذ برامج التعلم والتدريب اللازمة، التي بوساطتها تعالج جوانب الضعف هذه، وهذا يقودنا في نهاية المطاف للقول: بأن نتائج تقييم الأداء تكشف الاحتياجات التدريبية في المنظمة التي على أساسها تحدد نوعية وماهية برامج التعلم والتدريب التي تحتاجها.

* تقييم برامج التعلم والتدريب :

يسعى أي برنامج للتعلم والتدريب إما لعلاج جوانب ضعف في أداء الموارد البشرية، أو تنمية جوانب قوة فيه، وهذه الجوانب يحددها كما مر معنا نتائج تقييم أداء هذه الموارد. ولكي نعرف هل نجح نشاط التعلم والتدريب أحد وظائف إدارة الموارد البشرية في انجاز مهمته، التي تتمثل باستفادة المتدربين من هذه البرامج وتحسن مستوى أدائهم، لابد من تقييم أداء هؤلاء المتدربين بعد الانتهاء من تعليمهم وتدريبهم، للحكم على مدى هذه الاستفادة وهذا التحسن. في ضوء ذلك نصل الى

نتيجة مفادها: بأن نتائج تقييم الأداء تلعب دور المعيار في تقييم نشاط التعلم والتدريب وما يُعده من برامج .

* تحديد الحوافز التشجيعية:

يمكن للمنظمة من خلال نتائج تقييم الأداء، أن تقرر من يستحق من الموارد البشرية التي تعمل لديها الحصول على الحوافز التشجيعية بأنواعها كالمكافآت، والعلاوات.. الخ، فهذه النتائج تبين مدى النجاح الذي حققه كل فرد يعمل في المنظمة في إنجاز المطلوب منه خلال فترة زمنية التي على أساسها تدفع الحوافز. والتبرير المنطقي لهذا الرأي، أن الحوافز التشجيعية يجب أن تدفعها المنظمة على أساس الجهد والنشاط في العمل، أي أنها تكلفة يجب أن يكون لها عائد، فإذا دفعتها بغض النظر عن هذا العائد، سيؤدي ذلك إلى ارتفاع تكلفة العمل. هذا الى جانب تكون المنظمة قد حققت العدالة والموضوعية في دفع حوافزها التشجيعية للعاملين لديها، مما يسهم في رفع معنوياتهم.

* إنهاء الخدمة :

يأخذ إنهاء خدمة الموارد البشرية من قبل المنظمة شكلين هما: الأول الفصل أو الطرد من العمل FIRE ، الذي يعتبر أقسى عقوبة تفرض بحق من يعمل لديها. والطرد له أسباب كثيرة من ضمنها فصل الأفراد الذين أظهرت نتائج تقييم أدائهم مع مرور الزمن ضعف أدائهم البين، وعدم وجود إمكانية لتحسين هذا الأداء، فبقاؤهم في العمل يشكل عبئاً على المنظمة يجب التخلص منه. أما الشكل الثاني فهو التسريح من العمل LAY-OFF ، الذي تلجأ اليه المنظمة عندما يكون لديها فائض في قوة العمل وتريد الاستغناء عن جزء منها. والسؤال الذي يطرح نفسه هنا: من الذي سوف يستغنى عنه من العاملين؟ الإجابة واضحة بلا شك وهي أن غالبية من يستغنى عنه هم من أصحاب الأداء العادي الذي يوضحه تقييم الأداء. وفي ظل ما تقدم نجد أن نتائج تقييم الأداء تلعب دوراً أساسياً في مجال إنهاء خدمة الموارد البشرية، حيث تحدد من الذي سوف يطرد من العمل، ومن الذي سوف يستغنى عنه.

* النقل الوظيفي:

تعتبر نتائج تقييم الأداء معياراً هاماً ووسيلة فعالة لمعرفة العاملين الذين هم بحاجة الى نقل لوظائف أخرى تلائم قدراتهم أكثر، إذ ربما يتم تعيين موظف في وظيفة ما لا تتلاءم مع صفاته ومميزاته الشخصية وطاقاته، فيصبح من الضروري نقله لوظيفة أخرى تلائم المميزات التي يملكها، بحيث يمكنه إظهارها في الوظيفة الجديدة المنقول إليها، ليزيد من كفاءته وإنتاجيته في العمل.

في ضوء كل ما تقدم يتضح لنا ما يلي:

إن تقييم الأداء أحد وظائف إدارة الموارد البشرية، يربطه علاقة تكاملية مع عدد كبير من وظائفها هي:
* تخطيط الموارد البشرية.
* الاستقطاب.
* الاختيار والتعيين.
* التدريب والتنمية.
* التعويضات المالية.
* النقل الوظيفي.
* الفصل من العمل.

مداخل تقييم الأداء

يقصد بالمدخل هنا النهج العام الذي على أساسه تصمم وتنفذ عملية (آلية) تقييم أداء الموارد البشرية في المنظمة، وسنسعى في الصفحات التالية إلى عرض المداخل المتعارف عليها في هذا المجال والمطبقة في المنظمات. [1]

مدخل رقابة الأداء :

يدعى هذا المدخل بـ PERFORMANCE CONTROL APPROACH ، الذي يكون من خلاله أداء الموارد البشرية أثناء العمل تحت الرقابة والمتابعة اللصيقة المستمرة والصارمة من قبل المقيم الذي هو في العادة الرئيس المباشر، الذي يكلف بملاحظة الأداء، وجمع المعلومات اللازمة عنه من أجل تقييمه. وتصمم عملية التقييم بموجب هذا المدخل باتباع الخطوات التالية:

---

(1) انظر تفصيلاً في:
WALTER M. THE PERFORMANCE MANAGEMENT, HANDBOOK INSTITUTE OF PERSONNEL AND DEVELOPMENT, LONDON, 1995, PP. 27-67.

* تحديد (تعيين) العمل أو المهمة المطلوب إنجازها.

* وضع أهداف قابلة للقياس، وهي بمثابة معايير التقييم.

* أداء المهمة أو العمل من قبل الفرد الخاضع للتقييم.

* جمع المعلومات عن الأداء الفعلي للمهمة أو العمل من خلال المتابعة المستمرة اللصيقة.

* تقييم الأداء ويتم عن طريق مقارنة المعلومات المجموعة عن الأداء الفعلي مع معايير التقييم.

* من خلال المقارنة تتحدد نتيجة التقييم التي تحدد مستوى الأداء الذي على أساسه تحدد المكافأة التي يستحقها الفرد، أو العقوبة في حالة فشله في تحقيق المطلوب منه.

وفيما يلي شكل توضيحي يوضح آلية التقييم السابقة :

شكل رقم (40)

آلية تقييم الأداء من خلال مدخل الرقابة

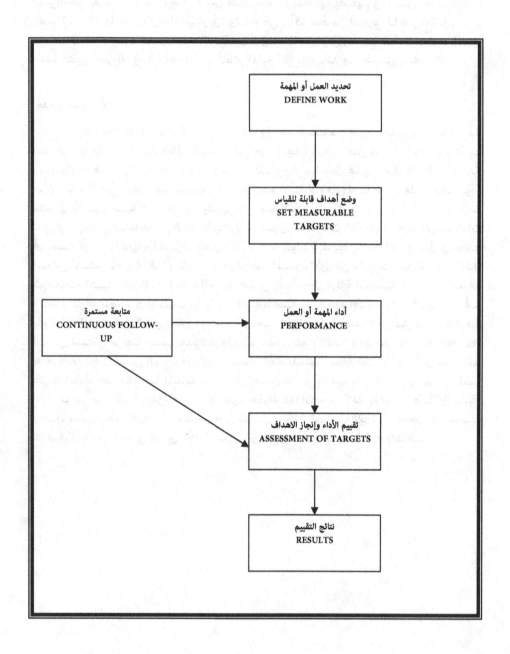

وصف هذا المدخل بالآلية أو الميكانيكية في عملية تقييم الأداء، لأنه يعتبر أو ينظر إلى الموارد البشرية التي يقيم أداءها كآلات حية ويمارس عليها رقابة بوليسية، فهو يضعهم وباستمرار تحت الرقابة اللصيقة من قبل المقيمين (الرؤساء المباشرين) والغاية هي التأكد فقط من إنجازها لما هو مطلوب منها من أهداف، لذلك يسود جو من جمود العلاقة بين الرؤساء المقيمين ومرؤوسيهم، هذا إلى جانب إفتقار عملية التقييم للمرونة، وغياب دور الرئيس المباشر المقيم كموجه ومرشد ومساعد لمرؤوسيه .

مدخل تنمية الأداء :

واجه عمل المنظمات في أواخر الثمانينات وفي التسعينات من القرن الماضي منافسة سوقية شديدة، أوجدها نظام التجارة العالمي الجديد، الذي حرر التجارة الدولية من القيود، كما واجه عملها سرعة وكثرة التغيرات في البيئة المحيطة بها وخاصة التكنولوجية، مما جعل عملها يتم في ظل ظروف عدم التأكد. هذه الأوضاع خلقت لدى المنظمات حالة من عدم الاستقرار وخلق لديها ضرورة ملحة لرفع جودة منتجاتها وتخفيض تكلفة التشغيل فيها، وتقديم كل جديد للسوق وبشكل مستمر، من أجل تحقيق الرضا لدى الزبائن، الذي يساعدها على البقاء والاستمرار في السوق. لقد فرضت الظروف السابقة على المنظمات أن تحسن كل شيء لديها وباستمرار، ولعل تحسين أداء الموارد البشرية يأتي في المقام الأول في عملية التحسين المستمر المطلوبة بإلحاح، لأن هذه الموارد هي المسؤول الأول عن وضع التحسين المستمر في كل شيء موضع التنفيذ والانجاز. فإذا نظرنا للمدخل السابق وهو مدخل الرقابة البوليسية على الأداء، نجد أنه لا يخدم التوجه المعاصر في المنظمات ولا ظروف البيئة المحيطة بها، فتقييم الأداء من أجل التأكد من أنه يتم وفق ما هو مطلوب (وفق المعايير) ومحدد من خلال الرقابة البوليسية، لا يتوافق مع استراتيجية التحسين المستمر. من هنا وبسبب هذه الظروف ظهر مدخل تنمية الأداء PERFORMANCE DEVELOPMENT APPROACH ، الذي يسعى إلى رسم استراتيجية تحسين الأداء المستمر للموارد البشرية، من أجل مساعدتها على تحقيق أهداف استراتيجية المنظمة المتمثلة في تحسين كل شيء لديها وبشكل دائم، فهدف تقييم الأداء بموجب هذا المدخل، يقوم على أساس معرفة حقيقة هذا الأداء من كافة جوانبه الايجابية والسلبية، وتحديد مسببات هذه الجوانب، وذلك من أجل تفعيل وتنمية الجوانب الايجابية، ومعالجة الجوانب السلبية، في مسعى لتحقيق تحسين الأداء المستمر وفق توجهات استراتيجية المنظمة وأهدافها.

لقد قسم هذا المدخل عملية تقييم الأداء إلى قسمين:

الأول: تقييم غير رسمي INFORMAL APPRAISAL .

ويشير الى متابعة الرئيس المباشر المقيم لأداء مرؤوسيه أولاً بأول، لكشف الأخطاء في أدائهم قبل أو بعد وقوعها مباشرة، للعمل على تلافيها وعلاجها، عن طريق مساعدة أصحابها بالتوجيه والارشاد المستمرين طوال فترة القياس والتقييم المحددة.

الثاني: تقييم رسمي FORMAL APPRAISAL .

ويشير إلى وضع الرئيس المباشر لتقييمه النهائي في نهاية فترة التقييم بالاستناد إلى التقييم غير الرسمي، حيث يستعرض فيه ما أنجزه مرؤوسوه وما حققوه من نتائج، ومقارنتها مع الانجاز المطلوب، لتحديد الثغرات ونقاط القوة في هذه النتائج، حيث في ضوئها يضع خطة لتحسين أدائهم وبشكل مستمر في الفترة المقبلة، عن طريق علاج الثغرات وتنمية نقاط القوة.

في ضوء ذلك يمكن القول بأن هذا المدخل يقوم على الدعائم التالية:

* عملية تقييم الأداء عملية مستمرة، هدفها تحقيق تنمية وتحسين مستمر لأداء الموارد البشرية، بما يخدم استراتيجية التحسين المستمر لكل شيء في المنظمة وتحقيق أهدافها.

* عملية تقييم الأداء ليست مجرد رقابة وتقييم أداء رسمي يقوم به المقيم، بل هي ملاحظة ومتابعة مستمرة لهذا الأداء، لاكتشاف الأخطاء قبل وقوعها أو عند حدوثها، لاعطاء الملاحظات والتوجيهات المناسبة لتلافيها وعلاجها، ومن ثم تطوير وتحسين الأداء بشكل دائم.

* تستند استراتيجية تحسين أداء الموارد البشرية المستمر التي هي غاية هذا المدخل على الاستفادة من أخطاء الماضي لرسم خطة لتحسين الأداء في المستقبل.

* يتمحور دور الرئيس المباشر المقيم في ظل هذا المدخل حول تقديم المساعدة والدعم والمساندة المستمرة لمرؤوسيه، من أجل تحسين أدائهم باستمرار، ويعتبر هذا الجانب ركناً أساسياً في قيادته لهم ومسؤولية هامة وجسيمة تقع على عاتقه.

نخلص مما تقدم :

يعد هذا المدخل بمثابة تحول من الرقابة البوليسية على أداء المرؤوسين والعلاقة الجافة بينهم وبين رؤسائهم إلى رقابة من أجل تحسين أدائهم، والى علاقة قائمة على أساس الثقة والفهم المشترك بين الطرفين، بما يخدم مصلحة المنظمة ومصلحة العاملين فيها. إذاً يؤكد المدخل على ضرورة وجود فهم عالي المستوى لدى الرؤساء لاتجاهات مرؤوسيهم مما يحقق:

*** روح معنوية عالية لدى الموارد البشرية مرؤوسيهم.**

*** علاقة جيدة وحسنة تربطهم بمرؤوسيهم وثقة عالية بينهم.**

مدخل تقييم الأداء كنظام متكامل .

يعتمد هذا المدخل PERFORMANCE APPRAISAL AS INTEGRATED SYSTEM في تصميم عملية تقييم الأداء على مفهوم نظرية النظام SYSTEM THEROY حيث يقسم أو يجزئ عملية التقييم الى أربعة أجزاء متكاملة مع بعضها على النحو التالي:

*** المدخلات :**

وتعبر عن الوسائل MEANS أي الموارد التي يمتلكها الفرد الخاضع لتقييم أدائه وهي تمثل في الواقع قدراته ومهاراته وصفاته الشخصية كالأمانة والتعاون.. الخ التي يستخدمها ويعتمد عليها في أداء عمله الموكل إليه.

*** عملية التحويل أو التشكيل:**

وتدعى بـ TRANSFORMATION PROCESS وتمثل ما يقوم به الفرد الخاضع للتقييم من أفعال وتصرفات وسلوكيات وما يبذله من جهود في أداء عمله أو المهمة المكلف بها، مستخدماً الوسائل التي يمتلكها.

*** النهايات :**

ويصطلح عليها بـ ENDS وتعبرعن نتائج الأداء OUTCOMES وتمثل الانجازات التي حققها الفرد الخاضع للتقييم في عمله خلال فترة زمنية محددة، باستخدامه للموارد التي يمتلكها. ويتم تحديد النهايات عن طريق مقارنة الأداء الفعلي بالمعايير المطلوبة، التي هي تعبيرعن الأهداف المراد إنجازها، وبالتالي

فالمقارنة تحدد مستوى كفاءة هذا الانجاز أو مستوى أداء الفرد الذي سمي بالنهايات.

* التغذية العكسية:

ويصطلح عليها بـ FEEDBACK وتمثل نتائج عملية تقييم الأداء، التي تصاغ على شكل تقرير يوضح ويفصل جوانب الضعف في الأداء ومسبباتها، وجوانب القوة وأسبابها، وهذه التغذية يُعلم بها الفرد الذي قيم أداءه وتشرح له، ليكون على إلمام بحقيقة أدائه، كما تعلم إدارة الموارد البشرية بنتيجة التقييم من قبل المقيم الذي هو عادة الرئيس المباشر.

وفيما يلي شكل يوضح آلية عملية تقييم الأداء وفق مضمون هذا المدخل:

شكل رقم (41)

عملية تقييم الأداء من خلال مدخل النظام

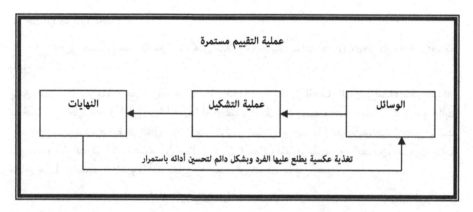

في ضوء ما تقدم نتوقع أن يكون لدى القارئ سؤال يفرض نفسه عليه هو: على أي جانب او جزئ تنصب عملية التقييم؟ للوهلة الأولى قد يعتقد بعضهم ان التقييم ينصب على النهايات التي تمثل نتائج الاداء. هذا الاعتقاد غير صحيح، فعملية التقييم تنصب وتأخذ في اعتبارها الأجزاء الثلاثة التالية: الوسائل، وعملية التحويل والنهايات، وبالتالي فعملية التقييم تشتمل على ما يلي: تقييم إمكانات ومهارات الفرد، وتقييم كيف استخدم هذه الموارد في عملية التحويل، وكيف استخدم التجهيزات المادية في هذه العملية، ومدى استغلاله لوقت العمل، وعلاقاته مع الآخرين والزبائن.. الخ. ويشتمل التقييم النهائي على الانجاز الأخير الذي حققه

الفرد من حيث كميته، وجودته، وتكلفته، وزمنه، لتحديد مستوى كفاءة هذا الانجاز. يتضح من ذلك أن عملية التقييم تشتمل على الجوانب أو الأجزاء الثلاثة بآن واحد دون إهمال جزءمنها، فهذه الأجزاء تكمل بعضها بعضاً لتحقيق الوضوح والموضوعية في عملية تقييم الأداء.

ونود الإشارة في هذا المجال، الى أن تقييم عملية التحويل بموجب هذا المدخل تتصف بالإستمرارية طوال الفترة المحددة للتقييم (التي تكون في العادة سنة أو أقل أو اكثر) وهذا يعني أنه مطلوب من المقيم متابعة أداء من يقيمه باستمرار، والتدخل عند الحاجة ليصحح الانحرافات التي تحدث في أدائه. فعلى سبيل المثال، إذا رأى المقيم أن أداء الفرد الخاضع للتقييم يشوبه العصبية بسبب ضعف الثقة في نفسه، في هذه الحالة يتدخل ويعالج المشكلة، عن طريق بث روح الثقة في نفس هذا الفرد لتلافي هذا الجانب السلبي وعدم تركه ليستفحل لديه. ومما يعطي الاستمرارية في تقييم عملية التحويل الأهمية، أنها تساعد المقيم على وضع خطة التدريب والتنمية اللازمة لتحسين أداء الموارد البشرية في ضوء ما توضحه نتائج التقييم النهائية من ثغرات ونقاط قوة في أداء هذه الموارد.

مدخل الإدارة بالأهداف :

يجري تصميم عملية تقييم الأداء من خلال الادارة بالأهداف MANAGEMENT BY OBJECTIVES باتباع ما يلي:

يتفق الرئيس المباشر المقيم مع مرؤوسيه (كل على حدة) أو مع فريق العمل الذي يرأسه، على اهداف يتوجب على الطرف الثاني (المرؤوس) إنجازها أو تحقيقها خلال فترة زمنية محددة، هذا الاتفاق هو بمثابة عقد بين الطرفين، يلتزم الطرف الثاني أمام الأول (الرئيس المباشر) بانجاز ما اتفق عليه، حيث على أساسه يتم تقييم أداء الطرف الثاني. يتضح من خلال ذلك أن الأهداف المتفق عليها بين الطرفين، ستكون بمثابة معايير من أجل تقييم الأداء، وبما أنها معايير إذاً يجب أن تتصف بما يلي:

* وجود عنصر التحدي فيها بحيث لا تكون سهلة ولا صعبة بل معقولة من حيث صعوبتها أي يمكن تحقيقها ATTAINABLE .

* أن تكون نابعة من أهداف الوحدة الادارية التي يعمل فيها فريق العمل أو المرؤوس .

* ان تكون قابلة للقياس MEASURABLE من حيث الكمية، والجودة، والتكلفة، والزمن، وأثرها الايجابي.

* أن تكون واضحة ومفهومة.

* أن تكون محددة بشكل دقيق.

ونود الإشارة في هذا المجال الى أن الاتفاق على الأهداف التي هي بمثابة معايير للتقييم، لا يتم الا بعد شرحها ومناقشتها مع الطرف الثاني المرؤوس، الذي سيلتزم بانجازها وتحديد سبل وكيفية وزمن تنفيذها. كما نود الإشارة أيضا الى أن المشاركة بين الرئيس المقيم والمرؤوس والتعاون بينهما، قاعدة أساسية في عملية التقييم في هذا المدخل الذي نحن بصدده.

ويتطلب نجاح عملية تقييم الأداء من خلال هذا المدخل، توفير دعامتين أساسيتين هما:

* المرونة : ويقصد بها أنه عندما تحدث تغييرات معينة، يمكن للطرفين أن يعدلا الاهداف والمعايير بما ينسجم ويتكيف معها.

* المتابعة المستمرة: وتكون من قبل المقيم الرئيس المباشر لأداء مرؤوسيه الطرف الثاني في عملية التقييم، وذلك في مراحل عملهم وانجازهم للأهداف المطلوبة منهم. والغاية من هذه المتابعة، تحقيق الرقابة الوقائية على الأداء ، لاكتشاف الاخطاء قبل وقوعها للعمل على منع حدوثها، وكذلك تصحيح الانحراف فور حدوثه.

وفي ختام عملية تقييم الأداء، يقوم الرئيس المباشر بتنظيم جدول يوضح فيه ما حققه مرؤوسه من أهداف مطلوبة منه بالمقارنة مع الأهداف المحددة له التي اتفق عليها، ليحدد نسبة انجاز كل هدف وأسباب عدم الانجاز في حالة حدوثه، وفيما يلي نموذج عن هذا الجدول :

جدول رقم (9)

جدول تقييم الأداء من خلال الادارة بالأهداف

اسباب الانجاز وعدم الانجاز	نسبة الانجاز	المنجز	المطلوب	الاهداف المعيارية المطلوبة
مهارة جيدة في الاتصال اللفظي	%104	104	100	رقم المبيعات على الهاتف
مهارة جيدة في الاتصال اللفظي	%100	20	20	عدد الزبائن الجدد
ضعف عنصر المبادرة والنسيان	%50	20	40	معالجة الشكاوى عن طريق الهاتف
مهارة عالية في الاتصال الكتابي	%150	100	50	رقم المبيعات عن طريق المراسلة
سرعة التصرف	%100	30	30	معالجة الشكاوى في موقع المنظمة

يتميز هذا المدخل بامكانيته على جعل قدرة عملية التقييم عالية في مجال تجديد وتحديث معايير التقييم، وهذا مرده إلى أن المعايير كما أشرنا سابقاً مستنبطة من أهداف الوحدة الإدارية، التي يحدث فيها كل فترة تغيير ما (ليس بالضرورة دائما). وبما أن أهداف الافراد الذين يقيم أداءهم في الوحدات الادارية نابعة من أهداف هذه الوحدات ومعايير تقييم أدائهم مستنبطة منها، إذاً لا يوجد ثبات وروتين في معايير التقييم وأداء العاملين بوجه عام، إنما يوجد تجديد وتحديث مستمرين.

المقيم كمصدر لمعلومات التقييم

في بداية شرحنا لموضوع المقيم، نجد من الأهمية بمكان طرح السؤالين التاليين:

* من هو المقيم المناسب؟

* في حالة وجود عدة مقيمين مناسبين من هو أفضلهم؟

يلاحظ من هذين السؤالين أعلاه أنهما يرسمان الإطار العام لموضوع المقيم الذي نحن بصدد شرحه، ولا شك أن الإجابة عن السؤال الأول تستدعي تعريف المقيم من خلال الشروط الواجب توفرها فيه.

المقيم هو الشخص (الجهة) الذي يجب:

* أن يتوفر لديه قدر وفير وكافي من المعلومات عن أداء الشخص الذي سيتم تقييمه، حيث على أساس هذه المعلومات يكون بإمكانه الحكم على مستوى أدائه. ولكي تتوفر هذه المعلومات في هذا الشخص، لابد من أن يكون له احتكاك يومي دائم مع من سيقوم بتقييم أدائه.
* أن تكون لديه القدرة على الملاحظة والمتابعة وجمع المعلومات اللازمة للتقييم.
* أن يكون لديه القدرة على تحليل المعلومات واستخلاص النتائج والحكم على الأمور بشكل سليم.
* أن يتوفر لديه الدافعية الايجابية لتقييم الأداء بشكل موضوعي وصحيح.
* أن يتصف بقدرته على تحمل مسؤولية التقييم وعدم الخوف منها.
* أن يتوفر لديه النزاهة والشعور بأن مستقبل من يقيم أداءهم أمانة بين يديه.

اذا دققنا في الشروط المبينة أعلاه نجد جميعها ذات أهمية ويجب توفرها في المقيم، ويمكن تصنيفها في قسمين: القسم الأول ويشتمل على الشرط الأول الذي لا يمكن الإستغناء عنه ولا يمكن توفيره لدى المقيم عن طريق التدريب، ذلك لأن من ليس لديه اتصال مستمر مع من يقيم أداءه، لن تتوفر لديه المعلومات الكافية اللازمة للتقييم. أما القسم الثاني فيشتمل على باقي الشروط التي يمكن توفيرها عن طريق تدريب المقيم وتوجيهه وإرشاده، ليصل إلى تقييم موضوعي وصحيح، مع الإشارة إلى أن هذه الجوانب ستختلف من مقيم لآخر حسب نمط شخصيته.

لنبحث الآن في داخل وخارج المنظمة عن الأشخاص الذين يتوفر فيهم الشرط الأساسي الأول الذي لا غنى عنه لنحددهم كمقيمين للأداء. لقد تم الاتفاق على أن التالين بالامكان أن يكونوا مقيمين لتوفر هذا الشرط الأساسي فيهم وهم: الرئيس المباشر، الزملاء في الوحدة الإدارية التي يعمل فيها من يقيم أداءه، الزميل في فريق العمل الذي ينتمي اليه الشخص الذي يقيم أداءه، المرؤوس أي الشخص نفسه، الزبائن. وسنعمل فيما يلي على شرح هؤلاء المقيمين كمصادر يتوفر فيها

المعلومات اللازمة للتقييم حيث بعد شرحنا لهذه المصادر نكون قد أجبنا عن السؤال الأول الذي بدأنا به موضوعنا هنا:

الرئيس المباشر كمقيم ومصدر للمعلومات :

يؤكد جميع المختصون في مجال تقييم الأداء على إمكانية الرئيس المباشر العالية في تقييم أداء مرؤوسيه وبشكل صحيح ودقيق للأسباب التالية:

* الرئيس المباشر مصدر وفير بالمعلومات عن أداء مرؤوسيه، وهذا ناتج عن احتكاكه اليومي المستمر بهم، فهذه الوفرة تمكنه من التقييم الجيد.

* لدى الرئيس المباشر إلمام كامل ووافي عن مطالب العمل التي يجب إنجازها من قبل مرؤوسيه، وهذا يساعده في استخدامها كمعايير لتقييم أدائهم.

* لدى الرئيس المباشر متسع من الوقت لمتابعة أداء مرؤوسيه وجمع المعلومات عنهم بشكل مستمر، وهذا سببه احتكاكه اليومي بهم.

* الرئيس المباشر هو أكثر الأشخاص اهتماماً بأداء مرؤوسيه وتطويره وتحسينه باستمرار، حيث يعد ذلك احدى مسؤولياته الرئيسة فانخفاض مستوى أدائهم يعرضه ويعرضهم للمحاسبة والمساءلة لأن التقصير مسؤولية مشتركة تقع على الطرفين، وفق قاعدة أن المسؤولية لا تفوض.

ويمكن القول بوجه عام إن تقييم الأداء هو أحد أهم مهام الرئيس المباشر كقائد إداري، وهذه المهمة القيادية لا تقتصر على تقدير كفاءة مرؤوسيه فحسب، بل تشمل جانباً مهماً أكبر من هذا بكثير، ألا وهو تطوير وتحسين أدائهم في ضوء ما توضحه نتائج تقييمهم، فالتوجه المعاصر اليوم يؤكد على دور الرئيس المباشر "كمدرب COACH "في مجال تقييم الأداء الذي يلزمه بتطوير وتحسين أداء مرؤوسيه بشكل مستمر، فدوره الفاعل كقائد ومدرب بآن واحد يعتمد على قيامه بمهمة التدريب هذه. في ضوء ذلك نقول بأن الرئيس المباشر كمقيم وقائد ومدرب في مجال تقييم الأداء يتطلب منه القيام بنوعين من التقييم هما: تقييم غير رسمي وتقييم رسمي وقد سبق لنا شرح هذين التقييمين.

وبوجه عام ولكي يضمن الرئيس المباشر تنفيذ نصائحه وإرشاداته من قبل مرؤوسيه، عليه أن يبث فيهم روح الثقة بأنفسهم وفيه، وذلك من خلال إشعارهم أنه قريب منهم، يسعى جاهداً وباخلاص لتحسين أدائهم، وأن هذا التحسين لا يتم إلا من خلال تعاونهم معه.

بعد استعراضنا للمزايا الكثيرة التي يتمتع بها الرئيس المباشر كمقيم، نود أن نطرح السؤال الهـام التالي:

بما أن تقييم الأداء يعتمد إلى حد كبير على الرأي والحكم الشخصي للمقيم، الذي هـو أولاً وآخـراً إنسان فيه نزعات انسانية متنوعة، فهـل نضـمـن أن يخلـو تقييمـه لأداء مرؤوسيه مـن التحيـز سواء مـن الناحية الايجابية أم السلبية؟

بالطبع لا يوجد ضمان لعدم وجود تحيز في تقييمه، لكن بالإمكان وعن طريق عـدد مـن السبل التي أشرنا اليها فيما سبق، أن نخفف من درجة هذا التحيز في حالة وجوده، على رأس هذه السبل تدريبـه بشكل جيد وتوعيته بأهمية التقييم بالنسبة له ولمرؤوسيه، ومحاسبته عند اكتشاف خطأ في تقييمه، لكن على أية حال يبقى الرئيس المباشر من أفضل الأشخاص الذين يقيمون أداء الموارد البشرية.

النظراء في العمل كمقيمين ومصدر للمعلومات :

النظير أو الصنو PEERS هو الزميل في نفس مكان العمل، أي في نفس الوحدة الادارية التـي يعمل فيها الفرد / الأفراد الخاضعين لتقييم أدائهم، حيث تسند عملية التقييم عـادة لأكثر النظراء قـدماً وخبرة في العمل، ذلك لأن القدامى الأكفياء لديهم إلمام وفهم كبيرين وجيدين بمضمون العمل في الوحدة الادارية التي يعملون فيها. هذا من جهة، ومن جهة ثانية يكون النظير على احتكاك دائم ومستمر ويومي مع زملائه الذين سيقيم أداءهم، بما يجعل لديه وفرة في المعلومات عن أدائهم. فالالمام بالعمل إلى جانب وفرة المعلومات، يمكنان النظير من تقييم زملائه في العمل بشكل جيد ودقيـق. ويرى بعضـهم أن النظيـر لديه وفرة في هذه المعلومات أكثر من الرئيس المباشر، لأنه أكثر قرباً واحتكاكاً من زملائه مقارنة باحتكاك الرئيس بهم، وهذا يتح له أن يقيم أداءهم بشكل أدق من الرئيس المباشر، كما أنه أقدر منه على كشف نقاط الضعف والقوة في أداء زميله أو زملائه من الرئيس. فالنظير ومن خلال قربه اللصيق مـن زملائـه، يكون بامكانه كشف مسببات القوة والضعف في أدائهم، وبالتالي ونتيجة لذلك كلـه ولخبرتـه الناتجـة عـن قدمه الوظيفي، يكون بامكانه وضع السبل الكفيلة لعلاج نقاط الضعف وتنمية نقاط القوة في أداء زملائه، سعياً لتحسين أدائهم المستقبلي.

إن ما تقدم أعلاه منطقي ومقبول، لكن بشرط توفر النظرة الموضوعية للأمور لدى النظير وعـدم التحيز في تقييمه لزملائه، فلا ضمان لعدم وجود هذا التحيز. فبسبب علاقاته الشخصية القريبة مـنهم، قـد تحدث بينه وبين بعضهم صراعات فيظهر احتمال التحيز السلبي في تقييمه، وقد يكون له علاقات صداقة

ببعضهم فيظهر احتمال التحيز الايجابي في التقييم. لذلك إذا ما أريد الاعتماد على النظير كمقيم ومصدر للمعلومات، يجب توعيته وتدريبه على أداء عملية التقييم بشكل موضوعي وعادل.

عضو فريق العمل كمقيم ومصدر للمعلومات :

يشير التوجه المعاصر في أسلوب تنفيذ الأعمال في المنظمات، الى تبني أسلوب فرق العمل، لتحقيق عنصر التعاون والتآخي بين الموارد البشرية فيها. ولتفعيل التماسك والتلاحم بين أعضاء الفريق، وجد أنه من الأنسب إسناد عملية تقييم أدائهم إلى الفريق ذاته، حيث يقوم كل عضو من خلال المعلومات الوفيرة الموجودة لديه عن أداء رفاقه أعضاء الفريق بسبب احتكاكه الدائم بهم، بتقييم أدائهم، فبهذا الشكل يتحقق ما يسمى بالتقييم المتبادل داخل الفريق، الذي بموجبه يقيم العضو الواحد أداء رفاقه أعضاء الفريق ، وفي الوقت نفسه يقيمون أداءه كما هو موضح في الشكل التالي:

شكل رقم (42)

التقييم المتبادل ضمن فريق العمل

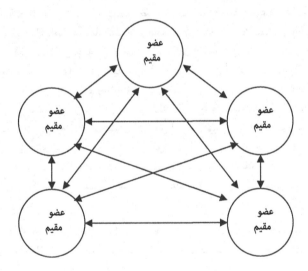

يتضح من خلال هذا الشكل، أن كل عضو يقيم أربعة رفاق ويقيم أداءه أربع مرات من قبلهم، بهذه الصورة يتولد لدى جميع أعضاء الفريق ضرورة تبني الدقة والوضوح والموضوعية في التقييم، فمن خلال هذا التشابك في عملية التقييم وتعدد المقيمين، يكون بالإمكان كشف حقيقة أداء بعضهم بعضاً بشكل واضح، للعمل على تطوير وتحسين هذا الأداء، وجعل كفاءة أداء الفريق عالية. فارتفاع مستوى هذا الأداء يساعد على تحقيق أهداف المهمة المسندة إليه بشكل كفؤ، مما يعود بالنفع على جميع أعضائه. يمكننا القول إذاً أنه ومن خلال المسؤولية المشتركة بين أعضاء الفريق لإنجاز المهمة الموكلة إليه، يكون من مصلحة كل عضو (الجميع) أن يقيم أداء رفاقه أعضاء الفريق بشكل دقيق وموضوعي.

يتميز التقييم من خلال أعضاء فريق العمل بميزة هامة جدا، وهو أنه يوفر التعددية في مصادر المعلومات والمقيمين، ففي الشكل السابق نجد أن لكل عضو أربع مصادر للمعلومات وكذلك أربعة مقيمين، وهذا يجعل نتائج التقييم موضوعية ودقيقة بدرجة عالية.

ولوضع هذا التوجه المعاصر في تقييم الأداء موضع التطبيق العملي يتطلب الأمر ما يلي:

* تدريب أعضاء الفريق على تنفيذ عملية التقييم.

* تزويد أعضاء الفريق بمعايير أداء تناسب طبيعة العمل فيه مثل: التعاون، فاعلية الاتصال والتفاعل مع الآخرين، جودة الأداء، القدرة على تطوير الذات، الاخلاص والتفاني في العمل.. الخ.

* الطلب من قائد الفريق أن يعقد اجتماعاً يضم جميع الأعضاء، ليناقشوا نتائج تقييمهم لأداء بعضهم بعضاً، والاتفاق على التقييم النهائي، ويضعوا معاً سبل تطوير وتحسين أداء الفريق بشكل كلي.

يمكننا القول أخيراً أن هذا النمط من التقييم موجود بشكل خاص في المنظمات الحديثة المعاصرة، التي يسودها ثقافة تنظيمية مشتركة وشعور بالصالح العام لدى الموارد البشرية فيها.

التقييم الذاتي كمصدر معلومات لتحسين الأداء :

ثبت من خلال الممارسة الفعلية أنه من الصعوبة بمكان جعل الفرد يقيم ذاته بموضوعية، وذلك بسبب معرفته المسبقة بأن نتائج تقييمه لأدائه الذاتي،

سيترتب عليها قرارات وظيفية تمس مباشرة مستقبلة الوظيفي في المنظمة كالترقية، الحوافر.. الخ. لذلك ومن أجل عدم خسارة هذا المصدر الهام من المعلومات التي تساعد في تحسين الأداء، ظهر مفهوم التقييم الذاتي لأغراض تنمية وتحسين الأداء SELF PERFORMANCE APPRAISAL FOR IMPROVEMENT ، الذي حصر استخدام نتائج هذا التقييم في تحسين الأداء فقط، دون استخدامها في اتخاذ القرارات المتعلقة بالحياة الوظيفية للموارد البشرية، وذلك من أجل توفير الموضوعية في تقييم أدائها الذاتي. ويقوم هذا التقييم على فكرة أساسية مفادها:

الانسان الناجح في حياته العامة وفي عمله، هو الذي يقيم جوانب الضعف والقوة لديه بشكل موضوعي وحقيقي، تأكيداً لمقولة تشير: "اذا فهمت نقاط ضعفك وعرفت أسبابها بامكانك علاجها وتحويلها الى نقاط إيجابية لصالحك . وفي المقابل اذا عرفت نقاط القوة لديك وفهمت أسبابها، بامكانك عندئذ تنميتها وتحسينها والاستفادة منها بشكل أكبر مستقبلا، واذا لم تفعل ذلك ومع مرور الزمن، ستتقادم نقاط القوة هذه وتتحول الى نقاط ضعف ليست في صالحك"

لتحقيق المقولة السابقة يتطلب الأمر من الفرد أن يطبق مفهوم تقييم الذات الحقيقي الواقعي REALISTICE-SELF ASSESSMENT ، الذي يؤكد على ضرورة وقوف الفرد وقفة صادقة مع ذاته، يجرد من خلالها إمكاناته وقدراته ومهاراته ويقيمها بموضوعية دون تحيز، ليتمكن من تحديد جوانب الضعف والقوة في أدائه بشكل صحيح ودقيق، ليعمل بمساعدة رئيسه على تحديد سبل علاج نقاط الضعف وتحويلها الى نقاط قوة، وفي الوقت نفسه تنمية الجوانب الايجابية في أدائه وتفعليها لزيادة الاستفادة منها.

إنطلاقاً مما تقدم يُطلب من الموارد البشرية التي تقييم أداءها الذاتي، أن يراقبوا أداءهم باستمرار وبموضوعية، ويقوموا بتسجيل الثغرات الموجودة فيه وتحديد لماذا حدثت معهم، وكذلك تسجيل الايجابيات ومسببات حدوثها، وهذا ما نسميه بجمع المعلومات عن الاداء، التي على ضوئها يقوم الفرد بمراجعتها وتحليلها ووضع التقييم النهائي عن أدائه، متضمناً الايجابيات والسلبيات وأسبابها، ويرفعه لرئيسه المباشر المسؤول عنه.

ولكي ينجح التقييم الذاتي لأغراض التنمية وتحسين الأداء، يستلزم الأمر القيام بحملة توعية للموارد البشرية، يوضح لهم من خلالها أهمية هذا التقييم وكيف أنه لمصلحتهم، لأن مستقبلهم الوظيفي مرهون بتطوير وتحسين أداءهم، ولن يتقدموا إلا بعلاج جوانب الضعف وتحسين جوانب القوة فيه، فعدم الافصاح عن السلبيات سيبقى الفرد في مكانه، بل يمكن أن يتراجع أداءه، وسيكون مستقبله الوظيفي وبقاءه في المنظمة في خطر، فالتقييم الذاتي الحقيقي الصادق هو لمصلحتهم ولمصلحة المنظمة بآن واحد.

ولمساعدة الفرد في تقييم أدائه الذاتي، يطلب من رئيسه المباشر إعداد قائمة تدعى بـ: "قائمة الأداء" المقسومة الى قسمين: الأول ويشتمل على مجموعة من النقاط الايجابية في الاداء، والثاني يشتمل على نقاط سلبية فيه، ليعطيها لمرؤوسه ويطلب منه أن يقيم أداءه الذاتي من خلالها، وذلك بوضع إشارات بجانب النقاط الايجابية والسلبية الموجودة لديه، وفيما يلي نموذج توضيحي لهذه القائمة:

قائمة رقم (1)

نموذج توضيحي لقائمة تقييم الأداء الذاتي

ايجابيات الأداء	التقييم	سلبيات الأداء	التقييم
* أحب تحمل المسؤولية .	×	* لا أحب العمل مع الآخرين .	-
* أحب التحدى في عملي .	×	* أحب العمل الروتيني .	-
* أحب العمل الجماعي .	×	* أفقد السيطرة على نفسي .	×
* أحب مساعدة الآخرين .	-	عند وجود ضغوط عمل .	
* أحب التعامل مع الجمهور .	×	* أشعر بضعف الثقة في نفسي.	×
* دقيق في عملي .	-	* أشعر بغيرة من المتفوقين .	×
ملاحظة: كن صادقاً مع نفسك عند تقييم ذاتك، ولا تجعل الانانية تفرض نفسها عليك، وتذكر أن هذا التقييم لن يطلع عليه الآخرون وهو لمصلحتك .			

في ضوء نتائج التقييم، يقوم كل من الرئيس المباشر والمرؤوس الذي قيم ذاته، باستعراض هذه النقاط التي اشتملت عليها القائمة ومناقشتها سوية، ومن ثم اقتراح الحلول اللازمة لعلاج الثغرات ونقاط الضعف، واقتراح السبل الكفيلة التي تجعل نقاط القوة أقوى مستقبلاً ومتجددة باستمرار.

الزبون الخارجي كمقيم ومصدر للمعلومات :

مع التوجه المعاصر في إدارة المنظمات في ظل المنافسة الشديدة التي تعمل فيها، ظهر شعار جديد في ميدان الأعمال هو: الزبون أو العميل هو سيد السوق، فبقاء المنظمة يعتمد على رضاه عن ما يُقدم له من منتجات وخدمات، ولولاه لأغلقت المنظمات أبوابها. تماشياً مع هذا الشعار أصبح تقييم رضا الزبون أساساً في تقييم أداء المنظمة الكلي، وأداء كل من يعمل فيها، سواء أكان له احتكاك مباشر أو غير مباشر معه. وللتكيف مع هذا التوجه، لجأت المنظمات بوجه عام وذات الطابع الخدمي بشكل خاص، التي يتصف عملها بطابع الاحتكاك المباشر مع الزبون كالفنادق، والمطاعم، والمستشفيات وشركات الطيران.. الخ، الى إشراك العميل في تقييم الأداء، فمن خلال حصوله على السلعة أو الخدمة، سيكون له احتكاك بالعاملين فيها، وسيكون لديه بالتالي معلومات تتيح له وتمكنه من تقييم الأداء بشكل موضوعي.

ويتم تقييم الزبون EXTERNAL CUSTOMER APPRAISAL عادة عن طريق إعداد قائمة استبيان أو استقصاء، تتضمن مجموعة من معايير التقييم، التي تناسب طبيعة العمل، ففي فندق مثلا تكون المعايير متعلقة بالنظافة، والراحة، والهدوء، المأكولات وجودتها، والاسعار.. الخ، وتصاغ المعايير على شكل أسئلة واستفسارات يجيب عنها الزبون. وترسل هذه القائمة اليه الى عنوانه بالبريد، أو تعطى له عند زيارته للمنظمة للحصول على منتجها. فمن خلال تحليل إجابات الزبون عن الأسئلة، تتضح مواطن الضعف والقوة في أداء المنظمة ككل وأداء كل فرد يعمل فيها وله احتكاك مباشر مع الزبون أو غير مباشر. إن معرفة رأي الزبائن له أثر كبير وهام في تحسين مستوى رضاه، فعندما نعرف وباستمرار ماذا يريد ومم يشكو، يكون بالامكان معالجة الشكاوى التي تمثل نقاط ضعف في الأداء، والتركيز على الجوانب الايجابية، فبهذه الصورة تكون المنظمة قد تمكنت من تلبية مطالب ورغبات زبائنها، وتطوير نفسها باستمرار، وتقديم منتج (سلعة أو خدمة) لهم يلقى الرضا والقبول منهم.

ونود الإشارة في هذا المقام إلى أن تقييم الزبون لا يمكن اعتباره مصدر للمعلومات والمقيم الوحيد في تقييم الأداء، ذلك بسبب عمومية تقييمه الذي لا يدخل في التفاصيل. هذا الى جانب أنه كيف سيقيم أداء الموارد البشرية التي ليس لها احتكاك مباشر معه. بناء عليه يمكن اعتبار الزبون مصدراً جيداً للمعلومات وتقييم الأداء، لكن ليس هو المصدر الوحيد، إذ يتطلب الأمر وجود مصادر أخرى ومقيمون آخرون إلى جانبه.

الزبون الداخلي كمقيم ومصدر للمعلومات :

الزبون الداخلي المقيم هو كل فرد تقتضي طبيعة عمله الاحتكاك والاتصال بالشخص الذي يجري تقييم أدائه، لكن من وحدة إدارية أخرى غير الوحدة التي يعمل فيها، فمن خلال هذا الاحتكاك أو الاتصال الدائم به، تتوفر لديه معلومات عن أدائه، يمكن له من خلالها أن يقيم هذا الأداء، وقد اصطلح على هذا التقييم بـ INTERNAL CUSTOMER PERFORMANCE APPRAISAL . ويعتمد تقييم الزبون أو المستهلك الداخلي كما يسميه بعضهم على مفهوم سلسلة الجودة الذي تقدمت به منهجية الادارة الحديثة في المنظمات التي تدعى بـ "إدارة الجودة الشاملة (TQM)". ولتوضيح مفهوم هذه السلسلة وتقييم الزبون الداخلي نعرض ما يلي: (2)

لنفرض أن إجراء أو عملاً ما يتكون من عدة خطوات متلاحقة متسلسلة، يؤدي كل منها شخص واحد، حيث لا يمكن تأدية الخطوة الثانية من الإجراء، إلا بعد الانتهاء من الخطوة الأولى وهكذا حتى ينتهي العمل أو الإجراء بكامل خطواته. بهذه الصورة نجد أن جودة عمل وأداء الخطوة اللاحقة أو التالية يعتمد على جودة عمل وأداء الخطوة السابقة، وبالتالي يمكن اعتبار الفرد المسؤول عن الخطوة اللاحقة زبون أو مستهلك لما يؤديه وينتجه الفرد المسؤول عن الخطوة السابقة، حيث يكون لديه وفرة من المعلومات عنه بسبب احتكاكه وإتصاله المستمر به الذي تقتضيه طبيعة عمله، بشكل تمكنه هذه المعلومات من تقييم مستوى جودة أدائه، الذي يعتمد عليها جودة أدائه هو. بهذا الشكل نجد أن كل فرد في هذه السلسلة هو زبون او مستهلك للخطوة السابقة ومقيم لمن يؤديها وفي الوقت نفسه منتج وممول للخطوة اللاحقة، حيث يخضع اداءه كممول ومنتج لتقييم المسؤول عن هذه الخطوة، باستثناء الخطوة الأولى فهي منتجة فقط.

من خلال الشرح السابق نجد أن الزبون الداخلي وسلسلة الجودة الداخلية، مصدراً هاماً للمعلومات يمكن الاعتماد عليه في تقييم الأداء، إلا أنه يصاحبه احتمالية وجود تحيز ايجابي أو سلبي في بعض جوانبه، لكن درجة هذا التحيز وخاصة الايجابي قليلة، لانه ليس من مصلحة الفرد المسؤول عن أداء الخطوة التالية من السلسلة أن يتستر على أخطاء المسؤول عن الخطوة السابقة له، بسبب أن جودة عمله وأدائه تعتمدان على ما قام به الشخص الذي يسبقه في أداء الخطوة التي هي قبل خطوته .

---

(2) عمر وصفي عقيلي، المنهجية المتكاملة لإدارة الجودة الشاملة: وجهة نظر، مرجع سبق ذكره، ص 49 .

المرؤوس كمقيم ومصدر للمعلومات :

توجهت العديد من المنظمات في أوروبة واليابان والولايات المتحدة الأمريكية، إلى إشراك المرؤوس في تقييم أداء رئيسه SUBORDINATE APPRAISAL واعتبرته مصدراً للمعلومات يساعد في الوصول إلى تقييم الرئيس المباشر بشكل جيد ودقيق. فمن خلال الاتصال المستمر واليومي للمرؤوس برئيسه ومن خلال توجيهات العمل الصادرة من قبله له، يتوفر لدى المرؤوس قدراً كبيراً من المعلومات عن أداء رئيسه الاشرافي، بشكل تمكنه من تقييمه وتحديد نقاط الضعف والقوة لديه.

لا شك أن هذا التوجه جيد ومفيد لكنه مشروط بما يلي:

* توفر القدرة على الملاحظة واستخلاص النتائج لدى المرؤوس.

* توفر الموضوعية لدى المرؤوس وعدم التحيز الايجابي أو السلبي في المعلومات التي يقدمها عن رئيسه، فحسن العلاقة بينهما قد تؤدي الى تحيز ايجابي والعكس من ذلك صحيح.

* عدم خوف المرؤوس من رئيسه وتوفر الجرأة لديه ليقيم أداء رئيسه.

وعلى أية حال يمكن التخفيف من درجة الجوانب السابقة المصاحبة لتقييم المرؤوس، عن طريق تدريب وتوعية المرؤوس من أجل تمكينه من تنفيذه عملية تقييم رئيسه، وتوفير الأمان له ومنع الخوف من تنفيذ هذه العملية.

ويمكن القول أخيراً أنه بالإضافة لكون المرؤوس مصدراً للمعلومات التي تساعد في تقييم الرؤساء، فهناك ميزة أخرى هامة وهي: أن الرؤساء ولمعرفتهم السابقة أنهم موضع ومحط ملاحظة وتقييم من قبل مرؤوسيهم، سيسعون في هذه الحالة الى تحسين أدائهم الاشرافي باستمرار، ليظهروا بصورة حسنة أمام مرؤوسيهم، وسيضاعفوا جهودهم في العمل ليكونوا أكثر فاعلية، وبهذه الصورة نكون قدمنا تطويراً ذاتياً لأداء الرؤساء في مختلف المستويات الادارية في الهيكل التنظيمي للمنظمة.

تعددية المقيمين ومصادر المعلومات :

يشير التوجه المعاصر في اختيار المقيم ومصدر المعلومات المناسب الذي يحقق أكبر قدر ممكن من الموضوعية والعدالة والدقة في تقييم الأداء، إلى ضرورة الاعتماد على أكثر من مقيم ومصدر للمعلومات في عملية التقييم، فهذه التعددية توصلنا الى قاعدة معروفة في جمع المعلومات تفيد: أن النقص في أحد مصادر

جمع المعلومات يعوضه مصادر المعلومات الأخرى، أي أن هذه المصادر تكمل بعضها بعضاً، حيث تكامل تقييم المقيمين ومصادر المعلومات، يشكل في النهاية زاوية كاملة من المعلومات بدرجة (360) كما هو موضح في الشكل التالي:

شكل رقم (43)

تعددية مصادر المعلومات بزاوية (360) درجة

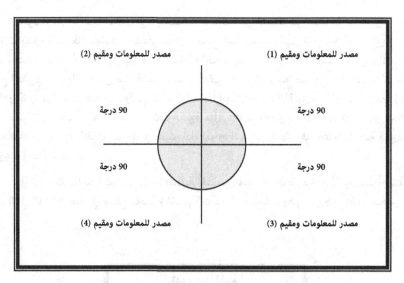

لقـد أطلـق عـلى تعدديـة نتـائج تقيـيم الأداء (تعدديـة المقيمـين ومصـادر المعلومـات) مصطلح 360-DEGREE FEEDBACK INFORMATION التـي تشـير الى مـا يسـمى بـالتقييم المشـترك، الـذي لا يعتمد على مقيم واحد أو مصدر معلومات وحيد في تقييم أداء المـوارد البشـرية. بنـاء عـلى ذلك اتفـق عـلى اختيـار مقيـم ومصـدر أسـاسي للتقيـيم والمعلومـات وهـو الـرئيس المبـاشر، ليكون هـو المسـؤول الأول والمبـاشر عـن تقيـيم مرؤوسـيه، وأن يكون بجانبـه أو الاسـتعانة بمقيمـين آخـرين ومصـادر معلومـات أخـرى كـالنظير، والزبـون الخـارجي، والـداخلي.. الـخ ليقيمـوا أداء مرؤوسـيه معـه لكـن بشـكل منفصل، أي أن كـل مقيم يضـع تقييمـه عـلى حـده وبمعزل عـن المقيمين الآخـرين مـن أجل الحصول عـلى معلومـات أوفـر، ونتـائج تقيـيم موضوعيـة ودقيقـة وعادلـة، حيـث بهذه الصـورة نتأكـد فيما اذا كان تقييم الرئيس المباشر صحيح وموضوعي أم لا. فإذا جاءت مثلا نتيجة تقيـيم الـرئيس المبـاشر

لأحد مرؤوسيه سلبية، في حين كانت نتائج تقييمه من قبل المقيمين الآخرين المشتركين في التقييم ايجابية، في هذه الحالة يواجه الرئيس بنتيجة مقارنة تقييمه مع تقييم المصادر الأخرى، من أجل تبرير تقييمه، الذي إذا عجزعن ذلك، يساءل ويحاسب بسبب تقييمه غير الصحيح وغير الموضوعي.

يتميز التقييم المشترك إضافة لدرجة الموضوعية والدقة العالية فيه، أنه يخلق الدافع لدى الرئيس المباشر لتوخي الدقة والموضوعية في تقييمه، بسبب علمه المسبق بأن هناك جهات أخرى تشاركه التقييم، وأنه سيحاسب فيما اذا كان تقييمه غير صحيح، فنتائج تقييم الآخرين تكون بمثابة معيار للتأكد من صحة تقييمه، حيث كلما كان تقييمه مطابقاً لتقييم المقيمين الأخرين، دل ذلك على صحة وموضوعية تقييمه، والعكس من ذلك صحيح.

ونود الإشارة في هذا المجال، الى أن التقييم المشترك الذي يعتمد على تعددية المقيمين ومصادر المعلومات يصاحبه مشكلة مفادها، احتمالية تضارب نتائج التقييم من قبل المقيمين المشتركين في هذه العملية، فتنشأ هنا مسألة التنسيق بين هذه النتائج والخروج بتقييم نهائي واحد يحدد مستوى أداء الفرد الخاضع للتقييم. لكن بالرغم من هذه المشكلة يبقى التقييم المشترك توجه جيد في مجال تقييم الأداء، لأنه يوفر قدراً كبيراً من الموضوعية فيه، والتي كما ذكرنا سابقاً انها العمود الفقري لنجاح أي تقييم، وبهذه المناسبة نشير الى أن هناك العديد من الشركات الكبيرة مثل: MOBIL OIL و GENERAL MOTORS و DIGITAL EQUIPMENTS تستخدم التقييم المشترك في تقييم أداء الموارد البشرية لديها، وقد حققت درجة كبيرة من الموضوعية في هذا التقييم.

في نهاية شرحنا للتقييم المشترك وتعددية المقيمين ومصادر المعلومات، نكون قد أجبنا عن السؤال الثاني الذي طرحناه في مطلع موضوع المقيم كمصدر للمعلومات وهو: من هو أفضل شخص يقيم الأداء؟

تدريب المقيم

هل المقيم بحاجة إلى تدريب؟ وإذا كانت الإجابة بنعم فمن الذي سوف يدرب على تقييم الأداء؟

تشير الإجابة عن السؤال الأول الى تأكيد جميع المختصين في مجال تقييم الأداء، على ضرورة وأهمية تدريب المقيم، الذي يعتبر محور نجاح أية عملية تقييم، وذلك من أجل تعليمه كيف يستخدم الأصول العلمية الصحيحة في تقييم الأداء

التي حددها له نظام التقييم المعمول به في المنظمة، للوصول الى نتائج موضوعية وصحيحة، تساعد في رسم المستقبل الوظيفي للموارد البشرية في المنظمات وفق أسس عادلة، وتحديد برامج التعلم والتدريب وتنمية هذه الموارد البشرية وتحسين أدائها المستقبلي باستمرار، وتحقيق درجة عالية من الفاعلية التنظيمية لأداء المنظمة الكلي.

أما الإجابة عن السؤال الثاني فتشير إلى تحديد من الذي سوف يدرب؟ في الواقع تشتمل عملية التدريب بوجه عام كل من يشارك في عملية التقييم من مقيمين من داخل المنظمة، وهذه إشارة الى عدم شمول التدريب للزبون الخارجي في حالة اعتماده كمقيم، لانه من الصعوبة بمكان تدريبه. في ضوء ذلك يظهر تساؤل يطرح نفسه مفاده: هل سيركز التدريب على جميع المقيمين بدرجة واحدة؟ والاجابة هنا تحتمل أن تكون بنعم أو لا. فبعضهم يرى أن يركز التدريب وبدرجة واحدة على جميع المقيمين المشاركين في عملية التقييم، في حين تؤكد الإجابة الثانية على أن يركز بدرجة عالية على المقيم الأساسي المسؤول المباشر عن التقييم وهو الرئيس المباشر، وتدريب المقيمين الآخرين المشتركين معه بدرجة أقل من هذا التركيز. وهنا نقول سواء أكان الاتجاه الأول المعتمد أو الثاني، نرى في النهاية أن مسألة تدريب المقيم مسألة هامة جدا وضرورية على جميع المنظمات تبنيها، لتطمئن بأن كل مكلف بتقييم الأداء ملم بقواعد واصول وإجراءات نظام تقييم الأداء، الذي قامت إدارة الموارد البشرية بوضعه.

في ضوء التوطئة السابقة لموضوع تدريب المقيم يفرض السؤال التالي نفسه:

ما هي الأمور التي سيدرب عليها المقيم ليكون تدريبه صحيحاً وناجحاً ؟

تشتمل الإجابة عن السؤال السابق الجوانب التالية:

* تدريب المقيم على ألا يقع في أخطاء التقييم المألوفة.

* تدريب المقيم على استخدام الاسلوب المعتمد في تقييم الأداء.

* تدريب المقيم على كيفية ملاحظة أداء وسلوك من يقيمه أثناء العمل.

* تدريب المقيم على جمع المعلومات عن أداء من يقوم بتقييم أدائه.

* تدريب المقيم على تحويل الملاحظات الى معلومات ذات نفع تساعده في التقييم.

* تدريب المقيم على استخدام معايير التقييم المعتمدة.

* تدريب المقيم على مناقشة نتائج تقييم الأداء مع من قام بتقييمه.

* توعية المقيم بأهمية وحساسية التقييم ومسألة العدالة والموضوعية وانعكاساتها على من قيم أداءه وعلى المنظمة.

* تدريب المقيم على إعداد تقرير التقييم النهائي الذي يتضمن حكمه على من قيمه.

* تدريب المقيم على وضع خطة تحسين أداء من قيم أداءه لعلاج نقاط الضعف فيه وتنمية نقاط القوة.

هذا وسوف نعمد فيما يلي إلى شرح تصميم مقترح لبرنامج تدريب المقيمين، يمكن الاعتماد عليه في هذا المجال، موضحين فيه المراحل التدريبية التي يمر بها تدريبهم.

يمر برنامج تدريب المقيم بالمراحل التالية:

المرحلة الأولى :

ويشرح فيها المقصود بتقييم الأداء، ومفهومه، والهدف الذي يسعى إلى تحقيقه، وذلك بشكل واضح ومفهوم دون أي غموض، مع بيان أهميته، وضرورته في العمل. كما يتم فيها شرح الآثار الجدية التي سوف تترتب على نتائجه، التي ستؤثر في مستقبل العاملين في المنظمة ومدى خطورة ذلك . كما يشرح أيضاً الفوائد التي يمكن تحقيقها من وراء تنفيذ التقييم بشكل سليم وموضوعي.

المرحلة الثانية :

ويشرح فيها الجوانب التالية:

1. كيفية إستخدام أسلوب التقييم المعتمد وشرح وتفسير واضح لطبيعته ومفهومه، وتحديد وشرح مفصل لمعايير تقييم الأداء ومفهوم كل واحد منها وتحليله، ومناقشته مع المقيمين في مختلف الظروف، وذلك بهدف توحيد مفهومهم للأساس الذي سيستخدمونه في تقييمهم للأداء، للوصول إلى نتائج متقاربة وسليمة وموضوعية .

2. تدريب المقيم على الإلمام بالنواحي السيكولوجية التي تتعلق بخلق القدرة لديه على ملاحظة سلوك الآخرين وتصرفاتهم خلال العمل، وذلك لتنمية مقدرة الحكم على أدائهم. كما يجب تدريبه على مناقشة نتائج تقييم الأداء مع من قيم أداءه وخاصة عند معالجة نواحي الضعف في أدائه.

3. شرح تفصيلي لمسؤولية كل مقيم عن نتائج تقييمه التي يقدمها لادارة الموارد البشرية، فيما اذا كانت غير دقيقة وغير موضوعية، ثم ما هو دور الرؤساء

بعد الانتهاء من تقييم الاداء، وكيف يضعون الخطة لمعالجة نقاط الضعف لدى المرؤوسين ذوي الكفاءات المنخفضة.

4. شرح أهمية العدالة والموضوعية في نجاح تقييم الأداء، وتحقيق اهدافه، ومدى الخطورة التي تنشأ من جراء التحيز.

5. تدريب المقيمين على الأسلوب الذي يمكن أن يتبعوه في شرح نتائج تقييم أداء من جرى تقييمه ويكون التدريب على ما يأتي:

. ما هي المعلومات التي يجب أن تشرح لهم عن نتائج تقييم أدائهم وكيف؟

. التدريب على أنسب طريقة لتزويدهم بهذه المعلومات.

. الوقت الملائم لنقل هذه المعلومات اليهم.

المرحلة الثالثة :

وتتضمن شرحاً للأخطاء المألوفة التي غالباً ما يقع فيها المقيمون وخاصة الرؤساء المباشرين عند تقييم الأداء، بهدف تعريفهم بها كي لا يقعوا فيها، وهذه الأخطاء ما يلي:

1- نقص الموضوعية   LACK OF OBJECTIVITY ERROR :

يشير نقص الموضوعية الى وجود تحيز ايجابي لمصلحة من قيم أداءه أو سلبي في غير مصلحته، ويحدث التحيز الأول نتيجة أسباب عدة منها: وجود رابطة قرابة او صداقة أو نفاق أو رشوة، او أي شيء من هذا القبيل بين المقيم والمقيم. وفي المقابل يحدث التحيز السلبي في التقييم لأسباب متعددة أيضاً منها على سبيل المثال: وجود خلاف بين الاثنين، أو خوف المقيم من الذي يقيم أداءه بأنه ذو كفاءة عالية وسيشكل خطراً على منصبه الاداري، أو أن لديه غيرة وحسد منه، أو أي شيء آخر. في ضوء ذلك يتوجب على التدريب تنبيه المقيم بضرورة إبعاد الجوانب والمشاعر الشخصية عنه عند التقييم، وينسىـ كل شيء (سواء أكان ايجابياً أم سلبياً) موجود بينه وبين من يقيم أداءه.

2- خطأ التأثر بالسلوك الايجابي   POSITIVE BEHAVIORS EFFECT ERROR :

يتأثر بعض المقيمين بسلوكيات إيجابية تصدر عن الأشخاص الذين يقيمون أدائهم، ليس لها علاقة مباشرة بجودة أدائهم مثل القدوم للعمل مبكراً قبل بدء الدوام الرسمي، والانصراف بعد إنتهائه بمدة، أو عدم حصولهم على إجازات مرضية أو طارئة وما شابه ذلك فيأتي تقييمهم ايجابياعنهم. هذه الجوانب جيدة وتؤخذ في الاعتبارعند التقييم لكن يجب ألا تكون هي الاساس فيه، فهي أمور ثانوية تؤخذ

بالاعتبار، أما الأمور الهامة فهي معايير الأداء المحددة لهم التي يجب أن يلتزموا بها.

3- خطأ التماثل SIMILARITY ERROR :

يشير هذا الخطأ الى احتمالية تأثر المقيم بخاصية ما موجودة لدى من يقيم أداءه، كأن يكون الاثنان من نفس البلدة، أو يحملان نفس المؤهل العلمي والتخصص، أو تخرجا من نفس الكلية والجامعة .. الخ. بهذا التوجه يأتي التقييم إيجابياً متأثراً بهذه الخاصية التي ليس لها علاقة بالاداء لا من قريب ولا من بعيد. يتضح لنا إذاً أن هذا الخطأ يقود دائماً الى وقوع المقيم في التحيز الايجابي.

4- خطأ الاسقاط PROJECTION ERROR :

يقع هذا الخطأ في دائرة أو نطاق الخطأ السابق، ومفاده أن بعض المقيمين يقيمون أداء الآخرين وفق ما يمتلكونه من خصائص وصفات ايجابية عالية المستوى فقط، فاذا كان المقيم متميزا بمستوى عالي من الدقة مثلاً، إذاً سيقيم هذه الخاصية لدى الآخرين بدرجة عالية، واذا لم يكونوا كذلك فأداءهم يشوبه ثغرة او نقطة ضعف، حيث يكون في قناعته أن جميع من يقيمهم يجب أن يكونوا بمستواه. نجد في هذه الحالة أن المقيم قد جعل من نفسه وما يمتلك من خصائص معياراً للمقارنة والتقييم، متجاهلاً المعايير الموجودة بين يديه التي يجب أن يلتزم بها عند تقييم أداء الآخرين.

5- خطأ التباين CONTRAST ERROR :

يُعرف التباين بوجه عام المقارنة بين شيئين لاظهار الفرق بينهما، ويحدث هذا الخطأ في مجال تقييم الأداء عندما يقارن المقيم أداء الضعيف بالجيد أو العكس، بدلاً من اعتماده على معايير التقييم المحددة له للمقارنة بها، فمن المحتمل أن يكون أداء الجيد ليس بممتاز، والنتيجة هي استخدام المقيم لمعاييرغير صحيحة وغير مطلوبة، متجاهلاً معايير التقييم المحددة له.

6- خطأ التوزيع الطبيعي DISTRIBUTIONAL ERROR :

تشير ظاهرة التوزيع الطبيعي الى أن الظواهر التي نعيش فيها تتركز حول قيمة متوسطة ثم تتشتت ايجاباً وسلباً بعيداً عن متوسطها الحسابي بقيم متناظرة تأخذ شكل الناقوس كما هو موضح في الشكل التالي:

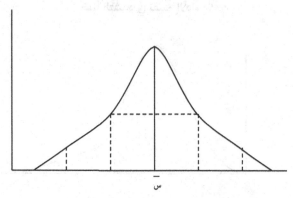

شكل رقم (44)

ظاهرة التوزيع الطبيعي

وبما أن ظاهرة الكفاءة ظاهرة موجودة في المنظمات، إذاً في هـذه الحالـة يجـب أن تأخـذ نتـائج تقييم المقيم هذا الشكل وفق المجموعات التالية:

6% ممن يقيمهم تقديرهم ضعيف .

12% ممن يقيمهم تقديرهم أقل من وسط .

18% ممن يقيمهم تقديرهم متوسط .

28% ممن يقيمهم تقديرهم فوق الوسط .

18% ممن يقيمهم تقديرهم جيد .

12% ممن يقيمهم تقديرهم جيد جدا .

6% ممن يقيمهم تقديرهم ممتاز .

في ضوء التوزيع السابق للظاهرة، هناك احتمال لوقوع المقيم في ثلاثة أخطاء وهي:

* **خطأ التشدد** SEVERTIY ERROR :

يشير هذا الخطأ الذي من المحتمل وقوع المقيم فيه، إلى أن المقيم يركز في تقييمه لأداء الآخـرين على تقييم أقل متوسط بدافع القسوة، أو لقناعته الخاصة بأن التشدد في التقييم، يجبر الذين يقيم أداءهم على مضاعفة جهودهم باستمرار، وهو في هذه الحالة يكون قد خالف ظـاهرة التوزيـع الطبيعـي السـابقة كما هو مبين في الشكل التالي:

شكل رقم (45)

خطأ التشدد في تقييم الأداء

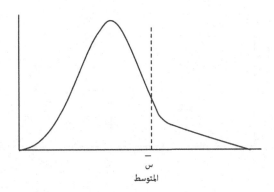

س
المتوسط

لا شك أن وقوع المقيم في هذا الخطأ، يؤدي إلى حرمان بعض الموارد البشرية مـن مزايـا وظيفيـة كانوا يستحقونها، مما يخفض من مستوى روحهم المعنوية ودافعيتهم للعمل.

* **خطأ التساهل** LENIENCY ERROR :

هذا الخطأ هو عكس الخطأ السابق، فبدافع من الشفقة بمن يقيم أداءهـم ولـكي يحصـلوا عـلى مزايا وظيفية، يقوم المقيم باعطاء تقديرات تقييم عالية، ظناً منه بأنه يساعدهم، وفي هذه الحالـة سـيتغير شكل التوزيع الطبيعي ويصبح كما يلي:

شكل رقم (46)

خطأ التساهل في تقييم الأداء

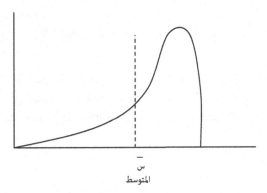

س
المتوسط

لا شك أن وقوع المقيم في هذا الخطأ سيؤدي إلى حدوث ضرر لكل من:

- المنظمة التي ستدفع حوافز ومزايا وظيفية لبعض من قيم أداءه بدرجة عالية وهـم لا يستحقونها، ممـا يرفع من تكلفة العمل دون عائد.

- الأفراد الذين قيم أداءهم بتقدير عالي وهم في الواقع ضعفاء، ستبقى الثغرات في أدائهم دون علاج ودون تحسين.

* خطأ الميل لإعطاء قيم متوسطة CENTRAL TENDENCY ERROR :

يعتبر هذا الخطأ مـن أكثر الأخطاء شـيوعاً في تقييم الأداء، إذ أن كثيراً مـن المقيمـين وخاصـة الرؤساء يعطون مرؤوسيهم تقديرات متوسطة، بحيث لا تكون عالية أو منخفضة، بل أغلبهـا حـول معـدل متوسط، وذلك تهرباً أو تخوفاً من انتقادات مرؤوسيهم أو من يقيمون أداءهم.

إن وقوع المقيم في هذا الخطأ سيسبب ظلماً بالنسبة للأفراد ذوي الكفاءات الممتازة، وفي الوقت نفسه بقاء نقاط الضعف في أداء الأفراد الذين مستوى كفاءاتهم أقل من المتوسط دون عـلاج قطعي لهـا، لأن المقيم بالغ في تقيمهم واعطاهم تقديراً متوسطاً أو أعـلى لا يسـتحقونه، وهـذا بـدوره ضرر لهـم مـع مرور الزمن، لذلك يجب توعية المقيم لهذه الآثار السلبية الناجمة عن وقوعه في هذا الخطأ، والعمـل عـلى الابتعاد عنه. وفيما يلي شكل يوضح كيف أن هذا الخطأ يغير من شكل ظاهرة التوزيع الطبيعي.

شكل رقم (47)

خطأ الميل لاعطاء تقديرات متوسطة في تقييم الأداء

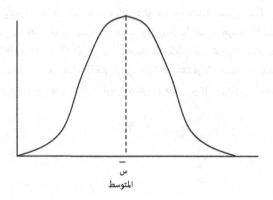

س
المتوسط

7. **خطأ تأثير تقييم صفة على تقييم باقي الصفات HALO EFFECT ERROR :**

وهذا يعني تأثر المقوم بصفة معينة غالبة لدى الفرد الذي يقيم أداءه، بحيث يطغى تقييمه لهذه الصفة على تقييمه للصفات الأخرى، وتكون نتيجة التقييم في هذا الحالة عبارة عن انطباعه العام عن الصفة الغالبة فقط، مثل تأثر المقوم بمظهر الفرد، أو حديثه ولباقته في المعاملة، وبالطبع يؤدي هذا الخطأ الى اعطاء فكرة غير صحيحة عن كفاءة هذا الفرد. لذلك يجب توجيه إنتباه المقيمين الى أن تقييمهم يجب أن يركز على الأداء والسلوك الفعلي للفرد، وليس على الصفات الشخصية التي يتحلى بها مثل اللباقة، والحديث الجذاب، وأن الأداء الفعلي هو هدف التقييم ومحوره الرئيس.

8. **خطأ التأثر بالأداء الحديث :**

يتم تقييم الأداء غالباً في نهاية فترات محددة، كنهاية كل سنة، أو ستة أشهر مثلاً، وأغلب الرؤساء أو المقيمين عند تقييم أداء مرؤوسيهم يعتمدون بشكل رئيسي على ذاكرتهم في تذكر الأداء خلال الفترة التي يوضع عنها التقييم، وذاكرتهم لن تساعدهم على تذكر الأداء القديم، الأمر الذي يجعلهم يعتمدون على الأداء الحديث الذي تم في نهاية فترة التقييم، وهذا لا يعطي فكرة واضحة ودقيقة عن حقيقة الأداء، والتطور الذي حصل خلال تلك الفترة. لذلك يجب تدريب المقيمين وخاصة الرؤساء المباشرين على استخدام سجلات خاصة، بهدف تسجيل الملاحظات خلال فترة التقييم، لتساعدهم على تذكر الأداء القديم، ولتتيح لهم تقدير كفاءة مرؤوسيهم على أساس صحيح ودقيق، ولتعطي النتائج فكرة واضحة عن كفاءة كل فرد خلال فترة التقييم.

9. **خطأ التأثر بالمنصب الإداري:**

إن الهدف من تقييم الأداء هو تقيم أداء الفرد لوظيفة معينة، لكن هناك بعض المقيمين يقومون بتقدير كفاءة بعض الموظفين الذين يشغلون منصباً إدارياً مهماً تقديراً مرتفعاً لا لشيء إلا احتراماً للمنصب الذي يشغلونه، وأهمية العمل الذي يقومون بتأديته. لذلك يجب توجيه إنتباه كل مقيم إلى أن تقييم الأداء إنما يقوم على أساس تقييم الأداء الفعلي للفرد دون أي اعتبارات أخرى، ومهمة المقوم هي تنفيذ التقييم كما هو موضوع ومقرر، وأن التأثر بالمركز الوظيفي يعتبر نوعاً من أنواع التحيز، يجب على كل مقوم الابتعاد عنه.

المرحلة الرابعة :

وفيها يتم توجيه إنتباه واهتمام المقيمين الى بعض النقـاط والنـواحي الهامة، التي تعتبر مـن ضروريات نجاحهم في تقييم الأداء وهذه النقاط ما يلي:

1. ملاحظة التغيرات التي تحـدث في المنظمة، بحيث يمكن أن تـؤثر في أداء وكفـاءة المرؤوسين والتي لا يمكنهم التحكم فيها.

2. الانتباه لأهمية دراسة الأفراد الذين يقيم أداءهم قبـل القيام بتقييم كفاءتهم وذلك بشكل مستمر، بهدف الحصول على نتائج موضوعية، وحتى يمكن تبرير هذه النتائج عندما يطلب منهم ذلك.

3. الاعتماد على القناعة الشخصية عند التقييم دون التأثر بآراء الآخرين.

4. دراسة كل معيار من معايير التقييم على حده وبعمق وفهم جيد، وذلك قبل القيام بتقييم مدى توفرها في الفرد.

5. تقييم الأداء من أهم الواجبات الاشرافية للرؤساء وسيكون مقياساً لمدى نجاح كل مشرف.

6. بعد الانتهاء من عملية تقييم الأداء إذا لاحظ المقوم أن هناك بعض النقاط الهامة التي لم يتعرض إليها أسلوب التقييم، أي أن هناك بعض المقترحات التي يرغب في تقديمها، يمكنـه تسجيلها وعرضها عـلى إدارة الموارد البشرية.

7. التأكد بالمراجعة من أن تقييمه صحيح ومعقول ومنطقي.

معايير تقييم الأداء

يُعرف المعيار بوجه عام بالمستوى أو الدرجة المطلوب توفرها في الشيء الذي نحن بصدد تقييمه والحكم عليه، فيما إذا كان وفق ما نريده أم لا. وبالنسبة لمعايير تقييم الأداء، فهي تمثل مستوى الأداء المطلوب تحقيقه من قبل الموارد البشرية في أعمالها المكلفة بها، حيث على أساسها نحكم فيما إذا كان أداؤها كان وفق المطلوب أم لا، وهي في الحقيقة تمثل أهدافاً يجب على هذه المـوارد إنجازهـا مـن خلال أدائها وذلك ضمن فترة زمنية محددة.

يتضح من ذلك أن معايير الأداء توضح للمقيم ما الـذي سوف يقيمه في أداء الفـرد WHAT TO EVALUTE .

نطاق معايير تقييم الأداء :

يشتمل تقييم الأداء على ثلاثة جوانب أساسية في ضوئها تتحدد أنواع معايير التقييم التي بدورها تحدد نطاقها، وهذه الجوانب أو الأنواع تصف الأداء الجيد من ثلاث نواحي هي ما يلي:

أولاً: معايير تصف الخصائص الشخصية TRAITS .

ويقصد بها المزايا الشخصية الايجابية التي يجب أن يتحلى بها الفرد أثناء أداء عمله، حيث تمكنه من أدائه بنجاح وكفاءة ومثال عليها: الامانة، الاخلاص، الولاء، الانتماء، فالشخص الذي يتحلى أداؤه بها، لا شك أنها ستنعكس إيجابياً على أدائه، مما يسهم في تقييم هذا الأداء بشكل جيد.

إن تقييم الصفات مسألة ليست بالسهلة، حيث تتطلب من المقيم متابعة الأداء باستمرار، ليتمكن من الكشف عن مدى وجودها لديه ويعود السبب في هذه الصعوبة إلى أنها غير ملموسة، لذلك يصاحب تقييمها عدم الدقة واحتمالية وجود تحيز بدرجة ما، لأن تقييمها يعتمد بشكل كلي على الرأي والحكم الشخصي للمقيم.

ثانياً : معايير تصف السلوك BEHAVIORS .

يقصد بالسلوك، السلوكيات الايجابية التي تصدر عن الفرد الخاضع للتقييم، فتشير إلى نواحي جيدة في أدائه، ومن هذه السلوكيات على سبيل المثال: التعاون، المواظبة على العمل، المبادرة، تحدي الصعاب والمشاكل، حسن التعامل مع الزبائن.. الخ. إن تقييم هذه السلوكيات الايجابية من قبل المقيم، تحتاج أيضا إلى متابعة مستمرة من قبله لأداء من يقيم أداءه، وبالتالي فان تقييمها يتصف أيضاً بالصعوبة، لكن بدرجة أقل من تقييم الصفات.

ثالثاً : معايير تصف النتائج OUTCOMES .

توضح معايير النتائج ما يراد تحقيقه من قبل الفرد الذي يقيم أداءه من إنجازات يمكن قياسها وتقييمها من حيث الكم، والجودة، والتكلفة، والزمن، والعائد، حيث تمثل هذه الانجازات الأهداف المطلوبة منه. لا شك أن هذه المعايير أكثر دقة في وصف الأداء الجيد، إلا أنه من الصعوبة بمكان استخدامها في تقييم الموارد البشرية التي تؤدي أعمالاً ذات إنتاجية غير ملموسة كالأعمال الإدارية على سبيل المثال. ويتم تقييم النتائج المحققة من قبل الفرد، عن طريق مقارنة إنجازه الفعلي بما هو محدد فيها، فيتحدد مستوى هذا الانجاز.

معايير تقييم الأداء الفعالة :

يقصد بالفعالية هنا، قدرة المعايير على تقييم الأداء بشكل صحيح وواضح ودقيق بآن واحد، ولتحقيق ذلك، يتطلب الأمر توفر عدد من العوامل الأساسية فيها، فوجودها يشير إلى قدرتها على التقييم الجيد:

1- العوامل ذات العلاقة بمعايير الصفات والسلوكيات:

فيما يلي أهم العوامل المؤثرة في قدرة ونجاح معايير الصفات والسلوكيات في تقييم الأداء، فهذه العوامل ذات صفة مشتركة بين هذين النوعين من المعايير:

* عموميتها: وتعني أن تكون معايير الصفات والسلوكيات عامة شاملة لأكبر عدد ممكن من الأفراد الـذين يشغلون وظائف المنظمة، وبعبارة اوضح أن تكون مطلوبة ومتوفرة لـدى غالبية المـوارد البشريـة، وليست مقتصرة على قلة فقط، فالعمومية هذه تقلل من عدد المعايير، ومثال عـن الصفات العامـة: المواظبة على العمل، الاخلاص، الولاء، التعاون .. الخ .

* إمكانية ملاحظتها وتقييمها: من الضروري أن تكون معايير الصفات والسلوك سـهلة الملاحظـة والتقييم، لتسهيل مهمة المقيم وتحديد مدى توفرها في أداء الفرد وسلوكه أثناء العمل، فهذه الناحية إذا توفرت، نكون قد سهلنا عمل المقيم وجعلنا جهد ووقت التقييم ليس بالكبير. ومن أمثلة الصفات والسلوكيات الصعبة، الاستقرار العاطفي، الاتزان النفسي .. الخ ، فمن الملاحظ أن تقييم مثل هـذه الأمـور يتطلب أخصائياً نفسياً ليتمكن من تقييمها، كما يجب ألا تكون مركبة تحمل اكثر مـن معنـى واحد كـالأخلاق مثلاً.

* إمكانية تمييزها: سواء من حيث التسمية أو المعنى، أي أن نفرق بينها بسهولة وأن نحد مـن إحتماليـة التداخل بينها. ولتحقيق ذلك يستوجب الأمر تعريف كل منها بشكل واضح ومفهوم وبلغـة سـهلة لا غموض فيها، منعاً للتأويل والتحريف في معانيها، وهذا يقتضي أن يوضح التعريف: ماذا يقصد بكل منها؟ وما هو معناها؟ وإلى ماذا تهدف؟

* أن تكون أساسية: يقصد بالأساسية هنا، أن تبين العوامل والمـؤثرات التـي تتعلـق بنجاح وإخفاق الأداء بشكل مباشر، أي أن توفرها يشير إلى النجاح، وعدم وجودها في الأداء يشير إلى الإخفاق فيه.

2- العوامل ذات العلاقة بمعايير النتائج :

لكي تكون معايير تقييم النتائج صالحة ودقيقة، لابد من توافر بعض الشـروط والمواصفات فيهـا لتؤدي مهمتها بنجاح، وأهم هذه الشروط ما يلي:

1. أن تكون معقولة وتمثل الأداء العادي، بحيث لا تكون منخفضة كثيراً ولا مرتفعة، لأن انخفاضها يضعف الحافز على زيادة الإنتاج نظراً لإمكانية أي فرد بلوغها، كما أن ارتفاعها يجعلها خياليـة مـن الصـعب الوصول اليها، وهذا ما يبعث اليأس في نفوس العاملين ويضعف من همتهم.

2. يجب مراجعتها بين الحين والآخر بسبب التغيرات التي تحدث في العمل، وذلك بهدف التأكد من أنها ما زالت معقولة، وأنها توصل الى أهداف قابلة للتحقيق.

3. أن يتوفر فيها عنصر المرونة لكي يمكن تعديلها حسب ما تقتضيه الظروف، وحسب التغيرات التـي تطـرأ على أساليب العمل أو الأفراد أو الظروف المحيطة بهم.

4. أن تراعي الظروف والعوامل التي لا يمكن للفرد التحكم فيها، والتي تؤثر في أدائه للعمل.

5. أن يتوفر فيها الدقة لكي يمكن الاعتماد عليها عند التخطيط والرقابة ومحاسبة الأفراد، لـذلك يجـب أن تكون قائمة على أساس من التحليل والتوصيف للعمل وتبسيطه.

وتجدر الإشارة أخيراً إلى ضرورة استخدام أنواع المعايير الثلاثة معاً في عمليـة تقيـيم الأداء، وذلـك قدر الإمكان لتكون النتائج أكثر دقة، حيث هناك بعض الأعمال مـن الصـعب اسـتخدام معـايير الانتـاج في تقييم أداء شاغليها، نظراً لانتاجيتها غير الملموسة، بينما هناك أعمال انتاجها ملمـوس وبالتـالي يمكـن استخدام الأنواع الثلاثة معاً. يتضح من ذلك إذاً أن عملية اسـتخدام معـايير الأداء الثلاثـة، تحكمهـا طبيعـة الأعمال.

مداخل تحديد معايير تقييم الأداء :

يتم وضع وتحديد معايير تقييم الأداء من خلال مدخلين إثنين هما:

1. مدخل تحليل العمل وتوصيف الوظائف :

تتم عملية تحديد معايير تقييم الأداء من خلال هذا المدخل، بالاطلاع على نتـائج تحليـل العمـل وتوصيف الوظائف، التي تبين مهام ومسؤوليات كل عمل في المنظمة، أي أنها توضح ما يجب أن يقوم بـه شاغل الوظيفة لتحقيق أهدافها، فهذه المهام والمسؤوليات مـا هـي في الواقع إلا عبارة عـن معـايير يمكـن استخدامها في تقييم أداء شاغلي الوظائف، لمعرفة فيما إذا كانوا يـؤدون أعمالهـم وفـق مـا تتطلبـه هـذه الوظائف أم لا.

2. مدخل الخبرة :

تلجأ بعض المنظمات عند تحديد معايير تقييم أداء مواردها البشرية إلى الاستعانة بالعاملين القدامى الذين لديهم خبرة وإلمام عميق وواسع في العمل داخل المنظمة، حيث يكون بامكان هؤلاء ومن خلال خبرتهم، أن يحددوا معايير الأداء التي تصف الأداء ذو المستوى العالي والمتوسط والضعيف.

ومن وجهة نظرنا الخاصة، نرى أنه من الأفضل الاعتماد على المدخلين معاً، للاستفادة من مزاياهما معاً. ونود الإشارة في هذا المقام، الى أن تحديد معايير تقييم الأداء مسألة هامة وحساسة، فالاختيار غير السليم لها سيعطي نتائج مضللة عن مستوى أداء الموارد البشرية وأداء المنظمة ككل، لذلك ينصح أخذ الحرص والتروي في وضعها وتحديدها، وقد أشرنا سابقاً للعوامل التي يجب أن تؤخذ في الاعتبار في هذا المجال.

ونعرض في النهاية نموذجين عن معايير تقييم الأداء لفئتين من الموارد البشرية، لايضاح الاختلاف الذي يجب أن يكون موجوداً في معايير تقييم أداء كل فئة من فئات هذه الموارد.

أ. معايير تقييم أداء المديرين:

* سعة الحيلة.

* حسن العلاقة مع الآخرين: الزبائن والجمهور، الزملاء، المرؤوسين.

* مدى الاستجابة لضغوط العمل.

* الحكم على الأمور بشكل جيد وحسمها.

* القدرة على التنسيق.

* القدرة على تفويض السلطة.

* القدرة على التوجيه والاشراف.

* تنمية أداء المرؤوسين.

* قدرة التكيف مع الأمور المستجدة.

* القدرة على التخطيط.

* القدرة على اتخاذ القرارات.

* مدى تحقيق الأهداف المطلوبة.

* إدارة الوقت.

ب. معايير تقييم أداء العمال الصناعيين:

* كمية الأداء

* جودة الأداء من خلال عدد الأخطاء.

* تكلفة الأداء.

* زمن أداء العمل.

* التعاون مع الآخرين.

* المواظبة على العمل.

أساليب تقييم الأداء

يعبر أسلوب تقييم الأداء عن الكيفية التي من خلالها تتم عملية التقييم، ومن المتعارف عليه أن هناك أساليب تقييم كثيرة ومتعددة، يصنفها المختصون ضمن مجموعات ثلاثة، بحيث تضم الواحدة منها عدداً من الأساليب، التي تطبق منهجاً أو اتجاهاً واحداً في تقييم أداء الموارد البشرية، أي أنه يوجد فيما بينها قاسماً مشتركاً، وسنعرض فيما يلي هذه المجموعات وما تحتويه كل منها من أساليب تقييم:

مجموعة أساليب الترتيب :

تعتمد اساليب هذه المجموعة في تقييم أداء الموارد البشرية على مقارنة أداء الأفراد الخاضعين للتقييم بعضهم ببعض، ثم ترتيبهم حسب مستويات كفاءتهم من الأكفأ للأقل كفاءة ، وبالتالي نجد أن التقييم هنا قائم على أساس عملية مقارنة الأداء، لهذا السبب سمى بعضهم هذه المجموعة بـ مجموعة أساليب المقارنة COMPARISON GROUP بدلاً من مجموعة الترتيب RANKING GROUP وتقوم مجموعة أساليب الترتيب أو المقارنة على فرضيات، تمثل قواسم مشتركة فيما بينها، وهذه الفرضيات ما يلي:

* لا يوجد تماثلاً بين أداء الموارد البشرية، أي لا يوجد تطابق تام بين أداء العاملين، إذ لا بد من وجود فروق بينها في الصفات، أو السلوك، أو النتائج، إذاً هناك تشابه في أداء الموارد البشرية، لكن لا يوجد تماثل بينها.

* تعتمد أساليب هذه المجموعة في تقييم أداء الموارد البشرية على مقارنة الانجاز الكلي الذي يحققه الفرد، مع إنجازات الآخرين في مجموعة الأفراد التي ينتمي اليها ويقيم أداءها، لتحديد الأكفا والأفضل. يفهم من ذلك أن أساليب المجموعة تعتمد على التقييم العام أكثر من التقييم المفصل، أي أنها تستخدم معياراً كلياً واحداً هو جهد، وسلوك، ونتائج عمل الفرد الكلية النهائية، بدلاً من استخدام عدة معايير تقييم تفصيلية.

* لا تعتبر أساليب هذه المجموعة الفرد وحدة تقييم مستقلة بحد ذاتها، أي لا تقيم أداءه بمعزل عن أداء الآخرين في مجموعة العمل التي تضمه أو التي ينتمي إليها.

وسنعمد فيما يلي إلى شرح وتوضيح أساليب التقييم التي تنتمي لهذه المجموعة :

أولاً : أسلوب الترتيب البسيط .

ويصطلح عليه بـ SIMPLE RANKING METHOD ، ويتم تقييم الأداء بموجبه عن طريق ترتيب المقيم لأداء الأفراد الخاضعين للتقييم تنازلياً أو تصاعدياً حسب مستويات كفاءتهم، أي من الأحسن للأسوأ أو العكس، بعد قيامه بمقارنة أداء كل فرد مع أداء الآخرين، لانتقاء إما الأفضل أو الأسوأ، وتكون المقارنة ليس حسب صفة أو خاصية معينة، بل حسب الأداء العام (الجهد، السلوك، النتائج).

وقد ينفذ هذا الأسلوب بطريقة أخرى تدعى بطريقة "الترتيب البديل"، حيث يقوم المقيم من خلالها بعدة خطوات تبدأ بأن يختار أفضل فرد من الأفراد الخاضعين للتقييم ويضعه في الترتيب الأول (في أعلى قائمة ترتيب الأفضلية فيما يخص الأداء والانجاز الكلي للفرد) وأضعف أو أسوأ فرد ويضعه في أسفل قائمة الترتيب. بعد هذه الخطوة يبدأ بالخطوات اللاحقة، حيث يقوم باختيار أفضل وأسوأ فردين من الأفراد الذين تبقوا بعد مقارنة انجازاتهم مع باقي أفراد المجموعة التي تخضع للتقييم. وبعد أن يختارهما يضعهما في قائمة التفضيل في ترتيبهما الأفضل والأسوأ، وهكذا يكرر المقوم المقارنة من أجل إختيار فردين أفضل وأسوأ حتى ينتهي تقييم جميع الأفراد الخاضعين للتقييم.وفي النهاية يعبر الفرد الذي يكون موقعه منتصف القائمة عن آخر الأفراد الذين جرى تقييمهم.

ثانياً : أسلوب المقارنة المزدوجة .

ويصطلح عليه بـ PAIRED COMPARISON METHOD ، بموجب هذا الأسلوب يقوم المقوم بمقارنة أداء كل فرد مع كافة الأفراد الموجودين داخل مجموعته وذلك بتقسيمهم إلى ثنائيات. فمثلاً لو كان لدينا مجموعة مؤلفة من خمسة

موظفين هم أحمد، محمد، مصطفى، ابراهيم، محمود، وأردنا تقييم كفاءتهم بهذا الأسلوب فسوف تكون عملية المقارنة كما يلي :

احمد مع محمد	**محمد مع مصطفى**	**مصطفى مع ابراهيم**	**ابراهيم مع محمود**
احمد مع مصطفى	**محمد مع ابراهيم**	**مصطفى مع محمود**	
احمد مع ابراهيم	**محمد مع محمود**		
احمد مع محمود			

وطريقة الحصول على عدد المجموعات الثنائية يمكن أن تتم وفقا لقاعدة التوافق بوساطة القانون الآتي:

$$\frac{\text{ن}\,(\text{ن} - 1)}{2} = \frac{5\,(5 - 1)}{2} = 10 \text{ مجموعات}$$

حيث تمثل (ن) عدد أفراد المجموعة .

وبعد استخراج المجموعات الثنائية يقوم المقوم بمقارنة كل ثنائية ليختار الأفضل، وبعد الانتهاء من المقارنة يمكن تلخيص النتائج كما يلي :

جدول رقم (10)

اسم الموظف	عدد المرات التي ذكر فيها الموظف على أنه الأفضل في مجموعته	ترتيبه
احمد	3	2
محمد	4	1
مصطفى	2	3
محمود	1	4
ابراهيم	-	5

من الجدول السابق يتضح لنا، أنه من خلال مقارنة أداء كل موظف مع أعضاء مجموعته، تبين لنا أن الموظف (محمد) هو الأفضل والأكفأ لأنه انتقي أكثر

من غيره، إذ حصل على أربع نقاط، والثاني هو أحمد لأنه انتقي ثلاث مرات وهكذا.

ثالثاً : أسلوب التوزيع الاجباري .

ويصطلح عليه بـ FORCED DISTRIBUTION METHOD ، ويعتمد في تقييم أداء الموارد البشرية على ظاهرة التوزيع الطبيعي التي سبق لنا الإشارة إليها في هذا الفصل، حيث يتم الحصول على شكل توزيع هذه الظاهرة باتباع ما يلي:

يكتب أسماء جميع العاملين المراد تقييم أدائهم على بطاقات صغيرة، بحيث يكون كل اسم على بطاقة واحدة فقط، ثم يطلب من المقوم توزيع هذه البطاقات التي فيها أسماء العاملين على مجموعات، وذلك بعد مقارنة أداء بعضهم ببعض وعلى النحو التالي:

- المجموعة الأولى	:	ضعيف
- المجموعة الثانية	:	أقل من الوسط
- المجموعة الثالثة	:	مقبول
- المجموعة الرابعة	:	جيد
- المجموعة الخامسة	:	ممتاز

وتتم عملية التوزيع حسب نسب محددة لكل مجموعة كما يلي:

- المجموعة الأولى	:	10% من العاملين
- المجموعة الثانية	:	20% من العاملين
- المجموعة الثالثة	:	40% من العاملين
- المجموعة الرابعة	:	20% من العاملين
- المجموعة الخامسة	:	10% من العاملين

تتميز أساليب تقييم مجموعة الترتيب بالمزايا التالية:

* تبث روح المنافسة والحماسة بين الأفراد الخاضعين للتقييم، فيؤدوا أعمالهم بشكل أفضل ليحتلوا مكانة أعلى في قائمة الترتيب .

* سهولة عملية تقييم الأداء .

* سرعة التقييم .

* لا يبذل المقيم جهداً ووقتاً في التقييم .

أما المآخذ التي تؤخذ على أساليب مجموعة الترتيب فأهمها ما يلي:

* نقص الموضوعية بسبب الاعتماد الكلي على الرأي الشخصي للمقيم.

* نتائج تقييمها عامة غير تفصيلية فلا توضح مستوى الأداء بشكل دقيق، إذ تقتصر على بيان أن فلاناً أكفأ من فلان.

* لا توضح نتائج التقييم نقاط القوة والضعف في أداء الموارد البشرية.

* صعوبة استخدام بعضها في حالة كون عدد الأفراد الذين يجري تقييمهم كبيراً كما هو الحال مع الأسلوب الأول والثاني.

* صعوبة استخدام أسلوب التوزيع الاجباري عندما يكون عدد الأفراد المقيمـين صغيراً، حيـث لا يمكن تقسيمهم الى مجموعات حسب مستويات الكفاءة المحددة.

* خطورة انحراف المنافسة والحماسة التي تبثها أساليب المجموعة الى منافسة غير شريفة.

مجموعة أساليب التقييم الوصفية :

ويصطلح عليها بـ DISCREPITIVE GROUP ويسـميها بعضـهم بأسـاليب المقارنة بمعايير التقييم الوصفية، ويتم تقييم أداء الموارد البشرية بموجب أساليب هذه المجموعة، عن طريق تحديد معايير تصف الأداء والسلوك الجيد لكل نوع من الوظائف والتي يجب أن تتـوفر في شاغليها، حيث تمثل مـا يجب أن يتصف به أداؤهم وسلوكهم أثناء أداء أعمالهم. ويتم التقييم من خلال مقارنة صفاتهم الفعليـة وسـلوكهم والنتائج التي حققوها مع المعايير الوصفية المحددة، حيث تمثل نتيجـة المقارنة مستوى كفاءة كـل فـرد يجري تقييمه، فتوضح نقاط القوة والضعف الموجودة لديه. وتقوم أساليب هذه المجموعـة عـلى الفـروض التالية:

* يتم التقييم وفق عدة معايير متنوعة تصف الأداء الجيد.

* يحدد التقييم درجة أو مدى توفر كل معيار على حده لدى الفرد الذي يُقيم أداءه.

* يتم التقييم بشكل تفصيلي وليس بشكل عام.

* الفرد وحدة مستقلة في التقييم، أي يقيم بمعزل عن الآخرين.

* معايير التقييم إلزامية لا يجوز للمقيم إغفال أحدها.

وتشتمل هذه المجموعة على الأساليب التالية:

أولاً : أسلوب مقياس التقييم البياني .

ويصطلح عليه بـ GRAPHIC RATING SCALE ، وبموجبه يتم حصر الصفات والخصائص والواجبات اللازمة للعمل الكفؤ والتي يجب أن تتوفر في الفرد لتأدية عمله بشكل جيد. ويطلب من المقيم تقييم مدى توفر هذه الصفات لديه عن طريق استخدام المقياس البياني لكل صفة، والمقسم إلى أقسام حيث يمثل كل قسم منها توفر معيار التقييم لدى الفرد الذي يقيم أداءه. ولهذا التقسيم أسلوبين هما:

1- التقسيم بوساطة الأوصاف التقديرية كما في الشكل التالي:

شكل رقم (48)

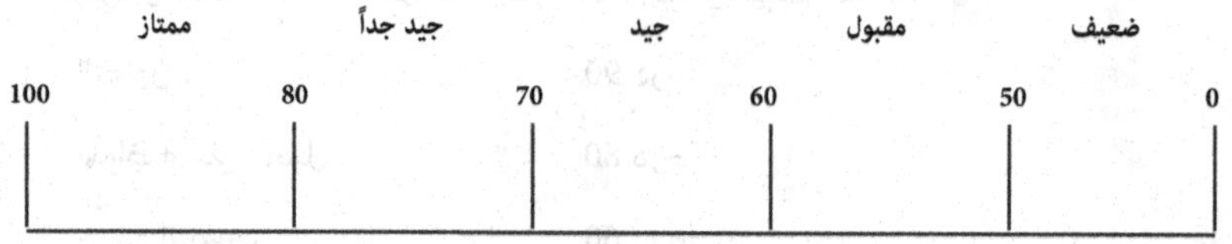

ممتاز		جيد جداً		جيد		مقبول		ضعيف	
100		80		70		60		50		0

2- التقسيم بوساطة الجمل الوصفية وهو الأكثر إستعمالاً، نظراً لإعطائه فكرة واضحة ودقيقة - أكثر من السابق- لمدى توافر الصفات في الفرد، ويستطيع المقوم تقديرها بشكل أسهل وأدق، ويسمى هذا الاسلوب بمقاييس التقييم السلوكية الثابتة BEHAVIORAL ANCHORD RATING METHOD ، والشكل الآتي يوضح ذلك:

الصفة : المواظبة على العمل .

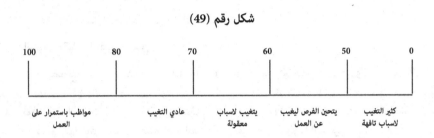

شكل رقم (49)

| 100 | 80 | 70 | 60 | 50 | 0 |

| مواظب باستمرار على العمل | عادي التغيب | يتغيب لاسباب معقولة | يتحين الفرص ليغيب عن العمل | كثير التغيب لاسباب تافهة |

وتقتصر مهمة المقوم بموجب هذا الأسلوب على دراسة كل صفة أو معيار على حـده بشـكل دقيق، ووضع إشارة على القسم الأكثر إنطباقاً على الفرد، وتكرر العملية بالنسبة لباقي المعـايير. وبعـد أن يتم تقييم جميع المعايير، يستخرج التقدير النهائي الذي يعبر عن مدى كفاءة الفرد وذلك على النحو الآتي:

لنفرض أن موظفاً ما قد حصل على الدرجات الآتية في تقييم كفاءته: [3]

- التعاون .	90 درجة
- المواظبة على العمل .	80 درجة
- حسن التصرف.	60 درجة
- القدرة على التفكير .	90 درجة
- معاملة الجمهور.	80 درجة

المجموع 400 درجة

يتم جمع هذه التقديرات - كما رأينا- ويستخرج المتوسط الحسـابي لهـا، وذلـك بهـدف تحويلـه الى قيمـة وصفية تعبر عن كفاءة الفرد ضمن فئات محددة كالآتي:

$$\frac{400}{5} = 80 \text{ دقيقة}$$

بعد ذلك تصنف كفاءته في الفئة المناسبة كما يلي:

---

(3) القيمة الكلية للمعيار الواحد (100) نقطة.

- أقل من 50 درجة ضعيف.

- 50 وأقل من 60 درجة مقبول.

- 60 وأقل من 70 درجة جيد.

- 70 وأقل من 80 درجة جيد جداً.

- 80 وأقل من 100 درجة ممتاز.

وفيما يلي نموذجين عن استمارة التقييم بموجب هذا الأسلوب، الأولى خاصة بالتقسيم عن طريق الاوصاف التقديرية والثاني عن طريق التقسيم بوساطة الجمل الوصفية :

نموذج رقم (3)

اسم المقيم: .... الادارة: .... التاريخ: ...... اسم وتوقع المقيم: ....

ضعيف	مقبول	جيد	جيد جداً	ممتاز	مستوى توفر المعيار ＼ معيار التقييم
☐	☐	☐	☐	☑	التعاون .
☐	☐	☐	☑	☐	المواظبة على العمل .
☐	☐	☑	☐	☐	الدقة في العمل .
☐	☑	☐	☐	☐	كمية الانتاج .
☐	☐	☐	☐	☑	التعامل مع الآخرين .
☐	☐	☐	☑	☐	إطاعة الأوامر والتوجيهات.
اقل من 50	60-50	70-60	80-70	100-80	تقدير الكفاءة .

نموذج رقم (4)

	صفة المواظبة على العمل	
✔	مواظب باستمرار على العمل ولا يغيب الا ما ندر عند المرض .	5 ممتاز
	عادي الغياب .	4 جيد جداً
	يغيب عن العمل بشكل ملحوظ لكن لأسباب مقبولة.	3 جيد
	يتحين الفرص كي يغيب عن العمل .	2 مقبول
	كثير الغياب ولأسباب تافهة .	1 ضعيف
ضع إشارة ✔ بجانب الصفة الأكثر انطباقاً		

ثانياً: أسلوب مقياس الملاحظة السلوكية .

ويصطلح عليه بـ BEHAVIORAL OBSEVATION SCAL ، ويتم التقييم عن طريق دراسة كل نوع من الوظائف على حده، لتحديد قائمة من العبارات الوصفية التي تصف الأداء الكفؤ للعمل ضمنها، وليس هناك عدد محدد لهذه العبارات التي تمثل معايير التقييم، بل إن عددها يتحدد حسب نوعية الوظائف وماهية العمل الذي تؤديه، ومن الضروري تحديد قيم عددية متفاوتة على شكل نقاط لكل عبارة (التي هي معيار التقييم)، وذلك حسب أهمية كل منها لكل نوع من الوظائف، وتكون هذه القيم سرية لا يطلع عليها أحد سوى إدارة الموارد البشرية. ثم يطلب من المقوم أن يضع إشارات بجانب العبارات الوصفية الموجودة لدى الفرد الذي يقيم أداءه حسب ما يراه منطبقاً عليه، بحيث تكون الإجابة معبرة عن رأيه في الفرد. وبعد الانتهاء من وضع الاشارات تجمع الدرجات التي حصل عليها الفرد، وتحول الى قيمة وصفية لتعبر عن كفاءته، ومن ثم تصنف ضمن فئات محددة كما هو الوضع في الأسلوب البياني الذي تعرضنا إليه سابقاً. ونود الإشارة إلى أن وضع المقيم إشارة بجانب الجمل الوصفية، يجعل الفرد الذي يقيم أداءه يحصل على النقاط المخصصة لها، في حين عدم وضع إشارة بجانب بعض المعايير الوصفية، يجعله يخسر نقاطها.

لقد طور هذا الأسلوب إلى شكل آخر سمي بقوائم المراجعة أو التدقيق ذات الأوزان السرية SECRET WEIGHTED CHECK LISTS ، حيث تصاغ الجمل الوصفية التي تصف الأداء الجيد والكفؤ على شكل أسئلة يجيب عنها المقيم بنعم أو

لا، فاذا كانت الصفة أو المعيار موجود لدى الفرد يجيب بنعم، أما إذا كانت غير موجودة فيه فتكون الاجابة بلا، وتكون قيم المعايير (العبارات الوصفية) سرية لا يعرفها المقيم، وبالطبع عندما تكون الإجابة بنعم يحصل الفرد الذي يقيم أداءه على النقاط المخصصة للمعيار، في حين أن الإجابة بلا تجعله يخسرها. والغاية من تحويل الصفات أو المعايير إلى أسئلة، هي أن السؤال يثير المقيم ذهنياً ونفسياً لأنه يضعه أمام عنصر التحدي، مما يجعله يقرأ المعايير (الأسئلة) بتركيز، فيأتي تقييمها أدق مقارنة مع الوضع السابق أعلاه. ونعرض فيما يلي نموذجاً توضيحياً لقوائم التدقيق :

نموذج رقم (5)

قوائم التدقيق والمراجعة السرية

الأسئلة (المعايير)	نعم	لا
س1 . هل هو دقيق في عمله؟	✓	
س2 . هل يستجيب لضغوط العمل بشكل جيد؟		✓
س3 . هل هو متعاون مع الآخرين؟	✓	
س4 . هل يواظب على عمله؟	✓	

ثالثاً: أسلوب الوقائع الحرجة أو الحساسة .

ويصطلح عليه بـ CRITICAL INCEDENT METHOD ، ويتم التقييم بموجبه عن طريق دراسة طبيعة كل نوع من الوظائف من خلال نتائج تحليلها وتوصيفها، ومن ثم تحديد مجموعة من السلوكيات التي تؤثر في أدائها إيجاباً وسلباً، على أن تكون هذه السلوكيات هامة وحساسة وذات علاقة وتأثير مباشر في أداء الأفراد الذين يمارسونها، ويهمل أي سلوك أو تصرف غير هام وليس له تأثير يذكر في الأداء. يتضح من ذلك أن السلوكيات والتصرفات الحساسة أو الحرجة (الهامة) مقسومة إلى قسمين: الأول وله علاقة بالسلوكيات الايجابية التي تؤدي إلى النجاح في العمل، والثاني يكون ذي صلة بالسلوكيات السلبية التي توصل الى الاخفاق فيه. ويحدد عادة قيماً موجبة على شكل نقاط للسلوكيات الايجابية، وقيماً سالبة للسلبية، وتبقى قيم السلوكيات سرية لا يعرفها المقيم ضماناً لتوفير الموضوعية في التقييم. بعد ذلك يطلب من المقيم أن يلاحظ أداء من يقيمه ويحدد أي من السلوكيات الايجابية والسلبية تحدث لديه أو تصدر عنه. فاذا كانت القيم

الايجابية التي حصل عليها الفرد 90 من 100 ، وكانت القيم السلبية 30 من 100 في هذه الحالة تكون نتيجة تقديره 60 من 100 نقطة . بعد ذلك تحول هذه النقاط الى قيمة وصفية (مقبول، ضعيف.. الخ) توضح مستوى أداءه.

يتضح مما تقدم أن السلوكيات والتصرفات الحرجة، هي بمثابة معايير لتقييم الأداء، كما يتضح أن القيم السلبية تفقد من يقيم أداءه نقاطاً إيجابية حصل عليها نتيجة التقييم.

رابعاً: أسلوب الاختيار الاجباري .

ويصطلح عليه بـ FORCED CHOICE METHOD ، ويتم تقييم الأداء بموجبه عن طريق جمع وحصر عدد من العبارات التي تصف أداء الموظف أو العامل للعمل سواء من الناحية الايجابية أو السلبية، وتقسم هذه العبارات الى مجموعات ثنائية بحيث تضم كل مجموعة ثنائيتين، كل ثنائية تضم عبارتين. الثنائية الأولى وتصف نواحي حسنة في أداء الفرد، والثنائية الثانية تصف نواحي سلبية في أدائه. وفيما يلي مثال عن هذه المجموعات :

المجموعة 1 :

ثنائية أ : سريع الفهم والملاحظة.

سريع البديهة .

ثنائية ب : اتكالي يعتمد على شخص آخر لانجاز عمله.

لا يميل للتعاون مع زملائه لانجاز العمل.

ويتم إعداد هذه العبارات وطبعها على قوائم خاصة، بحيث تضم كل مجموعة أربع عبارات، ويجبر المقيم على اختيار عبارتين من كل مجموعة، الأولى وتكون أكثر انطباقاً على الفرد الذي يجري تقييمه، والثانية أقل إنطباقاً عليه. والمقيم بهذه الطريقة لا يعرف فيما إذا كان اختياره للعبارات هو في صالح الفرد أم لا، ذلك لأن أوزان العبارات التي تبين أهميتها تكون سرية لا يعرفها المقيم. ويتم تحديد مستوى الكفاءة عن طريق مقارنة العبارات التي اختارها المقيم مع العبارات الموجودة في القائمة السرية. ونود الإشارة إلى أن قيم العبارات منها ما هو ايجابي مخصص للعبارات الايجابية، ومنها ما هو سلبي ومخصص للعبارات السلبية، والتفاضل بينهما يحدد ويعبر عن مستوى الأداء.

في نهاية شرحنا لأساليب المجموعة الثانية، نأتي على عرض المزايا التي تتمتع بها هذه الأساليب فيما يلي:

* جميع أساليب هذه المجموعة تقيم الأداء بشكل دقيق، ذلك لأن معايير التقييم التي تستخدمها لها قيم وأوزان توضح أهمية كل منها بالنسبة لأداء الوظيفة.

* توفر قدراً كبيراً من الموضوعية في التقييم، وهذا ناتج عن كون قيم المعايير سرية لا يعرفها المقيم، باستثناء الأسلوب البياني.

* جميع الاساليب توضح وتصف نقاط القوة والضعف في الأداء، ذلك لأن معايير التقييم جميعها وصفية تبين الأداء الجيد والضعيف، والأسباب التي أدت إلى كل منها.

* تجبر الأساليب المقيم على دراسة الأداء والسلوك بشكل جيد وتحليله، لتمكينه من تحديد نقاط القوة والضعف في الأداء.

* تسهل الأساليب مناقشة المقيم لنتائج تقييمه مع من قيم أداءه، وهذا ناتج عن أن هذه الأساليب توضح وتبرر سبب وجود نقاط القوة والضعف في الأداء.

في المقابل يصاحب استخدام هذه الأساليب بعض الصعوبات أهمها ما يلي:

* صعوبة تحضير معايير التقييم وصياغتها على شكل عبارات وجمل وصفية.

* احتمال إساءة المقيم لفهم بعض العبارات الوصفية.

* تتطلب وقتاً وجهداً من المقيم لمتابعة أداء وسلوك من يقيم أداءه.

مجموعة التقييم على أساس النتائج :

تضم هذه المجموعة أسلوباً واحداً يدعى "التقييم بوساطة النتائج" PERFORMANCE APPRAISAL BY RESULTS الذي يكون فيه المقيم هو الرئيس المباشر لمن يقيم أداءه، وليس شخصاً آخر، ويتم التقييم بموجب هذا الأسلوب باتباع الخطوات التالية من قبل الرئيس والمرؤوس سوية:

1. يتم وضع الأهداف أو الانجازات التي يتوجب على المرؤوس تحقيقها خلال فترة زمنية محددة، وذلك من قبل الرئيس لوحده، أو بمشاركة المرؤوس صاحب العلاقة وهذا أفضل بلا شك، لتكتسب الأهداف صفة التأييد من المرؤوس والاقتناع بها من قبله. فالأهداف هنا بمثابة النتائج التي يجب أن يحققها الفرد عن طريق أدائه، وهي بالتالي بمثابة معايير على أساسها يتم تقييم أداء المرؤوس.

2. يقوم كل من الرئيس المباشر مع مرؤوسيه بوضع جدول زمني لتحقيق الأهداف المطلوبة، أي يضعا التوقيت الزمني للأداء وإنجاز الأهداف، فمن خلال هذا الجدول يعرف كلا الطرفان ما يلي:

- ماذا يؤدي من عمل ؟

- وماذا أنجز منه ؟

- وما تبقى من عمل يجب القيام به وإنجازه من قبل المرؤوس ؟

يتضح من ذلك أن هذا الجدول هو بمثابة خطة عمل يلتزم بها المرؤوس من أجل إنجازه للأهداف (المعايير) المطلوبة منه.

3. يقوم الرئيس المباشر في الخطوة الثالثة بمقارنة نتائج أداء المرؤوس أو الانجازات التي حققها مع ما هو محدد في المعايير (الأهداف) الموضوعة له في الخطوة الأولى التي وافق عليها، وهنا يتوجب على الرئيس المقيم أن يكتشف الأسباب التي أدت إلى عدم تحقيق النتائج المطلوبة، وكذلك الأسباب التي أدت للوصول إليها.

4. يقوم الرئيس المباشر في هذه الخطوة الأخيرة مع مرؤوسه الذي قيم أداءه، بوضع الخطة المستقبلية التي من خلالها يتمكن المرؤوس من علاج نواحي الضعف في أدائه، وتقوية النواحي الايجابية، في مسعى لتطوير هذا الأداء بشكل دائم ومستمر.

يتميز هذا الأسلوب بما يلي:

* وسيلة لمتابعة الأداء ومعالجة الأخطاء أولاً بأول.

* يكون لدى المرؤوس رؤية واضحة عن مستوى أدائه بايجابياته وسلبياته، بما يحفزه على مضاعفة جهوده المستقبلية.

* يحمل المرؤوس مسؤولية مباشرة لتطوير وتحسين أدائه.

مقابلة تقييم الأداء

تعد مقابلة تقيم الأداء ركناً أساسياً في نظام التقييم وتحقيق أهدافه المرجوة منه في مجال تطوير وتحسين أداء الموارد البشرية. وهذه المقابلة عبارة عن لقاء يجري بين المقيم ومن قيم أداءه، يتم من خلالها شرح نتائج التقييم له وأسبابها ووضع الخطة لتطوير وتحسين هذا الأداء مستقبلاً.

علنية أم سرية نتائج تقييم الأداء :

يعد إعلام من قيم أداءه بنتائج هذا التقييم ومناقشتها معه، من أكثر الجوانب أهمية في مجال تقييم أداء الموارد البشرية، فمن حق الفرد أن يعرف حقيقة أدائه بايجابياته وسلبياته، والأسباب التي أدت إليها، ليتمكن من تطوير أدائه وتحسينه في المستقبل، فكيف يتسنى له ذلك بدون هذه المعرفة. من هذا الجانب الهام نشير إلى ان جعل نتائج تقييم الأداء سرية لا يعرفها من قيم أداءه، أمر سلبي ولا يخدم الهدف الأساسي لتقييم الأداء، وهو تحسين هذا الاداء لمصلحة الفرد والمنظمة بآن واحد. على كل حال يبرر مؤيدو سرية نتائج التقييم وعدم مناقشتها بالمبررات التالية:

* توفر السرية الحرية في تقييم الأداء ولا تخلق حساسية بين المقيم ومن قيم أداءه، وخاصة فيما إذا كان المقيم هو الرئيس المباشر، فهذه الحساسية قد تؤثر سلباً في العلاقة ما بين الطرفين.

* يزيد إعلان نتائج تقييم الأداء ومناقشتها مع من قيم أداءه من الشكاوى والتظلمات، الأمر الذي يؤدي أيضاً إلى إساءة العلاقة بين الرؤساء المقيمين ومرؤوسيهم.

* يضع إعلان نتائج تقييم الأداء ومناقشتها المقيمين (وخاصة الرؤساء) في موقف محرج أمام من قيموا أداءهم، إذ كيف سيواجهونهم بنتائج ضعف كفاءتهم في العمل الذي هو مصدر رزقهم وعيشهم، دون أن يؤدي ذلك إلى ردود فعل عكسية لديهم.

* صعوبة إقناع بعض من قيم أداءه بحقيقة نقاط ضعفه، وفي هذه الحالة يكون إعلان النتائج ومناقشتها معهم لا جدوى منها.

إزاء ما تقدم نقول: أنه مهما كانت قوة الحجج التي تؤيد سرية النتائج، فإنها لا توازي الفوائد التي يمكن تحقيقها من إعلانها ومناقشتها، فمبدأ السرية غير عملي ولا يحقق هدف نظام تقييم الأداء، الذي يقوم على أساس اكتشاف وتحديد نقاط الضعف في أداء الفرد للقيام بعلاجها وتطوير أدائه في المستقبل. فإذا لم يطلع الفرد على نتيجة تقديره فكيف يتسنى له أن يقف على حقيقة أدائه كما يراها رؤسائه؟ وكيف يتسنى له معرفة الأخطاء التي وقع فيها أثناء تأديته للعمل لتلافي الوقوع فيها ثانية؟ لذلك لا يعتبر منطقياً استخدام مبدأ السرية مطلقاً، لأنه يفقد تقييم الأداء فائدته وأهميته، ويصبح بمثابة الامتحان الذي لم تعلن نتيجته.

وفي ضوء ما تقدم يمكن القول: إن مناقشة نتائج تقييم الأداء من الضرورات الأساسية في أي نظام لتقييم الأداء التي لا يجوز اغفالها، إذ لا يمكننا أن نتصور نظاماً يمكنه تحقيق النجاح هو يتجاهل أهمية وفائدة تنظيم مقابلات

لمناقشة نتائج التقييم مع من قيم أداؤهم، فما فائدة التقييم دون شرح لنتائجه. إذاً مقابلة الأداء PERFORMANCE INTERVIEW لمناقشة نتائج تقييمه جزء أساسي من نظام تقييم الأداء، وبدونها لا يأتي هذا النظام بالثمار المرجوة منه.

تعريف مقابلة الأداء وفوائدها :

يمكن تعريف مقابلة تقييم الأداء، بأنها نموذج معين من المعاملة تحدث بين شخصين محددين أحدهما المقوم (الرئيس المباشر) والثاني الشخص الخاضع لعملية التقييم وهو المرؤوس، وذلك بهدف المناقشة وتبادل الرأي حول نقاط الضعف في أدائه، ووضع الحلول والوسائل لعلاجها، وتدعيم نقاط القوة لديه للاستفادة منها بشكل أكثر وتحسين الأداء مستقبلاً. إذاً مقابلة الأداء فرصة ممتازة لتلخيص ومناقشة حصيلة أداء وإنجاز الفرد في الفترة المنصرمة وهي فترة التقييم، وذلك بتوضيح الوقائع المتعلقة بالنجاح والفشل.

ويمكن القول أنه اذا ما أحسن تخطيط وتنفيذ مقابلة الأداء بشكل جيد وروعي فيها الأصول العلمية المعمول بها، سوف تحقق لنا الفوائد التالية:

1. تعطي المرؤوس فكرة واضحة عن طريقة أدائه للعمل مع بيان وشرح أوجه الضعف فيها ومناقشة سبل تحسينها.
2. وسيلة لإزالة أوجه الخلاف التي قد تنشأ بين الرؤساء ومرؤوسيهم أثناء العمل، وتجعل كلا منهما يفهم الآخر بشكل أفضل، مما يؤدي إلى إرساء أسس لعلاقات طيبة بين الرئيس ومرؤوسيه.
3. تسمح للرئيس توضيح مستوى الأداء المطلوب، وشرح أهداف العمل ومطالبه.
4. لا تجعل الموظف يتقبل حكم المقيم (رئيسه) دون اقتناع.
5. إن اعلان النتائج للعاملين ومناقشتها معهم يزيد من ثقتهم في تقييم الأداء، اذ أنه يزيل الشك لديهم حول عدالته الذي تخلقه السرية.
6. عند إطلاع الفرد على حقيقة أدائه ومعرفته أن كفاءته في العمل منخفضة، تتولد عنده حينئذ رغبة كبيرة لتحسين أدائه، ويقتنع بفائدة التدريب الذي كان يعتقد أنه ليس بحاجة إليه، وأنه عبء عليه تأديته.
7. توفر العدالة لأن النتائج ستكون موضع مناقشة بين المقيم ومن قيم أداءه (الرئيس ومرؤوسيه) وهذا ما يجعل الأول أكثر جدية وعدالة في تقييمه.

دور المقيم في مقابلة الأداء :

يتخلص دور المقيم الذي هو غالباً الرئيس المباشر في مقابلة مناقشة نتائج تقييم الأداء بالنقاط التالية:

* دراسة النتائج التي توصل اليها من خلال تقييم الأداء وذلك بشكل جيد وتهيئة نفسه قبل المقابلة والنقاش، ليكون مستعداً لأي استفسار يوجهه له الفرد الذي قيم أداءه، وهنا ينصح المقيم بطرح الأسئلة التالية والاجابة عنها، وعرض هذه الاجابات على الفرد الذي يقابله:

1. ما الذي أنجزه الفرد المرؤوس الذي قيم أداءه.
2. هل ما أنجزه مطابق لما هو متوقع منه أي مع معايير التقييم؟
3. ما هو التقدم الذي أحرزه الفرد عن ما حققه في الماضي؟

* أن يدرس نمط شخصية الفرد الذي سيقابله، ليعرف كيف يتصرف معه أثناء المقابلة، وذلك قبل البدء بتنفيذها.
* أن يشرح المقيم ومنذ البداية هدف مقابلة الأداء، وكيف أنها لمصلحة الفرد من أجل تطوير وتحسين أدائه.
* جعل مقابلة الأداء فرصة لوضع خطة بالاتفاق مع الفرد الذي تجري مقابلته، من أجل تحسين أدائه المستقبلي. فعلى سبيل المثال اذا كانت هناك نقطة ضعف في الأداء هي نقص الجودة، فيمكن أن يقترح الحلول التالية: عدم السرعة في العمل، مراجعة العمل قبل تسليمه، عدم الشرود الذهني أثناء العمل.. الخ.
* تشجيع الفرد المرؤوس على النقاش وطرح الأسئلة، ويجب إفساح المجال له بأن يبرر جوانب الضعف في أدائه، فهذا يسهل كثيراً من وضع خطة العلاج وتأييدها من قبل المرؤوس.
* التأكد من أن الفرد المرؤوس قد فهم حقيقة أدائه، وفهم أيضاً خطة تطويره وتحسينه.
* الاستفسار من المرؤوس عن رأيه وبصراحة في نتيجة تقييم أدائه.

دور المرؤوس في مقابلة الأداء :

يتلخص دور المرؤوس الذي جرى تقييم أدائه بالنقاط التالية:

* أن يسأل ويستفسر عن ما يشاء من مبررات توضح له سبب تقييمه بتقدير معين، لتكون لديـه القناعـة به.

* ألا يدخل المقابلة وفي نفسه شعوراً عدائياً، بل يدخلها بصدر مفتوح وليس مشحوناً .

* أن يصغي جيداً لمشاكل أدائه ويفهمها بشكل جيد .

* أن يكون جريئاً يعترف بأخطائه .

* أن يفصح لرئيسه عن ما كان يتوقعه من تقييم أدائه .

نصائح ارشادية لزيادة فاعلية مقابلة الأداء :

فيما يلي بعض النصائح والارشادات نوجهها للمقيم الـذي ينفـذ مقابلـة الأداء لتكون مقابلتـه ناجحة وفعالة:

* التركيز على جوانب القوة والضعف في الأداء على حد سواء، فالبعض يركـز عـلى الضعف ويهمل القوة وهذا خطأ بحد ذاته، فتحسين الأداء يتطلب معالجة الضعف وتنمية القوة في الوقت نفسه.

* المقابلة ليست مسرحاً لالقاء الخطب واستعراض العضلات بل هي مقابلة تهدف الى تحسين الأداء، وهـي اتصال باتجاهين يسمح بتبادل الرأي بين المقيم والفرد الذي قيم أداءه، والمناقشـة للوصول إلى حلـول من أجل تحسين الأداء، فمشاركة الفرد مسألة هامة جداً.

* مراعاة الصراحة والصدق، فـلا مجال للمجاملـة في مقابلـة الأداء طالما أن مسعاها الأول والأسـاسي هـو تحسين الأداء.

* الابتعاد كل البعد عن الانتقاد، فهدف المقابلة هي عـلاج الضعف وتنميـة نقـاط القوة وتحسين الأداء، فالانتقاد يولد لدى الفرد ردة فعل عكسية تجاه المقيم يفقد المقابلة فائدتها، فعلى المقيم عـرض نقـاط الضعف بشكل لبق مع وصف العلاج مباشرة. وهنا ينصح أنـه عنـدما يتم التعرض لنقاط الضعف يتوجب على المقيم أن يهاجم المشكلة ولا يهاجم الفرد الذي تجري مقابلته.

* الابتعادعن العصبية والانفعال من قبل المقيم، فهما يثيران أعصاب الفرد وغضبه ويتخذ موقفاً سلبياً مـن المقابلة، وفي هذه الحالة تفقد أهميتها.

* الأفضل أن يبدأ المقيم باستعراض نقاط القوة أولاً، ليعطي الفرد جرعة معنوية جيدة، قبل الانتقال الى نقاط الضعف في أدائه، فالروح المعنوية العالية تسهم في استجابة الفرد الذي تجري مقابلته لنصائح المقيم وتحقيق هدف المقابلة.

* عدم التركيز على الماضي بل على المستقبل في مسعى لتحسين الأداء، فالماضي يجب الاستفادة منه لجعل المستقبل أفضل منه.

* يجب إنهاء المقابلة بعبارات لطيفة فيها أمل للفرد، الذي يجب إشعاره أيضاً بأن مسؤولية تحسين أدائه هي مسؤولية مشتركة بينه وبين المقيم الذي هو رئيسه المباشر في الغالب.

حق التظلم من نتائج تقييم الأداء

لنتساءل الآن ونحن في نهاية موضوع تقييم الأداء :

ماذا لو أن بعض الموارد البشرية لم تقتنع بنتيجة أدائها، بعد إعلامها بها، ومناقشتها معها؟

لا شك أنه من المحتمل أن يكون عدد هؤلاء ليس بالقليل فما هو الحل؟ وجد أن أنسب حل لمعالجة هذه المسألة أن يفتح لهم باب التظلم من نتائج تقييم أدائهم، وهذا ما سوف نناقشه في الفقرة التالية:

حق التظلم هو طلب رسمي (أحيانا يكون غير رسمي) يقدمه الفرد الذي لم يقتنع بنتيجة تقييمه ولا بمناقشتها معه، لشعوره بعدم عدالة تقييمه، أو وجود خطأ ما فيه، وبالتالي فحق التظلم من نتائج تقييم الأداء APPEALING OF APPRAISAL RESULTS ، فرصة تتيحها المنظمة له من خلال نظام تقييم الأداء الذي صممته إدارة الموارد البشرية، من أجل التعبير عن وجهة نظره بنتيجة تقييم أدائه، التي تشير إلى عدم قناعته بها. وينظر إلى حق التظلم هنا، على أنه تنفيس للمشاعر السلبية التي قد تكون قد تشكلت لدى بعض الموارد البشرية غير الراضية عن نتيجة تقييمها. ويقدم طلب التظلم عادة إلى إدارة الموارد البشرية، التي تطبق الاجراءات

الخاصة بحق التظلم التي يتضمنها نظام تقييم الأداء المعمول به في المنظمة. وسنعرض فيما يلي بعض الأمور الهامة ذات العلاقة بموضوع التظلم.

* إدارة الموارد البشرية لها الحق في أن تتخذ كافة الإجراءات التحقيقية للتأكد من صحة التظلم المقدم اليها، فاذا وجدت نتيجة التحقيق أن نتائج التقييم صحيحة وموضوعية، ترد طلب التظلم الى صاحبه، ولا يكون له الحق مرة ثانية التظلم من نتيجة نفس التقييم. أما إذا تبين لادارة الموارد البشرية وجود خطأ أو تحيز ما، في هذه الحالة تستدعي المقيم وتواجهه به، من أجل إتاحة الفرصة له كي يبرر تقييمه، فاذا كان التبرير غير كافي تعد تقريراً بذلك وترفعه للجهة المعنية صاحب السلطة لمحاسبة المقيم، وهنا يعاد تقييم أداء صاحب التظلم من جديد.

* تؤكد الممارسة العملية لحق التظلم من نتائج تقييم الأداء ما يلي:

1- يفيد حق التظلم بأنه يجعل المقيمين اكثر جدية وموضوعية في تقييم الأداء، لعلمهم المسبق بأن من يقيم أداءه له حق الإعتراض على نتيجة تقييمه.

2- يخلق إعطاء حق التظلم لدى الموارد البشرية، شعوراً ايجابياً نحو نظام تقييم الاداء وثقة به وبنزاهته.

3- يحدث حق التظلم حساسية لدى المقيمين وخاصة الرؤساء وشعوراً عدائياً نحو من اعترض على نتيجة تقييمه، وهذا يسيء للعلاقة بين الطرفين.

4- يخلق إعطاء حق التظلم للعاملين مشاكل إدارية وخاصة في المنظمات الكبيرة الحجم التي عدد الموارد البشرية فيها كبير.

مما لا شك فيه أن إعطاء حق التظلم لجميع العاملين من نتائج تقدير كفاءتهم أمر غير منطقي وغير سليم، لأن هذا الأمر سيخلق مشاكل أمام الادارة، وسيصبح هناك شطط وسوء استعمال لهذا الحق، وبالتالي سيؤثر في حسن العلاقة بين الرؤساء ومرؤوسيهم. بالإضافة لذلك سيؤدي إلى كثرة مشكلات الإدارة وانشغالها للبت في قرارات الطعن المقدمة من العاملين، لذلك من الأنسب أن يعطى هذا الحق للاشخاص الذين كانت نتائج تقديرهم ضعيفة ومتوسطة، وذلك حسما للمشاكل السابقة.

الفصل الحادي عشر

استراتيجية تدريب وتنمية الموارد البشرية

محتوى الفصل

- الرؤية المعاصرة لتدريب وتنمية الموارد البشرية.
- التعلم المستمر.
- تصميم استراتيجية التدريب والتنمية.
- تحديد حاجات التدريب والتنمية الاستراتيجية.
- أساليب تدريب وتنمية الموارد البشرية.
- تصميم برنامج تدريب وتنمية الموارد البشرية.
- التقييم المعاصر لبرامج تدريب وتنمية الموارد البشرية.
- تدريب وتنمية الادارة.
- تأهيل الموارد البشرية الأولي .

تساؤلات يطرحها الفصل

- ما هي التحولات التي طرأت على مفاهيم التدريب والتنمية في الوقت الحاضر؟
- ما هو البعد الاستراتيجي لعملية التعلم التي هي محور تدريب وتنمية الموارد البشرية؟
- ما هي الركائز والأصول المتبعة في تكوين استراتيجية تدريب وتنمية الموارد البشرية؟
- ما هي الآلية التي من خلالها تصمم برامج تدريب وتنمية الموارد البشرية؟
- ما هو البعد الجديد في تقييم برامج تدريب وتنمية الموارد البشرية؟
- ما هي أهمية تدريب وتنمية هيئة الادارة في المنظمات؟
- هل لتدريب وتأهيل الموارد الجديدة أبعاد ذات أهمية؟

الرؤية المعاصرة لتدريب وتنمية الموارد البشرية

يعتبر موضوع التدريب والتنمية من المسائل الهامة في ميادين الأعمال الحكومية والخاصة على حد سواء، حيث استرعى اهتمام الكثير من المختصين في هذا المجال سواء الأكاديمية في الجامعات، أو معاهد التدريب والتنمية، أو الممارسين لعملية الادارة ومتخذي القرارات في المنظمات وعلى اختلاف أنواعها، على اعتبار أن التدريب والتنمية وسيلة فعالة بامكان هذه المنظمات استخدامها، من أجل تجديد حيويتها باستمرار وجعلها قادرة على مواجهة تحديات القرن الحالي الجديد. فالتدريب والتنمية مسألة تخص جميع أنواع الموارد البشرية في كافة أنواع المنظمات، يجب أن تأخذ حقها من الدراسة والتحليل، للوصول إلى نتائج تساعد في تنمية الموارد البشرية. وسنعمل في هذا الفصل على عرض آخر الاتجاهات الحديثة والمعاصرة التي ظهرت في هذا المجال وهو التنمية البشرية، حيث اعتمدنا على عدد من المراجع الأجنبية التي زودتنا بمعلومات غنية وحديثة عن موضوع هذا الفصل. [1]

الأهمية الاستراتيجية للتدريب والتنمية :

مع تزايد حجم ونوعية المنافسة المحلية والعالمية بين المنظمات على اختلاف أنواعها، وتسابقها لتقديم الجديد والأجود في السلع والخدمات لتحقيق الرضا لدى زبائنها وتوسيع حصتها السوقية، زاد الاهتمام والتأكيد من قبلها على الدور الاستراتيجي الذي يمكن أن يلعبه التدريب والتنمية، في جعل مواردها البشرية ذات قدرات ومهارات ومعارف عالية المستوى، لتمكينها من الابتكار والابداع وتقديم الجديد والأجود في منتجاتها. لقد وجدت المنظمات في التدريب والتنمية الوسيلة الفعالة من أجل رفع مستوى أداء مواردها البشرية إلى أعلى المستويات، وجعلها

(1) استمدت الأفكار الرئيسة لهذا الفصل من المراجع التالية:

a. ASHTON D. FELSTEAD A. HUMAN RESOURCE MANAGEMENT, ROUTLEDGE, LONDON, 1995.

b. BURGOYNE J. PEFER M. AND BOYDELL T., TOWARDS THE LEARNING, McGRAW-HILL, MAIDDEN HEAD, 1994.

c. McGOLDRICH J. STEWART J. HUMAN RESORCE DEVELOPMENT, PITMAN PUBLISHING, LONDON, 1996 .

قادرة على تحقيق الابداع والتجديد وتقديم الحديث ذي الجودة العالية، التي تلبي حاجات ورغبات زبائنها وتفي بتوقعاتهم.

لقد أصبح التدريب والتنمية حاجة ملحة في المنظمة المعاصرة، وسلاح تستخدمه في مواجهة تحديات البيئة والتغيرات السريعة المذهلة في التكنولوجيا وتجهيزات العمل وأساليبه التي يشهدها العالم اليوم، فهذه التجهيزات والأساليب لم تعد بسيطة، بل أصبحت معقدة تحتاج إلى مهارات متعددة ومتنوعة وبمستوى عالي، وهذا لا يمكن تلبيته إلا من خلال التدريب والتنمية، فالموارد البشرية التي تحتاجها المنظمات اليوم، موارد تمتلك تشكيلة من المهارات الحديثة، تمكنها من التعامل مع التكنولوجيا الحديثة، والمعرفة الإدارية المعاصرة، وأساليب وطرق العمل الجديدة، والعمل في عدة مواقع أو وظائف. فعلى سبيل المثال فقد استوجب تغيير أسلوب تنفيذ الأعمال في المنظمة المعاصرة من فردي إلى فرق عمل مدارة ذاتياً، أن يتقن الفرد عدة مهارات ليعمل ضمن الفريق، الذي سمة من سماته الأساسية تبادل المهام بين أعضائه، فإذا لم يتوفر لدى عضو الفريق ذلك، لن يتمكن من العمل فيه. فهذا التوجه المعاصر في أسلوب تنفيذ العمل، خلق حاجة ملحة للتدريب والتنمية، لاكساب الموارد البشرية مهارات متنوعة وحديثة لتلبية حاجات العمل الحالية، ومواجهة حاجاته المستقبلية في ظل التغيرات السريعة التي يشهدها العالم اليوم.

لقد أصبح التدريب والتنمية أحد الركائز التي تقوم عليها منهجية إدارة الجودة الشاملة، التي تمثل الإدارة الحديثة في منظمات اليوم. لقد فرضت هذه المنهجية على المنظمات إحداث تغييرات جذرية في كل شيء فيها، رسالتها، ثقافتها التنظيمية، أنظمتها، سياساتها، إدخال التحسينات المستمرة على منتجاتها.. الخ . إن إدخال هذه التغييرات التنظيمية ألزم المنظمات الحديثة تبني إستراتيجية تدريب وتنمية مستمرة، قائمة على أساس تعلم الأشياء الجديدة بشكل دائم، لاستيعاب هذه الجوانب المتغيرة ووضعها موضع التطبيق الفعلي الصحيح. لذلك لم يعد التدريب أثناء العمل البسيط يلبي حاجات العمل الاستراتيجية، التي أصبحت تتطلب تنوعاً كبيراً وحداثة في مهارات الموارد البشرية، ليكون بمقدورها إنجاز استراتيجية المنظمة. لذلك نجد بأن منظمات اليوم قد حولت سياساتها التدريبية الى استراتيجيات تعلم وتدريب وتنمية مستمرة، وإلى تبني اتجاهات جديدة ومعاصرة في هذا المجال الهام، تماشياً كل تغير يحدث في البيئة وينعكس أثره على نشاط المنظمات.

انفقت الشركات الأمريكية التي عدد العاملين فيها أكثر من مئة فرد عام /1994/ مبلغ (45) مليار دولار على برامج التدريب والتنمية فيها، حيث تنظر هذه الشركات الى مسألة تنمية مواردها البشرية على أنها مسألة استراتيجية تخدم مصالحها البعيدة الأجل. [1]

مفهوم التدريب والتنمية المعاصر :

يتكون مفهوم تدريب وتنمية الموارد البشرية المعاصر من شقين اثنين هما:

أولاً : التدريب والتنمية عملية استراتيجية .

ينظر في الوقت الحاضر إلى التدريب والتنمية على أنها عملية استراتيجية، تأخذ شكل نظام فرعي مكون من أجزاء متكاملة، وتعمل ضمن نظام واستراتيجية أكبر هي استراتيجية المنظمة، وضمن إطار ودور إدارة الموارد البشرية فيها. وتتكون استراتيجية التدريب والتنمية من مجموعة مخططة من برامج التدريب والتنمية البشرية المستمرة، التي تهدف وتسعى إلى تطوير وتحسين أداء كل من يعمل في المنظمة وتعليمه كل جديد بشكل مستمر، من أجل مساعدة الجميع على تحقيق مكاسب وظيفية ومستقبل وظيفي جيد. وفي الوقت نفسه تسعى هذه الاستراتيجية الى تشكيل بنية تحتية من المهارات البشرية التي تحتاجها المنظمة في الحاضر والمستقبل، لرفع كفاءتها الإنتاجية وفاعليتها التنظيمية باستمرار، لتحقيق الرضا لدى زبائنها، الذي يتوقف وجودها على هذا الرضا. وكذلك التأقلم والتكيف مع التغيرات التي تحدث في البيئة وينعكس أثرها على نشاط المنظمة في المدى القصير والبعيد، حيث تحتاج هذه التغييرات الى تعليم وإكساب مواردها البشرية المهارات الجديدة والمتنوعة لاحتوائها والتعايش معها، فهذه المهارات الجديدة التي تخلقها التنمية، تساعد إلى حد كبير على تخفيف الضغوط التي تشكلها التغيرات على الموارد البشرية.

يمكن القول إذاً بأن التدريب والتنمية كاستراتيجية، تسعى إلى بناء نظام معرفي حديث لدى الموارد البشرية في المنظمة، وتطوير مهاراتها الحالية،

---

(1) وردت هذه الاحصائية في كتاب:

GEORGE T. MILKOVICH, JOHNE W. BOUDREAW, OP.CIT. P. 321 .

وإكسابها أخرى جديدة ومتنوعة، وتعديل إتجاهاتها السلوكية للأفضل، بهدف استيعاب والتأقلم مع التغييرات التي تحدث في البيئة وتفرض على المنظمة تبنيها والتكيف معها.

ثانياً : التدريب والتنمية عملية تعلم مستمرة .

التدريب والتنمية البشرية كعملية تعلم مخططة تتكون من قسمين:

التدريب : عمل مخطط يتكون من مجموعة برامج مصممة من أجل تعليم الموارد البشرية كيف تؤدي أعمالها الحالية بمستوى عالي من الكفاءة، من خلال تطوير وتحسين أدائهم.

التنمية: عمل مخطط يتكون من مجموعة برامج مصممة من أجل تعليم الموارد البشرية وإكسابها معارف، وسلوكيات، ومهارات جديدة، متوقع أن تحتاجها في أداء مهام أو وظائف جديدة في المستقبل، والتأقلم والتعايش مع أية مستجدات أو تغييرات تحدث في البيئة وتؤثر في نشاط المنظمة.

يتضح مما تقدم أن القسمين أعلاه التدريب والتنمية يعتمد كلاهما في الوقت الحاضر على التعلم المستمر، الذي يعتبر الآن الركيزة التي تقوم عليها استراتيجية تدريب وتنمية الموارد البشرية، فالتدريب والتنمية لكي يكونا فعالين، يجب أن يقوما على أساس تعليم المتدربين كيف تفعل الأشياء بشكلها الصحيح، وأيضاً تعليمهم أشياء جديدة يحتاجونها في أعمالهم الحالية والمستقبلية. فالمتدرب الذي لم يتعلم شيئاً من التدريب والتنمية، معنى ذلك أن الجهود التي بذلت في هذا المجال قد باءت بالفشل، فالتعلم هو حصيلة ونتاج العملية التدريب والتنمية، فعندما يتحقق التعلم معنى ذلك أنه قد حدث لدى المتدرب تغيير ملائم ومطلوب في:

معرفته KNOWLEDGE ، ومهاراته SKILLS ، واتجاهاته ATITDUDES ، وسلوكياته BEHAVIORS ، وخبرته EXPERIENCE .

نخلص من ذلك:

بأن التدريب والتنمية كاستراتيجية وعملية منتظمة يعتمدان على التعلم، ويهدفان إلى بناء معارف ومهارات واتجاهات وسلوكيات لدى الموارد البشرية، من أجل تطوير وتحسين أدائها الحالي والمستقبلي، والتكيف مع تغيرات البيئة الدراماتيكية، وهما مساعي حثيثة وجادة لإحداث المطابقة والمواءمة بين خصائص الموارد البشرية من

جهة وخصائص أعمالها الحالية والمستقبلية من جهة ثانية، وجعل أدائها في حالة تحسن دائم ومستمر.

هدف التدريب والتنمية المعاصر :

من خلال الاستعراض السابق يمكننا القول الآن بأن التدريب والتنمية كاستراتيجية وعملية تعلم يهدفان إلى ما يلي:

* تعليم الموارد البشرية كيف تتلافى جوانب الضعف في أدائها الحالي وتؤدي المطلوب منها بشكل صحيح، وذلك من خلال سد الثغرات الموجودة في مهاراتها وسلوكياتها الحالية.

* تعليم الموارد البشرية كيف تنمي جوانب القوة في أدائها الحالي للاستفادة منها بشكل أكثر مستقبلاً، وذلك في معارفها أو مهاراتها وسلوكياتها الحالية.

* إكساب الموارد البشرية معارف ومهارات واتجاهات سلوكية جديدة ومتنوعة، لتمكينها من أداء أعمال جديدة في المستقبل تحتاجها المنظمة.

* تكييف الموارد البشرية مع تغيرات البيئة التي تضطر المنظمة إلى إدخالها على مجالات العمل فيها.

إن تحقيق الأهداف السابقة أعلاه، لا شك أنه يمكن المنظمة من جني الثمار التالية:

1. رفع مستوى مهارة الموارد البشرية وروحها المعنوية في العمل وهذا يؤدي إلى:

* رفع كفاءة المنظمة الانتاجية وفاعليتها التنظيمية.

* تقديم منتج عالي الجودة وبسعر مناسب للزبائن، مما يحدث لديهم الرضا ويساعد على كسب زبائن جدد، وهذا يؤدي في النهاية الى توسيع حصة المنظمة في السوق، وزيادة أرباحها، وبالتالي ضمان بقائها واستمرارها في العمل.

2. خلق اتجاهات مؤيدة لدى الموارد البشرية تجاه أعمالها والمنظمة معاً، وإكسابها أنماطاً سلوكية إيجابية تخدم مصلحتهم ومصلحة العمل على حد سواء.

3. تقوية القدرة على الإبداع والابتكار لدى الموارد البشرية وتقديمها كل جديد للزبائن والسوق، وتمكينها من إدخال التحسينات المستمرة على مجالات عملها.

4. تكييف الموارد البشرية مع المتغيرات التي تدخلها المنظمة إلى أعمالها في المستقبل والتعايش معها بدلاً من مقاومتها وعرقلتها وإفشالها.

5. جعل الموارد البشرية قادرة على تأدية مهام ووظائف متنوعة ومختلفة حاضراً ومستقبلاً، مما يخلق لديها مرونة عالية في أداء الأعمال في المنظمة.

6. ضمان استقرار العمل الانتاجي في المنظمة، فالموارد البشرية المدربة والمتعلمة بشكل جيد، يكون بامكانها الاستمرار في التشغيل بكفاءة وتحقيق رقم الإنتاج المطلوب.

7. توفير الحماية الجيدة للموارد البشرية من مخاطر وإصابات العمل التي تحدث بسبب نقص المهارة في أداء الأعمال، فالشخص المدرب جيداً يعرف كيف يحمي نفسه من هذه المخاطر.

أظهرت دراسة استكشافية عام 1995 في الولايات المتحدة الأمريكية، نفذتها جمعية التدريب والتنمية الإمريكية AMERICAN TRAINING AND DEVELOPMENT في عدد من الشركات الأمريكية، الفوائد التالية التي حققتها استراتيجية التدريب والتنمية فيها: (1)

*** زيادة الكفاءة الانتاجية بمقدار 77% .**

*** تحسن جودة المنتج بنسبة 72% .**

*** زيادة رضا الزبائن بمقدار 63% .**

*** تحسنت خدمة الزبائن بنسبة 75% .**

*** انخفض الفاقد والهدر بنسبة 55% .**

إتجاهات التدريب والتنمية المعاصرة :

تشكل مجموعة الاتجاهات المعاصرة في مجال تدريب وتنمية الموارد البشرية البعد والعمق الاستراتيجي لهذا الموضوع، وتوضح لنا ما يجب تبنيه من

(1) LYLE M. SPENCER. REENGINEERING HUMAN RESOURCE, JOHNE WIELY, NEW YORK, 1995, P. 237.

قبل المنظمات وعلى اختلاف أنواعها، عند رسم استراتيجياتها في هذا الحقل الهام من المعرفة الإدارية. وسنعمد فيما يلي الى عرض أهم هذه الاتجاهات:

1. التدريب والتنمية نظام للتعلم الاستراتيجي المستمر:

تؤكد معظم الأدبيات المعاصرة في مجال الإدارة بوجه عام وإدارة الموارد البشرية بشكل خاص، على النظر الى المنظمة على أنها مكان للتعلم والعمل بآن واحد WORKPLACE LEARNING واعتبار مسألة التدريب والتنمية جزءاً من استراتيجية المنظمة، التي هي بمثابة مفتاح استراتيجي لتحقيق نمو المنظمة وبقائها. إنطلاقاً من ذلك اصبحت استراتيجية التدريب والتنمية نظاماً استراتيجياً للتعلم المستمر يتكون من أربعة عناصر رئيسة أساسية هي ما يلي:

المدخلات: وتشتمل على متدربين من فئات ونوعيات مختلفة من الموارد البشرية، لديها حاجات تدريبية متنوعة يتطلبها أداء أعمال المنظمة الحالية، وحاجات تنموية يحتاجها إنجاز استراتيجيتها المستقبلية. كما تشتمل المدخلات على برامج التدريب والتنمية وما تحتويه من مدربين ومواد ومستلزمات تدريبية وموارد مالية.

الأنشطة : وتمثل ما يقوم به المدربون والمتدربون في البرامج التدريبية والتنموية من فعاليات وأنشطة تعلم لتحقيق أهداف استراتيجية التدريب والتنمية، حيث يتعلمون كيف تؤدى الأعمال بشكلها الصحيح، وتعلم الأشياء الجديدة.

المخرجات: وتمثل تطور وتحسين أداء الموارد البشرية الحالي، وتهيئتها لأداء مهام وأعمال مستقبلية جديدة، تلبية لاحتياجات انجاز استراتيجية المنظمة.

التغذية العكسية: وتمثل تقييم مدى الاستفادة من التدريب والتنمية، وتحديد الثغرات التي حدثت في تنفيذ الفعاليات والأنشطة التدريبية والتنموية، للاستفادة منها في البرامج القادمة.

2. تحول التدريب والتنمية من سياسة الى استراتيجية :

يعد تدريب وتنمية الموارد البشرية في الوقت المعاصر استراتيجية تعمل في خدمة استراتيجية المنظمة الكلية، حيث توضع في ضوء متطلبات انجازها من الكفاءات البشرية الحالية والمستقبلية، وبالتالي فقد أصبحت جزءاً مكملاً لها ضمن إطار استراتيجية إدارة الموارد البشرية. في ظل هذا التوجه استلزم الأمر التحول من سياسة للتدريب والتنمية (التوجه القديم) الى استراتيجية تتكامل وتتوافق مع احتياجات انجاز استراتيجية المنظمة الكلية. هذا التحول ليس مجرد تغيير في التسمية، بل هو تغيير في الهدف، والبعد الزمني، والمادة التعليمية، وأساليب

التدريب والتنمية، وفي القواعد والمبادئ التي تقوم عليها سياسة التدريب والتنمية سابقاً.

3. التوافق مع رياح التغيير واحتياجاته :

شهدت ساحات العمل في المنظمات بوجه عام والصناعية والخدمية بشكل خاص، تغيراً واسعاً وكبيراً في مجال تصميم الأعمال وإدارتها، ففي إطار التوجه الحديث في هذا المجال، أصبحت الموارد البشرية فيها بحاجة إلى تنوع، وتعدد، وتحديث، مستمر في مهاراتها، من أجل تمكينها من ممارسة عدة أعمال سواء على صعيد المنظمة، أو صعيد فرق العمل. لقد استلزم هذا التوجه الاستغناء عن مواد التدريب والتنمية القديمة وأساليبه، والاستعاضة عنها بمواد وأساليب حديثة ومتطورة تركز على مهارات العمل الجماعي، فتعلم الفرد كيف يعمل مع الآخرين من أجل إنجاز مهمة محددة مشتركة، وكيف يتبادل العمل مع زملائه أعضاء الفريق، وكيف يندمج في العمل الجماعي التعاوني. لقد غير هذا التوجه من طبيعة برامج التدريب والتنمية لتنسجم وتتوافق مع التصميم الجديد للعمل وإدارته داخل المنظمات . ولم يقتصر هذا التوجه على العمل في الخط الأول من الهرم التنظيمي، بل شمل كافة المستويات الادارية، فالمديرون والرؤساء لم يعد الواحد منهم يغلق الباب على نفسه وليس له شأن مع الآخرين في الوحدات الادارية الأخرى، فهذا النمط انتهى عهده وولى، فالمطلوب الآن من المديرين والرؤساء أن يمارسوا العمل الجماعي التعاوني مع بعضهم بعضاً وتنسيقه، وجعله عملاً مشتركاً متكاملاً. هذا الأمر استوجب تزويدهم بالمهارات التي يحتاجها تصميم وإدارة العمل الجديد، وتنميتهم باستمرار من أجل مواجهة التغيرات المستقبلية المحتملة .

4. المنظمة المتعلمة :

المنظمة المعاصرة اليوم هي منظمة تعلم LEARNING ORGANIZATION تتصف بوجود جهود مستمرة فيها من أجل تعليم مواردها البشرية وبشكل دائم أشياء جديدة، وكيف يطبقوا ما تعلموه في واقع عملهم، في سبيل تحسين جودة منتجها وتحقيق الرضا لدى زبائنها وكسب ولائهم له والمحافظة على بقائها واستمراريتها في السوق. فمنظمة التعلم لا تعتبر التدريب والتنمية عملية ظرفية مؤقتة بل تعتبرها عملية مستمرة، لأن البيئة دائمة التغيير، وفيها متغيرات تجعل المنظمة بحاجة إلى مواءمة مواردها البشرية معها، من خلال جهود التعلم المستمر. إذاً يمكن القول بأن التعلم المستمر صفة تتحلى بها المنظمة المتعلمة، التي تسعى الى تقديم كل جديد ومبتكر وبسعر مناسب لزبائنها، فالتطوير والتحسين المستمر للمنتج حاجة ملحة في المنظمات اليوم وهدف استراتيجي يضمن لها البقاء والاستمرار، ولا يمكن تحقيق ذلك إلا بوساطة موارد بشرية متعلمة وبمستوى عالي

من المهارات. ولقد حدد المختصون في هذا المجال مجموعة من الخصائص تتصف بها المنظمة المتعلمة هي ما يلي:

* التعلم وسيلة للتكيف مع التغيرات التي تحدث في البيئة وبشكل مستمر.

* يجب أن يكون التعلم مستمراً ومتسارعاً وذلك لتعليم الموارد البشرية في المنظمة الأشياء الجديدة قبل المنظمات الأخرى، فتجديد وتحسين المهارات البشرية المستمر والسريع مطلب أساسي فيها، وذلك من أجل ألا تصبح هذه المهارات متقادمة لا تتماشى ولا تتواكب مع التطورات الحديثة والمعاصرة التي تحدث في البيئة من جهة، ولكي لا تسبقها منظمة أخرى في تقديم الجديد المبتكر للسوق من جهة ثانية.

* المنظمة المتعلمة تستخدم وسائل تعليمية حديثة.

* يركز التعلم في المنظمة المتعلمة على جانب الابتكار والابداع.

* المنظمة المتعلمة هي التي توفر مستلزمات العملية التعليمية.

* المنظمة المتعلمة هي التي توفر المناخ المادي والمعنوي لتطبيق ما تعلمته الموارد البشرية.

* المنظمة المتعلمة هي التي تعتبر التعلم وسيلة للتحرك الى المستقبل.

* منظمة التعلم هي التي تنظر الى كل من يعمل فيها على أنه موظف معرفة وتعلم.

* منظمة التعلم هي التي تعتبر مسألة التعلم مسؤولية مشتركة بين الرؤساء والمرؤوسين في كافة المستويات الإدارية، فالرؤساء عليهم تعليم مرؤوسيهم، والرؤساء الى جانب ما تقدمه منظمتهم لهم من تدريب وتنمية، عليهم تنمية ذاتهم.

* المنظمة المتعلمة هي التي توفر إدارتها العليا الدعم المادي والمعنوي لعملية التعلم فيها.

* المنظمة المتعلمة هي التي تنظر إلى التعلم على أنه استثمار بشري له عائد كبير، يتمثل بتحقيق المهارة العالية وبشكل مستمر لدى مواردها البشرية، بحيث يمكنها تقديم منتج يحقق الرضا لدى زبائنها.

* تنظر المنظمة المتعلمة إلى مسألة التعلم على أنها استراتيجية مكونة من شقين: الأول تدريب وتنمية رسمية، وتمثل برامج التدريب والتنمية التي يخضع لها العاملون سواء داخل المنظمة أو خارجها. والثاني تنمية غير رسمية وتمثل

برامج التنمية الذاتية التي يتوجب على المنظمة مساعدة مواردها البشرية على تنفيذها.

* تعتبر المنظمة المتعلمة التدريب والتنمية صفة من صفات المنظمة الناجحة.

* تؤكد المنظمة المتعلمة على ضرورة شمولية التدريب والتنمية لجميع الموارد البشرية أي لكل من يعمل فيها مديرون ورؤساء ومرؤوسين وعلى كافة المستويات الادارية، وهذا يعد تحولاً عن الاتجاه القديم الذي كان يرى أن الخط الأول (قاعدة الهرم التنظيمي) والادارة المباشرة، هما فقط بحاجة لتدريب وتنمية. فمنظمة التعلم وانطلاقاً من مفهوم البيئة المتغيرة التي تطالع المنظمات في فترات متقاربة بأشياء جديدة، ترى أن الجميع بحاجة لتدريب وتنمية مستمرة، وأن الادارة العليا متخذة القرارات هي بحاجة لذلك أكثر من أي مستوى آخر.

5. التدريب والتنمية إستثمار بشري :

يرى التوجه المعاصر في مجال تدريب وتنمية الموارد البشرية، أن الانفاق في هذا المجال هو إنفاق رأسمالي، وحقل استثماري خصب، فما ينفق فيه هو ليس بتكلفة إنما هو انفاق استثماري له عائد شأنه شأن أي استثمار آخر في الآلات أو في برامج التسويق.. الخ، وبالتالي يجب إعتباره بنداً استثمارياً في الموازنة التخطيطية او الاستثمارية في المنظمة الحديثة. فعوائد هذا الاستثمار هامة جداً تتمثل في أمور كثيرة تعرضنا إليها فيما سبق أهمها، تحسين المنتج، وتقديم كل جديد للزبون للحصول على رضاه وتوسيع حصة المنظمة السوقية بما يضمن لها البقاء والنمو. ويؤكد هذا التوجه إلى استبدال مصطلح التكلفة COST بمصطلح استثمار INVESTMENT ، وهذا الاستبدال يجب على المسؤولين في المنظمة إعتباره استثماراً طويل الأجل لا تتحقق عوائده في المدى القصير، بل تتحقق على المدى الطويل، تطبيقاً لمبدأ "إزرع اليوم لتحصد غداً". وما يؤكد هذه النظرة هو أنه طالما اعتبرنا التدريب والتنمية مسألة استراتيجية، إذاً لابد من النظر إليهما على أنهما استثمار بشري طويل الأجل. وللدلالة على أهمية هذا الاستثمار، هو أن التدريب والتنمية أصبحتا في الوقت الحاضر معياراً يقاس به نجاح المنظمات، فعندما يرى المختصون في مجال إدارة الجودة الشاملة والأيزو ISO لعام 2000 بنداً للاستثمار في مجال التدريب والتنمية البشرية في موازناتها الاستثمارية، سيعتبرون ذلك نقطة قوة فيها، لأن مسألة التعلم المستمر من وجهة نظرهما الذي يسعى التدريب والتنمية إلى تحقيقه ركناً أساسياً فيهما.

بلغ حجم الاستثمار في التدريب والتنمية عام 1998 في شركات الولايات المتحدة الامريكية /52/ مليار دولار. [(1)]

6. التنبؤ مسألة حتمية في التدريب والتنمية :

أشرنا في عدة مواقع من هذا الفصل الى أن التدريب والتنمية استراتيجية طويلة الأجل وتخطيط للتعلم المستمر ضمن إطار المنظمة المتعلمة. وطالما أن الأمر على هذا المنحى، إذاً لابد من تبني التنبؤ عند رسم هذه الاستراتيجية، لأن العمل الاستراتيجي إنما هو تخطيط طويل الأجل، والتخطيط الناجح كما نعرف لابد من قيامه على أساس من التنبؤ لما سوف يحدث في المستقبل، للاستعداد له ومواجهته والتعايش معه. من هذا المنطلق نجد أن على إدارة الموارد البشرية التي هي المسؤولة عن رسم استراتيجية التدريب والتنمية، تولي زمام المبادرة والتنبؤ باحتياجات المنظمة المستقبلية من المعارف والمهارات ضمن إطار استراتيجية المنظمة الكلية، التي رسمت أصلاً في ضوء نتائج التنبؤ بمتغيرات البيئة المتوقعة. نفهم من ذلك أن استراتيجية التدريب والتنمية لم تعد تنتظر حدوث التغييرات لتقوم بتكييف الموارد البشرية معها، كما كان عليه الحال في السابق عندما كان التدريب والتنمية سياسة تتعامل مع المستجدات الحالية فقط، بل أصبحت استراتيجية التعلم المعاصرة تعتمد على التنبؤ والتوقع لما سيحدث من تغيرات في العمل والاستعداد لها قبل وقوعها.

7. تدريب وتنمية فرق العمل :

يؤكد التوجه المعاصر في مجال تدريب وتنمية الموارد البشرية على تبني موضوع تدريب وتنمية فرق العمل، وذلك بعد أن تحول أسلوب تنفيذ الأعمال في المنظمات إلى فرق عمل مدارة ذاتياً.

بموجب ذلك يقوم هذا التدريب والتنمية بتعليم أعضاء الفريق مهارات وأشياء تمكنهم من العمل بشكل جماعي، وأهم هذه المهارات:

* مهارة الاتصال مع الآخرين بشكل يدعم الرغبة في العمل الجماعي.

* مهارة التفاعل والتعاون مع الآخرين.

* مهارة المشاركة في وضع الأهداف وتخطيط العمل.

---

(1) WAYNE R. MONDY, ROBERT M., SHONE R., SPHER N., OP.CIT, P. 311 .

* مهارة اتخاذ القرار الجماعي وتبني روح المسؤولية.

* إثارة روح التحدي وقبول التغيير والتفاعل معه.

* مهارة التصدي للمواقف غير المتوقعة.

* تعليم سلوكيات تؤدي الى تماسك الفريق.

* مهارة التفكير مع الآخرين.

* مهارة تنسيق العمل مع الآخرين.

* مهارة التوصل الى أشياء جديدة ومبتكرة مع الآخرين.

8. تدريب وتنمية المديرين :

يؤكد التوجه المعاصر في مجال التدريب والتنمية وإلى حد كبير، على مسألة رفع مستوى مهارة المديرين التنفيذيين الذين يتخذون القرارات التنفيذية لوضع استراتيجية المنظمة موضع التنفيذ الصحيح، فمهارة هؤلاء يتوقف عليها نجاح العمل في المنظمة باعتبارهم يمثلون الإدارة العليا فيها، وهم خط التماس الأول مع ما يحدث في البيئة، فإذا لم يكونوا على مستوى عالي من المهارة، ستكون المنظمة التي يقودونها في موقف حرج بل خطير. فعلى سبيل المثال خصصت شركة موتورولا MOTOROLA ، وفيدرال اكسبريس FEDERAL EXPRESS الأمريكيتين عام 1999 نسبة 3% قائمة الرواتب والأجور السنوية فيها من أجل الاستثمار في برامج تدريب وتنمية رجال الإدارة العليا التنفيذيين.

وفي الختام نعرض مقارنة بين التوجه المعاصر والتوجه التقليدي في مجال التدريب والتنمية فيما يلي :

جدول رقم (11)

مقارنة ما بين الاتجاه التقليدي والتوجه المعاصر للتدريب والتنمية

التوجه التقليدي	التوجه المعاصر
* التدريب سياسة من سياسات المنظمة.	* التدريب والتنمية استراتيجية من استراتيجيات المنظمة.
* التدريب والتنمية عند الحاجة.	* التدريب والتنمية عملية مستمرة.
* التدريب والتنمية لتغطية حاجات الحاضر.	* التدريب والتنمية للحاضر واحتياجات المستقبل.

* سياسة التدريب والتنمية لا تعتمد على التنبؤ.	* استراتيجية التدريب والتنمية تعتمد على التنبؤ.
* التركيز على تدريب الخط الأول والادارة المباشرة.	* التدريب والتنمية يركزان على كل من يعمل في المنظمة.
* مسؤولية التدريب والتنمية محدودة.	* التدريب والتنمية مسؤولية مشتركة بين الجميع.
* التدريب والتنمية تكلفة.	* التدريب والتنمية استثمار بشري.
* الهدف الأساسي معالجة نقاط الضعف في الأداء.	* شمولية الهدف لمعالجة نقاط الضعف وتقوية نقاط القوة.
*التركيز على الأداء الحالي ومستلزماته .	* تعلم الأشياء الجديدة هو أساس التدريب والتنمية.
* أدوات ومساعدات تدريبية بسيطة.	* تقنيات تدريب وتعلم عالية المستوى.
* التركيز على الجانب النظري والتدريسي.	* التركيز على الجانب التطبيقي وكيف تفعل الأشياء بشكلها الصحيح وخاصة الجديدة.
* لا تأخذ التنمية الذاتية حيزاً كبيراً.	* التركيز على التنمية الذاتية بشكل كبير.

التعلم المستمر

أوضحنا فيما سبق بأن الركيزة الاساسية التي تقوم عليها استراتيجية التدريب والتنمية في المنظمة المعاصرة، إنما تقوم على استراتيجية التعلم المستمر، وهذا يدلنا على مدى أهميته بالنسبة لموضوعنا الأساسي الذي يبحثه هذا الفصل وهو التدريب والتنمية، لذلك سنعمد فيما يلي الى عرض الجوانب الاساسية ذات العلاقة بموضوع التعلم، وذلك استجابة لأهميته بالنسبة لموضوع فصلنا الذي نحن بصدد شرحه.

أركان التعلم المعاصر :

أشرناً سابقاً إلى أن التعلم هو حجر الزاوية في استراتيجية التدريب والتنمية، فهو يمثل المحور الذي تدور حوله هذه الاستراتيجية، فتعلم ما تحتاجه الموارد البشرية في أداء أعمالها الحالية والمستقبلية، هو الهدف الاستراتيجي الذي تسعى إلى تحقيقه جهود التدريب والتنمية في الوقت الحاضر. ولكي يكون التعلم ناجحاً ويحقق ما يبتغى منه وهو تحقيق تدريب وتنمية فعالة ، لابد من قيامه على أركان أساسية هي ما يلي:

* تعليم الموارد البشرية نظام التفكير SYSTEM OF THINKING : بموجب هذا النظام يتعلم الفرد كيف يفكر في الأمور والمسائل بشكل صحيح، وذلك عن طريق دراسة وتحليل مكوناتها، وايجاد العلاقة القائمة بينها وفهمها بشكلها الصحيح ليصل الى استنتاجات حولها.

* تعليم الموارد البشرية كيف تستخدم قدراتها HOW USE ABILITIES في عملية الابداع وخلق أشياء جديدة.

* تعليم الموارد البشرية النموذج الذهني الصحيح MENTAL MODEL الذي بموجبه يتعلم الفرد كيف ينظم عملية التخيل والتصور في ذهنه، لتمكينه من التنبؤ بالأمور بشكل صحيح، ومعرفة ما سوف تؤول إليه، وتشكيل تصور حولها.

* تعليم الموارد البشرية الرؤية المشتركة للأمور SHARED VISION ، أي فهم الأمور العامة المشتركة مع الآخرين.

* تعليم الموارد البشرية كيف تعمل ضمن فرق العمل TEAM LEARNING فيتعلم الفرد كيف يفكر مع الآخرين، وكيف يفهمهم، وكيف يتصل بهم، وكيف يتعاون ويتناقش ويصل الى حلول وأشياء جديدة مبتكرة معهم، وكيف يتم التنسيق الجماعي.

* تعليم الموارد البشرية كيف تفهم الأشياء الجديدة وتدرك محتواها، وعدم الخوف منها، وعدم مقاومتها بل العكس تحديها.

* تعليم الموارد البشرية كيفية التعامل مع المواقف حسب الظروف المحيطة، فيعلم الفرد كيف ينقل الموقف وظروفه المحيطة به وأسباب حدوثه إلى عقله بشكل صحيح، ويأمر تفكيره أن يتخذ ما هو مناسب للتعامل معه بشكل إيجابي.

* تعليم الموارد البشرية كل جديد ومتطور يحتاجونه في أعمالهم الحالية والمستقبلية، والابتعاد كل البعد عن تعليمهم الأشياء المتقادمة، أو التي ليسوا

بحاجـة إليهـا، والتركيـز عـلى الأمـور ذات الصـلة المباشرة بمجـالات أعمالهـم CONTENT EFFECTIVELY COMMUNICATED .

* أن تكون الموارد البشرية مهيأة نفسياً ومعنوياً، ولديها الاستعداد والقابلية لتعلم الأشياء الجديـدة والحديثة ABILITY TO LEARN .

* أن تكون المادة التعليمية قابلة للتطبيق في الواقع العملي، أي ألا تكون مجرد نظريات وفرضيات لا يمكن للمتعلم أن ينقلها ويطبقها في الواقع CONTENT TRANSFERABLE TO JOB SETTING .

* إعطاء الوقت الكافي للمتعلم لكي يطبق ما تعلمه ويلمس التأثير الـذي أحدثـه تعليمـه في رفـع مسـتوى أدائه، والتأكد بعد ذلك من فاعلية تطبيق ما تعلمه، بهذا الاسلوب الفعال العملـي PROACTIVE AND ACTIVITY نضمن أن المتعلم لن ينسى ما تعلمه، فتعلم الأشياء عملياً يثبـت المعلومـات في الـذهن، فعندما يتعلم الفرد قيادة سيارة مثلاً، لن ينسى قيادتها ولو ترك القيادة لفترة من الزمن.

* لكي يؤتي التعلم ثماره المتمثلة بتحقيق الاستفادة الجيدة منه لدى المتعلم، يتوجب خلـق الدافعيـة لـدى الفرد ليستفيد مما يقدم له من مواد تعليمه MOTIVATION FOR LEARNING وهـذا يكـون عـن طريـق التحفيز المناسب.

* يتوجب نجاح برامج تعلم الموارد البشرية وإلى حد كبير، على ما توفره المنظمة من دعم مـادي ومعنـوي ENFORCED BY ORGANIZATION فعليها تهيئة المناخ المناسب وإتاحة الفرصة للمتعلمـين ومساعدتهم على تطبيق ما تعلموه.

يتضح مما تقدم أن التعلم الفعال يقوم على أركان متعددة إذا توفرت فيـه حصلنا عـلى فاعليـة ونجاح في التدريب والتنمية والشكل التالي يوضح ذلك:

شكل رقم (50)
أركان التعلم الفعال وأثره

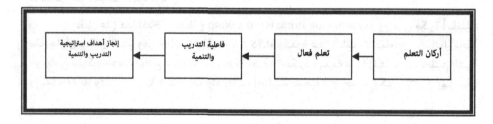

مداخل التعلم المستمر :

من المتعارف عليه بأن هناك عدة مداخل يمكن الاستعانة بها في تصميم عملية التعلم، سنأتي على شرح ثلاثة منها وهي الأكثر شيوعاً واستخداماً فيما يلي:

1. مدخل التعلم بالممارسة :

ويسميه بعضهم بمدخل التعلم بوساطة فعل الأشياء LEARNING BY DOING وبموجبه يتم التعلم على نماذج وظروف عمل مصطنعة مماثلة تماماً لظروف وواقع العمل الاصلي، حيث بعد الانتهاء من عملية التعلم، يطلب من المتعلم أن يطبق ما تعلمه على النماذج المصطنعة في واقع وبيئة عمله الأصلية. فتعلم قيادة الطائرة لأول مرة أو تعلم قيادة نوع جديد من الطائرات، يتمان في غرف خاصة في ظروف مصطنعة تماثل ظروف قيادة الطائرة في الواقع، فبوساطة الحاسب الآلي يتعلم الطيارون عملية قيادة الطائرة في الجو، والاقلاع والهبوط وكأنهم موجودون في طائرة حقيقية، حيث بعد انتهاء عملية تعليمهم، ينقلون إلى ممارسة قيادة الطائرة في الواقع أي في الجو، فيطلب منهم تطبيق ما تعلموه على النماذج في الواقع. يمكن القول إذا أن التعلم في هذه الحالة هو تعلم فعلي ولكن ليس واقعياً أي لا يتم على أرض الواقع، بل يتم على نماذج مصطنعة تماثل الواقع تماماً.

2. مدخل التعلم الفعلي الواقعي :

يطلق على هذا المدخل مصطلح ACTION LEARNING ، بموجبه يحدد مضمون المادة التعليمية مما يحدث في الواقع العملي الفعلي، أي أن المادة حقيقة وحدثت او تحدث في الواقع، حيث يقدم للمتعلمين المتدربين حالات، ومواقف، وقضايا موجودة في الواقع، ويطلب منهم دراستها وإبداء الرأي حولها، حيث بعد الانتهاء من ذلك، تقيم الآراء أو الحلول المقدمة من قبل المتعلمين لتحديد الأخطاء والثغرات الموجودة فيها، للاستفادة منها وتجنبها في الواقع إذا ما تعرضوا لمثلها أو ما يشبهها عند ممارستهم لأعمالهم على أرض الواقع ويمكن القول في هذه الحالة، أن التعلم متوافق تماماً مع الواقع الفعلي.

3. مدخل سلوك التعلم النموذجي:

يطلق على هذا المدخل مصطلح BEHAVIOR MODELING LEARNING ويقوم على فكرة أساسية مفادها: أن بإمكان البشر ومن خلال ما يملكونه من ذكاء وقدرة على تقليد الأشياء، أن يشكلوا أنماطاً أو نماذج سلوكية ملائمة لواقع عملهم. من خلال هذه الفكرة يهدف هذا المدخل إلى تعليم الفرد وإكسابه أنماطاً ونماذج سلوكية (ممارسات وتصرفات) إيجابية صحيحة وناجحة يمكن الاقتداء بها على

أرض الواقع. ولتحقيق ذلك يعرض على المتعلمين نماذج سلوكية ناجحة فتشرح وتوضح لهـم، ويعلمـون كيف يستفيدون منها ويطبقونها في واقع عملهم.

تصميم إستراتيجية التدريب والتنمية

تصمم استراتيجية التدريب والتنمية عادة وفق منطلق أو قاعدة التعلم المستمر، بموجب أحد النموذجين التاليين:

نموذج الحلقة أو الدائرة المستمرة :

يطلق على هذا النموذج مصطلح CYRCLE MODEL ويقوم على مبدأ استمرارية التدريب والتنمية في المنظمة، التي ينظر إليها على أنها مركز يسوده مناخ دائم للتعلم. إن وجهة نظر هـذا المدخل في ذلك هي، أن المنظمة تعمل وتعيش في ظل متغيرات بيئية غير مستقرة، وبالتالي فاحتياجات التدريب والتنمية فيها في حالة تغير وتنوع دائم ومستمر بآن واحد، مما يدعو بالضرورة إلى جعل عملية التعلم عملية مستمرة، من أجل تلبية هذه الاحتياجات المتغيرة، وتحقيق التكيف المستمر للموارد البشرية مع متغيرات البيئة. بناء على ذلك تصمم استراتيجية التدريب والتنمية من خلال مراحل متعددة متسلسلة ومتلاحقة هي ما يلي :

* تحديد احتياجات المنظمة المستقبلية من الكفاءات البشرية والمهارات المطلوبة لأداء أعمالها في المستقبل، وذلك في ضوء التغييرات المستقبلية المراد إدخالها لمجالات العمل فيها والتي تخدم عادة رسالتها واستراتيجيتها وثقافتها التنظيمية.

* في ضوء احتياجات ومتطلبات استراتيجية المنظمة، تصاغ أهداف استراتيجية التدريب والتنمية، التي بمقتضى تحقيقها تكون إدارة الموارد البشرية قد لبت وغطت احتياجات المنظمة من المهارات والكفاءات البشرية أعلاه.

* في ضوء الأهداف التي حددت في المرحلة السابقة، تقوم إدارة الموارد البشرية بتصميم برامج التدريب والتنمية المتنوعة بما يخدم تحقيق وتلبية أهداف الاستراتيجية أعلاه. وتشتمل البرامج عادة على مواد تدريبية متنوعة، ومدربين، ومساعدات تدريبية.. الخ .

* وضع جدول زمني لتنفيذ برامج التدريب والتنمية بشكل منسق ليس فيه تضارب، وبشكل يحقق أهداف الاستراتيجية بشكل تدريجي ومجدول زمنياً. ويشمل هذا الجدول تحديد أولويات تنفيذ هـذه البرامج، وذلك وفقاً لمدى إلحاح كل منها.

* المباشرة بتنفيذ برامج التدريب والتنمية حسب جدولها الزمني، وتوفير المتابعة المستمرة لهذا التنفيذ، ورصد أية مشكلة أو فجوة تظهر فيها للعمل على حلها وتلافيها مباشرة.

* بعد الانتهاء من كل برنامج تدريب يتوجب القيام بتقييمه، لمعرفة مدى النجاح الذي حققه في تحقيق الأهداف المحددة له والمرجوة منه، وتشخيص الثغرات التي حدثت فيه ومعرفة أسبابها.

* بعد الانتهاء من تنفيذ برامج التدريب والتنمية على المدى الزمني المحدد للاستراتيجية، يتم تجميع نتائج تقييم هذه البرامج وتلخيصها وتبويبها، من أجل الوصول الى تقييم عام وشامل لتنفيذ استراتيجية التدريب والتنمية، ومعرفة مدى النجاح في تحقيق أهدافها.

* نتائج تقييم الاستراتيجية يتوجب تحليلها لتشخيص جوانب الضعف والثغرات التي ظهرت فيها، وتحديد أسبابها للعمل على تلافيها في الاستراتيجية القادمة، وكذلك تحليل جوانب القوة ومعرفة أسبابها، للاستفادة منها أيضا في استراتيجية المستقبل التالية.

وفيما يلي نعرض شكلاً توضيحياً لهذا النموذج :

نموذج رقم (6)

نموذج الحلقة أو الدائرة المستمرة في تصميم استراتيجية التدريب والتنمية

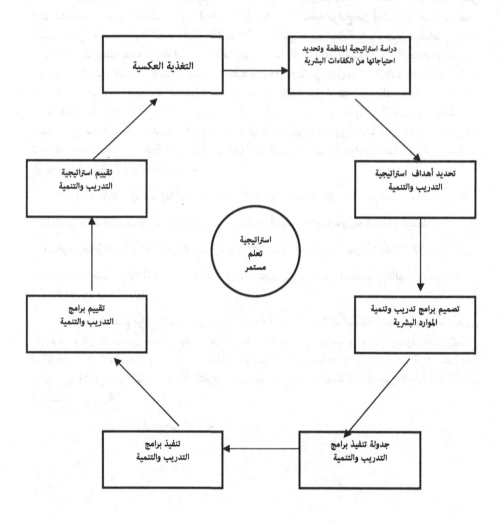

453

النموذج التشخيصي :

يطلق على هذا النموذج مصطلح DIAGNOSTIC MODEL وهو ينظر إلى التـدريب والتنميـة علـى أنهما نشاط استراتيجي مخطط ذو تأثير ايجابي، يأخذ شكل استراتيجية توضع من أجل تلبية حاجات العمل المستقبلية في المنظمة من الكفاءات البشرية المتنوعة. ولتحقيق هـذه الغايـة يقوم هـذا النشاط بتحديد هذه الحاجات وتشخيصها لمعرفة أسبابها وأثرها الايجابي عند تلبيتها، ففي ضـوء نتـائج التشـخيص تتحـدد أهداف استراتيجية التدريب والتنمية برؤية تحليلية واضحة، حيث في ظل هـذه الرؤيـة (الاهـداف) التي تمثل حاجات التدريب والتنمية المستقبلية، تصمم البرامج اللازمة لتلبية هذه الحاجات وتحقيق الأهداف المطلوبة، وجعل المنظمة ومواردها البشرية في حالة أقلمة وتكيف مستمر مـع التغيرات البيئيـة التي تستجد على ساحة وميادين العمل. يتضح من ذلك أن هذا النموذج يقوم أساساً علـى تحديـد ومـن ثم تشخيص حاجات عمل المنظمة المستقبلية من الكفاءات البشرية، كوسيلة لمواجهة التغيرات البيئيـة التي تواجه نشاط المنظمة ومواردها البشرية.

ونود الإشارة في هذا المقام إلى أن عملية التشخيص تشتمل على ثلاثة جوانب هي ما يلي:

* تشخيص نقاط الضعف في أداء الموارد البشرية ومعرفة أسبابها للعمل على معالجتها وتلافيها.

* تشخيص نقاط القوة في أداء الموارد البشرية ومعرفة أسبابها للعمل على تقويتها بشكل أكثر.

* تشخيص حاجات الموارد البشرية المستقبلية في ظل التغيرات التي تنوي المنظمة إدخالها ، وتحديـد أثرهـا الايجابي في حالة تلبيتها.

وبعد تصميم برامج التدريب والتنمية اللازمة لتغطية الجوانب الثلاثة أعـلاه وتنفيذها، يجـري تقييم هذه البرامج بمعايير تقييم مستمدة من أهداف استراتيجية التدريب والتنمية، ومعرفة مدى النجـاح أو الانجاز الذي تحقق مـن وراء تنفيذ البـرامج، وبالتـالي تحديـد النفع أو القيمة المضافة المحققـة مـن استراتيجية التدريب والتنمية، ومعرفة الثغرات التي ظهرت في الاستراتيجية للعمل على تلافيها عند تحديد أهداف الاستراتيجية التالية وهكذا .

وفيما يلي شكل توضيحي لهذا النموذج :

شكل رقم (51)
النموذج التشخيصي في تصميم استراتيجية التدريب والتنمية

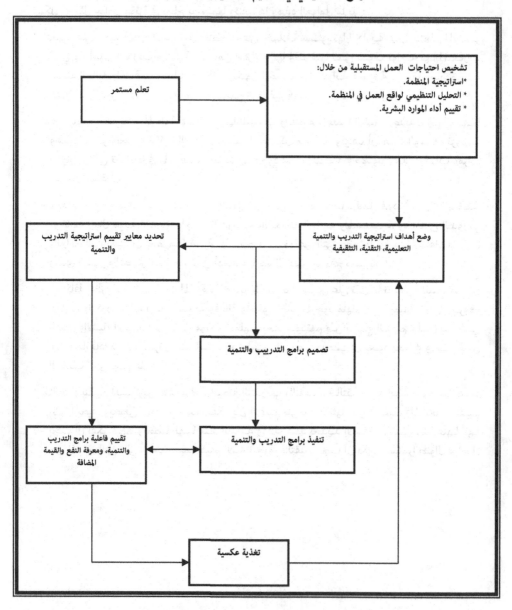

عوامل دعم تصميم إستراتيجية التدريب والتنمية وتنفيذها :

نعرض فيما يلي مجموعة من عوامل دعم تصميم وتنفيذ استراتيجية التـدريب والتنميـة، التـي تشكل أو تمثل عوامل مؤثرة في نجاح تصميمها وتنفيذها وهذه العوامل ما يلي:

* التعميم على جميع الموارد البشرية في المنظمة وعلى اختلاف مسـتوياتها الإداريـة، بـأن الـتعلم المسـتمر الذي هو أساس التدريب والتنمية، جزء من استراتيجيتها وفلسفتها التـي سـوف تواجه بها المتغيـرات البيئية الحالية والمتوقعة، والغاية من ذلك ليكون الجميع عـلى درايـة ومعرفـة مسبقـة، بـأن مسـألة التدريب والتنمية المستمرين جزءاً من حياتهم الوظيفية في المنظمة ولا غنى عنها.

* توعية الموارد البشرية في المنظمة بمدى حاجتها للتدريب والتنمية وتعلمها الأشياء الجديدة، وكيف أنهـما وسيلة لتطوير وتحسين أدائها الحالي والمستقبلي بشـكل مسـتمر، وكيـف أن هـذه الوسـيلة تزودهـا بالمهارات التي تحتاجها في المستقبل، ممـا يثبـت وجودهـا في المنظمـة وحصولها عـلى ترقيات ومزايا وظيفية مستقبلية.

* استخدام نظام معلومات محوسب خاص بالتدريب والتنمية، بحيث يحـدد لكـل فـرد يعمـل في المنظمـة (وخاصة رجال هيئة الادارة) حاجاتـه التدريبيـة والتنمويـة الحاليـة والمسـتقبلية، وما هـي الـدورات والبرامج التي يجب أن يحضرها لتغطية هذه الحاجات، وماهي التي حضرها، ومدى اسـتفادته منها، ومدى التطور والتحسين الذي حدث في أدائه، وما هو التحسن المتوقع مستقبلاً.

* توفير كافة الظروف والمستلزمات المادية والمعنوية لمساعدة المتدربين على نقل ما تعلمـوه لبيئـة ومكـان عملهم. ولتكون عملية النقل صحيحة وفعالة وتحقق الغاية المرجوة منها، يجب تهيئة نفس ظـروف التعلم والأشياء التي تعلموهـا، في مواقع عملهـم بعد عـودتهم مـن بـرامج الـتعلم والتـدريب التـي حضروها، فاذا تعلم السكرتير مثلاً استخدام حاسب آلي معـين، يجب أن يعـود لعمله ويجـد نفـس الحاسب الذي تعلم عليه.

* المتابعة والتقييم المستمرين لتنفيـذ استراتيجية التـدريب والتنميـة، فالتقييـم والمتابعـة جزء مـن هـذه الاستراتيجية، ويخطىء بعضهم عندما يفكر بأن التقييم هو بعد الانتهاء من التنفيذ، فالمتابعة والتقييم يجب أن يفكر فيهما ويخطط لهـما منذ البدايـة وذلك عنـد تحديد الأهـداف، التـي قلنـا عنها أنها هي المعايير التي على أساسها سيتم تقييم الاستراتيجية. فالتقييم يجب أن يكون مستمراً طوال مراحل

إنجاز الاستراتيجية، لأنه يحقق لنا الرقابة الوقائية التي تتصيد الأخطاء أو الثغرات قبل وقوعها أو حدوثها فتعمل على منعها، وكذلك اكتشاف الأخطاء ساعة وقوعها فنعمل على علاجها فوراً دون أن يستفحل ضررها اذا تركت دون علاج حتى انتهاء تنفيذ الاستراتيجية. ويمكن تشبيه عملية المتابعة والتقييم المستمرين بالفرشاة التي تنظف الأسنان بعد كل وجبة طعام لتخلصها من الفضلات، لتبقى سليمة معافاة باستمرار، لأن بقاء فضلات الطعام في الاسنان لفترة من الزمن دون تنظيفها سوف تتفسح بين الأسنان ويعرضها للتسوس. بناء على ذلك فأن ننتظر لحين انتهاء تنفيذ الاستراتيجية فنقيم هذا التنفيذ، نكون بهذه الحالة سمحنا لوقوع الأخطاء وتركناها دون معالجة، الأمر الذي يؤدي إلى استفحالها وتهديد استراتيجية التدريب والتنمية بالفشل، أو على الأقل عدم تحقيق أهدافها المطلوبة.

تصنيف مضمون استراتيجية التدريب والتنمية :

يصنف مضمون استراتيجية التدريب والتنمية إلى قسمين:

1. تدريب وتنمية عامة :

يشتمل هذا القسم على برامج تعلم لاكساب أو تطوير أو تحسين نوع معين المهارات التي تستخدمها الموارد البشرية في جميع انواع المنظمات، كمهارة استخدام الحاسب الآلي، والمهارات المكتبية، ومهارات الاتصال ..الخ، حيث تخدم هذه المهارات أداء نسبة كبيرة من الوظائف في المنظمات، فتجعل أداءها أكثر فاعلية، وعليه يمكن القول بأن هذه البرامج تكون عادة نمطية من حيث مضمونها تقريباً.

2. تدريب وتنمية محددة :

يشتمل هذا القسم على برامج تعلم مهارات ومعارف وسلوكيات تحتاجها طبيعة وحاجات أعمال معينة في المنظمة دون غيرها، وبالتالي تكون المادة التعليمية في هذه البرامج مصممة لتغطية حاجات معينة تتطلبها أعمال معينة دون أخرى.

تحديد حاجات التدريب والتنمية الاستراتيجية

يمثل تحديد حاجات التدريب والتنمية الركيزة التي يقوم عليها رسم استراتيجية المنظمة لتدريب وتنمية مواردها البشرية، لأن الحاجات هي بمثابة أهداف تسعى الاستراتيجية الى تلبيتها أو تغطيتها. ونحن هنا في هذا المقام سنعمل على شرح وتوضيح طبيعة حاجات التدريب والتنمية، وكيفية تحديدها بشكل سليم وموضوعي.

طبيعة حاجات التدريب والتنمية :

تعرف حاجة التدريب والتنمية بشكل عام بأنها فجوة بين الوضع الراهن لمستوى كفاءة الموارد البشرية من جهة، ومستوى الكفاءة المطلوب الوصول إليها سواء في المهارات، أو المعارف، أو السلوكيات والتصرفات من جهة ثانية. في ضوء ذلك يمكننا القول بأن حاجات التدريب والتنمية من حيث بعدها الزمني ذات أبعاد زمنية ثلاثة هي ما يلي:

البعد الأول:

الحاجة من منظار تطوير وتحسين الأداء الحالي: وتمثل فجوة بين مستوى الأداء الحالي بوضعه الراهن، وبين ما هو مطلوب من هذا الأداء، وفق المعايير المحددة الحالية، فحدوث الفجوة في هذه الحالة يكون بسبب أن الأداء الحالي أقل من المعايير المطلوب تحقيقها من هذا الأداء. فعلى سبيل المثال إذا كان إنتاج عامل ما في اليوم /8/ وحدات، وكان المستوى أو المعيار المطلوب تحقيقه من هذا العامل /10/ قطع، معنى ذلك أنه توجد فجوة قدرها /2/ قطعتين في أداء هذا العامل، يجب رفع كفاءته بمقدار قطعتين، للوصول إلى مستوى الكفاءة والأداء المطلوب وهو العشر قطع.

البعد الثاني:

الحاجة من منظار تطوير وتحسين الأداء الحالي من أجل رفع مستواه إلى حد معين مستقبلاً أو رفعه إلى أعلى مستوى ممكن: تتمثل الفجوة في هذه الحالة بالفرق بين الوضع الحالي للأداء والوضع المستقبلي الذي يراد الوصول إليه. ففي مثالنا السابق إذا كان مستوى أداء العامل المطلوب الوصول إليه مستقبلاً هو /15/ قطعة في اليوم، إذاً الحاجة أو الفجوة هي: /15/ قطعة مستوى الأداء المستقبلي - /8/ قطع مستوى الأداء الحالي = /7/ قطع يوميا، وبالتالي فالفجوة هنا مركبة

تتكون مما يلي: /2/ قطعة للوصول إلى معيار الأداء الحالي + /5/ للوصول إلى المعيار المستقبلي.

البعد الثالث:

الفجوة من منظار حاجات العمل الجديدة من المهارات والمعارف والسلوكيات التي تتطلبها التغيرات البيئية المتوقعة والمنوي تبنيها من قبل المنظمة. فالحاجة هنا تمثل جميع المهارات والمعارف.. الخ الجديدة، التي يجب أن تتعلمها الموارد البشرية وتتقن كيف تطبقها،من أجل تلبية حاجات العمل المستقبلية المتوقعة. في هذه الحالة تتحدد الفجوة أو الحاجة من خلال: ما هو الجديد المتوقع والمطلوب - الوضع الحالي.

ونود الاشارة في ختام حديثنا عن طبيعة حاجات التدريب والتنمية، بأن لهذه الحاجات مستويات أربعة هي ما يلي:

- مستوى الفرد الواحد (رئيس أو مرؤوس) .

- مستوى فريق العمل.

- مستوى وظائف المنظمة (الوحدات الادارية) الانتاج، التسويق، الشراء، التخزين.. الخ .

- مستوى المنظمة ككل.

وسوف نأتي على توضيح هذه المستويات لاحقاً في موضوع مصادر حاجات التدريب والتنمية.

مصادر حاجات التدريب والتنمية :

توجد عدة مصادر يمكن من خلالها معرفة فيما اذا كان لدى المنظمة حاجات (فجوات) للتدريب والتنمية يستوجب دراستها للتوصل إلى هذه المعرفة أم لا، وفيما يلي هذه المصادر:

إستراتيجية المنظمة :

توضح الاستراتيجية عادة التغييرات التنظيمية التي تنوي المنظمة إدخالها لمجالات العمل فيها، والتغيير بوجه عام هو تحول من وضع معين أو حالة معينة إلى حالة أخرى، ولكل تغيير نطاق تأثير على عدد من المتغيرات التنظيمية الداخلية، وذلك حسب طبيعته وحجمه، ولعل الموارد البشرية هي من أكثر المتغيرات تأثراً، حيث تحتاج إلى تغييرات جديدة في مهاراتها ومعارفها

وسلوكياتها، لاحتواء التغييرات المنوي إدخالها إلى المنظمة وتتطلبها استراتيجيتها. فتغير أسلوب العمل من فردي إلى فرق عمل مثلاً، يتطلب إكساب الموارد البشرية مهارات متعددة ومتنوعة تتمكن من تبادل الأعمال فيما بينها داخل الفريق. وكذلك تغيير أسلوب العمل من يدوي إلى آلي محوسب، يتطلب اكساب الموارد البشرية مهارة جديدة هي استخدام الحاسب الآلي. يتضح من ذلك أن استراتيجية المنظمة وما يحتاجه إنجازها من مهارات بشرية ومعارف في المستقبل، تمثل حاجة تدريب وتنمية استراتيجية طويلة الأجل.

التحليل التنظيمي :

يعد التحليل التنظيمي ORGANIZATIONAL ANALYSIS مسحاً شاملاً لجميع مجالات العمل في المنظمة وظائفها، وأنشطتها، وطرق وإجراءات العمل فيها، الأنظمة واللوائح، الثقافة التنظيمية.. الخ. فمن خلال هذا المسح الشامل وتحليل المعلومات الناتجة عنه، يكون بالامكان تحديد جوانب الضعف في هذه المجالات التي سببها نقص المعرفة أو المهارة أو النمط السلوكي المناسب لدى الموارد البشرية التي تعمل فيها، فهذا النقص يمثل حاجة بلا شك. وقد يكشف التحليل عن وجود حاجة لمعارف ومهارات جديدة في هذه المجالات لرفع مستوى أدائها أو تجديد أو تحسين هذا المستوى.

تحليل الأعمال :

يتم معرفة حاجات التدريب والتنمية من خلال هذا المصدر، عن طريق المقارنة بين نتائج توصيف الوظائف وما تحتاجه من مواصفات لأدائها بشكل كفؤ، وبين المواصفات المتوفرة لدى شاغليها JOB ANALYSIS PERSON ANALYSIS فعندما تكون مواصفات الشاغلين أقل مما هو مطلوب لأدائها، معنى ذلك وجود فجوة وحاجة للتدريب والتنمية.

تقييم الأداء :

تمثل نتائج تقييم الأداء مصدراً هاماً وغنياً يزودنا بمعلومات واضحة، تبين لنا من يحتاج من الموارد البشرية في المنظمة الى تدريب وتنمية، سواء لعلاج نقاط ضعفه، أو تدعيم جوانب القوة لديه، لتطوير أدائه الحالي وتحسينه في المستقبل. يتميز هذا المصدر بأنه يبين لنا مسببات كل من نقاط الضعف والقوة في الأداء، وهذا بحد ذاته يساعد كثيراً في معرفة وتحديد طبيعة حاجات التدريب والتنمية.

سجلات حوادث وإصابات العمل :

توفر هذه السجلات عادة معلومات وفيرة عن عدد ونوع حوادث العمل، ومسبباتها، ونتائجها، والمواقع التي حدثت فيها داخل المنظمة، فمن خلال هذه

المعلومات، يكون بالإمكان معرفة مجالات العمل الخطرة ذات المعدلات المرتفعة من الحوادث والأمراض التي سببها نقص المهارة والالمام بالعمل، وهذا بحد ذاته (أي النقص) يعتبر حاجة تعليمية تدريبية يجب تغطيتها عن طريق التدريب والتنمية.

الاطلاع على المسارات الوظيفية والترقيات المحتملة :

ذكرنا في موضع سابق من هذا الكتاب بأن كل من يعمل في المنظمة وبعد تعيينه بفترة زمنية، يكون بالإمكان معرفة وتحديد إمكاناته، التي على أساسها يرسم له مساراً يوضح الوظائف التي يمكن أن يشغلها مستقبلاً خلال حياته الوظيفية، سواء عن طريق الترقية أو النقل الوظيفي الأفقي. وبالطبع أن لكل وظيفة تقع على هذا المسار متطلبات قد لا تكون متوفرة لديه، لذلك تحددهذه المتطلبات ويبدأ بتوفيرها لديه على مدى فترة من الزمن عن طريق التدريب والتنمية، لتأهيله بشكل جيد لشغل هذه الوظائف مستقبلاً. في ضوء ذلك يمكن القول بأن مطالب الوظائف الجديدة الواقعة على المسارات الوظيفية للموارد البشرية، تمثل حاجات تدريب وتنمية.

استقصاء رأي الموارد البشرية :

الاستقصاء هنا بمثابة دعوة لكل من يعمل في المنظمة للافصاح عن حاجات التدريب والتنمية لديه سواء في مجال مهاراته، أو معرفته، أو سلوكياته، فالشخص نفسه هو أدرى من أية جهة أخرى في معرفة وتحديد نقاط الضعف لديه. هذا الاسلوب جيد وممتاز لكنه يحتاج إلى وجود وعي لدى الموارد البشرية للإفصاح عن حاجاتها، لذلك يتوجب في هذا المجال توعية هذه الموارد بأن تطوير وتحسين أدائها هو لمصلحتها ومصلحة المنظمة. ويفضل بعد تحديد الموارد البشرية لحاجاتها أن تناقش معها،ليفهم طبيعتها ومسبباتها، وليتم تحديد حاجات التدريب والتنمية بوضوح.

إنتاجية المنظمة وفاعليتها التنظيمية :

يعد هذا المصدر مؤشراً عاماً لتحديد حاجات التدريب والتنمية، فعند انخفاض مستوى إنتاجيته وفاعلية المنظمة يجب البحث عن المسببات، التي تكون في غالب الأحيان العنصر ـ البشري في العمل. وإذا كان هو السبب، فسيكون إما ناتج عن ضعف مهارته وإلمامه بالعمل، أو حالته المعنوية المنخفضة، التي من المحتمل أيضاً أن يكون سببها نقص المهارة والمعرفة. في هذه الحالة نكون قد تمكنا من وضع يدنا على حاجات التدريب والتنمية التي نحتاجها من أجل رفع إنتاجية المنظمة وفاعليتها التنظيمية.

رضا الزبائن :

يمثل رضا الزبائن مرآة تعكس مستوى أداء المنظمة ككل، فرضاهم يعني أن ما يقدم لهم من منتجات تلبي حاجاتهم وتوقعاتهم، وبالتالي يعد هذا الرضا مؤشراً على أن أداء الموارد البشرية في المنظمة جيد، والعكس من ذلك صحيح. وللوصول إلى رأي الزبائن لمعرفة مدى رضاهم، يوجه اليهم عادة استبيان يتضمن استفسارات متنوعة عن مستوى ما يقدم اليهم، وذلك بما يشتمل على الايجابيات والسلبيات التي إما أن تسبب لديهم الرضا أو الإستياء، وكذلك سؤالهم عما يريدونه، لتصل المنظمة إلى مستوى عالي من تلبية حاجاتهم وتوقعاتهم، وتحقيق الرضا والسعادة لديهم. لا شك أن تحليل آراء الزبائن إلى نتائج توضح لنا جوانب القوة في تعامل المنظمة مع زبائنها التي تحتاج الى تنمية وتفعيل، وجوانب الضعف التي تحتاج إلى معالجة، وما هي الأشياء الجديدة التي يريدون توفرها، للوصول إلى تحقيق مستوى عالي من الرضا لديهم، هي جميعها تمثل حاجات تدريب وتنمية يجب العمل على تلبيتها.

رأي الموارد البشرية أصحاب الخبرة :

تمثل الموارد البشرية ذات القدم الوظيفي والخبرة، مصدراً يمكن الاعتماد عليه في تحديد حاجات التدريب والتنمية، فمن خلال ما يمتلكونه من مهارة وخبرة كبيرتين، يكون بإمكانهم معرفة جوانب الضعف ومسبباتها وسبل علاجها، وجوانب القوة التي بحاجة إلى تنمية، وذلك في مجالات العمل المختلفة داخل المنظمة. إضافة لما تقدم يكون لدى هؤلاء مقترحات جديدة لتطوير وتحسين الأداء الحالي والمستقبلي. إذاً يمكننا القول هنا، بأن آراء أصحاب الخبرة يمكن أن تكون لنا مرشداً في معرفة حاجات التدريب والتنمية.

آلية تحديد حاجات التدريب والتنمية :

تشتمل هذه الآلية على عدد من المهام المتتالية التي هي ما يلي:

* تحديد مصادر حاجات التدريب والتنمية.
* جمع المعلومات عن حاجات التدريب والتنمية من المصادر المحددة.
* تحليل المعلومات من أجل معرفة ماهية حاجات التدريب والتنمية، وأسباب حدوثها، وأهميتها، وتأثيراتها في حالة تغطيتها وعدم تغطيتها.
* حصر حاجات التدريب والتنمية ويشتمل هذا الحصر على:

- نوع الحاجات.

- طبيعة الحاجات.

- مجالات العمل التي تحتاجها.

- الموارد البشرية التي تحتاجها.

أساليب تدريب وتنمية الموارد البشرية

تشتمل استراتيجية التدريب والتنمية على مجموعة كبيرة من الأساليب يمكن تصنيفها في مجموعات، مع الإشارة الى أن الأسلوب الواحد يمكن تصنيفه في أكثر من مجموعة، وفيما يلي هذا التصنيف:

1- مجموعة الأساليب الفردية: وفيها تتم عملية التعلم بشكل افرادي أي رجل لرجل فالأول هو المدرب والثاني هو المتدرب.

2- مجموعة الأساليب الجماعية: وتتم عملية التعلم فيها بشكل جماعي حيث يوجد مدرب واحد وعدد من المتدربين.

3- مجموعة الأساليب التدريسية: وهي التي تنفذ في قاعات محاضرات تدريسية ويغلب على عملية التعلم الجانب النظري.

4- مجموعة الأساليب التطبيقية: وهي التي تركز على الجانب العملي في عملية التعلم.

5- مجموعة الأساليب المخبرية: وهي التي تعتمد على استخدام نماذج ومواقف مماثلة للواقع في عملية التعلم.

6- مجموعة أساليب تطوير وتحسين الأداء: وهي التي تركز على رفع مستوى المهارة والمعرفة لدى المتدرب.

7- مجموعة الأساليب السلوكية: وهي التي تركز على إكساب أو تعليم المتدربين أنماطاً سلوكية جديدة، أو تعديل السلوكيات الحالية.

وسنعمل فيما يلي على عرض مجموعة من أساليب التدريب مشيرين الى إنتماء كل واحد منها لأي مجموعة من المجموعات السابقة أعلاه :

التدريب والتنمية في مكان العمل :

ويطلق عليه مصطلح ON-THE-JOB ومن خلاله تتم عملية التعلم في موضع العمل نفسه وأثناء مزاولة المتدرب لعمله أي خلال وقت العمل الرسمي، حيث تكون المادة التعليمية عبارة تعليمات وتوجيهات إرشادية يقدمها المدرب للمتدرب، ليكتسب منه الخبرة والمهارة في ممارسة عمله، والذي سماه بعضهم COACHING ، ويمارس مهمة المدرب في هذا الاسلوب الشخصين التاليين:

*** الرئيس المباشر:**

ترتبط عملية التعلم والتدريب في هذه الحالة بالرئيس المباشر، حيث يتوقف نجاحها على خبرته ونيته الصادقة في نقل مهارته وإلمامه في العمل لمرؤوسيه، وتوفر الوقت الكافي لديه لتعليمهم ما يحتاجه أداؤهم من مهارات ومعرفة بالعمل. وعملية التعلم هنا لا تحتاج إلى تكليف رسمي للرئيس المباشر بأن يطور ويحسن أداء مرؤوسيه، لأن هذه المهمة هي أصلاً إحدى أهم مهامه الرئيسة التي يقوم بها بصفته رئيساً وقائداً في الوقت نفسه.

*** الزميل ذي القدم والخبرة الوظيفية :**

تنفذ عملية التعلم والتدريب هنا من قبل أحد الزملاء في نفس مكان العمل، الذي تكون مهارته وخبرته في العمل عالية، بحيث تؤهله لتعليم زملائه ما يحتاجونه في أداء أعمالهم من معرفة وخبرة ومهارة بآن واحد، ويطلق على هذا التدريب والتنمية بالنصح الارشادي من قبل الزميل MENTORY TRAINING AND DEVELOPMENT . ويتم هذا التدريب عادة بتكليف رسمي من قبل الرئيس المباشر، وأحياناً بشكل غير رسمي بحكم علاقات الصداقات والزمالة التي تربط الأفراد بعضهم ببعض في نفس مكان العمل. لا شك أن هذا الأسلوب يقوي العلاقات والروابط الايجابية بين الموارد البشرية، لكنه يتطلب وجود تفاهم ومحبة بين الأفراد الذين يعملون في نفس مكان العمل.

يمكن القول بأن التدريب والتنمية في مكان العمل، هو من أكثر الأساليب شيوعاً في الاستخدام في جميع المنظمات، نظراً لبساطته وسهولته وقلة تكاليفه، فهذا الاسلوب لا يحتاج الى تصميم مادة تعليمية، ولا مدربين، ولا أدوات تعلم وتدريب، هذا بالإضافة أنه يتيح الفرصة لتطبيق مادة التعلم مباشرة في الواقع العملي وتحت إشراف المدرب ونصائحه وتوجيهاته. وفي المقابل يمكن القول بأن نطاق تعلم المتدرب المرؤوس لمهارات متنوعة وجديدة وخاصة المتعلقة بالمستقبل محدودة، لأن عملية التعلم محصورة في مكان مزاولة العمل نفسه، ويغلب على التعلم هنا

صفة التعلم اليومي. ويمكن تصنيف هذا الأسلوب في المجموعة الأولى والرابعة التي حددناها في بداية هذا الموضوع.

ونود في الختام الاشارة الى أنه بموجب هذا الأسلوب يطلب من المدرب القيام بما يلي :

- حدد الجوانب التي سوف تقوم بتعليمها للمتدرب من أجل تمكينه من أداء عمله بكفاءة وأمان وبشكل اقتصادي.

- هيء كل ما تحتاجه في عملية التعلم والتدريب من مستلزمات.

- هيء مكان العمل بشكل يسمح لك تنفيذ ما تريده أثناء عملية التعلم والتدريب.

- حدد مدى إلمام المتدرب بوظيفته لتعرف حجم الأشياء وعمقها التي ستعلمها له.

- أوجد عنصر الاثارة في عملية التعلم والتدريب.

- أوجد الرغبة لدى المتدرب في التعلم والاستفادة منك.

- علم المتدرب كيف يطبق توجيهاتك وإرشاداتك بشكل عملي، واستفسر منه عن مدى فهمه لها.

- اجعل تعليمك واضحاً وبطيئاً.

- مارس عملية التكرار في التعلم لتثبت الارشادات لدى المتدرب، وتأكد من ثباتها لديه، عن طريق توجيه الأسئلة له من أجل هذه الغاية.

- تأكد بشكل نهائي أن المتعلم قد فهم وأتقن تطبيق إرشاداتك عن طريق امتحانه فيها.

- تابع أداء المتدرب بعد امتحانه النهائي للتأكد من تطبيقها بشكلها الصحيح.

- عالج الأخطاء فوراً بعد حدوثها أثناء تطبيق الارشادات من قبل المتدرب.

- تفقد المتدرب بين الحين والآخر لتتأكد من أن ما علمته إياه ما زال قائماً.

- تذكر أن المتدرب إذا لم يتعلم شيئاً، معنى ذلك أن المعلم لم يحسن تعليمه.

الأسلوب التطبيقي المخبري :

تتم العملية التعليمية بموجب هذا الاسلوب الذي يطلق عليه مصطلح VESTIBULE بعيداً عن مكان مزاولة العمل لكن في مخابر مجهزة ومهيأة بتجهيزات وظروف تماثل ما هو موجود في بيئة العمل الأصلية، حيث يقوم المدرب بشرح المادة التدريبية ويطبقها على التجهيزات المخبرية وعلى مرأى من المتدربين، ثم بعد ذلك يطلب من كل متدرب أن يطبق ما تعلمه أمامه وعلى نفس التجهيزات فيصحح له أخطاءه حتى يتقن ما تعلمه من المدرب، ولينقله لمكان عمله بشكل صحيح، وينتمي هذا الاسلوب للمجموعة الرابعة والخامسة .

التدريب والتنمية في القاعات التدريسية :

ترتبط العملية التعليمية من خلال هذا الاسلوب الذي يصطلح عليه بـ CLASSROOM TRAINING AND DEVELOPMENT بالمحاضرة، وذلك بتلقين المتدربين معارف ومعلومات معينة ذات علاقة بموضوع محدد في قاعات خاصة. والمحاضرة بوجه عام موقف يقوم فيه شخص يدعى بالمحاضر، تتوفر لديه صفات معينة وخلفية علمية جيدة عن موضوع المحاضرة تؤهله لعرض المعلومات المتعلقة بها خلال فترة زمنية محددة، أمام عدد كبير أو صغير من المتدربين، يكونوا بمثابة المستمعين المستفيدين من المعلومات التي يلقيها. ولنجاح المحاضرة هناك بعض العوامل التي يجب أن يأخذها المحاضر في الحسبان وأهمها ما يلي:

- أن تكون المعلومات مرتبة ومسلسلة بشكل منطقي.

- توفير وسائل الإيضاح اللازمة في حالة وجود ضرورة لها.

- إدخال عامل الإثارة على المحاضرة للقضاء على الملل.

- إعطاء الحرية للمستمعين في الاستفسار عن النقاط غير الواضحة لهم.

- أن تكون إجابة المحاضر عن الاستفسارات مختصرة وواضحة، وأن تكون الإجابة لكل المستمعين وليس للسائل فقط.

وتجدر الاشارة إلى إمكانية استخدام هذا الأسلوب في تدريب كافة أنواع فئات العاملين، على أساس أنه وسيلة لنقل معلومات نظرية للمتدربين، بغية إطلاعهم عليها، وتوسيع معرفتهم لبعض المواضيع، ويصنف هذا الاسلوب في المجموعتين الثانية والثالثة، ضمن المجموعات التي أوضحناها في البداية.

أسلوب النموذج السلوكي :

يدعى هذا الاسلوب بـ BEHAVIOR MODELING ويعد أحد الأساليب المستخدمة في مجال تعديل السلوك، ويهدف إما إكساب المتدربين أنماطاً ومهارات سلوكية جديدة، أو تصحيح النمط السلوكي الحالي وتحسينه وزيادة فاعليته. ولعل مهارة التعامل الايجابي مع الآخرين والتأثير فيهم أصدق مثال عن هذه المهارات، فكل الموارد البشرية تحتاج لهذه المهارة السلوكية، لكن يحتاجها بشكل خاص كل شخص له احتكاك مباشر ومستمر مع الجمهور كمندوب المبيعات، رجل العلاقات العامة، رجل الاستعلامات.. الخ .

تتم عملية التعلم من خلال هذا الأسلوب عن طريق عرض شرائط فيديو تحتوي على مسرحيات او تمثيليات قصيرة، يعرض فيها أنماطاً سلوكية خاطئة وسلبية في مجال التعامل مع الآخرين على المتدربين، وبعد إنتهاء العرض، تحلل هذه الأنماط من قبلهم بمساعدة المدرب لتوضيح الأخطاء التي ظهرت في العرض التمثيلي، ثم يعرض عليهم في النهاية شريط فيديو آخر يوضح لهم النموذج السلوكي الصحيح الواجب إتباعه في مثل هذه المواقف التي عرضها الشريط الأول، وينتمي هذا الاسلوب الى المجموعة الخامسة والسابعة في إطار تصنيف أساليب التدريب.

التدريب والتنمية باستخدام الحاسب الآلي :

يصطلح على هذا الأسلوب بـ COMPUTER-BASED TRAINING AND DEVELOPMENT ، حيث يستخدم المدرب بموجبه تقنيات الحاسب الآلي في شرح وتوضيح المادة التعليمية ، التي يعدها عادة على CD ليستخدمها على الحاسب الموجود أمامه في قاعة التدريب، التي تكون مجهزة خصيصاً لاستخدام الحاسب الآلي، الذي ينقل محتوى الـ CD الى شاشة موجودة أمام كل متدرب داخل القاعة. فمن خلال تقنيات الحاسب يتمكن المدرب من عرض المادة التعليمية بسرعة كبيرة، وبرسومات وأشكال ملونة تجذب إهتمام وانتباه المتدربين، فتكون الاستفادة أسرع وأكبر، وبامكان المدرب ألا يستخدم الـ CD ، حيث يقوم بتخزين المادة التعليمية في ذاكرة الحاسب في الـ CD-ROM وعن طريق لوحة المفاتيح BOARD KEY والفأر MOUSE طلب الارشادات والمعلومات التي يريدها وعرضها على المتدربين. لقد نما استخدام هذا الاسلوب كثيراً، فقد ارتفعت نسبة استخدامه في الشركات الأمريكية من 9% عام 1997 الى نسبة 23% عام 2000 [2]. ويصنف هذا الاسلوب في

---

(2) ANGLO D., DENESI, S., RICKY W., OP.CIT, P. 282.

المجموعات الثانية والثالثة والرابعة والخامسة ضمن التصنيف العام للأساليب التدريب.

التدريب والتنمية بوساطة التعليمات المبرمجة :

يطلق على هذا الأسلوب مصطلح PROGRAMED TRAINING AND DEVELOPMENT INSTRCTIONS ، لقد طورت التقنيات الحديثة في مجال الحاسب الآلي برامج لتدريب وتنمية الموارد البشرية دون مدربين، حيث يقوم مبرمج مختص ببرمجة المادة التدريبية على شكل برنامج يتضمن مجموعة أسئلة مقسمة إلى أجزاء مرتبطة ببعضها ومتتالية، بحيث يقوم الحاسوب بطرح أسئلة كل جزء على الشاشة ليجيب عنها المتدرب، فاذا كان فيها أخطاء يصححها له، ولا يمكن للمتدرب أن ينتقل الى الجزء التالي من الأسئلة، إلا بعد الانتهاء من الإجابة عن أسئلة الجزء الحالي وبشكل صحيح. يتميز هذا الاسلوب بما يلي:

- يجبر المتدرب أن يعيد التفكير في الاجابات اكثر من مرة ليصححها، فهذا التكرار يرسخ المعلومات في ذهنه بشكل جيد.

- يجبر المتدرب على التفكير العميق في المسائل والأمور المعروضة عليه من قبل الحاسب الآلي، مما يمنع حدوث شرود ذهني لديه، الذي يصاحب بعض الأساليب كالمحاضرة، والندوات على سبيل المثال. ويصنف هذا الأسلوب ضمن المجموعات الثانية والثالثة والخامسة والسادسة في التصنيف العام لمجموعات أساليب التدريب.

أسلوب الحساسية :

يعد أسلوب الحساسية SENSEVITY METHOD من الأساليب التي تستخدم في مجال تعديل السلوك، وبموجبه تنظم لقاءات دورية بين المتدربين في أماكن خاصة ولفترة زمنية محددة، يتم خلالها مناقشة وتقييم سلوك بعضهم بعضاً بصراحة تامة، ويتم التقييم نتيجة احتكاك المتدربين ببعضهم خلال الفترة الزمنية المحددة. يتضح من ذلك عدم وجود مادة تدريبية محددة في هذا الأسلوب، وكذلك عدم وجود مدرب بل هناك موجه مهمته متابعة المناقشات ومنع حدوث احتكاك بين المتدربين، أو حدوث ضغط نفسي على بعضهم نتيجة المصارحة والحرية في انتقاد سلوك بعضهم بعضاً. إذاً يمكن القول بأن المحور الأساسي الذي يقوم عليه هذا الاسلوب هو مناقشة السلوك وتعديله، لذلك يستخدم من أجل زيادة حساسية المتدرب تجاه سلوك الآخرين، وردة فعل تصرفاته عليهم، ويتميز هذا الأسلوب بما يلي:

* فهم وإدراك سلوك الآخرين.

* تعلم كيفية التعامل مع أنماط سلوكية متنوعة.

* فهم السلوك الشخصي والثغرات الموجودة فيه، مما يساعد على تعديله للأفضل.

* فهم الذات كما ينظر إليها الآخرون.

* تنمية مهارة التعامل مع الآخرين وإقامة علاقات اجتماعية معهم.

يؤخذ على هذا الأسلوب إرتفاع تكلفته، وصعوبة تقييم نتائج الاستفادة منه، فهل يا ترى اقتنع المتدربون بضرورة تعديل سلوكهم، أم أنهم ما زالوا مقتنعين بأن سلوكهم خالي من العيوب. هذا الى جانب وجود بعض المتدربين الذين لا يتقبلون النقد الصريح الموجه اليهم، وكذلك هناك احتمال عودة بعض المتدربين بعد تعديل سلوكهم الى سلوكياتهم القديمة عند دعوتهم للعمل. بالإضافة الى ذلك احتمال ظهور بعض المتدربين بشخصية مغايرة لشخصيتهم الحقيقية، حيث يكون لديهم قدرة على تمثيل سلوكيات لا تمثل حقيقة سلوكهم أثناء فترة التدريب والتنمية، ويصنف هذا الاسلوب ضمن المجموعة السابعة فقط ضمن التصنيف العام لاساليب التدريس والتنمية.

مباريات الأعمال :

مباريات الأعمال BUSINESS GAMES أو المباريات الادارية كما يسميها بعضهم MANAGEMENT GAMES اسلوب يستخدم بشكل خاص في تدريب وتنمية رجال الادارة العليا، وبموجبه تقسم مجموعة المتدربين الى مجموعتين فأكثر، لكن غالباً يتم تقسيمها الى إثنتين على أن يتراوح عدد كل مجموعة ما بين 5-7 متدربين، تمثل كل منهما إدارة شركة ما (كأن يكون للشركة إدارتين) حيث تعطى لأعضاء كل مجموعة معلومات محددة ومعدة مسبقاً عن ظروف عمل الشركة التي يمثلونها، لتقوم كل منهما بتوزيع الاختصاصات والأعمال بين أفرادها، وتقرر لنفسها أهدافاً وسياسات تسترشد بها في اتخاذ القرارات.

وتقسم المباراة الى عدة جولات، يقوم أفراد كل مجموعة على ضوء المعلومات المعطاة لها باتخاذ القرارات المناسبة، ومراجعة أعمالها وقراراتها السابقة، وتعديل بعض القرارات في حالة إعطائها معلومات مفاجئة غير متوقعة. وتحسب نتيجة كل قرار بناء على أسلوب محدد مسبقاً بمعرفة الهيئة المشرفة على التدريب والتنمية، ولا يعلم المتدربون عنه شيئاً. وتبلغ كل مجموعة بنتائج القرارات التي اتخذتها، لتقوم كل منهما على ضوء هذه النتائج بإعادة دراسة الموقف واتخاذ قرارات جديدة. وهكذا تستمر المباراة لعدة جولات، وفي الأخير تعلن نتيجة المباراة

حسب مجموع النقاط التي حصلت عليها كل مجموعة، وتعلن نتيجة الفائز. ويتم بعد ذلك تقييم عـام للمباراة وقرارات كل مجموعة وتشرح الاخطاء التي وقعت فيها لتلافيها مستقبلاً في حياتها العملية. ويصنف هذا الاسلوب ضمن المجموعة الثالثة والخامسة والسادسة في التصنيف العام لاساليب التدريب والتنمية.

المحاكاة :

تمثل المحاكاة نهجاً عاماً لعدد من الأساليب، حيث تعمل على تهيئة ظروف ومواقف مماثلة لما يمكن أن يتعرض له المتدرب خلال ممارسته لعمله في الواقع الفعلي، وتطلب منه اتخاذ التصرف أو الاجراء أو القرار المناسب حيالها، ففي ضوء التصرف أو الإجراء.. الخ الذي قام به أو اتخذه المتدرب يوضح له مدى فاعلية تصرفه، وتصحح له الأخطاء في حالة حدوثها لديه لكي لا يقع فيها مستقبلاً. ويستخدم أسلوب المحاكاة SIMULATION نماذج مصطنعة (آلات، تجهيزات، أدوات.. الخ) تطابق المستخدمة في الواقع العملي من أجل تعلم استخدامها قبل الانتقال لاستخدامها في العمل.

يتميز هذا الاسلوب في قدرته العالية في نقل ما تعلمه المتدرب في الظروف والنماذج المصطنعة الى الواقع العملي الفعلي، كما يتميز بقدرته على تعليم المتدربين الأشياء الجديدة، ويصنف هذا الاسلوب في المجموعات الثانية والخامسة والسادسة والسابعة ضمن التصنيف العام لمجموعات اساليب التدريب والتنمية.

دورية العمل (تبادل الأعمال) :

بموجب هذا الاسلوب JOB ROTAITION تنظم حركة تنقلات متنوعة ومؤقتة بين الوظائف، بحيث يحل كل فرد مكان الآخر لفترة زمنية محدودة، يكتسب فيها خبرات ومهارات جديدة من خلال مزاولته لعمل آخر ضمن نشاط وظيفي محدد، ويشترط في استخدام هذا الأسلوب ان تكون الوظائف في مستوى إداري واحد، حتى تتسنى التنقلات بينهم. ولتحقيق النجاح في هذا الاسلوب لابد أن يكون هناك متابعة مستمرة للمتدرب، وخاصة خلال الفترة الأولى من التدريب وهي فترة استلامه للوظيفة، وأن يكون هناك تقويم مستمر لادائه وشرح وتوضيح للأخطاء التي يقع فيها. ويصنف هذا الاسلوب ضمن المجموعة الأولى والرابعة والسادسة ضمن التصنيف العام لأساليب التدريب والتنمية.

الإدارة المتعددة :

يتضح من عنوان هذا الأسلوب MULTIPLE MANAGEMENT ، بأنه يناسب تـدريب وتنميـة رجـال الادارة فقـط، وبموجبـه يشـارك الرؤسـاء في المسـتوى الاداري المباشـر والأوسط في تخطـيط وإدارة شـؤون مشتركة مع الادارة العليا. وبمعنى أوضح يقوم مستوى الإدارة العليا باتخاذ قراراته وتصريف الأمور داخـل العمل بالتشاور مع مستوى الإدارة الأوسط والمباشرة. فمن خـلال التشـاور وإشراك الرؤسـاء في تخطـيط وإدارة العمل واتخاذ قراراته، تتوفر الفرصة للمستوى الأوسط والمبـاشر في أن ينمـي نفسـه ويطور أداءه للأفضل والأحسن. كما يوفر هذا الأسلوب فرصة للإدارة العليا من أجل أن تحدد وتختار مرشحين من أجـل عمليات الترقية. إذاً تصبح الإدارة المتعددة عملية تدريب وتقييم في مكان العمل نفسه، وخطـوة مهمة في مجال مسار الفرد في حياته الوظيفية ومستقبله في العمل. ويصنف هـذا الاسلوب ضمن المجموعـة الاولى والرابعة والسادسة ضمن التصنيف العام لاساليب التدريب والتنمية.

المهمات الفردية :

يوجه هـذا الأسلوب المتـدرب INDIVIDUAL ASSIGNEMENT باعتبـاره فـرداً في موقـف التـعلم وبالتالي يتوقع منه أن يعمل منفرداً في مهمة تسند إليه دون أن يتعاون مع أحد زملائه. وقد تكون المهمـة عملاً ينجزه، أو وظيفة يقوم بمهامها لفترة محـددة، أو بحثـاً يقوم باعـداده، أو إعـداد تقريـر عـن حادثـة لاحظها في مكان العمل.. الخ، وتترك حرية معالجتها وإعدادها كيف ما يشاء ثم بعد انجاز المهمة تقيم النتيجة التي توصل اليها، وتشرح أخطاءه ويدرب على كيفية تلافيها مسـتقبلاً في مـا اذا تعرض لمثل هـذه المهام. ويصنف هـذا الاسلوب ضمن المجموعـة الأولى والرابعة والسادسـة في التصنيف العـام لأسـاليب التدريب والتنمية.

تصميم برنامج تدريب وتنمية الموارد البشرية

يصـمم برنامج التـدريب والتنمية بموجب عمليـة ذات مراحـل متسلسـلة تـدعى بنمـوذج N.G.C.M.I.P.C.T حيث يعبر كل حرف من هذه الحروف عن مرحلة تبدأ أول كلماتها بها، وفيما يلي هـذه المراحل :

تحديد حاجات التدريب والتنمية : NEEDS SPECIFICATION

تحديد الحاجات التي سيلبيها البرنامج،هو الركيزة التي يقوم عليها تصميمه، فالحاجات هنا نواقص أو فجوات موجودة في أداء الموارد البشرية مطلوب من البرنامج تغطيتها. ويتم تحديد هذه الحاجات من خلال الاطلاع على ما حددته استراتيجية التدريب والتنمية من حاجات، ومصادر متنوعة سبق لنا شرحها في السابق. وتتمثل الحاجات عادة بالمهارات، والمعارف، والسلوكيات التي يراد تعليمها للمتدربين في البرنامج.

وضع أهداف البرنامج : GOALS SETTING

تتحدد أهداف البرنامج من خلال معرفة حاجات التدريب والتنمية المراد تغطيتها بوساطته، فهي تمثل الأهداف أو الانجازات المراد تحقيقها من ورائه، فالأهداف هي تجسيد للحاجات التي تختلف عادة من برنامج لآخر حسب طبيعة الحاجات المطلوبة منه تلبيتها، مع الإشارة إلى أن أهداف التدريب والتنمية العامة تبقى كما هي لا تتغير من منظمة لأخرى ومن مجال لآخر، وقد سبق لنا الإشارة إليها في مطلع هذا الفصل. وتستخدم الأهداف عادة كأساس لتحديد معايير تقييم البرنامج، حيث على أساسها يتقرر مدى نجاح البرنامج في تحقيق أهدافه. لذلك يجب أن تكون الأهداف واضحة ودقيقة وقابلة للقياس والتقييم، فعندما نقول بأن هدف البرنامج هو تحسين الانتاجية من خلال تطوير الأداء وتحسينه، فهذا هدف غير دقيق، أما إذا قلنا الهدف هو رفع الإنتاجية بمقدار 10% أو زيادة حجم المبيعات بمقدار 20% مثلاً فهنا توجد دقة في تحديد هذين الهدفين.

تصميم منهاج البرنامج : CURRICULUM DESIGN

يمثل منهاج البرنامج المادة التعليمية التي سيتم نقلها وتعليمها للمتدربين، من أجل تغطية حاجات التدريب والتنمية وإنجاز الأهداف المحددة للبرنامج. وتشتمل المادة على موضوعات متوافقة مع طبيعة الحاجات من مهارات ومعارف وسلوكيات، وبالتالي فالمنهاج يحدد ويوضح مضمون ومحتوى البرنامج، الذي يجب أن يكون حديثاً ومتوافقاً مع الأهداف والحاجات.

تقرير الأسلوب : METHOD DETERMING

الأسلوب هو الوسيلة التي سينقل من خلالها المادة التعليمية للمتدربين، والأداة التي بوساطتها ستتم عملية التعلم، وأساليب التدريب متعددة ومتنوعة، لذلك يتوجب المفاضلة بينها لتقرير الأفضل والأنسب منها. وبوجه عام تحكم عملية انتقاء الأسلوب الأفضل عدة إعتبارات أهمها ما يلي:

* نوعية المادة التعليمية التي ستنقل للمتدربين فيما إذا كانت مهارات، أو معارف، أو سلوكيات، وفيما إذا كانت لعلاج نقاط ضعف أو تنمية نقاط قوة، أو إكساب المتدربين جوانب جديدة يتطلبها عمل المنظمة مستقبلاً.

* عدد الأفراد المتدربين فأسلوب المحاضرة كما لاحظنا سابقاً يمكن أن يستوعب عدداً كبيراً، عكس أسلوب المهمات الفردية، أو المباراة الإدارية مثلاً.

* المدربون المتاحون وذلك من حيث مؤهلاتهم وخبراتهم.

* المادة التعليمية أو التدريبية، إذ هناك بعض المناهج تستدعي أو تتطلب إستخدام أسلوب معين مثل تدريب الحساسية.

* نوعية المتدربين، فالأساليب التي تناسب العمال مثلاً لا تناسب المشرفين، وقد وضحنا عند عرضنا لأساليب التدريب والتنمية، كيف أن بعض الأساليب تناسب تدريب فئة معينة من العاملين دون أخرى.

* ظروف وإمكانات المنظمة لأن هناك أساليب تكون تكلفتها عالية في بعض الأحيان.

إختيار المدرب :   ISTRUCTOR SELECTION

المدرب هو المعلم الذي يقوم بتوجيه ونصح المتدربين وإمدادهم بالمعلومات الجديدة، وتغيير إتجاهاتهم وسلوكهم، وتدريبهم على أصول ممارستهم لمهنتهم، في إطار برنامج محدد، وبوساطة أسلوب أو أساليب تدريبية محددة أيضاً. لذلك يتوقف نجاح التدريب إلى حد كبير على مدى سلامة القرار الذي اتخذ بالنسبة لاختياره، لأن المدرب يمثل الوسيلة التي عن طريقها سيتم نقل المعلومات وتكوين المهارات، وبالطبع إذا كانت الوسيلة غير مناسبة فلا بد أن تكون النتائج غير مناسبة. لذلك يجب بذل الجهد لتوفير المدرب الكفؤ الذي يستطيع إستثارة المتدربين ونقل المعلومات اليهم بشكل صحيح. ويتوقف اختيار المدرب المناسب على مجموعة من الاعتبارات أهمها ما يلي:

* الأسلوب المراد استخدامه، فاستخدام كل أسلوب يتطلب توفر مهارة وخبرة معينة تختلفان عن اسلوب لآخر.

* المادة التعليمية التي تمثل مضمون التعلم في البرنامج، فلكل نوع من المواد التعليمية التدريبية تخصص يناسبها يجب أن يتوفر لدى المدرب.

وبشكل عام يجب توفر الصفات التالية لدى المدرب :

* أن يكون محترفاً لمهنة التعليم والتدريب.
* أن يكون مؤهلاً علمياً.
* أن يكون قادراً على استخدام تقنيات التعلم والتدريب الحديثة.
* أن تكون لديه المقدرة على نقل المعلومات للآخرين بشكل واضح ومفهوم.
* أن يتصف بشخصية قوية.
* أن يتحلى بالصبر واللباقة والمرونة.

تحديد فترة البرنامج : PERIOD DETERMING

ليس هناك فترة زمنية نموذجية لتنفيذ أي برنامج تدريب وتنمية، إذ تختلف المدة من برنامج لآخر على ضوء اعتبارات متعددة أهمها ما يلي:

- المنهاج التعليمي، وطبيعة ونوعية المشكلات التي يعالجها، والمهارات التي يراد إكسابها للمتدرب.
- الأساليب التدريبية المستخدمة، فهناك أساليب يتطلب استخدامها وقتاً أطول من أساليب أخرى، كما مر معنا سابقاً.
- الإمكانات المتاحة كسرعة حاجة المنظمة للمتدربين، أوعدم إمكانيتها تفريغ المتدربين أكثر من فترة معينة من أجل حضور جلسات البرنامج.

تنفيذ البرنامج : CONDUCT OF PROGRAM

تنفذ برامج التدريب والتنمية عادة إما داخل المنظمة IN-HOUSE حيث تقوم إدارة الموارد البشرية بتصميم برامج التدريب والتنمية بنفسها وتنفيذها داخل أبواب المنظمة، ويتم ذلك في المنظمات الكبيرة التي تمتلك الإمكانات المالية والفنية لذلك. وميزة البرامج الداخلية هي أنها تحقق الربط المباشر بين البرنامج والواقع العملي للمتدربين، هذا الى جانب إمكانية تحقيقه لمسألة متابعة المتدرب بعد تدريبه ومساعدته في تطبيق ما تعلمه في البرنامج، وحل المشاكل التي تصادفه أثناء التطبيق، هذا بالإضافة إلى توفيره للمرونة أثناء التنفيذ، وإحكام الرقابة والسيطرة على حضور المتدربين لجلسات البرنامج. وقد ينفذ البرنامج خارج المنظمة في معاهد تدريب وتنمية متخصصة تمتلك الامكانات اللازمة لتنفيذ البرامج التدريبية والتنموية، ويطلق على هذا التنفيذ الخارجي OUTSOURCED TRAINING AND DEVELOPMENT .

تحديد تقنيات البرنامج : TECHNIQUES OF PROGRAM

يقصد بتقنيات البرنامج المساعدات التي سوف تستخدم في عملية التعلم ضمن البرنامج كالحاسب الآلي، والباور بوينت POWER POINT ، والشفافيات وجهاز الاسقاط، والفيديو، والخرائط والرسوم التوضيحية، فمثل هذه المساعدات تهيء الفرصة للمدربين في نقل المادة التعليمية بوضوح وسرعة للمتدربين الذين بامكانهم أن يفهموا ما يشرح لهم بشكل جيد. وإلى جانب ذلك يجب تهيئة القاعات المناسبة وتزويدها بالتجهيزات التي يحتاجها البرنامج كالإضاءة الجيدة، والحرارة المناسبة، والهدوء، ومقاعد مريحة، وسبورة. ولا شك أن تنفيذ أي برنامج يحتاج إلى جهاز سكرتارية يقدم الخدمات الإدارية اللازمة كالنسخ والطباعة وتسجيل حضور وانصراف المتدربين.. الخ، ويشرف على هذه الأمور عادة شخص مسؤول يمكن أن نسميه بالمدير الإداري للبرنامج، الذي يتوجب عليه متابعة سير تنفيذ البرنامج، ورصد المعوقات التي تظهر أثناء التنفيذ، لينقلها إلى إدارة الموارد البشرية للعمل على حالها.

العوامل المؤثرة في فاعلية البرنامج :

هناك عدد من العوامل الأساسية التي تلعب دوراً مؤثراً في نجاح برامج التدريب والتنمية سنتعرض إليها فيما يلي، مع الإشارة إلى أن هذه العوامل تكمل ما ذكرناه في السابق عندما تحدثنا عن التعلم المستمر وأشكاله :

* التركيز على تعليم المتدربين أشياء جديدة تخدم أعمالهم الحالية والمستقبلية.
* التأكد من استيعاب المتدربين لما تعلموه في البرنامج.
* التركيز على التعلم التجريبي أي إتاحة الفرصة للمتدرب أن يمارس ما يتعلمه بنفسه لترسيخ المعلومات لديه.
* التأكد من صحة تطبيق المتدربين لما تعلموه وذلك على أرض الواقع أي في أعمالهم التي يمارسونها.
* إطلاع المتدرب على الأخطاء التي وقع فيها أثناء تدريبيه وتنميته، وما هي الأسباب التي أدت إلى وقوعها وكيف عليه معالجتها.
* تبني مدخل التعلم المسرع أو المعجل ACCELERATED LEARNING الذي يسعى الى توفير الجو والمناخ التعليمي المادي والمعنوي، ليتسنى للمتدربين الاستفادة

مما يتعلمونه في البرنامج بأقصى فاعلية وبسهولة وسرعة، ويشتمل هذا الجو على الجوانب التالية:

- جو تعليمي هادئ ومريح.
- المعاملة الحسنة للمتدربين والثناء والاطراء عليهم وتشجيعهم على التعلم.
- تخفيض التوتر والضغط على المتدربين.
- توفير الارشاد التعليمي لمساعدة المتدربين في حل مشاكلهم أثناء تنفيذ البرنامج والرد على استفساراتهم.
- جعل عملية التعلم مشوقة ومسلية.
- استخدام وسائل تعليمية وتقنية حديثة.

التقييم المعاصر لبرامج تدريب وتنمية الموارد البشرية

على الرغم من أن المنظمات تنفق أموالاً كبيرة في برامج التدريب والتنمية، إلا أنها وللأسف لا تعرف بالتحديد مدى العائد أو مدى الاستفادة من هذه البرامج. ففي البلدان النامية بشكل خاص لا يعطى تقييم برامج التدريب والتنمية أهمية تذكر، وفي بعضها الآخر لا يوجد تقييما لمدى استفادة المتدربين من البرامج التي يحضروها، وكأن هذه البرامج مسألة حضور فقط. إن تقييم مدى نجاح برنامج التدريب والتنمية في تنفيذ ما هو مطلوب منه مسألة في غاية الأهمية، تماشياً مع اعتبار أن التدريب والتنمية استثمار بشري له عائد، فهذا الاعتبار يحتم القيام بتقييم برامج التدريب والتنمية لمعرفة العائد الذي حققته، ومعرفة جوانب الضعف والثغرات التي حدثت في تصميمها وتنفيذها، للعمل على تلافيها في البرامج المستقبلية.

وتشتمل عملية تقييم برنامج التدريب والتنمية على القسمين التاليين:

1. تحديد معايير التقييم :

لا شك وكما أوضحنا سابقاً بأن معايير التقييم تتحدد في ضوء أهداف البرنامج بحيث تعمل على كشف مدى تحقيقه لأهدافه المحددة له. وبوجه عام يمكن القول بأن عملية التقييم ومعاييرها تتمحور حول ما يلي:

* ردة فعل المتدربين TRAINESS REACTION التي تتمثل بشعورهم الايجابي أو السلبي تجاه البرنامج.

* مدى فهم واستيعاب المتدربين لما تعلموه وتدربوا عليه.

* مدى تذكر المتدربين لما تعلموه في بيئة عملهم بعد عودتهم إليها وانتهاء تدريبهم وتنميتهم، وهذا ما يسمى بعمق التعلم DEEP OF LEARNING .

* مدى التغير الذي حدث في أداء وسلوك المتدربين نتيجة تطبيقهم لما تعلموه، وذلك أثناء أدائهم لوظائفهم ويصطلح عليه PERFORMANCE AND BEHAVIOR CHANGE وهذا يستدعي قياس التغير الذي حدث في مجال الانتاجية، والتكلفة، وجودة الاداء، وسرعته، وزمنه.

* مدى التغيير الذي أحدثه برنامج التدريب والتنمية في اتجاهات المتدربين وشعورهم نحو أعمالهم والمنظمة بشكل عام وجعلها ايجابية.

* عدد المتدربين الذين حصلوا على ترقيات بعد تدريبهم وتنميتهم.

في ضوء المؤشرات العامة السابقة التي يجب أن تدور حولها عملية تقييم برنامج التدريب والتنمية، يمكننا الآن تحديد بعض معايير التقييم التي يمكن الاستعانة بها في تقييم البرنامج وذلك على سبيل المثال وليس الحصر:

- هل كان المتدربون سعداء أثناء التدريب وبعده ولماذا؟

- هل كان مضمون البرنامج ملائماً لوظائف وأعمال المتدربين ولماذا؟

- هل غطت المادة التعليمية في البرنامج عنوانه؟

- هل المادة التعليمية واضحة ومفهومه؟

- هل المادة التعليمية حديثة؟

- هل المادة التعليمية واقعية؟

- هل اضافت المادة التعليمية شيئاً جديداً لخبرة ومعرفة المتدربين السابقة؟

- هل كان المدربون يتفاعلون بشكل إيجابي مع المتدربين أثناء تنفيذ البرنامج؟

- هل كانت لغة المدربين سليمة وواضحة؟

- هل كان المدربون متمكنون بشكل جيد من المادة التعليمية والتدريبية ؟

- هل كانت كفاءة المدربين في نقل المادة التعليمية جيدة؟

- هل كان لدى المدربين القدرة العالية على استخدام تقنيات التعلم الحديثة؟

- هل كان لدى المتدربين شعوراً نفسياً مريحاً تجاه المدربين؟

- هل كانت التقنيات التعليمية المستخدمة في البرنامج حديثة؟

- هل كانت التقنيات التعليمية المستخدمة في البرنامج كافية؟

- هل كان المناخ السائد في البرنامج مناسب ويساعد على الاستفادة؟

- هل كانت فترة البرنامج كافية لتغطية مادته التعليمية؟

- هل وفر البرنامج الإرشاد التعليمي المناسب لمساعدة المتدربين في حل مشاكلهم؟

- هل كانت الخدمات الادارية المصاحبة للبرنامج بمستوى جيد؟

- هل حقق البرنامج عائداً يفوق تكلفته؟

2. تحديد أساليب التقييم

يستخدم في مجال تقييم برامج التدريب والتنمية أساليب تقييم متعددة، فيما يلي عـدد منهـا على سبيل المثال:

* الاختبارات: بعد انتهاء تنفيذ برنامج التدريب والتنمية، يمكن إخضاع المتدربين إلى اختبارات للتأكد مـن مدى فهمهم واستيعابهم لما تعلموه في البرنامج، ومدى إمكانية تطبيقه في مجالات عملهم بعد العودة إليها.

* المجموعة التجريبية والمجموعة الضابطة: وتعني تحديد مجموعتين من الموارد البشرية، الأولى نخضعها لتدريب وتنمية والثانية لا تدرب، ثم نخضع المجموعتين لاختبار واحد مع فصل العوامل المؤثرة في أداء المجموعة الضابطة غير المدربة، والفرق بين نتائج المجموعتين هو ناتج عن التدريب والتنمية. وصعوبة استخدام هذا الأسلوب تأتي من عدم الدقة في تحديد العوامل المؤثرة في أداء المجموعة الضابطة.

* استقصاء رأي المتدربين: وذلك أثناء تنفيذ البرنامج وبعد الانتهاء منه مباشرة، لمعرفة مدى استفادتهم مـن البرنامج، ورأيهم بالمدربين، والمنهاج التعليمي، والجوانب الادارية المصاحبة لتنفيذ البرنامج. ويفضل بعد عـودة المتـدربين لممارسـة أعمالهـم وتطبيـق مـا تعلمـوه في البرنامج أن يستقصى ـ رأيهم بمـدى استفادتهم مما تعلموه، لأن الاستقصاء الذي يتم بعد انتهاء البرنامج مباشرة، لا يُمكن المتدرب مـن تحديد مدى استفادته منه، فهذا التحديد لن يكون دقيقاً وموضوعياً إلا بعد عودته لعمله وتطبيق ما تعلمه في البرنامج.

* تقييم أداء المتـدربين: توضح نتـائج تقييم أداء المتدربين بعـد عـودتهم مـن البرنامج وتطبيق ما تعلموه في أعمالهم، مدى استفادتهم مـن عمليـة التـعلم والتـدريب التي

خضعوا لها، حيث تتمثل هذه الاستفادة في تحسن مستوى أدائهم من حيث جودته، وكميته، وزمنه، وتكلفته، كذلك يتمثل في مدى تغيير أنماطهم السلوكية للأفضل سواء مع رؤسائهم، أو زملائهم، أو مع الجمهور الخارجي.

* الملاحظة: يمكن تقييم البرنامج من خلال رصد ردة فعل المتدربين تجاه البرنامج أثناء تنفيذ مراحله، وذلك من خلال الأحاديث التي تدور بينهم، أو من خلال الشكاوى المقدمة من قبلهم لادارة البرنامج، أو الثناءات والاطراء الذي يصدر عنهم تجاه البرنامج.

العائد على الاستثمار كمعيار عام لتقييم برامج التدريب والتنمية :

استخدمت بعض المنظمات الحديثة في الدول المتقدمة اسلوب تحليل نقطة التعادل في قياس العائد من برامج التدريب والتنمية التي نفذتها BREAK-EVEN POINT ANALYSIS كمعيار عام للحكم على مدى فاعلية هذه البرامج، وذلك تأسيساً على أن ما ينفق في مجال تدريب وتنمية الموارد البشرية إنما هو استثمار له عائد يجب أن يزيد عن هذا الانفاق الاستثماري. إن قياس هذا العائد بالوحدات النقدية ليس بالأمر السهل لكنه ليس مستحيلاً، إذ يحتاج الأمر إلى قياسات للنتائج الايجابية التي أحدثتها برامج التدريب والتنمية في عدد من المجالات كزيادة رقم المبيعات، زيادة عدد الزبائن، ارتفاع كمية الانتاج وجودته، انخفاض في تكاليف التشغيل. وبعد القياس يجب إجراء المقارنة بين هذه النتائج أو التغييرات التي حدثت في هذه المجالات مع الوضع الذي كان سائداً فيها قبل تنفيذ برامج التدريب والتنمية، وسنعمد فيما يلي إلى عرض مثال توضيحي عن استخدام هذا المعيار:[3]

بافتراض أن لدينا المعلومات التالية عن إحدى المنظمات التي نفذت لديها برنامجاً تدريبياً واحداً قامت هي بتصميمه وتنفيذه:

(3) IRWIN L. GOLDSTIEN, TRAINING IN ORGANIZATION, 3RD, ED., PACIFC GROVE, CALIF BOOKS COLE, 1993, PP. 69-71.

جدول رقم (12)

السنة التي نفذ فيها برنامج التدريب والتنمية	عدد المتدربين في السنة الأولى والزيادة السنوية في عددهم	عدد المتدربين الذين استقالوا من العمل سنوياً	عدد المتدربين الذين بقوا في أعمالهم في بداية كل سنة	عدد المتدربين التراكمي في مطلع كل سنة
الاولى	200	-	200	200
الثانية	25	5	220	420
الثالثة	25	5	240	660
الرابعة	25	5	260	920
الخامسة	25	5	280	1200

يتضح من الجدول السابق أن مجموع عدد المتدربين الذين تدربوا فعلياً هو /1200/ موظف في السنوات الخمس، على اعتبار أن عملية التدريب والتنمية عملية تعليمية مستمرة.

بافتراض أنه قدرت النفقات الاستثمارية في تصميم البرنامج التدريبي التنموي وتنفيذه سنوياً، وفق ما هو موضح في الجدول التالي:

جدول (13)

السنة	تكلفة تصميم البرنامج في بداية كل سنة	تكلفة تنفيذ البرنامج سنويا	التكلفة الاجمالية
الاولى	500000	100000	600000
الثانية	-	100000	100000
الثالثة	-	100000	100000
الرابعة	-	100000	100000
الخامسة	-	100000	100000

يتضح من الجدول السابق أن تكلفة تصميم البرنامج قد دفعت مرة واحدة في السنة الأولى فقط وتحملتها هذه السنة ولم تتحمل السنوات الأربع التالية أية تكلفة في مجال التصميم، على اعتبار أن البرنامج هـو نفسه لم يتغير في السنوات التدريبية الخمس، وهذا يعني أن تكلفة التصميم في هـذه الحالـة هـي تكلفـة ثابتة، في حين أن تكلفة تنفيذ البرنامج السنوية البالغة 100.000 هـي تكلفـة متغيـرة أي لا تـدفع إلا عنـد تنفيذ البرنامج.

في ضوء ما تقدم نجد أن تكلفة المتدرب الواحد = $\dfrac{1000000}{1200 \text{ موظف}}$ = 833.33 وحدة نقدية

وهذا الرقم يمثل نقطة التعادل التـي عنـدها لا يكـون هنـاك عائـد أو خسـارة مـن وراء تـدريب الموظـف الواحد، وبالتالي وفي هذه الحالة يجب أن يكون العائد المتحقق من تدريب وتنمية كـل موظف اكثر مـن 833.33 وحدة نقدية، لنقيم ونحكم على أن التدريب والتنمية قد حققا عائدا ، فاذا كان العائد أكثر مـن هذا الرقم إذاً هناك ربح، أما إذا كان أقل فمعنى ذلك أن التدريب كان خاسراً. فعلى سبيل المثال إذا كان العائد المحقق من وراء تدريب الموظف الواحد هو 1000 وحدة نقدية، نجد أن الربح هو: 1000 - 833 = 167 وفيما يلي جدول إفتراضي يوضح ما تقدم :

جدول رقم (14)

الناتج الكلي	العائد الاجمالي الافتراضي للذين تدربوا في السنوات الخمس	التكلفة الاجمالية للتدريب في السنوات الخمس	عدد المتدربين في السنوات الخمس	العائد المتحقق من تدريب وتنمية الموظف في خمس سنوات
-	(1200×833.33) – 1000000	1000000	1200	اذا كان العائد 833.33
200000	(1200×1000)- 1000000	1000000	1200	اذا كان العائد 1000
800000	(1200×1500)- 1000000	1000000	1200	اذا كان العائد 1500

481

يتضح من الجدول السابق أنه لا يوجد ربح ولا خسارة في الافتراض الأول وبالتالي فهو يمثل نقطة التعادل، أما في الافتراض الثاني فهناك ربح وقدره /200000/ وحدة نقدية، اما الثالث فربحه /800000/ وحدة نقدية، وهذا يدلنا أنه كلما زاد الدخل عن نقطة التعادل التي تمثل 833.33 يزداد معه الربح.

تدريب وتنمية الإدارة

تعريف عام :

قبل البدء باستعراض موضوع تدريب وتنمية الإدارة، نود الإشارة إلى أن الموارد البشرية التي يتم تدريبها وتنميتها في المنظمات تصنف ضمن فئتين هما:

هيئة الإدارة: ويمثل أعضاؤها جميع الأشخاص الذين يشرفون على أناس آخرين ويتخذون قرارات سواء في الإدارة العليا أو الوسطى أو المباشرة، أي كل من يشغل منصباً إدارياً في هيكل المنظمة التنظيمي. ويطلق على تدريب وتنمية هذه الهيئة مصطلح MANAGEMENT TRAINING AND DEVELOPMENT ويسميها بعضهم بالتنمية الادارية MANAGEMENT DEVELOPMENT، ونحن لا نحبذ التسمية الأخيرة، لأنه أصبح يصاحبها أبعاد واسعة تتعلق بجوانب تنظيمية لها علاقة بالاصلاح الاداري، وعليه يمكننا القول بأن المقصود بهيئة الإدارة وهم الإداريين عبر مستويات الهيكل التنظيمي للمنظمة.

الموارد البشرية غير الادارية: وتمثل جميع من يعمل في المنظمة باستثناء الاداريين، وبالتالي فهذه الموارد لا تشغل مناصب إدارية فمهمتها تنفيذ أعمال المنظمة، وتكون في قاعدة الهرم التنظيمي، ويطلق على هذه الفئة مصطلح المهارات غير الادارية NON-MANAGERIAL SKILLS .

والسؤال الذي يثار الآن: هل تختلف عملية تدريب وتنمية الادارة عن تدريب وتنمية المهارات غير الادارية؟ إن الإجابة عن هذا التساؤل تنحصر في الجوانب التالية:

* لا تختلف أسس ومبادئ التعلم في عملية تدريب وتنمية الادارة عن عملية تدريب وتنمية المهارات غير الإدارية.

* تختلف أساليب تدريب وتنمية هيئة الادارة عن نظيرتها المهارات غير الادارية، وذلك بسبب اختلاف ماهية العمل من الفئة الاولى الى الفئة الثانية.

* تختلف المادة التعليمية التدريبية من هيئة الادارة إلى المهارات غير الادارية، وذلك نظراً لاختلاف طبيعة الأعمال التي تمارسها كل منها.

* تركز عملية تدريب هيئة الادارة على المستقبل وتغيراته أكثر من تدريب وتنمية المهارات غير الادارية.

* يشتمل تدريب وتنمية الادارة على تنوع كبير في المهارات مقارنة بتنمية المهارات غير الادارية.

* تختلف إلىحد ما تقنيات التدريب والتنمية لدى هيئة الادارة عن نظيرتها المهارات غير الادارية.

* تأخذ تنمية الادارة حيزاً كبيراً من الاهتمام من قبل المنظمة، وخاصة رجال الادارة العليا المسؤولين عن اتخاذ قرارات ذات تأثير واسع وهام.

تعريف تدريب وتنمية الإدارة :

هي برامج تدريب وتنمية متخصصة، تعد وتصمم من أجل اكساب رجال الإدارة في المنظمة وفي كافة مستوياتها الادارية وبشكل مستمر ما يلي:

* معارف إدارية جديدة .

* مهارات إدارية جديدة .

* أنماط سلوكية جديدة .

* تطوير وتحسين المعارف والمهارات والسلوكيات الحالية.

وذلك من أجل تمكينهم من أداء أعمالهم الحالية واتخاذ القرارات الجيدة فيها وحل مشاكلها بفاعلية، وأيضاً تهيئتهم لاستلام وظائف جديدة في المستقبل سواء عن طريق الترقية او النقل الأفقي، والتكيف والتعايش مع أية مستجدات أو تغييرات تطرأ على ميدان العمل داخل المنظمة وخارجها.

أهمية تدريب وتنمية الإدارة :

لا شك أن مستقبل أية منظمة يتوقف على مدى كفاءة أعضاء هيئتها الادارية المكونة من المديرين التنفيذيين في الادارة العليا، ومديري الادارة الوسطى، ورؤسائها المباشرين في الادارة المباشرة. فالمديرون في الادارة العليا يتخذون قرارات استراتيجية هامة ذات تأثير واسع يشتمل على أداء المنظمة الكلي،

ولا يخفى على أحد مدى أهمية هذه القرارات. أما الادارة الوسطى فهي المسؤولة عن ترجمة قرارات الادارة العليا التنفيذية الى قرارات وسيطة توضح كيفية تنفيذها. ثم يأتي دور الادارة المباشرة لتتخذ قرارات تشغيلية تضع من خلالها القرارات الاستراتيجية موضع التنفيذ والتطبيق الفعلي. يتضح من كل ذلك أن كفاءة إدارة المنظمة بمستوياتها الثلاثة يتوقف عليها نجاحها، فهي تمثل العصب الحساس الذي يحرك العمل فيها نحو المستهدف.

من هذا المنطلق نجد أن عملية تدريب وتنمية الادارة ذات أهمية كبيرة، لأنها تطلعها على آخر المستجدات في ساحات وميادين الأعمال، كما تطلعها على آخر التطورات في مجالات المعرفة، وذلك لتواكب قراراتها التي تتخذها وتنسجم مع هذه المستجدات والتطورات، فهيئة إدارة أية منظمة تعمل الآن في بيئة تتسم بطابع وصفة التغير المستمر والمعقد، وهنا تقع عليها مسؤولية جسيمة وهي تكييف أداء منظمتهم مع هذه التغيرات لضمان النجاح والبقاء، ومن هنا نلمس مدى أهمية عملية تدريبها وتنميتها.

توجهات تدريب وتنمية الادارة المعاصرة :

تتمحور عملية تدريب وتنمية الادارة في الوقت الحاضر حول جوانب أساسية تحدد خط سيرها العام، بشكل ينسجم مع آخر المستجدات التي تقع في نطاق أعمالها، وسنعمد فيما يلي الى عرض أهم هذه التوجهات التي تمثل مجموعة من المهارات التي يجب تعليمها لها.

* مهارة العمل في مجال إدارة الجودة الشاملة.

* مهارة العمل في مجال الإدارة الاستراتيجية.

* مهارة استخدام الحاسب الآلي.

* مهارة إدارة الوقت.

* مهارة إدارة الاجتماعات واللجان.

* مهارة إدارة الأزمات.

* مهارة التنسيق والتعاون مع الآخرين.

* مهارة العملية الادارية (تخطيط، تنظيم، توجيه، رقابة) .

* مهارة النمط القيادي المعاصر: القيادة المرئية والتحفيز الإنساني الفعال.

* مهارة التعامل مع ضغوط العمل.

* مهارة التعامل مع الآخرين بشكل ايجابي من خلال الاتصال الشفهي.

* مهارة الاتصال الكتابي.

* مهارة حل الصراعات التنظيمية.

* مهارة التعامل مع المشاكل باسلوب علمي.

* مهارة اتخاذ القرارات وتشتمل على: التحليل واكتشاف مضمون المسائل، والاستنتاج، ووضع الحلول.

* تنمية الاحساس بحماية البيئة.

* ترسيخ الثقافة التنظيمية في الممارسات اليومية .

* مهارة التفكير المنظم.

* مهارة الإبداع والابتكار.

* مهارة إدارة فرق العمل.

* مهارة تقييم الأداء.

* مهارة تدريب وتنمية المرؤوسين.

* مهارة الاستقراء.

التنمية الذاتية :

تعتبر التنمية الذاتية ركنا هاماً في تدريب وتنمية الإدارة في أية منظمة، فهذه التنمية تقوم على فلسفة مفادها: إن تنمية أعضاء هيئة الادارة في منظمة ما كمسؤولية لا تقع على المنظمة فحسب، بل هي مسؤولية شخصية أيضاً لكل إداري في المنظمة، الذي يتوجب عليه أن يطور وينمي ذاته بشكل مستمر، وبالتالي فمسؤولية تدريب وتنمية الادارة مسؤولية مشتركة. فعلى الاداري أن يقرأ ويطلع باستمرار ويمارس استخدام الحاسب الآلي والدخول الى شبكات الانترنت، وحضور الندوات والمؤتمرات العلمية، والانتساب الى برامج تعليمية تنظمها الجامعات والدراسات العليا. وهنا يتوجب على المنظمة تقديم كافة التسهيلات والمساعدات الممكنة للاداريين من أجل تحقيق التنمية الذاتية الفعالة المطلوبة.

ويرى بعضهم توسيع نطاق دائرة التنمية الذاتية لكل من يعمل في المنظمة، على أساس أن كل إنسان مسؤول عن عمل ما أيا كان موقعه في المنظمة، مطلوب منه أن ينمي ذاته. وقد اقترحت الخطوات التالية من أجل تحقيق تنمية ذاتية فعالة وذلك بقيام كل شخص بما يلي :

* القيام باستمرار بجمع معلومات عن أدائه من خلال مصادر متنوعة أهمها:

الرئيس المباشر، الزملاء، المرؤوسين، الجمهور.. الخ .

* دراسة المعلومات وتحليلها وتقييمها لتحديد جوانب الضعف والقوة لديه.

* في ضوء نتائج التحليل، يضع خطة لنفسه (بمساعدة المنظمة) تسهم في تطوير وتحسين أدائه للأفضل إنطلاقاً أو تأسيساً على الاستفادة من تجاربه الماضية.

التنمية التنظيمية :

هي جزء من تنمية الموارد البشرية بوجه عام وهيئة الادارة بمستوياتها الادارية الثلاثة بوجه خاص، وتمثل جهداً يبذل لتأسيس اتجاهات وادراكات وسلوكيات وقيم تنظيمية جديدة بدلاً من القديمة، بما يتماشى مع رسالة المنظمة واستراتيجيتها وثقافتها التنظيمية. فالتنمية التنظيمية ORGANIZATION DEVELOPMENT (OD) تعمل على تصميم سلوكيات وقيم وعادات تنظيمية ايجابية، لتتقيد بها الموارد البشرية خلال تأدية أعمالها في المنظمة، بشكل يتوافق مع منهجية عملها المستقبلية وبما يخدم مصلحة المنظمة ومصلحتها بآن واحد.

من هذا المنطلق نجد أن التنمية التنظيمية جزء من استراتيجية المنظمة للتدريب والتنمية، وتسعى لازالة جميع المعوقات التي تحول دون التزام وتطبيق الموارد البشرية لثقافة المنظمة، وما تشتمل عليه من قيم وعادات سلوكية تخدم رسالتها. نستنتج من ذلك أن جهود التنمية التنظيمية تشمل جميع الموارد البشرية في المنظمة، تأسيساً على أن الجميع عليه التقيد بثقافة المنظمة، ويلتزم بمضمونها عند ممارسته لعمله.

تأهيل الموارد البشرية الأولي

التأهيل الأولي أو المبدئي ORIENTATION جزء من استراتيجية تـدريب وتنمية المـوارد البشريـة، الذي يتوجب على جميع المنظمات وعلى اختلاف أنواعها تبنيه، لما له من أهمية في هذه الاستراتيجية. وبما أن للتأهيل طابع خاص ينفرد به في مجال التدريب والتنمية البشرية، فقد فضلنا معالجته بشكل منفـرد في نهاية هذا الفصل، وسوف نعمد فيما يـلي إلى عـرض أهـم الجوانـب الأساسيـة المتعلقـة بموضوع التأهيل الأولي:

تعريف التأهيل الأولي :

جهد تعليمي مخطط ومصمم على شكل برنامج لتأهيل وتقديم الموارد البشريـة الجديـدة التـي تم اختيارها للتعيين في المنظمة لأول مرة، لبيئة العمل والوظائف الذي صدر قرار بتعيينهم فيها، وذلك من أجل تحقيق سرعة التكيف الاجتماعي لديهم وأقلمتهم مع وظائفهم، وزملائهـم، ورؤسـائهم، ومرؤوسيهم، والمناخ الاجتماعي السائد في بيئة المنظمة. وكذلك تعريفهم بحقوقهم وواجباتهم، والانظمة والقواعد التي تنظم سير العمل في المنظمة، ليصبحوا عناصر بشرية ذات مساهمة فعالة في تحقيق أهداف المنظمة.

أبعاد التأهيل الأولي :

يشتمل التأهيل الأولي على الأبعاد التالية :

التعريف بالمنظمة :

ويشتمل على شرح رسالتها المستقبلية، واستراتيجيتها، وثقافتها التنظيمية، والخدمة التـي تؤديهـا للمجتمع، وتاريخها، ومسيرة حياتها الماضية، وما حققته من إنجازات. كـذلك شرح أنظمـة العمـل، وطرقـه وإجراءاته، والهيكل التنظيمي.

تعلم الوظيفة :

ويصطلح عليه بــ JOB LEARNING ويتم فيـه تعريـف الشـخص الجديـد بأهـداف الوحـدة الاداريـة التـي يعمـل فيهـا ودورهـا المحـدد لهـا، ويشـرح لـه مهامـه

ومسؤوليات ومعايير أدائه المطلوبة منه، ويعلم كيف يمارس عمله بشكل صحيح ووفق المطلوب. والغاية هي تحقيق الكفاءة السريعة في أدائه، وانسجامه مع عمله، وتقليل أخطائه.

إحداث التكيف الاجتماعي:

المقصود بالتكيف الاجتماعي SOCIALIZATION تحقيق إنسجام شخص ما يمتلك شخصية معينة وصفات محددة، مع مجموعة أشخاص آخرين لديهم نفس الشيء، وبالتالي فالتكيف هو إحداث المواءمة بين مجموعة من الأفراد يمتلك كل منهم شخصية معينة، من أجل أن يتعايشوا ويتعاملوا ويعملوا مع بعضهم بعضاً. فمن المعروف أن كل شخص يعين في مكان عمل جديد سيكون لديه قلق وتوتر، وخاصة إذا كان يعمل لأول مرة في حياته، فمن أجل إزالة هذا التوتر والقلق، يعمل برنامج التأهيل على تعريف الفرد الجديد بزملائه ورئيسه في مكان العمل، وتنظيم جولة ميدانية له في أرجاء المنظمة للتعرف عليها ميدانياً.

التعريف بمزايا العمل :

مزايا العمل هي المزايا الوظيفية التي تقدمها المنظمة للعاملين لديها من إجازات متنوعة، تأمين صحي، تأمين على الحياة، ضمان اجتماعي، رواتب ومكافآت تقاعدية، مساره الوظيفي ومستقبله المتوقع في المنظمة.. الخ، وذلك ليعرف ما تقدمه المنظمة من خدمات ومزايا.

فوائد التأهيل الأولي :

في ضوء ما تقدم يمكننا الآن أن نحدد فوائد التأهيل الأولي بما يلي:

* خفض معدل دوران العمل لدى العاملين الجدد، وذلك من خلال ما يحدثه التأهيل من رضا نفسي- وراحة لديهم، فهو وفق ما جاء في التعريف، يحد كثيراً من التوتر والاضطراب لدى الذين يدخلون العمل والمنظمة لأول مرة، مما يرفع من وتيرة أدائهم وانسجامهم في العمل منذ البداية، فالفرد الجديد اذا لم يشعر براحة نفسية ومنذ البداية بسبب عدم تأهيله، سيحدث لديه توتر مما يخلق لديه احتمال ترك العمل، أو على الأقل ستكون وتيرة عمله منخفضة لفترة من الزمن، لأنه لا يعرف من أين يبدأ، وكيف يعمل، وأين أماكن الاستراحة، وما هي مهامه.. الخ. إذاً فالتأهيل الأولي يساعد المستجد على تخطي هذه المسائل.

* تضمن المنظمة من خلال التأهيل الأولي وصول معلومات صحيحة ودقيقة للموارد البشرية الجديدة عـن وظائفها ومزاياها الوظيفية.. الخ، ويمنع وصـول أقاويـل لا أسـاس لهـا مـن الصحة إليهـا وتـترك لـديها إنطباعاً سلبياً غير صحيح.

* تشعر الموارد البشرية الجديدة من خلال تأهيلها الأولي، بأنها ليست غريبة عن المنظمة بـل هـي عنـاصر في فرق عمل مرغوب فيها، وهم أعضاء فعالين منذ البداية.

* يخفف التأهيل الأولي عن كاهل الرؤساء المباشرين عبء تأهيل مرؤوسـيهم الجـدد ويفـرغهم لأعمالهـم الأساسية.

الفصل الثاني عشر

استراتيجية التعويضات المالية

محتوى الفصل

- رؤى عامة ومفاهيم أساسية حول التعويضات.
- تكوين استراتيجية التعويضات المالية.
- التعويضات المباشرة.
- التعويضات غير المباشرة.

تساؤلات يطرحها الفصل

- ما هي وجهة النظر القائمة وراء بأن موضوع التعويضات إنفاق استثماري وليس تكلفة ؟
- لماذا يتصف موضوع التعويضات بأنه موضوع استراتيجي ؟
- ما هي الاتجاهات التي تؤثر في رسم استراتيجية التعويضات المالية ؟
- ما هي الفلسفة التي تقوم عليها التعويضات المالية ؟
- ما هي الطرق التي من خلالها تدفع التعويضات المباشرة ؟
- ما هي أشكال التعويضات غير المباشرة ؟
- ما هي الانعكاسات التي تحدثها التعويضات غير المباشرة في الروح المعنوية لدى الموارد البشرية ؟

رؤى عامة ومفاهيم أساسية حول التعويضات

تحظى مسألة التعويضات بأهمية كبيرة في ميادين العمل، سواء من قبل أصحاب الأعمال أو من قبل العاملين، وتتصف بدرجة حساسية عالية، ذلك لأنها تمثل مصدر رزق وعيش كل من يعمل. ونحن في هذا الفصل سنسلط الضوء على هذا الموضوع ونتناول بالشرح عدد من جوانبه وأبعاده الأساسية.

التعويضات من وجهة نظر شمولية :

في بداية استعراضنا لموضوع التعويضات، لابد لنا من التمييز بين مفهومين لهذا الموضوع الهام والحساس، الأول المفهوم الضيق ويمثل وجهة النظر التقليدية، والثاني المفهوم ذو البعد الشمولي الذي يمثل المفهوم الحديث. يشير المفهوم الضيق إلى أن تعويضات الموارد البشرية التي تدفع في المنظمات هي تعويضات مالية FINANCIAL COMPENSATION فقط، وتتمثل ببنود متعددة هي: الرواتب والأجور، الزيادات الدورية على الراتب والأجر، المكافآت المالية، الأجر الإضافي، البدلات النقدية، حيث يتقاضاها العاملون في المنظمة لقاء عملهم وجهدهم المبذول فيها أثناء العمل، وهذا ما أطلق عليه التعويض المباشر DIRECT COMPENSATION ، نظراً لارتباط الحصول عليه بالعمل والجهد مباشرة، وسمي بعد ذلك بالحوافز المباشرة. فالتعويضات من وجهة النظر الضيقة هي أموال نقدية يتقاضاها العنصر البشري في العمل من خلال عمله. إلى جانب ذلك يشتمل المفهوم الضيق على جانب آخر هو: أنه إضافة للتعويضات المالية النقدية المشار إليها آنفاً، تقدم المنظمات للموارد البشرية التي تعمل لديها، مزايا وظيفية إضافية التي تدعى بـ EMPLOYEE BENEFITS على شكل خدمات لجميع العاملين لديها إما مجاناً، أو بتغطية جزء من تكلفتها والجزء المتبقي يغطيه العاملون من رواتبهم وأجورهم على شكل أقساط شهرية، ومن هذه المزايا على سبيل المثال: الضمان الاجتماعي والتأمين الصحي، ومزايا أخرى سنأتي على شرحها فيما بعد، ويطلق على هذه المزايا تسمية التعويض غير المباشر، نظراً لعدم ارتباط الحصول عليه بالعمل مباشرة، وهذا ما سماه بعضهم بحوافز العمل غير المباشرة . إذاً يمكن القول بأن:

أما المفهوم الشامل فهو يقوم على فلسفة جديدة مفادها: صحيح بأن التعويضات المالية هي أساسية بالنسبة للموارد البشرية التي تعمل في المنظمات لأنها تلبي وتشبع حاجاتها المادية والفسيولوجية، لكن الإنسان ليست جميع حاجاته التي يسعى إلى إشباعها هي فسيولوجية، بل لديه حاجات من نوع آخر هامة جداً بالنسبة إليه وهي الحاجات المعنوية والاجتماعية، كالمعاملة الحسنة، الأمان الوظيفي، الراحة النفسية، السلامة والصحة في مكان العمل، فرص النمو والتطور.. الخ. وهذه الحاجات لا تقل أهمية عن الحاجات الفسيولوجية بالنسبة له، ذلك لأنها تحقق لديه الرضا النفسي والمعنوي، وهذا يستوجب من المنظمات تلبية وإشباع هذه الحاجات من خلال العمل أو الوظيفة التي يؤديها الفرد أو فريق العمل، بحيث يوفر العمل لشاغليه أو ممارسيه عنصر الإثارة والتحدي، الشعور بالأهمية، الاستقلالية، الحرية والمرونة في ممارسة المهام،عبء عمل مناسب، وضوح للدور الذي يؤدى .. الخ. وأيضاً من خلال بيئة العمل المادية، والنفسية والاجتماعية التي يؤدى فيها العمل، وبالتالي يمكننا القول بأن المفهوم ذو البعد الشمولي يشير إلى أن التعويضات تتكون مما يلي:

*** تعويضات مالية وتتكون من مباشرة وغير مباشرة .**

*** تعويضات غير مالية معنوية يحصل عليها الفرد أو الفريق من :**

الوظيفة أو العمل.

بيئة العمل المادية.

بيئة العمل الاجتماعية والنفسية.

وفيما يلي شكل يوضح ما تقدم شرحه :

شكل رقم (52)

المفهوم الشمولي للتعويضات

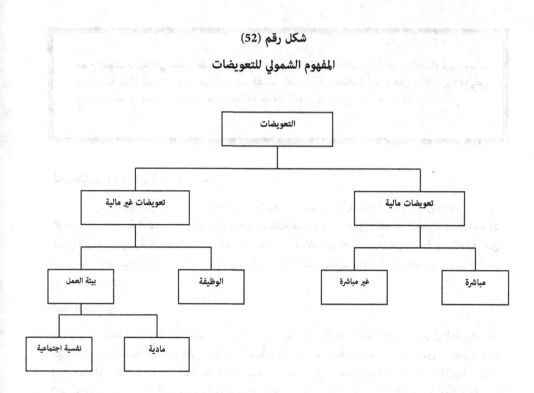

وسنعمد في هذا الفصل الذي نحن بصدده إلى شرح التعويضات المالية فقط، على اعتبار أن التعويضات غير المالية سبق لنا وشرحناها في فصول سابقة[1]. وفي ضوء ما تقدم يمكننا الآن تعريف التعويضات المالية التي هي مجال بحثنا وشرحنا في هذا الفصل بما يلي:

---

(1) تم أخذ المعلومات الأساسية التي اشتمل عليها هذا الفصل من المراجع التالية:

(A) GEORGE T. MILKOVICH, JERRY M. NEWMAN, COMPENSATION, 5TH ED., CHICAGO, RICHARD D. IRWIN, 1996, P. 469.

(B) JOSEPH J. MATROCCHIO, STRATEGIC COMPENSATION, (N.J), PRENTICE HALL, 1998, PP. 254-271.

(C) JEFFERY PFEFFER, SIX DANGROUS MYTHS ABOUT PAY, HRVARD BUSINESS REVIEW, (MAY-JUNE) 1998, PP. 109-119.

(D) RICHARD J. HENDERSON, COMPENSATION MANAGEMENT, 7TH ED., UPPER SADDEL RIVER, (N.J) PRENTICE HALL, 1997, PP. 508-530.

جميع العوائد المالية التي تحصل عليها الموارد البشرية من المنظمة من خلال عملها لكونها أعضاء فيها، وتأخذ شكلين هما: مبالغ نقدية (تعويض مباشر) وغير نقدية (تعويض غير مباشر) عينية على شكل مزايا وظيفية إضافية، تتمثل في خدمات متنوعة تقدمها المنظمة لها مجاناً أو تسهم بدفع تكلفة جزء منها.

التعويضات المالية ذات أبعاد متنوعة :

يشمل موضوع التعويضات كجانب استراتيجي في عمل إدارة الموارد البشرية، على مجموعة من الأبعاد ذات الأهمية الكبيرة، التي تؤثر في جعلها فعالة قادرة على خلق دافعية إيجابية لدى الموارد البشرية وجعلها راضية في العمل وتشعر بانتماء له. وهذه الأبعاد تعطينا رؤية واضحة ومتكاملة عن الأمور التي يتوجب أخذها في الاعتبار عند رسم إستراتيجية التعويضات المالية في المنظمات، ونوضح فيما يلي هذه الأبعاد:

البعد الاقتصادي:

في هذا المجال يتوجب التمييز بين نظريتين فيما يخص التعويضات: الأولى وترى في التعويضات، أنها أحد بنود التكلفة الأساسية التي تمثل عبئاً مالياً كبيراً تتحمله المنظمة ويؤثر في تخفيض ربحيتها، مما يستوجب الأمر ضغط هذه التكلفة، لأنها مع مرور الزمن تؤثر في مستقبلها. أما النظرة الثانية وتمثل التوجه الحديث، فترى في التعويضات أنها أحد أهم الحوافز التي يمكن من خلالها الإسهام في تحقيق الرضا الوظيفي لدى الموارد البشرية وخلق الدافعية لديها للعمل بانتاجية وفاعلية، مما يرفع من وتيرة العمل وفاعلية الأداء التنظيمي، وتقديم منتج بجودة عالية وتكلفة مقبولة تنافسية، بشكل ممكن معه تحقيق الرضا لدى زبائن المنظمة، وهذا الرضا سيصاحبه إرتفاع في رقم مبيعاتها وبالتالي ربحيتها على المدى الطويل. إذاً يمكننا القول أن النظرة الثانية الحديثة تتمحور حول إتجاه فكري يرى أن التعويضات المالية هي إنفاق استثماري له عائد كبير مع مرور الزمن، وهي ليست بتكلفة مالية يتوجب ضغطها.

البعد الاجتماعي:

ينظر السواد الأعظم من الموارد البشرية في المنظمات إلى عمله، على أنه مصدر رزقه وعيشه الأساسي (بل الوحيد في معظم الأحيان) وهو في الوقت نفسه مصدر إشباع بعض حاجاتها المعنوية. فالتعويضات التي تحصل عليها الموارد

البشرية من عملها، هي الوسيلة الوحيدة التي تمتلكها من أجل إشباع بعض حاجاتها المعنوية، وسداد متطلبات معيشتها هي والأسر التي تعيلها. من هذه الزاوية يتوجب على المنظمة عند رسم استراتيجية تعويضاتها، ألا تنظر الى مسألة ربحيتها فقط، بل تنظر إلى الجانب الإنساني الاجتماعي، وتأخذ في اعتبارها أن مواردها البشرية التي تعمل لديها هم بشر ومن ذوي الدخل المحدود تسعى لكسب قوتها لتعيش وتحيا هي وأسرها، فعملها في المنظمة هو مصدر اشباع مادي ومعنوي بالنسبة لها، هذا الأمر يوجب على المنظمات ان تشعر بمسؤوليتها الاجتماعية نحوها ونحو المجتمع الذي تدين له بوجودها وبقائها، فهو الذي قبل بأن تعمل في ظله وكنفه ولولاه لما قامت، وبالتالي فله دين عليها فمراعاة هذا الجانب سيعود عليها بالنفع الذي يتمثل برضا المجتمع عنها، ورضا مواردها البشرية أيضاً، الذي يتحقق معه الانتماء لديها نحوها، وخاصة أن الاتجاه الحديث في مجال الموارد البشرية يؤكد على ضرورة النظر إلى العنصر البشري في المنظمة على أنه شريك وليس بأجير، وهذا الاتجاه بمثابة تفعيل لمسألة الولاء والانتماء التنظيمي.

البعد الأخلاقي:

يشير هذا البعد إلى مسألة العدالة والمساواة في مجال التعويضات بوجه عام والمالية بوجه خاص. فالعدالة تقضي بأن يدفع التعويض المالي وخاصة المباشر على قدر الجهد الذي تتطلبه الوظيفة أو العمل المناط بالفرد من جهة وما يبذله من جهد في أدائه من جهة ثانية، فالجهد المطلوب للوظيفة يحدده طبيعتها ومهامها ومسؤولياتها ومخاطرها.. الخ وما تحتاجه من مواصفات وشروط يتوجب توفرها في من سيؤديها ويشغلها، أما مقدار الجهد المبذول من قبل الفرد، فيحدده تقييم الأداء. يتضح من ذلك أن تحقيق العدالة يتوجب القيام بثلاثة أعمال هي:

* تحليل وتوصيف الوظائف الذي يبين مهام ومسؤوليات وصعوبة كل وظيفة.

* تقييم الوظائف الذي يحدد مدى أهمية وقيمة كل وظيفة الذي على أساسها يتحدد تعويضها.

* تقييم الأداء الذي يحدد مقدار ما يبذله الفرد في أداء الوظيفة، فالتقييم يجعله يعرف مسبقاً أنه كلما زاد نشاطه وفاعليته في عمله زاد تعويضه، وبالتالي يدرك بأن الشخص ذو المستوى الأقل كفاءة سيحصل على تعويض أقل والعكس صحيح .

هذه الاعمال الثلاثة تشكل دائرة متكاملة يتحقق من خلالها مسألة العدالة، وهي ما يسميها بعضهم بادارة التعويضات المالية المباشرة.

أما مسألة المساواة فهي ذات شقين: الأول المساواة الداخلية وتحتم بأن يدفع تعويض مباشر واحد لجميع وظائف المنظمة ذات النوعية الواحدة والمتشابهة من حيث طبيعتها ومتطلبات شغلها، ويتم تحديد ذلك من خلال تحليل الوظائف ووصفها وتقييمها. أما الشق الثاني فهو المساواة الخارجية، وتقضي ـ أن تكون التعويضات التي تقدمها المنظمة للعاملين لديها، متكافئة مع التعويضات المقدمة من قبل المنظمات الأخرى المشابهة للعاملين فيها، وذلك في المنطقة الجغرافية التي تعمل فيها.

إن تكامل المساواة الداخلية INTERNAL EQUITY والمساواة الخارجية EXTERNAL EQUITY مع بعضهما، إضافة إلى العدالة FAIRNESS ، تكون المنظمة قد تمكنت من تحقيق مستوى عالي من الرضا لدى مواردها البشرية عن التعويضات التي تقدمها لهم.

ونود الإشارة في الختام إلى أن مسألة إدراك العدالة والمساواة من قبل الموارد البشرية في المنظمات مسألة نسبية، لأن هذا الإدراك يتأثر بنمط شخصية الفرد، ومستوى تعليمه، وثقافته، وبيئته، وبالتالي سنجد أن هذا الإدراك سيتفاوت من شخص لآخر.

البعد القانوني:

ما من قانون عمل في أي دولة كانت إلا ويتطرق إلى مسألة التعويضات المالية بشقيها المباشر وغير المباشر والتعويضات غير المالية أيضا. فالتدخل الحكومي في ميادين الأعمال في غالبية دول العالم يزداد يوماً بعد يوم، وتحتل التعويضات حيزاً كبيراً من هذا التدخل، وخاصة التعويضات المالية، ويأخذ هذا التدخل شكل قوانين وتشريعات عمل متنوعة. فقد أصبحت الحكومات تفرض على المنظمات في بلدانها (على سبيل المثال) التقيد بالحد الأدنى للرواتب والأجور، والتعويض التقاعدي، والضمان الاجتماعي والصحي، وشروط توفر عنصر السلامة والصحة في مكان العمل، ومسائل أخرى سنأتي على شرحها لاحقاً. فرسم استراتيجية التعويضات السليم، يتطلب مراعاة جميع ما نصت عليه القوانين والتشريعات الحكومية الحالية والمستقبلية المتعلقة بالعمل، لتكون هذه الاستراتيجية متماشية معها، وعدم تعريض المنظمات إلى مخالفات وقضايا قانونية هي في غنى عنها.

البعد التنافسي :

ينظر الآن إلى التعويضات بوجه عام والمالية بوجه خاص، على أنها أداة استقطابية يمكن للمنظمات أن تستقطب الكفاءات البشرية التي تحتاجها من سوق

العمل، وفي الوقت نفسه تحافظ على كفاءاتها التي تعمل لديها ومنع تسربها للمنظمات الأخرى وخاصة المنافسة، وهذا الأمر يستدعى منها القيام بمسح ميداني عن مستوى التعويضات المدفوعة من قبل المنظمات الأخرى في المنطقة التي تعمل فيها، لتعرف مستواها، وتحاول أن تكون تعويضاتها في نفس المستوى أو أعلى، تحقيقاً لجعل تعويضاتها أداة استقطابية.

بعد التحدي الإداري:

تعد مسألة التعويضات وإدارتها، من أهم فعاليات وممارسات إدارة الموارد البشرية في المنظمات، وتشكل تحدياً في مجال عملها، إن الوصول إلى تعويضات موضوعية وعادلة ومناسبة تلبي حاجات وتوقعات الموارد البشرية في العمل، وفي الوقت نفسه عدم تحميل المنظمة عبئاً مالياً يفوق طاقتها، بحيث يتعدى أو يتخطى هذا العبء العائد المتوقع من هذا الانفاق وعدم الوقوع في خسارة استثمارية، مسألة يتفق الجميع على أنها تمثل تحدياً أمام إدارة الموارد البشرية يتوجب عليها مواجهته، ومعادلة صعبة عليها حلها بشكل مناسب. فمسألة التعويضات في المنظمات تحظى باهتمام كبير منها وهي معقدة ومركبة، ذلك لأنها تمثل مصدر رزق وعيش العاملين، وهي ذات إرتباط مباشر بمستوى أدائهم (باعتبارها حافزا) الذي يتوقف عليه جودة المنتج الذي يقدم للسوق وللزبائن، وهي في الوقت نفسه تمثل بنداً أساسياً في حساب تكلفة الانتاج، وإنفاق استثماري يجب أن يحقق العائد المتوقع منه على شكل أداء فعال، طالما أن النظرة الى التعويضات هي نظرة استثمارية. في خضم ذلك كله يتضح لنا أن التعويضات مسألة تحمل في طياتها جوانب متنافرة، يتوجب من إدارة الموارد البشرية إحداث توازناً بينها، وأن تراعي الحكمة والمنطق في معالجتها، وهذا بحد ذاته يمثل تحدياً أمامها عليها مواجهته.

تكوين استراتيجية التعويضات المالية

تهدف استراتيجية التعويضات في المنظمات عامة وفق ما قدمناه من شرح سابق، إلى تحقيق أمرين: الأول تحقيق المساواة الخارجية مع المنظمات الأخرى، وخاصة المنافسة، والثاني جعل التعويضات أداة استقطابية في ظل تحقيق العدالة والمساواة الداخلية. ولتحقيق ذلك وكما اسلفنا، يتطلب الأمر قيام المنظمة بمسح ميداني لسوق العمل والمنظمات الأخرى، للتعرف على مستوى التعويضات السائد فيها، فتحديد هذا المستوى يساعدها على وضع استراتيجية تعويضات مناسبة تحقق الغاية المرجوة منها. بناء على ذلك سيشتمل بحثنا هنا على جانبين: الأول دراسة

مستوى التعويضات السائد في سوق العمل، والثاني اختيار استراتيجية التعويضات المناسبة، التي تتماشى مع ظروف المنظمة وظروف البيئة المحيطة بها. وسنعمل فيما يلي على شرح هذين الجانبين:

تحديد معدل التعويضات في المنظمات الأخرى :

تتطلب مسألة التعرف على معدل التعويضات السائد في المنظمات الأخرى وبشكل خاص المنافسة منها، القيام بما يلي:

* تحديد المنطقة الجغرافية التي ستجرى فيها الدراسة الاستكشافية والمقارنة .

* تحديد المنظمات التي سيقارن بها التعويضات المدفوعة في المنظمة التي تقوم بالدراسة، وذلك ضمن المنطقة الجغرافية المحددة، ويشترط أن تكون هذه المنظمات مشابهة للمنظمة من حيث حجمها ونشاطها ونجاحها.. الخ .

* تحديد مجالات المقارنة فيما إذا كانت تعويضات مباشرة أو غير مباشرة أو غير مالية، وكذلك تحديد بنود المقارنة (رواتب وأجور، تأمين صحي، ضمان اجتماعي، أجر إضافي.. الخ) .

* تحديد الوظائف التي ستقارن تعويضاتها مع تعويضات نفس الوظائف في المنظمات الأخرى، ويشترط أن يتصف مضمونها ومواصفات شغلها بالاستقرار، أي لا يتغيران بشكل سريع، وأن تكون ذات طابع عمومي أي موجودة في المنظمات التي ستجري المقارنة معها، وكذلك يعمل فيها عدد كبير من العاملين، مثل وظيفة محاسب، مبرمج حاسب آلي، أمين صندوق.. الخ .

ونعرض فيما يلي مثالاً يوضح آلية تنفيذ هذه الدراسة الاستكشافية، وذلك من خلال الجدول التالي:

جدول رقم (15)

اسم الشركة التي ستتم المقارنة معها	أسماء المناطق المتواجدة فيها الشركات	الحد الأدنى للتعويض المدفوع في الشركات	الحد الأعلى للتعويض المدفوع في الشركات	متوسط التعويض المدفوع في الشركات
الشرق	A	200 وحدة نقدية	1000 وحدة نقدية	600 وحدة نقدية
النور	B	300 وحدة نقدية	1200 وحدة نقدية	750 وحدة نقدية
الاستقامة	C	400 وحدة نقدية	1600 وحدة نقدية	1000 وحدة نقدية
الأمل	D	600 وحدة نقدية	2400 وحدة نقدية	1500 وحدة نقدية

في ضوء المعطيات السابقة سيكون معدل التعويضات السائد هو:

$$\frac{3850}{4} = 962.5$$ وحدة نقدية

نتيجة مقارنة معدل تعويضات السوق مع معدل المنظمة سينشأ ثلاثة احتمالات هي:

* معدل تعويضات المنظمة أقل من معدل السوق (المنظمات الأخرى) وهنا لا توجد مساواة خارجية.
* معدل تعويضات المنظمة مكافئ لمعدل السوق، وفي هذه الحالة تكون المساواة الخارجية محققة.
* معدل تعويضات المنظمة أعلى من السوق، وفي هذه الحالة تكون المنظمة في وضع الريادة.

وبالطبع لكل احتمال من الاحتمالات السابقة إنعكاسات محددة على المنظمة يمكن توضيحها في الجدول التالي:

جدول رقم (16)

التأثير / الاحتمال	القدرة على الاستقطاب	قدرة المحافظة على الموارد البشرية	الرضا الوظيفي	الانتاجية والفاعلية التنظيمية	رضا الزبائن	التكاليف
المعدل أعلى	+	+	+	+	+	؟
المعدل مكافئ	=	=	=	؟	=	=
المعدل أقل	-	؟	-	؟	؟	+

+	مقدرة عالية المستوى
-	مقدرة ضعيفة المستوى
=	وضع مكافئ لما هو سائد في الشركات الأخرى
؟	موضع شك

لا شك أن الاحتمال الأول يحقق للمنظمة مزايا تتفوق بها على المنظمات أو الشركات الأخرى، باستثناء مسألة التكاليف فهي موضع شك، فقد سبق لنا وأن وضحنا بأن النظرة الحديثة للتعويضات هي أنها إنفاق استثماري له عائد يتمثل في ارتفاع انتاجية وفاعلية أداء الموارد البشرية، الذي يصاحبه ارتفاع في مستوى رضا الزبائن، حيث يحقق ذلك عائداً يغطي زيادة الانفاق في التعويضات ويتجاوزها. في ضوء ذلك يتوجب على المنظمة حساب العائد الذي حصلت عليه من وراء رفع مستوى تعويضاتها وتخطي معدل السوق، وذلك لمعرفة هذا العائد قد غطى هذه الزيادة، فالمفروض ومن خلال تجربة الشركات اليابانية أن هذا العائد يتخطى هذه الزيادة، فاذا تحقق ذلك، يمكن القول عندئذ بأن تكلفة التعويضات كانت إنفاقاً استثمارياً له عائد وليس تكلفة.

إختيار استراتيجية التعويضات المناسبة :

يتضح لنا في ضوء ما تقدم، بأن المنظمة ومن خلال عملية المقارنة السابقة، يكون أمامها أربعة خيارات استراتيجية، بامكانها اختيار الخيار الذي يتناسب مع ظروفها وظروف البيئة المحيطة بها، وفيما يلي توضيح لهذه الخيارات:

1. استراتيجية جعل التعويضات أعلى من السوق:

لا شك أن تبني هذه الاستراتيجية PAY ABOVE MARKET RATE يتماشى مع منظمة ترى في التعويضات أنها انفاق استثماري يحقق لها ارتفاعاً في مستوى أداء العاملين وزيادة رضا الزبائن، وتجعل منها مكاناً محبباً للعمل فيه، يساعدها على استقطاب الكفاءات البشرية من سوق العمل، وفي الوقت نفسه الحفاظ على كفاءاتها البشرية وعدم تسربها للمنظمات الأخرى. وبوجه عام هناك ظروف تدفع المنظمات الى تبني هذه الاستراتيجية فيما يلي أهمها:

* تبني المنظمة استراتيجية اختراق السوق بمنتج جديد، أو رفع جودة المنتج الحالي بشكل يتميز عن المنتجات المنافسة، وحاجة المنظمة الى كفاءات بشرية لتحقيق ذلك. في هذه الحالة تحتاج المنظمة إلى هذه الاستراتيجية، لتمكنها من استقطاب حاجتها من الكفاءات البشرية وفي الوقت نفسه المحافظة على مواردها البشرية الحالية.

* حالة كون المنظمة مقدمة على توسيع نشاطها الحالي، وهي بحاجة إلى موارد بشرية متنوعة، والعرض في سوق العمل أقل من الطلب.

* ندرة بعض التخصصات والمهارات البشرية في سوق العمل التي تحتاجها المنظمة.

* تخفيض معدل دوران العمل ومنع تسرب الموارد البشرية لمنظمات أخرى تدفع تعويضات أعلى.

* انخفاض انتاجية المنظمة وفاعليتها التنظيمية بسبب تدني مستوى الرضا الوظيفي لدى الموارد البشرية في المنظمة، وعدم رضا زبائنها عن جودة المنتج.

* العمل في مناطق جغرافية نائية، أو في ظروف مناخية صعبة أو خطرة.

2. استراتيجية جعل التعويضات أقل من معدل السوق :

تتناسب هذه الاستراتيجية PAY BELOW MARKET RATE مع كون نظرة المنظمة الى التعويضات على أنها تكلفة تؤثر في ربحيتها يجب ضغطها، هذه الاستراتيجية ذات آثارسلبية على المنظمة لعل أهمها،هروب كفاءاتها البشرية للمنظمات الأخرى وبقاء الموارد البشرية ذات الأداء والكفاءة العادية فيها، وهذا يؤثر سلباً في انتاجيتها وفاعليتها وخسارة زبائنها على مدى الزمن، فصحيح أن هذه الاستراتيجية توفر مالاً على المنظمة، إلا أن هذا الوفر سيتآكل بسبب انخفاض مستوى رضا الزبائن ورقم مبيعاتها، هذا إلى جانب احتمالية إرتفاع معدل دوران العمل فيها، وصعوبة استقطاب حاجتها من الكفاءات البشرية من سوق العمل. وبوجه عام تتماشى هذه الاستراتيجية مع ظروف معينة أهمها ما يلي:

* وجود فائض في الموارد البشرية لدى المنظمة تريد التخلص منه، فتخفض تعويضات العاملين الذين ليست بحاجة اليهم، وتبقي تعويضات الآخرين على حالها.

* توجه إستراتيجية المنظمة الى تقليص نشاطها أو إنسحابها من السوق تدريجياً.

* توجه إستراتيجية المنظمة إلى الاندماج مع منظمة أخرى.

* وفرة كبيرة في الموارد البشرية في سوق العمل بسبب الكساد الاقتصادي مثلاً.

* توجه استراتيجية المنظمة الى تخفيض تكلفة العمل وبالتالي طرح المنتج بسعر تنافسي.

3. استراتيجية جعل التعويضات مكافئة لمعدل السوق :

تمثل هذه الاستراتيجية PAY MARKET RATE حلاً توفيقياً بين الاستراتيجيتين السابقتين، حيث بامكان المنظمة ومن خلالها تحقيق الجانب الاستقطابي ومنع تسرب مواردها البشرية للمنظمات الأخرى، وتحقيق المساواة الخارجية في التعويضات، لكنها لا تجعلها متميزة عن غيرها من المنظمات، وبوجه عام شائع جداً تبني هذه الاستراتيجية، لانها تمثل اتجاهاً معتدلاً في مجال التعويضات.

4. استراتيجية التعويضات المركبة :

أشرنا سابقاً إلى أن التعويضات تشتمل على بندين رئيسيين هما: التعويضات المالية وتتكون من التعويض المباشر وغير المباشر، وغير مالية تعبر عن الحوافز المعنوية المتعلقة ببيئة العمل النفسية الاجتماعية، والمادية. فبموجب هذه الاستراتيجية COMPOSED COMPENSATION STRATEGY تسعى المنظمة الى أن تتميز عن المنظمات الأخرى في بند أو أكثر من بنود التعويضات (الرواتب، الأجور، الأجر الاضافي، التأمين الصحي، الضمان الاجتماعي.. الخ) والبنود الأخرى تكون إما متكافئة أو أقل من معدل السوق. تتميز هذه الاستراتيجية بأنها عملية، فتبني الاستراتيجية الأولى يصاحبه احتمالية عدم تغطية العائد المتوقع للانفاق الزائد على التعويضات لاحتلال مركز الريادة فيها. والاستراتيجية الثانية يصاحبها مشاكل وضحناها سابقاً، وتبني الاستراتيجية الثالثة ليس بالأمر السهل عندما يكون معدل السوق مرتفع ولا يمكن للمنظمة مجاراته. لذلك تأتي الاستراتيجية المركبة لتمثل حلاً وسطاً بين الاستراتيجيات الثلاث السابقة.

التعويضات المباشرة

يعتبر التعويض المباشر وما يشتمل عليه من بنود، من المواضيع التي لاقت، وتلاقي، وستلاقي اهتماماً كبيراً من الحكومات في الدول المختلفة، والمنظمات على اختلاف أنواعها، ومن الباحثين في مجال إدارة الأعمال والنقابات. فالتعويض المباشر وكما أشرنا يمثل مصدر رزق وعيش السواد الأعظم من الموارد البشرية في المنظمات، وفي الوقت نفسه يمثل إنفاقاً استثمارياً يجب الحصول على عائد منه يغطي هذا الانفاق ويزيد عنه، فهو حافز مالي يتوقف عليه وإلى حد كبير مستوى الرضا الوظيفي لدى العاملين وعلى اختلاف أنواعهم وفئاتهم.

الفلسفة التي يقوم عليها التعويض المباشر :

يُعرف التعويض المباشر بأنه مبالغ من المال المختلفة الأشكال (راتب، أجر، مكافأة، أجر أضافي.. الخ) يحصل عليها الفرد من المنظمة، لقاء ما يقدمه لها من مساهمات متنوعة، تتمثل في جهده وسلوكه في أداء عمله، والوقت الذي يقضيه فيه، وكذلك ما يمتلكه من مهارات ومؤهلات علمية تمكنه من الأداء الجيد. يفهم من

ذلك بأن القاعدة التي يقوم عليها التعويض المباشر، هي ربط الحصول عليه بـأداء وسلوكين جيدين مرغوب فيهما، من أجل الإسهام وبشكل مباشر في تحقيق أهداف المنظمة. من هذا المنطلق يمكننا القول بأن أساس استحقاق التعويض المباشر شيئان هما: الأداء ، والسلوك، المطلوبين في أداء العمل أو الوظيفة المكلف بها الفرد في المنظمة، واللذان يجب أن يتصفا بما يلي:

* **الوقت** TIME : ليكون أداء الفرد وسلوكه وفق ما هو مرغوب ومطلوب، يجب أن يلتـزم ويحـترم مواعيـد العمل الرسمية، وتقليل معدل غيابه وتأخيره غير المبررين عن العمل إلى أدنى حد ممكن.

* **الطاقة** ENERGY : يتوجب على الفرد بذل أكبر قدر ممكن من طاقته الفسيولوجية والذهنية في إنجاز مـا هو مطلوب منه.

* **الكفاءة** COMPETENCE : وتعني أن يحقق الفرد في أداء عمله المعايير المطلوبة كحد أدنى، وهذا لا يكفي لأن الكفاءة تعني تخطي هذه المعايير لتحقيق الفاعليـة في أدائـه بشكـل يتحقـق معـه النفـع لـه وللمنظمة بآن واحد.

* **التعاون** COOPERATION : يتطلب أسلوب العمل الجديد في المنظمات، أن يـتقن الفرد مهارة العمـل ضمن الفريق، الذي أساس النجاح فيه هو التعاون مع الآخرين في إنجـاز المطلوب، فالتعـاون أساسـي لتضافر جهود العاملين من أجل تحقيق فاعلية أداء المنظمة ككل.

* **السلوك الحسن** GOOD BEHAVIOR : يعتبر سلوك الفرد الحسـن في مكان العمل مـع رؤسائه وزملائه ومرؤوسيه، شيئاً أساسياً ومكملاً للأداء الفعال، الذي أصبح ينظر إليه على أنه يتكون مـن أداء وسلوك جيد في آن واحد.

إضافة لما تقدم، رُبط التعويض المباشر في الآونة الأخيرة بجانب ثالث يتماشى مع التوجه المعاصر في مجال الإدارة والانتاج والتسويق هـو رضا الزبائن CUSTOMER SATISFACTION ، فبسبب المنافسـة الشديدة التي أوجدتها العولمة وتحرير التجارة العالمية من القيـود، لم تعـد المنظمات تعتمـد عـلى السـعر كوسيلة أساسية لتسويق منتجاتها وخدماتها وإرضاء زبائنها، بـل أصبحت جودة منتجاتها هـي الوسيلة الفعالة في تحقيق هذا الرضا، وبالتالي فقد اصبحت مسألة الجودة في المنظمات هدفاً استراتيجياً يساعدها على البقاء في السوق. فتماشياً مع هذا التوجه المعاصر، راحت المنظمات تباعاً تربط أنظمة تعويضاتها المباشرة بمدى تحقيق مواردها البشرية للجودة التي تحدث الرضا لدى زبائنها، وهـذا يعنـي أنـه لـدينا في هذه الحالة ثلاث متغيرات مرتبطة ببعضها بعضاً كما هو موضح فيما يلي:

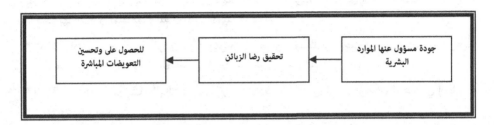

للحصول على وتحسين التعويضات المباشرة	←	تحقيق رضا الزبائن	←	جودة مسؤول عنها الموارد البشرية

هذا التوجه اعتبرته المنظمة الحديثة والمعاصرة جزءاً من فلسفتها وثقافتها التنظيمية، فبهذه الصورة يفهم كل من يعمل في المنظمة، أن وضعه المالي ومدى تحسنه مربوط بمستوى رضا الزبائن والسوق وهذا الأمر هو الذي يؤدي الى بقائهم في العمل، وبقاء المنظمة واستمراريتها. من هذا المنطلق يجب أن يكون هذا التوجه حقيقة راسخة في أذهان الجميع منذ بداية تعيينهم في المنظمة، وعرفاً سائداً فيها. (2)

بعد عرضنا للفلسفة التي يقوم عليها التعويض المباشر، سنأتي الآن على عرض البنود التي يتكون منها وهي: الرواتب والأجور، والحوافز المالية المباشرة:

الراتب والأجر الأساسي :

هو ذلك المبلغ المالي الذي يتقاضاه الفرد عند بداية تعيينه في المنظمة، وينص عليه في قرار تعيينه في الوظيفة المحددة له، كأن نقول راتب الموظف الأساسي مبلغ كذا من الوحدات النقدية في الشهر، أو أن الأجر الأساسي للعامل في ساعة الزمن، أو أجر القطعة الأساسي هو كذا وحدة نقدية. ويضاف إلى الراتب والأجر الأساسي مبالغ العلاوات، والمكافآت، والتعويضات المالية الأخرى التي يحصل عليها الفرد مع مرور الزمن واستمرارية عمله في المنظمة. وهنا لابد من الإشارة الى نقطة لاشك أنها تثير في ذهن القارئ تساؤلاً مفاده: ما هو الفرق بين مدلول كل من مصطلح الراتب ومصطلح الأجر؟ في الواقع ومن حيث المضمون فكلاهما تعويضاً نقدياً مباشراً يتقاضاه الفرد من المنظمة لقاء مساهماته التي يقدمها لها، والتي تأخذ شكل الجهد والنشاط وكمية العمل. أما من حيث الشكل، فقد جرى العرف على أن مصطلح الراتب يطلق على التعويض النقدي الذي يدفع لشاغلي

---

(2) RONALD E. EHRENBERG, DO COMPENSATION POLICIES A MATTER, ITHACO, ILR PRESS, NEW YORK, 1990, P. 211 .

الأعمال الادارية والمكتبية والذين يطلق عليهم مصطلحاً أجنبياً ترجمته "أصحاب الياقة البيضاء" حيث تدفع تعويضاتهم عادة على أساس الزمن، ونسميهم بالموظفين. أما مصطلح الأجر فهو يطلق على التعويض النقدي الذي يدفع لشاغلي الأعمال المصنعية والإنتاجية، والذين يطلق عليهم مصطلحاً أجنبياً ترجمته "أصحاب الياقة الزرقاء" ونسميهم بالعمال، حيث تدفع تعويضاتهم عادة على أساس كمية الإنتاج أو على أساس الزمن، أو الاثنين معاً في بعض الحالات. إذاً الفرق بين مصطلحي الراتب والأجر هو فرق في الشكل وليس في المضمون.

أولاً: معايير دفع الرواتب والأجور .

هناك معيارين متعارف عليهما وتتفرع عنهما غالبية طرق دفع الرواتب والأجور وهما: الراتب والأجر المدفوع على أساس معيار الزمن، والراتب والأجر المدفوع على أساس كمية الانتاج، والذي يسميه بعضهم بالأجور التشجيعية، وسنعمد فيما يلي الى شرح المعيارين بشيء من التفصيل:

1. الراتب والأجر على أساس الزمن:

بموجب هذا المعيار يتقاضى الفرد أجره أو راتبه على أساس وحدة الزمن التي يقضيها في عمله الرسمي داخل المنظمة كالساعة، أو اليوم، أو الشهر، أو السنة، ولا يتغير الراتب أو الأجر بتغير كمية الانتاج. وينصح باستخدام هذا المعيار في الحالات التالية:

- صعوبة تحديد كمية إنتاج الفرد.

- عدم إمكانية تحديد مدى مساهمة الفرد في العمل الانتاجي.

- عندما تكون الجودة مهمة بغض النظر عن الوقت المستنفذ في العمل.

- إذا كان يصاحب العمل عطلات كثيرة لا دخل للعاملين فيها.

- عندما تكون المواد مرتفعة القيمة، والأجهزة المستخدمة دقيقة وحساسة، بحيث تكون عرضة للتلف إذا شغلت بسرعة وفوق طاقتها، لزيادة كمية الانتاج ليعود بالنفع على الفرد على شكل أجور ورواتب أكبر.

ويتميز دفع الرواتب والأجور على أساس الزمن بالمزايا التالية:

- سهل التطبيق، إذ لا يتطلب إستخدامه عمليات حسابية كثيرة.

- يزيد من أواصر التعاون بين العاملين، ولا يثير الغيرة في نفوس بعضهم، لأنه يعامل الجميع معاملة واحدة على أساس الزمن، وبالتالي لا يستطيع أن يحصل بعضهم على أجر أعلى نتيجة زيادة إنتاجيته.

- يضمن هذا النظام دخلاً ثابتاً للعاملين لا يتغير بتغير انتاجيتهم، وهذا يولد لديهم شعوراً بالراحة والاطمئنان النفسي.

ويؤخذ على نظام الدفع على أساس الزمن مآخذ متعددة، نعرض فيما يلي أهمها:

- لا يخلق حافزاً قوياً للعمل بكفاءة لمساواته في التعويض بين الفرد النشيط وغير النشيط، إذ أن الجميـع يتقاضى تعويضاً واحداً في نهاية الفترة الزمنية.

- لا يشجع روح الإبتكار في العمل لدى العاملين الاكفياء لمساواتهم بالعاملين العاديين.

- عدم التأكد من التكلفة الحقيقية للعمل، فالإنتاج قد يختلـف بدرجـة ملحوظـة، بينمـا الأجر أو الراتب المدفوع لا يتغير.

2. الراتب والأجر على أساس الإنتاج (الأجور التشجيعية):

يتم دفع الأجور على أساس معيار الانتاج في العادة للعاملين في الأعمال ذات الإنتاجيـة الملموسـة وخاصة الصناعية، وهؤلاء الذين أطلق عليهم (كما نوهنا في السـابق) أصحاب الياقـة الزرقـاء، أي العمـال الصناعيين حيث يتقاضى الفرد أجره بموجب هذا المعيار على ضوء كمية وجودة إنتاجه، بحيث يحصل على عائد إضافي إذا زادت كمية إنتاجه، ويتحمل عبء انخفاض إنتاجه مع المنشأة. ويتم الدفع هنا إما بتحديد أجر واحد للوحدة المنتجة، أو يكون التحديد في صورة وقت مسموح به لإنتاج عـدد معـين مـن الوحـدات. ويستخدم الأجر على أساس الإنتاج عادة في الحالات التالية:

- اذا كانت كمية الإنتاج يمكن تحديدها .

- إذا كان بالإمكان تحديد مدى مساهمة الفرد في الإنتاج .

- إذا كانت كمية الإنتاج أهم من الجودة .

- عندما يكون صعباً وضع نظام دقيق لضبط ومراقبة الإنتاج .

- إذا كان لا يوجد في العمل أي عطلات (توقفات) .

ولهذا الأساس كسابقه مزايا ومآخذ يمكن توضيحها فيما يلي:

فمن حيث المزايا:

- يعتبر حافزاً قوياً للعمل بكفاءة، مما يعود بالنفع على العاملين، وذلك على شكل زيادة في أجورهم، وعلى الشركة كزيادة في رقم إنتاجها نتيجة زيادة كفاءة العاملين في العمل.

- يساعد على خلق روح الإبتكار لدى العاملين وتحسين أسـلوب عملهـم، وذلـك لزيـادة إنتـاجهم، وبالتـالي الأجر الذي يتقاضونه.

- يؤدي إلى إرتياح الإدارة من مسؤولية تحقيق الإنتاج الكبير، لأن جميع العاملين يسعون إلى رفع إنتاجيتهم لأقصى حد، بغية رفع أجورهم وبالتالي دخلهم.

- في ظل هذا المعيار يمكن تقدير تكلفة العمل بدرجة عالية من الدقة.

- يحقق هذا المعيار العدالة في دفع الأجور، إذ يتقاضى كل فرد عائداً حسب عمله وجهده.

- باعتبار هذا المعيار في الدفع حافزاً على زيادة الإنتاج، فبالتالي سيساعد المنشأة على تخفيض حصة كل وحدة منتجة من التكاليف الثابتة، وذلك بتقسيم رقم التكاليف الثابتة على عدد كبير من الوحدات المنتجة.

أما من حيث المآخذ فهي:

- صعوبة إيجاد مقاييس أو معايير يقاس بها إنتاج جميع الأعمال، وخاصة الإدارية التي يتطلب أداؤها طاقة ذهنية، من الصعب قياسها.

- يناسب هذا الأساس دفع أجور العاملين الأكفياء فقط، إذ من المحتمل أن يكون هناك فئة من العاملين لديها رغبة في العمل وسلوكها جيد، لكن طاقاتها وامكاناتها لا تساعدها على زيادة انتاجها عن مستوى معين، نتيجة لذلك، سيتولد لدى بعض العاملين غيرة وحسد من الفئة ذات الكفاءة المرتفعة.

وبوجه عام يتم تحديد الأجر بموجب الدفع على أساس معيار الإنتاج بوساطة طريقتين هما :

أ. الأجر الفردي :

يدفع الأجر للفرد بموجب هذه الطريقة باعتباره وحدة عمل مستقلة، وذلك بناء على جهده وسلوكه والتزامه الشخصي في أداء ما هو مطلوب منه بفاعلية ووفق المعايير المحددة. ويستخدم الأجر الفردي في حالة إمكانية قياس إنجاز الشخص بشكل منفرد ويختلف مقدار الدخل الذي يحصل عليه من إنتاجه، باختلاف أسلوب حساب أجره الذي يتم من خلال أسلوبين هما:

* أجر القطعة الموحد :

ويحسب الأجر بموجب هذا الأسلوب باحدى الصورتين الآتيتين:

- أجر القطعة: هنا يحدد مبلغ معين يتقاضاه الفرد عن كل وحدة ينتجها، فإذا كان أجر القطعة الواحدة (5) وحدات نقدية وكان مجموع الوحدات الي أنتجها خلال ساعات عمله اليومي (8 ساعات) هي (10) وحدات، فيكون الأجر الذي يتقاضاه كما يلي:

10 × 5 = 50 وحدة نقدية

- زمن القطعة : هنا يحدد وقت معياري يجب أن تنتج خلاله القطعة أو الوحدة المنتجة، ويكون ذلك على أساس دراسة الحركة والزمن. فإذا كان الزمن المعياري المسموح به لإنتاج القطعة (15) دقيقة بغض النظر عن الوقت الفعلي الذي قضاه العامل، وأنتج العامل (50) قطعة خلال (8) ساعات عمل فيحسب أجره على النحو التالي:

$$\frac{50 \times 15}{60 \text{ دقيقة}} = 12.5 \text{ ساعة}$$

إذا سيتقاضى الفرد أجراً عن (12.5) ساعة وليس عن (8) ساعات وهي عدد ساعات العمل الفعلية، بمعنى أنه حصل على كسب اضافي وهو الوقت الذي وفره ومقداره (4.5) ساعات عمل ونصف.

* أجر القطعة المتغير:

يحسب الأجر بموجب هذا الأسلوب على أساس تحديد أكثر من مستوى للأجر لكل كمية إنتاج يصل إليها الفرد مثال ذلك :

يكون أجر القطعة المنتجة 5 وحدات نقدية من 1 حتى 49 قطعة.

يكون أجر القطعة المنتجة 7 وحدات نقدية من 50 قطعة وما فوق.

يتميز هذا الأسلوب، في أنه يوفر حافزاً قوياً لزيادة الإنتاج، ويفيد المنشآت التي لديها رقم التكاليف الثابتة مرتفع، إذ يمكن تخفيضه عن طريق زيادة كمية الإنتاج، وبالتالي توزع التكلفة الثابتة على عدد أكبر من الوحدات المنتجة.

ب. الأجر الجماعي:

يدفع الأجر الجماعي ليس للفرد بحد ذاته بل لمجموعة أفراد يشكلون وحدة أو فريق عمل مستقل، وذلك بناء على جهدهم الجماعي وسلوكهم والتزامهم في أداء ما هو مطلوب منهم وبفاعلية. ويستخدم الأجر الجماعي بشكل خاص عندما يكون من الصعوبة بمكان قياس مدى مساهمة الفرد الواحد في تحقيق أو إنجاز المهمة المحددة للفريق، كما يستخدم بهدف تدعيم التعاون وعمل الفريق، حيث يعرف الجميع أنهم كلما تعاونوا في إنجاز المطلوب من الفريق زاد تعويضهم، ويتحدد أجر الفريق على النحو التالي:

يتم تحديد رقم قياسي للإنتاج، يكون بمثابة الهدف أو المعيار الذي يتوجب على الفريق تحقيقه، وعند بلوغ هذا الرقم أو تجاوزه توزع علاوة إضافية على الأجر على أعضاء الفريق الذين ساهموا في تحقيق الهدف الإنتاجي، وذلك وفق

معايير توضع لذلك، مثل: المستوى الوظيفي لكل فرد، أو مدى مساهمة كل فرد في تحقيق الهدف المنشود. وفيما يلي مثال توضيحي عن ذلك:

لنفرض أنه لدينا فريق عمل مكون من خمسة عمال لإنتاج جزء محدد من سلعة ما، وقد كان الرقم القياسي الانتاجي المحدد لهذا الفريق (100) جزء في اليوم، ومعدل أجر الجزء هو (10) وحدات نقدية، كما كان الأجر الأساسي عن الساعة للعمال الخمسة على التوالي كما يلي: 10، 11، 12، 13، 14 وحدة نقدية. فإذا فرض أن الفريق انتج خلال اليوم (8 ساعات) (100) جزء. فما هو مقدار المكافأة والأجر الذي سيحصل عليها كل عامل؟

كسب المجموعة = 100 جزء × 10 وحدات نقدية = 1000 وحدة نقدية

أجر العمال = (10 × 8) + (11 × 8) + (12 × 8) + (13 × 8) +

(14 × 8) = 480 وحدة نقدية

المكافأة الجماعية = 1000 - 480 = 520 وحدة نقدية .

هذه المكافأة الجماعية إما أن توزع بالتساوي، أو حسب مقدار الأجر الذي يتقاضاه كل عامل، أو حسب أي معيار آخر.

تتميز الطريقة الجماعية في دفع الأجور التشجيعية، بأنها وسيلة يمكن بوساطتها تنمية روح الجماعة والفريق، وتنمية روح المسؤولية الجماعية بين العاملين وتدفعهم للتعاون من أجل تحقيق المعايير المطلوبة، بما فيه صالحهم وصالح المنظمة.

ونود الإشارة في الختام إلى أن نجاح الأجور التشجيعية يتوقف على مجموعة من العوامل نعرض أهمها فيما يلي:

* **أن تكون معايير الأداء المطلوب إنجازها معقولة أي تقع ضمن إمكانات الأفراد.**
* **توفير البيئة المادية والنفسية التي تساعد العاملين على تحقيق المعايير المطلوبة.**
* **أن تكون الظروف المحيطة بأداء العمل تحت سيطرة العاملين كالمرونة، والحرية، والاستقلالية في العمل.**
* **أن يتناسب التعويض طرداً مع الجهد المبذول، وهذا يمكن تحقيقه عن طريق جعل الأجور على شكل مستويات تتدرج مع تدرج زيادة جهد العاملين.**

ثانياً: هيكل الرواتب والأجور الأساسية .

يُعرف هيكل الرواتب والأجور بأنه إطار عام يشتمل على القواعد والضوابط التي بموجبها يتم دفع رواتب وأجور العاملين في المنظمات، ومن المتعارف عليه بأن هناك عدد من الهياكل الشائعة في الاستخدام، يمكن للمنظمة أن تطبق واحداً منها أو أكثر، وذلك وفق طبيعة عملها ووظائفها، وسنعرض فيما يلي هذه الأنواع :

1. هيكل الرواتب والأجور على أساس المعرفة:

يصطلح على هذا الهيكل بـ KNOWLEDGE- BASED PAY ويتم تصميمه من خلال ما يلي: تقوم إدارة الموارد البشرية باعداد جدول بالوظائف الموجودة في المنظمة، ويحدد بجانب كل منها المعرفة أو المعارف التي تسهم بشكل مباشر في رفع مستوى الأداء لدى شاغليها وفاعليته، حيث كلما تعلم معرفة جديدة، يعني ذلك أن أداءه قد تحسن وارتفعت وتيرته وقدرته على تحقيق الأهداف المحدد لوظيفته. ويحدد عادة تعويضاً مالياً مباشراً لكل معرفة، يستحقه الفرد عندما يلم بها ويكتسبها، وفي هذه الحالة يزداد الراتب والأجر مع زيادة وتنوع معارف الفرد المحددة لوظيفته ووظائف أخرى محتمل ترقيته إليها مستقبلاً.

وفيما يلي مثال يوضح ذلك: يصنف أعضاء هيئة التدريس في الجامعات عادة من حيث رتبتهم العلمية ضمن ثلاث فئات هي: أستاذ مساعد (مدرس في بعض الجامعات)، أستاذ مشارك، أستاذ، ولكي ينتقل عضو هيئة التدريس من رتبة علمية (فئة) لأخرى أعلى، يتوجب عليه القيام ببحوث ودراسات علمية متنوعة (وتسمى بالانتاج العلمي) خلال فترة زمنية محددة، يكتسب من خلالها المزيد من المعرفة في مجال تخصصه، مما يحسن من مستوى معرفته العلمية الذي ينعكس إيجاباً على مستوى عطائه التدريسي للطلبة. ويقيم الانتاج العلمي في نهاية الفترة الزمنية المحددة من حيث أصالته وجودته، فإذا كان كذلك،يرقى عضو هيئة التدريس إلى الرتبة العلمية الأعلى، ويزداد في هذه الحالة راتبه.

يمكننا القول بوجه عام أنه بموجب هذا الهيكل كلما تعلم الفرد معرفة جديدة ازداد راتبه، فمثلاً إذا تعلم لغة أجنبية يزداد راتبه، واذا تعلم لغة برمجة جديدة على الحاسب الآلي سيزداد راتبه، واذا تعلم اسلوباً جديداً لتخطيط الانتاج، أو حصل على شهادة علمية جديدة، سيزداد راتبه أيضا. ويستخدم هذا الهيكل عادة بالنسبة لجميع أنواع الأعمال والوظائف، ويتميز بأنه يشجع الموارد البشرية على اكتساب المعارف بشكل مستمر بما يخدم مصلحة المنظمة ومصلحتهم. كما أنه يساعدها على التكيف مع التغيرات الجديدة التي تحدث في مجال العمل والتعايش معها، وضمان بقائهم واستمرارهم في العمل داخل المنظمة. كما يتميز هذا الهيكل أنه

يساعد على جعل المنظمة منظمة تعلم مستمر، وهي صفة تتصف بها المنظمة الحديثة المعاصرة، حيث يكون لدى جميع من يعمل في المنظمة شغف لتعلم المعارف وخاصة الجديدة بشكل مستمر ودائم.

2. هيكل الرواتب والأجور على أساس المهارة :

يصطلح عليه بـ SKILL BASED PAY ويتم تصميمه من خلال الاسلوبين التاليين:

أ. إتساع المهارة من خلال تنوعها :

ويصطلح عليه بـ MULTISKILL BREADTH-BASED STRUCTURE PAY يتم تصميم الهيكل بموجب هذا الاسلوب عن طريق تصنيف وظائف المنظمة في مجموعات متشابهة ومتجانسة من حيث طبيعتها مثل مجموعة الوظائف الهندسية، مجموعة وظائف الصيانة، مجموعة وظائف المكتبية والسكرتارية.. الخ، ويحدد لكل منها مجموعة من المهارات اللازمة لأداء وظائفها، كما يحدد تعويض مالي لكل مهارة منها. فعندما يعين شخص ما في وظيفة ضمن احدى المجموعات، يختبر لتحديد المهارات التي يمتلكها، حيث يحدد راتبه أو أجره في ضوء التعويضات المخصصة لكل مهارة، وبالطبع ومع مرور الزمن، يزداد الراتب مع اكتساب الفرد لمهارة جديدة ويكون بمقدار التعويض المالي المحدد لها، وفيما يلي مثال توضحي لهذا الهيكل يوضحه الجدول التالي:

جدول رقم (17)

هيكل الرواتب والأجور على أساس اتساع المهارة وتنوعها

التعويض المباشر	نوع المهارة	التعويض المباشر	نوع المهارة	التعويض المباشر	نوع المهارة
1500	الأتمتة الالكترونية	900	تنظيم الاجتماعات	500	استخدام الفاكس
1300	تنظيم وتخطيط المكتب	800	كتابة محاضر الجلسات	400	استخدام التلكس
1100	النسخ على الحاسب الآلي	700	صياغة التقارير	300	تنظيم المواعيد
1000	تنظيم المؤتمرات	600	استخدام الانترنت		

لنفرض أن موظفا ما قد عين في وظيفة تقع في هذه المجموعة وكان لديه المهارات الأربع الأولى، في هذا الحالة يكون راتبه /4900/ وحدة نقدية، لنفترض أنه بعد فترة زمنية أتقن المهارة الخامسة، إذاً سيزداد راتبه في هذه الحالة بمقدار /900/ وحدة نقدية فيصبح راتبه /5800/ وحدة نقدية وهكذا. يتميز هذا الهيكل أنه يحفز العاملين على اكتساب مهارات أكثر في المستقبل.

ب. عمق المهارة :

ويصطلح عليه بـ SKILL DEPTH- BASED STRUCTURE PAY يتم تصميم هيكل الرواتب والأجور بموجب هذا الأسلوب بإعداد جدول بالوظائف الذي يراد تصميم هيكل لها، ويحدد بجانب كل وظيفة المهارة الأساسية المطلوبة لشغلها، حيث عدم توفرها لا يمكن تعيين الفرد فيها. فعلى سبيل المثال سائق السيارة في شركة نقل لابد من توفر مهارة وفن قيادة السيارة لديه، ويزداد راتب السائق مع زيادة قدمه الوظيفي وممارسته لهذه المهارة، على أساس أن مرور الزمن وممارسة نفس المهارة يعمق من مستوى توفرها لديه، ويجعل مستوى أداءه أكثر جودة وتميزاً. إذاً في هذه الحالة نجد أن زيادة الراتب أو الأجر بموجب هذا الهيكل مرتبطة بالقدم الوظيفي وممارسة نفس المهارة المطلوبة لكل وظيفة أو عمل.

3. هيكل الرواتب والأجور على أساس تصنيف الوظائف :

يصطلح على هذا الهيكل بـ JOB CLASSIFICATION ، ويتم تصميمه من خلال عمليتين اثنتين هما :

أ. تحديد هيكل الوظائف:

لا تسمح ظروف أي منشأة بدفع أجر أو راتب منفصل لكل عمل أو وظيفة، بمعنى أن الأمر يستلزم الجمع بين أكثر من وظيفة واحدة، واعطاءها أجراً أو راتباً واحداً يشملها جميعها، لأن تحديد أجر وراتب خاص بكل عمل يجعل هيكل الأجور والرواتب الأساسية معقداً للغاية. كما لا يمكن الاعتماد على صحة نتائج التقويم بشكل مطلق، فمثلاً عملين أوضحت نتائج التقويم أن الفرق بين قيمتيهما أربع نقاط أو خمسة نقاط من 1000 نقطة، لا يمكن الجزم بأن هذا الفرق يمثل فرقاً في الأهمية بينهما، إنطلاقاً من أن عملية التقويم تعتمد بشكل أساسي على الحكم والتقدير الشخصي للمقيم.

لذلك اتفق على تقسيم الأعمال أو الوظائف التي تم تقويمها الى مجموعات سميت المجموعة بالفئة أو الدرجة، بحيث تشتمل كل فئة أو درجة على مجموعة الأعمال أو الوظائف المتقاربة في الأهمية، أو بمعنى آخر الوظائف التي حازت على تقويمات متقاربة. وفائدة تجميع الأعمال أو الوظائف المختلفة في عدد محدود

من الفئات، أنها تجنب الادارة مشقة تسعير كل عمل على حده، إذ في هذه الحالة يتم تسعير فئة أو درجة العمل، وتسري فئة الأجر أو الراتب على كافة الأعمال أو الوظائف المندرجة تحت هذه الفئة أو هذه الدرجة.

والمشكلة التي نواجهها في هذه الخطوة، هي تحديد عدد الفئات المناسب التي ستوزع عليها وظائف المنشأة، إذ يختلف عدد الفئات التي يتألف منها هيكل الوظائف من منشأة لأخرى حسب ظروف كل منها. ولكن بشكل عام كلما زاد عدد الوظائف وقلت درجة التشابه والتجانس بينها، احتجنا إلى عدد فئات أكثر والعكس من ذلك صحيح.

وبعد تحديد عدد الفئات أو الدرجات توضع حدود لكل فئة بالنقط تفصلها عن الفئات الأخرى، وتسمى هذه الحدود بمدى الفئات الذي يتم تحديده على الوجه التالي:

لنفرض أن أقل قيمة حصلت عليها أي وظيفة كانت 400 نقطة من أصل 1000 نقطة، وأعلى قيمة حصلت عليها وظيفة أخرى كانت (900) نقطة فإن المدى بين أعلى وأدنى قيمة هو (900 - 400 = 500) نقطة . فاذا كان عدد الفئات التي تم تحديده هو (5) فئات فإن مدى كل فئة يتحدد بقسمة المدى على عدد الفئات 500 ÷ 5 = 100 وعلى هذا الأساس يصبح توزيع الأعمال على الفئات المختلفة كما يلي:

جدول رقم (18)

الفئة	عدد النقط	
	الحد الأدنى من	الحد الأعلى حتى
5	400	499
4	500	599
3	600	699
2	700	799
1	800	900

ومن الضروري بعد تحديد مدى الفئات أن تقسم كل فئة أو درجة رئيسة إلى درجات فرعية، وذلك لتحديد الأهمية النسبية لكل وظيفة في كل درجة. ففي

مثالنا السابق لدينا مدى الفئة الواحدة (100) نقطة، يمكننا مثلاً تقسيمها الى أربع درجات فرعية مدى الواحدة منها (25) نقطة. وعليه فكلما انتقل الموظف أو العامل من درجة فرعية إلى أعلى، فإن المدى يسمح له بالحصول (وهو لا يزال في نفس الدرجة) على زيادات في الأجر أو الراتب، إما على أساس الأقدمية، أو على أساس الكفاءة أو الاثنين معاً.

ب. تحديد راتب أو أجر كل فئة :

بعد تحديد هيكل الوظائف وتوزيع الأعمال على الفئات بعد تقويمها، وترتيبها حسب أهميتها، يحدد أجر أو راتب نقدي لكل درجة أو فئة وللوظائف التي تشتمل عليها، مع تحديد الحد الأدنى والأعلى لفئة الأجر أو الراتب وذلك على ضوء اللوائح والقوانين، وبعض الاعتبارات الأساسية مثل: مستوى الأجر والراتب السائد في المنشآت المشابهة، تكاليف المعيشة، إمكانيات المنشأة.. الخ .

وقد حددنا هذه الأمور ووضحناها في الأبعاد المؤثرة في تحديد التعويضات، وذلك في مطلع هذا الفصل، بالامكان الرجوع إليها.

الحوافز المالية المباشرة :

إضافة للراتب والأجر الأساسي الذي تدفعه المنظمات للموارد البشرية التي تعمل لديها، تدفع لهم تعويضات مالية مباشرة أخرى على شكل حوافز مالية، الغاية منها حث هذه الموارد وخلق الدافعية لديها للعمل بجد ونشاط وبمستوى عالي من الفاعلية، وقد سميت بالمباشرة نظراً لكون حصول الفرد عليها مرتبط بعمله وجهده ونشاطه، وسنعمد فيما يلي الى شرح أهم هذه الحوافز المالية المباشرة التي تصنف ضمن فئتين هما: حوافز فردية وحوافز جماعية.

أولاً: الحوافز الفردية .

سميت هذه الحوافز بالفردية لأنها تدفع للفرد على أساس أنه وحدة عمل مستقلة، في ضوء جهده وفاعلية أدائه منفرداً، وأهم هذه الحوافز ما يلي:

1. العلاوة (الزيادة) الدورية:

تمثل الزيادات الدورية التي تدفع للعاملين جزءاً من التعويض المباشر الذي يتقاضونه لقاء مساهماتهم التي يقدمونها للمنظمة. والزيادة أو العلاوة، هي عبارة عن مبلغ نقدي يدفع للفرد كل فترة زمنية محددة زيادة على راتبه أو أجره الأساسي، إذ لا يعقل أن يعين موظفاً أو عاملاً ما في وظيفة بأجر أو راتب معين، ويبقى يتقاضاه طوال حياته الوظيفية، فالفرد يتوقع زيادة راتبه أو أجره كل فترة

زمنية محددة خلال مدة خدمته في المنظمة. وتدفع العلاوة عادة إذا حقق الفرد الشرطين التاليين:

- مستوى معين من الأداء والكفاءة في وظيفته أو عمله، وبغض النظر عن مستوى أدائه في السنوات الماضية، فكل فترة زمنية تستحق فيها العلاوة هي وحدة مستقلة عن الفترات السابقة.
- مضي المدة الزمنية الدورية المحددة لمنح العلاوة التي قد تكون سنة أو أكثر.

يمكننا القول إذاً أن حصول الفرد على العلاوة يجعله يحتفظ بها طوال خدمته الوظيفية في المنظمة، وهذا يعني أن عدم حصوله على علاوة جديدة لا يفقده العلاوات السابقة التي حصل عليها، ويفهم من ذلك أنها تصبح حقاً مكتسباً لا يجوز سحبها ثانية منه، ويصرف مبلغ العلاوة شهرياً مع دفع الراتب أو الأجر الشهري، ذلك لأنها تعتبر جزءاً منه.

2. المكافآت المالية:

المكافأة المالية BONUS مبلغ من المال يصرف للفرد المتميز في أدائه وعطائه في عمله أو وظيفته ويأخذ صرفها شكلين، أو يتم وفق أحد المعيارين التاليين:

أ. إذا حقق الفرد معدل أداء معين يشير إلى مستوى كفاءته في عمله، كأن نقول مثلاً من يحصل على تقدير كفاءة ممتاز في نهاية السنة يستحق /1000/ وحدة نقدية، ومن يحقق مستوى جيد جداً يستحق /800/ وحدة نقدية، والذي يحقق مستوى جيد يستحق /500/ وحدة.

ب. إذا قام الفرد بعمل متميز كحل مشكلة ما، تطوير شيء في العمل عاد بالنفع على المنظمة، وهنا يحدد عادة حد أقصى للمكافأة لا يجوز تجاوزها.

وعلى أية حال تصرف المكافآت المالية عادة في نهاية العام، وهي لا تعتبر جزءاً من الراتب أو الأجر فهي تصرف مرة واحدة عند تحقيق التميز. فإذا حقق موظف ما تقدير جيد هذا العام واستحق في هذه الحالة وفق ما ذكرناه آنفاً مكافأة قدرها /800/ وحدة نقدية، وحقق في العام القادم تقدير ممتاز، ترتفع مكافأته الى /1000/ وحدة نقدية، وإذا انخفض تقديره في العام الذي بعده الى متوسط، لن يستحق في هذا العام على أية مكافأة، وفي هذه الحالة لا تسحب المكافآت التي حصل عليها في الأعوام السابقة عندما كان مستوى أدائه مرتفعاً.

ولنجاح نظام المكافآت المالية يطلب عادة توفير الجوانب التالية فيه :

* جعل المكافآت مستويات أي متدرجة بالارتفاع مع ارتفاع مستوى الأداء.

وبوجه عام يمكن القول أن نظام المكافآت قائم على مفهوم أساسي هو إعادة تعزيز أو تقوية الأداء الجيد PERFORMANCE REINFORCEMENT أي أن تكون المكافآت مستمرة طالما أن أداء الفرد متميز، فالمعرفة المسبقة للعاملين بأنهم كلما حققوا أداء متميزاً حصلوا على مكافأة، هذا يشجعهم ويدفعهم للاستمرار في بذل الجهود وتحقيق التميز في الأداء.

3. الأجر الاضافي:

الأجر الإضافي OVERTIME هو مبلغ من المال يدفع للفرد إضافة على راتبه وأجره الاساسي وتعويضاته الأخرى، لقاء تكليفه بعمل إضافي خارج مواعيد العمل الرسمية، وسواء أكان هذا العمل يدخل ضمن نطاق عمله الأصلي أو لا يدخل. ويمكن القول بأن فلسفة الأجر الإضافي تقوم على تشجيع وتحفيز العاملين لأن يعملوا خارج أوقات العمل الرسمي عندما تحتاج إليهم المنظمة في حالة وجود ضغط عمل زائد لديهم، فالعمل الإضافي هو طوعي وليس إلزامياً، بمعنى أنه لا يحق للمنظمة إجبار العاملين لديها على العمل الإضافي، لذلك فهي تدفع لهم حافزاً (تعويضاً) مالياً إضافياً على راتبهم أو أجرهم لتحفزهم على قبوله، ومن هذا المنطلق فهو حافز تشجيعي، وليس مكافأة ولا يدخل ضمن الراتب أو الأجر، على اعتبار أنه ليس مستمراً شأنه شأن المكافآت التشجيعية التي شرحناها في الفقرة السابقة.

ثانياً: الحوافز الجماعية .

تدفع الحوافز الجماعية على أساس الجهد والتميز الجماعي في الأداء، وفي هذه الحالة تكون وحدة دفع الحافز المالي جهد الجماعة أو فريق العمل، وليس جهد الشخص منفرداً، وتأخذ الحوافز الجماعية أشكالاً متعددة، سنأتي على توضيح أكثرها شيوعاً في الاستخدام فيما يلي:

1. المشاركة في الأرباح :

المشاركة في الأرباح PROFIT SHARING نسبة مئوية محددة مسبقاً تقتطعها المنظمة من أرباحها المحققة في نهاية السنة لتوزع على العاملين فيها، ويقوم هذا التوزيع المسمى بالمشاركة في الأرباح على فلسفة مفادها: إن الأرباح التي تحققها المنظمة في نهاية فترة الأعمال وهي السنة، إنما هي إنعكاس لجهد جماعي بذلته الموارد البشرية في العمل طوال السنة، فزيادة هذا الجهد يعني زيادة أرباح المنظمة التي يقابلها زيادة مبلغ الحافز (الأرباح) المالي التي ستحصل عليه هذه الموارد البشرية، ومن هذا المنطلق فالمشاركة في الأرباح حافز مالي جماعي، يشجع العاملين على التعاون وعمل الفريق. وعلى الرغم من فائدة هذا الحافز الجماعي، إلا أن هناك مشكلة يعاني منها وهي: أن طول الفترة الزمنية (السنة) بين بذل الجهد وحصول العاملين على الحافز المالي (الأرباح) طويلة، وهذا يضعف من قوته التحفيزية.

ونود الإشارة هنا الى وجود شكل آخر لهذا الحافز الجماعي وهو: أنه لا توزع نسبة الأرباح المحددة، إلا إذا كانت الأرباح المحققة هذا العام أعلى من الأرباح المحققة في العام الماضي، والغاية من ذلك حث العاملين بشكل أكبر على الجهد والعمل الجماعي. هذه الفلسفة مقبولة ولكنها مجحفة بحق العاملين، فقد تكون نسبة الأرباح المحققة في العام الماضي عالية جداً لسبب ما، وفي العام الحالي تحققت أرباح عالية أيضاً لكنها ليست بنفس حجم أرباح العام الماضي، في هذه الحالة سيحرم العاملين من الحصول على الحافز المالي، وهذا بحد ذاته يعتبر ظلماً بحقهم.

2. المشاركة في وفر التكاليف :

المشاركة في وفر التكاليف GAIN-SHARING عبارة عن نسبة مئوية من الوفر المالي الذي يحققه العاملون في تكلفة الإنتاج من خلال ضبطهم وتخفيضهم لها، عن طريق التقليل والحد من حجم الهدر والفاقد والضياع في الموارد وعدم استثمار الوقت، توزعها المنظمة عليهم في نهاية السنة، بعد احتساب حجم الوفورات المحققة، فالمشاركة هنا هي بمثابة حافز جماعي يحث الجميع على ضغط تكاليف الانتاج، لان كل فرد له مصلحة في ذلك. لقد ثبت نتيجة التطبيق العملي لهذا الحافز على مستوى المنظمة ككل أنه غير فعال، ذلك لأن ما يحققه فريق أو قسم ما من وفورات قد يضيعه قسم آخر بسبب عدم كفاءة أدائه، فيضيع الوفر في هذه الحالة. فعلى سبيل المثال وبسبب سوء التخزين الذي يعتبر أحد الفعاليات الهامة في المنظمات، قد تتلف مواد قيمتها كبيرة جداً مما يسبب ضياع جهود باقي الفعاليات في ضبط التكاليف، فتضيع جهود العاملين سدى. لهذا السبب أصبح يطبق هذا

الحافز على المستوى الجزئي فريق العمل أو خطوط الانتاج، أي وحدات عمـل صغيرة نسبياً، وليس على مستوى المنظمة ككل، تلافياً لهذه المشكلة.

ولنجاح تطبيق هذا الحافز الجماعي يتطلب الأمر توفير الأمور التالية:

* أن تكون تكاليف التشغيل تحت سيطرة فريق العمل، فعلى سبيل المثال خراب آلة بسبب قدمها أو تلف مواد بسبب حريق، هذه الأمور لا علاقة للفريق بها، ويجب أن تستثنى من الوفورات.

* توفر الثقة لدى العاملين بأن الادارة ستكون صادقة في حساب الوفورات.

* إعطاء الحرية لفريق العمل في أداء مهامه، وأن يتصرف حسب ما تقتضيه ظروف العمل المحيطة به.

* إعطاء الحرية والمرونة للفريق في أداء ما هو مناط به من مهام.

* توفير صيانة فنية مستمرة وجيدة لجميع التجهيزات في مكان العمل.

* توفير تجهيزات ذات مستوى عالي من الجودة والحداثة.

* توفير بيئة عمل مادية ونفسية مريحة.

يتميز هذا الحافز الجماعي بأن العاملين يحصلون عليه وإن لم تحقق المنظمة رقم أرباح، لأن النسبة المقتطعة هي من وفورات التكاليف وليس من الارباح المحققة. كما يتميز بأنه دافع للعاملين يحثهم على ترشيد الاستهلاك والانفاق، والحد من الهدر والفاقد في مستلزمات العمل بوجه عام.

3. تمليك العاملين أسهماً في المنظمة :

تقوم بعض المنظمات بتوزيع جزء من أسهمها على العاملين لديها في نهاية العام، وذلك كبديل عن توزيع نسبة من أرباحها المحققة في نهاية العام. والفلسفة التي تكمن وراء ذلك هي: إن تمليك العاملين لأسهم المنظمة (ومع مرور الزمن) سيتزايد حجم ملكيتهم لها، مما يحدث لديهم شعوراً بأنهم ملاكا وليسوا أجراء، فهم يملكون جزءاً من رأس مال المنظمة، ويتقاضون عليه أرباحاً سنوية وهذا الأمر يساعد على زرع الانتماء لديهم للمنظمة، وحبهم للعمل فيها، والخوف على ممتلكاتها ومصالحها وسمعتها، فيسعون إلى تقديم كل نفع لها، فيرتفع بذلك مستوى

الأداء وفاعليته وترتفع معه جودة المنتج الذي يرضى عنه الزبائن، فتزداد المبيعات ويزداد معها أرباح المنظمة وأرباحهم.

4. المشاركة في الأرباح المؤجلة:

ويصطلح على هذا الحافز الجماعي بـ DEFERRED PROFIT SHARING وهو أحد الأشكال المشتقة من المشاركة في الأرباح، وقد سميت بهذه التسمية، لأن الأرباح في نهاية السنة لا تدفع للعاملين، بل تحتجز باسمهم وتستثمر لصالحهم لتحقق لهم المزيد من الأرباح. يحصل العاملون على أرباحهم واستثماراتها عند نهاية خدمتهم الوظيفية في المنظمة لأي سبب كان، سواء بسبب التقاعد أو الاستقالة، أو أي سبب آخر.

التعويضات غير المباشرة

يصطلح على هذه التعويضات بالمزايا الوظيفية الاضافية EMLOYEE BENEFITS وهي عبارة عن حوافز تأخذ شكل خدمات متنوعة ذات قيمة مالية، تقدمها المنظمات لجميع العاملين لديها كمنح منها دون مقابل، أو بتغطية جزء من تكلفتها، ودون استثناء فئة منهم (للعاملين الدائمين فقط) وبغض النظر عن مستوى أدائهم وكفاءتهم في العمل، فهي تقدمها لهم لكونهم أعضاء يعملون لديها. وقد سميت هذه المزايا بالتعويضات (الحوافز) غير المباشرة، بسبب أن الحصول عليها غير مرتبط بجهد ونشاط الفرد في أداء عمله المناط به. وتأخذ هذه المزايا الوظيفية الاضافية والتعويضات غير المباشرة شكلين: الأول طوعي اختياري، والغاية منه خلق الشعور بالانتماء لدى العاملين تجاه المنظمة والولاء لها. الثاني إلزامي، حيث تفرض غالبية قوانين العمل في الدول على المنظمات تقديم بعض المزايا الوظيفية للعاملين لديها، كرعاية خارجية للدولة على الموارد البشرية التي تعمل في المنظمات، كالتامين الصحي، والضمان الاجتماعي.. الخ، وقد سميت هذه المزايا بالإضافية، لأنها تعويضات عينية يحصل عليها العاملون زيادة أو إضافة على تعويضاتهم المباشرة. ويمكن القول بأن المزايا الوظيفية الاضافية تتميز بأنها تحقق الفوائد التالية:

* زرع الولاء والانتماء لدى العاملين تجاه المنظمة .
* رفع مستوى الروح المعنوية لدى العاملين ورضاهم الوظيفي، الذي ينعكس إيجاباً على أدائهم .
* وسيلة لاستقطاب الكفاءات البشرية من سوق العمل وخاصة النادرة منها.
* تحسين علاقة المنظمة مع النقابات، مما ينعكس أثره إيجاباً على علاقتها مع العاملين لديها.
* كسب رضا المجتمع وترك انطباع جيد عن المنظمة لديه، حيث ينظر إليها نظرة أخلاقية، على اعتبار أن الموارد البشرية جزءاً من هذا المجتمع.

ونود الإشارة هنا إلى أنه على الرغم من المزايا الموضحة أعلاه، إلا أن هذه المزايا الوظيفية تكلف المنظمات وخاصة الكبيرة الحجم التي لديها عدد كبير من العاملين، مبالغ مالية ضخمة. ففي دراسة على عينة من الشركات في الولايات المتحدة عام /2000/ حول التكلفة التي تدفعها الشركات الأمريكية في مجال المزايا الوظيفية الاضافية، فقد تبين أنها تدفع ما يقارب (50%) من ميزانية رواتبها وأجورها على هذه المزايا. (3)

لذلك يجب التخطيط جيداً لمنح هذه المزايا، وذلك من حيث تحديد أنواعها، وكيفية تقديمها، ومدى مساهمة المنظمة في تغطية تكلفتها، وكيفية التفاوض مع النقابات بشأنها، بما يتماشى مع القوانين الحكومية المتعلقة بها، وسوف نعرض فيما يلي أهم أنواع هذه المزايا (التعويضات غير المباشرة) الأكثر شيوعاً في الاستخدام:

التأمين الصحي :

يحتل التأمين الصحي HEALTH INSURANCE مرتبة عالية في قائمة التعويضات غير المباشرة التي تقدمها المنظمات للعاملين لديها، ذلك لأن مسألة الصحة هي أهم شيء بالنسبة للإنسان سواء أكان يعمل أو لا يعمل. وبما أن العلاج الطبي أصبح في غالبية دول العالم يمثل عبئاً مالياً كبيراً على الموارد البشرية في العمل، نجد بأن التأمين الصحي يأخذ مكانة كبيرة من اهتمام هذه الموارد، فأول شيء يسأله الفرد المستقطب للتعيين في المنظمة هو: هل لدى المنظمة تأمين صحي أم لا؟ وتقدم خدمة التأمين الصحي للعاملين عادة، على شكل عقد تأمين جماعي تبرمه المنظمة مع إحدى شركات التأمين، لتغطي نفقات العلاج الطبي للعاملين لديها، حيث تقوم شركة التأمين المتفق معها بالاتفاق مع مجموعة أطباء من مختلف

(3) ANGLO D., DENISI S. , RICKY W., OP.CIT, P. 382.

التخصصات، وعدد من المستشفيات، ودور الأشعة، ومخابر تحاليل طبية، وصيدليات، مـن أجـل تقـديم العلاج الطبي للعاملين، وتعد شركة التأمين عادة قائمة بأسماء هذه الجهات الطبية وتعممها عليهم للالتـزام بها من قبلهم. وقسط التأمين الصحي إما أن تغطيه المنظمة بالكامل، أو تساهم بتغطية جزء منه والجـزء الآخر يغطيه العاملون، وهذا الأمر يختلف من منظمة لأخرى، ومن بلد لآخر حسب القوانين السائدة فيه.

الضمان الاجتماعي :

الضمان الاجتماعي SOCIAL SECURITY عبارة عن برنامج أو خطة، يدفع بموجبها للعاملين مبلغاً من المال شهرياً كراتب عندما يتقاعـدون مـن العمـل، أو يصـابون بمـرض أو حـادث يحـول دون مزاولتهـم العمل، وتصدر هذه البرامج عادة وينظمها قوانين حكومية. وقسـط الضـمان الاجتماعـي تساهم المنظمـة بتغطية النسبة الأكبر منه عادة في حين يغطي الفرد الجزء المتبقي منه، حيث تقتطع نسبة مساهمته مـن راتبه الشهري. وتودع هذه الأقساط عادة في مؤسسة تشرف الدولة علـى أعمالهـا تـدعى بمؤسسـة الضـمان الاجتماعي. ونود الإشارة هنا الى أن بعض قوانين الضمان الاجتماعـي في بعـض الـدول تسـمح للمشـترك في الضمان أن يتقاضى مبلغاً إجمالياً عنـد تقاعـده بـدلاً مـن الراتـب الشـهري، وذلـك وفـق معـادلات معينـة تحددها هذه القوانين.

الإجازة المرضية (الصحية) :

تدفع المنظمات راتباً أو أجراً كاملاً لعامليها خـلال فـترة مرضـهم ونقاهتهم الصـحية MEDICAL LEAVE لكن ضمن حـدود زمنيـة معينـة، تختلـف مـن منظمـة لأخـرى ومـن بلـد لآخـر، حسـب القوانين الحكومية الناظمة لذلك، وإذا زادت فترة المرض والنقاهة عن المدة المحددة، تقوم بخصم نسبة معينة مـن راتب أو أجر الفرد، وكلما زادت هذه الفترة، زادت معها نسبة الخصم، وفيما يلي توضيح لذلك:

من 1 وحتى 60 يوم يدفع كامل الراتب أو الأجر.

من 61 وحتى 90 يوم يدفع 75% من الراتب أو الأجر.

من 91 وحتى 120 يوم يدفع 50% من الراتب أو الأجر.

من 121 وحتى 150 يوم يدفع 25% من الراتب أو الأجر.

من 151 وحتى 180 يوم بدون راتب أو أجر.

التأمين :

تقدم المنظمات ميزة التأمين كحافز وتعويض غير مباشر وخدمة منها للعاملين لـديها، كالتـأمين على الحياة، والسيارات، وتقدم هذه الميزة بأشكال متعددة منها على سبيل المثال:

* أن تدفع المنظمة قسط التأمين كاملاً.

* أن تدفع المنظمة جزءاً من قسط التأمين الشهري، ويتحمل العاملون الباقي.

* يتحمل العاملون كامل قسط التأمين الشهري مع خصم تقدمه شركة التأمين، ويدعى هذا الخصم بخصم التأمين الجماعي، حيث تقوم المنظمة بالتفاوض مع شركة التأمين وتنظم معها عقد تأمين جماعي تمنح بموجبه خصماً بنسبة معينة، وسبب منح هذا الخصم، هو أن معدل المخاطر في التأمين الجماعي يكون أقل من معدل المخاطر في التأمين الفردي.

إجازة الاستجمام والراحة :

إجازة الراحة PAID VACATION هي عدد من الأيام السنوية مدفوعة الراتب أو الأجر، تقدمها المنظمات للعاملين لديها من أجل أخذ قسط من الراحة والاستجمام وتجديد النشاط، ويختلف عدد هذه الأيام من منظمة لأخرى ومن بلد لآخر، لكن بشكل عام يؤخذ في الاعتبار عند تحديد فترة هذه الاجازة معايير ثلاثة هي: المستوى الإداري، العمر، والقوانين والتشريعات الحكومية. فمثلاً كلما تقدم عمر الفرد، أو ارتفع في المستوى الاداري للأعلى، زادت فترة هذه الإجازة.

الإجازة العائلية :

الإجازة العائلية FAMILY LEAVE هي عدد من الأيام السنوية تمنحها المنظمات لمواردها البشرية العاملة لديها براتب أو بأجر، تقديراً منها لبعض الظروف العائلية التي تمر فيها، وتأخذ أشكالاً متعددة منها على سبيل المثال: إجازة الأمومة التي تمنح للزوجات حديثات الولادة لرعاية أطفالهن الرضع، وإجازة رعاية الأبوين الكبار في السن، وإجازة رعاية أحد أفراد الأسرة الذي يصاب بمرض ويتطلب رعاية وسهر على صحته.

رعاية الأطفال :

تعاني النساء المتزوجات وأسرهن من مشكلة يومية وصعبة وهي رعاية أطفالهن عند ذهابهن للعمل، فمن الذي سيرعاهم في المنزل؟ فقد أثبتت دراسة أجريت على عينة من النساء المتزوجات في عدد من الشركات في الولايات المتحدة الأمريكية، عن أسباب تأخرهن عن أعمالهن، فكانت نتيجة الدراسة بأن نسبة 70% من غيابهن وتأخرهن عن العمل كان بسبب عدم توفير من يرعى أطفالهن وهن غائبات في العمل. (4) ولتلافي هذه المشكلة، راحت العديد من الشركات تنشئ

---

(4) WAYNE R., AND OTHERS, OP.CIT, P. 432.

حضانة خاصة بها، أو التعاقد مع دور حضانة، من أجل رعاية أطفال النساء المتزوجات العاملات لديها، وتقدم هذه الخدمة إما مجاناً أو بتكلفة قليلة.

المساعدة التعليمية :

المساعدة التعليمية EDUCATIONAL ASSISTANCE خدمة تقدمها المنظمات للعاملين لديها لمن يرغب منهم في متابعة إحدى مراحل التعليم الثانوي، أو الجامعة.. الخ كتشجيع وحافز منها لهم من أجل زيادة معارفهم العلمية. وتشتمل هذه المساعدة عادة على تغطية كامل أو جزء من تكاليف الدراسة، ونفقات شراء الكتب، كما تشمل إعطاء الفرد إجازة براتب كامل أو جزئي لأداء الامتحانات. وتنظر المنظمات في الوقت الحاضر إلى هذه المزية الوظيفية، على أنها استثمار بشري له عائد، يتمثل بارتفاع انتاجية وجودة الأداء، بما ينفع الطرفين، وبما يتماشى مع التوجه الجديد لجعل المنظمة منظمة متعلمة تواكب كل جديد يطرأ أو يحدث في البيئة.

تعويض تغيير مكان الإقامة:

يصطلح على هذه المزية بـ RELOCATION PAY وبموجبها تقوم المنظمة بدفع نفقات تذاكر السفر، ونقل الأثاث، والأمتعة لكل فرد يعمل لديها، يستوجب عمله منه تغيير مكان إقامته الحالي إلى مكان جغرافي آخر (من مدينة لأخرى، أو من دولة لدولة) ويدفع هذا التعويض مرة واحدة عند مباشرة العمل في المنظمة.

خدمة الطعام:

تقوم العديد من المنظمات اليوم وخاصة التي تكون فترة العمل الرسمية فيها مقسومة إلى فترتين صباحية قبل الظهر ومسائية بعد الظهر ويتخللهما استراحة ليست طويلة لتناول طعام الغداء ، بانشاء مطعم أو كافتيريا داخلها، من أجل تقديم وجبات الغداء ومشروبات ساخنة وباردة بأسعار مخفضة للعاملين لديها، خدمة تقدمها إليهم كبديل عن ذهابهم الى منازلهم والعودة، أو إلى مطاعم خارجية تقدم لهم هذه الوجبات بأسعار أعلى، إضافة إلى تحملهم عناء الذهاب والاياب وتكاليف نقل يومية وضياع جزء من وقت الراحة. إذاً يمكن القول بأن هذه الخدمة تحقق مزايا هي: إطالة فترة استراحة الغداء من خلال توفير زمن الذهاب والاياب، وتوفير تكاليف الانتقال، وهي تهيئ فرصة جيدة ومناخاً مناسباً لتنمية الروابط الاجتماعية بين العاملين، فالغالبية منهم يجتمعون سوية في وقت محدد وفي مكان واحد، وهذه مناسبة للتعارف وتبادل أطراف الحديث بين بعضهم بعضا. والمزية الرابعة والأخيرة هي أن المنظمة تضمن تناول العاملين طعاماً صحياً نظيفاً تحت رقابتها، مما يخفف من احتمالات أو نسبة اصابة العاملين بالأمراض والانقطاع عن العمل،

ونفقات العلاج. وقد أثبتت دراسة أجريت في الولايات المتحدة الأمريكية عام 1998 على عدد من الشركات الأمريكية حول هذه الناحية، فتبين بأن معدل الغياب عن العمل بسبب المرض الناتج عن تناول أطعمة غير صحية في مطاعم عامة، قد انخفض فيها عندما قامت بتوفير وجبة الغداء لهم في مطعم خاص بها تتوفر فيه الشروط الصحية. [1]

برامج الرعاية الصحية :

بموجب هذه البرامج WELLNESS PROGRAMES تنظم المنظمة حملات توعية مستمرة للعاملين لديها، حول العادات المعيشية الضارة في مجال النوم، والمأكل والمشرب، والتدخين، والكحول .. الخ توضح من خلالها مدى انعكاساتها السلبية على صحتهم، ومساعدتهم للاقلاع عنها. كما تشتمل على تنظيم فحوصات طبية دورية للعاملين، لمتابعة حالتهم الصحية بشكل مستمر، واكتشاف الأمراض أول نشأتها فيسهل علاجها. وتشتمل البرامج أيضاً على إنشاء صالة من أجل ممارسة العاملين للألعاب الرياضية واللياقة البدنية. ينظر إلى هذه البرامج على أنها استثمار وليست تكلفة، حيث يتمثل هذا العائد في: تقليل درجة الإصابة بالأمراض، وتوفير نفقات العلاج الطبي، والانقطاع عن العمل، والمحافظة على صحة العاملين، ورفع مستوى أدائهم وفعالية هذا الأداء.

حزمة المزايا الوظيفية الاضافية :

لا شك أنه يصعب للغاية على منظمة أن تقدم جميع المزايا الوظيفية السابقة مجاناً، لأن تكلفتها ستكون مرتفعة جداً، وبالتالي فسعياً منها لاستفادة مواردها البشرية من أكبر عدد ممكن من المزايا الوظيفية التي تقدمها لهم، تقوم بتخصيص مبلغ معين لكل فرد منها، وتترك له حرية اختيار المزايا التي تناسب ظروفه ويشترك فيها بنسب محددة من هذا المبلغ. فقد يشترك شخص ما في مزية التأمين على الحياة بنسبة 50% من المبلغ المخصص له، وبنسبة 25% في الضمان الاجتماعي، و25% في دار حضانة الأولاد، في حين شخص آخر قد يشترك في عدد أكبر من هذه المزايا لكن بنسب أقل، ويسمى هذا الاسلوب بـ CAFETRIA STYLE BENEITS . تتميز خدمة المزايا الوظيفية في ضوء ما تقدم بدرجة عالية من المرونة وحرية اختيار العاملين للمزايا التي تناسبهم، دون أن تفرض عليهم بعضها وهم ليسوا بحاجة إليها.

---

(1) IBID, P. 432.

الفصل الثالث عشر

استراتيجية دمج العاملين

محتوى الفصل

- ماهية استراتيجية دمج العاملين.
- الجذور الفكرية لاستراتيجية دمج العاملين.
- التوجه المعاصر لاستراتيجية دمج العاملين

تساؤلات يطرحها الفصل

- ما هي طبيعة العلاقة بين دمج العاملين وسياسة مشاركتهم، وما هي درجة هذه العلاقة؟
- هل يمكن تحقيق درجة رضا وظيفي عالي المستوى من خلال استراتيجية دمج العاملين وكيف؟
- متى يمكن القول عن استراتيجية دمج العاملين بأنها فعالة؟

ماهية استراتيجية دمج العاملين

عندما نتحدث عن موضوع دمج الموارد البشرية أو العاملين EMPLOYEE INVOLVMENT فهذا يعني أننا نتحدث عن مسألة مشاركتهم في إدارة المنظمة في مختلف المستويات التنظيمية ومجالات العمل فيها، والمساهمة في تقرير مستقبلهم الوظيفي. ويعد هذا الموضوع في الوقت الحاضر من المواضيع ذات الأهمية الكبيرة التي تلقى الاهتمام في مجال إدارة الجودة الشاملة (الإدارة المعاصرة للمنظمات)، حيث وجد نتيجة الممارسة بان استراتيجية دمج العاملين تلعب دوراً بارزاً في تحقيق أبعادها. وانطلاقاً من التجربة اليابانية في مجال دمج العاملين وما حققته من نتائج مذهلة، توجهت أنظار المنظمات في دول العالم الصناعي إلى هذا الموضوع، وراحت ترسم استراتيجيات من أجل تفعيل مسألة دمج العاملين فيها، أسوة ما فعلته المنظمات اليابانية. [1]

تعريف دمج العاملين وفلسفته :

الدمج هو تفعيل أوسع وأعمق لمفهوم مشاركة العاملين في الإدارة والعمل، حيث تمثل عموده الفقري، ويعني أن العاملين يسهمون بدرجة عالية في اتخاذ القرارات الاستراتيجية، والقرارات التنفيذية في الإدارة العليا، ورسم السياسات وحل المشكلات الخاصة بالعمل من أجل تطويره، وتقديم المقترحات من أجل تحسينه، وتفويضهم القدر الكافي من السلطة والحرية والمرونة والاستقلالية لتصريف الأمور المتعلقة بأعمالهم، وإشراكهم في تقرير مستقبلهم الوظيفي في المنظمة وتحفيزهم بشكل جيد. فهذه الجوانب مجتمعة إذا ما تحققت في منظمة ما، يمكن القول بأنها قد وصلت الى مستوى عالي من دمج العاملين فيها، فحدوث هذا الدمج يعني أن نتوقع درجة عالية من الانتماء والولاء لدى العاملين بالنسبة لمنظمتهم التي يعملون فيها، فالغالبية ستدرك (في حالة حدوث الدمج) أنها جزء لا يتجزأ منها، فنجاحها يعني نجاحهم، وإخفاقها يعني إخفاقاً للجميع، وسيدركون بأن مستقبلهم ومستقبل عائلاتهم مرتبط ببقاء المنظمة ونجاحها. إن المنظمة التي تحقق دمجاً عالياً لدى عامليها، من

---

(1) EDWARD E. LAWLER, SUSAN ALBERS, MOHRAMAN, AND GERALD LEDFORD, EMPLOYEE INVOLVEMENT AND TQM, JOSSY BASS, SAN FRANCISCO, 1993.

المفروض أن يكون مستوى الرضا الوظيفي لديهم عالياً، وهذا الرضا سينعكس إيجاباً وبشكل مباشر على مستوى فاعلية أدائهم، وتحقيقهم لمنتج عالي الجودة يحدث الرضا لدى زبائنها، الذي يتوقف عليه وجودها في السوق.

تقوم فلسفة استراتيجية دمج العاملين في الحقيقة على معلومة أساسية مفادها: إن دمج العاملين في العمل والمنظمة، إنما هو تجسيد وتفعيل عالي المستوى لجانب تنظيمي هام في المنظمات هو ديمقراطية الادارة والتخلي عن النمط المستبد في اتخاذ القرارات وإدارة العمل، الذي بموجبه لا يحق للمرؤوسين إبداء الرأي في أي موضوع يتعلق بهم أو بعملهم، وليس لديهم معلومات عن المنظمة التي من المفروض أن ينتموا إليها. فالفرد من خلال هذا النمط الديكتاتوري هو بمثابة آلة صماء أو رجل آلي يتحرك بجهاز التحكم ويطيع الأوامر الصادرة عن رؤسائه. فالدمج كنهج ديمقراطي عالي المستوى في مجال الادارة والإشراف الإداري، هو نهج معاكس للنهج المستبد، حيث تمثل المشاركة ذات المستوى العالي بالنسبة له الأداة الفعالة لتحقيقه، وهنا يتوجب على إدارة الموارد البشرية ومن خلال مديرها الذي يعتبر اليوم عضواً في الإدارة العليا رسم استراتيجية الدمج، وتحديد متطلباتها وسبل تحقيقها، لاخذها في الاعتبار عند وضع استراتيجية المنظمة الكلية.

ونود الإشارة في هذا المقام إلى ناحية هامة ذات علاقة وهي: أن تكون مسألة الدمج مسألة طوعية نابعة من إيمان وقناعة المنظمة بها وبفوائدها، فعندما تلزم القوانين الحكومية المنظمات بتبني درجة معينة من ديمقراطية الادارة والعمل ومشاركة العاملين في اتخاذ القرار دون قناعة منها بذلك، فهذا يعتبر مؤشراً لاستحالة نجاح عملية الدمج فيها وتحقيق الفوائد المرجوة منها، فالمفروض سواء أن ألزمها القانون بها أو لم يلزمها، فالأمر يجب أن يكون سيان بالنسبة لها، لأن استراتيجية الدمج نابعة من قناعتها، وهذا الأمر يساعدها والى حد كبير في الوصول إلى درجة عالية من الاندماج وانصهار العاملين في المنظمة والعمل فيها. يمكننا القول إذاً بأن مسألة الالزام لا مكان لها من الاعراب لدى المنظمات التي لديها قناعة بوجود استراتيجية دمج العاملين قامت إدارة الموارد البشرية بوضعها وترعى تطبيقها.

سلسلة دمج العاملين :

في البداية ومن أجل خدمة شرح هذا الموضوع وتوضيحه أكثر نطرح السؤال التالي: هل لدمج العاملين درجات تمثل مستوى أو شدة هذا الدمج ؟

لقد أشرنا سابقاً أن الدمج يمثل في الواقع درجة عالية جداً من المشاركة في العمل والادارة، في ضوء هذه المعلومة تكون الإجابة عن السؤال بنعم، فالمشاركة لها نطاق ودرجات تبدأ بدرجة منخفضة وتتدرج بالارتفاع إلى أن تصل إلى درجة عالية جداً، وعندما تصل إلى ذلك، تكون المنظمة قد حققت الاندماج الذي يمثل انصهار العاملين في بوتقة العمل والمنظمة. في ضوء ذلك يمكن تشبيه المشاركة بالسلسلة التي تتكون من حلقات مترابطة متصل بعضها ببعض، لها بداية وتمثل الحلقة الأولى فيها، ونهاية وتمثل الحلقة الأخيرة. فالحلقة الأولى تمثل مستوى ضعيفاً من المشاركة والانتماء والولاء، وعندها يمكن القول أنه لا يوجد دمج على الاطلاق. أما الحلقة الأخيرة فتمثل درجة عالية أو مستوى عالي جداً من المشاركة، حيث تكون المنظمة قد حققت الاندماج والانصهار لدى العاملين، وما بين الحلقة الأولى والأخيرة على السلسلة، هناك حلقات تمثل مستويات متدرجة للمشاركة حيث كلما اتجهنا بالحلقات نحو الحلقة الأخيرة التي تمثل درجة انصهار العاملين، زادت درجة المشاركة، وديموقراطية الادارة والعمل، حتى نصل للحلقة الأخيرة التي تمثل نهاية السلسلة وهو الانصهار أو الدمج الكامل. ولتوضيح ما تقدم نعرض الشكل التالي:

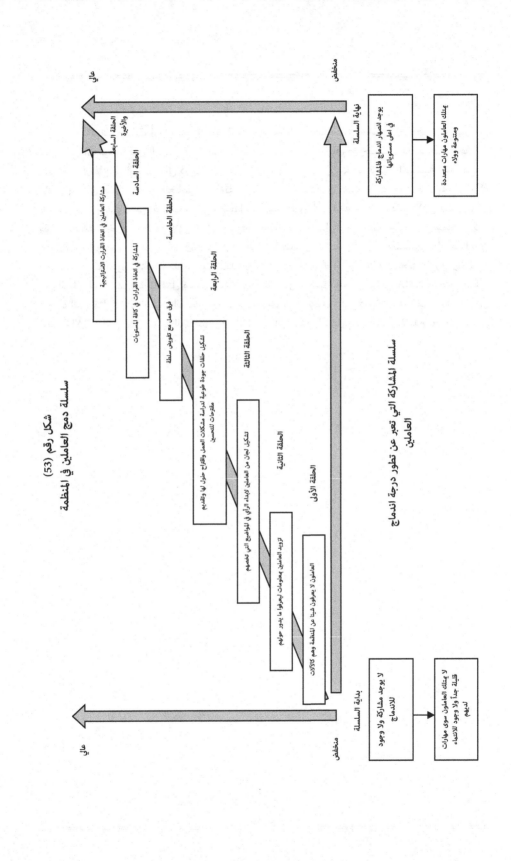

شكل رقم (53)
سلسلة دمج العاملين في المنظمة

في ضوء الشكل السابق نوضح النقاط التالية :

* تمثل الحلقة الأولى عدم إحاطة العاملين بمعلومات تتعلق بما يحيط بهم أو بالمنظمة وهنا تكون درجة المشاركة والاندماج في أدنى مستوى لها.

* تمثل الحلقة الثانية تزويد العاملين بمعلومات من خلال الاتصال التنظيمي من أجل احاطتهم بوضع المنظمة الاقتصادي، والتسويقي، والمالي، ومشاريعها المستقبلية، وذلك لجعلهم يلمون بما يحيط بهم، وهذه الحلقة تمثل درجة أعلى من المشاركة والدمج من الحلقة الأولى السابقة.

* تمثل الحلقة الثالثة إشراك العاملين في بيان رأيهم في القرارات التي تخص عملهم ومستقبلهم الوظيفي في المنظمة.

* تمثل الحلقة الرابعة تشكيل لجان طوعية تسمى بحلقات الجودة في مختلف المستويات الادارية من أجل دراسة مشاكل العمل'واقتراح حلول لها، حيث يكون الباب مفتوحاً لأي فرد للمساهمة في أعمالها، كما يمكن لهذه اللجان تقديم اقتراحات بشأن تحسين العمل في المنظمة في كافة مناحيها.

* تمثل الحلقة الخامسة مستوى أعلى من المشاركة والدمج، حيث يتم تنفيذ العمل من خلال فرق عمل متعاونة تمنح السلطات الكافية والحرية والمرونة لانجاز ما تكلف به من مهام. ولتفعيل دورهذه الفرق، فقد منحت حق الادارة الذاتية في تصريف شؤونها وسميت بفرق العمل المدارة ذاتياً.

* تمثل الحلقة السادسة تفعيل عالي المستوى لمسألة المشاركة والدمج، حيث يسمح للعاملين وعلى اختلاف المستويات الادارية المشاركة في اتخاذ القرارات، وتكون المنظمة قد تبنت مبدأ اتخاذ القرارات والمسؤولية الجماعية في العمل.

* تمثل الحلقة الأخيرة نهاية السلسلة وفيها يتحقق انصهار العاملين في المنظمة، فمشاركة العاملين في اتخاذ القرارات الاستراتيجية يعطي العاملين دفعاً معنوياً كبيراً.

أبعاد استراتيجية دمج العاملين :

تشتمل استراتيجية دمج العاملين على مجموعة من الأبعاد الهامة والأساسية نعرضها بايجاز فيما يلي:

البعد المجتمعي :

أوضحنا في السابق أن دمج العاملين هو تعبير وتجسيد عالي المستوى لديمقراطية الادارة والعمل في المنظمات التي هي جزء هام من المجتمع. فاذا كان المجتمع يسوده النهج الديمقراطي وحرية التعبير عن الرأي، لابد في هذه الحالة من ان تتبنى المنظمات استراتيجية الدمج ليتماشى نمطها الاداري مع القيم السائدة فيه، وإلا ستكون قد شذت عن هذه القيم، فلا يعقل أن تكون الديموقراطية سائدة في مجتمع ما، ونمط إدارة المنظمة فيها مستبدة دون وجود مشاركة، فالمنطق يقول أن الدمج هو استراتيجية إدارية مطلوبة في المجتمعات الديمقراطية لأنه يتماشى مع القيم السائدة فيها.

البعد المعنوي :

تعبر استراتيجية دمج العاملين عن إحترام وتقدير للعنصر البشري في العمل، فهي لا تنظر إليه على أنه أجير يدار حسب ما نريد ونرغب، بل تنظر إليه على أنه أساس العمل وتحقيق الجودة ونجاح المنظمة يتوقفان عليه، وبما أنه إنسان يمتلك مشاعر، إذاً لابد من اشعاره بأنه جزء منها، وإشراكه في جميع القضايا المتعلقة به وبالعمل في داخلها،فالدمج يعطي العاملين دفعة معنوية كبيرة، ليشعروا بالانتماء لها، وليندمجوا في العمل، ويعطوا المنظمة ما لديهم.

بعد القناعة :

يتوقف نجاح استراتيجية دمج العاملين على نظرة ملاك المنظمة ومديروها لمسألة الدمج، التي يجب أن تكون قائمة على أساس إدراك مدى أهميتها، فالنجاح يتطلب أن يكون لديهم القناعة بأن هناك مصلحة تربط العاملين بالمنظمة لمدى طويل من الزمن، فيجب عليهم أن يغرسوا في العاملين قيماً تساعد على إدراكهم بأن نجاح المنظمة هو للجميع ونجاحها يعني أن الخير سيعم كل من يعمل فيها. فالمنظمة التي لديها علاقات طيبة مع العاملين واتصالات مستمرة بهم، وتوفر لهم المعلومات، ويشاركون في اتخاذ القرارات على مختلف المستويات الإدارية، هي اكثر احتمالية للنجاح من المنظمة التي لا تمتلك هذا الحس والقناعة لدى مديريها.

مزايا استراتيجية دمج العاملين :

في ضوء جميع ما تقدم من شرح للجوانب المختلفة المتعلقة باستراتيجية دمج العاملين، يمكننا الآن أن نلخص الثمار والفوائد الرئيسة التي يمكن أن تجنيها المنظمة من وراء تبنيها لاستراتيجية مدروسة لدمج العاملين فيها، وذلك فيما يلي:

عند قيام المنظمة بتفعيل مسألة مشاركة العاملين، وإفساح المجال لهم لأن يساهموا في اتخاذ القرارات، ورسم السياسات، وتقديم المقترحات لحل مشاكل العمل وتحسينه.. الخ، تكون بذلك قد هيأت الفرصة لتفجير ما لديهم من قدرات وإمكانات متنوعة، وليفكروا ويبدعوا، ويتعلموا، ويكتسبوا المهارات المتنوعة فاستراتيجية الدمج تعتبر اليوم إحدى وسائل التعلم والتدريب وتنمية العاملين في المنظمات، ذلك لأنها تزج بهم في خضم مشاكل العمل، واتخاذ القرارات، والتحسينات.. الخ، وهذه الجوانب كلها تعتبر مجالاً خصباً ليحتكوا ببعضهم ويتعلموا ويكتسبوا المهارات المتنوعة.

إن تبني الادارة العليا في المنظمة لاستراتيجية دمج العاملين واعتبارها جزءاً من رسالتها وثقافتها التنظيمية وفلسفتها الادارية، وأحد الأنماط السلوكية السائدة فيها، يساعدها على إدخال التغييرات التي تريدها الى بيئة عملها الداخلية بأقل درجة من المقاومة من قبل العاملين فيها. فعندما تكون درجة الدمج عالية فيها، فلا شك أن هذه المقاومة ستكون قليلة ذلك لأن التغيير يعرفه العاملون، ومطلعون عليه، وساهموا في رسمة وإقراره ويلمون بأبعاده وفوائده، وهذا كله يجعل عملية إدخاله وتنفيذه سهلة ويسيرة وناجحة، ويضمن وجود حماسة له، ذلك لأنهم ساهموا في صنعه واتخاذ قراره.

لقد ثبت من خلال التجربة أن استراتيجية دمج العاملين تسهم بشكل مباشر في تحقيق الاستقرار التنظيمي في المنظمات، فهو وسيلة فعالة في حل الصراع التنظيمي بينها وبين العاملين فيها، وعلى رأس قائمة الصراع هو الاضراب عن العمل، والغياب، ومعدل دوران العمل فيها، فالدمج يبعث في نفوس العاملين الثقة بمنظمتهم والأمل في خلق علاقات طيبة بينهم وبينها ومع النقابة، فهو يخفف من حدة هذه الصراعات ويجعلها عند حدها الأدنى.

وتشير التجربة اليابانية في مجال إدارة منظماتها، إلى أن دمجها للعاملين فيها قد ساعدها على تحقيق درجة عالية من الأداء التنظيمي الفعال بسبب الولاء والانتماء الموجود لديهم، الذي أدى إلى جعل منتجها ذي جودة عالية المستوى، وتمكنت من خلاله إرضاء زبائنها ليس في السوق الياباني فحسب، بل في السوق العالمي، فقد فرضت جودة المنتجات اليابانية نفسها في جميع أسواق العالم، وأصبحت مطلوبة فيها، وهذا الأمر حقق للمنظمات اليابانية إمكانية اختراق هذه الأسواق ومكنها من تثبيت أقدامها فيها، وتحقيق الأرباح العالية، وضمان البقاء والاستمرار.

ونعرض فيما يلي شكلاً يلخص مزايا استراتيجية دمج العاملين، وكيف تصل الى تحقيق هذا الدمج :

شكل رقم (54)

مزايا دمج العاملين وكيفية تحقيقها

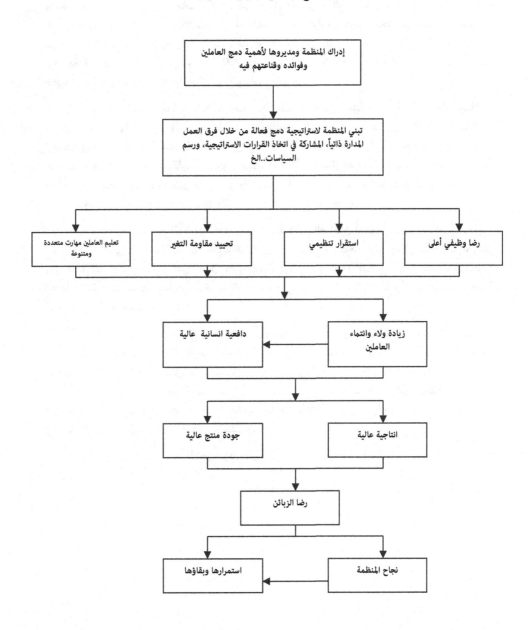

الجذور الفكرية لاستراتيجية دمج العاملين

ترجع الجذور الفكرية لمفهوم دمج العاملين لكل من "كريس آرجيرس CRES ARGIRES" و "وايت باك WHITE BAKK" اللذان تقدما بنظرية عن إندماج وانصهار العاملين في المنظمات والتي كانت تدور حول ما يلي: [2]

إن المشكلة الأساسية في حياة المنظمات والتي عليها أن تواجهها هي ما يلي:

> كيف يمكن لحشد من الموارد البشرية يحملون فروقات فردية في الشخصية، ومستوى الذكاء، والقدرات، والاتجاهات.. الخ أن يندمجوا مع بعضهم في نشاط تعاوني داخل المنظمة، ويندفعون عن رغبة وقناعة الى تحقيق أهدافها، ويشعرون بأنهم جزءاً منها، وينتمون إليها.

إن الإجابة عن هذا التساؤل إجابة قصيرة وسهلة من حيث المظهر، لكن تحقيقها شاق ومضني، ويحتاج إلى جهود مكثفة من قبل المنظمة، والإجابة عنه هي ما يلي:

> إزالة التناقض بين أهداف المنظمة وأهداف العاملين فيها، وصهرهما في بوتقة واحدة هي مصلحة الطرفين، وهي مصلحة مشتركة.

إن إزالة هذا التناقض لا يكون بالورقة والقلم والشعارات، فالقول الكثير والفعل القليل لا يزيل التناقض ولا يحقق الاندماج، فنحن نحتاج العكس أفعال وبراهين تقدمها المنظمة للعاملين فيها، تجعلهم يدركونها ويلمسونها فيقتنعون بأن

---

(2) BAKK, AND ARGIRES, ORGANIZATION STRUCTURE AND DYNAMICS, NEW HAVEN, YALE UNIVERSITY, 1954, PP. 179-181.

مصلحتهم تهم المنظمة، التي تسعى الى تحقيق الإشباع المادي والمعنوي لديهم، وأن نظرتها إليهم على أنهم اثمن وأغلى ما تملك، ولولاهم لما تمكنت من تحقيق أهدافها وأهدافهم، فالمصلحة بينهما مصلحة مشتركة، ولا يجوز تحقيق أهداف أحد الطرفين على حساب الطرف الآخر. من هذا المنطلق يمكن تحديد ماهية الاندماج في المنظمات بما يلي:

حشد من الموارد البشرية، يحملون فروقات فردية، يتزاملون ويحلون مشاكل العمل سوية، وهم في حالة اعتماد متبادل بين بعضهم بعضا ويستخدمون موارد متنوعة تقدمها المنظمة لهم ليحولوها الى منتج، في بيئة عمل مادية ونفسية واجتماعية معينة، تسمح لهم بتقديم ما لديهم من إمكانات متنوعة، ويحصلون منها على إشباع مادي ومعنوي لحاجاتهم ورغباتهم، ضمن سلوك تنظيمي منظم وموحد ومنسق لتحقيق أهداف المنظمة وأهداف العاملين بشكل متوازن، فالاندماج لا يحدث اذا تحققت أهداف أحد الطرفين على حساب الآخر. فاذا تحققت أهداف المنظمة ولم يتحقق إشباع لحاجات العاملين، يكون هناك عندئذ تضحية من طرفهم. وإذا تحققت أهداف العاملين ولم يعطوا الجهد اللازم للمنظمة لتحقيق أهدافها، معنى ذلك أن المنظمة قدمت تضحيات لم تحصل على ما يقابلها لتحقيق أهدافها، وفي كلتا الحالتين لم يحدث الاندماج. لذلك لا يمكن القول أن الاندماج قد حدث إلا إذا تحققت أهداف الطرفين، والمنظمة الناجحة هي التي تستطيع أن تغرس لدى العاملين فيها قيمة تنظيمية هي أن المصلحة بينها وبين العاملين لديها مصلحة مشتركة، فاذا لم يساعدوها على تحقيق أهدافها، لن تتمكن من تحقيق أهدافهم، ففي الاندماج مصلحة للطرفين وعندما يتحقق معنى ذلك بأن الطرفين قد سعيا الى تحقيق أهداف الطرفين بعضهما بعضاً.

من خلال ما تقدم يتضح أن فكرة آرجيرس وباك عن الاندماج تعني ما يلي:

الاندماج هو إنصهار الفرد الذي يمثل الموارد البشرية في التنظيم الرسمي الذي يمثل المنظمة مع بعضهما ليشكلا عنصراً واحداً متكاملاً في مصالحه، ويسعيان معاً وبشكل متوازن لتحقيق أهدافهما معاً، وبالتالي يعد الاندماج في هذه الحالة معياراً لنجاح المنظمة.

وللوقوف على درجة الاندماج الموجودة في المنظمة، يقترح آرجيرس وباك أن تقيس المنظمة درجة الاندماج كل فترة لتعرف حقيقة وضعها، حيث وضعا أربعة مستويات للاندماج هي:

∴ : لا يوجد اندماج على الاطلاق أي أن أهداف أحد الطرفين قد تحققت على حساب أهداف الطرف الآخر وبدرجة كبيرة، وهنا لا يوجد توازن.

1 : اندماج ضعيف.

2 : اندماج مقبول .

3 : اندماج عالي المستوى وعنده يتحقق التوازن ويكون قد تحققت أهداف كلا الطرفين، وأن كليهما راض عن الطرف الآخر وأن المنظمة ناجحة.

ويمكن قياس درجة الاندماج من خلال دراسة حاجات الأفراد ورغباتهم ومقارنتها بالاشباع الفعلي الذي حققته المنظمة لهم، حيث من خلال نتائج المقارنة تتضح الحاجات التي لم تشبع من قبل المنظمة وأثرت في درجة الاندماج. ومن خلال دراسة مطالب المنظمة أي ما هو مطلوب من الأفراد لتحقيق أهدافها ومقارنته مع إنجازهم الفعلي لهذه الاهداف، يمكن معرفة النواحي التي قصر فيها العاملون في تأدية واجبهم نحو المنظمة وتحقيق أهدافها وأثر ذلك في عملية الاندماج ومستواها.

إذاً يمكن القول بأن نظرية الاندماج لآرجيرس وباك وسيلة تساعد المنظمات على اكتشاف مدى وجود خلل في التنظيم الرسمي أدى إلى عدم وجود إندماج فيها، هذا الخلل يجب دراسته ومعرفة أسبابه سواء من جهة العاملين أو من جهة المنظمة، ووضع الحلول اللازمة لتلافي هذه الأسباب والقضاء على الخلل وتحقيق درجة اندماج عالية، بشكل لا تطغى مصلحة أحد الطرفين على الآخر، لأن حدوث ذلك معناه أن أحد الطرفين غير راضي وفي هذه الحالة يكون لدينا إندماج ضعيف.

التوجه المعاصر لاستراتيجية دمج العاملين

لقد أصبحت استراتيجية دمج العاملين اليوم أكثر شمولية عما سبق شرحه، حيث أدخل عليها جوانب وأركان أخرى، ليكون نطاقها أوسع عما سبق، ولتصبح منهجاً عاماً وركناً أساسياً في الفلسفة الإدارية التي تدار المنظمات الحديثة من

خلالها، في مسعى الى تحقيق درجة أعلى من الانتماء والولاء التنظيمي لدى العاملين.ولقد أضيف الى استراتيجية الدمج العناصر أو الأركان التالية :

الدمج ورسالة المنظمة :

رسالة المنظمة ORGANIZATION MISSION تعبير واضح لما تريد أن تكون عليه مستقبلاً فهي تمثل صورتها المستقبلية، وإلى أين تريد الوصول إليه في مسيرتها، وهي تمثل الطموح المشترك لكل من يعمل فيها. فمن أجل خلق موارد بشرية مؤمنة ومقتنعة بالرسالة وتسعى إلى تحقيقها، يتوجب الأمر وبدون شك جعل مسألة دمج العاملين جزءاً لا يتجزأ منها، فعندما يلمس العاملون ذلك فسوف يقوى إنتماؤهم وولاؤهم لها، وهذا هو الدمج الذي أشرنا إليه.

الدمج وثقافة المنظمة :

الثقافة التنظيمية هي بنية اجتماعية تشتمل على مجموعة من المبادئ والقيم، والمعتقدات، والمفاهيم الايجابية، التي يجب أن تسود جميع العاملين في المنظمة، بحيث تلعب دوراً في توجيه السلوك الإنساني فيها بالاتجاه المرغوب فيه، وبالتالي فالثقافة تمثل أنماطاً وقواعد سلوكية تخدم مصلحة العمل، يتوجب الالتزام بها من قبل العاملين. ولضمان نجاح أهداف الثقافة التنظيمية، يتوجب اعتبار مسألة دمج العاملين جزءاً منها، فلا تتخذ القرارات الاستراتيجية والتنفيذية، ولا ترسم السياسات.. الخ الا بمشاركة العاملين فيها، فالعنصر البشري يجب أن يكون أهم عناصر العمل والانتاج من وجهة نظر الثقافة التنظيمية، فعند تبني ذلك يحدث الانسجام بينها وبين رسالة المنظمة، التي هي نابعة منها.

الدمج وتفويض السلطة :

يعد نقل السلطة للمرؤوسين جانباً هاماً في دمج العاملين، فالتفويض يعني أننا منحنا المرؤوس القدرة على تصريف أمور عمله والبت فيها، مما يجعله أكثر قدرة على تنفيذ المطلوب منه بشكل جيد، ويشعره بأهميته، وبثقة رئيسه والمنظمة به وتقديرها له، مما يرفع من معنويته، ويدفعه للانغماس (الاندماج) في عمله وحبه له وللمنظمة التي يعمل فيها، وهذا ما تسعى إليه استراتيجية الدمج.

الدمج وتصميم العمل:

العمل بالنسبة للفرد يعني حياته، فهو يقضي نصف حياته اليومية فيه، فإذا لم يوفر له المتعة والاثارة والتحدي وتحمل المسؤولية، سيشعر وهو ذاهب إليه بأن ذاهب إلى مكان بغيض، وهذا يعني أننا فقدنا الاندماج، لذلك عند تصميم الاعمال، يجب أن يراعي التصميم هذه الجوانب السابقة، لتوليد الشعور بالمتعة عند مزاولة

الأفراد لأعمالهم هذه المتعة تخلق لديهم شعوراً بأنهم جزءاً منه، وأنهم لا يجدون أنفسهم إلا في ممارسة وظائفهم.

الدمج والتحفيز الانساني: [3]

يعد التحفيز الانساني بأنواعه الثلاثة المالي والفكري والمعنوي، من العوامل ذات الاهمية التي تسهم في خلق درجة عالية من الدمج لدى العاملين، فعند وجود التحفيز الجيد، فهذا يعني أن حاجات ورغبات العاملين في درجة جيدة من الاشباع، الذي يولد لديهم حب المنظمة والانتماء لها والاندماج فيها. فالتحفيز المالي يشتمل كما مر معنا في فصل سابق، على رواتب وأجور جيدة وحوافز مالية متنوعة، والتحفيز الفكري يشتمل على تشجيع الأفراد على التفكير المبدع والخلاق والمبادأة. والتحفيز المعنوي يشتمل على توفير الاحترام والتقدير للعاملين والمعاملة الحسنة والطيبة.

الدمج والقيادة الإدارية :

يصفون القيادة الإدارية بأنها محور عملية دمج العاملين، فالقائد بامكانه أن يصهر تابعيه في عملهم وفي المنظمة، اذا قام بدوره القيادي المعاصر كما يجب. فعندما يدرك المرؤوس بأن من يقوده إنسان مساند وداعم له، يسعى ليقدم له الخير، ويدربه بشكل فعال، ويقضي معظم وقته بجانبه، ويجعل نفسه دائماً في موقع الحدث لمعالجة المشاكل فور حدوثها أو يمنع هذا الحدوث، وقام بكسر الحواجز الرسمية والاتصال الرسمي بينه وبين مرؤوسيه، ويعامل الجميع بمساواة وعدالة دون تمييز والأفضل لديه هو الأكفأ، بدون أي شك هذا النمط القيادي سيزرع الثقة والمحبة لدى مرؤوسيه فيه، وسوف يطيعونه عن رغبة وقناعة، وهذا يشكل مناخاً وبيئة صالحة لدمج وصهر العاملين في عملهم وفي منظمتهم التي يعملون فيها. [4]

الدمج وأسلوب تنفيذ العمل :

يمكن القول بأن شعار الإدارة المعاصرة في المنظمات الحديثة اليوم هو العمل الجماعي التعاوني، من خلال ما يسمى بفرق العمل وحلقات الجودة، اللذان ظهرت بهما المنظمة اليابانية للعالم، وحققت من خلالهما نتائج مبهرة بل مذهلة في مجال استراتيجية دمج العاملين. فالعمل ضمن الفريق ينزع من العاملين النظرة الفردية للعمل والأمور المحيطة به، ويجعل نظرة الفرد كلية وليست جزئية. فعندما نجعل الفرد يعمل ضمن فريق واحد، ومسؤول مع زملائه فيه مسؤولية مشتركة وجماعية عن انجاز مهمة هذا الفريق، ونفوضه الصلاحية المناسبة، ويمارس قدراً

(3) عمر وصفي عقيلي، المنهجية المتكاملة لادارة الجودة الشاملة ، مرجع سبق ذكره، ص 144 .
(4) المرجع السابق مباشرة، ص 97-100 .

من الحرية والمرونة مع زملائه في إنجاز مهمة فريقهم، ونكافئ ونحاسب أعضاء الفريق جماعياً، ونطلب من عضو الفريق أن يمد يد العون لزملائه عند الحاجة، وبالمقابل يمدون له يد العون عندما يحتاجها، نكون بذلك قد مسحنا من قاموس العمل لدى الفرد كلمة أنا واستبدلناها بكلمة نحن، وهذا التوجه يقودنا في النهاية الى نتيجة محتومة وهي: أن المنظمة قد تمكنت من دمج موردها البشري وصهرته في فرق عمل متعاونة متآزرة محبة ومخلصة للعمل والمنظمة، التي أصبح ينظر اليها الآن على أنها فريق عمل كبير يشتمل على فرق عمل متكاملة يسعى جميعها ضمن نظام كلي وهو فريق المنظمة الى تحقيق استراتيجيتها ورسالتها.

لقد اثبتت التجربة (وخاصة في المنظمات اليابانية) بان الاتجاه المعاصر لاستراتيجية دمج العاملين، قد حققت نتائج مميزة في درجة الولاء التنظيمي في المنظمات التي طبقته، حيث أصبح ينظر للولاء في ظل استراتيجية الدمج المعاصرة على أنه:

استجابة عاطفية نفسية إيجابية ناتجة عن قناعة، تحدث لدى العاملين في المنظمة نتيجة تقييمهم العام الايجابي لما تقدمه لهم من إشباع مادي ومعنوي لحاجاتهم ورغباتهم المختلفة، مما ينعكس إيجاباً على اتجاهاتهم وأدائهم وسلوكهم في العمل، فيشعرون بانتماء وارتباط والتزام نحوها ونحو وظائفهم فيها، فيسعون عن رغبة وقناعة لبذل الجهود اللازمة لتحقيق أهدافها، لعلمهم المسبق بأن أهدافهم لن تتحقق إلا من خلال تحقيق أهداف المنظمة، وبالتالي فنجاح المنظمة يعني أن الخير سيعم كل الأطراف المعنية فيها.

الفصل الرابع عشر

استراتيجية المسار الوظيفي

محتوى الفصل

- تخطيط المسارات الوظيفية التنظيمية.
- تخطيط مسارات الموظفين الوظيفية.
- مسؤولية إدارة الموارد البشرية في مجال تخطيط مسارات الموظفين الوظيفية.

تساؤلات هامة يطرحها الفصل

- ما هو ارتباط استراتيجية المسار الوظيفي باستراتيجية التعلم والتدريب؟
- ما هي علاقة دور حياة الموظف في المنظمة وتخطيط مساره الوظيفي؟
- على من تقع مسؤولية تخطيط مسار الموظف الوظيفي؟
- ما هو دور إدارة الموارد البشرية في مجال رسم استراتيجية المسار الوظيفي وتنفيذه ؟

مقدمـة :

عندما نتحدث عن مستقبل الموارد البشرية في المنظمة، فنحن نتحدث عن الطموحات الوظيفية التي يمكن أن تحققها هذه الموارد على مدى خدمتها فيها، فالمستقبل الوظيفي يبين للفرد مسار خدمته الوظيفية في المنظمة، فيعرف ما هي الوظيفة التي سيبدأ بها، وما هي الوظائف المحتمل أن يرقى أو ينقل إليها خلال حياته الوظيفية، وما هي الوظيفة التي يمكن أن يتقاعد منها عن العمل. فعند الحديث عن المستقبل الوظيفي، معنى ذلك أن الحديث يدور حول شيء هام جداً بالنسبة لكل من يعمل في المنظمة، وبشكل خاص هؤلاء حملة المؤهلات العلمية الذين لهم طموحات وظيفية يريدون تحقيقها عبر مسيرة حياتهم العملية عن طريق الترقية.

وبوجه عام تشتمل استراتيجية الترقية وإدارة المستقبل الوظيفي CAREER MANAGEMENT في المنظمات على دراسة وتخطيط ثلاثة جوانب تنظيمية أساسية تتشكل منها هذه الاستراتيجية وهذه الجوانب ما يلي: [1]

* تخطيط مسارات الخدمة الوظيفية التنظيمية في المنظمة، التي توضح خطوط حركة انتقال العاملين بين الوظائف التي يشتمل عليها هيكلها التنظيمي من قاعدته وحتى قمته، والتي يمكن أن تمر فيها الموارد البشرية خلال حياتها الوظيفية من بدايتها وحتى نهايتها.

* تخطيط مسار خدمة كل فرد ومستقبله الوظيفي، وذلك في ضوء مسارات الخدمة التنظيمية السابقة، حيث يكون لكل فرد مساره الخاص به، ويحدد في ضوء الوظائف الشاغرة أو الخالية، وقدراته وإمكاناته، وميوله ورغباته، ومستوى كفاءته في العمل.

* ما يتوجب على المنظمة من خلال إدارة الموارد البشرية القيام به وتوفيره، من أجل مساعدة الموارد البشرية على تحقيق مسارات خدمتها الوظيفية المستقبلية وبلوغ نهاية هذه المسارات.

(1) استمدت المادة العلمية لهذا الفصل من المراجع التالية:

(A) HERRIOT, P., THE MANAGEMENT OF CAREER, STRATEGIC PROSPECTS FOR HUMAN RESOURCE MANAGEMENT, IPD, LONDON, 1995, P. 305-320.

(B) PEGGY STUART, NEW INTERNAL JOBS FOUND FOR DISPLACED EMPLOYEES, "PERSONNEL JOURNAL" (AUGEST, 1992), PP. 50-56.

(C) SAMUEL ARYEE, YAW A. DEBRAH, CAREER PLANNING, "INTERNATIONAL JOURNAL OF HUMAN RESOURCE" NO3, (MAY 1992), PP. 85-104.

بدراسة وتخطيط المواضيع السابقة نكون قد غطينا موضوع استراتيجية المستقبل الوظيفي في المنظمات، وهذا ما سيشتمل عليه هذا الفصل.

تخطيط المسارات الوظيفية التنظيمية

يعد تخطيط مسارات الخدمة الوظيفة التنظيمية ORGANIZATIONAL CAREER PATHES PLANNING العمل الرئيس والأول في رسم استراتيجية الترقية والمستقبل الوظيفي في اية منظمة، وعند حديثنا عن هذا التخطيط، لابد لنا في البداية أن نعرف مضمونه وأبعاده.

تعريف المسارات الوظيفية التنظيمية :

مسار الخدمة الوظيفي التنظيمي هو المسلك أو الخط المرن الذي يوضح مجموعة الوظائف التي يمكن أن يتدرج فيها موظفو المنظمة أو ينتقلوا إليها خلال حياتهم الوظيفية فيها، وذلك إما عمودياً عبر المستويات التنظيمية من قاعدة الهيكل التنظيمي حتى قمته ويسمى هذا الانتقال أوهذه الحركة بالترقية، أو أفقياً فتسمى بالنقل الوظيفي الأفقي . فالتوجه المعاصر في رسم مسارات الخدمة والمستقبل الوظيفي للعاملين، لم يعد يقتصر على عدد الوظائف الرأسية التي ينتقل إليها الفرد عن طريق الترقية عبر الهيكل التنظيمي، ولم يعد مفضلاً الشخص الذي يحصر نفسه في مجال تخصص واحد وينتقل ضمنه من وظيفة أدنى لوظيفة أعلى فقط، فالمطلوب الآن شخص شغل وظائف متعددة ومتنوعة رأسياً وأفقياً، فهذا التنوع يكسبه مهارات متعددة ومختلفة، تمكنه من شغل عدة وظائف في مجالات متعددة، فتنوع الخبرة هي السمة الأساسية المطلوبة في الموظفين في الوقت الحاضر.

ويبدأ المسار عادة بوظيفة دنيا أي في مستوى إداري أدنى، وينتهي في وظيفة عليا أي في مستوى إداري أعلى، وما بين هاتين الوظيفتين تقع عدة وظائف هي التي يتدرج فيها الموظف رأسياً او ينتقل إليها أفقياً خلال حياته الوظيفة. وعدد الوظائف الواقعة على المسار الواحد، يختلف من مسار إلى آخر حسب طبيعة تخصص المسار، وبالتالي فهذا العدد هو الذي يحدد طوله.

لقد وصفنا المسار بالخط المرن في بداية التعريف، وسبب ذلك أنه غير ثابت أي قابل للتغير بتغير الوظائف الواقعة عليه، وهذه التغيرات تستدعيها عادة

ظروف العمل المستقبلية في المنظمة. في ضوء ذلك يمكننا القول: بأن المسارات توضح لكل من يعمل في المنظمة مستقبل العمل فيها، فيكون بامكانه تحديد طموحه الوظيفي المستقبلي، وذلك في ضوء ما تحدده إدارة الموارد البشرية من مسارات وظيفية تنظيمية متعددة ومتنوعة عبر هيكل المنظمة التنظيمي.

في ضوء تعريف المسار الوظيفي التنظيمي السابق، يمكننا الآن تحديد مضمون عملية تخطيط مسارات الخدمة الوظيفية بما يلي:

عملية تنظيمية تقوم إدارة الموارد البشرية من خلالها، برسم الأطر العامة التي على أساسها يتحدد مستقبل الموارد البشرية الوظيفي العاملة في المنظمة (وبشكل خاص لفئة حملة المؤهلات العلمية) وخط سير حياتها الوظيفية فيها منذ تعيينها، حتى ساعة بلوغها سن الاحالة على التقاعد، فتعرف ما هي احتمالات حركة انتقالها الوظيفي الرأسي والأفقي التي تتيحها المنظمة لها وذلك عبر مسيرة حياتها العملية فيها، وما يمكنها تحقيقه من طموحات مستقبلية في مجالات العمل الموجودة لديها.

الانعكاسات الايجابية لتخطيط المسارات الوظيفية التنظيمية :

في ظل التعريف السابق يمكننا تحديد الانعكاسات الايجابية لهذا التخطيط بما يلي:

* يمكن القول بأن المسارات الوظيفية التنظيمية وما توفره من فرص للترقية والتقدم الوظيفي، هي وسيلة محفزة تستخدم من أجل تحقيق طموحات الموارد البشرية في العمل بوجه عام، فالجميع سيسعى بجد ونشاط ليحصل على ترقيات للتقدم نحو الأعلى في المسارات التي تتيحها المنظمة لهم. إلى جانب ذلك تشجع هذه المسارات الموظفين على اكتساب مهارات جديدة وتطوير وتحسين معارفهم باستمرار، للوصول إلى وظائف أعلى وبلوغ نهاية هذه المسارات، على اعتبار أن كل وظيفة واقعة على المسارات يحتاج شغلها الى متطلبات معينة من المهارات والمعارف، فمن لم يطور نفسه ويتعلم أشياء جديدة ويكتسب مهارات متنوعة، لن تكون المنظمة بحاجة إليه في المستقبل، لأن مهاراته ومعارفه ستتقادم مع مرور الزمن ولن يتمكن من التكيف مع التغيرات التي تحدث في المنظمة التي تكون عادة استجابة لتغيرات تحدث في البيئة الخارجية من جهة، ومن جهة ثانية لن يكون له مكان في أية منظمة. في ضوء ذلك يمكننا القول بأن المسارات التنظيمية تخلق الدافع لدى الموارد البشرية لتطوير وتحسين أدائها ومعارفها بشكل مستمر، للوصول إلى وظائف عليا والبقاء في المنظمة، وهذا ما

يجعل من المسارات حافزاً يدفع العاملين للعمل الجاد والايجابي، وتنمية ذاتهم ليتمكنوا من تحقيق طموحاتهم المستقبلية.

* يعد تخطيط المسارات الوظيفية التنظيمية وما توفره من رؤية واضحة للمستقبل الوظيفي والعمل في المنظمة، أداة استقطابية لجذب الموارد البشرية الجيدة للعمل لديها وخاصة حملة المؤهلات العلمية من خريجي الجامعات، فهؤلاء يكون لديهم عادة طموحات واسعة أكثر من غيرهم، فيهمهم والى حد كبير قبل التقدم للعمل في منظمة ما، أن يعرفوا مسبقاً فرص التقدم المستقبلي الوظيفي الذي تتيحه لهم، وفي هذه الحالة تصبح المسارات الوظيفية التنظيمية الطويلة والواضحة، أداة تحمل في طياتها عنصر التحفيز والتشجيع للعمل فيها، وهذا بحد ذاته يعتبر أداة استقطابية فعالة.

* يعد تخطيط المسارات الوظيفية التنظيمية وما توفره من آفاق مفتوحة لاكتساب المهارات وأداء أعمال مستقبلية متنوعة أمام الموارد البشرية، أداة تساعد على تحقيق رضا وظيفي عالي لديها، ويزرع فيها الولاء والانتماء للمنظمة، مما يسهم بشكل فعلي في تخفيض معدل دوران العمل فيها وعدم هروب كفاءاتها الى منظمة أخرى، لأنها تحقق لها الطموحات الوظيفية التي تنشدها.

* تمثل مسارات الخدمة الوظيفية التنظيمية القاعدة التي يقوم عليها رسم استراتيجية التدريب والتنمية في المنظمة، فمتطلبات شغل الوظائف الواقعة على هذه المسارات، تمثل في حقيقة الأمر حاجات تدريب وتنمية مستقبلية، يتوجب العمل على تغطيتها من خلال هذه الاستراتيجية.

* من خلال العمل الجاد الذي يبذله الموظفون لتحقيق طموحاتهم الوظيفية على المسارات الوظيفية التي تتيحها المنظمة لهم، وبرامج التدريب والتنمية المستمرة التي تعدها لتمكينهم من تحقيق هذه المسارات، ومن خلال معنوياتهم العالية ورضاهم الوظيفي، سترتفع بلا شك إنتاجية المنظمة وفاعليتها التنظيمية على المدى الزمني الطويل.

مجالات رسم المسارات الوظيفية التنظيمية :

تصنف مجالات رسم مسارات الخدمة الوظيفية التنظيمية في المنظمات بوجه عام والصناعية بشكل خاص، ضمن ثلاثة مجالات رئيسة على أساسها ترسم مسارات خدمة العاملين الوظيفية ومستقبلهم الوظيفي، وفيما يلي هذه المجالات:

* **المجال الوظيفي الفني التخصصي :**

يشتمل هذا المجال على مسارات وظيفية تحتوي على وظائف فنية هندسية، كيميائية وغيرها ذات صفة غير إدارية وغير رئاسية، فهناك بعض الأشخاص لا يحبون العمل الإداري ويعتبرونه عائقاً يحول دون تطوير مهاراتهم ومعارفهم الفنية في مجال تخصصهم، فهؤلاء يريدون الابتعاد عن العمل الاداري، ويرغبون في زيادة مقدرتهم على الابداع والابتكار في مجال عملهم الفني، مثل هذه الفئة من الموارد البشرية ترسم مسارات حياتها الوظيفية في المجال التخصصي الفني وليس في المجال الاداري والرئاسي.

* **المجال الإداري الرئاسي :**

يشتمل هذا المجال على مسارات يحتوي كل منها على مجموعة من الوظائف الإدارية الرئاسية، حيث تتدرج هذه الوظائف من المستوى الإداري الأول باتجاه المستويات الأعلى، وهذه المسارات تناسب الأشخاص الذين لديهم حب للعمل القيادي الاداري والاشرافي، وليس لديهم ميل للعمل الفني.

* **المجال الثنائي :**

أشرنا آنفاً الى أن المسارات الوظيفية تصنف عادة ضمن مجالين إثنين هما: مجال الوظائف الادارية، ومجال الوظائف الفنية التخصصية. فبالنسبة للفئة الثانية تواجه المنظمة مشكلة في تحديد مسار الاشخاص الذين يشغلونها من مهندسين، وباحثين، ومبرمجين.. الخ، فبسبب طبيعة عملهم غير الرئاسية ستكون مساراتهم الوظيفية المستقبلية قصيرة، وسيبلغون نهاياتها خلال فترة قصيرة من الزمن، حيث يكونوا قد حققوا التقدم الذي يريدونه في مجال تخصصهم في هذه الفترة، وهنا سيقضون باقي خدمتهم الوظيفية في الوظيفة الأخيرة التي وصلوا إليها. ولمواجهة هذه المشكلة، لجأت بعض المنظمات إلى تحديد مسارين وظيفيين تنظيميين لهؤلاء، فني وإلى جانبه إداري، فمن يبلغ نهاية المسار الفني وأراد الانتقال الى المسار الإداري الإشرافي يمكنه ذلك، لكن في هذه الحالة عليه أن يتوقع بأنه سيلقى على عاتقه في وظائف المسار الإداري الجديد أعباء إضافية تشتمل على مهام وإشراف إداري، وهذا سيزيد من عبء وحجم مسؤولية العمل عليه بوجه عام.

أنواع المسارات الوظيفية التنظيمية :

في ضوء تصنيف مجالات مسارات الخدمة الوظيفية التنظيمية السابقة، يمكننا الآن تحديد أنواع المسارات التنظيمية بما يلي:

* **المسار التقليدي** TRADITIONAL CAREER PATH :

يمثل هذا المسار حركة إنتقال الموظف العمودية من وظائف أدنى إلى وظائف أعلى عن طريق الترقية، على أن تكون الوظيفة التي سيرقى أو ينقل اليها ذات علاقة بالوظيفة القديمة من حيث طبيعتها، بمعنى أن الوظيفة السابقة هي بمثابة إعداد وتهيئة للموظف كي يرقى للوظيفة الجديدة. وعليه يمكن القول بأن المسار التقليدي يمثل عدد ونوعية الوظائف التي يمكن أن يرقى أو ينتقل إليها الموظف من بداية تعيينه حتى إحالته للتقاعد. يفهم من ذلك أن الوظائف الواقعة على المسار التقليدي تكون من نوعية واحدة وتخصص واحد، وذلك من أجل تحقيق الترابط بين الوظائف الواقعة عليه. من هنا نجد أن الموظف ينتقل خطوة خطوة عبر المسار التقليدي، حيث لا يمكنه الانتقال للوظيفة الجديدة إلا بعد تمضيته فترة زمنية في الوظيفة السابقة كتهيئة وإعداد له.

يوصف هذا المسار بالمسار الضيق أو المحدود، لانه يحدد سلسلة من الوظائف ذات نوعية واحدة مرتبط بعضها ببعض، وبالتالي يفقد هذا الضيق المسار المرونة ويجعل بدائل الترقية والانتقال الوظيفي عليه معدومة، مما يصاحب ذلك نقص في فرص الترقية المتاحة. في المقابل يتميز بانه يبين للفرد وبوضوح تام وبدقة عالية، الوظائف التي يمكن أن ينتقل اليها الموظف عبر مسيرة حياته الوظيفية في المنظمة. كما يتميز هذا المسار بأن الفرد لا يمكث فترة طويلة من الزمن في أخر وظيفة واقعة عليه لحين إحالته على التقاعد، وهذه الفترة تدعى فترة الركود STAGNATION التي اذا كانت طويلة سيشعر الفرد بالملل وعدم الاهتمام أحياناً لانه خلالها لا توجد زيادات على الراتب ولا يوجد تدريب، وغالباً تخفض حجم المهام والمسؤوليات عليه بسبب كبر سنه، وفيما يلي شكل يوضح المسار التقليدي وفترة الركود الواقعة عليه:

شكل رقم (55)

المسار التقليدي وفترة ركود الموظف

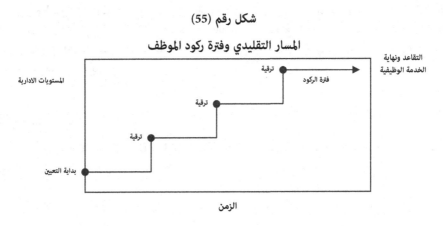

ونود الإشارة في هذا المجال إلى أن المسار التقليدي يفترض بأن الموظف سيبقى في المنظمة لحين بلوغه سن التقاعد وأنه سيصل إلى نهاية المسار، لأن المسار مصمم على أن يبقى الموظف في كل وظيفة واقعة عليه فترة محددة من الزمن، وفي هذه الحالة سنجد بأن المسار التقليدي طويل من حيث الزمن، لكن لا يعني ذلك بالضرورة أن يصاحب هذا الطول كثرة الوظائف الواقعة عليه والتي سيرقي اليها الموظف. هذا الافتراض يصاحبه مشكلة كبيرة بالنسبة للموظفين، وهي أنه في ظل المنافسة والركود الاقتصادي واتجاه المنظمات الى تخفيض تكلفة العمل في سبيل تحقيق الجودة والمنافسة السعرية، قد تلجأ الى تسريح بعض الموظفين لتخفيض قوة العمل لديها، وفي ظل ذلك قد يجد الفرد نفسه خارج أسوار المنظمة وهو في سن مبكرة ودون أن يبلغ نهاية المسار، وهذا يشكل ضغطاً نفسياً على الموارد البشرية في المنظمة.

* المسار الشبكي   NETWORK CAREER PATH :

يمثل هذا المسار احتمال حركة انتقال الموظف العمودية والأفقية بآن واحد في الهيكل التنظيمي عبر حياته الوظيفية، بمعنى أن المسار لا يحقق فقط الانتقال لوظيفة في المستوى الاداري الاعلى، بل يعمل على نقله في عدة وظائف في المستوى الاداري الواحد على مدى فترة من الزمن، وهذا يعني أن بقاءه في المستوى الاداري الأعلى لا يقتصر على وظيفة واحدة وهي التي رقى اليها، بل ينتقل بين عدد من الوظائف في نفس المستوى الاداري، وهذا لغاية إكسابه مهارات وخبرات متعددة في نفس المستوى الاداري الواحد، مما يتيح له الترقي بعد فترة زمنية محددة إلى أكثر من وظيفة في المستوى الإداري الأعلى. من هنا نجد أن المسار الشبكي مرن ولا يعتمد على التخصص الضيق، بل يعتمد على توسيع نطاق تخصص الموظفين، لتوفير فرص وبدائل ترقية متنوعة أكثر، تساعدهم على تحقيق طموحاتهم المستقبلية بسهولة ومرونة أكثر من المسار التقليدي.

* مسار الانجاز   ACHIEVEMENT CAREER PATH :

في ظل احتمالات تسريح الموارد البشرية من العمل بهدف تخفيض حجمها وضغط التكلفة وما يصاحب ذلك من عدم إمكانية الموظفين بلوغ نهاية المسارات الوظيفية التنظيمية، ظهر مفهوم جديد للمسار الوظيفي التنظيمي، لا يشترط بقاء الموظف لفترة محددة من الزمن ليرقى وينتقل لوظيفة أخرى، فقد ركز التوجه الجديد على أن تكون الترقية والانتقال إلى وظيفة أخرى واقعة على خط المسار، معتمدة على النجاحات والانجازات التي يحققها الفرد في عمله، بغض النظر عن المدة الزمنية التي قضاها في الوظيفة. في هذه الحالة نجد أن طول الفترة الزمنية اللازمة لبلوغ الموظف نهاية مسار الخدمة الوظيفية التنظيمي لا يتوقف عليها بلوغ

نهايته، إذ كلما زادت نجاحاته وانجازاته، ساعده ذلك على سرعة الترقية والانتقال وبلوغه نهاية المسار، ذلك لأن بلوغ النهاية غير مرتبط بسن الاحالة على التقاعد. من هذا المنطلق وتأسيساً على ذلك، نجد بأن احتمال بلوغ نهاية المسارات في سن مبكرة نسبياً من قبل أصحاب الانجازات والنجاحات وارد جدا. وهنا تبرز مشكلة وهي: أن بلوغ هؤلاء نهاية المسارات بسرعة سيجعل فترة ركودهم أو مكوثهم في الوظيفة الأخيرة الواقعة على المسار لحين بلوغ سن التقاعد طويلة، مما يحدث لدى الموظف مللا بسبب عدم التغيير في عمله وهذا يخفض من دافعيته للعمل وقد أشرنا إلى هذه الناحية سابقا. وفيما يلي شكل يوضح هذا المسار وفترة الركود الواقعة عليه:

شكل رقم (56)

مسار الانجازات وفترة الركود الوظيفي

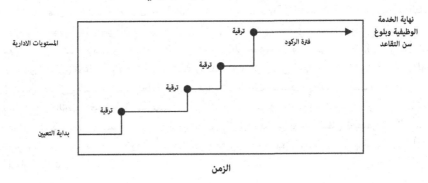

ولتلافي هذه المشكلة، تلجأ إدارة الموارد البشرية إلى استخدام بعض السبل هي ما يلي:

* تقصير سن التقاعد وجعله مبكراً نسبياً، كي لا يمكث الفرد فترة طويلة من الزمن في الوظيفة الأخيرة قبل إحالته على التقاعد.

* استمرارية حصول الفرد على الزيادات الدورية المالية خلال فترة الركود، وربطها بمستوى أدائه لتكون حافزاً له على العمل بجد.

* تكليف الفرد بمهام استشارية وتدريبية كوسيلة لاغناء عمله أثناء فترة الركود، من أجل إحداث أو إدخال عنصر الاثارة على عمله الذي سيمارسه لفترة طويلة قبل إحالته على التقاعد.

* تطبيق أسلوب تبادل الأعمال مع الأشخاص الذين هم في مستواه الإداري وهم في حالة ركود وظيفي، كعنصر تجديد وإثارة في العمل.

مراحل تخطيط المسارات الوظيفية التنظيمية :

في ضوء ما تقدم شرحه يمكننا تحديد المراحل التي يمر من خلالها تصميم مسارات الخدمة الوظيفية التنظيمية في المنظمات وهي ما يلي:

* تحديد مجال المسارات فيما اذا كانت فنية، أم إدارية، أم فنية وإدارية بآن واحد.

* تحديد نوع المسارات فيما اذا كانت تقليدية أم شبكية، أم قائمة على أساس الانجاز.

* تحديد عدد المسار التنظيمية التي يشتمل عليها الهيكل التنظيمي.

* تحديد الوظائف التي تقع على كل مسار تنظيمي.

* تحديد متطلبات شغل أو أداء كل وظيفة من الوظائف الواقعة على المسارات التنظيمية، والتي يجب توفرها فيمن سوف يشغلها، ويكون ذلك من خلال نتائج تحليل وتوصيف العمل.

* إعلان المسارات التنظيمية ووظائفها ومتطلبات شغلها على جميع العاملين في المنظمة، ومنذ بداية تعيينهم فيها، ليعرفوا ويلموا بها، وليكون لديهم رؤية عن المستقبل الوظيفي في المنظمة التي يعملون فيها، وهنا لا يطلب الاعلان فحسب، بل شرح متطلبات الوصول إلى نهاية المسارات التنظيمية.

ونود الإشارة هنا إلى أن عملية تخطيط المسارات الوظيفية التنظيمية عملية مستمرة، أي أنها تحتاج إلى إعادة نظر كل فترة زمنية، وذلك للتكيف مع التغييرات التي تطرأ على المنظمة وإعادة هيكلة أعمالها، التي قد تستدعي إلغاء وظائف، أو استبدال وظائف قديمة بوظائف جديدة، وذلك وفق مقتضيات الحاجة وظروف التغيير، وهذا يقودنا إلى ضرورة جعل تخطيط المسارات عملية مرنة لمواجهة هذه التغييرات المحتملة.

إلى جانب موضوع المرونة كعامل من عوامل نجاح تخطيط المسارات التنظيمية، هناك ثلاثة عوامل هامة أخرى يجب أخذها بعين الاعتبار عند تخطيط وتصميم هذه المسارات. العامل الأول هو: ضرورة الاعتماد على المصدر الداخلي للموارد البشرية في شغل الوظائف التي تقع على المسارات، ذلك لان الاعتماد على المصدر الخارجي يضع عائقاً أمام الموارد البشرية في السير قدماً عبر هذه

المسارات. أما العامل الثاني فهو: جعل المسارات الوظيفية أطـول مـا يمكـن، عـلى ان يصـاحب هـذا الطـول زيادة في عدد الوظائف التي يمكن أن يترقى أو ينتقل اليها الموظف، وهذا يعني احـتمال حصـوله علعـدة ترقيات خلال حياته الوظيفية، ووصوله إلى مستوى إداري عالي، مما يخلـق لديـه حـافزاً أكـبر عـلى العمـل. وفيما يخص العامل الثالث فهو: توسيع المسارات التنظيمية لتشمل فئات أكثر من الموارد البشر-ية، بحيـث تتاح فرصة الترقي والتقدم لأكبر عدد منها. ولتحقيق هذا التوسيع يتطلب الأمر الاعتماد علعدة أنواع من المسارات الوظيفية المتخصصة (التقليدية) وغير المتخصصة والشبكية أيضاً التي سبق لنا وشرحناهـا سـابقاً، وهذا الاعتماد يسمى بالمسارات البديلة، التي تتيح للموظفين فرص الترقية على أكثر من مسار واحد، وذلك حسب ما يخلو من وظائف واقعة عليه. وهنـا يمكننـا القـول أن الاعـتماد عـلى نـوع واحـد مـن المسـارات التنظيمية وبشكل خاص المسـار التقليـدي، لا يخـدم مسـألة الفـرص البديلـة للترقيـة والانتقـال الـوظيفي. ونعرض فيما يلي نموذجا يوضح مفهوم المسارات البديلة، الذي يأخذ شكل شبكة مسارات إدارية منذ بداية التعيين وحتى نهاية الخدمة الوظيفية والإحالة على التقاعد:

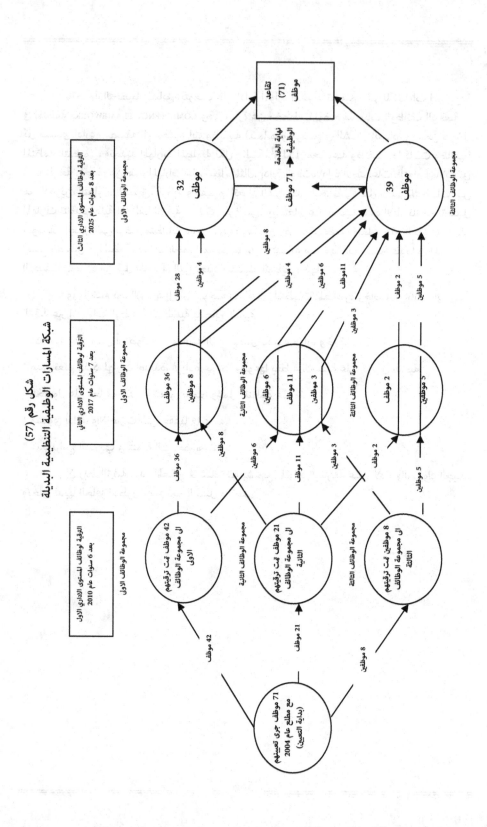

شكل رقم (57)
شبكة المسارات الوظيفية التنظيمية البديلة

الترقية لوظائف المستوى الاداري الاول
بعد 6 سنوات عام 2010
الترقية لوظائف المستوى الاداري الثاني
بعد 7 سنوات عام 2017
الترقية لوظائف المستوى الاداري الثالث
بعد 8 سنوات عام 2025
مجموعة الوظائف الاولى
مجموعة الوظائف الثانية
مجموعة الوظائف الثالثة
71 موظف جرى تعيينهم مع مطلع عام 2004 (بداية التعيين)
42 موظف
21 موظف
8 موظفين
42 موظف تمت ترقيتهم الى مجموعة الوظائف الاولى
21 موظف تمت ترقيتهم الى مجموعة الوظائف الثانية
8 موظفين تمت ترقيتهم الى مجموعة الوظائف الثالثة
36 موظف
8 موظفين
6 موظفين
11 موظف
3 موظفين
2 موظف
5 موظفين
28 موظف
4 موظفين
8 موظفين
4 موظفين
6 موظفين
11موظف
3 موظفين
2 موظف
5 موظفين
32 موظف
39 موظف
71 موظف
نهاية الخدمة الوظيفية
(71)
موظف

ولخدمة التخطيط السابق، يتوجب على إدارة الموارد البشرية تصميم أطر للكفاءات الموجودة في المنظمة COMPETENCY FRAMEWORKS وهي عبارة عن مخططات توضح مسميات الوظائف الواقعة في كل مستوى إداري، مصنفة الى مجموعات وظيفية (كما هو موضح في الشكل السابق) ضمن هيكل المنظمة التنظيمي، وتحديد المهارات المطلوبة لكل وظيفة، أو لكل مجموعة وظيفية اذا كانت وظائفها ذات طبيعة واحدة، من هذه المهارات على سبيل المثال: إدارة الوقت، إدارة الاجتماعات، التعامل الايجابي مع الاخرين، التعاون، التنسيق، الرقابة والتقييم، اتخاذ القرارات.. الخ. ففي ظل هذه المتطلبات من المهارات تتحدد أهلية الموظف للترقية أو النقل الوظيفي. ويستعان عند تصميم هذه الأطر بنتائج تحليل وتوصيف العمل التي توضح متطلبات شاغل كل وظيفة من وظائف المنظمة، وتعلن هذه الأطر عادة على جميع العاملين في المنظمة، ليعرف الجميع مسبقاً ما عليه اكتسابه من مهارات للسير قدماً في المسارات الوظيفية المحددة من قبل المنظمة، التي تحدد مستقبله الوظيفي فيها.

وفي الختام نود الإشارة إلى أن التوجه العام في المنظمات المعاصرة وخاصة اليابانية الى ربط الترقية عبر المسارات الوظيفية التنظيمية بالمعايير التالية:

* الأقدمية على أساس أن طول فترة ممارسة الفرد للعمل تكسبه مهارة وخبرة.

* مدى تعلم الفرد لمهارات جديدة، فزيادة عددها وتنوعها يعطيه الاسبقية على غيره في الترقية.

* الحصول على معارف جديدة تتعلق بعمله وعمل المنظمة عموماً.

* مستوى أدائه، والانجازات التي حققها في عمله.

* عدد برامج التدريب والتنمية التي حضرها الفرد.

إن ربط الترقية بهذه المعايير لا شك أنه يشجع الموارد البشرية على الأداء والسلوك الجيد، ويخلق لديها الحافز للتطور للأمام نحو الأفضل والأحسن.

تخطيط مسارات الموظفين الوظيفية

ماهية مسار الموظف الوظيفي :

تخطيط مسار أو مستقبل الموظف الوظيفي عملية يتم من خلالها تحديد الوظائف المحتمل أن يتدرج عبرها الموظف أو التي ينتقل اليها خلال حياته الوظيفية العملية في المنظمة، وذلك منذ بداية عمله فيها وحتى إحالته على التقاعد وترك العمل فيها، فمسار الموظف في هذه الحالة يمثل عمليات ترقية ونقل وظيفية محتملة يمر بها من الأدنى للأعلى وأفقياً، عبر هيكل المنظمة التنظيمي. ويختلف عدد وظائف المسار ونوعيتها من شخص لآخر، وذلك حسب مستوى أدائه، ومؤهلاته العلمية، وإمكاناته المتنوعة، ومعارفه.. الخ التي يمتلكها ويكتسبها عبر مسيرة حياته الوظيفية في المنظمة.

ويتم تخطيط أو رسم مسار الموظف ومستقبله الوظيفي مع بداية تعيينه في المنظمة، ليعرف ما هي الوظائف المحتملة التي يمكن أن يترقى أو ينتقل اليها عبر حياته الوظيفية، وما هي نهاية مساره الذي عليه أن يكافح لبلوغها عن طريق العمل الجاد والدؤوب. ونود الإشارة في هذا المجال إلى نقطتين هامتين هما: الأولى أن رسم مسار الموظف يتم في ضوء المسارات الوظيفية التنظيمية المحددة من قبل المنظمة والتي شرحناها سابقاً، والثانية أن مسار الموظف غير ثابت بل مرن أي قابل للتغيير، بسبب إعادة هيكلة المنظمة لأعمالها التي هي استجابة لتغيرات البيئة، التي قد تستدعي إلغاء وظائف أو استبدال وظائف قديمة بوظائف جديدة. كذلك بسبب مدى جهد الفرد واكتسابه المهارات والمعارف خلال حياته الوظيفية، وقدرته على التكيف مع المتغيرات التي تدخلها المنظمة على أعمالها في المستقبل.

نستنتج مما تقدم ما يلي:

إن تخطيط مسارات المستقبل الوظيفي للموظفين هي خطوط مرنة تمثل حركة تطور ونجاح الموظف عبر حياته الوظيفية، والمرونة تعني أن الترقية غير محصورة بوظيفة واحدة فقط، بل بعدة وظائف بديلة، وذلك من خلال تطبيق المسارات الوظيفية غير المتخصصة.

ونود الإشارة في هذا المقام إلى أنه ليس بالضرورة أن يصل الموظف الى نهاية مسار مستقبله الوظيفي مع بلوغه لسن الإحالة على التقاعد الستين مثلاً، فقد يبلغه في سن أصغر الـ 55 سنة على سبيل المثال، وهنا يتوجب عليه البقاء في وظيفته الأخيرة الواقعة على مساره مدة خمس سنوات لحين إحالته على التقاعد، وهذه الفترة اسميناها سابقاً بالركود الوظيفي. يفهم من ذلك أن طول مسارات مستقبل الموظفين الوظيفي متفاوتة من حيث زمنها وعدد الوظائف الواقعة عليها، فقد يكون زمن مسار موظف ما /30/ سنة وعدد الوظائف الواقعة عليه أربع وظائف، في حين زمن مسار موظف آخر هو /25/ سنة وتقع عليه /5/ وظائف وهكذا. من هذا المنطلق يمكن القول بأن فترة الركود الوظيفي قبل الاحالة على التقاعد تختلف من موظف لآخر.

في الختام يمكننا القول ما يلي:

إن تخطيط مسار مستقبل الموظف الوظيفي يمكنه ويساعده على ما يلي:

*** أن يعرف حقيقة نفسه.** **- WHO AM I ?**

*** أن يعرف كيف يبدو ؟** **- HOW AM I ?**

*** أن يعرف كيف يحقق مساره وطموحه المستقبلي؟** **- HOW CAN I ACHIEVE MY CAREER?**

دورة حياة الموظف الوظيفية :

تمر دورة حياة الموظفين في المنظمات بمراحل متعددة ومتلاحقة، تبدأ مع بداية عملهم فيها وتنتهي عند بلوغهم سن التقاعد، بافتراض بقاء الموظف في المنظمة طوال حياته الوظيفية.إن دورة حياة الموظف ذات علاقة مباشرة بتخطيط مستقبله الوظيفي، حيث يقوم هذا التخطيط على أساس مفهوم وتتابع مراحل هذه الدورة، لذلك يتوجب علينا وقبل أن نشرح عملية تخطيط مسار مستقبل الموظف الوظيفي أن نفهم مضمونها، أين تبدأ، وكيف تبدأ، وماذا تتضمن؟ وأين تنتهي؟ وفيما يلي شرح لمراحل دورة حياة الموظف الوظيفية هذه :

مرحلة الاستكشاف EXPLORATION STAGE :

تبدأ هذه المرحلة بعد تعيين الموظف في المنظمة مباشرة، حيث يخضع خلالها الى فترة تجربة وتأهيل، (وتتكون ويتصف الموظف خلالها) من الجوانب التالية:

1. التعلم LEARNING :

يعلم الموظف خلال هذه المرحلة مهارات متنوعة وذلك من خلال تجربته في عدة وظائف فالتأهيل والتجربة يعلمانه ما يلي:

- أن يؤدي عدة أعمال.

- العمل ضمن الفريق.

- كيف يفهم نفسه ويقدر إمكاناته ويستخدمها بشكل فعال؟

- كيف يجمع ويقيم المعلومات ويفهم الأمور بدلا من سؤال رئيسه وزملائه في العمل؟

- كيف يندمج مع الآخرين ويبني علاقات اجتماعية معهم؟

2- مساعدة واعتمادية HELPNESS AND DEPENDENCY :

بما أن الموظف في هذه المرحلة لا يمكنه الاعتماد على نفسه في أداء وتطبيق ما يتعلمه، إذاً هو بحاجة إلى عون ومساعدة من أجل أن يؤدي ما هو مطلوب منه فيها، ليصل إلى مستوى كافي يمكنه من الاعتماد على نفسه في نهايتها. وبالتالي تعتبر المرحلة الاستكشافية بمثابة مرحلة او طور بناء خبرة أولية لدى الموظف، وخلق التكيف الاجتماعي لديه مع بيئة عمله، ليكون لديه في نهاية المرحلة قدرة الاعتماد على نفسه.

3. متابعة FOLLOW-UP :

بما أن الموظف في هذه المرحلة هو في طور بناء وتعلم ومساعدة، إذاً لابد من متابعته بشكل مستمر لتصحيح أخطائه عند ممارسة ما يتعلمه أولاً بأول، وتوجيهه باستمرار للوجهة الصحيحة.

في نهاية مرحلة الاستكشاف وبعد إنتهاء تأهيل الفرد وتجربته في عدة وظائف وتقييم أداءه فيها، يكون بالإمكان اكتشاف ما لديه وما أصبح يمتلك من مهارات ومعارف، وتحديد قدراته، واهتماماته، وتفضيلاته وميوله، حيث في ضوء هذه الاكتشافات يمكن عندئذ تحديد الوظائف المحتملة التي يمكن أن يشغلها في المستقبل، والتي تحدد مسار مستقبله الوظيفي، مع تحديد المساعدات التدريبية

والتنموية التي هو بحاجة إليها، ليتدرج في وينتقل الى هذه الوظائف ويصل إلى نهاية مساره.

مرحلة التأسيس ESTABLISHMENT STAGE :

بانتهاء المرحلة التحضيرية السابقة، يكون الموظف قد اكتسب خلالها مهارات ومعارف متنوعة، ورُسم مسار مستقبله الوظيفي في ضوء تقييم إمكاناته التي حددت في مرحلة الاستكشاف. في مرحلة التأسيس هذه يوضع الفرد على بداية الطريق أي بداية مساره الذي سيكمل من خلاله مشوار حياته الوظيفية المستقبلية في المنظمة، فيعرف الوظائف التي سيتدرج فيها وينتقل اليها عبر مسيرته العملية. وفي هذه المرحلة المفروض ان يتصف الموظف بصفتين أساسيتين هما:

* الاستقلالية والاعتماد على النفس INDEPENDENCEY .

* القدرة على المساهمة الفعالة في العمل CONTROBUTION .

وبما أن الفرد يتصف بهاتين الصفتين، تنظم له حركة دوران وظيفي ينتقل خلالها بين عدة وظائف لاكتساب المزيد من المهارات والمعارف، ويخضع لتدريب وتنمية مستمرين، ليتمكن من تحقيق مساره الوظيفي المستقبلي.

مرحلة المحافظة والنضوج: MAINTENANCE STAGE :

في هذه المرحلة يفترض أن يكون الموظف قد وصل الى مرحلة النضوج الكامل، حيث نتيجة ممارسته لعدة وظائف، وحضوره لبرامج تدريب وتنمية متنوعة ولفترة طويلة من الزمن، يكون قد وصل إلى حصيلة تراكمية من المهارات والخبرات والمعارف تؤهله لأن يكون: مدرباً TRAINER ، ومطوراً DEVELOPER موجهاً DIRETORERER ، يسهم في تشكيل ورسم سياسة المنظمة SHAPING OF ORGANIZATION ، قادر على تفويض السلطة للآخرين ASUM AUTHORITY FOR OTHERS .

في ضوء ذلك وفي هذه المرحلة يفترض في الموظف قد أصبح رجلاً مهماً في المنظمة يمارس أعمالاً هامة وحساسة.

مرحلة الانحدار DECLINE STAGE :

بانتهاء مرحلة المحافظة تبدأ آخر مرحلة من حياة الموظف الوظيفية وهي مرحلة الانحدار، في هذه المرحلة يمضي الفرد بقية حياته الوظيفية في آخر وظيفة وصل إليها، التي من المفترض أن تكون واقعة على نهاية مساره الوظيفي. ويكون الموظف خلالها بانتظار وصوله الى سن التقاعد وتركه العمل في المنظمة، وقد أسمينا هذه الفترة سابقاً بفترة الركود، التي يبدأ الموظف فيها بالتراجع التدريجي

WITHDRAWAL عما وصل إليه في مرحلة المحافظة والنضوج، حيث لا يعود بامكانه ممارسة مهام وتحمل مسؤوليات تلك المرحلة. وفي فترة التراجع يتوجب تخفيف حجم عمل الموظف ومسؤولياته، ويركز على الاستفادة منه في مجال الوظيفة الاستشارية ADVISORY FUNCTION وتقديم النصح والمشورة من خلال خبرته الماضية والطويلة. ونود الإشارة هنا الى نقطتين هما:

* تختلف بداية مرحلة الانحدار من موظف لآخر حسب إمكاناته وطول مساره والزمن المحتمل لبلوغ نهايته.

* بعض الموظفين قد لا يدخلون مرحلة المحافظة لضعف إمكاناتهم، وبالتالي تبدأ مرحلة الانحدار لديهم في نهاية مرحلة التأسيس.

في الختام نود أن ننبه إلى نقطة هامة في مجال دورة حياة الموظف وهي: أن فترات المراحل السابقة قد تختلف من موظف لآخر وخاصة فترة المحافظة، فبعض الموظفين نجدهم خلال فترة المحافظة يتقدمون ويتطورون باستمرار، في حين آخرون لا يتقدمون ولا يتطورون بل يحافظون على ما اكتسبوه في مرحلة التأسيس، وبعضهم ولضعف إمكاناتهم كما ذكرنا آنفاً يتراجع وينحدر بانتهاء مرحلة التأسيس. وسنعرض فيما يلي شكلاً يوضح هذه النقطة، ويوضح مراحل حياة الموظف الوظيفة:

شكل رقم (58)
دورة حياة الموظف الوظيفية

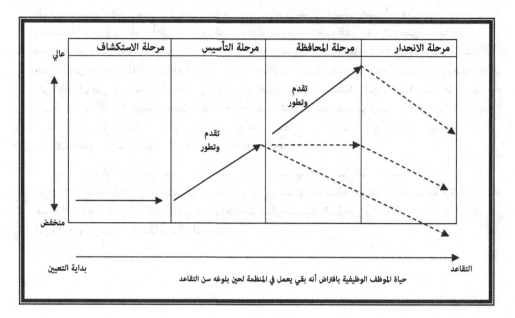

تدل الخطوط المتقطعة بأن بعض الموظفين وبسبب ضعف إمكاناتهم وعدم تطورهم، تكون فترة المحافظة لديهم قصيرة، فينتهي مسارهم في مستويات إدارية دنيا أو وسطى، في حين آخرين بسبب كفاءتهم المرتفعة وتطوير أنفسهم يصلون إلى مستوى إداري عال، وتكون فترة المحافظة طويلة، حيث يكون أداءهم في حالة تقدم وتطور مستمرين.

تخطيط المسار الوظيفي مسؤولية مشتركة :

ليكون تخطيط المستقبل الوظيفي أكثر دقة وموضوعية وليكتسب صفة التأييد من الموظفين،من الأهمية بمكان جعل مسؤولية هذا التخطيط وتحقيقه، مسؤولية مشتركة بين ثلاث جهات هي: الموظف نفسه، ورئيسه المباشر، وإدارة الموارد البشرية. ففيما يخص الموظف فتتمثل مسؤوليته بأن يقف وقفة صادقة مع ذاته ويفهمها بواقعية، ويقيم إمكاناته وقدراته الحالية والمستقبلية، وميوله، وتفضيلاته دون مغالاة REALISTIC SELF ASSESSMENT فبهذا التقييم الموضوعي يمكن أن يزود رئيسه المباشر وإدارة الموارد البشرية بمعلومات تساعدهما على رسم إطار مساره ومستقبله الوظيفي وبالمشاركة معه، وتحديد ما يحتاجه من تدريب وتنمية مستقبلية لتحقيق هذا الإطار. ولا تقتصر مسؤوليته عند هذا الحد، بل تمتد إلى قيامه بتنمية ذاته باستمرار، ودمج نفسه مع بيئة عمله والتفاعل معها، وتعلم أشياء جديدة، ليكون مستعداً للانتقال إلى وظيفة أعلى أو أخرى كلما سنحت الفرصة له، فالموظف الذي لا ينمي نفسه بشكل دائم ولا ينوع مهاراته ومعارفه ويعتمد على مهارة واحدة، سوف لن يضمن بقاءه في المنظمة مستقبلاً عندما تلغى بعض الوظائف فيها أو تستبدل بعضها بوظائف جديدة تحتاج الى مهارات من نوع آخر، أو على الأقل إن بقي في المنظمة فسوف لن يتمكن من تحقيق مسار مستقبله الوظيفي، فسرعة التغيرات البيئية وخاصة التكنولوجية، أصبحت تتطلب موارد بشرية لديها وتتقن عدة مهارات، لتتمكن من العمل في عدة وظائف في المستقبل، وتكيف نفسها مع هذه التغيرات، فتنمية الذات وتنوع المهارات لدى الموظف تحقق له أمن مستقبله الوظيفي CAREER SECURITY .

إذاً يمكن القول بأن المعلومات الموضوعية التي يقدمها الفرد عن نفسه لرئيسه المباشر ولادارة الموارد البشرية، تساعد إلى حد كبير على تخطيط وتحقيق مسار مستقبله الوظيفي، وفي ضوء ما تقدم يمكننا الآن حصر مسؤولية الموظف في مجال تخطيط مسار مستقبله الوظيفي في ثلاثة جوانب سبق لنا أن أشرنا اليها وهي: من أنا؟ ماذا أريد؟ ماذا افعل؟

أما فيما يخص مسؤولية الرئيس المباشر فهي تتلخص بأنه في ضوء المعلومات التي يقدمها الموظف عن نفسه، وفي ظل نتائج متابعة وتقييم أدائه من قبل رئيسه، يكون بامكان الاخير تحديد إمكانات المرؤوس بدرجة جيدة من الدقة والموضوعية، واقتراح المجالات والوظائف التي يمكن أن يعمل فيها المرؤوس مستقبلاً، وهي التي تحدد وترسم مساره الوظيفي وتحدد ما يحتاجه من برامج تدريب وتنمية، وما يمكن أن يقدمه الرئيس هو بنفسه لمرؤوسه في هذا المجال، لمساعدته على تحقيق طموحاته الوظيفية. أما فيما يتعلق بمسؤولية إدارة الموارد البشرية فسوف نشرحها لاحقاً في هذا الفصل.

معوقات تخطيط مسار المستقبل الوظيفي

يواجه تخطيط مسار مستقبل الموظفين الوظيفي وتحقيقه، بعض المعوقات التي يتوجب علينا شرحها وتوضيح السبل التي يمكن بوساطتها التخفيف من حدتها، وهذه المعوقات ما يلي:

تضطر المنظمات بسبب التغييرات المتنوعة التي تحدث في بيئة عملها الداخلية استجابة لتغيرات البيئة الخارجية، كتنويع سلعها وخدماتها، أو تقديم منتج جديد أو إدخال التكنولوجيا .. الخ، الى إعادة هيكلة أعمالها،فتقوم بالغاء وظائف أحياناً وتستبدل وظائف قديمة بأخرى جديدة أحياناً أخرى وذلك حسب الظروف. هذه التغييرات في عدد ونوعية الوظائف التي تحدثها إعادة الهيكلة، تؤثر تأثيراً مباشراً في تخطيط مسارات المستقبل الوظيفي فتحدث فيها بلبلة، فإلغاء الوظائف واستحداث أخرى، يعني ضرورة تغيير هذه المسارات وتغيير متطلبات الوظائف الواقعة عليها. ولتلافي هذه المشكلة يستوجب الأمر جعل المسارات مرنة، وكذلك مضمون برامج التدريب والتنمية أيضا وجعلها مستمرة، لإكساب الموارد البشرية المهارات المطلوبة للوظائف الجديدة وتهيئتها للتكيف معها.

إلى جانب المشكلة السابقة هناك مشكلة أخرى هي: انتظار الموظف خلو الوظيفة (أو الوظائف البديلة) التي سيرقى اليها أو التي سينتقل اليها، فالمعروف أن الترقية لا تتم لوظيفة أعلى إلا اذا كانت هذه الوظيفة خالية، وإذا لم تكن كذلك يتوجب على المرشح للترقية أن ينتظر خلوها لحين ترقية شاغلها، أو إحالته على التقاعد أو أي سبب آخر. هذا الانتظار يسبب مشكلة تواجه المنظمات، فطول هذه الفترة تهدد طموحات الموظفين فيها وخاصة الاكفياء وتؤثر سلباً في معنوياتهم، وأحياناً تدفعهم لترك العمل والانتقال الى منظمة أخرى تحقق لهم هذه الطموحات. ولتلافي هذه المشكلة لجأت المنظمات اليابانية والأمريكية الى استخدام الوسائل التالية:

* الاعتماد على مسارات الترقية غير المتخصصة إلى حد كبير التي شرحناها سابقاً، من أجل توفير بدلائل للترقية، مع تدعيمها بدوران وظيفي لاكساب الموظفين عدة مهارات.

* تقصير سن الإحالة على التقاعد من أجل فتح المسارات باستمرار وعدم إغلاقها لفترة طويلة من الزمن الذي يسببه سن التقاعد المتأخر.

* زيادة راتب المرشح للترقية دون إنتقاله للوظيفة الأعلى كتعويض له .

* تنزيل الدرجة الوظيفية للموظفين غير الأكفياء ونقلهم لوظيفة أدنى ليحل محلهم موظفون أكفياء.

* تسريح الأفراد الذي كفاءتهم في حالة انخفاض مستمر، والذين لم يعد أداؤهم بالمستوى المطلوب ولا أمل في رفع هذا المستوى.

أما المشكلة الأخيرة فهي أن تخطيط مسارات المستقبل الوظيفي تتعامل مع متغيرات مستقبلية، فهي تسعى لأن تتنبأ بإمكانات الفرد وقدراته وماذا ستكون عليه في المستقبل، وهذا التنبؤ قد يصدق وقد لا يصدق، ذلك لأن الإنسان كائن حي قابل للتغير المستمر في شخصيته، ومهاراته، وميوله وقدراته النفسية والفسيولوجية.. الخ إما للأسوأ أو للأفضل، هذه التغيرات بنوعيها تحدث إرباكات في تخطيط المسارات وتحقيقها، ولحل هذه المشكلة يستوجب الأمر إعادة النظر فيها كل فترة وتعديلها في ضوء ما توضحه نتائج تقييم الأداء.

مسؤولية إدارة الموارد البشرية في مجال تخطيط مسارات الموظفين الوظيفية

إضافة لمسؤولية إدارة الموارد البشرية التي شرحناها في بداية هذا الفصل وهي تخطيط وتصميم مسارات الخدمة الوظيفية التنظيمية وتحديد الوظائف الواقعة على كل مسار من هذه المسارات وتحديد متطلبات شغل وأداء كل منها من واقع نتائج تحليل وتوصيف العمل، هناك مسؤولية أخرى تقع على عاتقها في مجال تخطيط مسارات المستقبل الوظيفي للموظفين، التي يمكن تلخيصها في الجوانب التالية:

دراسة إمكانات الموظفين، وميولهم، وتفضيلاتهم، ونتائج تقييم أدائهم، ومقترحات رؤسائهم، ومقارنتها مع متطلبات الوظائف الواقعة على المسارات

الوظيفية التنظيمية التي حددها تحليل وتوصيف العمل، ثم تحديد الوظائف التي يمكن أن يرقوا أو ينتقلوا إليها، حيث في ضوء هذه الوظائف يرسم مسار المستقبل الوظيفي لكل فرد منهم. وتقوم إدارة الموارد البشرية باطلاع الموظف على مساره وشرحه له ليلم بمتطلباته، مع الإشارة الى ضرورة تنبيهه إلى أن هذا المسار قابل للتعديل في ضوء ما يستجد من أمور تنظيمية ومستوى أدائه المستقبلي، ويمكن الاستعانة بالرئيس المباشر في عملية الشرح.

وضع خطة أداء الموظف المستقبلي بالتعاون مع رئيسه المباشر، لتوضيح ما يتوجب عليه القيام به مستقبلاً من أجل تحقيق مساره والوصول إلى نهايته. ولتحقيق هذه الغاية تقوم إدارة الموارد البشرية وبالتشاور مع الرئيس المباشر أيضاً بتحديد المهارات والمعارف التي يحتاجها الموظف من أجل الترقية أو الانتقال الى الوظائف الواقعة على مسار مستقبله الوظيفي.

تقوم إدارة الموارد البشرية بتحديد برامج التدريب والتنمية التي سيحضرها الموظف مستقبلاً، من أجل تهيئته لشغل الوظائف الواقعة على مسار مستقبله الوظيفي، فهذه البرامج من المفروض أن تغطي احتياجاته من المهارات والمعارف التي سبق تحديدها.

تسعى إدارة الموارد البشرية إلى جعل استراتيجية اختيار وتعيين الموظفين في المنظمة، قائمة على أساس ألا يعمل الموظف في تخصص ونوع واحد من الوظائف، بل العمل في عدة وظائف، وهذا يعني أن الانتقاء يكون على أساس توفر عدة مهارات ومعارف لدى الموظف، لتتاح له الفرصة ويتمكن من العمل في عدة وظائف، هذا الأمر يسهل من عملية تخطيط مسارات المستقبل الوظيفي ويكسبها المرونة ووصول الفرد الى نهايتها.

أوضحنا في أكثر من مكان أن تخطيط مسار مستقبل الموظف الوظيفي يعتمد إلى حد كبير على نتائج تقييم أدائه المستمر، ذلك لأن هذه النتائج تعطينا فكرة جيدة عن إمكاناته وتطورها والنواقص الموجودة فيها، للعمل على سدها من خلال برامج التدريب والتنمية. من هنا نجد أنه يستوجب الأمر من إدارة الموارد البشرية إحداث التكامل بين تخطيط مسارات المستقبل الوظيفي ونظام تقييم الأداء، وتصميم هذا النظام على أساس توفيره المعلومات الكاملة والموضوعية عن أداء الموظف بايجابياته وسلبياته، من أجل رسم المسارات بشكل جيد.

قيام إدارة الموارد البشرية برسم استراتيجية التدريب والتنمية على أساس:

* أن تكون عملية التدريب والتنمية عملية مستمرة يخضع لها الموظفون طوال حياتهم الوظيفية.

* إكساب الموظفين مهارات ومعارف متنوعة لجعلهـم مسـتعدين لمواجهـة أي تغيـير يطرأ عـلى الوظـائف الواقعة على مساراتهم.

* تصميم مضمون برامج التدريب والتنمية بشكل تزود الموظفين بكل جديد.

أخيراً يتوجب على إدارة الموارد البشرية تصميم نظام معلومات خاص بها يشتمل على معلومات تتعلق بامكانات الموظفين وميولهم وتفضيلاتهم ونتائج تقييم أدائهم.. الخ، وجعل هذه المعلومات جـاهزة للاستخدام في أي وقت، لاستخدامها في مجال تخطيط مسارات المستقبل الوظيفي. وكذلك تصميم الأساليب التي يمكن بوساطتها جمع هذه المعلومات وتحليلها وتفسـيرها. وقـد سـبق لنـا أن عرضنا لمحـة عـن هـذا النظام في فصل سابق.

الفصل الخامس عشر

استراتيجية إدارة بيئة العمل

محتوى الفصل

- ماهية إدارة بيئة العمل.
- أبعاد إدارة بيئة العمل.
- التوجه الاستراتيجي في مجال إدارة بيئة العمل.
- مصادر حوادث وأمراض بيئة العمل.
- معالجة حوادث وأمراض بيئة العمل.
- ضغط العمل.
- تقييم جهود إدارة بيئة العمل.

تساؤلات هامة يطرحها الفصل

- هل مسألة إدارة بيئة العمل حصراً في المنظمات الصناعية؟
- هل إدارة بيئة العمل عبارة عن برنامج لعلاج المصابين في مكان العمل؟ أم أنها موضوع أعمق وأشمل من ذلك بكثير؟
- هل إدارة بيئة العمل تخطيط قصير الأجل، أم أنها تخطيط استراتيجي؟
- هل عوامل بيئة العمل المادية هي المسؤول الوحيد عن وقوع حوادث وإصابات العمل؟
- كيف يمكن السيطرة على حوادث وإصابات العمل؟ وهل هذه السيطرة كاملة أم جزئية ؟
- هل سبل معالجة حوادث وإصابات العمل واحدة أم مختلفة ؟
- ما هي علاقة ضغوط العمل بحوادث وأمراض بيئة العمل ؟
- هل يمكن تقييم جهود إدارة بيئة العمل وكيف ؟

ماهية إدارة بيئة العمل

تعتبر مسألة إدارة بيئة العمل المادية والنفسية من أجل توفير السلامة والصحة للعنصر البشري في مكان العمل، جزءاً هاماً من استراتيجية إدارة الموارد البشرية، ذلك لأن هذه المسألة ذات مساس مباشر بأهم ما يملكه الإنسان وهو صحته وحياته، وهي في الوقت نفسه ذات أهمية اقتصادية كبيرة بالنسبة للمنظمة وللمجتمع، لأن ارتفاع معدل إصابات وأمراض العمل في المنظمات، يكلفها أموالاً طائلة تنفقها في علاجها، هذا إلى جانب أنها تعطل العمل فيها. وبالنسبة للمجتمع فارتفاع هذه النفقات يؤثر سلباً في الناتج القومي، ويؤدي إلى فقدان جزء من طاقة البلد الانتاجية.

معنى إدارة بيئة العمل :

نشاط يشتمل على مجموعة من الأعمال والإجراءات الفنية والإدارية، يهتم بدراسة الظروف المناخية والنفسية السائدة في أماكن تنفيذ الأعمال داخل المنظمات بوجه عام والصناعية بشكل خاص، وتصميم البرامج المتخصصة من أجل السيطرة على / وازالة مصادر ومسببات الحوادث والأمراض المحتملة، التي يمكن أن تصاب بها الموارد البشرية أثناء تأدية أعمالها، والناتجة عن طبيعة هذه الأعمال، أو عن الظروف المناخية والنفسية المحيطة بها، وذلك للعمل على توفير سبل الحماية الكفيلة لتلافي هذه المخاطر وآثارها السلبية على سلامة وصحة الموارد البشرية في مكان العمل، أو على الأقل التخفيف من هذه الآثار، وايجاد بيئة ومناخ عمل مادي ونفسي سليم وصحي، يحافظ على هذه الموارد من أي خطر.

في ضوء التعريف السابق يتوجب علينا شرح معاني ثلاثة مصطلحات أساسية يشتمل عليها موضوع إدارة بيئة العمل وهي ما يلي:

1. بيئة العمل WORK ENVIRONMENT :

تتكون بيئة العمل في المنظمة من شقين هما:

بيئة العمل المادية : WORK PHYSICAL ENVIRONMENT

وتشتمل على الظروف المناخية السائدة في مكان العمل داخل المنظمة، كالتهوية، والاضاءة، النظافة، ضغط العمل، مساحات العمل، الضجيج، عدد ساعات

العمل، فترات الراحة.. الخ، هذه الظروف ذات انعكاس وتأثير في سلامة وصحة الموارد البشرية في العمل وفاعلية أدائها.

بيئة العمل النفسية والاجتماعية:

SOCIAL AND PSYCHOLOGICAL ENVIRONMENT

وتشتمل على المناخ الاجتماعي العام وطبيعته، والروابط الاجتماعية، والعلاقات الشمولية السائدة بين الموارد البشرية في مكان العمل، والصراعات التنظيمية الموجودة بين العاملين، فهذه الجوانب لها انعكاس كبير على الناحية النفسية لدى كل من يعمل في المنظمة. ويمكن تحديد نطاق هذه الجوانب فيما يلي:

* العلاقات بين المرؤوسين بعضهم ببعض.

* علاقات الرؤساء بمرؤوسيهم.

* علاقات أعضاء هيئة الإدارة بعضهم ببعض.

2. السلامة SAFTY :

وهي المصطلح الثاني، ويقصد بها حماية الموارد البشرية من الأذى والضرر INJURY الذي تسببه لهم حوادث محتملة في مكان العمل، وهذا الأذى تظهر نتيجته فوراً، كالكسور بكافة أنواعها، والجروح، والحروق، الاختناق..الخ. وتقع هذه الحوادث والاصابات إما بسبب طبيعة العمل، أو الفرد نفسه أو التجهيزات المستخدمة فيه كالآلات، والرافعات، وتوصيلات الكهرباء والغاز.. الخ. يتضح من ذلك أن الأذى هنا فسيولوجي جسدي، لكن في الوقت نفسه يحدث تاثيراً سلبياً في الجانب النفسي والمعنوي، ويطلق على هذه الحوادث والاصابات مخاطر السلامة SAFTY HAZARDS .

3. الصحة HEALTH :

وهي المصطلح الثالث، ويقصد بها حماية الموارد البشرية من الأمراض HEALTH ILLNESSES الجسدية والنفسية المحتمل إصابتها بها في مكان العمل، والتي يكون سببها إما المناخ المادي العام، أو الفرد، أو طبيعة العمل (الوظيفة) نفسه، وهذه الأمراض لا تحدث فوراً إنما مع مرور الزمن، حيث تتم الاصابة بها نتيجة التعرض المستمر لمسبباتها، وهذا يعني أن حدوثها ليس آنياً إنما تحدث بشكل تراكمي. وعليه يمكننا القول بأن هذه الأمراض تحدث تدهوراً بطيئاً في صحة الإنسان الجسدية والنفسية، فعلى سبيل المثال الاستنشاق المستمر لبعض الأبخرة الكيماوية يعرض الفرد للاصابة بالسرطان، كذلك تعرض الانسان لضغط عمل مستمر قد يصيبه بارتفاع ضغط الدم الشرياني، وأيضاً الجلوس الدائم يعرض

الموظف لاصابات العمود الفقري ودوالي الأرجل، وهناك أمراض كثيرة ايضاً مثل تصلب الشرايين، فقدان السمع التدريجي، ضعف النظر التدريجي، وتسمى هذه الأمراض بمخاطر الصحة HEALTH HAZARDS .

مزيد من التوضيح :

سنعرض فيما يلي عدداً من النقاط لتعطينا رؤية أوضح وفهماً أعمق عن معنى إدارة بيئة العمل لتوفير السلامة والصحة فيها:

أولاً . إدارة بيئة العمل عملية إدارية تشتمل على نشاطات أربعة هي ما يلي:

* التخطيط: ينظر في الوقت الحاضر إلى مسألة السلامة والصحة في مكان العمل على أنها مسألة استراتيجية تحتاج إلى تصميم البرامج اللازمة لتحقيق أهدافها على المدى البعيد، فتوفير الشعور بالأمان في العمل مسألة حتمية لا مجال للجدال حول أهميتها.

* التنظيم: تحتاج السلامة والصحة في مكان العمل إلى جهود تنظيمية وذلك في مجال الهيكل التنظيمي، وفي مجال التصميم الداخلي لبناء المنظمة، تماشياً مع متطلبات تنفيذ برامج السلامة والصحة.

* التوجيه: ويعبر عن حملات التوعية الموجهة للموارد البشرية في المنظمة التي يجب القيام بها، لتوضح لهم مدى أهمية تقيدهم بتعليمات وإرشادات السلامة والصحة المهنية في مكان العمل، وذلك لمنفعتهم ومنفعة المنظمة.

* الرقابة: يحتاج تنفيذ جهود السلامة والصحة إلى متابعة مستمرة، للتأكد من مدى التقيد بتعليماتها وتوجيهاتها من قبل الموارد البشرية وحسن تطبيقها لها. ولا تقتصر الرقابة على المتابعة فحسب، بل تشتمل على تقييم هذه الجهود (البرامج) ومدى نجاحها في تحقيق أهدافها.

ثانياً . إدارة بيئة العمل نظام متكامل يتكون من العناصر التالية :

* المدخلات: وتشتمل على دراسة بيئة العمل المادية والنفسية والاجتماعية وطبيعة الأعمال التي تمارس داخل المنظمة، وتصميم البرامج المناسبة لتوفير السلامة والصحة في مكان العمل فيها. وتشتمل هذه البرامج على مجموعة من المستلزمات التي تعبر عن الدعم المادي والمعنوي اللازم لنجاح هذه البرامج.

* الأنشطة: وتشتمل على الفعاليات والممارسات التي تبذل في سبيل وضع برامج السلامة والصحة موضع التطبيق والتنفيذ ، وتتكون هذه الفعاليات من أنشطة فنية وإدارية (تنظيم، توجيه، متابعة، تقييم) .

* المخرجات: وتمثل نتائج تنفيذ برامج السلامة والصحة في مكان العمل التي تتمثل في: تخفيض عدد حوادث وأمراض العمل، والتخفيف من آثارها الضارة في سلامة وصحة الموارد البشرية عند حدوثها، وهذا يحقق الفوائد التالية:

- تخفيض التكاليف التي تنفق في مجال علاج الحوادث والأمراض والوقت الضائع في تعطل العمل بسببها.

- انخفاض معدل دوران العمل من خلال: شعور الموارد البشرية بالأمان أثناء أداء أعمالها، مما يخلق لديها عدم الرغبة في ترك العمل، وأيضاً من خلال تقليل عدد الوفيات وإصابات العجز الدائم، وهو بلا شك يسهم في تخفيض هذا المعدل.

- زيادة ربحية المنظمة، وهذا يحدث من خلال تخفيض تكلفة العمل الناتجة عن انخفاض معدل حوادث وأمراض العمل والتكاليف المصاحبة لها، وزيادة انتاجية المنظمة وفاعليتها التنظيمية، وتقديم منتج يرضى عنه الزبائن، فتزداد مبيعات المنظمة وبالتالي أرباحها.

* التغذية العكسية: وتمثل تحليل نتائج تقييم جهود إدارة بيئة العمل ومدى توفيرها لعنصر السلامة والصحة في مكان العمل، فنتائج التحليل تساعد على تلافي الثغرات التي حدثت، وتقوية جوانب القوة التي ظهرت في جهود إدارة بيئة العمل القادمة.

ثالثاً . إدارة بيئة العمل عملية ذات طابع عمومي وشمولي :

اتفق أخيراً على أنه لا يوجد عمل في أية منظمة أيا كان نوعية وطبيعة العمل فيها، إلا وأن يصاحبه نوع ودرجة ما من الخطورة، وانطلاقاً من ذلك أصبح يتوجب على جهود إدارة بيئة العمل ومساعيها لتوفير السلامة والصحة في مكان العمل، أن تشمل هذه الجهود جميع أنواع الوظائف في المنظمة وكل من يعمل فيها، وهذا يقودنا الى نتيجة مفادها: إن مسألة توفير السلامة والصحة للموارد البشرية في مكان أعمالها، لم تعد قاصرة على المنظمات الصناعية أو فئة معينة من الأعمال فحسب، بل تشمل جميع أنواع المنظمات والوظائف وعلى اختلاف أنواعها.

رابعاً . بما أن مسألة توفير السلامة والصحة في مكان العمل عملية إدارية بالدرجة الأولى فيجب:

أن تأخذ إدارة بيئة العمل في حسبانها أن طبيعة، ومضمون، وصعوبة، برامج حماية الموارد البشرية من المخاطر في مكان العمل، تختلف من منظمة لأخرى ومن عمل لآخر، وذلك بسبب طبيعة كل عمل، ونوعيته، ومخاطره، والظروف المحيطة به، وبالتالي وفي ظل ذلك سنجد تنوعاً في برامج السلامة والصحة المهنية ووسائل الحماية المستخدمة في المنظمات.

خامساً . إدارة بيئة العمل جهود ذات طابع إداري وفني بآن واحد :

تتكون جهود إدارة بيئة العمل في مسعاها لتوفير السلامة والصحة في مكان العمل من نوعين: جهود إدارية وجهود فنية تدعم الأولى وتساعدها، وهذان النوعان متكاملان. فالجهود الادارية لوحدها لا تكفي، بل تحتاج إلى جهود خبراء ومهندسين فنيين مختصين في مسائل السلامة والصحة، فتحديد درجة تلوث الهواء وتنقيته في مكان العمل، وتوزيع الإضاءة بشكل جيد فيه، واقتراح وسائل الحماية المناسبة على سبيل المثال، أمور تحتاج إلى جهود فنية متخصصة.

سادساً . ليس بامكان إدارة بيئة العمل القضاء التام على المخاطر المحتملة :

يتوجب على إدارة بيئة العمل أن تأخذ في حسبانها بأنه ليس بمقدورها القضاء تماماً على المخاطر الموجودة والمحيطة بمكان العمل، وهذا مرده إلى أن هناك بعض الأعمال ينتج عن ممارستها أخطار لا يمكن تلافيها بشكل كامل. في هذه الحالة على إدارة بيئة العمل أن تسعى إلى تخفيف المضار الناتجة عن مثل هذه الاعمال إلى أدنى حد ممكن فالسيطرة التامة عليها ليس بالامكان.

يمكننا في الختام القول:

لا يمكن لأية منظمة وخاصة الصناعية ان تحقق لدى مواردها البشرية الولاء والانتماء لها، والرغبة العالية في العمل، وتوافقها وانسجامها مع أعمالها، للوصول إلى كفاءة عالية في أدائها التنظيمي، بدون أن تشعر هذه الموارد البشرية باطمئنان نفسي وعدم الخوف من مخاطر بيئة العمل التي تمارس فيها أعمالها، فتوفير المنظمة للسلامة والصحة في مكان العمل لديها مطلب أساسي .

أبعاد إدارة بيئة العمل

إن إدارة بيئة العمل وجهودها لتوفير السلامة والصحة، ليست مسألة إنسان مصاب وعولج وانتهى الأمر على ذلك، بل هي مسألة ذات أبعاد خطيرة جداً تؤثر سلباً في المنظمة، والموارد البشرية، والمجتمع، والدولة، وهذه الأبعاد ما يلي:

البعد الاقتصادي :

ينعكس أثر البعد الاقتصادي على جهتين إثنتين هما:

* المنظمة :

يتجسد أثر البعد الاقتصادي في المنظمة بسبب عدم كفاءة إدارة بيئة العمل في جانبين رئيسيين هما ما يلي :

1- التكلفة :

وهي نفقات مالية تدفعها المنظمة في المجالات التالية:

* علاج الامراض الناتجة عن العمل.

* علاج حوادث وإصابات العمل.

* رواتب وأجور المصابين والمرضى خلال فترة علاجهم.

* تعويضات العجز الدائم والوفيات.

* خسارة إنتاجية وقت العمل الضائع بسبب الحوادث والأمراض.

* خسارة قوة عمل يجب استقطاب واختيار وتأهيل قوة عمل بديلة عنها.

2- الربحية :

تؤثر تكاليف علاج الحوادث والأمراض بسبب عدم كفاءة إدارة بيئة العمل في رفع التكلفة، التي تنعكس بدورها على رفع سعر المنتج الذي تطرحه المنظمة للمستهلك في السوق، حيث يؤدي هذا إلى خلق احتمالية جعل هذا السعر غير تنافسي مع المنظمات المنافسة الأخرى، مما يهددها في خسارة جزء من حصتها في الأسواق التي تتعامل معها، وهذا يشكل خطراً على ربحيتها بل بقائها مع مرور الزمن.

* الاقتصاد الوطني :

يتمثل أثر البعد الاقتصادي الوطني بسبب عدم كفاءة السلامة والصحة في مكان العمل بالجوانب التالية:

* انخفاض الناتج الوطني، فما تدفعه الوحدات الاقتصادية وعلى اختلاف أنواعها من تكاليف علاج حوادث وأمراض العمل من مبالغ طائلة، بلا شك يؤثر سلباً في الاقتصادي الوطني لاي بلد، وخاصة في البلدان الصناعية.

بلغت تكاليف علاج حوادث وأمراض العمل في بريطانيا عام 1999 /15/ مليار جنية استرليني . [1]

---

* إن ارتفاع معدل حوادث وأمراض العمل في بلد ما، وما يصاحبها من وفيات وعجز دائم، بلا شك ومع مرور الزمن سيخفض من قوة العمل لديها، مما ينعكس سلباً على طاقتها الانتاجية الكلية، وعدم مقدرة وحداتها الاقتصادية على دخول أسواق جديدة، أو المحافظة على الأسواق الحالية، وهذا يؤثر بشكل سلبي في دخلها الوطني بوجه عام.

البعد الإنساني :

يتمثل بعد الإنسانية HUMANITY بالجوانب التالية :

* الجانب الاجتماعي SOCIAL :

إن حوادث وأمراض العمل وما ينتج عنها من أضرار صحية على شكل إعاقات وأمراض مزمنة ووفيات، تحدث إنعكاسات سلبية على الحياة الاجتماعية والأسرية، فوفاة رجل يعيل أسرة، أو إصابته بعجز دائم يقعده عن العمل طوال حياته، سيجعل أفراد أسرته في حالة ضياع، لأنهم فقدوا الإنسان الذي يرعاهم ويعيلهم، وهذا بحد ذاته جانب اجتماعي لا يستهان بأثره السلبي، ويبرز هذا الأثر بشكل خاص في حالة كون أفراد الأسرة صغار السن.

---

(1) انظر تفصيلاً في :

JOHNE BROTTON, OP.CIT, (EMPLOYEE HEALTH AND SAFTY CHP.)

* **الجانب المعنوي** MORAL :

تنعكس زيادة معدل حوادث وأمراض العمل على الحالة المعنوية لدى العاملين في المنظمة بشكل سيء، فهم يشعرون بخوف دائم لأنهم يمارسون أعمالهم في بيئة مليئة بالمخاطر تهدد صحتهم وحياتهم ومستقبلهم وهذا أغلى ما يملكونه. في مثل هذه الظروف سنجد مستوى الرضا الوظيفي لديهم في حالة انخفاض مستمر، وإن كانت الأمور الوظيفية الأخرى جيدة. فالفرد الذي يرى إصابة زميل له في مكان العمل بجرح بليغ أو كسر أو وفاة ، سوف لن ينسى هذا المشهد المؤلم الذي حدث أمامه، وسيتسأل هو والآخرون ترى من سيأتي عليه الدور؟ هذا الجو او المناخ بدون أي شك يجعل الجانب المعنوي لدى الموارد البشرية في أدنى مستوياته، وسيسود في المنظمة جو من العدوانية بدلاً من جو الانتماء.

* **الجانب العقلي** MENTAL :

"العقل السليم في الجسم السليم" مقولة يعرفها غالبية الناس، فتزايد ضغط العمل على الموارد البشرية، واقتناعها بأنها تعمل في بيئة عمل مليئة بالمخاطر، والأمراض، وإصابات العمل المتكررة، واعتلال الجسد منها، لا شك أن هذه الظروف السلبية ستحدث أثراً نفسياً غير سليم فيها يتمثل بأمور كثيرة كالتوتر، والقلق، والاكتئاب، وهذه جميعها لها ارتباط بمستوى التفكير والإدراك لدى الانسان، حيث تجعله مشوشاً غير قادر على التركيز والتفكير بشكل صحيح.

* **البعد القانوني والنقابي** LEGEL :

يحتل موضوع السلامة والصحة في مكان العمل البند الثاني في جدول مفاوضات النقابات مع المنظمات بعد بند الرواتب والأجور، فتحسين علاقات العمل بين الطرفين أصبح يقوم بشكل أساسي على مطلب النقابة في توفير المنظمات لبيئة عمل صحية وسليمة، يسودها جو من الأمان والطمأنينة في ممارسة العمل. وتعزيز لهذا الموقف راحت معظم الحكومات في البلدان، تسن القوانين والتشريعات التي تلزم من خلالها المنظمات بتوفير السلامة والصحة في مكان العمل لديها، وأصبحت تقاضيها في المحاكم المختصة عن أي مخالفة بحق هذه القوانين والتشريعات.

التوجه الاستراتيجي في مجال إدارة بيئة العمل

نظراً لما لموضوع السلامة والصحة في مكان العمل من أهمية في ظل التطورات التكنولوجية، وظهور صناعات كيماوية كثيرة ومتنوعة، واستخدام الذرة في مجالات متعددة التي أحدثت مخاطر كبيرة على سلامة وصحة الانسان في مكان العمل، توجهت المنظمات المعاصرة اليوم إلى وضع استراتيجية مستقبلية لادارة بيئة العمل فيها، حيث أصبحت تشتمل على مجموعة من المرتكزات الاستراتيجية المستقبلية لتجعل مكان العمل فيها سليماً وصحياً وآمناً، وسنعمد فيما يلي إلى عرض هذه المرتكزات الأساسية :

تصميم بيئة عمل صحية مستقبلية ونظام عمل آمن :

يقوم هذا التصميم على دراسة مخاطر العمل المستقبلية، والاستعداد لتلافيها، وجعل بيئة العمل صحية وآمنة، وذلك من خلال التوجهات الاستراتيجية التالية:

* إعادة تصميم بناء المنظمة من جديد بما يتماشى مع التغييرات المستقبلية المنوي إدخالها على العمل، بحيث يأخذ هذا التصميم في إعتباره الأول توفر درجة عالية من السلامة والصحة في داخله.

* إعادة تصميم العمليات الانتاجية بكامل مراحلها، لجعل العمل فيها آمناً، وتحديد المراحل التي لا يمكن القضاء على المخاطر فيها بسبب طبيعتها، وذلك للتعامل معها بشكل خاص، والتخفيف من مخاطرها إلى أدنى حد ممكن.

* شراء تجهيزات وآلات فيها درجة عالية من الأمان، وكذلك شراء مواد غير خطرة لا ينتج عن استخدامها مخاطر.

* الاعتماد على تكنولوجية الرجل الآلي في أداء الأعمال أو المهام التي ينتج عنها درجة خطورة عالية على سلامة وصحة العاملين، كعمليات طلاء السيارات (البخ الآلي والحراري) وعمليات لحام الاوكسجين التي أصبحت تتم بوساطة الأذرع الآلية على سبيل المثال.

* إستبدال إجراءات الرقابة على السلامة والصحة الحالية في مكان العمل بأخرى جديدة تتناسب مع طبيعة وتجهيزات العمل المستقبلي ومخاطره، والتركيز على الرقابة الوقائية للكشف عن الخطر قبل وقوعه. فعلى سبيل المثال فقد تبنت بعض المنظمات الحديثة أسلوباً رقابياً متطوراً لتفعيل الرقابة الوقائية وهو

أسلوب ضباط OFFICERS السلامة والصحة. هؤلاء جماعة مختصون يكلفون بالتفتيش والفحص الميداني المستمر (دوري) لمكان العمل، من أجل اكتشاف أي شيء وأيا كان نوعه، قد يسبب خطراً على سلامة وصحة الموارد البشرية في مكان العمل والإبلاغ عن ذلك فوراً. فمن مهام الضباط تسجيل المخالفات بحق تعليمات الحماية أثناء تنفيذ الأعمال، وأسماء مخالفيها، ويقوموا أيضاً بمراقبة سلوكيات وتصرفات الموارد البشرية أثناء العمل، لاكتشاف التي تشكل خطراً منها على سلامتهم وصحتهم. إلى جانب ذلك يقوم الضباط بمراقبة أداء الآلات والرافعات وتمديدات الكهرباء والغاز وما شابه ذلك، للتأكد من مدى سلامتها، ويراقبون أيضاً مستوى تلوث الهواء في مكان العمل ودرجة الضجيج فيه حتى لا يتعديان الحد المسموح به، ويتابعون الموارد البشرية لاجراء الفحص الطبي السريري الدوري، لاكتشاف الأمراض المهنية في بدايتها.

* تبني سياسة العمل بسرعة دون تأخير لأن المرض والإصابة والأضرار لا تنتظر، فهي تشكل خطراً على حياة الإنسان في مكان العمل، فدقيقة في إسعاف ومعالجة مصاب قد تنقذ حياته. لذلك لا مجال للاعذار فهي غير مقبولة طالما نحن نتعامل مع حياة بشر.

* وضع خطة تدريب للفترة المقبلة لتهيئة الموارد البشرية من أجل التعامل مع مخاطر العمل المستقبلية المحتملة بكفاءة وحماية نفسها منها. ويجب أن تركز هذه الخطة على تنمية روح الالتزام لدى هذه الموارد بتطبيق تعليمات السلامة والصحة في مكان العمل، فقد اثبتت نتائج التحقيق في عدد كبير من إصابات وأمراض العمل أن معظم أسباب حدوثها كان عدم المبالاة APATHY وعدم التقيد بتعليمات وإرشادات الحماية، كوضع خوذة على الرأس، أو كمامة على الأنف.. الخ .

* التوجه مستقبلاً إلى عدم توظيف موارد بشرية يوجد في سجلها إصابات وأمراض مهنية، وكذلك منع تعيين المدخنين لما يسببونه من تلوث في الهواء داخل مكان العمل، والتأكيد على أهمية الفحص الطبي عند التعيين، لاكتشاف الأمراض المعدية لدى المراد تعيينهم، وأيضاً التأكد من سلامتهم الجسدية والنفسية، للتقليل من احتمال إصابتهم بإصابات أو أمراض مهنية.

* إدخال تعديل على سياسة الحوافز بحيث تأخذ في اعتبارها مسألة السلامة والصحة في مكان العمل، كأن تخصص مكافأة مالية لكل شخص لا تسجل عليه مخالفة بحق التعليمات المحددة من أجل الحماية خلال فترة زمنية، وربط ترقية رؤساء الاقسام الانتاجية بعدد حوادث وأمراض العمل التي تقع في أقسامهم،

ومكافأة كل فرد تنتهي مدة خدمته في المنظمة ولم يصب بحادثة عمل، وما شابه ذلك من حوافز.

تبني مبدأ المسؤولية المشتركة :

تعد مشاركة الموارد البشرية (العاملون) في مجال إدارة بيئة العمل وتوفير السلامة والصحة فيه، توجهاً استراتيجياً تأخذ به العديد من المنظمات في الولايات المتحدة، واليابان، ودول أوروبة الغربية، حتى أن بعضاً من هذه الدول تنص قوانين العمل فيها على تشكيل لجان استشارية من العاملين في المنظمات، لدعم جهود إدارة الموارد البشرية في إدارة بيئة العمل وجعلها فعالة بدرجة أعلى، وتنحصر عملية المشاركة عادة في المجالات التالية:

* القيام بجولات ميدانية تفقدية في أماكن العمل وتنبيه المخالفين الذين لا يتقيدون بتعليمات الحماية، ونصحهم وارشادهم بضرورة الالتزام بها، وكذلك الابلاغ عن أي شيء يرونه غير طبيعي قد يسبب في وقوع حادثة عمل.

* الاشتراك في التحقيق الذي تجريه المنظمة من خلال إدارة الموارد البشرية في اسباب وقوع حوادث العمل.

* تقديم مقترحات لتطوير وتحسين بيئة العمل وتوفير مكان عمل آمن بشكل كبير.

درهم وقاية خير من قنطار علاج :

يعبر هذا العنوان عن أن ما ينفق في مجال إدارة بيئة العمل وتوفير السلامة والصحة فيها، انما هو استثمار وليس بتكلفة، لكن هذا الاستثمار لا يحقق أرباحاً بشكل مباشر، إنما يحقق وفورات مالية كبيرة تؤثر في أرباح المنظمة على المدى الزمني القصير والبعيد. وتتمثل هذه الوفورات بتجنب المنظمة ومواردها البشرية والبلد الآثار السلبية الخطيرة الناتجة عن حوادث وأمراض العمل التي شرحناها سابقاً. فالتوجه الاستراتيجي لإدارة بيئة العمل ينظر الآن إلى أن ما يصرف من أموال من أجل توفير سبل الحماية في مكان العمل، إنما هو وسيلة لتوفير مبالغ طائلة كانت ستصرف في علاج إصابات وأمراض العمل، وهذه النفقات تفوق نفقات برامج الحماية بكثير. إلى جانب ذلك يزيد انخفاض عدد حوادث وأمراض العمل من إنتاجية المنظمة وفاعلية أدائها، فعنصر بشري صحيح البنية بأمراض وحوادث قليلة، لا شك سيجعل إنتاجية المنظمة وفاعليتها أكبر.

بلغت نفقات علاج حوادث وإصابات العمل والتعويضات المدفوعة للمصابين سنة 1995 في الولايات المتحدة الأمريكية مبلغ /119/ مليار دولار. (1)

مصادر حوادث وأمراض بيئة العمل

عندما نفكر بموضوع الوقاية من حوادث وإصابات والأمراض المصاحبة للعمل من أجل توفير السلامة والصحة المهنية للموارد البشرية، لابد من أن يتجه تفكيرنا بشكل مباشر إلى تحديد المصادر التي تنجم عنها الحوادث والإصابات والأمراض، وبوجه عام يصنف المختصون هذه المصادر بأربعة مصادر رئيسة هي ما يلي: بيئة العمل المادية، وبيئة العمل النفسية والاجتماعية، والفرد نفسه، والوظيفة ذاتها. فمن خلال دراسة مكونات هذه المصادر، يمكننا أن نضع أيدينا على أسباب متنوعة تؤدي إلى وقوع حوادث وإصابات وأمراض العمل، هذا وسوف نعمد فيما يلي إلى شرح كل من هذه المصادر بشيء من التفصيل على النحو التالي:

أولاً: طبيعة عمل المنظمة والظروف المناخية السائدة فيها .

دلت نتائج الدراسات على مدى عشرات السنين السابقة، على أن المناخ الصحي المناسب في بيئة العمل المادية WORK PHYSICAL ENVIRONMENT كالاضاءة، والتهوية، والضوضاء.. الخ تؤثر في أداء وإنتاجية الفرد وفي سلامته وصحته، إذ كلما كانت ظروف العمل المادية مناسبة، كان استعداد الفرد للعمل أحسن، وقلت نسبة تعرضه للأمراض والمخاطر المهنية التي تصاحب النوعيات المختلفة من الأعمال، وأهم ظروف ومناخ العمل المادي التي هي بحاجة إلى تحسين ما يلي: (2)

البناء غير الصحي :

البناء غير الصحي SICK BUILDING SYNDROM هو البناء الذي يفتقر إلى فتحات كافية تسمح بدخول الهواء للبناء وتجديده، كما أنه لا يسمح بدخول أشعة

(1) WANE R. MONDY, OP.CIT, P. 463.

(2) NELSON J. G., "HEALTH: ANEW PERSONNEL IMPERATIVE", "PERSONNEL ADMINISTRATION", FEBRUARY, 1998, PP. 69-71.

الشمس والضوء الطبيعي إليه بشكل جيد وكافي. مثل هذا البناء يخلق مناخاً طبيعياً يساعد على انتشار الأمراض المعدية بين العاملين في مكان العمل، كالحمات الراشحة وخاصة الانفلونزا، كما يحدث ضيقاً في التنفس وصداع أيضاً بسبب نقص الاوكسجين.

عدم كفاءة التصميم الداخلي للبناء :

يسبب التصميم الداخلي السيء للبناء مخاطر متنوعة على العاملين في مكان العمل، ومن مؤشرات هذا التصميم السيء ما يلي:

* ضيق المساحات والممرات، مما يسبب إزدحاماً وتلوثاً في الجو الداخلي وخطورة التصادم، هذا إلى جانب أنه يسبب ضيقاً نفسياً وعصبية لدى العنصر البشري في مكان العمل، وارتفاعاً في مستوى الضجيج والضوضاء فيه.

* أرضية البناء غير المدروسة التي قد تسبب في بعض أماكن العمل مخاطر الانزلاق وما ينتج عنها من كسور عظمية متنوعة .

* عدم وجود منافذ للنجاة كافية مما يشكل خطراً على الموارد البشرية في مكان العمل عند حدوث حريق، أو ظرف يستدعي إخلاء البناء بسرعة.

* عدم كفاءة الترتيب الداخلي للبناء، ويقصد به عدم توزيع تجهيزات العمل (آلات، سيور ناقلة، مفروشات) على المساحة الداخلية بشكل مدروس، مما يسبب إصابات وعدم الراحة فيه.

الإضاءة :

لا شك أن الإضاءة ILUMINATION غير الجيدة في مكان العمل تؤدي إلى تأذي العينين مع مرور الزمن، وإضعاف مقدرة الفرد على الأداء الجيد. وتحدث الإضاءة غير الجيدة في مكان العمل في حالة وجود مساحات لا يصلها الضوء الكافي، أو أن تكون الإضاءة شديدة بشكل تحدث إنبهاراً في العيون، ويحدث ذلك عندما تكون أفقية ومباشرة. ومن مؤشرات الإضاءة غير الجيدة أيضاً وجود مساحات مظللة أي فيها ظل.

الضجيج :

مما لا شك فيه أن الضوضاء المرتفعة تؤثر تأثيراً مباشراً في المقدرة على العمل والانتاج، وخاصة بالنسبة للأعمال التي تعتمد على المجهود الذهني، إذ تؤدي الأصوات المرتفعة الى تشتت الذهن، وعدم تركيزه، والى الاجهاد العصبي. وفي بعض الأعمال التي ينجم عنها ضجيج مرتفع جداً، قد يؤدي ذلك بالتدريج إلى

ضعف السمع. لذلك يجب توفير الوسائل الكفيلة لتخفيف حدة الأصوات المرتفعة في هذه الأعمال حفاظاً على سمع العاملين فيها.

الحرارة :

درجة الحرارة في مكان العمل سواء في الصيف أو في الشتاء عامل مؤثر في صحة العاملين، فارتفاعها يؤثر في الحالة المزاجية والعصبية للإنسان ويجعله متوتراً، هذا إلى جانب أنها تؤثر سلباً في جهازه التنفسي وقلبه مع مرور الزمن. وبالنسبة للبرودة أو الجو البارد، فهو يؤدي مع الزمن إلى أمراض روماتزمية وإلى انتشار الانفلونزا والتهابات الرئة المزمنة. ففي صناعات الحديد والصلب والزجاج على سبيل المثال يصاحبها جو عمل مرتفع الحرارة لابد من توفير سبل من أجل تخفيضها، وكذلك في المناجم التي نجد فيها درجة الرطوبة عالية، مما يستدعي الأمر إلى اتخاذ الوسائل الكفيلة لتخفيف درجتها.

عدم كفاية فترات الراحة ومدتها أثناء العمل :

ثبت من خلال الممارسة والتجربة أن عدم وجود أو قلة عدد فترات الراحة اثناء العمل أو قصر مدتها، مصدر هام من مصادر وقوع حوادث وإصابات العمل، وخاصة إذا كان العمل سريعاً أو صعباً وسواء أكان العمل ذهنياً أم عضلياً، حيث يتعرض الفرد للاجهاد والاعياء بسبب ذلك وظهور احتمال وقوع إصابة أو حادثة عمل. فالاجهاد يزيد من نسبة مادة الادرينالين في الدم التي تفرزها الغدة الكظرية في الجسم، وهذا ما يجعله يشعر بالاعياء ويعرضه إلى الإصابة بذبحة صدرية أو إغماء في مكان العمل.

عدم كفاءة أعمال الصيانة :

الكثير الكثير من حوادث وإصابات العمل كانت بسبب عدم كفاءة عملية الصيانة الفنية للآلات والأدوات والمعدات.. الخ المستخدمة في مكان العمل. فعلى سبيل المثال وليس الحصر، كثير من الحرائق كانت بسبب إهتراء سلك كهربائي ولد شرارة نارية أحدثت هذه الحرائق، كذلك مثل هذه الاسلاك إذا ما لمسها شخص ما عن طريق الخطأ فسوف تصعقه وتميته. ونفس الحال للسيور الناقلة العلوية التي تحمل المنتج تحت الصنع من مكان لآخر، أو تحمل المواد اللازمة للعمل، فإذا لم تفحص فنياً بشكل جيد ودوري، قد تنقطع ويسقط ما تحمله على رؤوس الذين يعملون تحتها فتقتلهم أو تصيبهم بكسور خطيرة. يتضح من ذلك أن عدم كفاءة أعمال الصيانة في منظمة ما، مصدر خطر لحدوث إصابات وحوادث عمل كثيرة ومتنوعة .

التدخين :

يلوث التدخين الهواء في مكان العمل ويجعله فاسداً ويحدث ضرراً لـدى كـل مـن يعمل فيه، وأهم المضار التي يحدثها التدخين ما يلي:

* يضر بصحة المدخن ويجعله معرضاً للأمراض القلبية والصدرية، مما يرفع مـن معـدل غيابـه عـن العمـل بسبب المرض.

* يضر بصحة الأفراد الذين يعملون مع المدخن بنفس المكان، وذلك عن طريق استنشاق الدخان.

* التعرض للحرائق في مكان العمل.

* دفع تكلفة لتنقية الهواء الداخلي وصيانة الجدران والسقوف بسبب مـا يحدثه الـدخان مـن سـواد في لونها.

النظافة :

يمكننا القول بوجه عام بأن عدم النظافة في مكان العمل ووجود أوساخ ومخلفات إنتاج (وخاصة الصناعية الخطرة) ناتجة عن ممارسة الأعمال، هي مناخ ملائم لانتشار الأمراض ووقوع حـوادث متنوعـة. فعدم تنظيف المكان من المخلفات القابلة للاشتعال على سبيل المثال، قد يؤدي إلى حدوث حرائق، كـذلك عدم تنظيف الأرض من الزيوت والشحوم بلا شك ستؤدي إلى خطر الانـزلاق وتعرض الإنسـان العامـل إلى كسور، قد يؤدي بعضها الى حدوث عجز دائم عن العمل لديه. إلى جانب ذلك فعدم النظافة بشـكل عـام في مكان العمل تحدث أثراً نفسياً سلبياً لدى الفرد وتجعله غير مرتاح ومتوتر.

ونود الإشارة في الختام إلى أن طبيعة عمل بعض المـنظمات ينـتج عنهـا مخـاطر متنوعـة تـؤثر في سلامة وصحة الانسان الذي يعمل فيها ولا يكون بالامكان السيطرة عليها تماماً إنما يمكن السيطرة عليها بشـكل نسبي. فعلى سبيل المثال وفي صناعة الحديد والصلب، والصناعات البتروكيماوية التي ينتج عنها أبخرة سامة، لا يمكن السيطرة بشكل كلي على هذه الأبخرة ومضارها، إنما كل ما في الأمر أنه يكـون بالإمكان تحجيم إحتمالات مخاطر هذه الصناعات ومـا شابهها.

ثانياً: ظروف المناخ الاجتماعي والنفسي السائد .

يقصد بالمناخ الاجتماعي والنفسي السائد، نوعية حياة العمل والمناخ التنظيمي السائد في المنظمة، اللذان في ظلهما يمارس الأفراد أعمالهم، وقد ثبت من خلال التجربة والممارسة أن ظروف البيئة النفسية والاجتماعية السيئة تمارس ضغوطاً على الأفراد يفوق خطرها في بعض الأحيان خطر ظروف بيئة العمل المادية. ومن أهم هذه الأخطار: عدم الرضا، الفتور، الخمول، اللامبالاة، عدم الثقة، الاكتئاب النفسي، العصبية وعدم التوازن النفسي، الشرود الذهني، وهذه جمعيها وبلا شك تهيء الفرصة لوقوع إصابات وحوادث وأمراض عمل، قد تكون نتائجها خطيرة. وبوجه عام يمكن القول، إن أهم ظروف وعناصر بيئة العمل النفسية والاجتماعية التي تسبب ضغوطاً ومخاطر هي ما يلي:

- عدم الاحساس بالأهمية والمكانة والدور الذي يقوم به الأفراد.
- عدم توفر عنصر التحدي في العمل، الذي يثير اهتمام ودافعية الأفراد للعمل.
- عدم شعور الأفراد بالعدالة والانصاف في المعاملة.
- عدم المشاركة في اتخاذ القرارات.
- تعقيد السياسات التنظيمية وإجراءات العمل التي تنظم سيره وممارسته.
- عدم الشعور بالحرية في العمل.
- عدم الشعور بالاستقلالية في ممارسة الأعمال.
- عدم توفر عنصر الطمأنينة في العمل بسبب الخوف من الفصل أو التسريح.
- وجود صراعات تنظيمية بين الموارد البشرية في مكان العمل بشكل تؤثر معنوياً فيها.
- كثرة الخلافات وضعف الثقة بين الرؤساء ومرؤوسيهم.

ثالثاً: الفـرد .

يعتبر ممارس العمل نفسه مصدراً رئيساً من المصادر التي ينتج عنها العديد من الحوادث والأمراض التي تقع في مكان العمل، ويكون الفرد مصدراً للخطر في الحالات التالية :

* نقص مهارته التي تشكل في كثير من الأحيان خطراً على سلامته وصحته وأحياناً على من معه، فعلى سبيل المثال لا يكون لدى الشخص ذي المهارة العادية المتواضعة فكرة متكاملة عن الأداء السليم للعمل بشكل تجنبه خطره،

كذلك لا تساعده مهارته على حماية نفسه من مخاطر العمل الذي يمارسه أو المحيطة به، وقد ثبت أن أصحاب المهارة المتواضعة هم أكثر تعرضاً لحوادث وأمراض العمل.

* عدم تقيد الفرد بتعليمات وإرشادات السلامة والصحة أثناء ممارسة عمله، فإهماله لها يعرضه للإصابة والمرض. فعلى سبيل المثال يهمل عمال البناء وضع خودة على رؤوسهم، مما يشكل خطراً على حياتهم في حالة سقوط شيء ما فوق هذه الرؤوس المكشوفة.

* حالة الفرد النفسية والمعنوية التي إذا كانت سلبية ومنخفضة، ستجعله معرضاً لإصابة عمل أو مرض ما أكثر من غيره، فهذه الحالة والروح المعنوية المنخفضة، تجعلان الفرد مهيئاً لحدوث شرود ذهني لديه أثناء ممارسته لعمله، وهذا الشرود في كثير من الأحيان يعرضه إلى إصابة عمل خطيرة، قد تؤدى بحياته أحياناً، إذا كان يعمل على آلة خطرة كالمنشار أو المكبس على سبيل المثال.

* استخدام الفرد الخاطئ لوسائل السلامة والحماية المحددة له من أجل حمايته من مخاطر عمله أو مخاطر البيئة المحيطة به، كعدم وضعه القناع على وجهة أو الكمامة على أنفه بالشكل المطلوب.

* التدخين فالفرد الذي يفرط بالتدخين أثناء عمله، سيسبب لنفسه ولمن حوله أمراضاً متعددة، وهو بشكل عام أكثر تعرضاً للحوادث والأمراض من غيره.

* عمر الفرد، فصغار السن أكثر جرأة في تحدي المخاطر من كبار السن، وبالتالي فهم أقل حذراً منهم، وهذا ما يجعلهم عرضة للإصابة أكثر من الكبار.

* جنس الفرد فيما إذا كان ذكراً أم أنثى، فقد ثبت أن النساء أقل تعرضاً لحوادث وأمراض العمل من الذكور، بسبب طبيعتهن النفسية والفسيولوجية الأكثر حذراً والأقل جرأة من الرجال، فهذه الطبيعة تمكنهم من حماية أنفسهن من المخاطر أكثر من الرجال.

رابعاً: الوظيفة أو العمل .

ينتج عن ممارسة الكثير من الوظائف والأعمال إما بسبب طبيعتها أو الآلات والادوات المستخدمة فيها، عدد من المخاطر تهدد سلامة وصحة من يزاولها، ويسمي المختصون هذا الجانب أو المصدر بضغوط العمل، الذي له مسببات كثيرة على رأسها الوظيفة ذاتها. فعبء العمل الملقى على عاتقها، ومدى صعوبتها، وحجم مسؤوليتها، وسرعة الأداء فيها.. الخ وما يصاحب هذه الأمور من تعب وإرهاق فسيولوجي جسدي ونفسي، يعرضان من يمارسها إلى حوادث

وأمراض متعددة ومتنوعة، وسنعمل على شرح أبعاد خطر الوظيفة لاحقاً بعنوان منفصل هو ضغط العمل، وذلك منعاً للتكرار.

ونعرض فيما يلي جدولاً يوضح عدداً من الوظائف والأعمال وما يصاحبها من أمراض مهنية على سبيل المثال وليس الحصر:

جدول رقم (19)

أسباب الأمراض الناتجة عن طبيعة العمل	الأمراض المصاحبة بسبب طبيعة الوظيفة	نوع الوظائف والأعمال التي تتعرض للأمراض
الزرنيخ	سرطان الرئة والغدد الليمفاوية	الكيميائي المستنشق، عمال تكرير النفط، مصنعو المبيدات الحشرية وعمال رشها.
البنزين	انيميا وفقر الدم	عمال تكرير النفط، عمال البتروكيميا، مستخدمو الاصبغة، عمال الاحذية، عمال الدهان.
الحرير الصخري وهو معدن لا يحترق ولا يوصل الحرارة	مرض الرئة البيضاء، سرطان الرئتين، سرطانات الاعضاء الفسيولوجية الاخرى.	عمال المناجم، عمال صك المعادن وتسويتها،عمال المواد العازلة، عمال ساحات شحن السفن.
غبار الفحم	مرض الرئة السوداء	عمال مناجم الفحم
دخان الافران	سرطان الرئة - مرض الكليتين.	عمال الافران
غبار القطن	مرض الرئة البني، انتفاخ الرئة	عمال الغزل والنسيج، عمال حلج الاقطان .
الرصاص	امراض الكلية، الانيميا، تخريب النظام المركزي للاعصاب، العقم .	عمال طحن الرصاص، أطباء الاسنان، عمال تخزين البطاريات .
الاشعاع	سرطان الغدة الدرقية، سرطان الرئتين، سرطان العظام، فقر الدم	الفنيون الطبيون، عمال مناجم اليورانيوم، العاملون في مجال الطاقة الذرية.
كلوريد الفينيل	سرطان الكبد، سرطان الدماغ	عمال الصناعات البلاستيكية
الارهاق والتعب الذهني	أمراض قلبية، ذبحات صدرية ارتفاع ضغط الدم، الاكتئاب النفسي، التوتر العصبي.	المديرون
الجلوس الطويل	امراض العمود الفقري، امراض الرقبة، ضعف النظر	المديرون، الموظفون الكتبة .
الملل والسأم	اكتئاب نفسي	وظائف الارشيف

في الحقيقة إن هذه الأمراض المنوه عنها أعلاه في الجدول السابق والتي هي على سبيل المثال وليس الحصر، لا يمكن القضاء عليها نهائياً، وذلك بسبب أنها ناتجة عن طبيعة العمل نفسه، إلا أنه يمكن الاقلال منها وتخفيفها باستخدام أجهزة وأدوات واقية كالألبسة الواقية ضد الاشعاعات، واستخدام الكمامات، وإلزام المديرين بأخذ إجازات للراحة والاستجمام، وزيادة عدد فترات الراحة للأعمال الروتينية المملة، واستخدام الموسيقا في مكان العمل.. الخ، وهذا ما سوف نقوم بشرحه في الموضوع التالي.

معالجة حوادث وأمراض بيئة العمل

في ضوء تحديدنا السابق لمصادر حوادث وأمراض العمل ومعرفة مسبباتها، يكون بالإمكان الآن وصف العلاج المناسب لها، الذي يتمثل بمجموعة من السبل والأدوات الفنية والإدارية، التي يمكن بوساطتها إحكام السيطرة (نسبياً) على المخاطر الموجودة في بيئة العمل، وتوفير مكان عمل آمن يسوده درجة عالية من السلامة والصحة المهنية، بشكل يسمح للموارد البشرية ممارسة أعمالها بدرجة عالية من الراحة والاطمئنان النفسي. ونود الإشارة هنا إلى أن اختيار السبل والأدوات المناسبة لإحكام السيطرة على حوادث وأمراض العمل، تختلف من منظمة لأخرى ومن عمل لآخر داخل المنظمة الواحدة، وهذا بسبب اختلاف نوعية المخاطر المصاحبة لكل منها. وسوف نصنف سبل الحماية ضمن مجموعات، وفق معيار مصادر حدوثها التي عرضناها سابقاً، حيث سنشرح هنا السبل الخاصة بالمصدر الأول والثاني، وهما بيئة العمل المادية، وبيئة العمل النفسية والاجتماعية، أما السبل الخاصة بالمصدر الثالث والرابع وهما الفرد والوظيفة، فسوف نشرحهما عند معالجتنا لموضوع ضغط العمل لاحقاً.

ونود الإشارة في هذا المقام إلى أن هدف معالجة الحوادث والأمراض، لا تقتصر ـ على السيطرة والحد من مخاطر العمل فحسب، بل تسعى إلى تحقيق ما يدعى بتفاعل المورد البشري وانسجامه وحبه لمكان عمله، وهذا ما أصبح يطلق عليه مصطلح ERGONOMICS الذي يشير إلى:

إعادة هيكلة وتصميم بيئة العمل المادية والظروف المناخية السائدة فيها والتجهيزات التي تستخدمها الموارد البشرية فيها، بشكل توفر لها عملاً مريحاً جسدياً ونفسياً، فيه درجة عالية من الأمان والطمأنينة من مخاطر العمل المحتملة، وهذا لغاية تحقيق تفاعل العنصر البشري مع بيئة عمله المادية والنفسية وظروفهما، وتحقيق الانسجام بينهما وحبه لهما، في مسعى لرفع مستوى كفاءته وفاعليته في العمل.

سبل السيطرة على الحوادث والأمراض الناتجة عن بيئة العمل المادية :

تشتمل هذه المجموعة على سبل متعددة ومتنوعة وفق المخاطر السائدة فيها، وفيما يلي عرض لهذه السبل:

توفير الإضاءة الجيدة :

توفير الإضاءة الجيدة يتطلب تصميم نظام سليم لها يقوم به خبراء متخصصون يدرسون مقدار الإضاءة اللازمة لكل نوع من الأعمال، فهناك أعمال تحتاج إلى إضاءة شديدة ومركزة على مساحات معينة كالأعمال الدقيقة، بينما أعمال أخرى لا تحتاج إلى هذا المقدار من الاضاءة. وعند تصميم نظام الإضاءة لابد من أن يدرس توزيع الضوء بشكل مناسب على مكان العمل، بحيث لا تكون هناك مساحات لا يصلها الضوء بشكل جيد، بينما مساحات أخرى يصلها الضوء بشدة، إذ أن كلتا الحالتين تؤديان الى تعب وإرهاق العين، وإضعاف القدرة على العمل. وبوجه عام يمكن القول: إن نظام الإضاءة الجيد يزيد من المقدرة على العمل والانتاج، ويحمي العينين من الإرهاق والضعف.

توفير درجة حرارة مناسبة :

تبرز أهمية توفير درجة الحرارة المناسبة في مكان العمل وبشكل خاص، في الصناعات التي ينشأ عن طبيعة عملها حرارة عالية كأفران صهر الزجاج والمعادن وما شابه ذلك، أو المنظمات التي تمارس عملها في جو بارد كاستخراج المواد الأولية من باطن الأرض. كما تبرز هذه الأهمية في البلدان الحارة صيفاً والبلدان الباردة شتاء. في مثل هذه الظروف الخاصة والعامة، لابد من توفير وسائل لتلطيف درجة الحرارة في مكان العمل، وبالتالي فقد أصبح التبريد المركزي والتدفئة المركزية لحماية العاملين من الأمراض الناشئة على ارتفاع او انخفاض درجة الحرارة مسألة هامة، وقد تهمل بعض المنظمات مسألة التبريد صيفاً ظناً منها أن الحر لا يسبب المرض كما يسببه البرد، وهذا الظن خاطىء، لأن درجة

الحرارة العالية في مكان العمل وخاصة في فصل الصيف أو في الصناعات التي ينشأ عنها حرارة عالية، يصيب الموارد البشرية بهيجان وتوتر أعصاب وعدوانية. وللدلالة على صحة ذلك، نجد الآن أن المصحات النفسية والعصبية تفتح الماء البارد على المرضى عند هياجهم العصبي أو النفسي، من أجل تهدئتهم، حتى الإنسان السليم عندما يكون في جو حار ويدخل الى مكان مبرد، يشعر براحة فوراً.

تنظيم ساعات العمل :

مما لا شك فيه أن كل إنسان يعمل ومهما كانت نوعية وطبيعة العمل الذي يمارسه (سواء أكان ذهنياً أو عضلياً) فهو بحاجة إلى فترات توقف عن العمل خلال ساعات العمل الرسمية، ليرتاح وليجدد نشاطه، فالإرهاق والتعب في العمل يعرضان الفرد لحوادث وإصابات محتملة. فقد ثبت طبياً أن الإرهاق الذهني والعصبي نتيجة ضغوط العمل المستمرة، تؤدي إلى الإصابة بذبحات صدرية يذهب ضحيتها العديد من المديرين في الدول المتقدمة. وما يقال عن الأعمال الذهنية يقال أيضاً عن الأعمال العضلية. فالاجهاد العضلي يعرض صاحبه إلى أضرار فسيولوجية متعددة مثل: آلام الظهر، دوالي الأرجل، احتمالات السقوط على الأرض وما يرافقها من كسور ورضوض. لذلك كله ينصح أن تدرس طبيعة الأعمال في المنظمة، ويحدد عدد فترات الراحة اللازمة ومدتها الزمنية حسب طبيعة كل عمل، وذلك من أجل حماية العاملين وتوفير عنصر السلامة لهم.

ترتيب ونظافة مكان العمل :

عندما يكون مكان العمل نظيفاً وخالياً من الأوساخ أو من مخلفات العمليات الإنتاجية، وتوجد مساحات جيدة تسمح بحرية الحركة، والجدران مطلية بألوان زاهية، والمكاتب مريحة ومرتبة، كل ذلك يجعل نفسية الفرد منفتحة للعمل، ومرتاحة فيه، مما يؤثر في النهاية في زيادة مقدرته على العمل، والرغبة فيه، وتحميه في الوقت نفسه من الإصابة ببعض الأمراض التي تنتج عن مخلفات الإنتاج، ومن حوادث العمل كالحروق والجروح.. الخ، التي تنتج أيضاً عن ضيق المكان وعدم ترتيبه.

معالجة الضجيج :

يتم التعامل مع درجة الضوضاء العالية من أجل تخفيضها للحد المسموح به دولياً، والمحافظة على حاسة السمع وعدم توتر الأعصاب، باستخدام الوسائل التالية:

* عزل الآلات التي يصدر عنها أصوات عالية في أماكن خاصة.

* استخدام مواد ماصة وعازلة للصوت تغلف بها الجدران والسقوف.

* تركيب أجزاء ميكانيكية على الآلات التي تصدر أصواتاً مزعجة، للتخفيف من حدتها.

* تصميم المباني، فالمبنى المؤلف من طابق واحد يساعد على انتشار الصوت، ويخفف من الضوضاء، عكس البناء المكون من عدة طوابق، حيث ينتقل الصوت من خلال الذبذبات عبر الجدران والسقوف، مما ينتج عنه صدى واهتزاز مزعج.

* عزل مكاتب الإدارة عن خطوط الانتاج ومراكز التشغيل، وعموماً كافة الأعمال الذهنية والمكتبية يجب عزلها عن أماكن الضوضاء.

تنقية الهواء الداخلي :

أشرنا في السابق بأن تلوث الهواء في مكان العمل هو أحد مصادر انتشار عدد من الأمراض المعدية، وللتخفيف من درجة تلوث الهواء ومنع تجاوزها للحد المسموح به ينصح بما يلي:

* تجديد الهواء الداخلي كل فترة زمنية.

* تركيب أجهزة فنية لشفط الهواء الفاسد والأبخرة السامة وغيرها الى خارج مكان العمل.

* الاكثار من فتحات التهوية.

* تركيب أجهزة الكترونية فيها فلاتر لتنقية الهواء بشكل مستمر.

* مكافحة التدخين.

* عزل العمليات التي تحدث درجة تلوث عالية عن العمليات الأخرى.

رفع كفاءة أعمال الصيانة الفنية :

ويتم ذلك عن طريق:

* استخدام خبراء فنيين متخصصين في صيانة التجهيزات والمعدات التي تستخدمها المنظمة.

* القيام بصيانة دورية ومستمرة للتأكد من جاهزية وسلامة التجهيزات.

* الكشف المستمر على تمديدات الكهرباء والغاز في حالة وجودها للتأكد من سلامتها.

* استبدال الآلات القديمة التي أصبحت تشكل خطراً على من يستخدمها بآلات جديدة.

* إجراء القياس المستمر لدرجة تلوث الهواء والضجيج للتأكد من عدم تجاوزها للحد المسموح به، والتدخل عند ارتفاعها عن هذا الحد فوراً.

استخدام أدوات ومعدات الحماية اللازمة :

بالطبع تختلف هذه الأدوات من عمل لآخر حسب نوعية الخطر ومصدره، وأهم هذه الأدوات ما يلي:

* استخدام أجهزة إطفاء حرائق ألكترونية تعمل بشكل تلقائي عند حدوث حريق ما.

* استخدام الألبسة الواقية PROTECTIVE CLOTHING كالأقنعة في الأعمال التي يصدر عنها إضاءة شديدة، خوذة رأس الأعمال الانشائية، والكمامات للأعمال الكيماوية وحلج الأقطان، كراسي مريحة وصحية للأعمال التي تستدعي الجلوس لساعات طويلة.. الخ .

* توفير جهاز طبي وأدوات ومواد طبية مناسبة من أجل الاسعاف الأولي في مكان العمل.

* استخدام أجهزة إنذار في مكان العمل للتنبيه عن وجود خطر ما فيه.

إجراء الفحوصات الطبية الدورية :

بما أن معظم الأمراض المهنية لا تظهر إلا بعد فترة زمنية وبشكل تراكمي وبسبب التعرض الدائم والمستمر لمسبباتها الناتجة عن العمل نفسه أو بيئة العمل الكلية في المنظمة، وبما أن هذه الأمراض تكون خطيرة تهدد صحة الإنسان بل حياته، إذاً لابد من العمل على اكتشافها في مراحلها الأولية، للتمكن من السيطرة عليها والتعامل معها. ويكون ذلك من خلال إخضاع الموارد البشرية إلى فحوصات طبية دورية من أجل الكشف المبكرعن المرض والتعامل معه ساعة اكتشافه، وبالتالي السيطرة على الأمراض المهنية CONTROLING OCCUPATIONAL DISEASES .

تطوير برامج تدريب وتوعية :

تعتبر هذه البرامج وسيلة فعالة لتوفير السلامة والصحة في مكان العمل، فعن طريقها يمكن توسيع إلمام الموارد البشرية ومعرفتها بمخاطر العمل في البيئة التي تعمل فيها، والمخاطر الناتجة عن ممارسة أعمالها، وتعليمها كيف تتجنبها وتحمي نفسها منها. إلى جانب ذلك تسعى هذه البرامج إلى تعليم العاملين كيف يستخدمون أدوات ووسائل الحماية التي تقدمها المنظمة لهم لحماية أنفسهم من حوادث وأمراض العمل، كما أنها تنمي الوعي لديهم بضرورة التزامهم بقواعد

وتعليمات الأمن والحماية. وتتحدد حاجات التدريب من أجل الحماية من المخاطر من خلال ما يلي :

- نتائج تحليل أسباب حوادث وأمراض العمل.
- سؤال العاملين أنفسهم.
- سؤال المشرفين.
- سؤال ضباط السلامة والصحة المهنية الذين يتجولون في أماكن العمل.

ونود الإشارة هنا إلى أن هذه البرامج التدريبية التعليمية يجب أن تكون مستمرة، وأن تركز بشكل خاص على العاملين الجدد.

مكافحة التدخين :

التدخين آفة تعاني منها أماكن العمل في المنظمات، فالدخان يضر بالمدخن ومن حوله، وقد اتبعت المنظمات إجراءات محددة لمكافحة التدخين أهمها ما يلي:

عدم توظيف موارد بشرية مدخنة، منع التدخين في مكان العمل والسماح به في أماكن مخصصة وفي أوقات محددة، وضع مخالفات وعقوبات بحق كل من لا يتقيد بقواعد التدخين، القيام بحملات توعية ونشر ملصقات من أجل كشف مضار التدخين وآثاره السلبية على المدخن ومن حوله.

المتابعة والتفتيش :

إن التدريب والتوعية في مجال السلامة والصحة لا يكفيان، بل يجب أن تكون هناك متابعة ورقابة مستمرة من قبل إدارة الموارد البشرية باعتبارها الجهة المختصة في هذا المجال، للتأكد من تطبيق تعليمات وقواعد الأمان بشكل سليم، ومعرفة المخالفات والإبلاغ عنها، وإجراء التحقيق فيها، ومن الضروري في هذا المجال فرض عقوبات بحق أصحاب المخالفات. ونود الإشارة هنا إلى أن عملية المتابعة والتفتيش المستمرة تساعد على التمسك بقواعد وإجراءات الأمن والحماية، وعدم التراخي في استخدامها والاستهتار بها من جانب الموارد البشرية في مكان العمل.

وسائل السيطرة على مخاطر بيئة العمل النفسية والاجتماعية :

فيما يلي بعض السبل التي يمكن بوساطتها تحسين المناخ الاجتماعي والنفسي في مكان العمل، والتي من خلالها بالامكان السيطرة على المخاطر الناتجة عن هذه البيئة، وهذه السبل يتم اختيارها بعد قيام إدارة الموارد البشرية بإجراء قياس لمستوى الرضا الوظيفي والروح المعنوية السائدة في المنظمة، وتحليل وتقييم

نتائج القياس، من أجل تحديد الثغرات التي تسبب عدم الرضا، الذي ينتج عنه بعض الحوادث والأمراض. وبوجه عام هناك سبل كثيرة ومتعددة يمكن استخدامها في مجال تحسين مناخ أو بيئة العمل النفسية والاجتماعية، وتوفير عنصر السلامة والصحة في هذه البيئة، وفيما يلي عدد من هذه السبل على سبيل المثال وليس الحصر:

* توفير الاستقرار الوظيفي ومنع الخوف من الفصل والتسريح.

* تبني مبدأ ديموقراطية الإدارة ومشاركة الموارد البشرية في تخطيط العمل واتخاذ القرارات.

* توفير الاحساس بالأهمية والقيمة لدى العاملين وعلى اختلاف فئاتهم.

* توفير عنصر الإثارة والتحدي في العمل.

* توفير الشعور بالمسؤولية لدى العاملين.

* خلق الشعور بعدالة المعاملة.

* خلق الشعور بأن أهم عناصر العمل هو العنصر البشري وهو محور اهتمام الادارة.

* العمل على حل الصراعات التنظيمية بين الموارد البشرية.

* توفير درجة من الحرية والاستقلالية في ممارسة العمل.

* توفير حوافز متنوعة تلبي حاجات ورغبات الموارد البشرية.

* تبني سياسة الاتصال المفتوح.

* إتاحة الفرصة للفرد في إبراز إمكاناته الذهنية والفسيولوجية.

ضغط العمل

ضغط العمل هو جزء من بيئة العمل المادية والنفسية، وقد آثرنا على شرحه بشكل منفصل، باعتباره أحد المصادر التي ينتج عنها حوادث وأمراض عمل متنوعة، منها ما هو جسدي صحي، ومنها ما هو نفسي، ينعكس آثارهما سلباً على الفرد وعلى المنظمة. ونحن هنا سنلقي الضوء على أبعاد هذا الموضوع ضغط العمل كمصدر لوقوع الحوادث والأمراض، وسنسعى لتحديد مسببات حدوث هذا

الضغط، ومن ثم نعمل على وضع مقترحات مناسبة للتعامل معه وعلاجه والقضاء عليه، أو التخفيـف مـن شدته وآثاره السلبية، نظراً لاحتمالية وجود بعض ضغوط عمل لا يمكن تلافيهـا بشـكل نهائي. وبوجـه عـام يمكن القول بأن ظاهرة ضغط العمل ظاهرة خطيرة في المنظمات، تؤثر سلباً في الحالة الصحية لـدى المـوارد البشرية، وبشكل خاص المديرون في الإدارة العليا، والرؤساء في كافة المستويات الإدارية.

أبعاد ضغط العمل :

يحدث ضغط العمل عندما تكون طبيعته وحجمه والمواقف والظروف المحيطة بـه فـوق طاقـة من يعمل الفسيولوجية، والنفسية، والذهنية، وخارج نطاق خبرته ومهارتـه في العمـل، بحيـث يكـون غـير قادر على التكيف والتعايش مع الجوانب المتعلقة بعمله ومعالجتها كلياً أو جزئياً، ولا يمكـن اعتبـار ذلـك ضغطاً، إلا اذا كانت هذه الجوانب متكررة ومستمرة الحدوث، فاذا كانت مؤقتة فلا يمكن اعتبارها ضغطاً، وعند فشل الفرد في معالجة الضغط، سيحدث لديه ضرر صحي ونفسي قد يشكل في بعض الأحيـان خطراً على حياته.

في ضوء ما تقدم يمكننا القول، بأن ضـغط العمـل يتبـاين مـن وظيفـة لأخرى حسب طبيعتهـا، وصعوبتها، وموقعها في الهيكل التنظيمي، وعلاقاتها مع الوظائف الأخرى. فعلـى سـبيل المثال نجد أن ضغط العمل لدى سكرتير المدير العام أكبر من ضغط العمل لدى سكرتير مدير الشراء، علماً أن الـوظيفتين هـما مـن نوعية واحدة. كذلك نجد ان ضغط العمل لدى الادارة العليا أكـبر مـن ضـغط العمـل في المسـتويات الاداريـة الأدنى. كما يتباين ضغط العمل من شخص لآخر حسب إمكاناته الفسيولوجية، والذهنية، والنفسية، ومهارتـه وخبرته في العمل، فكلما كانت هـذه الإمكانـات عاليـة يشـعر الفرد بضـغط عمـل أقـل، هـذا إلى جانب أن شخصية الفرد تلعب دوراً في تحمل الضغط، فبعض الناس يحبون عنصر التحدي في العمل، في حـين آخـرون لا يحبون المسؤولية والتحدي. في هذه الحالة نجد هؤلاء من لا يحبون التحـدي يشـعرون بضـغط العمـل اكـثر ممن يحبونه. ويتباين ضغط العمل أيضاً حسب الجنـس، فقـد أثبتـت منظمة الصحة الامريكية HEALTH ORGANIZATION بأن نسبة الرجال المصابين بارتفاع ضغط الدم بسبب ضغط العمل هو ضعفي إصابة النسـاء في الولايات المتحدة الأمريكية. [3] ولا يقتصر تبايـن وتفـاوت الضـغط داخـل المنظمـة فقـط، بـل يتبايـن مـن منظمة لأخرى وذلك حسب المتغيرات التنظيميـة السـائدة فيها، فالثقافة التنظيميـة، والنمط القيـادي، وطـرق وإجراءات العمل، والفلسفة الادارية، وحجم المنظمة، وطبيعة العمل فيها، والمناخ المادي، والمناخ الاجتماعي،

(3) JOHNE BROTTON, OP.CIT, P. 221.

والعلاقات التبادلية بين الموارد البشرية، جميعها تلعب دوراً في حدوث ضغط عمل عالي أو متوسط أو منخفض.

من خلال ما عرضناه آنفاً يمكننا القول، بأن ظاهرة ضغط العمل ظاهرة ذات صفة عمومية وشمولية، أي نجدها في كافة أنواع المنظمات، ويمكن ان يتعرض لها أي فرد يعمل في أية وظيفة كانت وفي أي مستوى إداري كان، مع الإشارة إلى ان هذه الظاهرة لا تتصف بطابع الثبات على الرغم من عموميتها وشموليتها، ذلك لأن الظروف المؤدية لحدوث ضغط العمل غير ثابتة. وهذا يقودنا للقول بأن مسألة ضغط العمل مسألة هلامية لا يمكن السيطرة عليها بشكل كامل، بل يمكن التحكم بها بشكل نسبي فنخفف من حدوثها وآثارها السلبية.

ويمكن تصنيف ضغط العمل إلى أنواع حسب المعيار المستخدم في التصنيف وفق ما يلي: [4]

* معيار النفع أو الضرر: بموجب هذا المعيار يكون لدينا ضغط عمل عادي وأثره نافع، حيث يسهم في خلق عنصر التحدي والاثارة وعدم الملل، ويقع الضغط هنا عادة ضمن إمكانات الفرد المتنوعة، وفي المقابل يكون لدينا ضغط ضار، ويحدث اذا كان خارج نطاق إمكانات الفرد، ويحدث آثاراً سلبية في صحته ونفسيته.

* معيار النطاق: بموجب هذا المعيار يتشكل لدينا ضغط ذو نطاق ضيق او محدود يشمل فئة من الوظائف والعاملين فيها، أو مجالات عمل محددة. كما يتشكل بموجب هذا المعيار ضغط ذو نطاق واسع يشمل فئات ومجالات عمل متعددة وكثيرة داخل المنظمة.

* معيار الخطورة: يصنف ضغط العمل هنا الى ضغط عمل له آثار وانعكاسات صحية خطيرة على الفرد، وضغط عادي مقبول آثاره ليست بهذه الخطورة.

* معيار المصدر: يمكن تصنيف ضغط العمل من خلال هذا المعيار إلى ضغط ناتج عن الفرد نفسه بسبب ضعف إمكاناته، وضغط ناتج عن وظيفته نفسها حيث تتصف بطابع الصعوبة والتعقيد وسرعة الأداء..الخ، وضغط ناتج عن بيئة العمل المادية والاجتماعية.

* معيار الاستمرارية: هناك ضغط عمل مستمر ودائم وهذا يشكل خطراً على الفرد، وضغط غير مستمر أي متقطع وأثره السلبي أقل من الأول.

(4) انظر تفصيلاً في:
أحمد محسن الخضيري، الضغوط الإدارية، مكتبة مدبولي، القاهرة، 1991، ص: 67-98.

وما دمنا في معرض حديثنا عن أبعاد ضغط العمل نجد من الأهمية بمكان التعرض إلى الآثار والانعكاسات السلبية الناتجة عن أو التي يحدثها ضغط العمل، حيث يمكن تحديد هذه الانعكاسات بما يلي: [5]

الانعكاسات على الفرد :

تتجسد الانعكاسات السلبية على الفرد بمجموعة من المضار التي تؤثر في حالة الفرد الصحية والنفسية التي يمكن حصرها فيما يلي:

جدول رقم (20)

EXCESSIVE TOBACO USE	الاكثار من التدخين	INTIENSION ANXITY	توتر وقلق
STOMACH PROBLEMES	مشاكل هضمية	HEART ATACKS	أزمات قلبية
SLEEP PROBLEMS	مشاكل في النوم	ANGER AND AGRESION	غضب وعدوانية
TIRED AND EXSOSTE	تعب وارهاق	HIGHY BLOOD PRESURE	ارتفاع ضغط الدم
INCREASED ACCIDENTS	زيادة حوادث العمل	UNABILITY TO RELAX	عدم القدرة على الاسترخاء
HEADACHE	صداع	FORGETNESS	النسيان
CARELESS	لامبالاة	FRUSTRATION	احباط

الانعكاسات على المنظمة :

تتجسد هذه الانعكاسات بمجموعة من المشاكل والآثار السلبية التي يمكن إيجازها بما يلي:

* ارتفاع معدل دوران العمل بسبب هروب الموارد البشرية من المنظمة لمنظمات عمل أخرى يكون فيها ضغط العمل أقل وأخف.

* إرتفاع معدل الغياب عن العمل وكذلك التأخير.

* انخفاض في الروح المعنوية وضعف مستوى الرضا الوظيفي، مما يحدث عدم حب العمل وضعف الولاء والانتماء للمنظمة من قبل مواردها البشرية.

---

(5) KILLY J., THE EXECUTIVE TIME AND STRESS, MANAGEMENT PROGRAME MAY WOOD, ALEXANDER HAMILTON INSTITUTE, INC, N.J, 1994, P. 144.

* انخفاض في الكفاءة الانتاجية والفاعلية التنظيمية.

* ارتفاع تكلفة التشغيل بسبب كثرة الأخطاء، وعلاج الأمراض والحوادث، وهدر الوقت، وأعطال متعمدة للتجهيزات، وتكلفة التوقف عن العمل بسبب المرض.. الخ.

* انخفاض مستوى الرضا لدى زبائن المنظمة، واحتمال فقدان جزء منهم بسبب سوء معاملتهم من قبـل العاملين.

* ظهور اتجاهات غير تعاونية.

مسببات ضغط العمل :

ضغط العمل لابد له من مسببات وهذه المسببات يمكن حصرها وتصنيفها ضمن ما يلي:

أولاً: مسببات ذات علاقة بالعمل نفسه WORK- RELATED FACTORS :

تشتمل هذه المسببات على ما يلي:

* غموض الدور ROLE AMBIGUITY :

يقصد بالغموض هنا عدم فهم الفرد لمضمون عمله، وما الذي يتوجب عليه القيام به، وما الـذي سوف يتحمل مسؤوليته، وما الذي يتوجب عليه إنجازه، وما هي صلاحياته، وما هي حدودها، وينتج هـذا الغموض بسبب عدم وجود تحليل وتوصيف للعمل أو عـدم وضوحه. وبسبب غموض الـدور يتـداخل عمل الفرد مع عمل الآخرين وتحدث صراعات معهم، ويشعر بأنه يعمل في ظل ظـروف مـن عـدم التأكد تحيط به وبعمله، وهنا لا يعرف بالتحديد ما يريده رئيسه منه، وما هـي توقعاتـه كـذلك، هـذه الجوانـب مجتمعة تشكل ضغطاً على الفرد وظهور أعراض صحية ونفسية سيئة عليه (ذكرناها سابقاً) بسبب خوفه وعدم طمأنينته.

* صراع الدور   ROLE CONELICT :

يقصد بالصراع هنا حدوث تناقض بين أحد أهداف الوظيفة مع هدف آخر، فعلى سبيل المثال قد يكون أحد الأهداف التي يتضمنها دور رئيس قسم ما هو رفع انتاجية مرؤوسيه، في حـين يوجـد توجـه لدى إدارة المنظمة لضغط تكاليف الحوافز المالية .

* تباين عبء العمل WORKLOAD VARIENCE :

يأخذ التباين هنا شكلين: عبء العمل الذي يكون أكبر مـن طاقـة وإمكانـات الفـرد الجسـدية والذهنية والنفسية OVERLOAD وهذا يحدث مرضاً جسدياً ونفسياً.

والشكل الثاني هو عندما يكون عبء العمل أقل من إمكانات الفرد، مما يحدث لديه فراغاً ومللاً وبالتالي ضغطاً نفسياً عليه.

* سرعة الأداء PERFORMANCE SPEEDNESS :

تعد السرعة في أداء العمل وخاصة على خطوط الانتاج التي تعمل في توقيت متزامن بين المراحل التي يتكون منها الخط، عامل ضغط فسيولوجي يتعب الفرد ويرهقه بسرعة، فالعمل المتسارع الذي تقـوم به الآلة مثلاً، يتطلب من الفرد رقابة مستمرة لها، وهذا بحد ذاته يشكل إرهاقاً وضغطاً عليه.

* صعوبة العمل WORK DIFICULTY :

لا شك أن ضغط العمل يتناسب طرداً مع درجة صعوبته، فكلما زادت درجة الصعوبة زاد ضغط العمل على الفرد، مع الإشارة الى أن هذه الدرجة متباينة بين الأفراد حسب إمكاناتهم المتنوعة.

* رتابة العمل WORK CHALLENGELESS :

تتسم بعض الأعمال بطابع الروتين والتكرار، وهذا بسبب أن أداءها يكون على وتيرة واحدة دون تغيير، فالأداء المتكرر يحدث مللاً وسأماً لدى من يمارس هذه الأعمال، حيث قد تصل درجة الملل لديه إلى حد إصابته باكتئاب نفسي. ولا يقتصر الضرر على ذلك فحسب، بل قد يصاب الفرد بشرود ذهني خـلال أداء عمله، مما يحدث في بعض الحالات حوادث خطيرة قد تؤدي بحياته إذا كان يعمل على آلة خطرة.

ثانياً: مسببات ذات علاقة بالفرد نفسه INDIVIDUAL RELATED FACTORS :

تصنف هذه المسببات فيما يلي:

* مشاكل عائلية FAMILY PROBLEMES :

وهي متعددة ومتنوعة كالطلاق، وفاة الـزوج أو الزوجـة، رعايـة الأطفـال أثنـاء عمـل الوالـدين، مرض أحد أفراد العائلة المزمن، عبء العمل المنزلي لـدى الزوجـات العـاملات، رعايـة أحـد الأبـوين.. الـخ. جميع هذه المشاكل تجعل الفرد يأتي لعمله وهو مشغول الفكر، مما يجعله يشعر بضغط العمل بسرعة وبشكل أكثر من غيره.

* مشاكل مالية   FISCAL PROBLEMES :

هذه المشاكل هي من أهم المسببات التي تجعل الفرد يحس بضغط العمل أكثرمن غـيره، فكـثرة الالتزامات المالية المترتبة على الفرد وعدم كفاية دخله لتغطيتها، تجعله دائم التفكير والقلق والتوتر.

* ظروف مكان الاقامة والمعيشة   LIVING CONDITIONS :

إن السكن في منطقة بعيدة عـن مكـان العمل وزحمة المواصـلات، وكـذلك السـكن في منطقـة مكتظة بالسكان مليئة بالضوضاء وغير نظيفة، لا شك تجعل الفرد يأتي لعمله وهو لم يأخـذ القسـط الكـافي من الراحة الجسدية والنفسية التي تمكنه من تحمل ضغط عمله، فتجعله يشعر بالارهاق بسرعة.

* نقص الامكانات   LACK OF ABILITIES :

وهي متنوعة فلدينا إمكانات جسدية أي القدرة على تحمل الجهد المطلوب من العمل، ولـدينا القدرة الذهنية التي تساعد على التفكير الصحيح وتحمل صـعوبة العمـل، ولـدينا القـدرة النفسـية التـي تتمثل بالشخصية المتوازنة وعدم وجود مشاكل نفسية كالاكتئاب مثلاً. فهذه الامكانات تساعد على تحمـل ضغط العمل بشكل أكبر، فالفرد الذي لديه جرأة وحب المسؤولية، وحب عنصر ـ التحدي، نجـده يتحمـل ضغط عمل أكثر بكثير من الشخص الذي يخالفه في هذه الامكانات أو الذي لا يمتلكها.

* الصفات الشخصية   PERSONAL TRAITS :

الفرد الذي يتصف بالحساسية، وعصبي المزاج، وقليل الصبر، وضعيف الارادة، وكسـول، وقليـل الطموح، بلا شك سيتعرض لضغط العمل أكثر من غيره ممن لديه عكس هذه الصفات.

* الحالة الصحية   HEALTH CONDITION :

من المؤكد أن الفرد الذي يعاني من مشاكل صحية بسبب مرض مـا، سـيكون عرضـة للشعور بضغط العمل أكثر من غـيره، لأن المـرض يـنعكس أثـره عليـه سـلباً في مـدى تحملـه للجهـد الفسـيولوجي والذهني، كما ينعكس هذا الأثر على حالته النفسية عموماً.

ثالثاً: مسببات ذات علاقة بالمنظمة   ORGANIZATION RELATED FACTORS :

هذه المسببات كثيرة ومتنوعة وذات علاقة ببيئة العمل المادية والنفسية والاجتماعية التي سـبق لنا أن تعرضنا لها، لذلك سنناقش هنا أثر هذه البيئة من زاوية تشكيلها ضغط عمل على الفرد فقط وأهـم هذه المسببات ما يلي:

* **الصراعات** CONFLICTS :

يُعرف الصراع بأنه حالة من عدم الاتفاق بين شخصين أو فريقين، ويحدث إما لأسباب شخصية ناتجة عن اختلاف مكونات الشخصية، أو لأسباب تتعلق بالعمل التي أسبابها كثيرة منها على سبيل المثال: إختلاف وجهات النظر حول العمل، اختلاف الدوافع، اختلاف العادات والقيم، اختلاف المصالح الشخصية والعامة. إن حدوث هذه الصراعات، سينشأ عنه تفكك في عرى وروابط التعاون والزمالة بين العاملين، ويحدث ضغطاً نفسياً عليهم يؤثر سلباً في صحتهم وفي فاعلية أدائهم.

* **نقص الدافعية** LACK OF MOTIVATION :

يحدث هذا النقص بسبب عدم وجود محفزات تخلق لدى الفرد الدافعية للعمل فيشعر بضغوطه، فنقص التحفيز المادي والمعنوي المستمر يحدث لديه احباطاً، ويضع عائقاً أمامه يحول دون إنجاز ما هو مطلوب منه، فالإحباط الناتج عن ضعف التحفيز، يشكل بداخله حالة نفسية سلبية تتمثل بعدم السعادة التي يعبر عنها بعدم الرغبة في العمل، مما يشعره بضغوطه بشكل أكبر. إذاً يمكن القول بأن نقص الدافعية يخلق شعوراً يتملك الفرد بأنه غير قادر على تحقيق ما يصبوا إليه من خلال عمله في المنظمة، لوجود عوائق تحول دون ذلك، وهذا ما يدعى بالاحباط التنظيمي ORGANIZATIONAL FRUSTRATION .

* **نمط الإشراف الإداري السائد** SUPERVISION :

مما لا شك فيه أن النمط الإشرافي الذي يمارسه الرؤساء مع مرؤوسيهم يعد مصدر ضغط نفسي عليهم، فالنمط الديكتاتوري الذي يعتمد على استخدام السلطة والنفوذ وجمود العلاقات بين الرئيس ومرؤوسيه، سيجعل جو العمل غير مريح نفسياً ويشكل ضغطاً عليهم.

* **مناخ العمل المادي** PHYSICAL CLIMATE :

إن الظروف المناخية السائدة في مكان العمل التي سبق الإشارة إليها سابقاً وما تشتمل عليه من إضاءة وتهوية، ونظافة، ومخاطر.. الخ لها تأثير سلبي في الفرد إذا كانت سيئة، وستشكل بلا شك ضغطاً نفسياً وفسيولوجيا على الفرد، مما يعرضه للمخاطر.

* **نظرة فلسفة المنظمة للعنصر البشري** ORGANIZATION PHILOSOPHY :

عندما تكون نظرة المنظمة للعنصر البشري في العمل نظرة آلية، أي أنه آلة بشرية ينفذ ما هو مطلوب منه دون أن يكون له رأي، ووفق إجراءات عمل

منمطة تحدد له كل شيء، وبشكل يحد من حريته في العمل، وتنظر إليه على أنه إنسان اقتصادي حـافزه للعمل المال فقط، لا شك أن هذه النظرة ستولد لديه شعوراً بالاستياء وعدم الارتيـاح، وسينشـأ عـن ذلـك، الاحساس بالضغط النفسي عند ممارسة عمله المناط به.

* بيروقراطية العمل   BUREAUCRACY :

عندما يعمل الإنسان في منظمة يسودها تفشي ظاهرة الروتين والتمسك الأعمى باللوائح والقوانين، وسيطرة النظرة الجزئية والمصلحة الشخصية، وتسيد الرقابة البوليسية على الأداء لتصيد الأخطاء، وكذلك إنتشار ظاهرة النفاق والتزلف الاداري، وأيضاً الرشوة والفساد (كـما هـو الحـال في بعض الأجهـزة الحكومية في بعض البلدان النامية)، لا شك أن هذه الظواهر جميعها ستشكل ضغطاً نفسياً عليه وعـلى أي إنسان يريد أن يعمل بشرف واستقامة في ظل المنافسة الشريفة، التي تحكم تصرفات الأفراد مـن أجـل خدمة الصالح العام.

ومن مظاهر البيروقراطية والجمود التنظيمي التي تسبب ضغطاً نفسيـاً على الأفراد، عدم تطبيـق نظام موضوعي لتقييم الأداء، ومركزية السلطة، وبعد خطوط الاتصال بين قمة الهرم التنظيمـي وقاعدتـه، وعدم تطبيق مبدأ العدالة والمساواة في معاملة الموارد البشرية.

معالجة ضغط العمل :

هناك منهجية معروفة للتعامل مع ضغط العمل وتطويقه والقضاء عليه أو التخفيف من شـدته يجب التقيد بها، إذ لا يجوز التعامل معه بشكل ارتجالي غير مدروس، وفيما يلي مكونات هذه المنهجية :

* تحديد مصدر ضغط العمل :

إن تحديد المصادر التي ينشأ عنها ضغط العمل مسألة أساسية، فمعرفـة المصـدر يساعد كثيراً على معرفة المسببات التي أدت إلى تشكله، وقد مر معنا المصادر التي ينتج عنها ضغوط العمل.

* تحديد أسباب حدوث ضغط العمل :

إن تحديد مصدر الضغط لا يكفي بـل يحتـاج الأمـر إلى معرفـة الأسـباب التي أدت إلى حدوثـه وتحليلها، فهذه المعرفة التحليلية تساعد وإلى حد كبير في وضع الحل المناسب لإزالة الضغط أو التخفيف مـن شـدته. وهنـا نؤكـد عـلى ضرورة الاعـتماد عـلى نتـائج التحليل عنـد وضع الحـل، وعـدم الاعـتماد على الظواهر في وصف العلاج. فعلاج الآثار دون معالجة الأسباب لا يفيد شيـئاً، فمفعول العلاج هنا

كمفعول المسكنات التي نحن في غنى عنها، فالحاجة هنا للدواء وليس للمسكنات التي يـزول أثرهـا بعد فترة قصيرة، أما الدواء فهو يضع حلاً جذرياً لمعالجة ضغط العمل، وهنا وفي مجـال تحليـل المسـببات التي تشكل الضغط ينصح بما يلي:

- البحث عن: كيف نشأ الضغط؟ وما هو مصدره، وما هو نوعه؟

- ما هي العوامل التي ساعدت على تشكل الضغط؟

- ما هي شدة الضغط؟ وما هي المرحلة التي وصل إليها من حيث الشدة؟

- ما هو نطاق وشمولية الضغط؟

- ما هو اتجاه الضغط هل هو في تصاعد أم استقرار أم هبوط؟

- هل الضغط مستمر أم متقطع؟

* اقتراح سبل معالجة ضغط العمل :

تختلف سبل المعالجة بوجه عام من منظمة لأخرى، ومن فرد لآخر، ومن وظيفة لأخرى حسـب الأبعاد التي شرحناها فيما سبق، ويتم اقتراح السبل في ضوء نتائج المرحلتين السابقتين. ونود الإشارة هنا الى ضرورة أن تكون المعالجة سريعة وفي وقت مبكر، كي لا يستفحل الضغط وتكبر آثاره الضارة. كما نـود الإشارة الى أنه عند وضع الحلول أو سبل المعالجة، يستوجب الأمـر متابعـة تطبيقهـا عنـد وضـعها موضـع التطبيق. وتقسم سبل معالجة الضغط إلى قسمين على النحو التالي:

أولاً: على مستوى الفرد .

1. إرشاد المـوارد البشرية لكيفيـة التعامـل مـع ضـغوط عملهـم سـواء لازالتها أو التخفيـف مـن شـدتها، وتعليمهم بعض الوسائل التي تمكنهم من ذلك. وفيما يلي نعرض اسلوب اكتشاف الضغط ومعالجتـه شخصياً، وذلك بأن يسأل الفرد نفسه الأسئلة التالية ويجيب عنها: [6]

- هل لدي ضغط عمل؟

- من أين أتى ضغط العمل؟

- ما الذي شكل ضغط العمل لدي؟

- ما هي آثاره الضارة علي؟

(6) احمد محسن الخضيري، مرجع سبق ذكره، ص: 420-427.

إن تحليل الاجابات السابقة تساعد الفرد على فهم وإدراك حقيقة ضغط عمله، كما تساعده على اقتراح وسائل العلاج المناسبة، ومن هذه الوسائل على سبيل المثال وليس الحصر: الثقة بالنفس، إدارة الوقت، الاسترخاء، ممارسة بعض التمارين الرياضية، تأجيل المسائل الصعبة لحلها في وقت لاحق، الخروج من المكتب لفترة زمنية لتجديد النشاط.. الخ .

2. تعليم الفرد كيفية معالجة الضغط الناشئ عن علاقته مع رئيسه المباشر باتباع الارشادات التالية :

- حلل شخصية رئيسك وتعامل معه في ضوء نتائج تحليلك، فاذا كان عصبي المزاج، حاول أن تمتص عصبيته بهدوء أعصابك، واكتشف ما الذي يحبه، وما الذي يكرهه لتركز على الأشياء التي يحبها ويفضلها.

- كن على اتصال دائم ومستمر مع رئيسك واعرض عليه إنجازك أولاً بأول وحاول الاستفادة منه في تقييم أخطائك، وركز على معرفة ما الذي يريده منك بدراسة أوامره وتوجهاته بشكل جيد.

- توخى مبدأ الصراحة والصدق مع رئيسك في مسعى لكسب ثقته.

- عندما يحدث تعارضاً بينك وبين رئيسك لا تحاول نقده، وأشعره بالتعارض بشكل غير مباشر وأنه مجرد سوء فهم.

- لا تظهر بمظهر الضعف أمام رئيسك، لكن كن لبقاً معه، فعندما يشعر بأنك ضعيف أمامه فقد يستغل ذلك ويشكل عليك ضغطاً أكثر.

3. تعليم الفرد معالجة الضغط الناشئ عن علاقته مع زملائه باتباع الارشادات التالية:

- حلل شخصية زملائك في المكان الذي تعمل فيه وحاول أن تتعامل مع كل واحد منهم في ضوء شخصيته.

- قوي العلاقات والروابط الاجتماعية مع زملائك.

- مد يد العون لزملائك عندما يحتاجون اليك، فهذا سيولد الثقة لديهم بك.

- كن صادقاً مع زملائك لتكسب ثقتهم.

- كن حيادياً عند حدوث مشاكل بين زملائك ولا تنخرط بالصراعات التي تنشأ بينهم.

ثانياً: على مستوى المنظمة .

- إعادة النظر في ثقافة المنظمة بشكل تجعل العنصر البشري أهم مكونات المنظمة، وهو الذي يتوقف عليه رضا زبائنها ونجاحها وبقائها.

- إعادة تصميم العمل بشكل يوفر للموارد البشرية في وظائفها ما يلي: الوضوح في المهام والمسؤوليات، معرفة لحدود السلطة ومراعاة تكافؤ السلطة مع المسؤولية، الشعور بالانجاز، الشعور بالمرونة والحرية والاستقلالية في العمل، توفير مجالات التعاون مع الآخرين، توفير درجة من الاثارة في العمل، تخفيف درجة الصعوبة والتعقيد.

- ممارسة عملية التوجيه والرقابة بشكل صحيح من خلال نمط إشرافي ديمقراطي يسمح بالمشاركة في اتخاذ القرارات وحل المشاكل.

- تبني أسلوب تنفيذ الأعمال من خلال فرق العمل المدارة ذاتياً، بشكل يمنحها حرية كبيرة في العمل.

- تفعيل دور الرؤساء وإدارة الموارد البشرية في حل الصراعات التنظيمية، من خلال دراسة اسبابها والعمل على تلافيها بشكل حكيم.

- تحسين مناخ وبيئة العمل المادية، وقد سبق لنا وأن شرحنا هذا الجانب فيما سبق.

- توفير تكنولوجيا حديثة في الآلات والمعدات لتسهيل أداء العمل.

- إنشاء وتجهيز صالة رياضية لممارسة ألعاب اللياقة البدنية.

- إعادة النظر في نظام تقييم الاداء لتوفير أكبر قدر من الموضوعية والعدالة.

- توفير برنامج لمساعدة العاملين EMPLOYEE ASSISTANCE PROGRAM ، حيث يتم من خلاله الاستماع لمشاكلهم، والعمل على حلها من خلال اقتراح السبل الكفيلة لمعالجتها، ومعاونتهم في تطبيق هذه السبل، وهذا يتطلب أخصائيين اجتماعيين وبشكل خاص في مجال علم النفس.

ونود الإشارة إلى أننا عرضنا في السابق سبلاً لتحسين المناخ المعنوي في المنظمة، حيث يمكن الاستفادة منها في معالجة ضغط العمل ولا داعي لتكرارها مرة ثانية، حيث يمكن الرجوع إليها.

تقييم جهود إدارة بيئة العمل

يهدف تقييم جهود إدارة بيئة العمل الى معرفة الجوانب الأساسية التالية:

* هل الوفر الذي تحقق من خلال تخفيض عدد ونوعية حوادث وأمراض العمل خلال فترة زمنية محددة يفوق التكلفة التي أنفقت في مجال إدارة بيئة العمل، وذلك باستخدام القيمة المضافة؟

* هل نجحت جهود إدارة بيئة العمل في التقليل من حوادث وأمراض العمل وآثارها الضارة إلى أدنى حد ممكن؟

* هل استخدم الأسلوب والمنهجية العلمية في دراسة كيف وقع الحادث والمرض؟ ولماذا حدث؟ وأين حصل؟ وما هي نتائجهما، وما هي جدوى الحلول المقترحة؟

* هل لدى إدارة الموارد البشرية معرفة جيدة بمصادر حوادث وأمراض العمل؟

* هل جميع المخاطر مسيطر عليها؟ وما هي نسبة السيطرة اذا كانت الإجابة بلا؟

* هل المتابعة والرقابة على تطبيق إجراءات الحماية فعالة؟

* هل لدى الموارد البشرية وعي وإدراك وإلمام بأهمية استخدام سبل الحماية وتطبيق القواعد والارشادات المتعلقة بها؟

* هل لدى المنظمة برامج صحية وقائية من أمراض وحوادث العمل كالفحص الطبي السريري الدوري على سبيل المثال؟

* هل يتوفر لدى المنظمة مستوصف طبي مجهز بما يلزم لتقديم الاسعافات الطبية الأولية في مكان العمل ؟

* هل لدى المنظمة برنامج للتأهيل الأولي للموارد البشرية الجديدة؟

في ضوء ما تقدم نجد أننا بحاجة إلى معايير محددة من أجل تقييم الجوانب السابقة، وسنعرض فيما يلي عدداً من هذه المعايير الشائعة في الاستخدام:

معدل الحوادث والأمراض العام :

يقاس معدل الحوادث والأمراض ACCIDENTS RATE عن طريق ما يلي:

$$\frac{\text{عدد الحوادث والأمراض خلال فترة زمنية}}{\text{عدد ساعات العمل الكلية لجميع العاملين خلال فترة زمنية (عدد العاملين × عدد ساعات العمل الاسبوعية× عدد اسابيع العمل)}} \times 1000.000$$

بالطبع بالإمكان حساب هذا المعدل بالنسبة لحوادث العمل وأمراض العمل كل على حده، وهنا كلما انخفض المعدل كان ذلك مؤشراً على نجاح جهود إدارة البيئة والعكس من ذلك صحيح .

معدل التكرار :

يستخدم هذا المعدل FREQUANCY RATE من أجل معرفة معدل تكرار وقوع كل حادثة وحدوث كل مرض على حده، وهذا يتطلب بالتالي ضرورة تصنيف الحوادث والأمراض من أجل حساب معدل تكرار كل منها على حده، مع الإشارة إلى احتمال وجود حوادث وأمراض نادرة قد لا يتكرر حدوثها أو الإصابة بها. ويتم حساب معدل التكرار على النحو التالي:

$$\frac{\text{عدد مرات حدوث الإصابة أو المرض اللذين ينتج عنهما ضرر خلال فترة زمنية معينة}}{\text{عدد ساعات العمل الكلية لجميع العاملين خلال فترة زمنية محددة}} \times \text{1 مليون}$$

يشير ارتفاع هذا المعدل إلى عدم كفاءة جهود إدارة البيئة، والعكس صحيح.

معدل ساعات العمل المفقودة :

تعكس تسمية هذا المعدل SEVERITY RATE حساب ساعات العمل الفعلية المفقود بسبب الإصابات والأمراض، حيث يأخذ في اعتباره أن الإصابات والأمراض ليست متساوية من حيث خطورتها وضررها، فهناك حوادث ينتج عنها توقف طويل عن العمل، في حين أن إصابات وأمراض أخرى ينتج عنها توقف أقصر، ويقاس هذا المعدل عن طريق ما يلي:

$$\frac{\text{إجمالي ساعات العمل المفقودة بسبب الحوادث والأمراض خلال فترة معينة}}{\text{عدد ساعات العمل الفعلية الكلية لجميع العاملين خلال فترة زمنية معينة}} \times \text{1 مليون}$$

يشير انخفاض المعدل الى جهود فعالة في مجال إدارة البيئة والعكس صحيح

ونود الإشارة في ختام هذا الموضوع إلى عدد من النقاط الهامة ذات علاقة هي ما يلي:

إن حساب هذه المعدلات لا يمكن أن يتم دون وجود سجلات يدون فيها الحوادث والأمراض التي وقعت بسبب بيئة العمل المادية والنفسية، فالسجلات توفر لنا بيانات ومعلومات على أساسها يتم حساب المعدلات فبدونها لا يمكن ذلك، ويمكن تصميم نظام معلومات خاص بموضوع إدارة البيئة باستخدام الحاسب الآلي. وهنا نؤكد على ضرورة دراسة كل حادثة أو مرض على حده، وتحديد مصدرهما وأسبابهما ونتائجها، لأن هذه الجوانب تختلف من حادثة لأخرى.

ولمزيد من التأكد الخاص بفاعلية جهود إدارة البيئة، يتوجب مقارنة معدلات السلامة والصحة في المنظمة مع :

معدلات السنوات السابقة لمعرفة هل هذه الجهود في حالة تحسن أم تراجع، وأيضاً مع معدلات منظمة أخرى ناجحة مماثلة، لمعرفة وضعها الحالي من الوضع الناجح الموجود في المنظمة التي قورن بها. وتستوجب عملية التأكد أيضا أن تقارن المنظمة معدلاتها مع الوضع العام السائد في الصناعة أو الخدمة التي ينتمي عملها إليها، لمعرفة وضعها من الوضع العام، هل هو سيء أم أحسن أم متوافق؟

الفصل السادس عشر

إدارة النظام التأديبي

محتوى الفصل

- الإطار العام للنظام التأديبي.
- مداخل النظام التأديبي.
- تصميم النظام التأديبي.
- فاعلية النظام التأديبي.

تساؤلات هامة يطرحها الفصل

- هل العقوبة غاية في حد ذاتها، أم أنها وسيلة لتحقيق غاية؟
- أيهما مطلوب أكثر في النظام التأديبي: الشدة أم المرونة؟
- كيف يجري تصميم النظام التأديبي؟
- هل إجراءات النظام التأديبي نمطية؟
- متى يكون النظام التأديبي فعالاً؟

الإطار العام للنظام التأديبي

النظام التأديبي مجموعة من الأعمال والإجراءات التي تتخذ وتطبق من أجل حفظ النظام والحقوق في مكان العمل داخل المنظمات، وضبط سير العمل فيها، وتوجيه السلوكيات وتصرفات العاملين أثناء الدوام الرسمي باتجاه مطلوب، يخدم مصلحة المنظمة ومصلحة كل من يعمل فيها. وتشتمل هذه الأعمال والتصرفات على جوانب أساسية هي ما يلي:

* هدف النظام التأديبي.

* القواعد الناظمة لسير العمل ومنع السلوك والتصرف غير المرغوب فيه.

* حالات انتهاك قواعد العمل المخالفات.

* العقوبات المصاحبة لانتهاكات قواعد العمل والتي تسمى بالعمل التأديبي.

* العملية التأديبية.

* متطلبات تطبيق النظام التأديبي.

في ضوء التعريف السابق لإطار النظام التأديبي العام، ولمزيد من التوضيح لماهية هذا النظام ومكوناته، نعرض فيما يلي تعاريفاً للجوانب الأساسية المشار إليها أعلاه، التي يتشكل منها هذا الإطار:

هدف النظام التأديبي:

يهدف أي نظام التأديبي الى تعديل سلوك وتصرف العاملين من سلبية إلى إيجابية، وحفظ وضمان حقوق كافة المعنيين في المنظمة، وهذه الحقوق ما يلي:

* حقوق المنظمة على العاملين فيها.

* حقوق العاملين بعضهم على بعض من أجل منع انتهاك هذه الحقوق.

* حقوق الرؤساء على المرؤوسين.

* حقوق المرؤوسين على الرؤساء.

البعد الفلسفي للنظام التأديبي :

لم يعد النظام التأديبي كما كان عليه في السابق على أنه وسيلة لبتر المخالفين وتصفيتهم، واستخدام الرقابة البوليسية لتصيد الأخطاء وأصحابها، من أجل إنزال العقوبة بحقهم. إن النظام التأديبي اليوم غير ذلك، فهو نظام وقائي PRVENTATION SYSTEM وليس بوليسياً، بمعنى أنه يسعى إلى التلويح بالعقاب من بعيد، لمنع وقوع المخالفات والسلوكيات غير المرغوب فيها، ولمنع تكرارها في حالة حدوثها، بمعنى أنه لم تعد العقوبات غاية في حد ذاتها، إنما هي وسيلة لتحقيق الإصلاح وتعديل السلوكيات الشاذة غير المطلوبة إلى سلوكيات وتصرفات مرغوب فيها. بناء على هذه الفلسفة أطلق المختصون في مجال إدارة الموارد البشرية وخاصة الحوافز تسمية الحوافز السلبية NEGATIVE INCENTIVES على النظام التأديبي، على أساس أن التلويح بالعقاب من بعيد يخلق لدى العاملين الدافعية لأن يمتنعوا عن التصرف والسلوك الشاذ غير المرغوب فيه، وعدم تكراره في حالة وقوعه، وبالتالي تحثهم هذه الدافعية للامتناع عن الخطأ والمخالفة لقواعد العمل ومنع تكرارها عند حدوثها.

قواعد العمل :

ويصطلح عليها بـ RULES ، وهي عبارة عن معايير لضبط سلوك وتصرف العاملين أثناء العمل وتوجيهها الوجهة المطلوبة، وبالتالي فهي توضح للجميع ما هو ممنوع وما هو مسموح به، وكل من لا يتقيد ويلتزم بها، يعتبر مخالفاً لها ويعرض نفسه للعقوبة.

المخالفات :

هي سلوكيات وتصرفات لا تتماشى مع قواعد العمل، وحدوثها يعني انتهاكاً لهذه القواعد وعدم الالتزام بها، وبالتالي فهي شاذة وغير مرغوب فيها وتعرض صاحبها للمساءلة والمحاسبة.

العمل التأديبي :

ويصطلح عليه بـ DISCIPLINARY ACTION ويقصد به العقوبة التي تفرض بحق أي فرد يعمل داخل المنظمة ينتهك ويخالف القواعد الناظمة للعمل. والعمل التأديبي هو بمثابة الضامن لأن تكون تصرفات العاملين وسلوكياتهم في مكان العمل، وفق المرغوب فيه أي وفق قواعد العمل، وسعياً لضمان حقوق كافة المعنيين في المنظمة .

العملية التأديبية :

ويصطلح عليها بـ DISCIPLINARY PROCESS ويقصد بها الإجراءات التي تتخذ وتطبق مـن أجـل وضع النظام التأديبي موضع التطبيق الفعلي والالتزام به، وتشتمل هذه العملية على ما يلي:

* متابعة أداء وسلوك وتصرفات العاملين أثناء العمل وخلال ساعات الدوام الرسـمي، وذلـك منـذ الحضور للعمل حتى ساعة الانصراف منه. وتتم عملية المتابعة باستخدام أدوات رقابة يحددها النظام التأديبي، من أجل جمع المعلومات عن سلوكيات وتصرفات العاملين في مكان العمل.

* مقارنة الأداء والسلوك والتصرفات من خلال المعلومات التي تم جمعها مع قواعد العمل، من أجل تحديد مدى التزام العاملين بها، ومدى مخالفتها.

* تحديد نتيجة المقارنة التي تبين المخالفات التي وقعت بحق قواعد العمل وتشتمل على:

- اسم المخالف.

- نوع المخالفة.

- تاريخ وساعة وقوع المخالفة.

- شدة المخالفة من حيث الأضرار التي أحدثتها.

- أسباب وقوع المخالفة.

* الإبلاغ عن نتيجة المخالفة للجهة المعنية في المنظمة.

مداخل النظام التأديبي

هناك ثلاثة مداخل أساسية وفق إتجاه كل منهما يصمم النظام التـأديبي ويحـدد هدفـه، وفيـما يلي عرض لمضمون كل منها:

مدخل العقوبة الفورية :

ويصطلح عليه بـ HOT STOVE RULE ويقوم على معلومة وقاعدة أساسية تشكل عمـوده الفقـري وهي:

من يلمس المدفأة الساخنة تحترق يده فوراً ويشعر بالألم، واضرب الحديد وهو ساخن يلين ويتشكل كما تريد.

يطبق هذا المدخل مبدأ العقوبة السريعة والفورية بحق كل من يخالف القواعد الناظمة لسير العمل، حيث بمجرد وقوع المخالفة يستوجب فرض العقوبة بأسرع ما يمكن دون تأخير، فالقواعد هنا هي بمثابة المدفأة الحامية، التي تحرق من يلمسها وعلى الفور، وسيشعر بألم الحرق وبمستويات، وذلك حسب مدى سخونة المدفأة من جهة، ومدى ملامسة الفرد لها من جهة ثانية. فعندما تكون المدفأة (قواعد العمل) حامية جداً، وكانت ملامسة (مخالفة) الفرد لها شديدة، لا شك أن الحرق (العقوبة) سيكون قاسياً ومؤلماً وفورياً والعكس من ذلك صحيح. والغاية من السرعة (العقوبة الفورية) في ظل هذا المدخل التأديبي، هي عدم حدوث تراخي في فرض العقوبة من جهة، ولكي لا يحصل المخالف على تعاطف الآخرين من جهة ثانية. فمع مرور الزمن ينساالآخرون حتى نفس الشخص ما سببته مخالفته لقواعد العمل، فالعقوبة الفورية تشعر الجميع بأن العصا حامية، وهي لهم بالمرصاد لكل من تسوله نفسه مخالفة قواعد العمل، فكل مخالف سيلقى نفس المعاملة والعقاب.

إضافة إلى ما تقدم وهو ضرورة كون العقوبة فورية، يتطلب تطبيق هذا المدخل استمرارية هذه العقوبة، فلا يجوز أن تعاقب تارة وتارة لا، ولا يجوز أن تعاقب مخالفاً ولا نعاقب مخالفاً آخر، فكل من ينتهك القواعد يعاقب (كل من يلمس المدفأة سيحترق) وبالتالي لا مجال للمجاملة.

يتضح مما تقدم أن هذا المدخل يعتمد على الصرامة في ردع المخالفين لقواعد العمل وبدون استثناءات، لكن قد تحدث مخالفات في بعض الأحيان وتكون خارجة عن نطاق إرادة المخالف، فقد يغيب شخص ما عن عمله وبدون إذن مسبق وليوم كامل بسبب ظرف عائلي كاسعاف مريض للمستشفى مثلاً، فهل يعقل ألا يؤخذ ذلك في الاعتبار عند فرض العقوبة، فالأمر يحتاج إلى مرونة نسبية في فرض العقوبة، لكن هذه المرونة تصطدم مع المبدأ الأساسي الذي يقوم عليه هذا المدخل وهو المدفأة الساخنة والعقوبة الفورية، وبالتالي فالمنظمة التي تود تطبيق هذا المدخل، أن تأخذ هذه الناحية بعين الاعتبار.

مدخل التأديب المتدرج تصاعدياً :

يصطلح على هذا المدخل بـ PROGRESSIVE DISCILPINE APPROACH ويقوم على أساس وضع قواعد ناظمة لسير العمل، ويحدد درجات أو مستويات

لمخالفتها من قبل العاملين، وذلك من المخالفة الأقل خطورة أو ضرراً للأكثر خطورة، وفي هذه الحالة سيكون لكل قاعدة من قواعد العمل، عدد من الدرجات أو المستويات لمخالفتها، وسيكون ايضاً لكل مستوى أو درجة عقوبة خاصة بها، تتناسب شدتها طرداً مع جسامة وخطورة المخالفة، وبهذه الصورة تكون العقوبات متدرجة من حيث شدتها، وفيما يلي مثال توضيحي لهذه الناحية :

القاعدة : التأخر عن العمل .

* التأخر من 1 دقيقة وحتى 5 دقائق لا يعتبر مخالفة.

* التأخر من 6 دقائق وحتى 15 دقيقة العقوبة تنبيه شفهي

* التأخير من 16 دقيقة وحتى 25 دقيقة العقوبة تنبيه مكتوب يحفظ في ملف المخالف.

* التأخير من 26 دقيقة وحتى 45 دقيقة العقوبة إنذار خطي يحفظ في ملف المخالف.

ويتبع عادة الأسلوب التالي في تحديد وفرض العقوبة التأديبية بحق المخالفين:

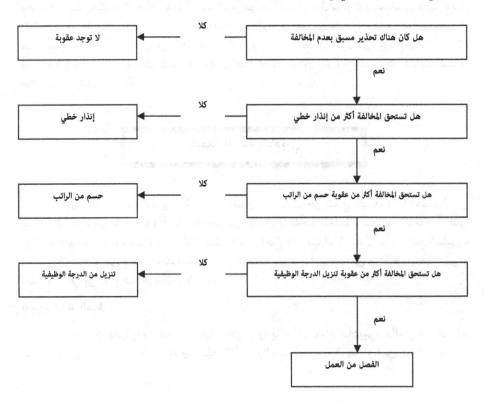

إن الغاية التي يقوم عليها مدخل التدريج التصاعدي، هو أن تتناسب شدة العقوبة مع جسامة وخطورة المخالفة، تحقيقاً لمسألة الموضوعية في النظام التأديبي، هذا إلى جانب أن التدرج يتيح أو يعطي فرصة للمخالف أن يقوم بتعديل سلوكه. إذاً يمكن القول بأن مدخل التدرج التصاعدي يوفر إلى جانب مزاياه مزية أخرى هامة وهي المرونة وعدم الصرامة، تماشياً مع فلسفة أشرنا إليها أكثر من مرة سابقاً هي أن العقوبة أداة للإصلاح والتهذيب.

مدخل التأديب بدون عقوبة :

ويصطلح عليه بـ DISCIPLINE WITHOUT PUNICHMENT ويقوم على مبدأ إتاحة الفرصة لمحو العقوبة التأديبية، إنسجاماً مع فلسفة النظام التأديبي الحديثة التي تقر بضرورة جعل العقوبة وسيلة للإصلاح وتعديل السلوك، وألا تكون غاية في حد ذاتها. فبموجب هذا المدخل هناك إمكانية لمحو العقوبة التأديبية من قبل المخالف، إذا لم ينتهك قواعد العمل ثانية لفترة زمنية تتناسب مدتها طرداً مع جسامة مخالفته، حيث يثبت خلال هذه الفترة أنه قد إلتزم بقواعد العمل وعدل سلوكه وتصرفه في عمله وفق المطلوب. لكن إذا خالف القواعد مرة ثانية بعد محو العقوبة ورفعها من ملف خدمته، يفرض بحقه في هذه الحالة عقوبة أشد، وتكون غير قابلة للمحو ثانية، وعند محو العقوبة لأول مرة يوقع المخالف على تعهد خطي بعدم تكرار المخالفة ثانية، والغاية من هذا التعهد، ليكون مبرراً قانونياً لفرض عقوبة أشد في حالة مخالفته للقواعد ثانية.

تصميم النظام التأديبي

يمر تصميم النظام التأديبي عادة (بعد اختيار وتبني المدخل الذي تفضله إدارة المنظمة من مداخل التصميم التي شرحناها في السابق) بعدد من الأعمال المتتابعة المترابطة مع بعضها بعضاً، التي يشكل مجموعها مكونات هذا النظام وآلية عمله، والتي توضح ما يجب القيام به لوضعه موضع التطبيق، وما هي الإجراءات التي يفترض اتخاذها عند وقوع المخالفة من قبل أحد العاملين في المنظمة، هذا وسوف نعمد فيما يلي إلى شرح هذه الأعمال والإجراءات:

تحديد قواعد العمل :

يعد تحديد قواعد العمل اللبنة الأولى في بناء أي نظام تأديبي، فالقواعد تنظم سير العمل داخل المنظمات، وتضبط الأداء والسلوك معاً فيها، وهي تمثل بالتالي،

الأداء والسلوك المطلوبين من قبل كل من يعمل في المنظمة، وعند تحديد القواعد يجب مراعاة ما يلي:

* أن تكون القواعد شاملة لجميع مجالات العمل ومناشطه في المنظمة، فعدم الشمولية يعني وجود بعـض المجالات التي لا ضوابط لها، مما يحدث ثغرات في النظام التأديبي، وهـذا الأمـر خطـير للغايـة، لأنـه يشجع بعض العاملين على انتهاز هذه الثغرات، والاقدام على سلوكيات وتصرفات تضر بمصلحة العمل.

* أن تكون القواعد واضحة وضوحاً تاماً، حيث يكون من السهولة بمكان فهمها واستيعابها.

* أن تشرح القواعد لجميع العاملين، وخاصة عند بداية تعيينهم في المنظمة، وأي تعديل يطرأ عليها، يجـب تعميمه على الجميع وشرحه لهم أيضاً، لكي لا يكون لدى أحد حجة بعدم المعرفة بها أو فهمهـا، وأن عدم الفهم أدى إلى ارتكاب المخالفة.

* أن تكون القواعد دقيقة بحيث لا يوجد فيها تداخل ولا ازدواجية، فلكل مجال عمـل قواعـد خاصـة بـه، إضافة إلى قواعد عامة تسري على كافة المجالات. وعلى أية حال يتوجـب مـن معـدي النظـام التـأديبي تحري الدقة لمنع وجود هذه الازدواجية أو التداخل في القواعد.

* أن يوضح للعاملين بأن مسألة التقيد بقواعد العمل هـو لمصلحتهم ومصلحة المنظمـة بـآن واحـد، وأن التقيد ليس غاية في حد ذاته، إنما هو ضمان لحسن سير العمل في المنظمة، فهي وسيلة لحمايـة حقـوق جميع المعنيين فيها، إدارتها، العاملون فيها، ملاكها، المجتمع، لذلك يجب أن يكون التقيد بها نـابع عـن قناعة ذاتية.

وفيما يلي أمثلة عن قواعد العمل للتوضيح :

* العمل بجد ونشاط .

* المحافظة على ممتلكات المنظمة .

* احترام مواعيد العمل الرسمية .

* المحافظة على سمعة المنظمة .

* عدم إضاعة الوقت أثناء العمل .

* التدخين في الأماكن المخصصة له .

* عدم البوح بأسرار المنظمة .

* إطاعة أوامر الرؤساء .

* عدم الشجار في مكان العمل .

تحديد المخالفات :

المخالفة هي انتهاك أو تعدي على قواعد العمل، وهذا يعني عدم الإلتزام بها أثناء العمل، وأنه قد أخل بها، وهذا الانتهاك يعبرعن أداء وسلوك غير مرغوب فيهما، ويعرض صاحبهما للعقوبة. إذاً في ضوء قواعد العمل تحدد المخالفات وأنواعها وشدتها أو خطورتها. وتنظم إدارة الموارد البشرية عادة لائحة بالمخالفات وتعممها على جميع العاملين في المنظمة، ليعرف الجميع ما هو المسموح به، وما هو الممنوع الذي يتوجب عليهم الابتعاد عنه، وفيما يلي أمثلة عن مخالفات لقواعد العمل:

احترام مواعيد العمل الرسمي :

- التأخير عن العمل بدون اذن رسمي.

- ترك العمل لقضاء حاجات خاصة دون اذن خلال أوقات العمل الرسمي.

- الانصراف من العمل قبل انتهاء الدوام الرسمي.

المحافظة على ممتلكات المنشأة :

- استعمال ممتلكات المنشأة لاغراض خاصة.

- الاختلاس من أموال أو من ممتلكات المنشأة.

- تعمد تعطيل آلة أو جهاز.

تحديد قائمة العقوبات :

تحدد العقوبات في ضوء المخالفات، والعقوبة هي جزاء توقعه المنظمة بحق الشخص الذي ينتهك قواعد العمل، وتمثل ضرر مادي (حسم من الراتب أو الأجر، تنزيل الدرجة الوظيفية، الحرمان من مزايا وظيفية) أو معنوي (سوء السمعة) أو الاثنين معاً يلحق بالمخالف. وتحدد إدارة الموارد البشرية عادة قائمة بالعقوبات التأديبية، بشكل تشمل كل عقوبة من القائمة نوعاً وعدداً من المخالفات، إذ لا يعقل أن يكون لكل مخالفة عقوبة خاصة بها. ويراعى عند تحديد قائمة العقوبات التأديبية، أن تتدرج من الخفيفة إلى الأشد، وذلك حسب نوع المخالفة، وجسامتها، والآثار السلبية الناتجة عنها.

وفيما يلي أمثلة عن أنواع العقوبات الأكثر استخداماً في المنظمات:

- التنبيه الشفهي.

- التنبيه الخطي وحفظه في ملف الخدمة الوظيفية.

- الانذار الشفهي.

- الانذار الخطي وحفظه في ملف الخدمة الوظيفية.

- فقدان مزايا وظيفية.

- الحسم من الراتب أو الأجر بنسب متدرجة ومدد متفاوتة حسب جسامة المخالفة وآثارها السلبية.

- الايقاف عن العمل فترة زمنية معينة حسب خطورة المخالفة وبدون أجر.

- تنزيل الدرجة الوظيفية.

- الفصل النهائي من العمل.

تحديد إجراءات العمل التأديبي :

يقصد بالإجراءات تحديد ما هي الأعمال التي يجب تنفيذها في حالة وقوع أية مخالفة من قبل أحد العاملين، وتتلخص هذه الإجراءات بما يلي:

* قيام الرئيس المباشر بالابلاغ عن وقوع المخالفة للجهة ذات العلاقة رسمياً، ويتضمن الابلاغ ما يلي: اسم المخالف، الادارة التي يعمل فيها، وظيفته، نوع المخالفة، تاريخ وقوع المخالفة، ساعة وقوعها، هذا ويمكن أن يتم الابلاغ من قبل أي فرد آخر يكتشف المخالفة.

* تكليف شخص أو لجنة للقيام بالتحقيق في المخالفة، وجمع كافة الوقوعات المادية وغير المادية التي تثبت وقوعها والبيانات عن الظروف التي أحاطت بها، والنتائج التي نتجت عنها.

* تقوم لجنة التحقيق بعد ذلك باستدعاء المخالف، وتواجهه بالوقائع التي تكونت لدى اللجنة، وتناقشها معه للتعرف على وجهة نظره، لأنه من المحتمل أن تكون هناك حقائق غير ملموسة لا تكشفها الوقائع المادية، والمخالف هو أقدر من غيره على شرحها وتوضيحها.

* في نهاية التحقيق يُعد تقرير ويُرفع إلى إدارة الموارد البشرية التي تقوم بدورها بتحليل التقرير المرفوع اليها، ودراسته من كافة جوانبه، بهدف تقويم الظروف التي أحاطت بالمخالفة والتعرف على الدوافع الاساسية التي أدت إلى وقوع أو

ارتكاب المخالفة، فقد يكون ارتكابها عن غير قصد كضعف في المهارة، وبالتالي يجب اعادة النظر بوظيفة الاختيار والتدريب والعمل على تطويرهما. كما قد يكون ارتكابها نتيجة جهل المخالف بقواعد وأنظمة العمل في المنشأة، فصحيح أن الجهل بالقانون لا يعفي من المسؤولية، إلا أن ذلك مؤشر على ضرورة التأكد من أن جميع العاملين في المنشأة لديهم الالمام الكافي بأنظمة وقواعد العمل فيها. كما قد يكون ارتكاب المخالفة عن قصد وعمد، وبالتالي تقع المسؤولية كاملة على المخالف. لذلك يمكن القول إن التحليل يفيد المنشأة في التعرف على أوجه النقص في سياسات المنشأة كما أوضحنا سابقاً.

* بعد أن تنتهي إدارة الموارد البشرية من تحليل نتائج التحقيق، تقوم بإعداد تقرير يشمل تقوماً عاماً وشاملاً للمخالفة، وأسباب حدوثها، والنتائج التي توصلت اليها، والتوصية بالإجراءات التي يمكن اتخاذها حيالها. ويرفع هذا التقرير إلى الجهة ذات السلطة لاتخاذ القرار النهائي، فاما الموافقة على توصية إدارة الموارد البشرية، أو تعديلها، ثم يعاد التقرير إلى هذه الادارة ليحفظ في سجلاتها.

* أخيراً يبلغ المخالف كتابة بالعقوبة التي قررتها الجهة المسؤولة ذات السلطة.

فاعلية النظام التأديبي

تتوقف فاعلية النظام التأديبي ونجاحه في مهمته على مجموعة من الاعتبارات والعوامل التي أهمها ما يلي:

توثيق الأعمال والإجراءات التأديبية :

يعتبر التوثيق حجر زاوية في فاعلية أي نظام تأديبي، فالغاية من التوثيق العودة الى الوثائق الماضية لمعرفة مدى تكرار المخالفات، وأسباب تكرارها، وإعادة النظر ببعض العقوبات عند اكتشاف معطيات جديدة يخص بعضها، وكذلك ليكون كل شيء يتعلق بالعمل التأديبي في المنظمة مكتوباً ومسجلاً ومعروفاً ويمكن العودة إليه في أية لحظة. فعلى سبيل المثال تفيد احصائية تكرار المخالفة، في أن تبرر إدارة المنظمة فرضها لعقوبات أشد بحق المخالفين الذين تكررت لديهم المخالفات، وخاصة أمام المحاكم العمالية، في حالة إقدام أحد المعاقبين على رفع دعوى لديها ضد المنظمة. ويشتمل التوثيق على الجوانب التالية:

* أهداف النظام التأديبي.

* قواعد العمل.

* المخالفات.

* قائمة العقوبات.

* المخالفات التي حدثت: اسم المخالف، تاريخ المخالفة وساعة وقوعها، نوع المخالفة، أسباب وقوعها، أسماء المحققين، الأضرار الناتجة عن المخالفة، العقوبة التي صدرت بحق المخالف، نتائج التظلم من العقوبة.. الخ.

* وسائل متابعة ومراقبة الأداء والسلوك أثناء العمل لرصد المخالفة.

السرعة في تطبيق إجراءات النظام التأديبي :

تشتمل السرعة على ما يلي :

- السرعة في الابلاغ عن المخالفة.

- السرعة في التحقيق وجمع الوقائع المادية.

- السرعة في إصدار القرار التأديبي الذي يتضمن العقوبة التي وقعت على المخالف.

والغاية من السرعة هو أن التأخير في أي ناحية من هذه النواحي، يفقد أهمية وتأثير العقوبة كحافز سلبي يردع الفرد عن السلوك المعيب، وعدم تكراره. فعلى سبيل المثال، إذا ارتكب أحد العاملين مخالفة وتأخر رئيسه بالابلاغ عنه، فسيشجع هذا التأخير الآخرين على ارتكاب المخالفات، إعتقاداً منهم أن لوائح الجزاءات لن تطبق بعد الآن، والدليل على ذلك أن فلاناً ارتكب مخالفة وحتى الآن لم يبلغ عنه، ولم يجر معه تحقيق. كما أن التأخير في اصدار العقوبة يفقدها أيضاً تأثيرها، إذ تصبح العلاقة بينها وبين التصرف الخاطئ علاقة واهية، وقد يدفع التأخير بقية الأفراد إلى الاستخفاف بالنظام التأديبي.

وتجدر الإشارة في هذا المجال إلى أن تحقيق السرعة يجب ألا يكون على حساب العدالة والموضوعية في القرار المتخذ، إن ما نعنيه هنا هو عدم التباطؤ في أي إجراء من إجراءات التصرف التأديبي.

شرح القرار التأديبي للمخالف :

لا نعني بالاخطار هنا أن يوجه كتاب خطي ورسمي إلى المخالف يتضمن العقوبة التي فرضت عليه فقط . إن هذا الأسلوب يفقد العقوبة أثرها كحافز سلبي على منع السلوك المعيب، وعدم تكراره في حالة حدوثه. إن الاخطار السليم يجب أن يكون عن طريق تنظيم مقابلة بين المخالف ورئيسه، أو بينه وبين أخصائي من

ادارة الموارد البشرية، يتم فيها شرح العقوبة وأسبابها ومبرراتها، وما هو الأسلوب الـذي يجـب أن يسـلكه المخالف مستقبلاً، وكيف أن الادارة راعت جميع الظروف المحيطة بالمخالفة عند إصدارها للقرار التـأديبي، وهو ألا يتكرر هذا السلوك المعيب منه ثانية، كي يتاح لـه أن يمحـو العقوبـة، ويغـير فكـرة الادارة عنـه للاحسن.

إفساح المجال للمخالف لمحو القرار التأديبي :

سبق لنا ووضحنا أن الحوافز السلبية ليست غاية في حد ذاتها، إنما هـي وسيلة إلى غايـة وهـي المساعدة على حفز وتشجيع الفرد على تعديل سلوكه نحو الأفضل، والابتعاد عـن السـلوك المعيـب. نتيجـة لذلك يجب إتاحة الفرصة لكل فرد أن يمحو العقوبة فيما إذا لم يكرر السلوك المعيب لفترة زمنية محـددة، وكان سلوكه مرضياً خلال هذه الفترة، من واقع تقارير قياس كفاءته. وبالطبع يتفاوت طول الفـترة الزمنيـة حسب نوع العقوبة، فكلما كانت العقوبة خفيفة، كانت الفترة قصيرة والعكس صحيح.

التظلم من القرار التأديبي :

من الطبيعي أن المنظمة لا تضمن في كافة الأحوال سلامة القرارات التأديبية، لذلك يقتضي الحال بها وضماناً للموضوعية والعدالة بشـكل أكـثر،أن تفتح بـاب التظلم أمـام الأفـراد الـذين وقعـت علـيهم عقوبات، وذلك عندما يشعرون بأي تحيز، أو بعدم عدالة القرار التأديبي، ويقدم التظلم عادة إلى جهة غير الجهة التي أصدرت قرار العقوبة، وفي الغالب تكون سلطتها أعلى من السلطة الأولى. وتقوم الجهـة الثانيـة باعادة النظر في المخالفة ودراستها من كافة جوانبها، وعلى ضوء ذلك تتخذ قرارها النهائي، وهذا القرار غير قابل للطعن.

إنتهى بعون الله ومشيئته وكرمه فالحمد والشكر له

قائمة المراجع العلمية

أولاً: المراجع العربية .

1. أحمد محسن الخضيري، الضغوط الإدارية، مكتبة مدبولي، القاهرة، 1991.

2. توماس هيلين، ديفيد هنجر، الإدارة الاستراتيجية، ترجمة محمود عباس مرسي، زهير نعيم الصباغ، معهد الإدارة العامة، الرياض، 1990 .

3. فلاح حسن حسني، الإدارة الاستراتيجية، دار وائل، عمان، 2000 .

4. عمر وصفي عقيلي، المنهجية المتكاملة لإدارة الجودة الشاملة، دار وائل، عمان، 2001.

5. عمر وصفي عقيلي، الإدارة مفاهيم وأسس، دار زهران، عمان، 1996 .

6. كامل السيد غراب، مفاهيم الإدارة الاستراتيجية ومجالاتها، جامعة الملك سعود، الرياض، 1994 .

ثانياً: المراجع الأجنبية .

1. Ashon D. Felstead A., Human resource management, London, 1995.

2. Allen Cowling, Chole Moiler, Managing human resources, 2nd ed, Edward Arnold, London, 1992.

3. Belenger, J., Edward R.K., and Haven L., Work place industrial relation and global change, ILR, Press, NewYork, 1994.

4. Bakk and Argires, Organization structure and dymamics, New Haven, Yall University, 1954.

5. Burgoyne J., Peder M., and Boydell T., Towards the Learning, McGraw-Hill, Madden head, 1994.

6. Charles R. Geer. Strategy and Human resources, Englwood Cliffs, New Jersey, 1995.

7. Charles W.L., Gareth R. Johons, Strategic management , an integrated approach, 4th ed., Houghton Miffilin, Boston, 1998.

8. Edward E. Lawler, Susan A. Less Mohraman and Gerald Ledford, Employee involvement and total quality management, Jossy Bass, San Francisco, 1993.

9. George T. Milkovich, Johne W. Boundreaw, Human resources management, Irwin, 7th ed., INC., Illinois, 1994.

10. Gust D., Human resource management and of arthodoxy, "Britsh Journal of Industrial relations" (1990), 29 (2).

11. George T. Milkovich, Jery M. Newman, Compensation, 5th ed., Richard D., Irwin, Chicago , 1996 .

12. Heruiot P., The management of Career, strategic prospects for human resources management, IPD., London, 1995.

13. Irwin L. Goldstien, Training in organization, 3rd. ed., Pasific Grove, Calif Books, 1993.

14. James Champy, Beyoned Re-engeneering, Happer Business, NewYork, 1997.

15. James Champy, Micheil Hammer, Management re-engeneering mandated for new leadership, Happer Business, NewYork, 1996.

16. James A. Breaugh, Recruitment: science and practice, PWS Kent, Boston, 1992.

17. Johne Brotton, Jeffery Gold, Human resource management: Theory and practice, 2nd ed. Macmillan Business, London, 1999.

18. Joseph R. Jablonski, Implementation Total quality management, Lough Borouga University , U. K. 1996 .

19. Joseph, J. Matrochio, Strategic Compensation management, Prentice Hall, New Jersey, 1998 .

20. Jeffery Pfeffer, Six dangrous myths about pay, "Harvard Business Review" (May June) , 1998.

21. Killy J., The executive time and stress, management programe, Maywood, Alexander Hamilton Institute, INC., New Jersey, 1994.

22. Lyle Spencer, Re- engeneering human resources, Johne Wiely, NewYork, 1995.

Printed in the United States
By Bookmasters

T0300936

Printed in the United States
By Bookmasters